Hiltrud Naßmacher · Karl-Heinz Naßmacher

Kommunalpolitik in Deutschland

Hiltrud Naßmacher
Karl-Heinz Naßmacher

Kommunalpolitik in Deutschland

2., völlig überarbeitete
und aktualisierte Auflage

VS VERLAG FÜR SOZIALWISSENSCHAFTEN

Bibliografische Information Der Deutschen Nationalbibliothek
Die Deutsche Nationalbibliothek verzeichnet diese Publikation in der
Deutschen Nationalbibliografie; detaillierte bibliografische Daten sind im Internet über
<http://dnb.d-nb.de> abrufbar.

1. Auflage 1999
2. Auflage 2007

Alle Rechte vorbehalten
© VS Verlag für Sozialwissenschaften | GWV Fachverlage GmbH, Wiesbaden 2007

Lektorat: Frank Schindler

Der VS Verlag für Sozialwissenschaften ist ein Unternehmen von Springer Science+Business Media.
www.vs-verlag.de

Umschlaggestaltung: KünkelLopka Medienentwicklung, Heidelberg
Druck und buchbinderische Verarbeitung: Krips b.v., Meppel
Gedruckt auf säurefreiem und chlorfrei gebleichtem Papier
Printed in the Netherlands

ISBN 978-3-531-15211-0

Vorwort

Auch diese Neubearbeitung unseres Lehrbuchs wäre nicht ohne kontinuierlichen Einsatz und vielfältige Hilfen so zügig fertig geworden. Insbesondere danken möchten wir Elisabeth Wiese und Sibylle Künnert, aber auch Annegret Kunde und Manuela Kulick.

Oldenburg im März 2007   *Hiltrud und Karl-Heinz Naßmacher*

Inhaltsübersicht

1 Kommunalpolitik heute:
Lokalpolitische Steuerung oder gemeindliche Selbstverwaltung?

Technische Neuerungen verändern die Lebensbedingungen der Menschen in entwickelten Gesellschaften ständig – zuweilen grundlegend. Heute ist das Auto als Massenverkehrsmittel allgemein verbreitet; praktisch alle Haushalte sind mit Fernsehgerät und Telefon ausgestattet. Die weltweite Vernetzung schreitet voran. Für die Informationsbeschaffung und Kommunikation gibt es durch Satelliten und neue Leitungssysteme erweiterte Möglichkeiten.

Die Massenmotorisierung hat in Verbindung mit einem verstärkten Straßenbau die unmittelbare Nähe von Wohnort, Arbeitsplatz und Einkaufmöglichkeit auf breiter Front in Frage gestellt. Die mit dem Fabriksystem (Fordismus) verbundene[1] Trennung von Wohnung und Arbeitsplatz wird teilweise überflüssig. Arbeitsplätze lassen sich weltweit miteinander vernetzen (Globalisierung). Wirtschaftliche Tätigkeit kann ohne Standortbindung entfaltet werden.[2] Landwirtschaft, Industrie und personenbezogene Dienstleistungen bleiben zwar in den Städten und Gemeinden, unterscheiden sich aber im Hinblick auf ihre wirtschaftliche Bedeutung.

Das Massenkommunikationsmittel Fernsehen schuf für die Freizeit wie für die Information der Bevölkerung völlig neue Bedingungen. Die Verbreitung des Telefons und das Internet haben neue Möglichkeiten für Gesprächskontakte zwischen Einzelpersonen geschaffen. Auswirkungen auf die gesellschaftliche Bedeutung der örtlichen Vereine, der Lokalpresse und damit verbunden auf das Verhältnis der Bürger zur lokalen Politik, ihren traditionellen Institutionen und Repräsentanten waren zu erwarten.

Die meisten wirtschaftlichen und sozialen Veränderungen haben sich allmählich vollzogen. Im Gegensatz dazu fallen die Eröffnung eines Verbrauchermarktes, die Errichtung ganzer Neubauviertel, Sanierung alter Wohngebiete und bedeutende Verkehrsbauten sofort ins Auge. Örtliche Großprojekte verändern in städtischen Ballungsgebieten ebenso wie in kleinen Gemeinden des ländlichen Raumes die Lebensbedingungen des Einzelnen. In den Städten und Gemeinden (Kommunen) wird der ökonomische und gesellschaftliche Wandel für jedermann erfahrbar. Er regt zur Analyse der dafür maßgebenden Einflüsse und Entscheidungen an. Kommunalpolitik will diesen Wandel aktiv mitgestalten. Sie umfasst alle verbindlichen Entscheidungen für die örtliche Gemeinschaft (Kreise, Städte und Gemeinden).

---

[1]   S.d. z.B. die Studie von Kröhnert u.a. 2006.
[2]   Vgl. Grabow 1996a, S. 176f., 179f.

1.1 Politik vor Ort

Die örtlichen Lebensbedingungen werden durch wirtschaftliche Entwicklung, sozialen Wandel und politische Entscheidungen beeinflusst. Wie viel *Politik in der Kommune* stattfindet, ist im *Zugriff der Wissenschaft* ebenso umstritten wie die *Rolle der Parteien* in der Kommunalpolitik. Das Zusammenwirken lokaler Entscheidungen und überörtlicher Vorgaben ist abhängig von der Stellung der *Kommunen im Staat.* Die Gemeinden und ihr durch die Verfassung verbürgtes Recht zur Selbstverwaltung können auf eine lange Tradition zurückblicken. Im Verlauf der Entwicklung unterlagen die Gemeinden ebenso wie ihre gesellschaftliche, wirtschaftliche und politische Umwelt vielfältigen Veränderungen.

1.1.1 Bestimmung des Gegenstandes

Die Darstellung der Gemeinde[3] in der Fachliteratur zur kommunalen Selbstverwaltung bleibt häufig überlieferten Vorstellungen verhaftet, z.B.: „Seit dem Sesshaftwerden der Menschen nehmen die Gemeinden als Siedlungs- und Lebenseinheiten eine wichtige Stellung im gesellschaftlichen und politischen Leben ein. Entwicklungsgeschichtlich ist die deutsche **Gemeinde** älter als der Staat. Ihre Wurzel ist die aus der Nachbarschaft erwachsene örtliche Interessengemeinschaft, die zur Bewältigung gemeinsamer Aufgaben und zur Abwehr allgemeiner Gefahren notwendig war."[4] Oder: Die „unauflösliche Anbindung an die gefühlsabhängigen sozialen Gegebenheiten des menschlichen Wesens ... gründet auf der geschichtlich erfahrenen Einsicht, dass das Beieinanderwohnen der Menschen auf einem überschaubaren, denselben Bedingungen der Natur und der politischen Umwelt ausgesetzten Raum Sonderbeziehungen hervorruft, aus denen eine spezifische Gemeinsamkeit entspringt und sich übereinstimmende Interessen ergeben."[5]
Obwohl solche Vorstellungen mit der Formulierung „Angelegenheiten der örtlichen Gemeinschaft" Eingang in die Rechtsordnung gefunden haben, ist damit für die Bestimmung des Begriffs „Gemeinde" wenig gewonnen. Nachbarschaft, gemeinsame Aufgaben, Einwirkungen der Natur und überschaubare Räume kennzeichnen eher das Dorf als die Großstadt, eher den Agrarstaat des 18. Jahrhunderts als die moderne Dienstleistungsgesellschaft. Offenbar hält die Rechtsordnung Anschauungen und Begriffe aus einer früheren Entwicklungsstufe fest, die dem Wandel der Gesellschaft und den Aufgaben der Gemeinden nicht mehr entsprechen. „Gemeinde ... gehört ... zu den Selbstverständlichkeiten unseres Alltagslebens." Wer

---

3   In der Umgangssprache werden mit Gemeinden kleinere Orte und Städte assoziiert. Tatsächlich werden mit dem Begriff „Gemeinden" auch Städte jeder Größenordnung erfasst.
4   Freiberg 1970, S. 16.
5   Schmidt-Jortzig 1977, S. 803f.

„seine Rechte und Pflichten als Einwohner und Bürger ausübt, reproduziert ... die Gemeinde." Dies „geschieht im Vollzug des Alltagshandelns, etwa durch die Familien, die ihre Kinder in kommunale Kindergärten ... schicken, Erholungs- ... einrichtungen in Anspruch nehmen, Nachbarschaftsbeziehungen aufbauen und aus diesen heraus ... über politische Parteien, freie Wählergruppen oder Bürgerinitiativen in der Gemeindepolitik tätig werden."[6]

Generell bieten sich drei Begriffsbestimmungen für Gemeinde an: Zunächst eine „*staatsrechtlich*-kommunalwissenschaftliche Definition, nach der Gemeinden jene Gebilde sind, die in unserem Verfassungsrecht und in unserer Verwaltungsstruktur dafür gehalten werden. Zum Zweiten finden wir eine *politisch*-wissenschaftliche Definition ...: Hiernach wären Gemeinden jene räumlichen und personellen Einheiten, die einen sinnvollen Rahmen politischer Entscheidungsstruktur und Planungsmöglichkeiten auf der untersten Ebene der politischen Willensbildung abgeben."[7] Eine dritte Definition kann vom *soziologischen* Gemeindebegriff ausgehen, für den wesentlich ist, dass die Gemeinde „genaue Grenzen im Raume hat, innerhalb derer sich der Nachbarschaftszusammenhang aufbaut, und dass sich die Bürger einer Gemeinde deutlich als von denen anderer Gemeinden verschieden empfinden."[8]

Keine dieser Begriffsbestimmungen kann umfassende Geltung beanspruchen. Wichtige Definitionselemente sind aber genaue Grenzen im Raum, kleinste/unterste politische Handlungseinheit, durch Gesetz erzeugter Teil der öffentlichen Verwaltung. Ob über Nachbarschaft[9] und örtliche Besonderheit ein sinnvoller Rahmen für Planungen und Entscheidungen geschaffen wird, muss zunächst offen bleiben. Die juristische Bezeichnung „Gebietskörperschaften und Zweckverbände" (Art. 109, IV GG) umfasst *Gemeinden* (Landgemeinden, Städte) und *Gemeindeverbände*. Gemeindeverband ist „ein Oberbegriff für alle kommunalen Einrichtungen, die neben der Gemeinde bestehen", dazu gehören vor allem die Kreise, aber auch Ämter, Verwaltungsgemeinschaften, Verbandsgemeinden oder Samtgemeinden und Zweckverbände. Zweckverbände sind durch freiwilligen Zusammenschluss begründete „korporative Verbindungen zur zweckmäßigen, effektiven Erledigung einer öffentlichen Aufgabe",[10] wie z.B. Müllabfuhr, Abwasserreinigung oder Betrieb einer Sparkasse.

In den Bundesländern (Stadtstaaten) Berlin und Hamburg entsprechen die Bezirke eher der Vorstellung von „Gemeinde"; der Größe nach sind sie eher „Kreise". Das Bundesland Bremen besteht aus zwei Städten (Bremen und Bremerhaven). Auch viele Großstädte weisen durch ihre Bezirksgliederung eine andere Kommunalpolitik auf. In allen Flächenländern sind die meisten Gemeinden zwangsweise zu *Kreisen* zusammengefasst.

---

[6]   Zitate aus: Schöber 1991, S. 15.
[7]   Klönne, in: Zoll 1972, S. 249 (Hervorhebung d. d. Verf.).
[8]   König 1958, S. 9, 45.
[9]   S.d. Simon, in: Voigt 1984, S. 317-320.
[10] von Unruh 1989, S. 8.

Jener Ausschnitt des gesellschaftlichen Lebens, der durch Entscheidung zwischen alternativen Handlungsmöglichkeiten allgemein verbindliche Entscheidungen hervorbringt, wird als **Politik** bezeichnet.[11] Immer wenn es darum geht, unterschiedliche Gestaltungsmöglichkeiten zu bewerten und sich zwischen (zumindest teilweise) einander ausschließenden Alternativen zu entscheiden, findet Politik statt. Bei realistischer Betrachtung ist demokratische Politik kein von einer Zentralinstanz gesteuertes Verfahren, das geeignete Mittel für ein feststehendes Ziel auswählt. Die Wahl von Zielen und Mitteln findet meist gleichzeitig durch allmählichen Ausschluss von denkbaren, aber nicht durchsetzbaren Möglichkeiten statt. Deshalb handelt es sich bei Politik um einen auf Impulse von außen reagierenden, regelgebundenen und erfahrungsgeleiteten Prozess gegenseitiger Anpassung, der durch Bearbeitung von Einzelfällen in kleinen Schritten zu einem (für alle Beteiligten) ungeplanten Gesamtergebnis (einer allgemein akzeptierten Regelung) führt.[12] Selbst Fachleute, die sich hauptberuflich mit Parks, Schulen oder Verkehr befassen, können über die Trassenführung einer bestimmten Straße uneins sein; gerade dann muss darüber politisch entschieden werden. „Viele Leute glauben, dass Politik ... eine krankhafte Störung des sozialen Lebens darstelle."[13] Tatsächlich ist die Austragung politischer Konflikte Teil jener Kommunikation, in der eine Gesellschaft über Gemeinwohl, Gerechtigkeit und andere öffentliche Tugenden diskutiert.

Während die deutsche Sprache für die Bezeichnung der vielfältigen politischen Wirklichkeit nur den Begriff „Politik" kennt, unterscheidet die englische zwischen verschiedenen Dimensionen: Den Rahmenbedingungen des politischen Gemeinwesens (*polity*), den politischen Inhalten, Zielen und Aufgaben (policy) sowie den Prozessen politischen Handelns (politics).[14] Aus dieser begrifflichen Differenzierung ergibt sich die Einsicht, dass die unter der Bezeichnung Kommunen zusammengefassten Gemeinden und Gemeindeverbände örtliche Ausprägungen der politischen Gesellschaft, dezentrale Träger politischer Aufgaben und Schauplätze lokalpolitischen Handelns sind.[15] Für die Kommunalpolitik gibt es in der Dimension *polity* vor allem die Gemeindeordnungen der Länder und die Hauptsatzungen der einzelnen Gemeinden, in der Dimension *policy* eine Vielzahl von konkreten Einzelaufgaben, die als Umweltpolitik, Kulturpolitik, Sozialpolitik, Baupolitik oder Stadtentwicklungspolitik zusammengefasst werden. Abgrenzung und Bezeichnung der einzelnen Politikfelder können sich durchaus überschneiden. So lassen sich etwa der Bau eines Hallenbades oder Maßnahmen zur Sanierung einer Altstadt der Baupolitik oder der

---

[11] Naßmacher [5]2004, S. 2ff.
[12] Für die einzelnen Aspekte vgl. Kleinfeld u. a. (in: Kleinfeld u.a. 1996, S. 174), die eher gegenteiliger Ansicht sind.
[13] Banfield/ Wilson, in: Grauhan 1972, S. 80.
[14] Vgl. Rohe 1994, S. 61-67. - In Anlehnung an das Konzept des Paradigmenwechsels (vgl. Naßmacher 1988a) versucht Wehling (1989b, S. 199f.), unterschiedliche Schwerpunkte der wissenschaftlichen Bearbeitung im Zeitablauf diesen drei Politikdimensionen zuzuordnen.
[15] Naßmacher 1986, S. 245; vgl. auch Norton 1997, S. 249.

Stadtentwicklungspolitik zuordnen. Für die Einrichtung einer Fußgängerzone mit Bau einer neuen Straße zur Umgehung des Ortskerns ist zusätzlich auch Verkehrspolitik ein möglicher Oberbegriff. Die Betreuung von Kindern in Krippen, Kindergärten und Horten gehört ebenso zur Sozialpolitik wie zur Bildungspolitik und Frauenförderung. Das Hallenbad kann auch als Gegenstand einer kommunalen Freizeitpolitik gelten. Schließlich sind in der Dimension *politics* u.a. Entscheidungsprozesse über Konflikte zwischen Parteien und Bürgerinitiativen, über die Interessen von Vereinen oder Ortsteilen zu betrachten.[16]

Obwohl die Sozialwissenschaften alle gesellschaftlichen Strukturen und Prozesse untersuchen wollen, beschäftigen sie sich jeweils nur mit einem Teilbereich ihres Gegenstandes. Sozialwissenschaftler zerlegen das gesellschaftliche Ganze, die Gesellschaft als System, gedanklich in einzelne Teile („Subsysteme"), zu denen etwa das alle wirtschaftlichen Abläufe umfassende ökonomische (Teil-)System und der auf verbindliche Entscheidungen bezogene Teil gesellschaftlicher Zusammenhänge, das politische System, gehören. Innerhalb des politischen Systems ist der lokalen Entscheidungsebene die Kommunalpolitik zugeordnet.

Die Betrachtung der Kommune als politische *Entscheidungsarena* unterstellt weder die alleinige Zuständigkeit für Entscheidungen, die sich auf die örtlichen Verhältnisse auswirken, noch völlige Entscheidungsfreiheit (Autonomie) innerhalb politischer, ökonomischer und anderer gesellschaftlicher Bezüge. Die Politik in Gemeinden ist vielfältigen Beschränkungen unterworfen. Gerade deshalb bietet sie ein Beobachtungsfeld für die Verflechtung von gesellschaftlichen Aufgaben, wirtschaftlichen Bedingungen und verwaltungstechnischen Zuständigkeiten innerhalb des politischen Systems. Der von Rechts- und Verwaltungswissenschaften verwendete Begriff „kommunale Selbstverwaltung" deutet in diese Richtung.

Die Einordnung der **Kommunalpolitik** als lokales Subsystem jener politischen Systeme, die als westliche bzw. liberale Demokratie funktionieren, hilft den Gegenstand unserer Darstellung näher zu umschreiben. Es handelt sich um „Politik in einem physisch-ortsgebundenen und sozialraumbezogenen Interaktionssystem."[17] Dennoch bleibt manches Abgrenzungsproblem offen: Unterscheidet sich die kommunale Selbstverwaltung in Deutschland vom britischen „local government"[18] und den amerikanischen „urban politics"? Das ist schon deshalb der Fall, weil in beiden angelsächsischen Demokratien die ortsbezogenen Teilsysteme anders in das jeweilige politische System eingeordnet sind. Hinzu kommt, dass sich beide Bezeichnungen aus der englischen Sprache nur schwer ins Deutsche übersetzen lassen.

Zunächst einmal betont „örtliche Regierung" (als Übersetzung von *local government*) den Ortsbezug stärker als kommunale Selbstverwaltung. Mit dem auf

---

[16] Vgl. Wehling 1989b, S. 194.
[17] Heinelt, in: Roth/ Wollmann 1994, S. 455.
[18] Vgl. Chandler 1993 und Norton 1997.

politische Gestaltungsmöglichkeiten zielenden Begriff „Regierung"[19] vermeidet die englische Bezeichnung außerdem den in Deutschland offenbar gewollten Bezug zum ausführenden/ vollziehenden Charakter einer öffentlichen Verwaltung mit kleinräumig begrenztem Zuständigkeitsbereich. „Städtische Politik" ist keine angemessene Übersetzung für „*urban politics*".[20] Eher würde „Politikprozesse im Verdichtungsraum" den gemeinten Sachverhalt beschreiben. Dies zeigt aber, dass die deutsche Bezeichnung „kommunale Politik" deutlich umfassender angelegt ist. Sie meint gleichermaßen das politische Gemeinwesen am Ort und seine Träger, seine politischen Aufgaben und alle darauf bezogenen politischen Handlungen in Stadt und Land (Kreisen und Gemeinden in Ballungsräumen und ländlichen Regionen), also alle Versuche von der örtlichen Ebene her auf die gesellschaftliche Entwicklung steuernd einzuwirken: „*local governance*".

Ein derart umfassender Begriff von Kommunalpolitik bedarf zusätzlicher Abgrenzungen. Die Differenz zu „*Stadtpolitik*" ergibt sich ohne weiteres: Stadtpolitik ist neben Kreispolitik, Gemeindepolitik und Dorfpolitik ein möglicher Unterfall des gemeinsamen Oberbegriffs. Wie kommunale Politik bezieht sich auch „lokale Politik" auf ein eher kleines, teilräumlich abgegrenztes Gebiet, verfolgt aber nur partiell kommunale Interessen und Ziele. Wahlen für Landtag, Bundestag und das Europäische Parlament finden auch „vor Ort" statt. Die örtlichen Parteien beteiligen sich am Wahlkampf. Ein Teil der Abgeordneten in Bundestag und Landtag wird in Wahlkreisen gewählt; Kandidaten suchen für ihre Nominierung und die Mobilisierung ihrer Anhänger örtliche Unterstützung. Die lokalen Parteiorganisationen sind zwar auch wichtige Akteure der Kommunalpolitik,[21] greifen aber mit einem Teil ihrer Aktivitäten darüber hinaus. Unter *Kommunalpolitik* werden (von Wehling) alle „Entscheidungsprozesse (input) und deren Ergebnisse (output) verstanden, die im Rathaus zentriert sind ... *Lokalpolitik* ist .... der .... umfassendere Begriff, der die Gemeinde als Handlungsebene bezeichnet."[22] Er umfasst z.B. die Bemühungen von Lokalmatadoren um ein Parlamentsmandat, aber auch Versuche, bestimmte Kandidaten zu verhindern. Beim wissenschaftlichen Zugriff auf Politik „vor Ort" sind also Lokalpolitik und Kommunalpolitik analytisch zu trennen.

1.1.2 Wissenschaftlicher Problemzugriff

Gerade für eine Darstellung der Kommunalpolitik ist der Hinweis unverzichtbar, dass der Begriff Gemeinde von jedem Einzelnen mit einer unterschiedlichen Bezugseinheit verknüpft wird: Die eigene Gemeinde ist stets anders als die Nachbar-

---

19   Vgl. Kleinfeld, in: Kleinfeld u.a. 1996, S. 42f.
20   Vgl. Greenstone/ Peterson 1973 und Glickman 1980.
21   Siehe unten, Abschnitt 1.1.4 sowie 4.2.2 und 4.2.3.
22   Wehling, in: Heinelt/ Wollmann 1991, S. 150.

gemeinden. Diese Vielfalt führt oft dazu, Gemeinsames zu übersehen oder zu leugnen. Die Kommunalpolitik jeder Gemeinde unterscheidet sich ohne Zweifel von derjenigen anderer: „Die Gegebenheiten in Paderborn sind anders als in Northeim". Kommunalpolitische „Entscheidungen können in Stuttgart nicht deckungsgleich sein mit den Entscheidungen in Buxtehude. Und Nürnberg ist nicht Vilshofen."[23] Stuttgart und Nürnberg (mit jeweils etwa 500.000 Einwohnern) sind die Kernstädte je eines eigenen Ballungsraums; Bramsche und Achim liegen als kleinere Mittelstädte mit ca. 30.000 Einwohnern in unterschiedlichen Teilen Niedersachsens; Paderborn und Vilshofen haben als traditionelle Hochburgen von CDU und CSU völlig andere Gemeinsamkeiten. Die genannten Beispielorte sind nicht systematisch ausgewählt; sie berücksichtigen übermäßig stark einen eher seltenen Fall: Unter den sechs Beispielen sind drei Großstädte (mit über 100.000 Einwohnern), aber keine Landgemeinde.

In Deutschland gab es 1995 etwa 14.800 Gemeinden sehr unterschiedlicher Größe,[24] 2006 nur noch 12.244.[25] Die Tatsache, dass Millionenstädte wie Köln und München, Großstädte wie Nürnberg und Stuttgart, Halle/Saale und Paderborn, Mittelstädte wie Weimar und Eisenhüttenstadt, Buxtehude und Northeim, Kleinstädte wie Gerlingen und Kelsterbach, Boppard und Kappeln sowie Landgemeinden wie Pulsnitz und Putbus, Haiger und Bachem in Politik, Recht und Wissenschaft allesamt dem Begriff „Gemeinde" zugeordnet werden, verweist auf eine erhebliche Spannweite des Begriffs. Das Wort „Gemeinde" bezeichnet „alle lokalen Körperschaften ohne Rücksicht auf" beträchtliche Unterschiede „nach Einwohnerzahl, Flächengröße und Struktur".[26] Wenn der Gemeindebegriff derart dramatischen Unterschieden der gesellschaftlichen Lebensbedingungen und der politischen Entscheidungsabläufe nicht Rechnung trägt, muss die notwendige Differenzierung auf andere Weise versucht werden.

Die von der unmittelbaren/individuellen Erfahrung ausgehende Einschätzung, dass die eigene Gemeinde ganz anders sei als alle anderen, wird bereits durch den Hinweis auf die Zahl der Gemeinden in Deutschland relativiert. Bei einer derart großen Zahl können nicht nur Unterschiede, es müssen auch Ähnlichkeiten auftreten. Gerade bei vergleichenden Analysen ist „die außerordentliche Nützlichkeit der klassifikatorischen Verfahren unbestritten". Das sozialwissenschaftliche Vorgehen, durch **Typenbildung** eine Struktur für Massenphänomene zu entwickeln, hat sich in der Wahl-, Parteien- und Demokratieforschung bewährt. Auch für die Analyse von Gemeinden drängt sich dieses Vorgehen auf. „Klassifikatorische Typologien ermög-

---

[23] Arndt 1974, S. 714.
[24] Deutscher Städtetag 1995, S. 104.
[25] Statistische Ämter des Bundes und der Länder 2006, S. 4. Die Reduktion ist durch zahlreiche Gebietsreformen in den neuen Bundesländern bedingt.
[26] von Unruh, in: Püttner 1981, S. 60; von Unruh 1989, S. 6. In der Regel werden die Begriffe Kommunen, kommunale Gebietskörperschaften, Städte und Gemeinden für die Subsysteme des Staates als Synonyme verwendet. Die geschieht auch im Folgenden.

lichen die vollständige Einteilung" von komplexen Tatbeständen eines sozialwissenschaftlichen Gegenstandes (hier: der Kommunalpolitik) „nach ihren Eigenschaften". „Mit dem typologisierenden Verfahren wird ... versucht, vielfältige Realität auf ein analytisch sinnvolles, d.h. für theoretische Aussage nützliches und hinreichendes Maß zu reduzieren."[27]

Typologien helfen bei der Ordnung von Beobachtungen. Sozialwissenschaftler versuchen immer dann zu klassifizieren, also angemessene Unterscheidungen vorzunehmen, wenn sie Sachverhalte (noch) nicht erklären können. Damit generalisierende Aussagen möglich sind, werden die als relevant angesehenen Merkmale hervorgehoben. Die Typenbildung ist immer konstruiert, also künstlich; sie soll aber möglichst trennscharf und zur verallgemeinernden Beschreibung der vorgefundenen Realität nützlich sein.[28] Typenbildung zielt auf zusammenfassende Ordnung und angemessene Unterscheidung der im sozialen Leben vorzufindenden Fülle. Gerade der Vergleich mit anderen kann bei Fallstudien zu einem allgemeineren Abbild der Realität führen. Der Vergleich muss jedoch beachten, dass Entwicklungsprozesse in verschiedenen Gemeinden ungleichzeitig verlaufen können.[29] „Beim Durchschnittstypus (etwa: der Kleinstadt oder der Ballungsrandgemeinde - d.Verf.) werden diejenigen Eigenschaften herausgestellt, die mit allen anderen Mitgliedern derselben Gattung am häufigsten geteilt werden." Damit ist beabsichtigt, Einzelfälle als „typisch" aus der Wirklichkeit herauszuheben und „die allgemeine Struktur von empirischen und theoretischen Sachverhalten" in ihnen möglichst detailgenau abzubilden.[30] Die Absicht beeinflusst die Auswahl der in der Fülle von Einzelaspekten als wichtig angesehenen Merkmale.[31]

Bereits die Stellung der Gemeinden im Verstädterungsprozess (Ballungskern, Ballungsrandzone, ländlicher Raum) und ihre Lage in verschiedenen Bundesländern (wegen der landesspezifischen Kommunalverfassungen) haben Einfluss auf die örtliche Politik.[32] Zusätzlich sieht Wehling den Ablauf konkreter Politikprozesse in einzelnen Gemeinden bestimmt durch Gemeindegröße, politische Kultur in der Region sowie das lokale Parteiensystem.[33] Auch unterschiedliche Wettbewerbsbedingungen (u.a. durch verschiedene Kommunalwahlsysteme) und die sozioökonomische Struktur (Fremdenverkehrsgemeinde, Bundeswehrstandort, Bischofsitz, Universitäts- oder Beamtenstadt) beeinflussen die Kommunalpolitik.[34] Schließlich ist die langfristige Entwicklung der wirtschaftlichen Situation zu beachten, die sich aus

---

[27]   Zitate bei: Nohlen 1994, S. 212, 492, 495.
[28]   Vgl. Nohlen 1994, S. 491f.
[29]   von Saldern, 1989, S. 322f.
[30]   Nohlen 1994, S. 494.
[31]   Zitate bei: Nohlen 1994, S. 493, 494.
[32]   Naßmacher, in: Gabriel u.a. 1997b, S. 427f., Anm. 3.
[33]   Wehling, in: Heinelt/ Wollmann 1991, S. 158-160, 163f.
[34]   Wehling 1984, S. 28.

dem spezifischen Besatz (cluster)[35] mit Produktions- und Dienstleistungsbetrieben ergibt. Solche Unterschiede erzeugen eine Vielfalt kommunaler Politik, die nur durch Typisierung wichtiger Merkmale zu einer vergleichenden Betrachtung ähnlicher Gemeinden und ihrer Politikprozesse entwickelt werden kann.[36]

Grundsätzlich kann aus dem facettenreichen System der Wissenschaften jede einzelne etwas zum Verständnis der Gemeinde und der Kommunalpolitik beitragen. Dies gilt sogar für eine Gemeindephilosophie, die aus dem „objektiven Geist" eine „sittliche Idee" des Gemeindelebens entfalten will. „Darunter ist die Gemeindeverfassung als Einheit von Handeln und normativer Ordnung ... zu verstehen; ..."[37] Unsere Darstellung wird auf solche Grundlagen verzichten und sich auf die Befunde praxisnäherer **Wissenschaften** beschränken. Eine Darstellung, die der tatsächlichen Lage der Gemeinden und der kommunalen Politik gerecht werden will, muss juristische, finanzwissenschaftliche, ökonomische, soziologische und politikwissenschaftliche Betrachtungsweisen miteinander verbinden.[38]

Seit den 1970er Jahren hat sich ein Zweig der deutschen Politikwissenschaft als Lokale Politikforschung[39] der „Analyse von ... Erscheinungen auf der kommunalen Ebene" zugewandt.[40] Dies geschah freilich in bewusster Distanzierung von der (soziologischen) Gemeindeforschung und der (vorwiegend juristischen) Kommunalwissenschaft, die bis dahin die Untersuchung von Gemeinden (und Gemeindeverbänden) dominiert hatte. Die sozialwissenschaftliche Gemeindeforschung (besser: *Gemeindesoziologie*) untersucht soziale Interaktionen in einem gesellschaftlichen Teilsystem (zwischen Familie und Gesellschaft). Bekannt sind u.a. die amerikanischen Arbeiten zu gemeindlichen Machtstrukturen und entsprechende Folgestudien in Deutschland.[41]

Die in Deutschland vorherrschende *Kommunalwissenschaft* bearbeitet vorrangig die rechtlichen Rahmenbedingungen und den administrativen Vollzug kommunaler Selbstverwaltung.[42] Als umfassende Kompilation liegt das Handbuch der Kommunalen Wissenschaft und Praxis (HKWP) inzwischen in dritter Auflage vor.[43] Zwischen beiden Fachgebieten ist Raum für eine politikwissenschaftliche Gemeindeforschung, die Politikprozesse, Politikinhalte und Politikstrukturen in kommunalen Sub-/Teilsystemen des politisch-administrativen Gesamtsystems analysiert.

---

[35] Vgl. Gornig/ Häußermann, in: Roth/ Wollmann 1994, S. 155ff.
[36] Naßmacher, in: Schimanke 1989, S. 62ff.
[37] Schöber 1991, S. 11.
[38] Vgl. Wehling 1989b, S. 194; Spiegel, in: Roth/ Wollmann 1994, S. 52; Kleinfeld, in: Kleinfeld u.a. 1996, S. 27.
[39] Grauhan 1975; Hesse 1986; Hesse 1989; Blanke 1991; Heinelt/ Wollmann 1991; Roth/ Wollmann 1994; Kleinfeld u.a. 1996; Wollmann/ Roth 1999.
[40] Wollmann, in: Heinelt/ Wollmann 1991, S. 19.
[41] Als Zusammenfassung s. Ammon 1967, Zoll 1972, Haasis 1978.
[42] Vgl. Spiegel, in: Püttner 1981, S. 24, 28; Voigt 1997, S. 612.
[43] Püttner 2005; zur Kritik der ersten Auflage s. Naßmacher 1984, S. 381-387.

Dieses Feld hat die lokale Politikforschung bei veränderten Akzenten in den letzten Jahrzehnten auszufüllen versucht. *Lokale Politikforschung* behandelte zunächst an lokalen Gegenständen die Auswirkungen überörtlicher Entwicklungen.[44] Die politischökonomische Bestimmungskraft gesamtgesellschaftlicher Rahmenbedingungen im Kontext der städtischen Agglomerationen stand im Mittelpunkt. Dann richtete sich das Erkenntnisinteresse auf Vollzugsprobleme bei der Implementation staatlicher Programme vor Ort. Daraus entwickelte sich ein breiter Fächer von Einzelstudien zu einer Vielzahl von Politikfeldern im Rahmen der Stadtpolitik. Schließlich wurde versucht, die „Veränderung der ... sozioökonomischen Rahmenbedingungen ... und deren Auswirkungen auf die Kommunen ... empirisch zu identifizieren."[45] Die Veränderung der thematischen Schwerpunkte und der Frageperspektiven ist dabei beeinflusst durch das in der deutschen Politikwissenschaft jeweils vorherrschende Paradigma.[46] Strukturelle Gemeinsamkeit dieser Ansätze war stets das Desinteresse an Kommunalpolitik als Handlungsfeld ortsbezogener Akteure (Politikarena). Allenfalls interessierte zeitweilig deren Handlungspotential („Handlungsspielraum"[47]).

Durchgehend überwiegt die Beschäftigung mit den Problemen der Großstädte und der Ballungsgebiete (Verdichtungsräume, Stadtlandschaften, Agglomerationen). Da der Verstädterungsprozess in entwickelten westlichen Gesellschaften den Stadt-Land-Gegensatz bei erweiterter räumlicher Ausdehnung stets von Neuem wirksam werden läßt, nehmen viele Wissenschaftler an, dass sich die besonderen Probleme der entwickelten Gesellschaften vor allem in ihren Ballungsräumen („Agglomerationen") erforschen lassen.[48] Häufig wird der Begriff „Stadt" verwendet, wenn Großstadt oder Ballungsraum gemeint sind.[49] Die Sonderstellung der Universitätsstädte und deren überdurchschnittliches Gewicht in der Kommunalforschung betont auch Wehling.[50] Soweit es sich dabei nicht nur um eine nachgeschobene, aus der persönlichen Forschungssituation abgeleitete Begründung handelt (die meisten Universitäten befinden sich eben in Großstädten), besteht die Gefahr, die kommunale Wirklichkeit außerhalb der Ballungsgebiete als wenig bedeutsam zu vernachlässigen.[51] Immerhin wohnt weniger als ein Drittel der Bevölkerung Deutschlands in Großstädten mit mehr als 100.000 Einwohnern.[52]

---

[44] Wollmann, in: Heinelt/ Wollmann 1991, S. 19, 21, 24, 26; von Saldern, 1989, S. 319.

[45] Wollmann, in: Heinelt/ Wollmann 1991, S. 26.

[46] S.d. Naßmacher 1988a. Im neuesten Paradigma werden Politikprozesse als Netzwerke analysiert; s.d. Schubert, in: Jansen/ Schubert 1995, S. 222ff.

[47] Wollmann, in: Heinelt/ Wollmann 1991, S. 22, 27. - Ob die semantische Nähe der Begriffe Spielraum und Spielwiese von den Autoren reflektiert wurde, ist uns nicht bekannt.

[48] Grauhan, in: Grauhan 1975, S. 12; ähnlich auch: Scheuner 1973, S. 40f.; Grauhan/ Linder 1974, S. 28ff.

[49] So z.B. bei Kleinfeld, in: Kleinfeld u.a. 1996, S. 30.

[50] Wehling, in: Heinelt/ Wollmann 1991, S. 157; ähnlich Voigt, in: Voigt 1984, S. 23.

[51] Ausnahmen: Wehling 1978; Schneider 1985 und Schneider 1991.

[52] Deutscher Städtetag 2004, S. 8. Beabsichtigt ist hier keine vergleichende Analyse von systematisch ausgewählten Fallstudien, sondern die anschauliche Darstellung kommunaler Politik. Beispiele sind

Als Defizite der wissenschaftlichen Literatur nennt Kleinfeld u.a. einen Mangel an Gesamtdarstellungen, an Untersuchungen zur Leistungsfähigkeit kommunaler Institutionen sowie eine Vernachlässigung der komparativen Komponente.[53] Diese Schwächen sollten bereits die früheren Auflagen bearbeiten:[54] Sie versuchten die Leistungsfähigkeit der Institutionen durch vergleichende Betrachtung kommunalpolitischer Prozesse didaktisch aufbereitet darzustellen. Diese Ausrichtung bleibt auch für diese Neufassung erhalten. Da Kommunalpolitik mit anderen Entscheidungsebenen und Akteuren vielfältig vernetzt ist, erscheint für das weitere Vorgehen die Einordnung des Subsystems „kommunale Ebene" in das politisch-administrative System unverzichtbar.

1.1.3 Gemeinden als Teil des politischen Systems

„Den Gemeinden muss das Recht gewährleistet sein, alle Angelegenheiten der örtlichen Gemeinschaft im Rahmen der Gesetze in eigener Verantwortung zu regeln."[55] Dieser Satz in Art. 28 II GG gilt als Garantie der kommunalen Selbstverwaltung. Alle anderen Festlegungen im Rahmen der EU sind vergleichsweise viel schwächer. Die Europäische Charta der kommunalen Selbstverwaltung von 1985 des Europarates erkennt in Art. 2 die verfassungsmäßige Stellung der kommunalen Gebietskörperschaften ausdrücklich an.[56] Sie wurde von der überwiegenden Zahl der EU-Mitgliedsstaaten sowie von allen Beitrittsländern ratifiziert. Als Meilenstein gilt allerdings der Vertrag von Maastricht, in dem es aber vor allem um die Kompetenzverteilung der verschiedenen Ebenen geht. Gerade die inhaltliche Reichweite der kommunalen Selbstverwaltung bedarf jedoch der Interpretation.

Die Frage, ob die Gemeinden neben Bund und Ländern als dritte Ebene im deutschen Staatsaufbau anzusehen sind, wird von Verfassungsrechtlern einhellig verneint. Aus politikwissenschaftlicher Sicht bilden die deutschen Kommunen (Gemeinden und Kreise) jedoch die unterste, **dezentrale Ebene des politischen Systems**. Diese Einordnung wird dadurch gestützt, dass Gemeinden und Gemeindeverbände als organisatorisch selbstständige Ebene der öffentlichen Verwaltung vom Grundgesetz garantiert sind.[57] Die Garantie erstreckt sich freilich nur auf die Institu-

---

so gewählt, dass sich Einsichten und Schlussfolgerungen auch auf Städte und Gemeinden unterschiedlicher Größe übertragen lassen.

[53]   Kleinfeld, in: Kleinfeld u.a. 1996, S. 56.

[54]   Naßmacher/ Naßmacher 1979. Für unsere Darstellung in der vorigen Auflage dieses Buches hatten wir jedoch Klein- und Mittelstädte mit etwa 15-45.000 Einwohnern aus vier verschiedenen Ländern als Beispielgemeinden ausgewählt.

[55]   Grundgesetz für die Bundesrepublik Deutschland vom 23. Mai 1949 (in der Fassung vom 28.08.2006), Art. 28 II.

[56]   Allerdings handelt es sich nicht um einen EU-Rechtstext.

[57]   Z. B. Scheuner 1973, S. 6; Schmidt-Jortzig 1977, S. 806; mit dem gleichen Ergebnis auch Hättich, in: Rausch/ Stammen 1972, S. 293ff.

tion der kommunalen Selbstverwaltung, begründet also weder den Anspruch auf ein bestimmtes Gebiet (Territorium), noch die Zuweisung ständig gleichbleibender Aufgaben (Kompetenzen) oder gar der zu ihrer Erfüllung erforderlichen Finanzmittel. Alle drei (für den Laien naheliegenden) Elemente einer Bestandsgarantie sind bereits Gegenstand politischer und juristischer[58] Auseinandersetzungen gewesen, die sich durch die Einbindung der kommunalen Gebietskörperschaften in das Mehrebenensystem EU noch verstärken.

Das größte Aufsehen erregte dabei in den 1970er Jahren in den westlichen Bundesländern die Veränderung des gemeindlichen Gebietsbestandes durch Maßnahmen der territorialen Neuordnung (*Gebietsreform*). Auch die östlichen Bundesländer haben inzwischen Gebietsreformen durchgeführt. Das Ziel „Stärkung der Verwaltungskraft" wurde in Ostdeutschland zunächst durch die Bildung von Ämtern bzw. Verwaltungsgemeinschaften verfolgt.[59] Die Zusammenfassung bisher selbstständiger Gemeinden zu Großgemeinden, Gemeindeverbänden, Vereinigungen, Samtgemeinden, Verbandsgemeinden oder Verwaltungsgemeinschaften[60] hat (in fast allen ländlichen Räumen[61] Deutschlands erstmalig) den unmittelbaren Zusammenhang zwischen siedlungsgeographischem Lebensraum und öffentlich-rechtlicher Verwaltungseinheit aufgehoben. Die Auswirkungen dieser Maßnahme auf die Aktivität der Bürger, das örtliche Parteiwesen, die Kommunalvertretungen sowie das Verhältnis von Politik und gesellschaftlichem Leben lassen sich nur im Westen Deutschlands einigermaßen absehen.[62] Die ostdeutschen Länder haben versucht, aus den Fehlern ihrer westdeutschen Partner zu lernen.[63]

Darüber hinaus haben alle Bundesländer eine „*Funktionalreform*" diskutiert und (zumindest teilweise) durchgeführt. Dieser Prozess wurde meist verstanden als Verlagerung der formellen Zuständigkeit für bestimmte öffentliche Aufgaben, u.a. von der Landesverwaltung auf kommunale Träger.[64] Angelpunkt solcher Überle-

---

[58] Von besonderer Bedeutung gilt die Rastede-Entscheidung (BVerGE 79, S. 127), nach der den Gemeinden ein Kernbestand kommunaler Aufgaben nicht entzogen werden darf. S. d. Kronisch 1993, insb. S. 15, 19f., 133ff.; Brühl, in: Püttner 1985, S. 707-714.

[59] Vgl. Petzold, in: Roth/ Wollmann 1994, S. 42f. - Weitergehende Ziele verfolgte nur Sachsen; s.d. Wollmann, in: Wollmann u.a. 1997, S. 294; Wollmann, in: Wollmann/ Roth 1999, S. 166; s.a. Abschnitt 1.2.3.

[60] Zu den rechtlichen Formen s. § 71 NGO (Niedersächsische Gemeindeordnung i.d. Fassung vom 18. 10 1977 (Nds. GVBl. S. 497)), § 59 GO B.-W. (Gemeindeordnung für Baden-Württemberg i.d. Fassung vom 22. 12 1975, GBl. vom 27. 01 1976, S. 1), § 64 GemO RhPf. (Gemeindeordnung für Rheinland-Pfalz vom 14.12.1973, GVBl. S. 419), § 7 KV BR (Kommunalverfassung Brandenburg vom 30.6.1994 GVBl. I, S. 122), § 6 KV M-V (Kommunalverfassung für das Land Mecklenburg-Vorpommern vom 13.11.1995, GVBl. I, S. 537).

[61] Eine Ausnahme bilden die seit 1933 bestehenden Großgemeinden im ehemaligen Freistaat Oldenburg.

[62] Vgl. Jauch 1975; Wehling/ Werner, in: Wehling 1978, S. 143f.; Wehling 1989b, S. 195f., 204; Norton 1997, S. 252-255.

[63] Schmidt-Eichstaedt 1993, S. 8; Wollmann, in: Kaase u.a. 1996, S. 108.

[64] Zu diesem Problemkreis für die westlichen Länder s. Thränhardt 1978 mit weiteren Nachweisen und Wittkämper, in: Voigt 1984, S. 176-179. Zur grundsätzlichen Kritik des Konzepts siehe Wage-

gungen ist immer die normative Frage, welche Aufgaben die Gemeinden im Staatsaufbau der Bundesrepublik Deutschland und im Rahmen der EU übernehmen sollen. Gerade die EU scheint die Handlungsfähigkeit der Kommunen zu begrenzen. Dagegen ist bereits im EG-Vertrag bestimmt, dass die Gemeinschaft nach dem Subsidiaritätsprinzip nur tätig wird, sofern und soweit die Ziele von Maßnahmen auf der Ebene der Mitgliedsstaaten nicht ausreichend erreicht werden können. Das Subsidiaritätsprinzip wurde mit dem Maastrichter Vertrag von 1992 festgeschrieben und durch die Leitlinien des Europäischen Rates von Edinburgh konkretisiert. Nach dem Vertrag von Amsterdam (1997) müssen Gesetzesvorschläge der Kommission auf die Einhaltung des Prinzips geprüft werden.[65] Wir werden auf den Bestand der gemeindlichen Aufgaben und seine Veränderung noch eingehen.[66] An dieser Stelle erscheint nur der Hinweis erforderlich, dass der inhaltliche Umfang örtlicher Aufgaben nicht ohne Beachtung der unterschiedlichen Größe und finanziellen Leistungsfähigkeit von Gemeinden festgelegt werden kann.

Die *Finanzausstattung* der Kommunen war bereits vor Entstehung der Bundesrepublik politisch umstritten.[67] Nach 1945 ging es vor allem um die Verteilung der Nachkriegslasten auf die einzelnen Länder. Die Gemeinden spielten in diesen Diskussionen noch keine Rolle; die Hoffnung der Gemeinden, durch das Grundgesetz ausreichende Finanzquellen garantiert zu bekommen, erfüllte sich nicht. Vielmehr beschränkten sich die Verfassungsväter auf die Verteilung der Steuern zwischen Bund und Ländern und überließen die Finanzausstattung der Gemeinden den Ländern.[68] Die Erfahrungen der Weimarer Zeit bestärkten die Kommunen, insbesondere ihre Spitzenverbände, in der Forderung nach einer Finanzgarantie im Grundgesetz. Diese konnte erst 1955/56 erreicht werden. Seitdem steht den Gemeinden das Aufkommen aus den Realsteuern zu. Darüber hinaus wurden die Länder verpflichtet, aus ihrem Anteil an der Einkommen- und Körperschaftsteuer den Gemeinden weitere Mittel zuzuweisen. Mit dieser Regelung waren wichtige Voraussetzungen für die örtliche Erledigung öffentlicher Aufgaben geschaffen.

Zur **Begründung der Dezentralisierung** durch kommunale Selbstverwaltung wird in der sozialwissenschaftlichen Literatur eine Fülle von Argumenten vorgetragen. Die wichtigsten lassen sich zwei entgegengesetzten Positionen, einer politökonomischen und einer verwaltungssoziologischen, zuordnen.

Aus politökonomischer Sicht stellt Offe fest, dass die heute bestehende „Fiktion kommunaler Autonomie" nicht aus der „Abgeschlossenheit eines kommunalen Wirtschafts- und Machtbereichs" abzuleiten ist. Weder „die Geschlossenheit eines

---

ner 1977, S. 55ff.; Kronisch 1993, S. 16f. Für Ostdeutschland vgl. Wollmann, in: Wollmann u.a. 1997, S. 294-299, insb. S. 296; Schmidt-Eichstaedt, in: Derlien 2001, S. 83ff.

[65] Art. 5 (ex-Artikel 36) EG-Vertrag in der Fassung des Vertrags von Amsterdam vom 2.10.1997. http://www.europarl.eu.int/factsheets/1_2_2_de.htm.

[66] Siehe unten, insb. Abschnitt 2.4.

[67] Siehe unten, Abschnitte 1.2.2 und 1.3.2.

[68] Engeli 1981, S. 130.

lokalen ökonomischen Systems, noch die autonome Dispositionsmöglichkeit über kommunale Angelegenheiten, noch die verwaltungstechnische Zweckmäßigkeit einer autonomen Kommunalverwaltung, noch schließlich der 'Selbstbestimmungswille' als politisches Motiv der Gemeindebürger" geben eine plausible Begründung für eine organisatorische Eigenständigkeit der kommunalen Ebene ab. Deshalb kann für die formelle („fiktive") Übertragung bestimmter Zuständigkeiten an die Gemeinden nur eine Entlastungsstrategie verantwortlich sein: Kommunale Politik immunisiert den Zentralstaat gegen „Konflikte über Lebens- und Versorgungsbedingungen". Wenn die *Pufferzone* gemeindlicher Autonomie auch formell ausgeschaltet wäre, müsste der Zentralstaat sich selbst mit entsprechenden politischen Forderungen auseinandersetzen. Oder in Annäherung an die sozialwissenschaftliche Fachsprache: „Je geringer die Bedeutung der Gemeinde als faktischer Entscheidungsträger wird, desto wichtiger wird die Funktion formell gewahrter Selbstverwaltungsautonomie als Ebene ausgegliederter Konfliktsabsorption." Voraussetzung für eine solche Einschätzung ist allerdings die (in der weiteren Darstellung noch zu prüfende) These, dass alle politischen Aufgaben in der Gemeinde „durch überkommunal gesetzte Prämissen weitgehend vorentschieden sind".[69]

Im Gegensatz dazu unterstellt Wagener für die verwaltungssoziologische Position, dass ein „Bündel öffentlicher Aufgaben von einer demokratisch verfassten örtlichen Verwaltungseinheit möglichst ohne Einwirkungsmöglichkeit der nächsthöheren Einheit selbst geplant, finanziert, durchgeführt und kontrolliert werden kann."[70] Für eine Beibehaltung der kommunalen Selbstverwaltung, eventuell sogar ihre Ausweitung, sprechen zahlreiche *Vorteile einer Dezentralisierung*:

- Thematisierung: öffentliche Aufgaben, von denen die Lebensbedingungen einer modernen Gesellschaft abhängen, bleiben auf der politischen Tagesordnung;[71]
- Effizienz: ortsnahe (dezentrale) Entscheidungen sind gegenstandsnäher, sach- und bedarfsgerechter;[72]
- Vielfalt: regionaldifferenzierte Angebote sichern eine enge Verknüpfung von Leistung und Gegenleistung im Bewusstsein der Bürger;[73]
- Innovation: Pilotentscheidungen bei Bund, Ländern und Gemeinden ermöglichen flexibles Handeln;
- Entlastung: eigenständige untere Instanzen vermindern den Problem- und Entscheidungsdruck des Gesamtsystems;

---

[69]   Alle Zitate in diesem Absatz bei: Offe, in: Grauhan 1975, S. 306-308; im Ergebnis ähnlich Grymer, in: Emenlauer u.a. 1974, S. 107ff., 113; Funk u.a., in: Grauhan 1975, S. 375ff. und Mayer, in: Blanke 1991, S. 66. Eine systematische Prüfung dieser sog. Erosionsthese fällt negativ aus (Faber 1982, S. 20-43). - S. unten Abschnitt 1.3.2.
[70]   Wagener 1977, S. 56ff.; ähnlich Voigt 1976, S. 139, 143.
[71]   Niedersächsischer Minister des Innern 1978, S. 7; vgl. Grauhan, in: Grauhan 1972, S. 13f.
[72]   Timm 1965, S. 299.
[73]   Marcus 1987, S. 108.

- Legitimation: lokale Aggressionen, kleinkarierte Interessen und persönliche Querelen werden abgefiltert;
- Machtbegrenzung: eine hohe Zahl von unabhängigen Entscheidungs- und Handlungszentren atomisiert die Staatsgewalt;
- Partizipation: ortsbezogene Politik schafft höhere Chancen der Beteiligung und mehr Positionen für mitwirkungsbereite Bürger;
- Elitensozialisation: durch örtliche Mitwirkung werden politische Qualifikationen erworben, Fähigkeiten und Fertigkeiten der Interessenvermittlung eingeübt.[74]

Gemeinsam ist beiden Positionen die Entlastung der zentralen staatlichen Verwaltung. Während Offe jedoch die Entlastung von Konflikten durch Verschiebung der Verantwortlichkeit betont, ziehen Wagener und Wehling auch eine Entlastung von Entscheidungsdruck und die Erschließung neuer politischer Lösungsmöglichkeiten („Innovationen") durch eigene Entscheidungsbereiche der dezentralen Verwaltungseinheiten in Betracht.

Die kommunale Ebene (bestehend aus Kreisen und Gemeinden) im deutschen Bundesstaat ist Teil des „dreistufigen Verwaltungsaufbaues".[75] Der *funktionale Föderalismus*" zielt nicht auf ethnische Differenzierung oder regionales Eigenbewusstsein, sondern vor allem auf *Machtverteilung*. Die Kommunen sind zwar nur „Hintersassen der Bundesländer",[76] tragen aber als Ausdruck eines machtverteilenden Organisationsprinzips zur Begrenzung staatlicher Herrschaft bei.[77] Das „konstitutionelle Konzept der gegliederten Demokratie" wird nicht nur durch „Dezentralisation der öffentlichen Verwaltung" realisiert,[78] sondern auch durch das Demokratiepostulat des Grundgesetzes: „In den Ländern, Kreisen und Gemeinden muss das Volk eine Vertretung haben, die aus allgemeinen, unmittelbaren, freien, gleichen und geheimen Wahlen hervorgegangen ist."[79]

Da die radikal-demokratische Forderung nach einer auf Einzelpersonen bezogenen Machtgleichheit nicht verwirklicht werden kann, muss in der repräsentativen Demokratie Machtkonzentration verhindert werden, indem politische Macht auf eine möglichst große Zahl von Trägern verteilt bleibt. Insoweit beschreibt das (föderalistische) Konzept der vertikalen Gewaltenteilung ebenso wie das historische Konzept der horizontalen (institutionellen) Gewaltenteilung[80] oder die modernen Vorstellun-

---

[74] Neben den bereits genannten Autoren (vorige Anmerkungen 69ff.) insb. Wagener, in: Wagener 1980, S. 45f.; Lehner, in: Voigt 1984, S. 112f. und Wehling 1989b, S. 195.

[75] Voigt 1976, S. 48; ähnlich die Enquete-Kommission Verfassungsreform, Schlußbericht, Deutscher Bundestag, Drs. 7/5924, S. 220.

[76] Zitate bei: Rudzio 1996, S. 346, 381.

[77] Vgl. Norton 1997, S. 241.

[78] von Unruh 1989, S. 5; vgl. Wagener, in: Wagener 1980, S. 45; Schmidt-Jortzig 1982, S. 13; ähnlich bereits Ziebill 1971, S. 27.

[79] Art. 28 I GG.

[80] Vgl. Grauhan 1969a, S. 270ff.

gen von einer zeitlichen Gewaltenteilung (im Parteienwettbewerb) oder sozialen Gewaltenteilung (durch Pluralismus) jeweils nur ein Element in der dynamischen Entwicklung westlicher Demokratie.[81] Aktuelle Auseinandersetzungen um die konkrete Stellung der Gemeinden im politischen System zielen stets auf „ein besseres Austarieren des Prinzips Dezentralisation im Staatsaufbau."[82]

Gerade in politischen Systemen, die sich als Demokratie verstehen, liegt es nahe, die Gemeinde auch als **„Schule der Demokratie"**[83] anzusehen: „Vor allem über die Betätigung auf dem Gebiete der Kommunalpolitik wird beim Bürger das Interesse an der Bundes- und Landespolitik geweckt und sein aktives Mitwirken vorbereitet."[84] Die Gemeinde gilt als ursprüngliches Feld für die politische Betätigung des Bürgers. Von der Kommunalpolitik werden besondere Schulungswirkungen (Sozialisationseffekte) erwartet, weil sich die örtlichen Verhältnisse als überschaubar darstellen, die Problemlagen als durchschaubar gelten, Entscheidungsprozesse als beeinflussbar erscheinen und Maßnahmen den Einzelnen persönlich betreffen.[85] Indem Politik in ihren lokalen Ergebnissen erfahren wird, entwickelt sich der Entscheidungsprozess in zugeordnetem Ausschnitt des politischen Systems (nämlich im kommunalen Bereich) zum Bezugspunkt für Aktivitäten einer bewussten Gestaltung der gesellschaftlichen Umwelt. Dabei können die Bürger politische Techniken entwickeln und deren Beherrschung erlernen.[86] Dieses Idealbild lässt sich allerdings nur verwirklichen, wenn in der jeweiligen Gemeinde

- Aufgaben wahrgenommen werden, die entscheidend in das Leben des einzelnen Bürgers eingreifen, also nicht alle wesentlichen Fragen von Bund und Land geregelt werden;
- das politische Geschehen tatsächlich überschaubar und durchschaubar ist, die Gemeinde also eine gewisse Größe nicht überschreitet;
- anstehende Probleme nicht (zur Vermeidung von Konflikten) rein verwaltungsmäßig erledigt werden, was gerade in kleinen Gemeinden besonders nahe liegt.[87]

---

[81] Vgl. Naßmacher [5]2004, S. 149-163.

[82] Laux, in: Wagener 1980, S. 99.

[83] So bereits Heuß 1921, S. 10; vgl. auch Rebentisch 1985b, S. 71. Im Ergebnis auch Klages (1993, S. 166), wobei hier vor allem an die spontane Mitwirkung gedacht wird, um Politikverdrossenheit zu bearbeiten.

[84] Ulrich, Fritz (Innenminister) in: Landtag von Baden-Württemberg, 1. Wahlperiode 1952-56, Sitzungsprotokoll, S. 2265; ähnliche Gedanken zit. bei Hättich, in: Rausch/ Stammen 1972, S. 275 und Wehling, in: Wehling 1975, S. 277. Auch die Europäische Charta der Kommunalen Selbstverwaltung des Europarats von 1985 geht davon aus, dass in kommunalen Gebietskörperschaften das Recht der Bürger auf Mitwirkung am Unmittelbarsten ausgeübt werden kann. http://conventions. coe.int/Treaties/Html/122.htm.

[85] Niedersächsischer Minister des Innern 1978, S. 3; Hill, in: Hill 1994, S. 21.

[86] Dahl 1967, S. 965, 967, 969. Zur Bedeutung der lokalen Ebene für die Beteiligungsbereitschaft s. Roth, in: Wollmann/ Roth 1999, S. 5f.

[87] Hättich, in: Rausch/ Stammen 1972, S. 275, 272, 298f.; Wehling, in: Wehling 1975, S. 287.

Mit wachsender Größe der politischen Einheit werden die Mitwirkungsmöglichkeiten des Einzelnen geringer, während bei kleineren Einheiten die Gefahr besteht, dass die politische Beteiligung sich als trivial erweist, weil sie nur einen ganz geringen Teil der gesellschaftlichen Umwelt zu gestalten vermag.[88] Aus diesem generellen Dilemma politischer Partizipation ergibt sich die Notwendigkeit, im Interesse der Entfaltung demokratischer Mitwirkung, sowohl ein Mindestmaß an Entscheidungsfreiheit für die Gemeinden zu sichern als auch eine optimale Gemeindegröße zu bestimmen. Auch wenn die zahlenmäßige Festlegung schwierig bleibt, lassen sich Anhaltspunkte nennen: Zwischen 5.000 und 50.000 Einwohnern, also weder dörfliche noch großstädtische Verhältnisse, sondern eher die mittelgroße Stadt[89] erscheinen als optimal. Die Kommunalpolitik solcher Mittelstädte wird sich in mancher Hinsicht von der Bundes- und Landespolitik unterscheiden, kann also nur begrenzt als „Schule der Demokratie" wirken.[90] Das gilt vielleicht auch für die in Mittelstädten bereits ausgeprägte, aber keineswegs unbestrittene Rolle der politischen Parteien.

1.1.4 *Verhältnis von Kommunalpolitik und Parteipolitik*

Wer den Ablauf politischer Entscheidungsprozesse in westlichen Demokratien betrachtet, wird ganz selbstverständlich den Parteien eine unverzichtbare Rolle zuweisen. Versuche, die kommunale Ebene „parteifrei" zu machen, wurden in den USA und Kanada im Rahmen der Reformen Anfang des 20. Jahrhunderts unternommen. Dies führte zu einem Orientierungsverlust der Wähler mit Vorteilen für bürgerliche Kreise und zu geringerer Wahlbeteiligung.[91] Inzwischen hat sich gezeigt, dass Parteien auf der kommunalen Ebene auch in diesen Staaten nicht ohne Bedeutung sind. Vielmehr führte das Verbot, als Kandidat ohne Parteietikett kandidieren zu müssen, zu „Ersatzparteien", deren Ziele von den nationalen Parteien unterstützt werden.[92]

Gleichgültig, ob man die moderne Demokratie als Parteienstaat bestimmt oder ob man die Parteien als Instrumente demokratischer Regierungsweise sieht,[93] ihre Rolle in der deutschen Demokratie scheint durch das Grundgesetz hinreichend geklärt: „Die Parteien wirken bei der politischen Willensbildung des Volkes mit."[94] Ungeachtet dieser Klarstellung gibt es bis in die Gegenwart eine rechtsdogmatische Diskussion über die Zulässigkeit von Parteipolitik in Gemeinden und Kreisen.

---

[88] Das Problem wurde bereits von Dahl (1967) formuliert.
[89] Thränhardt, in: Kevenhörster 1977, S. 226; Dahl 1967, S. 957ff.; Wagener 1977, S. 65f.
[90] S.d. insbesondere Hättich, in: Rausch/ Stammen 1972, S. 294f.
[91] Kevenhörster, in: Kühr 1979, S. 292, 297, 310, 204, 305.
[92] Purcal 1993.
[93] Leibholz 1967; Hermens 1968. Zur aktuelleren Diskussion s. Norton 1997, S. 242f.; Stöss, in: Gabriel u.a. 1997b, S. 13ff.
[94] Art. 21 I GG.

Die juristisch geprägte deutsche Kommunalwissenschaft scheint entschlossen, einen „Naturschutzpark" eigener Art zu verteidigen; das Eindringen der Parteien in die demokratische Gemeinde wird zum Problem erklärt. Trotz einer insgesamt parteienkritischen Tendenz finden sich unterschiedliche Zugriffe: Während die einen wohlwollend feststellen, „dass die Parteien auch in den Kommunen berechtigt sind, an der politischen Willensbildung mitzuwirken,"[95] sehen die anderen einen prinzipiellen Gegensatz zwischen Parteienstaat und Selbstverwaltung. Die Gemeinde wird zur konflikt-, ideologie- und agitationsfreien Idylle verklärt. Nicht nur der Staat, auch die Parteien müssen „die besonderen Erfordernisse der Selbstverwaltung" berücksichtigen, die „Lebensgesetze örtlicher Gemeinschaft" respektieren, „sich selbstverwaltungsgemäß verhalten," „weise Selbstbeschränkung" üben.[96]

Diese Zielsetzung scheint beinahe die Parteienschelte der jüngsten Zeit vorwegzunehmen. Vor dem Hintergrund einer von Meinungsforschern und Medien diagnostizierten Politikverdrossenheit[97] entwickelte sich in den 1990er Jahren eine ausgeprägte Parteienkritik. Deren bekannteste Vertreter, die Repräsentanten des gebildeten Großbürgertums von Arnim und von Weizsäcker, zielen mit ihrer Kritik fast ausschließlich auf die Parteitätigkeit in der Bundes- und Landespolitik, stellen aber übereinstimmend Regelungen der süddeutschen Gemeindeordnungen als Korrektiv gegen zuviel Parteieinfluss heraus: Bürgerbegehren, Bürgerentscheid, personalisierte Kommunalwahlverfahren und die Direktwahl der kommunalen Verwaltungsspitze.[98] Es fällt schwer, hinter solchen Vorschlägen nicht „das Modell eines übergeordneten, außerhalb von Parteien angesiedelten Gemeinwohls"[99] zu vermuten. Diese Vorstellung findet sich in den Städten seit dem 19. Jahrhundert. Bereits „Gneist sprach sich ... entschieden gegen ... Parteipolitik in den Gemeinden aus."[100] Ein ausländischer Beobachter beschreibt die deutsche Diskussion über die Rolle der Parteien in der Kommunalpolitik als Ringen zwischen Vergangenheit und Zukunft: Die nicht parteigebundene kommunale Selbstverwaltung (nonpartisan model) sieht er als Überhang aus der „guten alten Zeit", die auf Parteienwettbewerb beruhende Kommunalpolitik (party government model) als Ausdruck „noch nicht verwirklichter Hoffnungen."[101]

Das überlieferte Verständnis (des liberalen Bürgertums im 19. Jahrhundert und der überwiegend juristischen Auffassung von heute) unterstellt, dass die Gegenstände kommunaler Verwaltung im wesentlichen technischer Natur sind und am besten von fähigen, erfahrenen und gut ausgebildeten Verwaltungsfachleuten bewältigt

---

[95] Knemeyer/ Jahndel 1991, S. 11.
[96] Köttgen 1968, S. 209, 33, 197; Lintz 1973, S. 81, 45f; Ziebill 1971, S. 57, 92.
[97] Schedler 1993, S. 416, 434; Falter/ Rattinger, in: Gabriel u.a. 1997b, S. 495.
[98] von Arnim 1995, S. 363f.; von Weizsäcker 1992, S. 153f.; vgl. unten, Abschnitt 1.2.3.
[99] Rudzio 1995b, S. 14 (Sonderdruck).
[100] Schöber 1991, S. 147 unter Verweis auf Gneist 1869.
[101] Gunlicks 1986, S. 171. Die zunehmende Bedeutung kooperativer Demokratieelemente in lokalen Agenda-Prozessen, Zukunftswerkstätten, Stadtteilforen u.ä. scheint diese Prozesse eher wieder zur Disposition zu stellen.

werden können. Politikwissenschaftler und Sozialdemokraten halten Parteipolitik auch im Rathaus für notwendig, weil das Ringen einer Gesellschaft um mehr Gleichheit und die Art der öffentlichen Dienstleistungen auch in den Gemeinden stattfindet. Ohne die Parteien, die vorhandene Vorschläge bündeln, wird die Debatte um Prioritäten bei anstehenden Maßnahmen für die Bürger undurchsichtiger, weil die Entscheidungen nicht den Verantwortlichen zugeordnet werden können. Dies ist mit einem Kontrollverlust verbunden. Die Auseinandersetzung zwischen beiden Konzepten hält an: Die traditionelle Vorstellung von einer eingeschränkten Parteilichkeit der kommunalen Selbstverwaltung steht dem neueren Anspruch auf parteipolitische Parlamentarisierung der Kommunalpolitik gegenüber.[102]

Die Annahme einer unpolitischen Verwaltung ist ein verbreitetes Mißverständnis,[103] das durch empirische Politikfeldanalysen widerlegt wurde, die bewertende Entscheidungen von Verwaltungen herausarbeiteten.[104] Wer kommunale Maßnahmen rein verwaltungsmäßig abwickeln will, sucht nach besten Lösungen innerhalb eines als Sachzwang wahrgenommenen Handlungsrahmens; „die Möglichkeit von Alternativen, die verschiedenen sich widerstreitenden Interessen folgen, wird geleugnet."[105] In den Kommunen fallen laufend Entscheidungen, werden Verwaltungsakte vorgenommen. Selbstverständlich muss ein Verwaltungsakt fachlich korrekt sein. Das bezieht sich aber nur auf die technisch einwandfreie Durchführung. Die Entscheidung, ob und wo eine Brücke gebaut werden soll, bedarf der Fachkenntnis, aber auch eines politischen Willens. „Die wesentlichen Fragen einer kommunalen Verwaltung sind ... nicht entweder sachlich oder politisch, sondern sowohl fachlich wie ... politisch."[106] Die Entscheidung über eine (nicht zuletzt finanziell bedingte) Rangfolge von Maßnahmen oder der Verzicht auf bestimmte Leistungen kann nicht fachlich oder sachlich, sondern nur durch politische Bewertung getroffen werden.[107]

Die kommunalen Akteure stehen dabei wie alle Träger demokratischer Politik in einem Spannungsverhältnis zwischen bürgerschaftlicher Teilhabe (Partizipation) und administrativer Leistungsfähigkeit (Effizienz). Diese Zielsetzungen lassen sich leicht mit der Frage nach Demokratie- oder Managementbezug der kommunalen Verwaltung verknüpfen und den „Gegensatz" zwischen Sachpolitik und Parteipolitik in einem anderen Licht erscheinen. In den 1970er Jahren stand häufig die Mitarbeiterorientierung im Mittelpunkt, z.B. bei der Debatte um paritätische Mitbestimmung in den Stadtwerken. Heute lautet die vordergründige Alternative bürger-/ kunden-/ marktzentrierte Verwaltungsleistung oder managementorientierte Verwaltungsfüh-

---

[102] Gunlicks 1986, S. 161f., 164, 167f., 179, 209.
[103] Vgl. Haller, in: Köser 1979, S. 341, mit weiteren Nachweisen, insb. in Anm. 35; aber auch Laux, in: Wagener 1980, S. 89.
[104] Hucke u.a. 1980; Naßmacher 1987.
[105] Wehling, in: Wehling 1975, S. 283.
[106] So selbst Ziebill 1971, S. 63f.; im Ergebnis auch Lintz 1973, S. 48, 110f.
[107] Vgl. Dill/ Kanitz 1994, Heft 1, S. 7.

rung.[108] Es wäre nicht überraschend, wenn auch mit diesen neuen Begriffen nur der traditionelle Konflikt zwischen Parteipolitik und Sachpolitik ein neues Gesicht erhalten hätte.

Die Orientierung an Sachlichkeit und Ortsbezogenheit unterstellt eine gemeinsame Zielsetzung, ein Leitbild,[109] wie es auch in Unternehmen angestrebt wird, „das örtliche, rein sachliche Interesse" oder die „Gemeindeinteressen."[110] Dagegen wird zu Recht festgestellt: „Der Ort hat keine Interessen, sondern nur die Menschen, die darin wohnen, und diese Menschen haben in aller Regel sehr verschiedene Interessen." Tatsächlich gefährdet die kommunalpolitische Tätigkeit der Parteien „nicht die kommunale Selbstverwaltung, sondern die Vorrangstellung ihrer bisherigen Hauptakteure".[111] Gemeinderäte aus der gesellschaftlichen Oberschicht des Ortes hatten nicht „nur die Interessen der Gemeindebürger im Auge",[112] also gemeindliche Gesamtinteressen, sondern durchaus (gruppenspezifische) Teilinteressen; die „dauernde und massive Einflussnahme der Haus- und Grundbesitzer oder der ortsansässigen Gewerbetreibenden"[113] stützen Zweifel an der vermeintlichen „Sachpolitik" von Honoratioren.

In den 1970er Jahren diskutierten und beschlossen alle damals im Bundestag vertretenen Parteien (z.T. mit erheblichem Aufwand) kommunalpolitische Grundsätze.[114] In der praktischen Kommunalpolitik wurden vor allem zwei ideologisch fundierte Kernforderungen der Parteien wirksam: die Einrichtung von Gesamtschulen[115] (als Forderung der SPD) und die Privatisierung von öffentlichen Leistungen[116] (als Forderung von CDU/CSU und F.D.P.). Diese Kontroversen haben sich unter dem Zwang knapper Kassen abgeschwächt. Dagegen zeigt die Debatte über die Integration der Bevölkerung mit Migrationshintergrund unterschiedliche Bewertungen: So pocht die FDP beispielsweise in Nordrhein-Westfalen auf die Aufhebung der Schulbezirksgrenzen und setzt sich für eine freie Schulwahl der Eltern ein. Die parteipolitische Durchdringung der Kommunalpolitik stößt aber in personeller, inhaltlicher und prozeduraler Hinsicht auf Grenzen. Maßgebenden Einfluss hat dabei die Gemeindegröße: In Großstädten sind die Bürger auf die Orientierungshilfe und das Personalangebot der Parteien angewiesen. Die Parteien nutzen die Möglichkeiten der Besetzung von Ämtern (Patronage). Inhaltliche Akzente aus Parteiprogram-

---

[108] Kleinfeld, in: Kleinfeld u.a. 1996, S. 14f., 36f.; vgl. auch Eichhorn, in: Böhret/ Nowack 1995, S. 226f. Zum Neuen Steuerungsmodell vgl. unten, Abschnitt 1.3.3.
[109] Kritisch dazu Schneider 1997, S. 53ff.
[110] Ziebill 1971, S. 52, 66; Lintz 1973, S. 52, 110, 146; andere Ansicht z. B. Püttner, in: Püttner 1982, S. 7f.
[111] Zitate aus: Trachternach 1974, S. 49, 46; zur Rolle der Wahlbeamten s. unten, Abschnitt 1.2.2.
[112] Lintz 1973, S. 53; vgl. auch ebd. S. 75, 108, 125.
[113] Trachternach 1974, S. 48; vgl. auch Ziebill 1971, S. 22, 88f.
[114] S. d. Bretschneider/ Göbel 1976; Reuter 1976; Holler, in: Naßmacher 1977, S. 126ff.; Knemeyer/ Jahndel 1991, S. 28ff.
[115] Vgl. Manns 1996, S. 6, 356f., 367.
[116] Vgl. unten, Abschnitt 2.4.3.

men fließen in die Großstadt-Politik ein.[117] Prozedurale Begleiterscheinungen des Parteienwettbewerbs wie Diskussion und Abstimmung nach Fraktionen, Gegenüberstellung von Mehrheit und Minderheit, herrschen vor.[118] Aber die Kommunalpolitik in Großstädten betrifft (wie bereits erwähnt) nur etwa ein Drittel der Gesamtbevölkerung.

Für alle anderen Gemeinden, angefangen von Mittelstädten bis hin zu Landgemeinden, widerspricht das empirische Material der Behauptung, Parteipolitik bzw. die Parteizentralen dominierten das Gemeindeleben.[119] Ganz im Gegenteil spricht vieles für die bereits von Lehmbruch beobachtete Neigung der Ortsparteien, „ihre eigene Parteilichkeit zu verleugnen."[120] Deshalb entwickeln sie sich zu Wählervereinigungen, die (nach örtlicher Kosten-Nutzen-Abwägung) einen parteitypischen „Markennamen" benutzen oder auch nicht.[121] Im Gegenzug sind auch die Kontakte zwischen lokalen Parteigruppen und dem überregionalen Parteiapparat ausgesprochen schwach.[122] Selbst die beiden großen Parteien (CDU/CSU und SPD) hatten zunächst Schwierigkeiten, „das Bundesgebiet mit einem lückenlosen Netz von Ortsvereinen" zu überziehen.[123] Vor diesem Hintergrund gibt es wenig Grund für die häufig geäußerte Angst vor einer zentralistischen Fernsteuerung der Gemeindepolitik durch regionale oder nationale Parteiinstanzen.[124] Die real existierenden Parteien sind in Deutschland weder ideologisch festgelegt noch straff durchorganisiert.

Parteien bestehen aus Menschen, die durch ihre politische Arbeit Erfahrungen gewinnen. Sie sind in der Regel nicht nur in Parteien aktiv, sondern müssen auch in allen neuen Partizipationsangeboten für die Bevölkerung mitwirken. Soweit die Gemeinden als „Schule der Demokratie" wirksam werden, stellt sich besonders dringend die Frage nach den dort vermittelten „Lehrinhalten".[125] Auch die Rückwirkungen der kommunalen Verwaltungspraxis auf die politischen Erfahrungen der führenden Politiker und damit auf die Politik einer Partei (einschließlich ihrer zentralen Gremien) sind zu beachten.[126] Ein (vielfach unkritisch gepriesener) Reformismus, das Bemühen um kleinräumige Problemlösungen, ein übertriebener Pragmatismus und schließlich

---

[117] Ein Maximalprogramm parteispezifischer Aktivitäten entfalten Kanitz u.a. 1980, S. 26-30.
[118] Wehling, in: Heinelt/ Wollmann 1991, S. 150, 158.
[119] Gunlicks 1986, S. 166; Trachternach 1974, S. 110; Herzog, in: Wagener 1980, S. 86; Mäding, in: Gabriel/ Voigt 1994, S. 119; Gabriel u.a., in: Gabriel/ Voigt 1994, S. 160; Gabriel u.a. 1990, S. 159.
[120] Lehmbruch 1975, S. 7; Lehmbruch, in: Köser 1979, S. 330; genauer Suckow 1989, S. 221-227.
[121] Wehling, in: Heinelt/ Wollmann 1991, S. 153f., 159; Naßmacher, in: Niedermayer 1996, S. 181ff.
[122] Naßmacher, in: Gabriel u.a. 1997b, S. 429; Theis 2006, S. 45ff.
[123] Köttgen 1968, S. 204. Da der Begriff „Ortsvereine" nur bei der SPD Verwendung findet, drängt sich eine tiefenpsychologische Einschätzung der zitierten Aussage auf. Zur tatsächlichen Ausbreitung des nationalen Parteiensystems s. Naßmacher, in: Kevenhörster/ Wollmann 1978, S. 301-306 und ders., in: Thränhardt/ Uppendahl 1981, S. 47-52; Stöss, in: Stöss 1983, S. 2400, FN 28.
[124] Ziebill 1971, S. 51f.; Lintz 1973, S. 117; Scheuner 1973, S. 9; Knemeyer/ Jahndel 1991, S. 19f., 26f.; Theis 2006, S. 35ff.
[125] Naßmacher 2006, S. 49ff.
[126] von Saldern 1976, S. 295ff.; von Saldern, in: Naßmacher 1977, S. 18ff.

die Parzellierung der Gesamtpartei in lokale Einzelinteressen,[127] gehören zu den möglichen Gefahren einer traditionsreichen Verfassungsinstitution.

1.2 Traditionen der Selbstverwaltung

Zuweilen gelten die antiken Stadtstaaten, die Hansestädte oder die Gilden und Zünfte in den Städten des Mittelalters als historische Wurzeln der kommunalen Selbstverwaltung. Fast alle kommunalwissenschaftlichen Darstellungen beginnen ihren historischen Rückblick allerdings mit der Preußischen Städteordnung von 1808. Diese Städteordnung ist mit dem Namen des Ministers Freiherr vom Stein verbunden. Sie war (neben Heeresreform, Ministerialverwaltung, Bauernbefreiung und Gewerbefreiheit) Teil eines umfangreichen Modernisierungsprogramms.[128] Mit diesen Maßnahmen reagierte die preußische Staatsführung (Stein, Scharnhorst, Hardenberg) auf die militärische Niederlage (in den Kriegen) gegen das nachrevolutionäre Frankreich. Der politischen Realität kommt deshalb näher, wer die Französische Revolution als Auslöser der kommunalen Selbstverwaltung in Deutschland begreift. Weder Volkssouveränität noch Gewaltenteilung, Autonomie, ganz zu schweigen von Demokratie, gehören zur deutschen Selbstverwaltungstradition. Dennoch ist das Leitbild des Bürgers (sowohl Citoyen als auch Bourgeois) der gemeinsame Nenner für verschiedene Stränge kommunaler Tradition in den noch landwirtschaftlich geprägten deutschen Staaten des frühen 19. Jahrhunderts.

1.2.1 Städtische Selbstverwaltung im Agrarstaat

Die Gemeinden als eigenständige Träger öffentlicher Aufgaben boten zu verschiedenen Zeitpunkten eine Antwort auf unterschiedliche Problemlagen. Daraus ergibt sich ein buntscheckiges Gesamtbild, das fast zwei Jahrhunderte lang seinen Niederschlag in unterschiedlichen Kommunalverfassungen der einzelnen Länder fand. Die wichtigsten **Traditionslinien** der kommunalen Selbstverwaltung in Deutschland lassen sich grob vereinfacht mit einigen Stichworten umreißen:

- *Administrative Dezentralisierung* einer einheitlichen Staatsverwaltung im äußersten Westen, dem französisch besetzten Rheinland. Bezugspunkt der vorwiegend wirtschaftlich verstandenen Freiheiten des Einzelnen blieb (in Frankreich) die Nation, nicht die Gemeinde; der revolutionären Emanzipation des

---

[127] Ellwein 1971, S. 21; ähnlich - freilich mit positiver Wertung - Lintz 1973, S. 110.
[128] Für einen Überblick s. Braubach 1990, S. 116-124; Ritter 1981, S. 182-201.

Bürgertums vom absolutistischen Staat folgte keineswegs die politische Selbstbestimmung in autonomen Gemeinden.[129]

- Von oben verordnete *Emanzipation des städtischen Bürgertums* im feudal-bürokratischen Preußen, also dem Nordosten Deutschlands. Die preußischen Reformer handelten zwar reaktiv, aber früh, richtungsweisend und konzeptionell angeleitet; sie schufen die Grundlagen für einen modernen Staat mit neuer Machtverteilung zwischen Bauern und Bürgern, Adel und Beamten, aber keine Demokratie.
- *Wiederbelebung der bäuerlichen Nachbarschaftshilfe* im deutschen Südwesten, in Baden und Württemberg.[130] Die (erheblich erweiterten) ehemaligen Rheinbundstaaten folgten dem preußischen Vorstoß etwa zwei Jahrzehnte später, also eher verhalten, aber flächendeckend (für Stadt und Land); dabei konnte ein „aufgeklärter Absolutismus" auf regionale Traditionen aus früheren Jahrhunderten zurückgreifen.

In allen drei Traditionsbereichen unterblieb (bei Unterschieden im Detail) eine eindeutige Aufgabenteilung zwischen Staats- und Kommunalverwaltung.[131] Den beiden zuletzt genannten Traditionslinien, der nordöstlichen ebenso wie der südwestlichen, ist ein Kriterium staatsbürgerlicher Qualifikation gemeinsam, das die moderne Demokratie nicht akzeptieren kann. Der prinzipiellen Achtung des Privateigentums entsprachen ungleiche Rechte in der Gemeinde.[132] Das Bürgerrecht beruhte auf der beruflichen „Selbstständigkeit des Einzelnen als Voraussetzung für die Unabhängigkeit seiner Entscheidungen."[133] Die kommunale Selbstverwaltung ist weder „die einzige durchgehende Freiheitslinie in der deutschen Geschichte"[134], noch ein erster Schritt der politischen Demokratisierung in Deutschland. Allenfalls kommt in den Gemeindeordnungen des 19. Jahrhunderts das zunehmend akzeptierte Prinzip konstitutioneller Herrschaft, nämlich eine durch die Rechtsordnung begrenzte Staatsmacht, zum Ausdruck. Schon das Amt des Schultheißen war durch einen bis heute erhaltenen Doppelcharakter geprägt: Der Bürgermeister ist Vertreter des Staates (früher der Obrigkeit) „und gleichzeitig Repräsentant der Gemeinde."[135] Wie heute wurde die Gemeinde als örtlicher Vorposten der Staatsverwaltung genutzt.[136] Dies entsprach durchaus den Traditionen des Absolutismus und der Napoleonischen Zeit.

---

[129] Vgl. Ritter 1981, S. 255; Norton 1997, S. 238, 277.
[130] Eine Skizze der badischen und württembergischen Entwicklung gibt Hamberger 1966, S. 29ff., S. 171f.; s. auch Borchmann, in: Borchmann/ Vesper 1976, S. 19ff.
[131] Vgl. insb. Hess und Naujoks, in: Kirchgässner/ Schadt 1983, S. 155 bzw. 121; Grzywatz 1995, S. 37, 43.
[132] Leiser, in: Kirchgässner/ Schadt 1983, S. 40.
[133] von Unruh 1989, S. 5; vgl. Leiser bzw. Naujoks, in: Kirchgässner/ Schadt 1983, S. 41ff. bzw. 120, 129.
[134] Böhme, in: Ipsen 1995, S. 30.
[135] Wehling/ Siewert 1987, S. 47.
[136] Vgl. Naujoks, Leiser, Morenz und Hess, in: Kirchgässner/ Schadt 1983, S. 124, 128; 40, 46; 141; 158.

Immerhin beginnt die Entwicklung einer modernen Kommunalverfassung auf deutschem Boden mit einer Besatzungsmacht: Das revolutionäre Frankreich führt im März 1790 seine „durchaus freiheitliche Gemeindeordnung" von 1789 im besetzten Rheinland ein.[137] Aus der stärker zentralistischen-napoleonischen Fassung von 1800 entwickelten sich im westlichen Teil Deutschlands die Grundelemente der „Rheinischen Bürgermeisterverfassung": Ein von der staatlichen Obrigkeit bestellter Verwaltungschef (maire) führte in Stadt- und Landgemeinden die Beschlüsse der von den Gemeindebürgern gewählten Vertretung (conseil municipal) aus. In der preußischen Rheinprovinz und dem linksrheinischen Teil Bayerns (der Pfalz) behielt diese Gemeindeverfassung in Stadt und Land nach 1815 ihre Geltung.[138] Der Bürgermeister war vor allem dezentrales Vollzugsorgan der staatlichen Verwaltung.

Im heutigen Baden-Württemberg entstanden Gemeinden im 13. Jahrhundert als genossenschaftlicher Lebens- und Wirtschaftszusammenhang selbstständiger Bauern im Gefolge einer veränderten Agrarverfassung. Der „Kampf um das 'gute alte Recht' in Württemberg" und das Streben der badischen Frühliberalen nach „Gemeindefreiheit" entstammen durchaus unterschiedlichen Wurzeln, führten aber zu gemeinsamen Erfolgen.[139] Die Tradition gemeindlicher Selbstverwaltung war durch absolutistische Herrschaft nur wenige Jahrzehnte unterbrochen,[140] als im Königreich Württemberg das „Verwaltungsedict für die Gemeinden, Oberämter und Stiftungen vom 11. März 1824"[141] eine landeseinheitliche Kommunalverfassung für alle Kreise und Gemeinden schuf. Das Großherzogtum Baden (als liberales Musterland unter den Staaten des Deutschen Bundes) traf mit dem Gemeindegesetz vom 31. Dezember 1831 eine entsprechende Regelung. Durch die Gemeindeordnungen im südwestlichen Deutschland wurde die seit Jahrhunderten überlieferte genossenschaftliche Verwaltung der eigenen Angelegenheiten (unter staatlicher Aufsicht) wiederhergestellt und gesetzlich geregelt.[142] Ungeachtet wichtiger Gemeinsamkeiten bestanden auch im Südwesten Deutschlands beträchtliche Unterschiede: „Der Umfang der Selbstverwaltungsrechte der Gemeinden ist im Großherzogtum Baden relativ beschränkt, im Königreich Württemberg jedoch so weit wie nirgendwo sonst. Auch die Aufsicht des Staates über die Gemeinden ist in Baden sehr viel ausgeprägter als in Württemberg."[143]

Im Nordwesten Deutschlands (dem heutigen Land Niedersachsen) gab es unterschiedliche Regelungen für Städte und Landgemeinden. Im Herzogtum Oldenburg

---

137 Hess, in: Kirchgässner/ Schadt 1983, S. 153f.; Hoebink, in: Andersen 1987, S. 40f.
138 von Unruh 1989, S. 7; Hess, in: Kirchgässner/ Schadt 1983, S. 155; Borchmann, in: Borchmann/ Vesper 1976, S. 20f.
139 Hofmann 1974, S. 32. Vgl. auch Wehling/ Siewert 1987, S. 49-59.
140 Wehling, in: Pfizer/ Wehling 1991, S. 27, 31.
141 von Unruh, in: Püttner 1981, S. 68; Naujoks, in: Kirchgässner/ Schadt 1983, S. 118ff.
142 Wehling, in: Pfizer/ Wehling 1991, S. 31; Leiser, in: Kirchgässner/ Schadt 1983, S. 46f.; von Unruh, in: Püttner 1981, S. 65; von Unruh 1989, S. 7.
143 Wehling, in: Pfizer/ Wehling 1991, S. 34; a.A. Naujoks, in: Kirchgässner/ Schadt 1983, S. 121ff.

trat am 7. Januar 1832 eine Landgemeindeordnung in Kraft. Unterschiedliche Städteordnungen für die insgesamt 6 Städte stammten aus den Jahren 1817, 1820 und 1833.[144] Im Königreich Hannover)waren ansehnliche Reste mittelalterlicher Städtefreiheit erhalten geblieben. Sie bildeten die Grundlage der (vereinheitlichenden) Städteordnung vom 1. März 1851, in der vor allem die Selbstständigkeit der Städte gegenüber der (staatlichen) Regierungsgewalt betont wurde. Gleichzeitig blieb den hannoverschen Städten (trotz Besitz- und Steuerzensus) das Dreiklassen-Wahlrecht erspart. Die Bauernbefreiung von 1831/33 hatte im Königreich Hannover die Voraussetzung für eine Selbstverwaltung der Landgemeinden (Gesetz vom 4. Mai 1852) geschaffen.[145] Ganz anders verlief die Entwicklung im größten Teilstaat des späteren Deutschen Kaiserreichs.

Der Geltungsbereich der ersten modernen „Gemeindeordnung" eines deutschen Staates war auf das Preußen des Jahres 1808, also auf Gebiete östlich der Elbe, ausgerechnet den städteärmsten Teil Deutschlands,[146] beschränkt. (Vom heutigen Bundesgebiet können sich nur Brandenburg und Teile von Sachsen-Anhalt auf diese Selbstverwaltungstradition berufen.) In den ostelbischen Landgemeinden scheiterten grundlegende Reformen am Widerstand der politisch starken Grundherren, die ihre Aufsichtsbefugnisse über die Dörfer und Gutsbezirke zäh verteidigten.[147] Die Gemeindevorsteher preußischer Landgemeinden wurden von staatlichen Behörden ernannt.[148] Das Reformwerk des Freiherrn vom Stein, die **Preußische Städteordnung** von 1808, schuf nicht mehr als eine Sonderstellung der Städte in einem überwiegend landwirtschaftlich geprägten Staatsgebiet.

Der Grundgedanke des Freiherrn vom Stein, „die dezentrale eigenverantwortliche Regelung" örtlicher Angelegenheiten „unter starker bürgerschaftlicher Beteiligung,"[149] zielte auf wirtschaftlich erfahrene, durch eigenes Vermögen mit dem Wohl ihrer Stadt verbundene Personen. Das (auf Antrag verliehene) Bürgerrecht verpflichtete, zu den städtischen Lasten beizutragen und öffentliche Ämter zu übernehmen. Wahlberechtigte und Amtsträger mussten Grundbesitz in der Stadt oder ein jährliches Mindesteinkommen nachweisen. Auf Dauer Beschäftigte und fest besoldete Beamte hielt der Freiherr vom Stein für „Mietlinge", von denen vor allem Schlendrian und Interesselosigkeit, Unkenntnis der örtlichen Situation und Furcht vor Veränderungen zu erwarten war.[150]

---

[144] Eckhardt/ Schmidt 1993, S. 1034f.
[145] Vgl. Faber, in: Faber/ Schneider 1985, S. 227-232.
[146] Ritter 1981, S. 266.
[147] Borchmann, in: Borchmann/ Vesper 1976, S. 19f.; vgl. auch Rodenstein, in: Emenlauer u.a. 1974, S. 42; Ritter 1981, S. 266; von Saldern, in: Roth/ Wollmann 1994, S. 8, 17, Anm. 33.
[148] von Unruh, in: Püttner 1981, S. 69.
[149] Schöneich, in: Schöneich 1996, S. 1; positiver: von Saldern, in: Roth/ Wollmann 1994, S. 2.
[150] Hofmann 1974, S. 33; Leiser, in: Kirchgässner/ Schadt 1983, S. 45; Ritter 1981, S. 189-192, 258, 263.

Das Bürgerrecht, zunächst an Grundbesitz und Gewerbebetrieb gebunden, besaßen nur 6 bis 20 % der Einwohner.[151] Später hing das Stimmengewicht von der Steuerleistung ab. Der Bürger wurde stets gleichermaßen als wirtschaftlich (selbstständig) tätiger Bourgeois und als politisch (bevorrechtigter) engagierter Citoyen gesehen.[152] Die vielfach als vorbildlich eingeschätzte Städteordnung von 1808 begrenzte die kommunale Selbstverwaltung nicht nur räumlich (auf das jeweilige Stadtgebiet), sondern auch personal (auf die durch Grundbesitz oder Gewerbebetrieb qualifizierten Teile der Bevölkerung) und finanziell (durch die Leistungsfähigkeit der abgabepflichtigen Bürger).

In den Städten wurden alle Bindungen entfernt, die den Einzelnen bisher hinderten, jenen Wohlstand zu erlangen, den er aus eigener Kraft erreichen konnte. Die städtische Selbstverwaltung (seit 1808) und die Gewerbefreiheit (seit 1810) beseitigten wichtige Schranken für die Entfaltung der kapitalistischen Produktionsweise und die Entwicklung Deutschlands zur Industriegesellschaft: Die städtischen Selbstverwaltungsorgane entschieden - anfangs unter lebhafter Beteiligung örtlicher Unternehmer - über alle gewerbepolitischen Fragen, halfen den Unternehmern, sich gegenüber den eher konservativen Handwerkern durchzusetzen, und kümmerten sich um die Versorgung der aus dem Produktionsprozess ausgeschiedenen Arbeiter (Armenpflege).[153]

Durch die Städteordnung wurden zugleich schwere finanzielle Lasten von dem in Kriegen gegen das revolutionäre Frankreich bettelarm gewordenen preußischen Staat „auf das sich in den *Städten* herausbildende Bürgertum" abgewälzt.[154] Darin steckte allenfalls ein Zugeständnis an die von der Französischen Revolution beeinflussten politischen Bestrebungen der städtischen Bevölkerung, das - im Gegensatz etwa zur Einführung einer konstitutionellen Monarchie - die politische Struktur des preußischen Obrigkeitsstaates möglichst wenig berührte. Dem preußischen Staat „ging es nicht um Partizipation der Bürger an der Macht, sondern um Partizipation des städtischen Gewerbes und Grundbesitzes an der Sanierung der Staatsfinanzen."[155] Diese Mittel sollten aus einer neuen Gewerbesteuer fließen.

Mit modernen Begriffen könnte man in diesem Teil der preußischen Reformen eine Verbindung von steuerpolitischen Maßnahmen (im Verhältnis zwischen Stadt- und Landbevölkerung) mit einer Art sozialer Gewaltenteilung zwischen dem (sich im städtischen Bereich selbst verwaltenden) Bürgertum und den (im Staat nach wie vor herrschenden) Kasten des Adels und der Beamtenschaft sehen. Die Grundherren hatten zwar die Hand- und Spanndienste der Bauern verloren, behielten aber die Führungspositionen in Armee und Verwaltung. Bis ins 20. Jahrhundert hinein blie-

---

[151]   Wehling, in: Wehling 1975, S. 281; ähnlich Zoll 1972, S. 36.
[152]   Vgl. Köttgen 1968, S. 48, 54; Munier, in: Klemisch u.a. 1994, S. 19; Norton 1997, S. 238.
[153]   Köttgen 1968, S. 239; Rodenstein, in: Emenlauer u.a. 1974, S. 39, 45; ähnlich Gude, in: Grauhan 1972, S. 27, 57, 43.
[154]   Grauhan 1971, bzw. Grauhan, in: Grauhan 1972, S. 146 (Hervorhebung d.d. Verf.).
[155]   Ueltzhöffer, in: Wehling 1975, S. 95.

ben (vor allem in Preußen) die Städte *Inseln bürgerlicher Selbstverwaltung* in einem agrarisch-feudalistisch geprägten Staat.[156] Mit diesem „Kompromiss zwischen städtischem Bürgertum und feudalem Obrigkeitsstaat" konnten beide Seiten durchaus zufrieden sein.[157]

Die Freisetzung von Eigentum, Handel und Gewerbe in der (preußischen) Reformära bedeutete keine Beschränkung von Staat und Polizei auf die Erhaltung der öffentlichen Ruhe und Ordnung.[158] Nimmt man die ungeklärte Abgrenzung zwischen Wohlfahrtspflege und Gefahrenabwehr (Sicherheits- bzw. Wohlfahrtspolizei) hinzu, dann bleiben die staatlichen Genehmigungs-, Bestätigungs- und Aufsichtsvorbehalte keineswegs die einzige Nahtstelle und Reibungsfläche zwischen der bürgerschaftlich verfassten Stadtgemeinde und dem preußischen Obrigkeitsstaat.[159] In der Verteidigung dieser/seiner Errungenschaften gegen die politische Restauration entwickelte das liberale Bürgertum, vor allem im Südwesten Deutschlands, schon vor 1848 die Idee der kommunalen Selbstverwaltung zu einer naturrechtlichen Institution.[160] Dem durch Rechtsetzung geschaffenen Staat wurde die zur naturwüchsigen Gesellschaft gehörende Gemeinde gegenübergestellt. Der aus diesem Zusammenhang formulierte **Gegensatz von Staatsverwaltung und Selbstverwaltung** bestimmt

- Staatsverwaltung als von einem monarchischen Willenszentrum ausgehende, der Bevölkerung nicht verantwortliche, hierarchisch und zentralistisch organisierte Verwaltung und
- Selbstverwaltung als Gestaltungsmöglichkeit privilegierter Akteure (insb. vermögender Bürger), die innerhalb eines lokal begrenzten Raumes (unter Überwachung durch die Staatsverwaltung) bestimmte Bereiche selbst gestalten und dabei bestimmte Freiheiten genießen.[161]

Der politische Gegensatz zwischen den vom Bürgertum beherrschten Städten und dem autokratisch regierten Staat wurde zu einem Wesensunterschied stilisiert. Folgerichtig musste kommunale Selbstverwaltung (einschließlich Ortspolizei) in § 184 der Paulskirchen-Verfassung (1849) als Grundrecht der Gemeinde (neben den Grundrechten des Einzelnen) beansprucht werden.[162] Die Kritik an solchen Vorstellungen besitzt 160 Jahre später immer noch eine gewisse Aktualität: „Gemeindeautonomie

---

[156] Grauhan 1971, bzw. Grauhan, in: Grauhan 1972, S. 147; vgl. auch von Saldern, in: Roth/ Wollmann 1994, S. 2.
[157] See 1975, S. 80; vgl. Trachternach 1974, S. 23.
[158] Grzywatz 1995, S. 38f.; vgl. auch Ritter 1981, S. 261f.
[159] Vgl. Grzywatz 1995, S. 31, 37, 41.
[160] Vgl. Heffter 1969, S. 6; Stammen, in: Rausch/ Stammen 1972, S. 15.
[161] Thränhardt, in: Thränhardt 1978, S. XXXV.
[162] Trachternach 1974, S. 26f.; Stammen, in: Rausch/ Stammen 1972, S. 12; Rodenstein, in: Emenlauer u.a. 1974, S. 48f.

ist nicht vergleichbar mit der Autonomie von sozialen Gebilden, die auf umgrenzte Zwecke und auf umgrenzte Personenkreise hin geordnet sind; sie ist ebenfalls ein Bereich sachlich und personell allgemeiner (also politischer - d.Verf.) Herrschaft."[163]

Nachhaltiger Erfolg war dieser Vorstellung offenbar nur in der kommunalwissenschaftlichen Literatur, nicht aber in der politischen Auseinandersetzung beschieden. Durch immer neue Städteordnungen (insb. 1831 und 1853) wurden in Preußen bedeutende Bestandteile der Steinschen Reformen abgeschafft: die örtliche Verwaltungsspitze (Magistrat) zu einer eigenständigen Körperschaft ausgestaltet, die Einsetzung kommunaler Beamter an eine staatliche Bestätigung gebunden, das Aufsichtsrecht der staatlichen Verwaltung ausgeweitet[164] und die Rechte der Stadtverordneten begrenzt. Das Wahlrecht blieb zunächst an Steuerzensus und Bürgergeld gebunden und wurde 1853 als Dreiklassenwahlrecht ausgestaltet.[165] Aufgrund der wirtschaftlichen und gesellschaftlichen Entwicklung in Deutschland war gerade diese Maßnahme für das Bürgertum durchaus akzeptabel.

1.2.2 Selbstverwaltung im Modernisierungsprozess

Unter den gesellschaftlichen Veränderungen seit dem Beginn des 19. Jahrhunderts ragen zwei „als besonders augenfällig hervor: Die Konzentration einer fabrikmäßigen Güterproduktion in den Städten und die rasche Vergrößerung der Städte."[166] Im Jahre 1815 wohnten erst 12% der Bevölkerung in Städten, 1871 waren es 35%, 1919 sogar 49%. Das durch Industrialisierung bedingte sprunghafte Anwachsen der Bevölkerung in den Städten[167] stellte diese vor ganz neue Aufgaben. Die ungezügelte Entfaltung der kapitalistischen Produktionsweise schuf gerade örtliche soziale Probleme ersten Ranges und führte zu einer „Ausdehnung der gemeindlichen Aktivitäten ..., vor allem auf sozialem und wirtschaftlichem Gebiet, das nun immer mehr das Bild der Gemeinde, vor allem der größeren Städte, prägt."[168] Durch die Proletarisierung breiter Massen sind den städtischen Gemeinden „nahezu alle Aufgaben zugewachsen, die in einer kapitalistischen Wirtschaft außerhalb des Interesses der Privatinitiative fallen und doch für diese unentbehrlich sind."[169] Neben sozialen Aufgaben in engerem Sinne (Sozialhilfe, Arbeitsvermittlung, Krankenhaus- und Bildungswesen), bei denen die Gemeinden vielfach Pionierarbeit geleistet haben,[170] war dies zunächst das Prob-

---

[163] Hättich, in: Rausch/ Stammen 1972, S. 297.
[164] Vgl. Rodenstein, in: Emenlauer u.a. 1974, S. 46, 49f.; Trachternach 1974, S. 25, 27.
[165] von Saldern, in: Roth/ Wollmann 1994, S. 4.
[166] Hofmann 1974, S. 46.
[167] Hofmann, in: Püttner 1981, S. 71f.
[168] Scheuner 1973, S. 36.
[169] See 1975, S. 95; vgl. auch Hofmann, in: Püttner 1981, S. 79-81.
[170] Scheuner 1973, S. 7, 21, 23; Manns 1996, S. 12f.

lem der Wohnungsversorgung. Die wachsende Wohnungsbautätigkeit erforderte alsbald auch eine städtische Bauplanung mit Eingriffen in das private Eigentum.

„Ein weiterer ... Eingriff in die kapitalistische Wirtschaftsordnung ist die Übernahme bisher privater Versorgungsbetriebe in gemeindliche Regie: vor allem Gas, Elektrizität und, später, Straßenbahn."[171] Der öffentliche Nahverkehr musste die zunehmende Trennung von Wohn- und Arbeitsstätten überbrücken helfen, „es folgten Straßenreinigung, Müllabfuhr, Kanalisation, Straßenbau, kurz, die Entwicklung einer Infrastruktur, die Erbringung von Dienstleistungen, die die Entfaltung der Wirtschaft förderte und ihre negativen Folgen aufzufangen versuchte."[172] Der Kontrast zwischen dem liberalen (Nachtwächter-)Staat, der seine Verwaltungstätigkeit auf Polizei und Justiz beschränkte, und der großen Fülle kommunaler Aufgaben zeigt deutlich die gesellschaftspolitische Ergänzungsfunktion der (Stadt-)Gemeinde.

Gerade damals erlebten die rasch wachsenden Industriestädte in ihrer überlieferten Rolle als „Raumgemeinschaft" eine Krise, die sich aus den durch die Industrialisierung bedingten Siedlungsverhältnissen entwickelte: Der Bürger der Steinschen Städteordnung war der fest im Traditionskreis seiner Vaterstadt wurzelnde Ackerbürger und Gewerbetreibende. Die Ausdehnung der Großbetriebe hatte solche bodenständigen Bevölkerungsteile in steigendem Maße durch die zum Ortswechsel gezwungene Arbeiterschaft ersetzt und damit den personalen Bestand der Industriegemeinden aufgelockert. Nach erheblichen Binnenwanderungen lebte 1907 nur noch jeder zweite Einwohner des Reichsgebietes an seinem Geburtsort.

Als „Reservat bürgerlicher Betätigung in einem autoritären Industriestaat"[173] blieb die Kommune gleichermaßen abgeschirmt gegen den monarchischen Beamtenstaat und gegen die Arbeiterschaft. Zumindest in Preußen war die kommunale Selbstverwaltung längst zu einem „ausgesprochenen Instrument bürgerlicher Klassenherrschaft" geworden: „Das kommunale Wahlrecht schloss die nichtbesitzenden Schichten von den Stadtverordnetenversammlungen ... weitgehend aus."[174] Es war so gestaltet, „dass sich das Anwachsen des Proletariats so wenig wie möglich auf die Zusammensetzung der städtischen Vertretungskörperschaften auswirkte." Neben der formalen Verleihung des Bürgerrechts (bei Nachweis einer Mindestwohnzeit oder Zahlung einer entsprechenden Steuer) diente vor allem das Dreiklassenwahlrecht zur Abwehr demokratischer Ansprüche.

Dieses Wahlverfahren beruhte auf einer „Zusammenfassung der Bürger nach wirtschaftlicher Selbstständigkeit, Hausbesitz oder Steuerleistung in drei Gruppen, wobei jeder dieser Gruppen ein Drittel der Stadtverordneten" zu wählen hatte.[175] Die Wirkungsweise wird besonders anschaulich durch den Hinweis, dass in Essen

---

[171] Rodenstein, in: Emenlauer u.a. 1974, S. 57.
[172] See 1975, S. 95.
[173] Hofmann 1974, S. 70.
[174] Ribhegge 1973, S. 4; ders., in: Frey 1976a, S. 30; so auch Rodenstein, in: Emenlauer u.a. 1974, S. 50.
[175] Beide Zitate bei von Saldern, in: Naßmacher 1977, S. 28. 54.

(Ruhr) der Industrielle Krupp jahrelang als Einziger in der ersten Abteilung wählte und damit ein Drittel der Stadtverordneten allein bestimmte,[176] während 9 von 10 Wählern in der dritten Abteilung abstimmten; Frauen, Tagelöhner, z.T. sogar kleine Gewerbetreibende waren gar nicht wahlberechtigt. So wurde das Besitzbürgertum zum Träger der gemeindlichen Selbstverwaltung. Unter den Honoratioren der Industriestädte nahmen nach 1875 die Unternehmer des prägenden Industriezweiges eine führende Stellung ein. Um 1900 waren dann zwischen 50 und 100% der Stadtverordneten Hausbesitzer.[177]

Mit dem gewachsenen Umfang der Aufgaben hatte die hauptberufliche Tätigkeit in der kommunalen Selbstverwaltung, vor allem in Gestalt der juristisch vorgebildeten Führungskräfte,[178] ein beträchtliches Gewicht errungen. Von Saldern spricht sogar von „Bürokratisierungstendenzen".[179] Durch das kommunale Berufsbeamtentum wurde der Einfluss des bürgerschaftlichen Elements, das traditionelle Ehrenamt, unaufhaltsam zurückgedrängt. Das Bürgertum hatte sich daran gewöhnt, einer stetig wachsenden „Berufsbeamtenschaft ... die ... Verwaltung seiner Städte zu überlassen."[180] Der industrielle Kapitalismus zersetzte nicht nur die (als dauerhaft gedachte) örtliche Gemeinschaft, sondern er verwandelte auch - durch die von ihm verursachten Aufgaben - die bürgerschaftliche Laienverwaltung in eine kommunale Beamtenverwaltung. „Gleichzeitig erfolgte ein Aufstieg der Bürgermeister zu der dominierenden Position, die sie bis 1933 innehatten."[181]

Politisch dominierten die liberalen Parteien, sie allein waren in der Lage, Bürgermeisterkandidaten durchbringen. Die dem Kaiserreich kritisch gegenüberstehenden Massenparteien des politischen Katholizismus (Zentrum) und der Arbeiterschaft (SPD) konnten nur ansatzweise in den Ratsversammlungen Fuß fassen. Die politische Emanzipation des Bürgertums fand ihre Grenze an der Entwicklung des Proletariats und seiner Forderung nach dem gleichen Wahlrecht: „Gerade die Anhänger der Sozialdemokratie wurden durch die Vorschriften über den Erwerb des Bürgerrechts sowie durch den später nur Schritt für Schritt geminderten Einkommenszensus von der Teilnahme an den Gemeindewahlen ausgeschlossen."[182] „So waren die Sozialdemokraten zwar bei den Reichstagswahlen aufgrund des gleichen Wahlrechts mit den meisten Stimmen und Mandaten vertreten, sie hatten aber vor allem in den großen Städten wie Hamburg, Kiel, Leipzig und Nürnberg praktisch keinen Einfluss."[183]

---

[176] Heffter 1969, S. 615.
[177] Croon, in: Croon u.a. 1971, S. 17; von Saldern, in: Naßmacher 1977, S. 26; Ziebill 1971, S. 17, 19; Hofmann, in: Püttner 1981, S. 81, 84.
[178] Vgl. Hofmann 1974, S. 40, 42-44; Norton 1997, S. 239, 248..
[179] von Saldern, in: Roth/ Wollmann 1994, S. 5.
[180] Ritter 1981, S. 270; ähnlich Ziebill 1971, S. 19; Scheuner 1973, S. 9; Köttgen 1968, S. 7, 9; Ribhegge 1973, S. 9; ders., in: Frey 1976a, S. 36.
[181] Hofmann, in: Püttner 1981, S. 83; vgl. Hofmann 1974, S. 45f.
[182] Ziebill 1971, S. 18.
[183] Rodenstein, in: Emenlauer u.a. 1974, S. 56, 48.

Aber auch Wahlrechtsbeschränkungen konnten das Eindringen der Sozialdemokraten in die Kommunalpolitik nicht völlig aufhalten. In Baden, Sachsen und
Württemberg gab es nach der Jahrhundertwende eine nennenswerte Zahl sozialdemokratischer Stadt- und Gemeinderäte. Allein zwischen 1907 und 1913 konnte die
SPD die Zahl ihrer Gemeindevertreter im Reichsgebiet von etwa 5.000 auf 12.000
steigern.[184] Da sozialdemokratische Gemeindevertreter (entsprechend der Konzentration ihrer Wähler in den Industriegebieten) nicht in allzu vielen Gemeinden, dort
aber relativ stark auftraten, trifft das „Bild von kompakten Inseln sozialdemokratischer Gemeindevertretungen ... wohl am ehesten die damalige Realität". Auf die
Auswahl von Magistratsbeamten und Bürgermeistern, die vor Antritt ihres Amtes
die zusätzliche Hürde der staatlichen Bestätigung nehmen mussten, konnte sich
selbst eine solche Konzentration nicht auswirken: Zumindest bis 1900 können wir
„als gesichertes Ergebnis annehmen, dass es so gut wie ... keine sozialdemokratischen Gemeindebeamten gegeben hat."[185]
Ungeachtet aller Schwierigkeiten und Rückzugsgefechte mit den liberalen Honoratioren begann bereits während des Kaiserreichs auch in den Gemeinden die
Integration der Arbeiterschaft und ihrer politischen Repräsentanten in den Staat. Sie
fand mit der Einführung des demokratischen Wahlrechts durch die deutsche Revolution von 1918 einen folgerichtigen Abschluss. „Die allgemeine, gleiche, unmittelbare und geheime Wahl der Gemeindevertretung nach den Grundsätzen der Verhält-
niswahl gliederte die Kommunen in das System des parlamentarisch verfassten Par-
teienstaates ein und beseitigte die ... Privilegien der besitzenden Klassen."[186] Die
Demokratisierung der kommunalen Selbstverwaltung bewirkte vor allem wesentliche Veränderungen in der Zusammensetzung von Stadtverordnetenversammlungen
und Gemeindevertretungen: „Anstelle der früheren Honoratiorengruppen zogen jetzt
die örtlichen Vertreter der Weimarer Parteien in die Rathäuser ein."[187] Wesentliche
Elemente der kommunalen Machtstrukturen aus der vorrevolutionären Zeit blieben
jedoch erhalten. Konservative und liberale Staatsrechtler interpretierten allerdings
die Demokratisierung der Stadtvertretungen „als das Ende der eigentlichen Selbstverwaltung."[188] Diese Einschätzung kann nur zutreffen, wenn Besitzbürgertum oder
Beamtenschaft die Träger dieser „eigentlichen" Selbstverwaltung waren.
Sozialstrukturelle und parteipolitische Veränderungen bei den ehrenamtlichen
Mitgliedern kommunaler Vertretungskörperschaften (u.a. wurde die SPD in vielen
Städten größte Rathauspartei) wirkten sich zum Teil nur langsam, häufig aber gar
nicht auf das hauptamtliche Personal der Kommunalverwaltung[189] aus. Die Revoluti-

---

[184] Vgl. Rodenstein, in: Emenlauer u.a. 1974, S. 55f.; Ziebill 1971, S. 17, 24; von Saldern, in: Naßmacher 1977, S. 28f.
[185] Zitate bei: von Saldern, in: Naßmacher 1977, S. 30.
[186] Rebentisch 1985a, S. 35.
[187] Ribhegge 1973, S. 8; ders., in: Frey 1976a, S. 36.
[188] von Saldern, in: Roth/ Wollmann 1994, S. 6.
[189] Vgl. Rebentisch 1985b, S. 27, 34.

onäre von 1918 unterwarfen die monarchisch-konservative Beamtenschaft lediglich einer demokratischen Kontrolle, beließen sie aber weitgehend in ihren Ämtern. Bedingt durch den „Funktionswandel des Kommunalbeamtentums vom ausführenden Organ des Gemeindewillens zum Initiativzentrum der Kommunalverwaltung ... dominierten ... beamtenmäßige Ausbildung und Verwaltungserfahrung."[190] Da die SPD erst in den letzten Kriegsjahren „Zugang zu Beamtenstellungen gehabt hatte, konnte sie nach 1918 nur selten auf erfahrene Verwaltungsfachleute zurückgreifen. Den staatlichen Aufsichtsbehörden fiel es daher nicht schwer ..., Partei- und Gewerkschaftsfunktionäre wegen mangelnder 'fachlicher' Qualifikation zurückzuweisen."[191]

Andere Faktoren wirkten in die gleiche Richtung: Zuweilen wurde die bürgerlich geprägte Kommunalpolitik erst in Frage gestellt, als Eingemeindungen die Grenze zwischen Kernstadt und Arbeitervorstädten aufhoben.[192] In der Arbeiterstadt Harburg konnte die SPD erst 1924 mit Mühe einen (inzwischen auch fachlich qualifizierten) Oberbürgermeister aus den eigenen Reihen ins Amt bringen, nachdem sie die Wähler- und Mandatsmehrheit bereits verloren hatte. Vorherrschend blieb in den Spitzenpositionen der Typ des juristisch ausgebildeten Kommunalbeamten, der durch längere Amtsperioden (6 bis 12 Jahre), eigene Entscheidungsbefugnisse, organisatorische Selbstständigkeit der örtlichen Verwaltung weitgehend abgeschirmt war und in seinen politischen Gestaltungsmöglichkeiten durch die untereinander zerstrittenen Parteien der Stadtvertretungen nicht kontrolliert werden konnte.[193] Die Oberbürgermeister (und ihre Dezernenten) verstanden sich keineswegs als Vertreter einer Partei oder der bürgerlichen Gesellschaftsschicht, der sie entstammten, sondern als über den Parteien und Klassen stehende Leiter der kommunalen Verwaltung.

In der Weimarer Zeit war die ursprüngliche „Polarität zwischen bürgerlicher Selbstverwaltung und dynastischem Beamtenstaat"[194] durch Veränderungen in der Selbstverwaltung wie im Staatsaufbau hinfällig geworden. Die Kommunalwissenschaft der damaligen Zeit zog daraus jedoch nicht die Konsequenz, den Stellenwert kommunaler Politik neu zu bestimmen.[195] Vielmehr wurde die Tradition der Selbstverwaltung umgedeutet, der ideologische Gegensatz von Staat und Gesellschaft in Form der Gegensatzpaare „Demokratie und Selbstverwaltung" bzw. „Parteienstaat und Selbstverwaltung" weiterhin behauptet.[196] Konsequenterweise sind seitdem „die eigentlichen Garanten der Selbstverwaltung heute nicht in den Reihen der Bürger, sondern der Beamten zu suchen."[197] Die Institution hatte sich von ihren ursprüngli-

---

[190]   Rebentisch, in: Püttner 1981, S. 93. Für eine Übersicht zu Amtswechsel und Kontinuität in den größten Städten s. Hofmann 1974, S. 67.
[191]   Ribhegge 1973, S. 8; ders., in: Frey 1976a, S. 36.
[192]   Vgl. von Saldern 1989, S. 26.
[193]   Rudzio 1968, S. 21; Trachternach 1974, S. 195.
[194]   Köttgen 1968, S. 196.
[195]   Vgl. Hofmann 1974, S. 54, 201.
[196]   Ziebill 1971, S. 27; Forsthoff 1932.
[197]   Köttgen 1968, S. 23; bekräftigend ebenda, S. 34f.

chen Trägern abgelöst: „Der Lärm der Parteikämpfe in den Gemeindevertretungen verhallte meist wirkungslos in den Amtsräumen der Verwaltung, wo weiterhin in Ruhe die Sachaufgaben erledigt wurden."[198]

Allerdings wuchsen auch dort die Probleme: Kriegsfolgen und Wirtschaftskrise überforderten nicht nur die Weimarer Republik, sondern auch ihre Länder und Gemeinden. Vor allem die großen Industriestädte mussten in den wirtschaftlichen Krisenjahren (Inflation bis 1923, Weltwirtschaftskrise seit 1929) die breite Masse der arbeitenden Bevölkerung gegen Arbeitslosigkeit, Hunger und Not sichern. Für diese sozialpolitischen Aufgaben fehlte den Städten aber immer wieder die finanzielle Grundlage.[199] Unter dem Druck der Reparationszahlungen nahm das Reich den Gemeinden ihre ergiebigste Finanzquelle, den Zuschlag zur Einkommensteuer (Erzbergersche Finanzreform).[200] Den Einnahmeausfall deckten die Gemeinden einerseits durch Zuweisungen („Dotationen") des Reiches und erhöhte Gewerbesteuern,[201] andererseits durch Kreditaufnahme und Überschüsse der städtischen Betriebe.[202] Die aus sozial- und finanzpolitischen Gründen forcierte „Übernahme lokaler Betriebe in städtische Regie"[203] und Maßnahmen zur Wohnungsversorgung lassen sich als Schwerpunkte der Kommunalpolitik (nicht nur der sozialdemokratischen) in den 1920er Jahren identifizieren.[204]

Kritik an der Maßlosigkeit der kommunalen Ausgaben, „an Misswirtschaft und Korruption, an den hohen Personalaufwendungen und der umfangreichen Bautätigkeit,"[205] bereitete den Boden für die Bewertung der Schwierigkeiten in der Weltwirtschaftskrise. So gerieten die kommunale Selbstverwaltung als Institution und ihre Träger, die leitenden Kommunalbeamten, zu Beginn der 1930er Jahre in erhebliche Bedrängnis. „Dazu haben Fehler in der kommunalen Kreditpolitik seit 1924[206] und auch die immer heftiger werdenden, hier und da zur Lähmung führenden Parteikämpfe in den Gemeindevertretungen"[207] beigetragen. Vor allem in den großen

---

[198] Ziebill 1971, S. 29.
[199] von Saldern 1989, S. 15; s.a. Rebentisch, in: Püttner 1981, S. 100.
[200] Upmeier, in: Hansmeyer 1973, S. 20; Engeli, in: Kirchgässner/ Schadt 1983, S. 169. Mit dieser Finanzreform begann der weiter unten erörterte Finanzverbund (s. Abschnitt 1.3.2).
[201] Wysocki, in: Hansmeyer 1973, S. 45f., 59; Upmeier, ebenda, S. 226.
[202] Hansmeyer, in: Hansmeyer 1973, S. 80, 90f.
[203] Rebentisch 1985a, S. 37; die ideologischen Argumente waren eher nützliche Durchsetzungshilfen - vgl. ebenda, S. 50f.; zur Debatte über die „kalte Sozialisierung" s. unten, Abschnitt 2.4.2.
[204] S. unten, Abschnitt 5.3.
[205] Vgl. Upmeier, in: Hansmeyer 1973, S. 104f. Ein Urheber dieser Kritik, Reichsfinanzminister Dr. Hans Luther, war immerhin Oberbürgermeister von Essen und Geschäftsführer des Preußischen Städtetages gewesen.
[206] Rebentisch 1985a, S. 54; für Einzelheiten s. Upmeier, in: Hansmeyer 1973, S. 160ff. und Böhret 1966.
[207] Rodenstein (in: Emenlauer u.a. 1974, S. 63) nennt als Ursachen einerseits das Parteiwesen auf lokaler Ebene, andererseits das auf dem "Dotationswesen" beruhende Finanzsystem. Zur Rolle der Staatskommissare vgl. Ziebill 1971, S. 33; See 1975, S. 81 und Rodenstein, in: Emenlauer u.a. 1974, S. 63.

Städten mit Massen von Arbeitslosen, die auf Sozialleistungen der Gemeinde angewiesen waren, manifestierte sich eine in der zeitgenössischen Literatur viel beschworene „Krise der kommunalen Selbstverwaltung."

Die wissenschaftlichen Wortführer der deutschen Selbstverwaltungstradition erwarteten eine neue Blüte, als das nationalsozialistische Regime die von SPD und Städtetag seit 1921/25 angestrebte Vereinheitlichung des Kommunalverfassungsrechts[208] durchführte. Die Deutsche Gemeindeordnung (DGO) vom 30. Januar 1935 beseitigte nicht nur die Unterschiede zwischen den Gemeindeverfassungen der einzelnen Länder, sondern auch die „unterschiedliche Behandlung von Stadt und Land."[209] Die DGO „schuf erstmals in Deutschland einheitliches, für das gesamte deutsche Staatsgebiet geltendes, Stadt und Land umfassendes Gemeinderecht. Es enthielt zudem nicht nur das Kommunalverfassungs-, sondern auch das Finanz-, Haushalts- und Wirtschaftsrecht der Gemeinden."[210] Trotz Gleichschaltung der Länder, Anwendung des „Führerprinzips" und Unterbringung „alter Kämpfer" in kommunalen Verwaltungspositionen erkannten damals nur wenige: „Das Selbstverwaltungsrecht war demontiert, seine Garantie entleert."[211] Erst die militärische Niederlage eröffnete 1945 die Möglichkeit zur Verbindung der (durchaus schillernden) deutschen Selbstverwaltungstradition mit den politischen Traditionen der westlichen Demokratien.

1.2.3 Rekonstruktionen der gemeindlichen Selbstverwaltung

Als die vier Siegermächte des Zweiten Weltkrieges Deutschland ihrem unumschränkten Besatzungsregime unterwarfen, waren sie sich über eine „Dezentralisierung der politischen Struktur" und die „Entwicklung einer örtlichen Selbstverwaltung" grundsätzlich einig. Dennoch ergaben sich bald praktische Unterschiede. Den Gemeinden kam für die Versorgung der Bevölkerung mit den notwendigen Gütern (Wohnraum, Brennmaterial und Lebensmittel) entscheidende Bedeutung zu. Die Furcht vor einem Zusammenbruch der Versorgung prägte die Besatzungspolitik der Westmächte so stark, dass diese (wie die Arbeiter- und Soldatenräte von 1918/19) weitgehend auf eine tiefgreifende „Säuberung" der kommunalen Beamtenschaft verzichteten. (Ähnlich verhielten sich 1990 die „erneuerten" Gemeinden und Kreise in der früheren DDR.[212]) Das Interesse an Effizienz der Verwaltung ließ in den

---

[208] Hofmann 1974, S. 273; Engeli, in: Kirchgässner/ Schadt 1983, S. 168; Rebentisch 1985a, S. 36 und ders. 1985b, S. 19, 45f., 62, 76.

[209] Köttgen 1968, S. 37; für einen Überblick s. Borchmann, in: Borchmann/ Vesper 1976, S. 23, 25ff.; Ziebill 1971, S. 34ff.; Ribhegge 1973, S. 15ff.; ders., in: Frey 1976a, S. 46ff.; für eine ausführliche Darstellung s. Matzerath 1970.

[210] Matzerath, in: Püttner 1981, S. 106.

[211] Stern 1963, S. 202ff.

[212] Wollmann, in: Roth/ Wollmann 1994, S. 27, 29.

Westzonen die Vermittlung und Einübung demokratischer Tugenden („re-education") zurücktreten.[213] Die Sowjetunion setzte in Ostdeutschland zunächst nur andere Akzente („Antifaschismus"), betrieb aber bald eine systematische Umgestaltung ihrer Besatzungszone.[214]

Die schrittweise Durchsetzung des sowjetischen Staatsaufbaus („demokratischer Zentralismus") machte zwischen 1947 und 1952 die Kommunen in der SBZ/DDR zu „örtlichen Organen der Staatsmacht".[215] Der Verwaltungsvollzug in Kreisen und Gemeinden wurde „Transmissionsmechanismus der politischen Führung und insofern ... obrigkeitlicher Willkür anheim gestellt."[216] Die **Rekonstruktion** der kommunalen Selbstverwaltung **nach dem Zweiten Weltkrieg** fand also in den beiden Teilen Deutschlands zu unterschiedlichen Zeitpunkten statt: Im Bereich der sowjetischen Besatzungszone/für das DDR-Gebiet setzte diese Entwicklung erst 1989 ein. In den westdeutschen Ländern gaben die Besatzungsmächte nach 1945 entscheidende Impulse zum dauerhaften Wiederaufbau einer kommunalen Selbstverwaltung.

Mit der besonderen Wertschätzung der Amerikaner für die Gemeinde als „vorkonstitutionelle Selbstverständlichkeit"[217] verband sich ein für den Rekonstruktionsprozess bedeutsames Missverständnis: Im Gegensatz zu den politischen Traditionen der USA, wo die Gemeinden vor allem die politische Mitwirkung der einfachen Leute („grass-roots democracy") verkörpern, liegt der Kern der deutschen Kommunaltradition - wie im vorigen Abschnitt herausgearbeitet wurde - in einer entpolitisierten, redlichen und leistungsfähigen Verwaltung („honest and efficient administration").[218] Hinzu kommt, dass „Politik in Amerika immer schon eine Art von Massenunterhaltung" war.[219]

Amerikaner und Franzosen gaben dem deutschen Drang zu einer traditionellen Vielfalt der Kommunalverfassungen rasch nach. Die Franzosen waren aus nationalen Sicherheitserwägungen vor allem „an der Verhinderung allzu großer politischer Macht auf Länder- und Zonenebene interessiert."[220] Die Amerikaner beschränkten sich wegen der sehr unterschiedlichen (teilweise den deutschen ähnlichen) Verfassungssysteme in den USA auf eine Ergänzung der Kommunalverfassung um Bürgerversammlungen. So kam es in den Ländern der amerikanischen und französischen Zone zu Gemeindeordnungen, die jeweils verschiedenartige deutsche Traditionen der örtlichen Selbstverwaltung reaktivierten. Bei der „Rückkehr zum tradierten Recht"[221] wurde eine realitätsgerechte Analyse der Probleme durch das keineswegs

---

213   Vgl. Rudzio 1968, S. 33ff., 42f.
214   Vgl. Wollmann, in: Blanke 1991, S. 241.
215   Von Saldern, in: Roth/ Wollmann 1994, S. 3; Wollmann, in: Wollmann u.a. 1997, S. 260f.
216   Bullmann/ Schwanengel, in: Benzler u.a. 1995, S. 196.
217   Zoll 1972, S. 38.
218   Gunlicks 1986, S. 208f.
219   Banfield/ Wilson, in: Grauhan 1972, S. 85.
220   Stammen, in: Rausch/ Stammen 1972, S. 22.
221   Vesper, in: Borchmann/ Vesper 1976, S. 125.

kritisch verarbeitete ideologische Erbe stark beeinträchtigt.[222] Die Identifikation von Honoratiorenherrschaft und Demokratie, der Dualismus von Staat und Gesellschaft sowie der Gegensatz von Sachorientierung und Parteipolitik fanden ungehinderten Eingang in die neuen Gemeindeordnungen.

Lediglich die Briten setzten in ihrer Besatzungszone eine der deutschen Tradition fremde Neuregelung nach dem Vorbild ihrer eigenen Selbstverwaltung mit Trennung von Legislativ- und Exekutivfunktionen durch. Die politische Führung sollte „ausschließlich bei den parlamentarischen Gremien mit einem nur ehrenamtlichen Bürgermeister ... als Ratsvorsitzendem liegen."[223] Der neu eingeführte Stadt- bzw. Gemeindedirektor wurde als leitender Beamter auf eine unpolitisch-ausführende Hilfsfunktion verwiesen. Der von außen kommende Impuls, die Traditionsströme von Demokratie und Selbstverwaltung miteinander zu verbinden, scheiterte jedoch an den kommunalen Wahlbeamten.

Aus ihrer persönlichen Interessenlage entwickelten sie die kommunale Selbstverwaltung zu einer „Selbstverwaltung der Behörden", „Selbststeuerung des Verwaltungsapparates", „Herrschaft der Dienenden." Durch die von der Kommunalwissenschaft verbreiteten Hinweise auf "Sachgesetzlichkeiten, das Allgemeinwohl, das spezielle Ortsinteresse" wurde die Frage, „woher der kommunale Selbstverwaltungskörper seine Programmanweisungen erhalte, in wessen Interesse er also tätig werde,"[224] der öffentlichen Wahrnehmung vorenthalten. Auf dem Umweg über die kommunalen Spitzenverbände fiel es den leitenden Kommunalbeamten nicht schwer, an die herkömmliche Ideologie kommunaler Selbstverwaltung anzuknüpfen und den Reformimpuls der britischen Besatzungsmacht abzuwehren.[225] Die als „Besatzungsrecht" aufgezwungene („zweigleisige") Kommunalverfassung wurde zunächst 1950 in Schleswig-Holstein,[226] mehr als vierzig Jahre später mit verschiedenen Anläufen 1994 auch in Nordrhein-Westfalen[227] und schließlich 1996 in Niedersachsen[228] wieder abgeschafft. Bevor wir darauf eingehen, soll die Wiederherstellung der kommunalen Selbstverwaltung in Ostdeutschland kurz betrachtet werden.

Auch wenn die Bürgerbewegung in der DDR vielfach als nationales Ereignis in Erinnerung geblieben ist, darf die örtliche Verankerung der „Wende" nicht übersehen werden. Bereits Ende 1989 begannen lokale Runde Tische mit der politischen Umgestaltung in Gemeinden und Kreisen.[229] Die Kommunalwahlen am 6. Mai 1990 schufen die politischen Voraussetzungen, die von der frei gewählten Volkskammer

---

[222] Zoll 1972, S. 37.
[223] Vesper, in: Borchmann/ Vesper 1976, S. 126.
[224] Zitate bei Trachternach 1974, S. 170f., 162f.
[225] Rudzio 1968, S. 80ff., 190ff.; Ribhegge 1973, S. 24; ders., in: Frey 1976a, S. 59; Faber 1985, S. 246; Norton 1997, S. 241.
[226] Rudzio 1968, S. 134-139.
[227] Schefold/ Neumann 1996, S. 67ff.; Kleinfeld/ Nendza, in: Kleinfeld u.a. 1996, S. 82-110.
[228] Vgl. Ipsen 1990; Oppermann 1996.
[229] Wollmann, in: Wollmann u.a. 1997, S. 275; Lorenz/ Wegrich 1998, S. 31.

beschlossene Kommunalverfassung der DDR vom 17. Mai 1990[230] den rechtlichen Rahmen für die **kommunale Selbstverwaltung in Ostdeutschland**. Die staatliche Verwaltung in Berlin und den Bezirken wurde mit dem Vollzug der deutschen Einheit abgebaut. Die Verwaltung der seit Oktober 1990 wiedererrichteten Länder konnte bis Anfang 1991 neu aufgebaut werden. In Kreisen und Gemeinden, deren Gebietsstand zunächst unverändert blieb, vollzog sich in den Jahren 1989-91 ein grundlegender Umbau.

Dieser Umbau erstreckte sich auf Aufgaben und Befugnisse, Personal und Finanzen. „Tiefe und Wucht" des Veränderungsprozesses (für die kommunale Ebene des politisch-administrativen Systems der ostdeutschen Länder) beleuchten sieben Dimensionen des Umbruchs: Stellung der Gemeinden im Staat, rechtsstaatliche Bindung von Verwaltungshandeln, administrative Kompetenz des Verwaltungspersonals, Verhältnis der Kommunen zur örtlichen Wirtschaft, Beziehungen der Kommunalverwaltung zur Gemeindevertretung, zum gesellschaftlichen Umfeld bzw. zum Publikum.[231] Wegen der Grundentscheidung für den Beitritt der DDR zum Geltungsbereich des Grundgesetzes waren längere Diskussionen über die Architektur der Verwaltung in Ostdeutschland überflüssig.

Vor diesem Hintergrund ist es nicht überraschend, dass auch der Wiederaufbau der kommunalen Selbstverwaltung für Strukturen und Verfahren auf die „bewährten" Muster der westdeutschen Kreise und Gemeinden zurückgriff. Im Einzelnen folgten die größeren ostdeutschen Kommunalverwaltungen den Empfehlungen der einflussreichen Kommunalen Gemeinschaftsstelle für Verwaltungsvereinfachung (KGSt) oder dem Vorbild und Rat ihres jeweiligen westdeutschen Partners. Diese Beratungsleistungen[232] bewirkten, dass die ostdeutschen Städte und Kreise ihren Organisationsaufbau grundsätzlich am KGSt-Modell[233] und der westdeutschen Partnergemeinde orientierten, jedoch im Einzelfall auch die einheimischen Bedingungen berücksichtigten.[234] Nur mit westdeutscher Verwaltungshilfe gelang es unter extremem Zeit- und Problemdruck, rasch handlungsfähige Organisationsstrukturen zu schaffen. In den fast 4.000 Zwerggemeinden fehlten qualifiziertes Verwaltungspersonal und westliche Hilfe. Die administrative Handlungsschwäche führte vielfach zu planerischen Fehlentscheidungen („Wilder Osten"), bis die inzwischen konsolidierten Kreisverwaltungen und die Landesgesetzgebung korrigierend eingriffen.[235] Die Übernahme sozialer

---

[230] Gesetz über die Selbstverwaltung der Gemeinden und Landkreise der DDR (Kommunalverfassung) vom 17. Mai 1990 (GBl. I, S. 255); abgedruckt in: Geiser 1990, S. 104-138.

[231] Wollmann, in: Blanke 1991, S. 238-240 und Wollmann, in: Roth/ Wollmann 1994, S. 21f.; vgl. auch Kleinfeld, in: Kleinfeld u.a. 1996, S. 269-271.

[232] Wollmann, in: Wollmann u.a. 1997, S. 272f., 276, 278f., 311.

[233] Vgl. unten, Abschnitt 2.2.1.

[234] Für Einzelheiten s. Grunow, in: Benzler u.a. 1995, S. 293-308; Kleinfeld, in: Kleinfeld u.a. 1996, S. 289-293; Lorenz/ Wegrich 1998, S. 32.

[235] Wollmann, in: Wollmann u.a. 1997, S. 273, 277, 281, 284f.; vgl. auch Dauwe, in: Dauwe u.a. 1995, S. 49.

Dienstleistungseinrichtungen von den (z.T. abgewickelten oder an westliche Investoren verkaufen „volkseigenen Betrieben") durch die kommunalen Verwaltungen wird von uns zusammen mit anderen Aufgaben der Gemeinden erörtert.[236]

Vier der fünf ostdeutschen Flächenländer (Ausnahme: Sachsen[237]) haben die Masse der fortbestehenden Klein- und Kleinstgemeinden (davon über 3.000 mit weniger als 500 Einwohnern) zu Ämtern (Brandenburg[238], Mecklenburg-Vorpommern) oder Verwaltungsgemeinschaften (Sachsen-Anhalt, Thüringen) zusammengefasst.[239] Mit diesen Gemeindeverbänden, die als „Service-Betrieb" für die Mitgliedsgemeinden über hauptberufliches Personal verfügen, sollte „eine leistungsfähige, bürgernahe und zukunftsorientierte Verwaltung auf der Ortsebene geschaffen und zugleich die politische Selbstständigkeit der Gemeinden ... bewahrt werden."[240] Es folgte eine Kreisreform, die sich aber an den alten Kreisgrenzen orientierte, sowie die Funktionalreform. Sie war in Brandenburg zuerst abgeschlossen.[241] Die „weiche" Form einer Gemeindegebietsreform ermöglichte eine „laufende Betreuung der Gemeindevertretungen ebenso wie die Aufstellung von Bebauungs- und Haushaltsplänen."[242]

Obwohl die ostdeutschen Länder (wie verfassungsrechtlich notwendig) in den Jahren 1993/94 die DDR-Kommunalverfassung durch eigene Gemeinde- und Kreisordnungen ablösten, war damit keine Ausdifferenzierung der kommunalen Verfassungsmodelle verbunden. Bereits die als Landesrecht von 1990 bis 1993/94 weiter geltende Kommunalverfassung der DDR hatte die den Prinzipien repräsentativer Demokratie entsprechenden Entscheidungsverfahren durch unmittelbare Einwirkungsrechte der Gemeindebürger ergänzt. Diese Regelung entsprach dem in der Bevölkerung vorhandenen „Bestreben, den Einfluss der politischen Parteien begrenzen zu können."[243] Darin traf sich die DDR-Bürgerbewegung mit den in westlichen Ländern verbreiteten Vorstellungen. Im Bereich der inneren Kommunalverfassung, der Beziehungen zwischen Bürger, Gemeinderat und Kommunalverwaltung, reihten sich alle ostdeutschen Länder (mit partiellen Vorbehalten in Brandenburg und Mecklenburg-Vorpommern) einem Trend ein, der „seit den frühen 1990er Jahren die kommunalrechtliche und -politische Diskussion auch in den alten Bundesländern ergriffen hat."[244]

---

[236]   S. unten Abschnitt 2.1.

[237]   Schleer 2003, S. 27ff., insbes. S. 39; Schnabel, in: Derlien 2001, S. 91ff. In Sachsen wurde zwischen 1990 und 2001 die Anzahl der Gemeinden um 66% reduziert. In den anderen neuen Bundesländern verlief die Gebietsreform weniger einschneidend. (Schmidt-Eichstaedt, in: Derlien 2001, S. 77ff.).

[238]   Künzel 2006, S. 4f.

[239]   Dabei wurde die Zahl der Gemeinden in Mecklenburg-Vorpommern zwischen 1999 und 2001 um 11%, in Sachsen-Anhalt um 5% reduziert (Holtkamp 2003, S. 19).

[240]   Petzold, in: Roth/ Wollmann 1994, S. 44.

[241]   Künzel 2006, S. 6f.

[242]   Wollmann, in: Wollmann u.a. 1997, S. 292.

[243]   Hauschild, in: Blanke 1991, S. 230.

[244]   Wollmann, in: Kaase u.a. 1996, S. 108; vgl. auch Derlien, in: Gabriel/ Voigt 1994, S. 48.

In wenigen Jahren vollzog sich, was seit Jahrzehnten vergeblich angestrebt wurde: Die SPD hatte 1975 ihre Forderung von 1921 nach einer einheitlichen Kommunalverfassung bekräftigt.[245] Der Städtetag hatte diese Forderung zuerst 1925 aufgenommen und sie mit dem Weinheimer Entwurf 1948 erneuert.[246] Noch 1974 wurde im Bundestag über eine Richtlinienkompetenz des Bundes diskutiert.[247] Auch die Verwaltungschefs im Lande sprachen sich über die kommunalen Spitzenverbände regelmäßig für Einköpfigkeit der Kommunalverwaltung und Direktwahl der Verwaltungschefs aus.[248] Die DGO von 1935 hatte **einheitliches Kommunalverfassungsrecht** geschaffen, aber die Selbstverwaltung beseitigt. Die deutsche Einheit bot nach 1990 eine neue Gelegenheit, die unterschiedlichen Gemeindeordnungen einander anzugleichen.

Die Vorbereitung der DDR-Kommunalverfassung erfolgte unter dem Einfluss der „massiven Angriffe auf die dualistischen Systeme Nordrhein-Westfalens und Niedersachsens."[249] Ein Volksentscheid in Hessen setzte 1991 die Lawine in Gang:[250] In einem „dezentralen politischen Prozess" breiteten sich in fünf Jahren die wichtigsten Elemente des süddeutschen Verfassungsmodells nach Norden, Westen und Osten aus. Die süddeutsche Ausnahme wurde zur gesamtdeutschen „Regellösung."[251] Die vielfach beklagte Unübersichtlichkeit und weitgehende Zersplitterung des Kommunalrechts[252] scheint in wesentlichen Punkten überwunden.[253] Allerdings waren für diese Angleichungen in Ost und West unterschiedliche Ursachen wichtig. In der ostdeutschen Diskussion wirkten basis- und direktdemokratische Wurzeln nach, die in der Wendezeit zu einer lokaldemokratischen Aufbruchstimmung geführt hatten, während in der westdeutschen Debatte eher verwaltungspolitische Gründe, z.B. die verbesserte Steuerbarkeit und Verwaltungseffizienz der Kommunen, eine Rolle spielten.[254]

Alle Gemeindeordnungen der 13 Flächenländer enthalten seit 1996 die beiden wichtigsten der insgesamt fünf Strukturmerkmale der baden-württembergischen Gemeindeordnung:[255]

- Der Bürgermeister (Landrat) als Chef der Gemeinde-(Kreis-)verwaltung wird durch *Direktwahl* vom Volk bestellt.[256]

---

[245] Holler, in: Naßmacher 1977, S. 150; Rebentisch 1985a, S. 36.
[246] Allerdings ohne eine „innere Gemeindeverfassung"; vgl. Faber 1985, S. 234.
[247] Deutscher Bundestag, Stenographischer Bericht, 128. Sitzung am 7.11.1974, S. 8590, 8652.
[248] Derlien, in: Gabriel/ Voigt 1994, S. 50.
[249] Knemeyer 1990, S. 63.
[250] Schefold/ Neumann 1996, S. 7; Derlien, in: Henneke 1996, S. 26.
[251] Beide Zitate bei Derlien, in: Gabriel/ Voigt 1994, S. 59.
[252] So noch Blümel, in: Böhret/ Nowack 1995, S. 92.
[253] Genaueres dazu s. Abschnitt 4.1.
[254] Wollmann, in: Kaase u.a. 1996, S. 108. Zur Umbruchssituation und „Gründungs"phase in Ostdeutschland, s. Wollmann, in: Wollmann/ Roth 1999, S. 153ff.
[255] Vgl. von Arnim, in: Böhret/ Nowack 1995, S. 73f.

- Durch *Bürgerentscheid* können die Bürger über wichtige Gemeindeangelegenheiten selbst entscheiden (*und* durch *Bürgerantrag* eine Frage zur Entscheidung bringen).[257]

In anderen Ländern kommen (bis zu drei) weitere Merkmale[258] hinzu:

- Der direkt gewählte Bürgermeister ist *alleiniger Chef* der Gemeindeverwaltung.
- Der direkt gewählte Bürgermeister ist zugleich *Vorsitzender des Gemeinderates* und seiner Ausschüsse.
- Bei der Wahl des Gemeinderates und Kreistages können die Bürger Kandidaten aus verschiedenen Listen wählen (*panaschieren*) *und* (maximal drei) Stimmen bei einzelnen Kandidaten anhäufen (*kumulieren*).[259]

Dieses fünfte Strukturmerkmal bildet mit den beiden zuerst genannten die Formen unmittelbarer Demokratie[260] in der kommunalen Politik. Die direktdemokratischen Elemente sind als Ergänzung (und ggfs. Korrektiv) eines im wesentlichen repräsentativ angelegten politischen Entscheidungsprozesses gedacht.[261] Die meisten kommunalpolitischen Entscheidungen bedürfen nach den Gemeinde- und Kreisordnungen aller Bundesländer der Zustimmung der gewählten Volksvertreter. Da Gemeinderäte bzw. Kreistage (außer in kleinen Gemeinden) aus Parteivertretern bestehen, findet hier ein traditioneller Anti-Parteien-Affekt seine natürliche Zielscheibe. Koalitionsabsprachen, Ämterpatronage und Filz scheinen die Kommunalpolitik zu dominieren.[262] Parteienkritiker wollen deshalb „das Gemeindewohl vor dem Überwuchern durch Partikularinteressen ... schützen." Soweit der mündige Bürger dies nicht durch Bürgerantrag und Bürgerentscheid selbst in die Hand nehmen kann, soll „der volksgewählte Bürgermeister ... als ... Patron des Gemeindewohls" tätig werden.[263] Bürgerentscheid, Direktwahl des Bürgermeisters und gezielte Einwirkung auf die Personalauswahl geben „dem Bürger relativ großen Einfluss." Gemeinsam sollen diese Verfahrensregeln „zu einer Einschränkung der Monopolmacht der Parteien" beitragen, die „alles beherrschenden Parteien" zurückdrängen.[264]

---

[256] Für eine empirische Würdigung s. Wehling 1984, S. 32-35; Wehling/ Siewert 1987, S. 60-76 und Naßmacher, in: Thränhardt/ Uppendahl 1981, S. 72-76.

[257] Für eine kritische Würdigung s. Naßmacher 1997, S. 445ff.

[258] Für Einzelheiten s. unten, Abschnitt 4.1.

[259] Für eine empirische Würdigung s. Naßmacher/ Rudzio, in: Wehling 1978, S. 131-142.

[260] von Arnim 1988, S. 27; von Arnim 1990, S. 86f.; vgl. auch Diekmann, in: Schöneich 1996, S. 31.

[261] Die Erwartungen mancher Forscher gehen allerdings weit darüber hinaus, s. Roth und Wollmann, in: Wollmann/ Roth 1999, S. 2ff. bzw. 37ff.

[262] Statt vieler: Scheuch/ Scheuch 1992.

[263] Zitate bei von Arnim 1990, S. 95.

[264] Zunächst vorsichtig von Arnim 1988, S. 28; deutlicher die Zitate bei: von Arnim 1990, S. 97; von Arnim, in: Böhret/ Nowack 1995, S. 74f.

In den 1970er Jahren hatten in einzelnen Ländern wesentlich bescheidenere Maßnahmen noch ausgereicht, um die Kritik von Bürgerinitiativen an der kommunalen Gebietsreform durch eher marginale Änderung der Kommunalverfassung aufzufangen: Einführung des Bürgerbegehrens in Hessen und Niedersachsen („Bürgerantrag") und Rheinland-Pfalz („Bürgerinitiative")[265] sowie der Ortschaftsverfassung in Baden-Württemberg und einer Bezirksverfassung in den kreisfreien Städten Nordrhein-Westfalens.[266] Ob die Sehnsucht nach einem „starken Mann" oder einem kommunalen Führer[267] und das blinde Vertrauen auf den stets wachsamen und aktiven Bürger im kommunalpolitischen Alltag Bestand haben können, steht dahin. Die realen Wirkungen des wesentlich tiefer greifenden bundesweiten Großversuchs lassen sich noch nicht absehen.[268] Die Zurückdrängung des Parteieinflusses erfolgte immerhin durch die in den Landtagen vertretenen Parteien selbst, nicht zuletzt um eine im Volke verbreitete Unzufriedenheit zu entschärfen.[269]

Die Direktwahl verschafft dem Bürgermeister zwar in allen Flächenländern eine eigene Legitimation, seine Stellung erfährt aber zuweilen durch Einzelregelungen[270] eine landesspezifische Abschwächung. Anhänger bundeseinheitlicher Regelungen werden an den unterschiedlich gestalteten Einzelheiten wohl noch immer Anstoß nehmen. Verfechter föderalistischer Dezentralisierung müssen die Selbstkoordination der Bundesländer bei einer eindeutigen Landeskompetenz durchaus erstaunlich finden. Mit solchen Überlegungen sind wir jedoch bereits im Kern der Kontroversen über die politische Bewertung kommunaler Politik, ihrer Möglichkeiten und Grenzen im sozialen Rechtsstaat.

1.3 Spannungsfelder kommunaler Politik

So wie sich die gemeindliche Selbstverwaltung, die inneren Strukturen des Staates und die Lebensbedingungen seiner Bürger im Laufe von fast zwei Jahrhunderten verändert haben, unterlagen auch die Aufgaben dieses Staates und die Angelegenheiten der örtlichen Gemeinschaft einem erheblichen Wandel. Die in allen „Flächenländern", aber auch im Verhältnis zwischen Bund und Ländern, immer wieder geführte politische Auseinandersetzung über Strukturfragen der kommunalen Selbstverwaltung läßt sich drei Problemkreisen zuordnen, die bereits in den 1930er Jahren

---

[265] Zur Würdigung s. von Arnim 1990, S. 88.

[266] Z.B. § 13a GO NW (Gemeindeordnung für das Land Nordrhein-Westfalen vom 19.12.1974 (GVBl. Nr. 2023, S. 91)), §§ 67ff. GO B.-W.. - S. d. Schäfer 1982, insb. Teil 1: Grundlagen und Bestandsaufnahme, S. 43-47.

[267] Für eine kritische Würdigung s. Thränhardt, in: Schimanke 1989, S. 29; Köser/ Caspers-Merk, ebenda, S. 97f.

[268] Eine Zwischenbilanz versucht Naßmacher 2006.

[269] Vgl. Scarrow 1997, S. 461, 463.

[270] S. unten, Abschnitt 4.3.2.

als Gründe für die damals diskutierte „Krise der kommunalen Selbstverwaltung" galten:[271]

- geeignete *Organisation*sformen für die Erledigung gemeindlicher Aufgaben;
- angemessene Verteilung der öffentlichen *Aufgaben* zwischen Bund, Ländern und Gemeinden;
- auf diese Aufgabenverteilung abgestimmte, eigenverantwortliche Verfügung über die erforderlichen *Finanzmittel.*

Auf den ersten Blick eröffnet die Zuordnung von öffentlichen Aufgaben zu einer bestimmten Handlungsebene des politischen Systems den Zugang zu jedem der drei Problemkreise. Für die Gemeinden gibt es jedoch keinen verbindlichen Aufgabenkatalog, sondern nur einen Hinweis im Grundgesetz auf den örtlichen Charakter kommunaler Zuständigkeiten.

1.3.1 Örtliche Gemeinschaft vs. gleichwertige Lebensverhältnisse

In der ersten Hälfte des 19. Jahrhunderts ließen sich Staatspolitik („Militär-, Außen- und Sicherheitspolitik") und Kommunalpolitik (Wirtschafts- und Sozialpolitik) inhaltlich deutlich gegeneinander abgrenzen. Als industrielle Produktion, kapitalistische Wirtschaftsweise und rapide Verstädterung die gesamte Gesellschaft ergriffen, wurde diese Unterscheidung hinfällig.[272] Soziale Leistungen sind angesichts ihrer zentralen Bedeutung für die ganze Bevölkerung nicht mehr kommunal organisierbar wie zu jener Zeit, als die Städte noch „Inseln" in einer weitgehend agrarischen Gesellschaft waren. Die „einst klassischen kommunalen Gestaltungsaufgaben, wie die Versorgung mit Einrichtungen der Aus- und Fortbildung, der Jugend- und Altderspflege, der Gesundheits- und Erholungsvorsorge, der Versorgung mit Wohnraum und Verkehreinrichtungen, der Umweltreinhaltung (zur ... Straßenreinigung traten ... Luft- und Wasserreinhaltung hinzu) und der Energie- und Wasserversorgung mit den dazugehörigen Entsorgungssystemen"[273] wurden auch Gegenstand der staatlichen Bildungs-, Sozial-, Wohnungs-, Verkehrs-, Umwelt- und Energiepolitik. Ein Sozialstaat muss öffentliche Leistungen unabhängig von der gemeindlichen Leistungsfähigkeit und Leistungsbereitschaft sicher stellen.

Gerade im Kernbereich der ursprünglich kommunalen Aufgaben machen seit Jahren Verflechtungen, die vertikal durch alle politischen Einheiten hindurchreichen, deutlich, dass „Angelegenheiten der örtlichen Gemeinschaft" zugleich überört-

---

[271] So Köttgen 1968, S. 3.
[272] Grauhan 1971 bzw. Grauhan 1972, S. 146f.
[273] Grauhan 1971, bzw. Grauhan 1972, S. 147; mit dem gleichen Ergebnis Hättich, in: Rausch/ Stammen 1972, S. 297, 299.

liche Bezüge und Auswirkungen haben, z.B. Schulpolitik, Umweltpolitik, Einwanderungspolitik. Daraus folgt, dass die Angelegenheiten der örtlichen Gemeinschaft nicht ein für allemal feststehen, sondern sich im Zeitablauf ändern und auch politisch veränderbar sind. Dieser Prozess scheint allerdings - sogar in föderalistischen Systemen - in Richtung auf wachsende Vereinheitlichung programmiert. Bei der sozialliberalen Regierung in den 1970er Jahren war diese Tendenz so stark ausgeprägt, dass dadurch die gemeindlichen Handlungsmöglichkeiten bei Ziel-, Projekt- und Mittelplanung aufs Äußerste verkürzt schienen.

Obwohl für die Gesetzgebung des Bundes Zurückhaltung angekündigt war, hat auch die konservative Regierung der 1980er und 1990er Jahre den Trend nicht wirksam gebrochen. Durch ökonomischen Wandel (Entdeckung und Bedeutungswandel von Ressourcen, Veränderungen wirtschaftlicher Netzwerke, neue Versorgungsangebote) treten in manchen Gebieten Überversorgung, in anderen Teilregionen Versorgungsprobleme auf, die sich nur z.T. durch die Bevölkerung selbst lösen lassen (z.B. durch Innovationen/Investitionen; Abwanderung/Zuwanderung). Als besonders problematisch gelten Leistungsdefizite, die der Markt nicht beseitigen kann und die deshalb letztlich öffentlichen Handlungseinheiten (Kommunen, Ländern) angelastet werden, z.B. Mangel an Arbeitsplätzen und Wohnungen sowie die Qualität von Bildungseinrichtungen. Dies führt dazu, dass sich andere Ebenen des politischen Systems dieser Probleme annehmen. Die rot-grüne Koalition (1999-2005) hat insbesondere bei der Beschäftigungspolitik und der Schulpolitik (Ganztagsschulen) Initiativen entfaltet. Die große Koalition setzt dies mit der frühkindlichen Erziehung fort. Neben den Initiativen des Bundes gehen solche auch zunehmend von der Europäischen Union aus.[274]

Jedes mehrstufig aufgebaute politische System kann den einzelnen Organisationsebenen eigene Gestaltungsbefugnisse zuordnen. Ein wichtiger Vorteil dieser Organisation leuchtet sofort ein, die Chancen der Dezentralisierung können optimal genutzt werden.[275] Je nach persönlicher Sichtweise lassen sich dabei unterschiedliche Akzente setzen. Der eine mag die lokale Politikebene als möglichen Ort des Widerstandes gegen zentralstaatliche Modernisierung sehen, der andere vor allem ihren Nutzen als Übungsplatz für innovative Politikoptionen im Auge haben.[276] Diese durchaus gegensätzlichen Sichtweisen lassen beide auch Nachteile dezentraler Entscheidungsbefugnisse deutlich hervortreten.

In den kommunalen Einheiten werden unterschiedliche Politikergebnisse möglich. Das mag in einer ethnisch, religiös oder kulturell heterogenen Gesellschaft (z.B. Schweiz, Kanada, USA) durchaus wünschenswert sein. Jeder regional abgegrenzte Teil der Gesellschaft (Volksgruppe) erhält durch Dezentralisierung Gelegenheit, öffentliche Leistungen auf die spezifischen Bedürfnisse der einzelnen

---

[274] Simon 1991, S. 21ff.; Thränhardt, in: Wollmann/ Roth 1999, S. 368ff.
[275] Vgl. oben, Abschnitt 1.1.3.
[276] Vgl. Kleinfeld, in: Kleinfeld u.a. 1996, S. 63.

Gruppe optimal abzustellen. Das naheliegende Problem, ob sich jede wichtige Gruppe regional angemessen abgrenzen lässt, können wir unbeachtet lassen. Unter den bundesstaatlich verfassten Systemen weist Deutschland nämlich eine besonders homogene Bevölkerung auf. Schon deshalb werden hier die durch Dezentralisierung ermöglichten Unterschiede in den Politikergebnissen nicht besonders geschätzt. Im Mittelpunkt der Erwartungen stehen vielmehr gleiche Lebensbedingungen. „Trotz Föderalismus und kommunaler Selbstverwaltung sind nahezu alle wichtigen Lebensbereiche durch bundeseinheitliche ... Regelungen geordnet."[277]

Die deutsche Verfassung, das Grundgesetz, enthält in Art. 20 GG einander widerstreitende Prinzipien.[278] Der Bundesstaat ermöglicht regionale Differenzierung. „Der Rechtsstaat neigt zur Komplettierung." Inzwischen „sind alle wichtigen Lebens- und Sozialbereiche durch ... Regelungen in vollem Umfang durchnormiert."[279] Die Demokratie beruht auf Gleichheit und Gleichbehandlung aller Menschen. Ein ausländischer Beobachter erwähnt einen Hang zum Perfektionismus als kulturelle Voraussetzung für das Streben nach größerer Gleichheit.[280] Der Sozialstaat drängt „auf einen Ausgleich der sozialen Gegensätze durch Herstellung gleichwertiger Lebensbedingungen."[281] Die kommunale Selbstverwaltung aller Angelegenheiten der örtlichen Gemeinschaft im Rahmen der Gesetze (Art. 28 II GG) wird zum Optimierungsproblem: Wieviel Einheitlichkeit wird angestrebt? Wieviele örtliche Unterschiede werden hingenommen?

Ein dezentralisierter Einheitsstaat mag beim Bestreben „nach Vereinheitlichung der Lebensbedingungen zentralistische Lösungen" wählen.[282] Vom gegliederten Bundesstaat werden Entfaltungsmöglichkeiten für regionale und örtliche Unterschiede erwartet. In Deutschland gilt dieser Anspruch weithin als Rückzugsposition, denn dem Streben nach kommunaler Individualisierung und Fortführung überkommener Individualität laufen die sich ständig verstärkenden regionalen, nationalen und internationalen Verflechtungen von Wirtschaft und Gesellschaft ebenso entgegen wie das Gebot sozialer Gerechtigkeit. Die Erwartungen der Bürger und das Verhalten der politischen Eliten geben gleichen Lebensbedingungen den Vorzug. Erreicht werden sollen sie durch flächendeckende Bereitstellung öffentlicher Dienstleistungen auf dem jeweils höchsten Niveau.[283]

Ein wichtiger Schritt dazu sollte der 1969 durch die große Koalition eingefügte Art. 91a und b GG sein. Er zielt auf eine bundesweite Verbesserung der Lebensverhältnisse durch „Gemeinschaftsaufgaben" (Hochschulbau und Hochschulförderung, Agrar- und Wirtschaftsstruktur, Küstenschutz). Aus den 1970er Jahren stammt die

---

[277] Wagener, in: Wagener 1980, S. 25.
[278] Vgl. Gunlicks 1986, S. 188.
[279] Zitate bei: Wagener, in: Wagener 1980, S. 32.
[280] Gunlicks 1986, S. 189; vgl. auch Hieber, in: Wagener 1980, S. 66.
[281] Niedersächsischer Minister des Innern 1978, S. 2.
[282] Rebentisch 1985a, S. 47.
[283] Gunlicks 1986, S. 121, 188; Voigt, in: Voigt 1984, S. 200.

Vorstellung, „Einheitlichkeit der Lebensverhältnisse" sei ein Verfassungsgebot.[284] Tatsächlich war diese Formulierung in der alten (bis 1994 gültigen) Fassung des Art. 72 II GG enthalten. Dort diente sie aber nur als Bestandteil einer Legitimationsformel für Aktivitäten des Bundes im Bereich der „konkurrierenden Gesetzgebung" (Art. 72 I GG): „Der Bund hat ... das Gesetzgebungsrecht, soweit ein Bedürfnis nach bundesgesetzlicher Regelung besteht, weil ... die Wahrung der Rechts- oder Wirtschaftseinheit, insbesondere die Wahrung der Einheitlichkeit der Lebensverhältnisse über das Gebiet eines Landes hinaus sie erfordert" (Art. 72 II GG alte Fassung).

Aufgrund einer Bestimmung im Einigungsvertrag haben Bundestag und Bundesrat 1992 eine Gemeinsame Verfassungskommission eingesetzt, die den Wortlaut des Grundgesetzes nach Vollzug der deutschen Einheit überprüfen sollte. Diese Kommission hat u.a. eine Neufassung des Art. 72 II GG vorgeschlagen: Der Bund hat „das Gesetzgebungsrecht, wenn und soweit die Herstellung gleichwertiger Lebensverhältnisse im Bundesgebiet oder die Wahrung der Rechts- oder Wirtschaftseinheit im gesamtstaatlichen Interesse eine bundesgesetzliche Regelung erforderlich macht."[285] Die Begründung ihres Vorschlages beginnt die Kommission mit dem Hinweis: „Die bisherige Fassung ... hat sich als eines der Haupteinfallstore für die Auszehrung der Länderkompetenzen erwiesen." Die Neufassung soll nach einvernehmlicher Ansicht der Kommission helfen, „die Voraussetzungen ... zu konzentrieren, zu verschärfen und zu präzisieren."[286]

Während die alte Fassung auf eine „Wahrung der Einheitlichkeit der Lebensverhältnisse" abhob, unterscheidet die neue Formulierung zwischen der „Wahrung der Rechts- oder Wirtschaftseinheit" und der „Herstellung gleichwertiger Lebensverhältnisse." Verwaltungstechnisch sind gleichwertige Lebensverhältnisse nur durch „Gleichwertigkeit der Verwaltungsleistungen"[287] zu realisieren. Mit diesen Schlussfolgerungen aus den Verfassungsprinzipien Gleichheit und Sozialstaatlichkeit gerät jeder kommunale Autonomieanspruch unvermeidlich in Konflikt: „Gleiche soziale Lebensbedingungen an jedem Ort lassen sich kaum durch die (notwendig) unterschiedliche Aufgabenerfüllung autonomer Verwaltungsträger verwirklichen."[288] Bei wachsenden Aufgaben der Daseinsvorsorge, des Umweltschutzes und der Wirtschaftsförderung wird ein traditionell verstandener Autonomieanspruch der kommunalen Selbstverwaltung problematisch.[289] Kommunalpolitik ist in größere Zusammenhänge eingebunden und damit in ihrer Eigenständigkeit gefährdet. Demokratische „Selbstbestimmung über Angelegenheiten der örtlichen Gemeinschaft

---

[284] So etwa noch Marcus 1987, S. 27.
[285] Der vorgeschlagene Wortlaut enthielt anstelle der nunmehr geltenden Formulierung „Rechts- oder Wirtschaftseinheit" nur das Wort „Rechtseinheit" (Deutscher Bundestag, Drs. 12/6000, S. 131).
[286] Zitate aus: Bericht der Gemeinsamen Verfassungskommission, Deutscher Bundestag, Drs. 12/6000, S. 33.
[287] Scheuner 1973, S. 16.
[288] Voigt 1976, S. 139.
[289] Roters 1975, S. 17; Niedersächsischer Minister des Innern 1978, S. 3.

wird tendenziell zur Partizipation der örtlichen Betroffenen an der Realisierung überregional und zentral entwickelter Verwaltungsprogramme."[290]

Dieses (in Wissenschaft und Staatsverwaltung verbreitete) „funktionale" Verständnis der kommunalen Selbstverwaltung stößt bei aktiven Kommunalpolitikern (insbesondere bei kommunalen Spitzenbeamten) auf deutliche Kritik. Die Kritik setzt ein mit dem Hinweis, Sozialstaatsprinzip und Gleichheitsgrundsatz würden durch eine derart weite Auslegung aus dem Zusammenhang gerissen und überinterpretiert. Außerdem werde die neben diesen Postulaten ebenfalls im Grundgesetz verankerte Selbstverwaltungsgarantie zu wenig beachtet.[291] Im Übrigen wurde schon immer bezweifelt, ob das Grundgesetz gebiete, auch außerhalb der Grundversorgung für die örtlichen Gemeinschaften des ländlichen Raumes gleiche Lebensverhältnisse zu schaffen, wie sie in städtischen Ballungszonen bestehen. Die Absicht, den Gemeinden auch dort einheitliche Lebensverhältnisse aufzuzwingen, wo sie für ihre Zwecke das Erstrebenswerte nach eigenen Vorstellungen und Wünschen selbst entwickeln und herausfinden können, sei mit der angeblich verfassungsrechtlichen Forderung nach gleichwertigen Lebensverhältnissen nicht zu begründen. Immerhin will die aktuelle Fassung des Grundgesetzes nicht mehr einheitliche Lebensverhältnisse bewahren, sondern nur noch die Rechts- und Wirtschaftseinheit. Auf dieser Grundlage werden für Ost- und Westdeutschland, Nord- und Süddeutschland sowie seine Städte und Gemeinden „gleichwertige Lebensverhältnisse" angestrebt, was gewisse Unterschiede im Einzelnen durchaus einschließt.

Bei allem Bemühen um die optimale Versorgung der Bürger mit Leistungen der öffentlichen Verwaltung bleibt zu beachten, dass gemeindliche Selbstverwaltung ein hochrangiges Rechtsgut ist. Sie dient der Dezentralisierung politischer Macht, ist wesentlicher Bestandteil aktiver Demokratie und ein wichtiges Element der Freiheit. Selbst wenn - nicht zuletzt wegen der Lage im vereinten Deutschland - Einvernehmen darüber besteht, „dass Disparitäten zwischen einzelnen Teilräumen in der Ausstattung mit Einrichtungen der Infrastruktur, in dem Angebot von Erwerbsmöglichkeiten, in der Umweltsituation und z.T. sogar in der Siedlungsstruktur unerwünscht sind,"[292] darf Gleichwertigkeit der Lebensverhältnisse „nicht als absolutes Oberziel allen öffentlichen Handelns und Organisierens" ausgegeben werden.[293] Ein eigener Verantwortungs-, Entscheidungs- und Gestaltungsbereich der dezentralen Einheiten bietet politische und administrative Vorteile.[294]

Ein weiterer Aspekt des traditionellen Selbstverwaltungsverständnisses erscheint angesichts der Debatte über „öffentliche Güter" von bemerkenswerter Aktualität, nämlich der ursprüngliche Gegensatz von (staatlicher) Hoheitsverwaltung und

---

[290]   Preuß 1973, S. 203.
[291]   Friedrichs, in: Niedersächsischer Minister des Innern 1978, S. 163.
[292]   Niedersächsischer Minister des Innern 1978, S. 2.
[293]   Wagener 1977, S. 57.
[294]   Vgl. oben, Abschnitt 1.1.3.

(genossenschaftlicher) Selbstverwaltung. Zu den klassischen Staatsaufgaben gehört als unverzichtbares Element der hoheitliche Zwang im Verhältnis zwischen Einzelmensch und Gesamtheit, also die Einordnung des Einzelnen in den (wie immer gebildeten) Willen der Gesamtheit. Ob und in welcher Form der Einzelne die staatliche Leistung (z.B. Sicherheit nach innen und außen) in Anspruch nimmt, ist unwichtig; er muss zu dieser Leistung persönlich (durch Wehrpflicht) und finanziell (durch Steuern) beitragen. Demgegenüber enthält Selbstverwaltung, der Gemeinden (ebenso wie der Sozialversicherungsträger), eine Mitbestimmung der Leistungsempfänger und Zahlungsverpflichteten über Art und Umfang der Leistung kleinerer Einheiten und damit ein Element bürgerschaftlicher (solidarischer) Verantwortung für die betreffende Dienstleistung. Entfällt dieser Bezug, so erwirbt der einzelne Bürger Ansprüche auf öffentliche Dienstleistungen, „die er als ein Entgelt für seine Steuerzahlung ansieht".[295] Damit wird er nach eigener Wahrnehmung zum Benutzer anonymer Anstalten. Insofern sind die Folgen für die öffentliche Verwaltung in entwickelten Gesellschaften zu beachten, wenn eine zunehmende Verflechtung der verschiedenen Ebenen und ein Wandel des Charakters öffentlicher Aufgaben erfolgt: „Der Bürger legt bei seiner Nachfrage nach derartigen Leistungen nicht das wesentliche Gewicht darauf, von wem sie erbracht werden, sondern vor allem darauf, dass sie zur Verfügung stehen".[296]

Im sozialen Leistungsstaat lassen sich bei Planung und Durchführung einzelner Maßnahmen Aufgaben des eigenen (kommunalen) Wirkungskreises von übertragenen (staatlichen) Aufgaben immer weniger unterscheiden.[297] Juristisch eindeutige Abgrenzungen verlieren im kommunalpolitischen Alltag an Bedeutung: Leistungsstand der Nachbargemeinden, Rahmengesetze des Bundes und der Länder sowie die Erwartung finanzieller Zuschüsse tragen wesentlich dazu bei, scheinbar eindeutige Zuständigkeitsgrenzen zu verwischen.[298] Der Bund hat die Möglichkeiten der konkurrierenden Gesetzgebung ausgeschöpft, die Länder praktizieren Selbstkoordination (z.B. in der Bildungspolitik, beim Gemeindehaushaltsrecht und der Kommunalverfassung).

Die Selbstverwaltungsgarantie betrifft zwar alle Angelegenheiten der örtlichen Gemeinschaft, steht aber unter einem wichtigen Vorbehalt: Ihr Rahmen wird durch Bundes- und Landesgesetze abgesteckt. Diese wirken z.T. vereinheitlichend, z.T. dezentralisierend. Während z.B. das Einkommensteuergesetz und das Wohngeldgesetz für alle Einwohner einheitliche Steuerlasten bzw. gleiche Leistungsansprüche definieren sollen, räumen z.B. das Grundsteuergesetz und das Baugesetzbuch den Gemeinden eigene Gestaltungsbefugnisse ein. Die Nutzung dieser Gestaltungsbe-

---

[295]   Laux 1970, S. 225.
[296]   Schäfer, in: Naßmacher 1977, S. 172.
[297]   Siehe unten, Abschnitt 2.4.1.
[298]   Eine Verbindung bzw. Annäherung konstatieren auch: Voigt 1976, S. 139; Scheuner 1973, S. 11; vgl. auch Köttgen 1968, S. 2.

fugnisse ist Gegenstand der Kommunalpolitik. Das Gestaltungspotenzial kommunalpolitischen Handelns wiederum wird durch Politikverflechtung zwischen Bund, Ländern und Gemeinden mitbestimmt.

1.3.2 Aufgaben- und Finanzverbund vs. kommunale Autonomie

Als Organisationskonzepte für politische Systeme sind Föderalismus und Selbstverwaltung mit der Erwartung verbunden, dass die Fülle der öffentlichen Aufgaben nach bestimmten Prinzipien auf unterschiedliche Verwaltungseinheiten oder andere Träger verteilt wird. Jede Organisationsstufe eines Mehrebenensystems hat eigene Zuständigkeiten und nimmt diese nach eigenen politischen Richtlinien durch eigene Behörden wahr.[299] Für die Landesverteidigung ist ganz selbstverständlich der Bund zuständig; für die Sicherung des „inneren Friedens" durch Polizei und Justiz sind dies vor allem die Länder; sie übernehmen auch den Betrieb von Hochschulen. Schließlich kümmern sich die Kreise um die Müllabfuhr, und die Gemeinden sorgen für Kindergartenplätze. Auch das von der europäischen Politik betonte Prinzip der Subsidiarität legt Zuständigkeiten nach Einzugsgebieten nahe. Nur bei einer maßstabsgerechten Verteilung öffentlicher Aufgaben auf die einzelnen Gebietskörperschaften stimmt deren Zuständigkeit mit der räumlichen Bedeutung der betreffenden Aufgabe überein. Aber die Zuordnung ist keineswegs zwangsläufig, und nur wenige Aufgaben lassen sich ohne Zusammenwirken verschiedener Ebenen erfüllen.

Ein fast idealtypisches Beispiel bietet der Straßenbau: Hier ist der Bund für Planung, Bau und Unterhaltung des Fernstraßennetzes (Autobahnen und Bundesstraßen), das jeweilige Land (bzw. in seinem Auftrage etwa ein Landschafts- oder Bezirksverband) für das regionale Straßennetz, die einzelnen Kreise und Gemeinden für Straßen mit rein örtlicher Bedeutung zuständig. Das Problem der Ortsdurchfahrten, der Bau von Bundesfernstraßen in Auftragsverwaltung und die Gewährung von Finanzhilfen des Bundes und der Länder für den kommunalen Straßenbau zeigen aber, dass schon in diesem Bereich ein Planungs-, Finanz- und Aufgabenverbund festzustellen ist.[300] Wie in anderen wirtschaftlich entwickelten Ländern erschwert die bereits erwähnte Ausweitung der sozial- und wirtschaftspolitischen Aktivität als Folge von Industrialisierung und Verstädterung eine Abgrenzung der Zuständigkeiten.[301] Hinzu kommt in Deutschland, dass die Ausführung von Bundes- und Landesgesetzen überwiegend durch kommunale Dienststellen erfolgt; dies entspricht der Verwaltungstradition und der Verfassungslage.[302] Die Kommunalverwaltung ist in den meisten Handlungsfeldern die einzige ortsnahe Behörde im Dienste von Bund und Land.

---

[299] Vgl. Gunlicks 1986, S. 204.
[300] Reissert/ Schnabel, in: Scharpf u.a. 1976, S. 71ff.; Garlichs 1980.
[301] Vgl. Gunlicks 1986, S. 203-207.
[302] Art. 83 ff. GG; vgl. Rudzio [7]2006, S. 317.

Dieses Verbundsystem läßt sich nur historisch erschließen. Es wirft eine Vielzahl von Problemen auf, von denen einige bereits erörtert wurden, andere noch zu behandeln sind:

- Wahrnehmung neuer, bisher nicht vorhandener Aufgaben,
- Verschiebung von Aufgaben zwischen Staat (Bund, Land) und Kommunen (Kreis, Gemeinden),
- Verlagerung von Aufgaben zwischen Kommunen und privatrechtlichen Trägern,
- Transfer von Dienstleistungen aus der öffentlichen Verwaltung auf Organisationen und ehrenamtliche Initiativen mit fachlicher Ausbildung und Spezialisierung,
- Entwicklung von Kooperationsformen zwischen verschiedenen Aufgabenträgern.

Gerade für eine wirkungsvolle Kooperation im „Drei-Ebenen-System des Grundgesetzes" wäre es wünschenswert, wenn die zentrale Steuerung der öffentlichen Verwaltung beim Bund, die regionale Zuordnung bei den Ländern und die Einpassung aller Maßnahmen in die örtliche Gemeinschaft bei den Gemeinden liegen würde.[303]

Die Eigenverantwortlichkeit der Gemeinden könnte auch bei zunehmender Verknüpfung der Handlungsbereiche der verschiedenen Ebenen weitgehend erhalten bleiben, wenn sich gesetzliche Festlegungen und regionale Pläne darauf beschränken würden, Rahmenregelungen zu sein, und wenn den Gemeinden bei unvermeidbaren Einschränkungen angeboten wird, in einem Gegenstromverfahren substanziell mitzuwirken. Planungsverbund muss keineswegs schlichte Determinierung der nachgeordneten Verwaltung durch Pläne der nächsthöheren Ebene bedeuten, wenn dem Gedanken der Führung durch Planung ein Organisationssystem entspricht, in dem Handlungs- und Initiativräume funktional abgegrenzt sind. Theoretisch kann die Gestaltung der Kompetenzverteilung im System der öffentlichen Verwaltung, also die Zuweisung bestimmter Aufgaben zu bestimmten Trägern, gerade dafür geeignete Bedingungen schaffen.

Auf den ersten Blick scheint die politische Praxis dem zu widersprechen. „Verrechtlichung, goldener Zügel und Verplanung führen ... im konzentrischen Zugriff zur Aushöhlung/Auszehrung oder Erosion der kommunalen Selbstverwaltung" (Erosionsthese). Demgegenüber betonte Faber unter Rückgriff auf empirische Befunde, dass die Gemeinden „Zentren lebendiger Politik" seien und zu den „mächtigsten Interessengruppen" in unserem politischen System gehören. Bund und Land sind auf die Mitwirkung der Gemeinden beim Gesetzesvollzug angewiesen. „Ohne den guten Willen ... laufen die Gesetzgebungskompetenzen leer." Darauf „beruht die Macht der Gemeinden".[304] Für die Raumordnung wurde schon bald erkannt, dass deren klassische Instrumente relativ unwirksam sind; Schulz zur Wiesch sprach von einer „Sperrriegel-

---

[303] Laux 1970, S. 117, 119.
[304] Zitate bei: Faber 1982, S. 8f., 11. - Im Ergebnis ähnlich: Heinelt, in: Roth/ Wollmann 1994, S. 455f.; Norton 1997, S. 245, 259, 263.

funktion" der Kommunen.[305] Ähnliches gilt für die Vergabe finanzieller Fördermittel.[306] Bei der Kommunalaufsicht überwiege die Neigung zu friedlicher Koexistenz.[307] Die politische Realität des Aufgabenverbundes lässt sich deshalb durch den Begriff Politikverflechtung[308] besser kennzeichnen. Aus dem nordamerikanischen Sprachgebrauch stammt die Bezeichnung „intergovernmental relations": Die jeweiligen Fachverwaltungen der beteiligten Regierungen (in Bund, Ländern und Kommunen) handeln pragmatisch Regelungen für die Erledigung bestimmter Aufgaben oder die Implementation bestimmter Programme aus. Dabei befinden sich die deutschen Länder in einer Schlüsselrolle, weil sie über den Bundesrat an der Gesetzgebung mitwirken[309] und gegenüber den Gemeinden ohnehin Aufsichtsbefugnisse haben. Das Politikergebnis führen die Ebenen gemeinsam herbei; die Verantwortung für gewünschte oder unerwünschte Politikfolgen ist keinem der Beteiligten einzeln zurechenbar.[310] Von einem verfassungsrechtlich vorgesehenen „Trennsystem"[311] kann keine Rede sein.

Das gilt zunehmend auch für die finanziellen Lasten. In Deutschland besteht ein Steuerverbund, der alle fiskalisch ergiebigen Steuern (also Einkommensteuer, Körperschaftsteuer und Umsatzsteuer) zu „Gemeinschaftssteuern" von Bund, Ländern und Gemeinden erklärt. Die für die Verteilung des entsprechenden Steueraufkommens geltenden Regeln sind nur z.T. über das Grundgesetz mittelfristig festgeschrieben. In wichtigen Punkten können sie durch Bundes- oder Landesgesetz jährlich verändert werden. Neben dem Steuerverbund besteht ein umfangreiches System des horizontalen und vertikalen Finanzausgleichs. Hinzu kommen noch Zahlungen der einen Ebene (Finanzzuweisungen) für bestimmte Aufgaben der anderen Ebene (z.B. Investitionszuschüsse bei Gemeinschaftsaufgaben oder aus speziellen Förderprogrammen).

Entwickelt hat sich der heutige Finanzverbund im Verlauf des 20. Jahrhunderts. Kennzeichen der öffentlichen Finanzwirtschaft im Kaiserreich war eine Trennung der Steuerquellen. Städte, Länder und Gemeinden bezahlten ihre Tätigkeit jeweils aus unterschiedlichen Abgaben der Bürger. Durch das Kommunalabgabengesetz von 1893 hatte der preußische Finanzminister Miquel den Städten und Landgemeinden vor allem die Steuern auf Grundbesitz und Gewerbebetrieb, die sog. Realsteuern, als eigene Steuerquelle zugewiesen.[312] Daneben durften eigene Zuschläge zur Einkom-

---

[305] Schulz zur Wiesch, in: Wollmann 1980, S. 150.
[306] Siehe unten, Abschnitt 3.4.
[307] Faber 1982, S. 41; s.a. Reuter 1976, S. 11; Bull, in: Derlien 2001, S. 167ff.; siehe unten, Abschnitt 3.3 und 4.4.
[308] Schimanke, in: Voigt 1984, S. 343ff.
[309] Als „Einfallstor" (Rudzio [7]2006, S. 276) erweist sich Art. 84 I GG: Gesetze, die Regelungen zu Behördenorganisation und Verwaltungsverfahren enthalten, bedürfen wegen der Ausführung von Bundesgesetzen durch die Länder der Zustimmung des Bundesrates.
[310] Gunlicks 1986, S. 194, 206; Norton 1997, S. 249.
[311] So irrtümlich Schöber 1991, S. 103.
[312] Genauer Majerczik 1919, S. 4ff.; siehe unten, Abschnitt 3.2.2/3.

men- und Körperschaftsteuer erhoben werden. Tatsächlich entwickelten sich diese Zuschläge rasch zur wesentlichen Einnahmequelle der preußischen Großstädte.[313]

Durch die Erzbergersche Steuerreform (1920) wurden die gemeindlichen Zuschläge zur Einkommen- und Körperschaftsteuer abgeschafft und damit das Trennsystem aufgegeben, was die steuerpolitische Selbstständigkeit der Gemeinden erheblich einschränkte.[314] Die finanziellen Lasten des verlorenen Krieges erforderten „eine Zentralisierung der nationalen Kräfte", aus „Angst vor dem Staatsbankrott" wurde „die Steuerpolitik völlig in die Hand des Reiches gelegt."[315] Zum Ausgleich erhielten die Gemeinden Anspruch auf einen Teil der vom Reich den Ländern zugewiesenen Steuereinnahmen, dessen Höhe allerdings von den Ländern festgesetzt und im Einzelnen sehr unterschiedlich geregelt wurde. Das war der Beginn des in den nächsten Jahrzehnten immer weiter verfeinerten Finanzverbundes.

An die Regelungen aus der Weimarer Republik knüpfte die Gestaltung der Finanzverfassung der Bundesrepublik an. Nachdem die Gemeinden zunächst keine grundgesetzliche Garantie eigener Steuerquellen erlangen konnten, sicherten sie sich 1956 den Zugriff auf das Aufkommen aus Grund- und Gewerbesteuern.[316] Die Finanzreform von 1969 hat darüber hinaus den eigenständigen Anspruch der Gemeinden auf eine Beteiligung am Aufkommen der wichtigsten Steuerarten im Grundgesetz verankert[317] und die finanzielle Situation der stark verschuldeten Gemeinden vorübergehend verbessert. Die (zur Harmonisierung der Steuersysteme in der EU notwendige) Abschaffung der Lohnsummensteuer verminderte das Handlungspotenzial gemeindlicher Steuerpolitik (insbesondere in Großstädten mit „alter" Industrie). Schließlich hat der zum 1.1.1998 vollzogene Austausch der Gewerbekapitalsteuer gegen einen grundgesetzlich garantierten Gemeindeanteil an der Umsatzsteuer[318] diese Entwicklung eines Steuerverbundes konsequent fortgesetzt.

Durch jede dieser Finanzreformen wurden die Gemeinden so stark wie nie zuvor in den öffentlichen Finanzverbund einbezogen. Der seit Jahren zunehmende Verlust an Besteuerungsautonomie hat Veränderungen in der gemeindlichen Entscheidungsstruktur und den Handlungsmöglichkeiten zur Folge. Die Entscheidungsebene (überwiegend der Bund) ist nicht verantwortlich für die Finanzierung der von ihr beschlossenen Maßnahmen.[319] Sozialhilfe und Kindergartenversorgung[320] sind die wichtigsten Beispiele.

Keine der seit 1920 durchgeführten Änderungen bei der Mittelzuweisung an die drei Organisationsebenen der öffentlichen Verwaltung verfolgte das Ziel, das beste-

---

[313] Vgl. Wysocki, in: Hansmeyer 1973, S. 35f.
[314] Ribhegge 1973, S. 7f. und ders., in: Frey 1976a, S. 35.
[315] Zitate bei Upmeier, in: Hansmeyer 1973, S. 20, 223.
[316] Art. 106 VI GG.
[317] Art. 106 V und VII GG.
[318] Siehe unten, Abschnitt 3.2.4.
[319] Böhme, in: Ipsen 1995, S. 27.
[320] Vgl. Maus, in: Ipsen 1995, S. 34.

hende Geflecht, z.T. sogar Gestrüpp, von Planungs-, Durchführungs- und Kontroll-aufgaben oder die praktizierten Formen der Mischfinanzierung (im Steuerverbund bzw. durch verschiedene Arten von Zuweisungen) zu entwirren oder gar zu bereinigen. Die meisten Änderungen haben vielmehr die offenkundigen Leistungs- und Finanzierungsdefizite gerade durch eine Ausweitung des Aufgaben- und Finanzverbundes ausgebaut. Die allmähliche Zurückdrängung der Gewerbesteuer (Gewerbesteuerumlage, Abschaffung der Lohnsummensteuer, Erhöhung der Freigrenzen, Abschaffung der Gewerbekapitalsteuer) mit ihren schwierigen Ausgleichsproblemen hat das Ausmaß der Verflechtungen regelmäßig erhöht.[321]

Schon vor drei Jahrzehnten empfahl Laux[322] den Gemeinden „eine Strategie der relativen Abkoppelung von der jährlichen staatlichen Finanzpolitik": klare und fest-geschriebene Anteile bei einzelnen Steuern sichern, Mischfinanzierungen vermeiden, Zweckzuweisungen in allgemeine Zuweisungen umwandeln und Raum für eigene Steuern schaffen. Bislang ringen Bund, Länder und Gemeinden im Finanzverbund nahezu kontinuierlich um angemessene Anteile an der Gesamtmasse. Dabei verschafft die Gesetzgebungskompetenz dem Bund und der Bundesrat den Ländern ein spezifisches Druckmittel bei der Kompromisssuche; beide sind gegenüber den Gemeinden entsprechend im Vorteil. In den aktuellen Verteilungskämpfen treten ordnungspolitische Erwägungen (etwa eigene Steuerquellen mit Hebesatzrecht oder Ertragshoheit) stets hinter dem pragmatischen Zugriff auf eine angemessene Höhe der jeweiligen Anteilsquote zurück.

Für politische Kompromisse in demokratischen Entscheidungsprozessen ist diese Schwerpunktsetzung der kommunalen Interessenvertreter gut nachvollziehbar. Seine langfristigen Wirkungen zeigen sich jedoch nicht nur im wachsenden Widerstand der besser mit eigenen Einnahmen ausgestatteten Länder Bayern und Baden-Württemberg gegen den Finanzausgleich,[323] sondern auch in der Gemeindepolitik. „Wer bei jedem Ausgabebeschluss zu überlegen hat, welche Steuererträge er zur Deckung heranziehen muss, wird mit zusätzlichen Ausgaben vielleicht vorsichtiger umgehen, wenn er damit zugleich eine Steuererhöhung beschließen müsste."[324] Spätestens seit der Finanzreform 1969 beschließen Gemeindevertretungen in Westdeutschland und seit der deutschen Einheit auch die Gemeinden in Ostdeutschland vor allem über Ausgaben. Die Deckungsverantwortung haben sie an Verteilungskompromisse im Steuer- und Finanzverbund abgegeben. Letzter Träger der Belastung durch Ausgaben der Städte und Gemeinden ist der gemeindeutsche Steuerzahler irgendwo „draußen im Lande", der dieser Verantwortung zunehmend durch Steuervermeidung, Steuerflucht oder gar Steuerhinterziehung aus dem Wege geht.

---

[321] Norton (1997, S. 264) bezeichnet die inzwischen erreichte Komplexität als übertrieben („over-elaborate").
[322] Laux, in: Wagener 1980, S. 96.
[323] FAZ vom 14.1.1998.
[324] Wysocki, in: Hansmeyer 1973, S. 54.

Aber auch die kommunale Steuerautonomie erwies sich bereits im Kaiserreich und in der Weimarer Republik als ein „Schönwettersystem". Die Zuschläge zur Einkommen- und Körperschaftsteuer fanden in preußischen Großstädten schon deshalb so rasche Verbreitung, weil sie den Hausbesitzern und Gewerbetreibenden unter den Stadtverordneten eine Erhöhung der Grund- und Gewerbesteuer (also der eigenen Steuerlast) ersparten. Die in den 1930er Jahren als Ersatz für die 1920 verlorenen Zuschläge eingeführte Möglichkeit einer Verwaltungsabgabe (Bürgersteuer) wurde von den Gemeinden nicht genutzt, weil die Stadtverwaltungen instinktiv deren Schwachstelle erkannten: „Kommunale Steuerautonomie zu üben erfordert ... die Bereitschaft zur politischen Auseinandersetzung" am Ort.[325] Dies traf auch auf die Entwicklung der Grundsteuerhebesätze seit den 1950er Jahren zu.[326] Das Zuweisungs- oder Verbundsystem erspart örtliche Konflikte, verwischt aber auch den Zusammenhang zwischen kommunalen Leistungen und individuellen/lokalen Lasten.

Wenn bisher durch Reformen bei der Aufgabenzuweisung und eine bessere Aufteilung der Finanzmittel die nahezu regelmäßig diagnostizierte „Krise der Selbstverwaltung" nicht zu bewältigen war, bleibt als Ansatzpunkt für durchgreifende Reformen vor allem die Organisation der Aufgabenerfüllung. Deshalb ist es nicht überraschend, wenn seit Jahren auch die eigenständige Erledigung ortsbezogener öffentlicher Aufgaben in den Kommunen unter den Gesichtspunkten Demokratie und Effizienz optimiert werden soll. Dieses Problem tritt nicht nur im Verhältnis zwischen Gemeinde und Bürger auf, es spiegelt sich auch in den Beziehungen zwischen Vertretungskörperschaft und Kommunalverwaltung sowie bei der internen Finanzplanung und Leistungskontrolle der kommunalen Verwaltungen. Hier sollte ein „Neues Steuerungsmodell" Abhilfe schaffen.

1.3.3 Neues Steuerungsmodell vs. lokales Konfliktmanagement

In der kommunalen Gebietsreform geht es immer mal wieder um die optimale Gemeindegröße; reformierte Kommunalverfassungen[327] zielen auf bessere Mitwirkung der Bürger und effiziente Aufgabenerfüllung. Die Zielvorstellung, mehr organisatorische Effizienz bei anhaltender Finanznot zu erreichen, diente als Einstieg in soziale Experimente mit weit reichenden Konsequenzen: Das von der KGSt (in Anlehnung an niederländische Vorbilder und betriebswirtschaftliche Leistungskontrollen) mit erstaunlichem Erfolg propagierte „Neue Steuerungsmodell" beherrscht seit mehr als einem Jahrzehnt die wissenschaftliche Reformdiskussion und die örtlichen Organisationsinnovationen.[328]

---

[325] Zitate bei Wysocki, in: Hansmeyer 1973, S. 157.

[326] Siehe unten, Abschnitt 3.2.2; vgl. auch Peil, in: Ipsen 1995, S. 128.

[327] Vgl. oben, Abschnitt 1.2.3 (Rekonstruktion).

[328] Zur systematischen Darstellung des „Leitbildes" s. Jann, in: Blanke u.a. 1998, S. 70ff.; erst später wurde die internationale Debatte reflektiert, die unter dem Stichwort New Public Management als

Der Reformimpuls geht aus von der Feststellung, die Kommunalverwaltung müsse sich als öffentliches Dienstleistungsunternehmen verstehen, sei aber bisher eine hierarchische Organisation („bürokratischen Zentralismus"):[329] „Der simpelsten Umschichtung von Ressourcen ... müssen so viele zustimmen ..., dass man ... von vornherein darauf verzichtet". Im traditionellen Verwaltungssystem werde „wirtschaftliches Verhalten offensichtlich bestraft, Verschwendung aber belohnt". Banner sieht darin „ein System organisierter Unverantwortlichkeit ... An ihm sind nicht die Beamten schuld, sondern das System selbst."[330]

Zu den wesentlichen Punkten der Lageanalyse gehörten: Der kommunalen Politik fehlen strategische Planung sowie entwicklungspolitische Prioritäten. „Die Gemeindevertretungen sind ... der Planung einer komplexen Leistungsverwaltung häufig nicht mehr gewachsen ... Nur zu oft beschränkt sich der Rat auf die Billigung von Verwaltungsvorlagen durch Akklamation."[331] Entscheidungen in einem traditionell informationsarmen Gefüge, wie der kommunalen Selbstverwaltung, seien unvermeidlich von Stimmungen und Zufallskoalitionen geprägt: Solange klar definierte Ziele fehlen, werden die (nur ehrenamtlich tätigen) Kommunalpolitiker versuchen, die Verwaltungstätigkeit durch Einzeleingriffe zu steuern.[332] Gleichzeitig wurde die Tendenz zur Verselbstständigung einzelner Verwaltungszweige (z.B. Stadtwerke AG, Nahverkehrs GmbH, Krankenhausbetrieb) kritisch beobachtet. Solche Ausgründungen neigen erfahrungsgemäß „zu politisch nicht mehr kontrollierbaren, teils parasitären Kostensteigerungen." Verselbstständigung ist „nur bei klar vorgegebenem Leistungs- und Ressourcenrahmen ... steuerbar."[333]

Um bei fühlbar eingeschränkten Finanzmitteln ein „Mehr an Dienstleistungsorientierung und Wirtschaftlichkeit" zu entwickeln, brauche die Kommunalverwaltung „ein alternatives Steuerungsmodell, das ...

- den politischen Entscheidern Instrumente in die Hand gibt, ihre politische und finanzielle Gesamtverantwortung wirksamer auszuüben ...
- den Verwaltungsmanagern... die volle Entscheidungsfreiheit und Entscheidungsverantwortung in ihrem Fachbereich überträgt."[334]

Das „Neue Steuerungsmodell" beinhaltet erklärtermaßen eine zweifache Stoßrichtung: Gegen Einzelfallinterventionen der gewählten Repräsentanten und gegen Ver-

---

Zielorientierung in Großbritannien, Neuseeland, Australien und den USA, aber auch in den skandinavischen Ländern geführt wird (Reichard, in: Reichard/ Wollmann 1996, S. 241f.; Oppen/ Wegener, in: Naschold u.a. 1997, S. 151f.)

[329] Banner 1991, S. 6. - Vgl. auch KGSt, 5/ 1993, S. 10, 13, 17.

[330] Banner 1991, S. 7. - Vgl. auch KGSt 1996a, S. 41.

[331] Gröttrup 1976, S. 240.

[332] Banner 1991, S. 10. - Vgl. auch KGSt , 5/ 1993, S. 14, und 10/ 1996b, S. 12-15.

[333] Banner 1991, S. 8. - Vgl. auch KGSt, 5/ 1993, S. 11 und 10/ 1996b, S. 33.

[334] Banner 1991, S. 8. - Für Einzelheiten s. KGSt, 10/ 1996b S. 16-26.

selbstständigungstendenzen ausgabenintensiver Dienstleistungen (Eigenbetriebe, Eigengesellschaften).[335] Um die politische Steuerung im „Konzern Stadt"[336] zu sichern, werden zwischen Verwaltungsführung („Konzernzentrale") und Fachdiensten/Einzelverwaltungen[337] in einem dialogischen Spannungsfeld Ziele diskutiert, Leistungen („Produkte") definiert, Leistungsmengen vereinbart, die dafür notwendigen Budgets zugewiesen („Kontraktmanagement") und die Zielerreichung regelmäßig kontrolliert (Controlling).[338] Auf dieser Basis stellen die Fachdienste die vereinbarten Leistungen bereit und übernehmen die volle Verantwortung für den kosten- und nutzenbewussten Einsatz von Geld und anderen Ressourcen. Personelle Fehlentscheidungen muss sich der Fachdienst selbst zuschreiben. Der Einsatz von Vermögenswerten soll durch kaufmännische Buchhaltung[339] (Doppik) transparenter werden.

In einem reorganisierten Politikprozess

- sollen betriebswirtschaftliche Instrumente (wie Kosten-, Leistungs- und Vermögensrechnung sowie Controlling) „eine Kulturveränderung" ermöglichen,[340]
- durch Steuerung der Verwaltung „auf Abstand" dem Verwaltungsvollzug einen „betriebsgemäßeren Charakter geben" und
- die strategische Dimension der Kommunalpolitik stärken.

„Die ideale Prozessstruktur sieht wie folgt aus: Nach seiner Neuwahl beschließt der Rat ein Politikprogramm, das der Verwaltung die in der Mandatsperiode zu erreichenden Entwicklungsziele und -schwerpunkte vorgibt."[341] Nach den Vorstellungen der KGSt sollte der Rat das „Was" bestimmen, das „Wie" aber der Verwaltung überlassen.[342] Der Rat gibt also die Prioritäten für die Kommunalverwaltung vor, legt in konkreten Zielvereinbarungen mit Budget und Qualitätszielen das Verwaltungshandeln mehr oder weniger fest. Dabei soll sich der Rat also auf die politisch-normativen Fragen konzentrieren, die Verwaltung auf die operativen.[343]

---

[335]   Banner 1991, S. 7, 10f. - Dieser Aspekt wurde allerdings inzwischen „aus dem Auge verloren" (Kuban, in: Schöneich 1996, S. 105). Zum Problem vgl. auch Eichhorn, in: Böhret/ Nowack 1995, S. 228f.

[336]   Eine Begründung für diese Bezeichnung liefert Laux, in: Wagener 1980, S. 98: „Großstädte gleichen mehr vielgliedrigen Konzernen als geschlossenen Betrieben."

[337]   Diese sollen offenbar größer sein als ein traditionelles Amt, aber kleiner als die bisherigen Dezernate einer Großstadtverwaltung.

[338]   Vgl. Banner 1991, S. 8f.

[339]   Bereits 1921 hatte der Oberbürgermeister von Königsberg verlangt, dass die „kommunalen Betriebe sich von der kameralistischen Buchführung trennen sollten." (Upmeier, in: Hansmeyer 1973, S. 93, unter Verweis auf die Verhandlungen des 5. Deutschen Städtetages.)

[340]   Die Idee, den schwerfälligen Verwaltungsstil der Kommunalverwaltung durch eine stärker kommerzielle Ausrichtung zu ändern, tauchte bereits in den 1920er Jahren auf. Vgl. Upmeier, in: Hansmeyer 1973, S. 94.

[341]   Alle Zitate aus: Banner 1991, S. 10.

[342]   KGSt 1996b, S. 17. Inzwischen werden die Verantwortungsbereiche auch von der KGSt nicht mehr so stark abgegrenzt gesehen (Stock 2000, S. 28f.).

[343]   Heinz 2000, S. 25.

Dreh- und Angelpunkt für die praktische Durchführbarkeit eines Neuen Steuerungsmodells ist die Definition von Leistungen („Produkten")[344] und die Festlegung der als Zielwerte kontrahierten Produktmengen und -qualitäten. Produktdefinitionen sollen „weder zu eng, noch zu weit" gefasst sein: „Bei zu enger Produktdefinition erhält man zu viele Produkte und damit zu viele Organisationseinheiten. Dann wird die Verantwortung unüberschaubar." Zu weite Produktdefinitionen stehen der Formulierung „steuerungs- und kontrollgeeigneter Zielvereinbarungen im Wege".[345] Die zunächst vorgelegten Produktdefinitionen[346] erfüllten aber keineswegs die Anforderungen an ein steuerungstaugliches Produktkonzept.[347]

Zur Implementation in der deutschen Kommunalpraxis wurde Ende der 1990er Jahre konstatiert, dass sich nach Meinung der KGSt „keines der Elemente ihres Reformmodells ... als vollkommen falsch erwiesen habe; oft seien aber Herangehensweise oder Zeitpunkt ungeeignet." Die Modernisierung der Verwaltung gehe aber nicht so schnell voran wie erhofft; abgeschlossen sei sie wohl noch nirgends.[348] Als erfolgreiches Praxisbeispiel wurde häufig die niederländische Großstadt Tilburg herangezogen. Beim Transfer der Erfahrungen ist allerdings zu beachten, dass einige Rahmenbedingungen des „Tilburger Modells" in Deutschland nicht vorhanden sind: Nach der niederländischen Kommunalverfassung führt ein von der Staatsregierung ernannter Bürgermeister die Verwaltung und leitet die Sitzungen des Gemeinderates. Im Gemeinderat von Tilburg besteht ein weit aufgefächertes Parteienspektrum, bei dem die beiden stärksten Gruppen zusammen über weniger als 50% der Gemeinderatssitze verfügen.[349] Letzteres könnte nach weiterer Ausdifferenzierung der Parteienlandschaft in den Räten auch in Deutschland bald Realität werden.

Neben der Frage nach Beispielen praktischer Bewährung wirft das Konzept auch mehr grundsätzliche Probleme auf: Wie weit trägt das Modell „Konzern Stadt", d.h. die Analogie von Kommunalverwaltung und Wirtschaftsleben? Die privatwirtschaftliche Unternehmung hat

- *Kapitaleigner* (nicht steuerzahlende oder wahlberechtigte Bürger),
- eine selbstbestimmte *Auswahl* an Produkten,
- *Wettbewerber* auf den Märkten für ihre Produkte,
- *Kunden,* die auswählen können und einen *Marktpreis* bezahlen, und schließlich auch
- *Ressourcen,* wie Geld, Personal, Organisation und Management.

---

[344] So auch KGSt, 5/ 1993, S. 17, 21, 32. - Vgl. auch KGSt, 1996a, S. 28-30.

[345] Banner 1991, S. 9.

[346] Innenministerium Baden-Württemberg 1996 bzw. KGSt, 1996a, S. 32f. und KGSt, 5/1997.

[347] Vgl. Meyer-Pries, in: Schöneich 1996, S. 146, 159-161; Wulff 2001, S. 13.

[348] Beide Zitate aus: Kerstin Schwenn: Am Anfang war Verwirrung, in: FAZ vom 28.11.1997. Zum Stand der Reformen in den so genannten Reformkommunen s. Bogumil/ Kißler 1998. Zum Reformprozeß generell s. Grunow/ Wollmann 1998.

[349] Vgl. Kleinfeld u.a., in: Kleinfeld u.a. 1996, S. 188.

Nur in der Dimension „Ressourcen" entspricht die Kommunalverwaltung einem Unternehmen. „Die Kommune ist eine politische Organisation zur Wahrnehmung örtlicher Angelegenheiten in eigener Verantwortung." Das „Bild vom Unternehmen Stadt ... verschleiert die Funktion der Stadt als Gestalterin und Bewahrerin einer sozialen Ordnung."[350]

Die Gestaltung des gesellschaftlichen Lebens in „der örtlichen Gemeinschaft" ist Gegenstand politischer Auseinandersetzungen. Die Akteure in Gemeinderäten und Kreistagen ebenso wie in den Kommunalverwaltungen wollen neben den jeweiligen Sachzielen auch persönliche Erfolge in Form von individuellen „Macht-, Karriere- und Sicherheitszielen ... realisieren. Eine für alle verbindliche ... Ziel ... funktion kann nicht aufgestellt, ihre Beachtung könnte nicht durchgesetzt werden."[351] Bereits in den 1920er Jahren empfand der Düsseldorfer Oberbürgermeister (und spätere Bundesinnenminister) Robert Lehr die Detailkontrolle der Stadtverordneten als lästig.[352] Allerdings bedarf der Konflikt zwischen örtlichen Interessen der politischen Regelung. Zuweilen genügt es, eine Interessengruppe durch symbolische Maßnahmen auf später zu vertrösten oder ihr Zugeständnisse in anderen Bereichen zu machen. In vielen Fällen der Rechtsanwendung besteht die Dienstleistung der Kommunalverwaltung darin, gesellschaftliche Konflikte nach Recht und Gesetz zu entscheiden, in der Praxis heißt das oft zu schlichten (verhandelnde Verwaltung). Dabei gilt es Interessenkonflikte so zu bearbeiten, dass der Konflikt auf absehbare Zeit „ruhig gestellt" bleibt. Dieses Konfliktmanagement ist aber keine typische Verwaltungsaufgabe, sondern eine zentrale Politikleistung.

Das Neue Steuerungsmodell berücksichtigt örtliche Konflikte nur in zwei (bekanntermaßen) häufigen Formen: Als Konflikt zwischen unterschiedlichen Ansprüchen auf Ressourcen (=Verteilungskonflikt) und als Widerspruch zwischen Einzelfall und Gesamtkonzept. Für diese beiden Formen erfolgt das Konfliktmanagement im Neuen Steuerungsmodell durch die Kontrakte zwischen Fachdienst und Steuerungszentrale. Spätere Eingriffe von örtlichen Interessen, die kurzfristige Neubewertung politischer Prioritäten oder gar eine „Ressortkumpanei" zwischen örtlichen Interessen, Fachdiensten und Fachpolitikern[353] sind nicht vorgesehen.

Nach unserer Einschätzung wird ein Neues Steuerungsmodell umso erfolgreicher sein, je mehr es örtliche Interessen und politische Aktionen einbezieht (und nicht auszugrenzen versucht), seine Produkte (aus der Nutzerperspektive) präzise definiert und den Schwerpunkt der Reformanstrengungen auf den Ausbau von Kostenrechnung,[354] die Optimierung des Vermögenseinsatzes und Leistungsvergleiche mit anderen Kommunen setzt. Jeder weitergehende Anspruch macht das Neue Steu-

---

[350] Laux 1993, S. 523f. - Zur Entgegnung vgl. KGSt 1996a, S. 83.
[351] Mäding, in: Mäding 1983, S. 19.
[352] Hofmann 1974, S. 110.
[353] Vgl. unten, Abschnitt 4.3.
[354] So auch Sarrazin, in: Ipsen 1995, S. 19f.

erungsmodell zu einem umfassenden Planungskonzept[355] und verstärkt den potenziellen Widerspruch zur kommunalen Demokratie als politisches Management örtlicher Konflikte. Neben dem öffentlichen Dienstrecht und dem Gemeinderat werden sonst auch die Bürger (einzeln oder in Gruppen) zu Störfaktoren des neuen Konzepts. Die Umsetzung ist bisher nur langsam vorgeschritten.[356]

Das Stadt-Umland-Problem, die Verwaltungsgerichte, Bürgerantrag und Bürgerentscheid sowie die Bezirksverfassung, aber auch horizontaler und vertikaler Finanzausgleich sind einige Stichworte zur Fremdeinwirkung auf eine nach dem Neuen Steuerungsmodell reorganisierte Kommunalverwaltung. Diese Stichworte reichen aus, um nicht nur Aufgaben und Finanzmittel der Gemeinden, sondern auch Entscheidungen über beides und die konkrete Bearbeitung einzelner Politikfelder als aktuelle Probleme kommunaler Politik auszuweisen:

- Welche Aufgaben hat eigentlich die Gemeinde?[357]
- Wie wird die Erfüllung dieser Aufgaben finanziert?[358]
- Wie wird darüber entschieden?[359]
- Was können die Gemeinden bewirken?[360]

Diese vier Fragen sollen grundsätzlich und unter den Wirkungen der seit einem Jahrzehnt implementierten Reformen in den folgenden vier Kapiteln bearbeitet werden. Unsere Antworten beziehen sich auf Städte und Gemeinden mittlerer Größe. Das kommunalpolitische Geschehen in Landkreisen[361], kreisfreien Städten[362], Landgemeinden[363] und kommunalen Zweckverbänden[364] bleibt weitgehend außer Betracht. Die Erkenntnisse haben allerdings auch für größere Städte und kleinere Gemeinden Bedeutung.

---

[355] Nach der Zählung von Mäding (in: Mäding 1983, S. 28f.) ließe sich das Neue Steuerungsmodell als dritte Planungswelle in der deutschen Verwaltung bezeichnen.

[356] Nur 2,5% der Städte und Gemeinden hatten bis 2005 sieben Kernelemente flächendeckend eingeführt (Bogumil, in: Bogumil u.a. 2006, S. 158).

[357] S. u. Kapitel 2 (Aufgaben).

[358] S. u. Kapitel 3 (Finanzen).

[359] S. u. Kapitel 4 (Entscheidung).

[360] Für diese Darstellung werden als Aufgabenbereiche ausgewählt: Wohnen und Arbeiten - s. u. Kapitel 5 (Politikfelder).

[361] Siehe Verein für die Geschichte ... 1972, 1976, 1985, 1986 und Peters 1956, 1957, 1959; von Unruh, Dehe bzw. Wendt, in: Voigt 1984, S. 293-302; Schneider 1985; Haus u.a. 1986, S. 106-133; Schneider, in: Gabriel 1989a, S. 107-125; ders., in: Pfizer/ Wehling 1991, S. 205-227; Janning, von der Heide, Henneke und Meyer, in: Wollmann/ Roth 1999, S. 76ff., 104ff., 123ff. und 133ff. sowie laufend die Zeitschrift „Der Landkreis".

[362] Siehe insbesondere Grauhan 1970, 1972, 1975; Schäfers 1970; Thränhardt, in: Naßmacher 1977, S. 179ff.; Heuer 1975 und laufend die Zeitschrift „Der Städtetag".

[363] S.d. Schneider 1977, 1991; Wehling 1978; Schneider, in: Voigt 1984, S. 125-127.

[364] Für einige grundsätzliche Bemerkungen s. Leclaire, in: Rausch/ Stammen 1972, S. 272 und Thränhardt, in: Kevenhörster 1977, S. 217, 221.

2 Aufgaben der Gemeinden: Bürgernahe Dienstleistungen und kleinräumige Steuerung der Stadtentwicklung

Was erwarten Bürger von ihrer Stadt oder Gemeinde? Sicherlich nicht in allen das Gleiche. Viele Städte und Gemeinden bieten der Bevölkerung noch immer ausreichend Arbeitsplätze, Wohnmöglichkeiten, Schulen und Freizeiteinrichtungen. Manche weisen größere Defizite auf, z. B. bei den Arbeitsplätzen oder Wohnungen für Familien mit geringem Einkommen. Die Globalisierung wird in der Regel als die wichtigste Ursache benannt, weil sie Betriebsstilllegungen und Bevölkerungswanderungen hervorruft. Im Hinblick auf Einkaufsmöglichkeiten und Freizeitangebote, die sogenannten Wohnfolgeeinrichtungen, haben sich die Ansprüche der Bevölkerung vielfach gewandelt. Stand früher der preiswerte Einkauf im Mittelpunkt, geht es inzwischen auch um das Einkaufserlebnis. Bei der gesundheitsorientierten Freizeitgestaltung lassen sich ständig neue Tendenzen erkennen, denen die Städte und Gemeinden mit ihren Angeboten kaum gerecht werden können.

Der Wandel der Erwartungen ist einerseits einem veränderten Wertesystem der evölkerung zuzuschreiben,[1] andererseits aber auch aktuellen Moden zuzuordnen. Allgemein formuliert hängen die jeweiligen Ansprüche mit dem sozio-ökonomischen Wandel zusammen. Immer beziehen sich die Wünsche der Bevölkerung auf einen registrierten Nachholbedarf, der durch Initiativen, Vereine, Verbände, Mandatsträger oder die Lokalpresse als neues Thema aufgegriffen und verstärkt wird, um dann in Präferenzen und Prioritäten der Stadtpolitik seinen Niederschlag zu finden.[2] Dabei erhalten durch öffentliche „Kampagnen" einzelne Wünsche der Bevölkerung ein wesentlich höheres Gewicht, während andere auf hohem Niveau stagnieren,[3] wieder andere gar nicht wahrgenommen werden. Die Bürger lassen sich in ihren Erwartungen auch durch zukunftsweisende Lösungsansätze beeinflussen, die sich z. B. bei den Parteien in ihrer Programmatik niederschlagen,[4] wenngleich die Profilierung der Politik in kleineren Gemeinden nicht immer so deutlich ausfällt.

Der Wandel der Erwartungen wird allerdings auch durch die demografische Entwicklung beeinflusst. Eine alternde Bevölkerung hat andere Bedürfnisse. Bevölkerungswanderungen lösen in manchen Regionen Überkapazitäten aus, in anderen einen Mangel an Einrichtungen. Dies ist besonders nach der deutschen Vereinigung

---

[1]   Inglehart 1977 und 1998; Schäfer/Stricker, in: Gabriel 1989a, S. 36.
[2]   Simon, in: Schuster/Dill 1992.
[3]   Wagener, in: Wagener 1980, S. 27.
[4]   Rudzio [7]2006, Tab. 3, S. 120; Klingemann/Volkens, in: Gabriel u.a. 2001, 2. Aufl., S. 507ff.

deutlich geworden. In Ostdeutschland stehen Wohnungen leer, die nicht mehr den Ansprüchen entsprechen (z. B. solche in den Plattenbaugroßsiedlungen) und es wurden z.b. Wohnfolgeeinrichtungen geschaffen, deren Auslastung nach dem Weggang insbesondere der jungen Bevölkerung nicht mehr gewährleistet ist. Die Wanderungsprozesse sind Ausdruck der unterschiedlichen Attraktivität der Regionen, Städte und Gemeinden, die sich für die Jüngeren vor allem am Angebot von Arbeitsplätzen festmacht.[5]

2.1 Wichtige Aufgaben an Beispielen

Manches hat sich auch im Vollzug der deutschen Einheit für die Gemeinden und ihre Bürger dramatisch verändert. Das ist beispielsweise bei der Kleinkinderbetreuung besonders deutlich. In der ehemaligen DDR gehörte ein flächendeckendes *Krippen-, Kindergarten- und Hortangebot* selbstverständlich zu den Wohnfolgeeinrichtungen. Gerade diese Einrichtungen des DDR-Sozialsystems waren von der Bevölkerung in besonders hohem Maße akzeptiert und nachgefragt worden. „Sie stellten eine entscheidende Voraussetzung für das Erreichen einer hohen Erwerbstätigkeitsquote von Frauen in der DDR dar, ...".[6] Dagegen fehlten im Freizeitangebot der Kommunen Ostdeutschlands Einrichtungen für individuelle sportliche Betätigung (z. B. *Schwimmhallen*). Auf der ostdeutschen Prioritätenliste stand lange Zeit die Versorgung der Bevölkerung mit modernem Wohnraum obenan. Dieses Ziel wurde meist in Trabantensiedlungen auf der grünen Wiese realisiert, während eine Fortentwicklung der gewachsenen Stadtstruktur (Verbesserung der Stadtkerne oder gar eine *Stadtsanierung*) unterblieb. In Westdeutschland war die Bereitstellung von Wohnraum vor allem ein Problem der Ballungsräume (von Großstädten und unmittelbar angrenzenden Ballungsrandgemeinden). Aber selbst dort fehlte der politischen Thematisierung die Kontinuität; nach einer zuweilen alarmierenden Entdeckung war die „Wohnungsnot"[7] schnell wieder vom Tisch. Ende der 1980er Jahre gaben die Stadtentwicklungsplaner der westdeutschen Großstädte den Verkehrsproblemen und dem Umweltschutz absoluten Vorrang.[8] Kleinere Städte widmeten seit den 1970er Jahren den Einkaufsmöglichkeiten und Freizeiteinrichtungen verstärkte Aufmerksamkeit: Nach dem Bau von Freibädern und Turnhallen wurden Schwimmhallen und *Fußgängerzonen* in Angriff genommen. Voraussetzung für viele Fußgängerzonen oder die Verkehrsberuhigung in den Innenstädten war der Bau oder Ausbau von

---

[5]   S. d. z. B. die Studie von Kröhnert u.a. 2006.
[6]   Kleinfeld u.a. 1996, S. 344.
[7]   S. unten, Abschnitt 5.3.
[8]   Difu 3/1988, S. 14. Heute rangiert (nach den jährlichen Difu-Umfragen) das Thema Wohnen weit abgeschlagen, dagegen haben Haushaltskonsolidierung und Verwaltungsmodernisierung sowie die Bearbeitung der Probleme des wirtschaftlichen Strukturwandels und des Verkehrs den höchsten Stellenwert (Difu-Berichte 4/1998, S. 8).

Umgehungsstraßen. Häufig sind Anregungen der Nachbarstädte und überörtliche Impulse Anlass für diese Investitionen gewesen.

Dies galt in den 1970er Jahre für Fußgängerzonen. Eine solche Maßnahme hatte der Deutsche Städtetag bereits 1960 für innerstädtische Bereiche empfohlen.[9] Oberzentren wie die Großstadt Oldenburg nahmen diesen Impuls schon sehr früh auf. In den angrenzenden Kreisen folgten die Kreisstädte dem Oldenburger Beispiel. Als Impuls diente auch das damalige Bundesprogramm für „Zukunftsinvestitionen" (ZIP), das innovative Führungskräfte der Verwaltung nutzen.[10] Andere Städte gleicher Größenordnung haben sich inzwischen auch für eine Umgehungsstraße entschieden. Bei Fußgängerzonen sind sie z. T. einem neuen Trend zur flächendeckenden Verkehrsberuhigung[11] gefolgt: Fußgänger, Radfahrer und langsam fahrende Autos werden (zumindest außerhalb von Stoßzeiten) nebeneinander geduldet, die Durchfahrt durch die Stadtmitte aber wesentlich erschwert. Unter dem Eindruck der bereits angelegten Umgehungsstraßen mit negativen Wirkungen für das Stadtgefüge ist die Sensibilität der Bevölkerung für Probleme der Stadtstruktur und des Landschaftsverbrauchs auch bei Umgehungsstraßen gewachsen. Entlastungsstraßen gelten als autoorientiert, die weiteren Verkehr in die Städte ziehen. In Kleinstädten kann der öffentliche Nahverkehr allerdings häufig (noch) keine Alternative zum privaten Verkehr bieten.[12] Das Fahrrad ist außerhalb der ebenen Gebiete Deutschlands (also schon in den Mittelgebirgen) als Ersatz weniger geeignet. Auch für den Wirtschaftsverkehr (mit LKWs) muss eine Lösung gefunden werden, die den Lebensrhythmus der Stadt nicht beeinträchtigt. Dennoch wird ein Nachholbedarf für Straßenbau von der Bevölkerung häufig nur noch in Ostdeutschland empfunden. Die Infrastrukturausstattung der Städte wurde bereits Anfang der 1980er Jahre als ubiquitär angesehen.

Einen wesentlichen Impuls für weitere Investitionen in der alten Bundesrepublik hatte die Gebietsreform in den 1970er Jahren gegeben. So wurden neue Rathäuser, weiterführende Schulen und Freizeiteinrichtungen, z. B. Hallenbäder, verwirklicht sowie Flächen für den Wohnungsbau ausgewiesen und bebaut mit dem Ziel, die Selbstständigkeit auch kleinerer Städte im Einzugsbereich von größeren sicherzustellen.[13] Heute erscheinen solche Investitionen angesichts der kommunalen Finanzlage für viele Städte als Illusion. In manchen Städten, die damals entsprechende Einrichtungen geschaffen haben, steht eine Sanierung von Hallenbädern gar nicht zur Debatte, sondern es wird eher die Schließung erwogen. Andere Einrichtungen stehen bei dringenden Reparaturen in der Prioritätenliste weiter oben, z. B. die Sa-

---

[9] Monheim 1975, S. 45.
[10] Naßmacher/Naßmacher 1999, S. 87.
[11] Monheim 1985, S. 5ff.; zu neuen Leitbildern und Ansätzen s. Schaller 1993, S. 38ff.
[12] Ortsbussysteme - also Angebote mit Kleinbussen - werden allerdings in vielen Städten erprobt.
[13] Beispiele dazu s. Naßmacher/Naßmacher 1999, S. 89. Beobachtungen im Rahmen des von der Robert-Bosch-Stiftung geförderten Forschungsvorhabens zur Wirtschafts- und Wohnungsentwicklung im Stuttgarter Umland. Vgl. Naßmacher 1981, S. 212; 1982, S. 117.

nierung von Schulen, von Straßen und Abwässerkanälen. Vielmehr lautet die Frage: Kann sich die Stadt den Betrieb von Hallenbädern überhaupt noch leisten? Die Hoffnungen richten sich häufig auf einen privaten Investor, der aus einem öffentlichen Hallenbad ein sogenanntes „Erlebnisbad mit Wellness-Angebot" macht und dies als privates Unternehmen betreibt. Da bietet sich die Überlegung, ein privates Unternehmen mit der Sanierung und dem Betrieb zu betrauen („Privatisierung")[14], geradezu an.

Der Geburtenrückgang in Deutschland, der Wunsch von immer mehr Frauen, Berufstätigkeit und Kinderwunsch gleichzeitig zu verfolgen und die bereits erkennbaren Probleme der Finanzierung der Sozialversicherungssysteme nach dem Generationenvertrag haben Kinderbetreuungseinrichtungen inzwischen auch in Westdeutschland eine verstärkte Aufmerksamkeit verschafft. Demgegenüber konnten sich die Städte der neuen Bundesländer zu DDR-Zeiten darauf verlassen, dass vor allem die volkseigenen Betriebe am Ort soziale Einrichtungen wie Krippen, Kindergärten und Horte bereitstellten.[15] Nach der Wende veränderte sich die Situation entscheidend, weil die meisten Betriebe nicht überlebten.[16] Selbst dort, wo neue Betriebe angesiedelt werden konnten, fielen auch diese sozialen Aufgaben den Gemeinden anheim. Es zeigte sich jedoch, dass die Städte und Gemeinden versuchten, diese traditionellen Versorgungseinrichtungen als Priorität weiterzuführen.[17] In den alten Bundesländern bestehen traditionell erhebliche Versorgungsdefizite.[18] Zwar hat seit 1996 laut Bundesgesetz jedes dreijährige Kind Anspruch auf einen Kindergartenplatz.[19] Eine gewisse Entlastung brachten vorübergehend niedrigere Geburtenraten. Die Engpässe werden aber jetzt wieder deutlich. Denn die Kirchen sehen sich gezwungen, nach dem Rückgang der Kirchensteuer Einrichtungen für Kinderbetreuung zu schließen. Insbesondere bei den Krippenplätzen für die unter Dreijährigen

---

[14]   Vgl. unten, Abschnitt 2.4.3.

[15]   „Die Versorgungsquote erreichte im letzten DDR-Jahr 1989 bei den Kinderkrippen (0-3jährige) über 80%, bei Kindergartenplätzen (3-6jährige) rund 95 % sowie bei Kinderhorten ebenfalls über 80%." Die hohe Arbeitslosigkeit von Frauen und der Geburtenrückgang nach der Wende haben die Nachfrage gemindert (s.d. Backhaus-Maul/Olk 1993, S. 325).

[16]   Dies mag neben der wirtschaftlichen Unsicherheit die Ursache für den drastischen Geburtenrückgang nach der Wende sein, der den Rückgang der Erwerbsbevölkerung vor allem beeinflusst, nicht die Abwanderung (Fuchs/Söhnlein 2005, S. 1).

[17]   Naßmacher/Naßmacher 1999, S. 90. Nach wie vor gehen im Osten deutlich mehr Kinder in eine Kindertageseinrichtung als im Westen (Deutsches Jugendinstitut 2005, S. 9).

[18]   S. d. Naßmacher/Naßmacher 1999, S. 89. Aktuelle Zahlen zur Zahl der vorhandenen Plätze in einzelnen Städten s. Statistische Jahrbuch deutscher Gemeinden 2004, S. 27ff.

[19]   Dieser Anspruch wurde seit der Neuregelung des Abtreibungsparagrafen 1992 konkretisiert und sollte seit dem 1.8.1996 umgesetzt sein (Schwangeren- und Familienhilfegesetz; Regierungsvorlage von 1992; verabschiedet im Bundestag am 23. November 1995 und im Bundesrat am 24. November 1995). Zur Veränderung der Rechtsgrundlage und den dabei diskutierten Optionen s. Nullmeier, in: Schmals/Heinelt 1997, S. 162ff. Seit dem 1. Januar 2005 ist das Gesetz zum qualitätsorientierten und bedarfsgerechten Ausbau der Kinder- und Jugendhilfe (Tagesbetreuungsausbaugesetz) in Kraft, das bis 2010 die Schaffung von 230.000 Plätzen vorsieht (www.bmfsfj. de, 1.7.2006).

besteht ein erheblicher Mangel.[20] Zusätzlich hat der Bund die Ausbreitung von Ganztagsschulen 2003 auf die politische Agenda gesetzt, indem dafür ein Investitionsprogramm für „Zukunft und Betreuung" (IZBB) zum Auf- und Ausbau solcher Schulen bereitgestellt wurde. Flossen diese von den Ländern mitzufinanzierenden Gelder zunächst nur langsam ab, so zeigt sich inzwischen eine breitere Inanspruchnahme durch die Städte und Gemeinden.[21]

In den neuen Bundesländern war eines der drängenden Probleme die Sanierung der Altstadtkerne. Viele Gebäude befanden sich nach jahrelanger Vernachlässigung in einem bedrückenden Zustand. Weil unmittelbar nach der Wende Unsicherheit im Hinblick auf Eigentumsverhältnisse bestand und viele Bürger um ihre wirtschaftliche Existenz bangten, war die eigene Investitionsfähigkeit und -bereitschaft nicht besonders hoch einzuschätzen. Ohne erhebliche öffentliche Mittel konnte ein Engagement privater Investoren von außen kaum erwartet werden. So versuchten die Städte und Gemeinden Förderungsprogramme des Bundes zur Stadtsanierung zu nutzen. In Westdeutschland hatten Zuschüsse für Stadtsanierungsmaßnahmen zur Zeit der Wende bereits erste Wirkungen gezeigt, nachdem dieser Prozess seit den 1970er Jahren intensiv betrieben wurde. Häufig konnten die Städte und Gemeinden den Impuls zur Eigeninitiative von Privateigentümern in den Stadtzentren dadurch verstärken, dass sie auf städtischen Grundstücken in zentraler Lage oder auf privaten, brachliegenden Gewerbeflächen eine Bebauung als Konkurrenz zu den alten Stadtzentren verwirklichen halfen. Hier kamen die ersten Einkaufszentren in Stadtnähe oder an verkehrsgünstig gelegenen Standorten vor der Stadt zum Zuge. Sie erfüllten meistens die Erwartungen der privaten Investoren voll, trugen allerdings nicht immer dazu bei, den Sanierungsprozess in der Altstadt zu beschleunigen. Erst nach einem Vierteljahrhundert waren die Stadterneuerungsprozesse im Wesentlichen abgeschlossen. Dabei nimmt sich die Geschwindigkeit der Sanierungsmaßnahmen in den neuen Bundesländern trotz Unsicherheiten über Eigentumsverhältnisse noch zügig aus, denn inzwischen können die meisten Städte und Gemeinden mit einem positiv veränderten Stadtbild werben.[22]

Damit sind einige Beispiele für die Tätigkeit der Gemeinden vorgestellt; sicher gibt es auch andere, vielleicht sogar bessere. Eine Vergleichbarkeit von Aufgaben der Städte und Gemeinden gleicher Größe (gemessen an der Bevölkerungszahl) ist aber nur schwer zu erreichen. Jede Kommune muss bei neuen Aufgaben die langfristig entstandene Wirtschafts- und Sozialstruktur sowie die damit zusammenhän-

---

[20] Nach dem Bericht zum Ausbau der Kinderbetreuung vom 12. Juli 2006 (www.bnfsfj.de/kategorien/ aktuelles,did=80.040.html) hat im Bundesdurchschnitt jedes siebte Kind unter 3 Jahren einen Platz, während 2002 das nur für jedes zehnte Kind so gewesen ist. Im Osten ist die Versorgungssituation noch besser 39,8 % (2002: 37 %), dagegen im Westen 9,6 % (2002 4,2 %). Bis 2010 soll das gesetzlich vorgeschriebene bedarfsgerechte Angebot vorhanden sein.

[21] Naßmacher 2006; zur Umsetzung s. www.ganztagsschule.org/izbbkompass.php bzw. www.ganz tagsschulen.org/1108.php

[22] Naßmacher 2006, S. 114ff.

gende Siedlungsentwicklung berücksichtigen. Dabei sind neben der Einwohner-zahl/Gemeindegröße[23] auch immer die Lage der Stadt im Raum, ihre Austauschbe-ziehungen und Konkurrenzverhältnisse zu anderen Städten sowie ihre groß- und kleinräumige Verkehrsanbindung von wesentlicher Bedeutung. Da die Gemeinden prinzipiell für alle „Aufgaben der örtlichen Gemeinschaft" zuständig sind, haben sie auch ein Aufgabenfindungsrecht. Dynamische Stadtpolitiker können Probleme rasch erkennen, zur Bearbeitung aufgreifen und beispielgebend aktiv werden.

Auch die unterschiedlichen Gemeindetypen, wie z. B. Einheitsgemeinde (Nord-rhein-Westfalen), Samtgemeinde (Niedersachsen), große kreisangehörige Gemeinde (Rheinland-Pfalz), Große Kreisstadt (Baden-Württemberg) und die durch amtsange-hörige Gemeinden (z.B. Schleswig-Holstein, Brandenburg) geschaffene zweistufige Struktur unterhalb der Kreisebene bewirken eine Differenzierung der Aufgabenver-teilung. Solche Feinheiten müssen hier jedoch außer Acht bleiben.[24] Der Schwer-punkt der folgenden Darstellung und Analyse liegt bei Aufgaben, die von kommuna-len Einheiten unterhalb der Kreisebene bzw. in den nicht kreisangehörigen Städten mittlerer Größe wahrgenommen werden.

Die bereits skizzierten Beispiele (Stadtsanierung, Verkehrserschließung, Kin-derbetreuung, Investitionsvorhaben für Freizeit und Bildung) sollen zeigen, um welche Art von Aufgaben es sich handelt: Die Städte und Gemeinden

- versorgen ihre Bürger mit öffentlichen Dienstleistungen und
- *steuern* für begrenzte Räume *die Entwicklung der unmittelbaren Lebensumwelt* (durch Zuordnung bestimmter Funktionen/Nutzungen und Bereitstellung einer angemessenen Infrastruktur).[25]

Diese Kategorien decken sich inhaltlich weitgehend mit anderen in der Literatur verwendeten Gegensatzpaaren:

- Bereitstellung von Dienstleistungen vs. Steuerung von Konflikten;[26]
- Maßnahmen der spezifischen Daseinsvorsorge vs. Herstellung der örtlichen Produktions- und Reproduktionsbedingungen;[27]

---

[23] Von der Heide, in: Roth/Wollmann 1994, S. 116. Noch schwieriger gestaltet sich ein Vergleich der Aufgabenwahrnehmung in den alten und in den neuen Bundesländern. Ergänzende Kriterien dazu bei Karrenberg/Münstermann, in: Wollmann/Roth 1999, S. 460.

[24] Siehe dazu Köstering, in: Püttner 1983a, S. 42; Schäfer/Stricker, in: Gabriel 1989a, S. 68f.; Schnei-der und Laux, in: Roth/Wollmann 1994, S. 127 bzw. 142ff.; zu Niedersachsen s. Derlien/von Queis 1986.

[25] So bereits Naßmacher/Naßmacher 1979, S. 40, 64; Dill/Kanitz 1994, Heft 1, S. 41. Norton (1997, S. 265) unterscheidet (neben der Bereitstellung von Dienstleistungen für die Bevölkerung) zwi-schen Planungsaufgaben einerseits und Anwendung von Vorschriften andererseits, gibt aber dafür keine Erläuterung. Haus u.a. (1986, S. 20) nennt Leistungs-, Planungs- und Ordnungsaufgaben.

[26] Banfield/Wilson, in: Grauhan 1972, S. 80.

[27] Rodenstein, in: Grauhan 1975, S. 310.

- Vorsorge für Grundbedürfnisse vs. Ausgestaltung des Lebensraumes (beides einschließlich der Durchführung allgemeiner Staatsaufgaben).[28]

Die hier gewählte Typisierung (Dienstleistungen, Steuerung der kleinräumigen Stadtentwicklung) soll keinen umfassenden Anspruch der Gemeinden auf bestimmte öffentliche Aufgaben ausdrücken. Es „gibt heute keinen fixierbaren Kreis traditionell bestimmter örtlicher Aufgaben. Der Aufgabenkreis der Gemeinden befindet sich ... in einem stetigen Wandlungsprozess..." [29] Die pointierte Zusammenfassung kann aber dazu dienen, die Fülle der von den Gemeinden (aus eigenem Antrieb oder gesellschaftlichen Zwangslagen, aufgrund gesetzlicher Verpflichtung oder eines staatlichen Auftrages) tatsächlich wahrgenommenen Aufgaben übersichtlicher zu machen.

2.2 Bürgernahe Versorgung mit öffentlichen Dienstleistungen

Für einen systematischen Überblick über die Dienstleistungen einer Gemeinde bieten sich zwei Wege an. Beide führen ins Rathaus. Im Gegensatz zu Großstädten hat der Bürger in Kleinstädten noch die Chance, die ganze Verwaltung unter einem Dach vorzufinden.[30] Im Rathaus (oft im Zuge der kommunalen Verwaltungs- und Gebietsreform neu errichtet) findet sich am Eingang fast immer eine Hinweistafel, die angibt, welche Dienststellen der Gemeinde in welchen Räumen zu finden sind. Wie bei jeder Behörde gibt es auch andere Übersichten zur Struktur der kommunalen Verwaltung, etwa den für die Gestaltung der öffentlichen Finanzwirtschaft verbindlichen Haushaltsplan der Gemeinde und das (der Hinweistafel am Rathauseingang zugrunde liegende) Organisationsschema für den Aufbau der örtlichen Verwaltung.

2.2.1 Darstellung der Aufgaben anhand des Verwaltungsaufbaus

Beim Vergleich der Organisationspläne einzelner Städte ergeben sich Unterschiede im Hinblick auf die Stadtgröße und bezüglich der Zusammenfassung von Aufgaben. Städte unter 100.000 Einwohnern haben unterhalb der Führungsebene der Verwaltung bis 4 Dezernate, die auch Fachbereiche genannt werden. Diese wiederum bün-

---

[28] Scheuner 1973, S. 6 und 11.
[29] Reuter 1976, S. 11f. Das bereits in Kapitel 1 erwähnte „Rastede Urteil" (Entscheidungen des Bundesverfassungsgerichts, 79. Band 1989, S. 127 und 143ff.) bestimmt quasi die Untergrenze kommunaler Aufgaben.
[30] Das Streben nach wachsender Bürgernähe wird auch hier zur Bildung ortsnaher Verwaltungseinheiten führen, um die Erreichbarkeit der Verwaltung für den Bürger zu verbessern. S. d. Lenk 1996.

deln die Aufgaben der Ämter[31] mit einer Vielzahl von Sachgebieten und Mitarbeitern. Die Verwaltungsspitze besteht aus dem (Ober-)Bürgermeister und seinem Stellvertreter aus den Dezernenten, die z. B. in Nordrhein-Westfalen die Amtsbezeichnung Beigeordnete haben.[32] Diese Wahlbeamten leiten also einen Teil der Stadtverwaltung, ein Dezernat, zu dem verschiedene Aufgabenbereiche der Verwaltung, die Ämter, gehören. An deren Spitze stehen Lebenszeitbeamte, die Amtsleiter. Ihnen sind die verschiedenen Sachgebiete zugeordnet, die in der Stadtverwaltung bearbeitet werden. Die Ämter stellen die untersten Organisationseinheiten der Verwaltung dar, die den Vollzug der kommunalen Aufgaben tragen und nach außen im Rahmen ihrer Befugnisse als Teileinheiten der Verwaltung selbstständig in Erscheinung treten, u.a. für die Belange der Bürger zur Verfügung stehen. In Zukunft könnte die Bezeichnung Ämter wohl entfallen, da die Veränderung der Verwaltung zu einem bürgerfreundlichen Dienstleistungsunternehmen, dem „Konzern Stadt", auch in der Terminologie „Stadtdienst" zum Ausdruck kommen soll.

Typischerweise gehören zum Aufgabenbereich des Leiters der Verwaltung, dem Bürgermeister (bzw. in größeren Städten den Oberbürgermeister) die Querschnittaufgaben, also Dienstleistungen für die gesamte Verwaltung (z.B. Organisation, Personalwirtschaft, Rechtsamt, Amt für Statistik, Rechnungsprüfung). Der Stellvertreter des Verwaltungschefs ist häufig für das Querschnittgebiet Finanzen zuständig. Ein Vergleich der Organisationspläne von Städten gleicher und unterschiedlicher Größe verdeutlicht allerdings, dass hier recht individuelle Wege bei der Zuordnung von Querschnittaufgaben gewählt werden. Dies gilt auch für die Fachaufgaben:

- Versorgung mit Dienstleistungen, z.B. Zusammenfassung aller Ordnungsaufgaben (Meldewesen, Stadtentwässerung, Feuerwehr) und aller Aufgaben, die im weitesten Sinne mit Bildung zu tun haben (Kindergärten, Jugendhilfe, Schulen, Sport, Bibliotheken, Kultur) sowie
- die Steuerung der kleinräumigen Entwicklung (z. B. Verwaltung der Liegenschaften, Bodenordnung, Bauleitplanung, Baugenehmigung, Umweltschutz, Erschließungsmaßnahmen, Neubau von Infrastruktureinrichtungen).

So sind die Empfehlungen der Kommunalen Gemeinschaftsstelle für Verwaltungsvereinfachung (KGSt) für die verschiedenen Größenordnungen der Städte und Gemeinden, vor Jahrzehnten für einen allgemeinen Organisationsaufbau empfohlen, nur noch grobe Orientierung.[33] Für eine voll ausgebaute Verwaltung ergab sich eine sehr differenzierte Organisationsstruktur (s. Abbildung 1). Die darin enthaltenen Bezeichnungen deuten meist ohne weitere Erläuterung auf deren Aufgabe hin. In

---

[31] Die Ämter werden neuerdings auch Fachdienste genannt.
[32] In anderen Bundesländern heißen sie Stadträte oder Referenten.
[33] Auch Kanitz u.a. (1980, S. 47f.) entfalten daran die gemeindlichen Aufgaben.

einigen Fällen wird die Aufgabenstellung noch deutlicher durch Bezeichnungen, wie sie sich in einer moderneren Empfehlung für den Organisationsaufbau finden.

Im Zusammenhang mit der Umsetzung des „Neuen Steuerungsmodells"[34] hat die KGSt Produktpläne erarbeitet (s. Abbildung 2). Darin sind die traditionellen Ämter 10 (Hauptamt) bis 22 (Stadtsteueramt) als Querschnittämter der „Steuerungsunterstützung" (oder dem Servicebereich) zugeordnet. Dazu gehören alle Aspekte der Planung und Kontrolle des Einsatzes von Ressourcen (insbesondere Organisation, Personal und Finanzen), zentrale Dienste (wie EDV, Statistik, Post-, Fahr- und Botendienst) sowie Informations- und Öffentlichkeitsarbeit.[35] Die Aufgaben der Ämter 30 (Rechtsamt) bis 39 (Straßenverkehrsamt) werden zum Teil bürgernäher beschrieben, die einzelnen Aufgaben des Kulturamtes (Amt 41) anschaulich ausdifferenziert. Für die Ämter der Sozial- und Gesundheitsverwaltung (Amt 50 bis 55) blieb es im Wesentlichen bei der bisher üblichen Auffächerung und Bezeichnung. Die Funktionen der traditionellen Ämter 23 (Liegenschaftsamt), 60 (Bauverwaltungsamt) bis 82 (Forstamt) sind als „Produktgruppen" für Bürger ohne Verwaltungserfahrung verständlicher geworden. Der Aufgabenbestand wurde weitgehend unverändert übernommen.

Die Zusammenfassung der Produktgruppen zu einzelnen Fachbereichen (mit ca. 50 Mitarbeitern in größeren Städten), die an die Stelle der Ämter treten sollen, wird von den einzelnen Städten unterschiedlich vorgenommen. Generell besteht die Tendenz, die Fachbereiche zu vergrößern und sie mit bisher von der Querschnittverwaltung wahrgenommenen Aufgaben zusätzlich zu betrauen. Demgegenüber sollen die Positionen der Leitungsebene (Dezernenten/Beigeordnete) verringert werden, was insgesamt eine flachere Leitungsstruktur (Rückbau der Hierarchieebenen) und eine stärkere Eigenverantwortlichkeit der nachgeordneten Bereiche zur Folge haben soll.[36] Zur Vorbereitung von Leistungsvergleichen[37] zwischen den einzelnen - Bereichen wird es aber nötig sein, eine organisatorische Anpassung - wie sie bei den bisherigen Organisationsempfehlungen und deren Implementation in unterschiedlichen Städten zu verzeichnen war - anzusteuern.

---

[34] Siehe oben, Abschnitt 1.3.3.
[35] KGSt Nr. 5/1997, S. 12-24.
[36] König 1997, S. 63. Zur Umsetzung bis 2005 s. Bogumil, in: Bogumil u.a. 2006, S. 159.
[37] Solche Leistungsvergleiche werden schon in entsprechenden Vergleichsringen vorgenommen. Dabei zeigt sich, dass Dauer und Preis von Bearbeitungsvorgängen sehr unterschiedlich sind. Für Leistungsvergleiche bieten sich natürlich besonders die einfachen Dienstleistungen an (Adamaschek 1997f.), z. B. die An- und Abmeldung beim Einwohnermeldeamt, die eines Autos oder die Ausstellung von Personalausweisen und Pässen sowie der Abgabeneinzug, wobei unterschiedliche Zeiten für die Bearbeitung verglichen werden. Die weitere Dimension der Leistungsqualität diskutieren Verwaltungen vor allem unter dem Aspekt der Kundenzufriedenheit (s. d. Stucke/Schöneich, in: Wollmann/Roth 1999, S. 427), ohne dass hierbei schon wesentlich konkretere Orientierungen vorliegen. Die Debatte zum Total Quality Management wird allerdings in einigen Verwaltungen seit den 1990er Jahren intensiv geführt (zu den verschiedenen Reformaspekten s. Blanke u.a. 1998). Ziel ist die Orientierung an der besten Leistung (benchmarking). Riedel (in: Adamaschek/Baitsch 1999, S. 12ff.) fasst die Zieldimensionen des Leistungsvergleichs unter den Aspekten Auftragserfüllung, Kundenzufriedenheit, Mitarbeiterzufriedenheit und Wirtschaftlichkeit zusammen.

Abbildung 1: Verwaltungsgliederungsplan der KGSt

1 Allgemeine Verwaltung	2 Finanzverwaltung	3 Rechts-, Sicherheits- und Ordnungsverwaltung	4 Schul- und Kulturverwaltung	5 Sozial- und Gesundheitsverwaltung	6 Bauverwaltung	7 Verwaltung für öffentliche Einrichtungen	8 Verwaltung für Wirtschaft und Verkehr
10 Hauptamt	20 Stadtkämmerei	30 Rechtsamt	40 Schulverwaltungsamt	50 Sozialamt	60 Bauverwaltungsamt	70 Stadtreinigungsamt	80 Amt für Wirtschafts- und Verkehrsförderung
11 Personalamt	21 Stadtkasse	31 Polizei	41 Kulturamt	51 Jugendamt	61 Stadtplanungsamt	71 Schlacht- und Viehhof	81 Eigenbetriebe
12 Statistisches Amt	22 Stadtsteueramt	32 Amt für öffentliche Ordnung		52 Sportamt	62 Vermessungs- und Katasteramt	72 Marktamt	82 Forstamt
13 Presseamt	23 Liegenschaftsamt	33 Einwohnermeldeamt		53 Gesundheitsamt	63 Bauordnungsamt	73 Leihamt	
14 Rechnungsprüfungsamt	24 Amt für Verteidigungslasten	34 Standesamt		54 Amt für Krankenanstalten	64 Amt für Wohnungswesen	74 Badeamt	
		35 Versicherungsamt		55 Ausgleichsamt	65 Hochbauamt		
		36 Veterinäramt			66 Tiefbauamt		
		37 Feuerwehr			67 Garten- und Friedhofsamt		
		38 Amt für Zivilschutz					
		39 Straßenverkehrsamt					

Quelle: KGSt: Verwaltungsorganisation der Gemeinden, Teil I, Aufgabengliederungsplan, Köln 1967, S. 7f.; zuletzt bei: Hack, in: Püttner 1983a, S. 117.

Abbildung 2: Übersicht über die KGSt-Produktpläne für Städte und Gemeinden

Räumliche Nutzungen, Bau, Kommunale Immobilien, Umweltschutz, Wirtschaftsförderung		
Räumliche Planung und Entwicklung	Wasser	
Flächen- und Grundstücks-bezogene Daten, Grundstücks-neuordnung	Luft, Klima, Lärm	
Bauaufsicht	Bodenschutz, Altlasten	
Denkmalschutz, Denkmalpflege	Abfallwirtschaft, Stadtreinigung	
Wohnungswesen	Wald- und Forstwirtschaft	
Verkehrsflächen	Freiraum- und Landschaftsplanung Grünflächen, Natur- und Landschafts-schutz	
Gebäudewirtschaft	Stadtenwässerung	
Liegenschaften	Bestattung und Friedhöfe	
Umweltinformation, -koordination	Wirtschafts- und Beschäftigungs-förderung	

Jugend, Soziales, Sport und Lastenausgleich
Soziales
Jugend
Sport
Gesundheit
Lastenausgleich

Schule und Kultur
Schule
Kulturamt / Kultur-büro
Bibliothek
Volkshochschule
Musikschule
Museum
Theater
Archiv
(Jugend-)Kunst-schule, Kulturpäd. Einrichtung
Bürgerhaus/Kultur-zentrum, Multifunk-tionale Veran-staltungshalle

Recht, Sicherheit und Ordnung
Recht
Sicherheit und Ordnung
Einwohnerwesen, Personenstand
Straßenverkehr
Brandschutz, Ret-tungsdienst, Be-völkerungsschutz
Lebensmittel und Bedarfsgegenstände-überwachung, Veterinärwesen

Steuerungs-unterstützung und Service
Zentrale Steuerungs-unterstützung
Service

77

Im Zuge der Verwaltungsmodernisierung wurden häufig weitere Ämter in Eigenbetriebe umgewandelt, z.B. das Grünflächenamt, Volkshochschulen, Museen, Büchereien. Diese Aufgaben und andere, wie etwa die Denkmalpflege, der Landschaftsschutz, die Gesundheitsvorsorge und die Auszahlung der Sozialhilfe, werden durch (freiwillig und nur für einzelne Aufgaben begründete) kommunale Zweckverbände gemeinsam erledigt.[38] Bei kreisangehörigen Städten und Gemeinden sind dafür die Kreise,[39] eine Art Gemeindeverband mit Zwangsmitgliedern, zuständig. Zweckverbände werden dann gegründet, wenn weder die Einzelgemeinde noch die Kreise eine sinnvolle und effektive Lösung versprechen. Dabei delegieren die Gemeinden eine entsprechende Aufgabe (z. B. Wasserversorgung, Flussregulierung, Abwasser- und Abfallbeseitigung) an eine solche Körperschaft.[40] Aber auch private Träger können im Auftrage der Städte und Gemeinden Aufgaben erfüllen, wie z. B. die der Stadtreinigung oder der Müllabfuhr. „Das von vielen erwartete Sterben der Stadtwerke ... ist ... überwiegend nicht eingetreten."[41] In großen Städten sind Eigenbetriebe und AGs häufiger.[42] Darüber hinaus übernehmen halböffentliche Organisationen mit Zwangsmitgliedschaft (die Kammern), Verbände, Vereine[43] und private Initiativen eine Fülle von Aufgaben. Die wichtigsten Organisationen sind die etablierten Sozialverbände (Caritas, Diakonisches Werk, Arbeiterwohlfahrt, Deutsches Rotes Kreuz und der Paritätische Wohlfahrtsverband). Selbst die einzelnen Bürger sollen - nordamerikanischen und neuseeländischen Beispielen folgend - zunehmend in die Verantwortung genommen werden, um Gemeinschaftsaufgaben mitzugestalten.[44]

Unter den hier genannten Aufgabenträgern hat der Kreis[45] eindeutig eine herausgehobene Stellung, was schon in der Zwangsmitgliedschaft seiner Gemeinden zum Ausdruck kommt. Kreise nehmen übergemeindliche, ergänzende und ausgleichende Funktionen wahr, also Aufgaben, für die kreisangehörige Städte und Ge-

---

[38] Die Aufgabenwahrnehmung ist oft zufällig und teilweise historisch bedingt. Je nach Bundes- und Landesrecht bzw. politischen Entscheidungen am Ort bestehen unterschiedliche Regelungen.

[39] Probleme zwischen Kreisen und Gemeinden werden hier nicht behandelt. Die Zusammenfassung der Gemeinden zu Kreisen ist erforderlich, um den kleinen Gemeinden ihre Existenzgrundlage zu sichern, andererseits aber auch sicherzustellen, dass eine angemessene Versorgung der Bevölkerung gewährleistet ist, die aufgrund der geringen Verwaltungskraft der kleinen Städte und Gemeinden nicht erbracht werden kann. Die Kreise erfüllen insofern eine „Ausgleichsfunktion" (Marcus 1987, S. 14). Der Kreis übt auch die Kommunal- und Fachaufsicht über die kreisangehörigen Gemeinden aus.

[40] Gesetze über kommunale Gemeinschaftsarbeit bzw. Zweckverbandsgesetze der Länder. S. d. Marcus 1987, S. 15f.; Dill/Kanitz 1994, Heft 6, S. 57f.

[41] Trapp, in: Killian u.a. 2006, S. 103.

[42] Ebenda, S. 100.

[43] Diese Tendenz ist weiterhin häufig (Wohlfahrt/Zühlke 2005, S. 45).

[44] Die Debatte über zivile Gesellschaft oder Kommunitarismus soll hier Früchte tragen, z. B. bei Museen, Schulen, Theatern, Kinderläden (s.d. Zimmer, in: Schmals/Heinelt 1997, S. 105ff.; zu Museen, ebenda, S. 110ff. und zu Kinderbetreuungseinrichtungen s. Nullmeier, in: Schmals/Heinelt 1997, S. 156ff.).

[45] Zahl der Kreise; Kreise nach Fläche und Einwohnerzahl s. Laux, in: Roth/Wollmann 1994, S. 141, und derselbe, in: Wollmann/Roth 1999, S. 176, 181.

meinden als zu klein gelten. Eine Abgrenzung der Aufgaben zwischen den Kreisen und den kreisangehörigen Gemeinden kann wiederum nur für einen speziellen Kreis sowie für seine Städte und Gemeinden vorgenommen werden.[46] Schließlich befinden sich in den Kreisstädten auch noch staatliche Behörden (der Landesverwaltung), die je nach Bundesland unterschiedlich sind, z.B. die Gewerbeaufsichtsämter,[47] Katasterämter und Veterinärämter. Z. T. wurden Gesundheitsämter und Landwirtschaftsämter in die jeweilige Kreisstadt verlagert. Die Nähe einer kleinen Stadt zu einer Landeshauptstadt bewirkt häufig, dass keine Landesbehörden am Ort sind.

Die Zahl der dezentralisierten Bestandteile der Landesverwaltung (meist als Sonderbehörden bezeichnet) ist in allen westlichen Bundesländern durch die Funktionalreform der 1970er Jahre bis auf Restbestände reduziert worden.[48] Infolge der Zeitknappheit beim Aufbau einer funktionalen Verwaltung in den neuen Bundesländern wurde dort im Wesentlichen von Experimenten abgesehen; der westdeutsche Verwaltungsaufbau war Orientierung.[49] Auch fehlen Mittelinstanzen, also die Regierungspräsidien,[50] in Mecklenburg-Vorpommern und Brandenburg, während sie in Sachsen und Sachsen-Anhalt bestehen. Thüringen wählte mit dem Landesverwaltungsamt einen Mittelweg.

Anhand von Fallbeispielen lässt sich der zusätzliche (einmalige bzw. laufende) Arbeitsanfall beim Wahrnehmen einer Aufgabe in verschiedenen Ämtern einer Stadtverwaltung aufzeigen. Der Bau eines Erlebnisbades betrifft unmittelbar die Schaffung von Freizeiteinrichtungen bzw. genauer die Förderung des Sports; daher sind vor allem die Ämter für Sport und Schule für diese Maßnahme zuständig. Ihre Realisierung berührt aber auch andere Bereiche der städtischen Aufgabenerfüllung. Für den Bau braucht die Stadt Geld (Kämmerei), ein Grundstück (Liegenschaftsamt/Vermögensverwaltung) und Pläne. Pläne und Bau können durch die Stadt selbst (Hochbauamt) oder durch einen privaten Bauträger (schlüsselfertige Vergabe) vorgelegt und realisiert werden. Die Umgebung des Bades muss in geeigneter Weise gestaltet werden. Somit ist das Grünflächenamt am Zuge, heute würde wohl eher ein privater Gartenbaubetrieb beauftragt. Die Erschließung muss das Tiefbauamt (Straßen, Parkplätze) vorbereiten und eventuell muss die Stadt im Interesse der Benutzer eine Buslinie umlenken und dazu mit den Verkehrsbetrieben der Nachbarstädte (heute meist im Verkehrsverbund) verhandeln. Für den Betrieb des Bades sind Energie und Wasser einzusetzen (Stadtwerke). Schließlich muss die Stadt zusätzliches Personal einstellen, eine Benutzungs- und Gebührenordnung vorbereiten (Personalamt und Rechtsamt), die Benutzer schützen (Ordnungsamt, Gesundheitsamt, Feuer-

---

[46] Von der Heide, in: Roth/Wollmann 1994, S. 109ff.; derselbe, in: Wollmann/Roth 1999, S. 127ff.
[47] Neuerdings werden sie zuweilen in Umweltbehörden umbenannt, z. B. in Nordrhein-Westfalen.
[48] Allgemeines zu den verbliebenen Sonderbehörden auf Kreisebene s. Laux, in: Wollmann/Roth 1999, S. 184.
[49] Einzelheiten bei: König, in: Wollmann u.a. 1997, S. 232ff., 238, 248.
[50] Die stehen im Rahmen der Verwaltungsreformen der Länder jetzt zur Disposition.

wehr) und für den Besuch des Bades werben (Amt für Öffentlichkeitsarbeit). Schließlich bleibt als Daueraufgabe die Unterhaltung der Anlage.

Ähnlich komplex gestaltet sich die Einrichtung einer Fußgängerzone. In Großstädten mit voll ausgebauter Verwaltungsgliederung wäre vor allem das Tiefbauamt für die Entwicklung der Pläne und deren Durchführung zuständig. Die Kämmerei muss das notwendige Geld aus einschlägigen Landes- oder Bundesprogrammen beschaffen, das Steueramt in Verbindung mit der Stadtkasse die Beiträge der Anlieger einziehen. Für die Attraktivität einer Fußgängerzone sind aber auch die Randbebauung und ihre Gestaltung von Bedeutung. Hier werden Aufgaben des Planungsamtes, des Hochbauamtes, des Wohnungsamtes, des Amtes für Wirtschaftsförderung, u.U. der Denkmalpflege angesprochen. Die dauernde Unterhaltung berührt neben dem Gartenamt (Blumenkübel) auch die Stadtreinigung und die Stadtwerke (Energieversorgung/Beleuchtung). Um die öffentliche Sicherheit muss sich laufend das Ordnungsamt kümmern.

Damit erscheint die Aufgabe schon fast so schwierig wie eine Ortskernsanierung. Allerdings werden hier noch wesentlich mehr Energien in die Überzeugung der potenziellen Investoren (vor allem der bisherigen Grundstückseigentümer) fließen. Das Planungsamt, dem die Aufgabe vor allem zufällt, entlastet sich in der Regel dadurch, dass die Pläne für einzelne Teilbereiche des Sanierungsgebietes von freien Architekten (meist politisch aktiven) vorgelegt werden. .Ein ortsnahes Sanierungsbüro (des Planungsamtes oder des Sanierungsträgers) unterrichtet die von der Sanierung betroffene und an der Sanierung interessierte Bevölkerung.[51] Für die Administration von Veränderungen der Grundstückszuschnitte ist das Liegenschaftsamt zuständig, für die Erfassung der Veränderungen das Katasteramt. Da die Aufgabe so komplex und langwierig ist, haben viele Städte private oder halböffentliche Träger (z.B. eine Bau- oder Entwicklungsgesellschaft) mit der Sanierung beauftragt, die das Projekt „aus einer Hand" umsetzten.[52]

Heute wird in vielen Städten sichtbar, dass die Investitionsvorhaben bei der Sanierung von städtischen Quartieren die soziale Zusammensetzung der Bevölkerung zu wenig im Blick hatten. Die mögliche Vertreibung der weniger zahlungskräftigen Bewohner war nicht nur in der sozialwissenschaftlichen Literatur ein Thema, sondern fand auch bereits ihren Niederschlag im damaligen Städtebauförderungsgesetz. Das Ergebnis der Sanierung war meist eine Aufwertung des entsprechenden Quartiers. Heute ist die Sanierung von zentralen Quartieren weitgehend abgeschlossen. Dagegen haben ältere Wohnquartiere dringenden Erneuerungsbedarf. Hier gilt es, die Wohnqualität nicht nur am äußeren Erscheinungsbild der Häuser, den zur Verfügung stehenden öffentlichen Infrastruktureinrichtungen und privaten Versorgungseinrichtungen zu messen, sondern auch an der Zusammensetzung der Bevölkerung, die nicht nur ein friedliches Zusammenleben erschweren, sondern auch massive

---

[51] Naßmacher 1987, S. 261, 264.
[52] Der Trend zur Stadtentwicklung durch Entwicklungsgesellschaften setzt sich fort.

Konflikte im Wohnumfeld zur Folge haben kann. Hier müssen neben dem Sozial- und Jugendamt der Stadt eine erhebliche Zahl von nicht öffentlichen Anbietern, die Wohlfahrtsverbände und sonstige Vereine und Initiativen, in die Aufgabenbewältigung einer Sanierung des Quartiers eingebunden werden.

Da bereits überschaubare Investitionsvorhaben, wie beispielsweise ein Erlebnisbad, eine Vielzahl von Verwaltungsdienststellen berühren, wurde schon in den 1970er Jahren vorgeschlagen, diese Aufgaben zu bündeln und sie im Zuge eines Projektmanagements (Management by Objectives, MbO) durchzuführen. Dies ist auch z.T. praktiziert worden. Dabei gingen - von der Planung bis zur Fertigstellung - maßnahmenbezogene Aufgaben vorübergehend an eine besonders dafür eingerichtete Verwaltungseinheit über. Die Diskussion über diese Form, einmalige Aufgaben zu bewältigen, ist durch Beschäftigung mit den Politikbereichen Wirtschaftsförderung und Umweltschutz wieder belebt worden. Inzwischen wurde erkannt, dass auch viele Daueraufgaben der Verwaltung, deren effiziente und bürgernahe Erledigung von der Bevölkerung erwartet wird, von verschiedenen Ämtern nacheinander bearbeitet werden müssen. Das bedingt lange Bearbeitungswege; das Ergebnis des Verwaltungshandelns (der Output) erscheint vielfach nicht mehr akzeptabel.

Deshalb müsste die Verwaltung nach ihren Ergebnissen (Produkten)[53] umorganisiert werden. Die innerhalb der Verwaltung für das Produkt (z.B. Betrieb eines Erlebnisbades, Sanierung eines Wohnquartiers) anfallenden Aufgaben wären in einer Organisationseinheit zu konzentrieren. Da eine solche Einheit mit dem Betrieb und Unterhalt eines Bades möglicherweise nicht ausgelastet ist, erscheint es sinnvoll, andere Infrastruktureinrichtungen durch die gleiche Organisationseinheit betreuen zu lassen, z.B. weitere Bäder, Sportanlagen, Schulen, Kindergärten und Kindertagesstätten. Diese Aufgabe könnte beispielsweise einem Vermögensbetrieb[54] oder der Gebäudewirtschaft übertragen werden. Die Zuordnung würde allerdings die eigentliche Aufgabe des Bades verfehlen. Daher kommt das Produkt Bad im Produktplan Sport und Bäder noch einmal vor.[55] Insgesamt wird das Problem nicht dadurch gelöst, dass in unterschiedlichen Bereichen am Produkt „Erlebnisbad" gearbeitet wird.

Dies gilt auch für die Sanierung eines Wohnquartiers, in dem Infrastruktureinrichtungen und soziale Leistungen zugeordnet werden müssen. Die Schwierigkeiten einer solchen Zuordnung liegen auf der Hand. Dies soll am Beispiel Kindergartenplätze verdeutlicht werden. Zur bedarfsgerechten Versorgung, also der Bereitstellung und Unterhaltung von Kindergartenplätzen, haben die Städte und Gemeinden einen Kindergartenbedarfsplan aufzustellen. Für den Vollzug, also die Art und Weise, wie sie diesen Anspruch realisieren wollen,[56] haben die Länder den Städten und Gemein-

---

53   Die Ausarbeitung der Produktpläne in den einzelnen Verwaltungen ist inzwischen abgeschlossen; s. a. Naßmacher 2006, S. 90ff.

54   KGSt 5/1997, S. 175.

55   KGSt 5/1997, S. 125.

56   In Sachsen-Anhalt besteht nach § 3, Abs. 2 KiBeG LSA der Rechtsanspruch auf einen Kindergarten- bzw. Hortplatz bis 14 Jahre. Das Land behält sich häufig die Zuordnung von Gruppengrößen und Per-

den in ihren Landesgesetzen in der Regel sehr viel Spielraum eingeräumt. Diese Aufgabe ist in der Regel im Bereich Bildung, Kultur und Soziales angesiedelt. Traditionell – aber auch durch das KJHG (§ 4) sowie höchstrichterliche Entscheidungen abgesichert[57] – müssen die Städte beim Angebot von Kindergartenplätzen freien Trägern den Vortritt lassen (Subsidiaritätsprinzip).[58] Traditionell engagieren sich in Westdeutschland die Kirchen in diesem Bereich sehr stark.[59] In Ostdeutschland fehlen diese Träger als Stütze der Kommunen aufgrund ihrer schwachen Stellung ganz.[60] Damit hatten die Stadtverwaltungen in Ostdeutschland nach der Wende durch den Wegfall der von den Betrieben vorgehaltenen Einrichtungen zusätzliche Aufgaben erhalten: Das Personal[61] musste eingestellt oder übernommen werden (Personalamt), die Gebäude erworben oder gemietet werden (Liegenschaftsamt und Rechtsamt). Für den Betrieb war eine Gebührensatzung vorzubereiten und laufend der Eingang der Gebühren zu überwachen (Kämmerei, Rechtsamt, Kommunalaufsicht). Nach dem Weggang vieler junger Menschen aus Ostdeutschland sind die quartierspezifischen Investitionen und organisatorischen Vorkehrungen wieder zu prüfen.

Gerade bei Kindergartenplätzen zeigt sich, dass die Ansprüche der Planer, Nutzer oder Geldgeber sehr unterschiedlich ausfallen. Während in Ostdeutschland zwar bauliche Einrichtungen vorhanden sind, diese aber den westlichen Qualitätsvorstellungen nur selten gerecht werden, fehlen im Westen auch Bauten. Im Hinblick auf den Service entsprechen die ostdeutschen Einrichtungen mit ihrem Angebot einer Ganztagsbetreuung besser den Vorstellungen berufstätiger Mütter, während der zeitlich begrenzte Service im Westen für eine zukunftsorientierte Gesellschaftspolitik keinesfalls ausreicht. Die unterschiedlichen Vorstellungen und Prioritäten bei den Dienstleistungen beeinflussen Personal- und Sachkosten, die sich im Haushaltsplan niederschlagen.

2.2.2 Haushaltsplan als ausdifferenziertes Aufgabenspektrum

Der von allen Gemeinden (wie von anderen Zweigen der öffentlichen Verwaltung) alljährlich aufzustellende Haushaltsplan bietet ebenso wie der Organisationsaufbau eine Übersicht zu den kommunalen Aufgaben. Jede Ausgabe und Einnahme einer

---

sonal vor. In vielen Bundesländern ist zusätzlich das Landesjugendamt in die Aufgabenerfüllung eingeschaltet. Zur Situation in Nordrhein-Westfalen s. Greese, in: Wollmann/Roth 1999, S. 724.

[57] Treutner, in: Voigt 1995, S. 277.

[58] Siehe unten, Abschnitt 2.4.2.

[59] Allerdings haben sie neuerdings aufgrund der Kirchenaustritte geringere Einnahmen und damit Schwierigkeiten, alle Einrichtungen weiter zu betreiben oder gar neue zu eröffnen.

[60] Zum quantitativen Vergleich der Trägerschaft von Kindergartenplätzen s. Karrenberg/Münstermann 1997, S. 165.

[61] Zum kommunalen Dienstrecht und Personal s. Lorenz/Wollmann, in: Wollmann/Roth 1999, S. 490ff. und Reichard, ebenda, S. 512ff.

Gemeinde ist nach Art und Umfang im Haushaltsplan zu berücksichtigen (zu veranschlagen). Jeder Bürger hat das Recht, den Haushaltsplan seiner Gemeinde einzusehen; davon machen aber nur ganz wenige Gebrauch, weil fast allen Bürgern der Haushaltsplan als ein „Buch mit 7 Siegeln" erscheint. Tatsächlich ist er das nicht, man muss allerdings wenigstens die Prinzipien des Aufbaues kennen.

Die Gliederung des Haushaltsplanes folgte in allen Bundesländern in mehr als drei Jahrzehnten den gleichen Grundsätzen.[62] Das Gemeindehaushaltsrecht wurde 1973 in den einzelnen Ländern novelliert. Seither gab es ein einheitliches Gemeindehaushaltsrecht für das ganze Bundesgebiet, das nur geringe landesspezifische Modifikationen aufwies. Für die ostdeutschen Gemeinden wurden entsprechende gesetzliche Grundlagen nach Bildung der neuen Länder rasch in Kraft gesetzt. Seit den Reformbestrebungen in den 1990er Jahren werden diese Regeln jedoch in Frage gestellt. Anstelle der Kameralistik soll in Zukunft die kaufmännische Buchführung (doppelte Buchführung, Doppik) in den Städten und Gemeinden eingeführt werden.[63] Die einzelnen Länder haben eine Übergangsphase eingeleitet, die 2008 bzw. 2012 abgeschlossen sein soll.[64] Bis dahin haben die Gemeinden Zeit, sich auf die neue Rechnungslegung einzustellen. Um die voraussichtlichen Vorteile der neuen Regelungen zu verstehen, gilt es, diese mit den alten zu konfrontieren.

Bis zum Ende der Übergangsphase gliedert sich jeder Gemeindehaushalt in den Verwaltungshaushalt und den Vermögenshaushalt. Maßgebend für die Gliederung ist die jeweilige Verordnung über die Aufstellung und Ausführung des Haushaltsplans der Gemeinden (Gemeindehaushaltsverordnung, GemHVO). Danach umfasst der *Vermögenshaushalt* auf der Einnahmenseite

- die Zuführung vom Verwaltungshaushalt,
- Einnahmen aus der Veränderung des Anlagevermögens,
- Entnahmen aus der allgemeinen Rücklage,

---

62 Eine kurz gefasste Übersicht geben Oberlack, in: Voigt 1984, S. 205-207; Kunz, in: Gabriel 1989a, S. 62f.; Pohl/Voigt, in: Klemisch u.a. 1994, S. 96f., 101-105; auch Reiners 1993.

63 Inzwischen hat die Ständige Konferenz der Innenminister und –senatoren der Länder Beschlüsse gefasst, die in das neue Gemeindehaushaltsrecht der Länder eingehen und das alte ablösen (Ständige Konferenz der Innenminister und –senatoren der Länder, Geschäftsstelle. Auszug aus der Sammlung der zur Veröffentlichung freigegebenen Beschlüsse der 173. Sitzung der Ständigen Konferenz der Innenminister und –senatoren der Länder am 21. November 2003 in Jena, Berlin 2003).

64 Nordrhein-Westfalen nimmt eine gewisse "Vorreiterrolle" ein. Hier hatte ein Netzwerk von sieben Städten das neue kommunale Finanzmanagement (NKF) seit 1999 erprobt und schafft nun die Verbindung zur landesweiten Einführung. (www.neues-kommunales-finanzmanagement.de/das_nkf-netzwerk.htm, 9.8.2006). Nach einer Befragung der Kommunen in NRW ergab sich, dass 71% der Antwortenden (Kämmerer) der Einführung positiv gegenüberstanden, noch mehr diejenigen der größten Städte. Ein Zeitvergleich mit 2002 zeigt wachsende Zustimmung. Umfragen des Deutschen Städtetages zum Thema Verwaltungsreform haben immer wieder ergeben, dass die Städte ihre Reformbemühungen vor allem auf das Haushalts- und Rechnungswesen konzentrieren. Die Zahl der Städte, die sich 2006 aber bereits einer doppelten Buchführung bedienen, ist noch sehr gering.

- Zuweisungen und Zuschüsse für Investitionen und die Förderung von Investitionen Dritter, Beiträge und ähnliche Entgelte,
- Einnahmen aus Krediten und inneren Darlehen.

Zur Ausgabenseite gehören

- Tilgung von Krediten, Rückzahlung innerer Darlehen und die Ablösung von Krediten, Darlehen und Dauerlasten,
- Ausgaben für die Veränderung des Anlagevermögens,
- Zuweisungen und Zuschüsse für Investitionen Dritter sowie Verpflichtungsermächtigungen,
- Zuführungen zu Rücklagen,
- Deckung von Fehlbeträgen des Vermögenshaushalts aus den Vorjahren,
- Übertragungen (Zuführung) zum Verwaltungshaushalt.[65]

Alle anderen Einnahmen und Ausgaben einer Gemeinde (oder eines Kreises) gehören in den *Verwaltungshaushalt.*

Den beiden Haushaltsteilen werden alle kommunalen Aufgaben, die zu ihrer Erfüllung erforderlichen Ausgaben und die dabei anfallenden Einnahmen,[66] zugeordnet. Der Vermögenshaushalt enthält also alle Einnahmen und Ausgaben, die sich auf Investitionsmaßnahmen in der Gemeinde beziehen, z.B. den Neubau oder den Kauf von Gebäuden, den Neu- und Ausbau von Straßen. Dagegen umfasst der Verwaltungshaushalt die laufende Tätigkeit der Verwaltung, also alle Einnahmen und Ausgaben, die nicht vermögenswirksam sind.

Im Verwaltungshaushalt bilden insbesondere Personalausgaben (Dienstbezüge der Beamten, Gehälter der Angestellten, Löhne der Arbeiter, sonstige Beschäftigungsentgelte und Aufwandsentschädigungen; Beiträge für Versorgungskassen, Zusatzversicherungen, Sozial- und Unfallversicherung; Beihilfen, Unterstützungen, andere Personalnebenausgaben sowie das Kindergeld) den wichtigsten Ausgabeposten. Daneben sind Bürobedarf (einschließlich Bücher, Zeitschriften, Drucksachen, Post- und Fernmeldegebühren, öffentliche Bekanntmachungen, Dienstreisen), aber auch zweckgebundene Ausgaben für einzelne Dienstleistungen der Gemeinde hier zu finden. Auch die Kosten für die laufende Nutzung und Unterhaltung von Gebäuden, z. B. die Betriebskosten (Heizung, Reinigung) und der Erhaltungsaufwand (Anstrich, Reparatur) gehören in den Verwaltungshaushalt, nicht aber jede Wertverbesserung (Doppelfenster, Wärmedämmung). Sie muss im Vermögenshaushalt veranschlagt werden. Die größeren Ausgaben für die bauliche Unterhaltung sind hier leicht auffindbar.

---

[65] Vgl. § 1 GemHVO vom 17. März 1997; zuletzt geändert durch Verordnung vom 12. Mai 2003 (Nds. GVBl S. 192.

[66] Die Einnahmen werden uns später noch beschäftigen; s. unten, Kapitel 3.

Beide Haushalte gliedern sich wiederum in *Einzelpläne*. Diese gliedern sich in *Abschnitte*. Den einzelnen Abschnitten des Haushaltsplans sind wiederum *Unterabschnitte* zugeordnet; diese enthalten verschiedene Haushaltsstellen. Bei den Einzelplänen stellt sich häufig ein Zuschussbedarf heraus. Dies ist immer der Fall bei den öffentlichen Einrichtungen (z. B. Bädern, Kindergärten). Insbesondere die Personalkosten schlagen dabei besonders zu Buche. Lediglich der Einzelplan 9 (Allgemeine Finanzwirtschaft) weist in der Regel mehr Einnahmen als Ausgaben aus. Wenn alle Ausgaben durch Einnahmen gedeckt sind, d.h. der Haushalt ausgeglichen ist, ergibt sich als Gesamtsumme aller Einzelpläne stets der gleiche Betrag für Einnahmen und Ausgaben. Mit den Problemen des Haushaltsausgleichs und der Kunst, diesen Haushaltsausgleich herbeizuführen, werden wir uns noch beschäftigen.[67]

Soweit Einrichtungen, z. B. ein Erlebnisbad, im Rahmen der Kernverwaltung geführt werden und nicht als GmbH einen besonderen Jahresabschluss vorlegen müssen, ist der *Stellenplan* besonders ergiebig, um weiteren Aufschluss über die Art der Stellen zu erhalten. Er weist alle Beamtenstellen und die Stellen der dauerbeschäftigten Angestellten und Arbeiter aus und soll zeigen, in welchem Aufgabenbereich das Personal tätig ist und in welche Besoldungsgruppen es eingestuft wurde. Die für dieses Personal erforderlichen Ausgaben (Gehälter, Löhne, Personalnebenkosten) sind im *Sammelnachweis* für die Personalausgaben enthalten.

Inzwischen folgen viele Städte dem Trend der Zeit, öffentliche Einrichtungen, z. B. ein Erlebnisbad, in eine Bäderbetriebs- und Beteiligungs GmbH einzubringen. Dadurch wurde der allgemeine Haushaltsplan schlanker. Die laufenden Ausgaben für das Bad und die Erneuerungsinvestitionen erscheinen daher weder im Verwaltungs- noch im Vermögenshaushalt. Dafür muss die Stadt - wie für die sonstigen in privatwirtschaftlicher Rechtsform geführten Unternehmen - nach der kaufmännischen Rechnungslegung für jedes Rechnungsjahr eine Bilanz sowie eine Gewinn- und Verlustrechnung vorlegen, die in der Regel als Sonderband erscheint. Im Haushaltsplan der Stadt ist nur noch ein vereinbarter Zuschuss oder der vorhersehbare Zuschussbedarf ausgewiesen.[68] Ein solches Vorgehen soll die Transparenz des Verwaltungshandelns fördern und die Effizienz erhöhen.

Aber auch für nicht organisatorisch verselbstständigte Bereiche der Verwaltung besteht das Bestreben, deren Eigenverantwortung zu verbessern und sie privatwirtschaftlich üblichen Managementprinzipien anzupassen. Dies hat dazu geführt, die für einzelne Bereiche veranschlagten Mittel im Sinne von vorher festgelegten Produkten flexibler verwenden zu können. Deshalb wurde in Gemeindehaushaltsverordnungen aufgenommen, dass „Einnahmen und Ausgaben des Verwaltungshaushalts für einen funktional begrenzten Aufgabenbereich, der einer Verwaltungsstelle der Gemeinde zur eigenverantwortlichen Bewirtschaftung zugewiesen (ist, d.V.)...,

---

[67] Siehe unten, Abschnitte 3.5 und 4.4.

[68] Es ist also übertrieben, den Haushaltsplan als völlig aussagelos oder als "Torso" zu bezeichnen, wie das Wohlfahrt/Zühlke (2005, S. 82) tun.

.... aus Gründen der Förderung der wirtschaftlichen Aufgabenerfüllung durch Haushaltsvermerk zu einem finanziellen Rahmen (Budget) verbunden werden (kann, d.V.); ... Das Gleiche gilt für entsprechende Einnahmen und Ausgaben des Vermögenshaushalts."[69] Seit Mitte der 1990er Jahren wurde durch Experimentierklauseln[70] zusätzlich größere Flexibilität im Rahmen der bisher praktizierten Kameralistik zugelassen und dadurch Kommunen von den Vorgaben des Landes freigestellt.

Denn die Kameralistik gilt inzwischen als veränderungsbedürftig. Als Problem wird genannt, dass Haushalts-, Finanz- und Vermögensrechnung kaum miteinander verknüpft sind und dass über den Ertrag, die Leistungen, den gestifteten Nutzen oder gar die Wirtschaftlichkeit von Maßnahmen nichts ausgesagt wird. Die traditionelle Haushaltführung gebe Rechenschaft darüber, ob die erfolgten Ausgaben mit den Einnahmen zur Deckung kommen, lasse aber keine Auskunft über das Leistungsergebnis (also Quantität und Qualität der Aufgabenerfüllung) zu. Grundsätzliche Schwäche der Kameralistik sei das Kassenwirksamkeitsprinzip. Die Kameralistik könne lediglich Liquiditätskontrolle sein, ermittelte jedoch nicht den betriebswirtschaftlichen Erfolg.[71] Denn ein traditioneller Haushaltsplan gibt Sollwerte vor (also das, was für die einzelne Haushaltsposition im Jahr ausgegeben werden darf), denen sich erst am Ende des Jahres die Istwerte (das, was tatsächlich ausgegeben wurde) gegenüberstellen lassen. Auch das Rechnungsprüfungsamt wird im Hinblick auf die Wirtschaftlichkeit der Maßnahmen nicht mehr als geeignetes Korrektiv angesehen, da seine Kontrollen sich nur auf die vorschriftsmäßige Mittelverwendung beziehen.[72]

Daher soll die kaufmännische Buchführung für die gesamte Verwaltung eingeführt werden und dort die Kameralistik ersetzen. Vom Übergang in die Doppik erwarten Verwaltungsreformer einen Beitrag zur optimalen Steuerung. Diese bietet am Jahresende auch Außenstehenden Informationen über Kapitalverwendung (Aktiva) und Kapitalherkunft (Passiva) und dadurch einen Überblick über Vermögen und Schulden. Der Übergang zur kaufmännischen Buchführung kann - wie am Beispiel Erlebnisbad gezeigt wurde - durch eine privatrechtliche Gesellschaftsform (GmbH oder AG) unmittelbar erreicht werden. Durch diese Auskoppelung von Einrichtungen wird die finanzielle Gesamtlage einer Stadt aber eher unübersichtlicher.

---

[69] § 8 II Gemeindehaushaltsverordnung Niedersachsen, i.d.F. von 2003.

[70] Voigt, in: Mäding/Voigt 1998, S. 33. In vielen Bundesländern wurden Pilotkommunen ausgewählt, z. B. in Baden-Württemberg, Bayern und Rheinland-Pfalz. 1999 und 2000 hat die Innenministerkonferenz Eckpunkte für ein kommunales Haushalts- und Rechnungssystem beschlossen und damit Orientierung gegeben (KGSt 2001, S. 9.). Bisher ist nur eine überschaubare Zahl von Kommunen hier vorangekommen.

[71] Vogel, in: Hill/Klages 1993, S. 79. Der tatsächliche Aufwand ließe sich nur durch die Einbeziehung auch nichtkassenwirksamer Kosten, also vor allen Dingen der Abschreibungen und kalkulatorischen Eigenkapitalzinsen angemessen darstellen (Otting 1997, S. 59). Es fehlt zudem eine Auskunft darüber, wie die Haushalte in zukünftigen Jahren durch bereits getroffene Entscheidungen belastet werden (Kuban, in: Wollmann/Roth 1999, S. 484).

[72] Vgl. Siedentopf, in: Püttner 1985, S. 530; Haus, u.a. 1986, S. 146f.

Der neue nach den Grundsätzen der Doppik aufgestellte Haushaltsplan soll auch dieses Problem bearbeiten und in Zukunft für die gesamte Verwaltung den Ressourcenverbrauch und das Ressourcenaufkommen ausweisen und diese im Ergebnishaushalt und im Finanzhaushalt (Investitions- und Finanzierungstätigkeit) abbilden. Der Ergebnishaushalt soll über die Ergebniskomponenten vollständig und klar informieren.[73] Dazu müssen allerdings alle öffentlichen Vermögensbestände zunächst einmal erfasst und bewertet werden. Weiterhin gilt es, für interne Leistungen der Verwaltung (z. B. Raumkosten) Preise festzulegen. Im traditionellen Haushaltsplan werden die Vermögensbestände (Gebäude, Einrichtungsgegenstände, Straßen, sonstige Bandinfrastruktur (Leitungssysteme für Ver- und Entsorgung), Grundstücke = Liegenschaften) und deren Wert nicht beziffert. Diese sind nur indirekt sichtbar, indem Unterhaltungskosten (Verwaltungshaushalt) oder Erneuerungs- /Modernisierungsinvestitionen (Vermögenshaushalt) für Gebäude, Straßen und sonstige Infrastruktur veranschlagt werden. Kalkulatorische Kosten (z. B. für Zinsen, Abschreibungen) wurden bisher nur ermittelt, soweit die Bürger die Kosten solcher Einrichtungen unmittelbar mittragen müssen, nicht also für Schulen, Verwaltungsgebäude, Straßen u.a. [74] In der neuen Haushaltsgliederung nach der Doppik soll der Finanzhaushalt „Planungskomponente zur Finanzrechnung (sein, d.V.), eine gegenüber dem kaufmännischen Rechnungswesen neue Rechnungskomponente." Er umfasst die Planung der Einzahlungen und Auszahlungen der Investitionen.[75] Ergebnishaushalt und Finanzhaushalt gliedern sich in Teilhaushalte. Dazu werden inzwischen auf der Grundlage der Empfehlungen der Innenministerkonferenz landesweit gültige Produkt- und Kontenrahmen für die Buchführung entwickelt.[76] (s. Abbildung 3)

Abbildung 3:   Gemeinsamer Produktrahmen für ein doppisches und ein erweitertes kameralistisches Rechungswesen

Nr.	Produktbereiche	Nr.	Produktgruppen
1	Zentrale Verwaltung		
11	Innere Verwaltung	111	Verwaltungssteuerung und -service
12	Sicherheit und Ordnung	121	Statistik und Wahlen
		122	Ordnungsangelegenheiten
		126	Brandschutz
		127	Rettungsdienst
		128	Katastrophenschutz
2	Schule und Kultur		
21-24	Schulträgeraufgaben	211	Grundschulen
		212	Hauptschulen

---

[73]   Anlage 2 zum IMK-Beschluss vom 21.11.2003, S. 8.
[74]   S. unten, Abschnitt 3.3.
[75]   Anlage 2 zum IMK-Beschluss vom 21.11.2003, S. 9.
[76]   S. beispielhaft den Verbindlichen Kontenrahmen für Niedersachsen und die Zuordnungsvorschriften (Stand 20.7.2006).

		213	Kombinierte Grund- und Hauptschulen
		214	Schulformunabhängige Orientierungsstufe
		215	Realschulen
		216	Kombinierte Haupt- und Realschulen
		217	Gymnasien, Kollegs
		218	Gesamtschulen
		221	Sonderschulen
		231	Berufliche Schulen
		241	Schülerbeförderung
		242	Fördermaßnahmen für Schüler
		243	Sonstige schulische Aufgaben
15-29	Kultur und Wissenschaft	251	Wissenschaft und Forschung
		252	Nichtwissenschaftliche Museen, Sammlungen
		253	Zoologische und Botanische Gärten
		261	Theater
		262	Musikpflege
		263	Musikschulen
		271	Volkshochschulen
		272	Büchereien
		273	Sonstige Volksbildung
		281	Heimat- und sonstige Kulturpflege
		291	Förderung von Kirchengemeinden und sonstigen Religionsgemeinschaften
3	Soziales und Jugend		
31-35	Soziale Hilfen	311	Grundversorgung und Hilfen in besonderen Lebenslagen (BSHG)
		313	Hilfen für Asylbewerber
		315	Soziale Einrichtungen
		321	Leistungen nach dem Bundesversorgungsgesetz
		331	Förderung von Trägern der Wohlfahrtspflege
		341	Unterhaltsvorschussleistungen
		342	Grundsicherungsleistungen
		343	Betreuungsleistungen
		344	Hilfen für Heimkehrer und politische Häftlinge
		351	Sonstige soziale Hilfen und Leistungen
36	Kinder-, Jugend- und Familienhilfe	361	Förderung von Kindern in Tageseinrichtungen und in Tagespflege
		362	Jugendarbeit
		363	Sonstige Leistungen der Kinder-, Jugend- und Familienhilfe
		365	Tageseinrichtungen für Kinder
		366	Einrichtungen der Jugendarbeit
		367	Sonstige Einrichtungen der Kinder-, Jugend- und Familienhilfe
4	Gesundheit und Sport		
41	Gesundheitsdienste	411	Krankenhäuser
		412	Gesundheitseinrichtungen
		414	Maßnahmen der Gesundheitspflege
		418	Kur- und Badeeinrichtungen
42	Sportförderung	421	Förderung des Sports
		424	Sportstätten und Bäder

5	Gestaltung der Umwelt		
51	Räumliche Planung und Entwicklung	511	Räumliche Planungs- und Entwicklungsmaßnahmen
52	Bauen und Wohnen	521	Bau- und Grundstücksordnung
		522	Wohnbauförderung
		523	Denkmalschutz und -pflege
53	Ver- und Entsorgung	531	Elektrizitätsversorgung
		532	Gasversorgung
		533	Wasserversorgung
		534	Fernwärmeversorgung
		535	Kombinierte Versorgung
		537	Abfallwirtschaft
		538	Abwasserbeseitigung
54	Verkehrsflächen und -anlagen, ÖPVN	541	Gemeindestraßen
		542	Kreisstraßen
		543	Landesstraßen
		544	Bundesstraßen
		545	Straßenreinigung
		546	Parkeinrichtungen
		547	ÖPVN
		548	Sonstiger Personen- und Güterverkehr
55	Natur- und Landschafts-pflege	551	Öffentliches Grün/Landschaftsbau
		552	Öffentliche Gewässer/Wasserbauliche Anlagen
		553	Friedhofs- und Bestattungswesen
		554	Naturschutz und Landschaftspflege
		555	Land- und Forstwirtschaft
56	Umweltschutz	561	Umweltschutzmaßnahmen
57	Wirtschaft und Tourismus	571	Wirtschaftsförderung
		573	Allgemeine Einrichtungen und Unternehmen
		575	Tourismus
6	Zentrale Finanzleistungen		
61	Allgemeine Finanzwirt-schaft	611	Steuern, allgemeine Zuweisungen, allgemeine Umlagen
		612	Sonstige allgemeine Finanzwirtschaft
		613	Abwicklung der Vorjahre

Quelle: Empfehlungen der Ständigen Konferenz der Innenminister und –senatoren der Länder vom 8./9. Oktober 2003, Anlage 7.

Differenzierte Informationen zu Einnahmequellen und Kostenarten (Personal, Heizung u.a.) liefert bislang die Gruppierungsübersicht[77] im Haushaltsplan schon heute. Nur wenn die Kostenträger (Produkte), also einzelne Leistungen der Verwaltung, bei den Kostenstellen (Bäder, Kindergärten) ausdifferenziert werden, lässt sich größere Transparenz erzielen. Ansonsten wird sich diese nicht wesentlich verbessern. Dass bei städtischen Einrichtungen große Verluste auftreten, kann der Bürger auch heute schon den entsprechenden Abschnitten des Haushaltsplanes entnehmen, denn der

---

[77] Sie findet sich am Anfang eines jeden Gemeindehaushalts, nach Gesamtplan und Haushaltsquerschnitt, vor Finanzierungsübersicht und den Einzelplänen des Verwaltungshaushalts.

Zuschussbedarf ist dort unmittelbar ausgewiesen. Diese Überlegungen werden später wieder aufgegriffen.[78]

Zunächst soll aber ein anderer bedeutsamer Ausgabenposten im Haushalt der Gemeinden im Mittelpunkt der Betrachtung stehen: die Baumaßnahmen.[79] Die Gemeinden beteiligen sich durch die im Vermögenshaushalt ausgewiesene Bautätigkeit ganz erheblich am Gesamtvolumen der öffentlichen Investitionen, aber auch an der baulichen Gestaltung der gesellschaftlichen Umwelt.

2.3 Kleinräumige Steuerung der Stadtentwicklung

Einrichtungen für öffentliche Dienstleistungen, z.B. in den Bereichen Bildung (Schulen, Volkshochschulen), Sozialwesen (Kindergärten, Krankenhäuser, Altenheime), Erholung (Bäder, Grünanlagen, Sportplätze), gehören zur Infrastruktur im weitesten Sinne. Fasst man diesen Begriff jedoch enger, dann rücken Vorleistungen zur Versorgung und Entsorgung sowie die Verkehrswege in den Mittelpunkt der Betrachtung, die überwiegend von der öffentlichen Hand bereitgestellt werden. Zusammen mit den Maßnahmen der Bauleitplanung schaffen solche Investitionen die unerlässlichen Voraussetzungen für den Bau von Wohnungen und die Schaffung von Arbeitsplätzen. Eine Verknüpfung des kommunalen Dienstleistungsangebots mit der Nutzung der im Gemeindegebiet vorhandenen Flächen und den öffentlichen Infrastrukturinvestitionen erwarteten in den 1970er Jahren Viele von einer kommunalen Entwicklungsplanung. Heute traut man diese Wirkung eher gezielten Einzelinvestitionen zu. Beide Vorgehensweisen beinhalten sehr komplexe Strategien. Stadtentwicklung bedeutet Gestaltung des Zusammenlebens von Menschen und ist deshalb mehr als eine räumliche Entwicklungsplanung. Daher haben sich sehr unterschiedliche Ansätze herausgebildet.[80]

2.3.1 Entwicklungsplanung: Gesamtkonzept oder strategische Intervention?

Die Frage, wie eine Innenstadt attraktiver zu machen ist, wurde in nahezu allen Großstädten, aber auch in vielen Klein- und Mittelstädten durch Einrichtung von Fußgängerzonen beantwortet. Die hochgesteckten Erwartungen der 1970er Jahre erfüllten sich besonders dann, wenn ein attraktives Angebot von Läden, Gastronomie, Arztpraxen neben dem Wohnen sowie ein (das Stadtbild prägendes) Nebeneinander von Alt und Neu sich ergänzten. In vielen Städten reichte die Einrichtung einer Fußgängerzone zur Stadterneuerung nicht aus. Zusätzlich musste eine umfang-

---

[78]   S. unten, Abschnitt 3.1.1.
[79]   70% der Bauinvestitionen werden in Städten und Gemeinden getätigt (DStGB 2002/3, S. 6).
[80]   Schneider 1997, S. 126; Schimanke, in: Voigt 1984, S. 134f.; Naßmacher 2006, S. 107ff.

reiche Stadtsanierung in Gang gesetzt werden. Nicht nur in den neuen Bundesländern wurde der Handlungsdruck oft durch neue Dienstleistungsangebote (häufig regional bedeutsame Einkaufszentren) erhöht, aber der Erfolg der Modernisierung z. T. auch gefährdet. Ob nach Eröffnung von Einkaufszentren am Stadtrand die Investitionsbereitschaft oder -fähigkeit im Stadtkern noch ausreicht, ist nach wie vor schwer zu prognostizieren. Schließlich binden die Zentren übermäßig viel Kaufkraft, die dann dem Stadtkern fehlt.[81] Allerdings hatte dieses Vorgehensmuster in den westdeutschen Städten der 1970er Jahre den positiven Effekt, dass starke auswärtige Investoren nicht die alten Stadtkerne durch eine Flächensanierung (bei Abriss der vorhandenen Bausubstanz) erneuern konnten. In den alten Bundesländern wurden maßstäbliche Sanierungen einzelner Häuser bzw. Blöcke geplant und nach zwanzig Jahren auch verwirklicht. Heute sind die Einkaufszentren auf der grünen Wiese nach vielfältigen Ergänzungen durch Fachmärkte eine ernsthafte Konkurrenz für die Stadtkerne geworden, und innerstädtische Einkaufszentren sollen das Gleichgewicht wieder herstellen.

Um einen Ortskern neu zu gestalten, müssen Planungs- und Investitionsmaßnahmen einander ergänzen. Die Stadt ist Trägerin der Planungshoheit; nur sie kann Grundstücke für eine neue Nutzung vorsehen und den Verlauf der Verkehrswege im Stadtgebiet festlegen. Gleichzeitig ist die Stadt auch Trägerin des öffentlichen Wegebaus; sie lässt im Falle einer Fußgängerzone die Umgehungsstraße bzw. die Zugangswege zur neuen Stadtmitte bauen und auch die bisherige Durchgangsstraße im alten Stadtzentrum als Fußgängerstraße herrichten. Dabei werden nicht nur Verkehrsbeziehungen, sondern u.U. der ganze Lebensrhythmus einer Stadt verändert; der Zusammenhang mit Fragen der Stadtentwicklung ist leicht erkennbar.

Auch der Bau von sonstigen Infrastruktureinrichtungen, wie beispielsweise Bau eines Erlebnisbades, darf nicht isoliert betrachtet werden; die Maßnahme fügt sich ein in die gesamtstädtische Entwicklung. Als kommunales Freizeitangebot ist das Vorhaben mit ähnlichen Angeboten abzustimmen; als mögliche Stätte des Schulsports bedarf das Bad der räumlichen Nähe zu den wichtigsten Schulen. Verkehrsanbindung und Parkplätze müssen sich nach dem Bedarf richten. Wie bei jedem Neubau soll sich der Baukörper in das städtische Gefüge einpassen. In finanzieller Hinsicht können andere Infrastrukturinvestitionen zeitweilig verschoben oder gar überhaupt unmöglich gemacht werden. Heute hätten Kindergartenplätze absolute Priorität gegenüber den von der öffentlichen Hand geplanten und realisierten Freizeiteinrichtungen. Durch solche Erwägungen entwickelt sich die scheinbar problemlose Einzelinvestition zu einer zentralen Frage der kommunalen Entwicklungsplanung.

Der Begriff „Entwicklungsplanung" stammt aus dem Jahre 1960.[82] Erst in den späten 1960er Jahren fand er in der kommunalpolitischen Diskussion weitere

---

[81] S. unten, Abschnitt 5.2.5.
[82] Albers, in: Roth/Wollmann 1994, S. 398.

Verbreitung. Verwendet wurde er für die anspruchsvollste, aber keineswegs allgemein akzeptierte Form der Stadtplanung. Bereits im letzten Viertel des 19. Jahrhunderts erforderte die ungeordnete, aber außerordentlich stürmische Bautätigkeit der Industrialisierungsphase („Gründerjahre") Maßnahmen, die ein Mindestmaß an Sicherheit, Ordnung und Hygiene in den sich ausbreitenden Stadtregionen sicherstellten. „Fluchtlinien" sollten als öffentliche Auflagen das private Grundeigentum soweit beschränken, wie zur Sicherung des Verkehrs, der Feuerwehrzufahrt und eines einheitlichen Stadtbildes unbedingt notwendig erschien. „Das Recht zur Festlegung dieser Fluchtlinien oblag zunächst dem Staat, später wurde es auf die Gemeinden übertragen."[83] Die Einsicht, dass eine darüber hinausgreifende Stadtplanung erforderlich sei, um die Flächen der Städte sinnvoll zu nutzen, setzte sich erst später durch. So dauerte es nach dem Zweiten Weltkrieg über 10 Jahre, bis die Aufbaugesetze der einzelnen Bundesländer durch ein Bundesbaugesetz[84] abgelöst wurden. Das BBauG gab den Gemeinden die Planungshoheit, das alleinige Recht der umfassenden und spezifizierten öffentlich-rechtlichen Einwirkung auf alle flächenbezogenen Planungen. 1971 trug die Bundespolitik der besonderen Problematik der Stadterneuerung (Sanierung) durch ein besonderes Städtebauförderungsgesetz[85] Rechnung. In den 1980er Jahren wurden dann beide Gesetze im Baugesetzbuch[86] zusammengefasst.

Damit war neben dem Finanzwesen, das mit seinen jährlichen Haushaltsplänen in allen Zweigen der öffentlichen Verwaltung eine erhebliche Planungstradition und -erfahrung aufweist, die Bauleitplanung als fester Bereich ressourcenbezogener Planung in den Gemeinden verankert. Um in der Auseinandersetzung mit den relativ entwickelten Planwerken des Finanzwesens und der Flächenplanung bestehen zu können, gingen die einzelnen Dienstleistungsbereiche der großen Kommunalverwaltungen in den 1960er Jahren dazu über, für ihren Aufgabenbereich einzelne Fachpläne[87] auszuarbeiten oder in Auftrag zu geben. Der Impuls zur gegenseitigen Abstimmung durch Zusammenfassung der verschiedenen Abteilungen einer „planenden Verwaltung"[88] konnte nicht ausbleiben. Wesentlich erschien das Vordenken der Entwicklung anstelle eines Reagierens auf Angebote. Das Konzept einer kommunalen Entwicklungsplanung bot die passende Lösung an.

Mit dem von der wissenschaftlichen Literatur ebenso wie von der kommunalpolitischen Praxis nie endgültig mit Inhalt gefüllten Begriff der Entwicklungsplanung verbanden sich in den 1970er Jahren insbesondere vier Erwartungen:

---

[83]   Frey, in: Frey 1976b, S. 208. Zur Ausgangslage beim Baurecht siehe auch Scheuner 1973, S. 36.
[84]   Bundesbaugesetz (BBauG) vom 23. Juni 1960.
[85]   Städtebauförderungsgesetz (StBauFG) vom 27. Juli 1971.
[86]   Baugesetzbuch (BauGB) vom 8. Dezember 1986.
[87]   Z. B. Generalverkehrspläne, Sportstättenleit(entwicklungs-)pläne.
[88]   Zum Überblick über die historische Entwicklung s. Pankoke/Nokielski 1977, S. 56ff., 60f.; Funke 1974, S. 73ff.; Siebel 1974, S. 41ff. Zur Konzeption s. Grauhan 1969b, S. 132ff. Zum empirischen Befund s. Hesse 1976.

- Zusammenfassung von Bereichs- und Fachplanungen unter Berücksichtigung ihrer Raum-, Zeit-, Finanz- und Sozialdimensionen;
- Ergänzung/Umsetzung/Beeinflussung überörtlicher Planungen (insbesondere der Landes- und Regionalplanung);
- politische Steuerung der kommunalen Gesamtentwicklung;
- politisch-administrative Handlungsfähigkeit.[89]

Diesen umfassenden Maßstäben entspricht natürlich keineswegs alles, was im kommunalpolitischen Alltag unter der Bezeichnung „Entwicklungsplanung" betrieben wurde und wird. Bereits die Größe einer Gemeinde wirkt sich auf die Erwartungen und die Gestaltungsmöglichkeiten von Entwicklungsplanung aus. Einige Großstädte[90] haben damals einen beachtlichen Planungsapparat (zum Teil in Form eines Stadtentwicklungsreferats oder -dezernats) aufgebaut (z.b. München,[91] Nürnberg, Wuppertal, Köln). Kleinere Städte und Gemeinden begnügten sich mit dem Auftrag für ein Stadtentwicklungsgutachten an ein privates Planungsbüro. In Ostdeutschland waren in der Zeit nach der Wende fachübergreifende und konsensfähige Entwicklungsprogramme nicht vorhanden; sie mussten erst formuliert werden.

Die verabschiedeten Pläne hatten auch in Westdeutschland schon damals für die Stadtentwicklung nur z. T. wirkliches Gewicht im Sinne einer Handlungsorientierung. Manche Beobachter glauben, dass sich an die intensive Planungsphase eine Zeit des Inkrementalismus angeschlossen hat.[92] Seit den 1990er Jahren wird eine Neuauflage der kommunalen Entwicklungsplanung als Element der strategischen Steuerung vorgeschlagen. Angestrebt ist „eine Koordination aller städtischen Planungen auf der Grundlage der räumlichen Bezüge der Bauleitplanung, der sozialen und gesellschaftlichen Bezüge der Fachplanung (en - d. Verf.) und der Ressourcenplanung." Im Einzelnen sollen dazu gehören:

- ein umfassender Analyse- und Prognosevorlauf für die Entwicklung der Stadt (z.B. bei Bevölkerung, Arbeitsplätzen, Wohnungen, Finanzen und Personal),
- eine Formulierung der angestrebten Ziele in allen Aktivitätsbereichen unter Beachtung der Vorgaben übergeordneter Institutionen,
- einzelne mit der Ressourcenplanung abgestimmte Programme zur Erreichung der Ziele in Defizitfeldern,

---

[89]   Vgl. Hesse 1976, S. 86.
[90]   Beispiele und deren kritische Diskussion finden sich bei Hesse 1976, S. 101ff. Die Stadtentwicklungplaner wurden auch deshalb so stark, weil sie sich mit den Kommunalstatistikern verbündeten, also Angehörigen des traditionsreichsten Berufszweigs der Verwaltung.
[91]   Grauhan 1973, S. 231ff.; Hesse 1976, S. 131.
[92]   Helbrecht 1994, S. 41; Matthiesen, in: Matthiesen 1998, S. 46.

- ein Fortschreibungsverfahren, das ständige Anpassung der Ziel- und Programmplanung an veränderte Analyse- und Prognosewerte und den Vollzug der geplanten Maßnahmen ermöglicht.[93]

Einen neuen Impuls erhielt die kommunale Entwicklungsplanung durch die Lokale Agenda 21,[94] die auf der UN-Konferenz über Umwelt und Entwicklung in Rio de Janeiro 1992 beschlossen wurde. Unter dem Motto „global denken, lokal handeln" soll ein langfristiger Aktionsplan für die zukunftsbeständige Entwicklung der Kommunen im 21. Jahrhundert durch ein partizipatives Verfahren erarbeitet werden. Nachhaltige Entwicklung,[95] orientiert an einem langfristigen Leitbild,[96] dürfe nicht nur die Stadtplanung erfassen, sondern müsse alle Bereiche der Verwaltung, vor allem auch die mit ökologischen und sozialen Fragen beschäftigten, einbeziehen. Damit sollte auf der Grundlage von Nachhaltigkeitsindikatoren eine ganz neue Bearbeitungsweise kommunaler Probleme eingeleitet werden.[97] Verdichtete Bebauung, Wiedernutzung von erschlossenen Flächen im Stadtkern und innere Zuordnung unterschiedlicher Nutzungsarten (Wohnen, Arbeiten, Freizeit) sind die einzelnen Dimensionen, die im Übrigen bereits im BauGB (§ 1 V) festgehalten sind.

Obwohl sich die hoch gesteckten Erwartungen der 1970er Jahre („Planungseuphorie") nirgendwo realisieren ließen, sind heute wieder Tendenzen in diese Richtung zu erkennen. Jedenfalls wird auf die „ganzheitliche Ausrichtung" nicht verzichtet.[98] Die sich bereits in den 1970er Jahren (relativ unabhängig von den jeweils gewählten Organisationsformen und Verfahren) abzeichnenden Grenzen einer gemeindlichen Entwicklungsplanung sollten allerdings vermieden werden. „Die" Stadtentwicklungsplanung gibt es Mitte der 1990er Jahre nicht mehr.[99] Ein umfassend angelegter „Stadtentwicklungsplan mit Investitionsfestlegungen" gilt als überholt, weil überwiegend nicht durchführbar. Derart weitreichende Ansprüche erscheinen wegen der „Komplexität städtischer Strukturen und Entwicklungen" als nicht beherrschbar. Die neueren Vorschläge stehen unter dem Oberbegriff „Stadtmarketing" (oder „Stadtmoderation") und gemeint sind kommunikative Formen der Stadtentwicklungsplanung[100] sowie die Ausrichtung an Symbolen bzw. Leitbildern.[101]

---

[93] Zitat und Einzelaspekte bei Löhr/Potthast, in: Schöneich 1996, S. 83.

[94] Zimmermann 1997, S. 25ff.

[95] Unter nachhaltiger Entwicklung wird eine Entwicklung verstanden, die die Bedürfnisse der heutigen Generationen berücksichtigt, ohne die Möglichkeiten zukünftiger Generationen, ihren eigenen Bedürfnissen Rechnung zu tragen, zu behindern (Zilleßen 1998b, S. 3f.).

[96] S. a. Helbrecht 1994, S. 89.

[97] Gehrlein 2004.

[98] Helbrecht 1994, S. 88. Allerdings wird wenigstens darauf hingewiesen, dass damit ein „riskanter Weg" beschritten wird, „bei dem sozial Schwächere, Umwelt- und Kulturbelange nur allzu leicht in den Hintergrund geraten" (Ebenda, S. 232).

[99] Göb 1990, S. 595.

[100] Zitate bei: Helbrecht 1994, S. 21.

[101] Ebenda, S. 34, 42; Helbrecht, in: Schmals/Heinelt 1997, S. 220.

Zunächst einmal beginnen Gemeinden ihre Planung nicht auf einem „weißen Blatt", sondern mit den durch die bisherige Entwicklung und frühere Entscheidungen geschaffenen Strukturen. Lediglich deren Ergänzung und allmähliche Umgestaltung in Richtung der Entwicklungsziele kann sinnvollerweise angestrebt werden.[102] Außerdem reicht die in der eigenen Verwaltung aufgebaute, in der Form verwaltungsexternen Sachverstandes angekaufte oder durch partizipativen Dialog mit Bürgern entwickelte Planungskapazität in keinem Falle aus, eine gleichermaßen umfassende wie weitgehend flexible Entwicklungsplanung bereitzustellen. Dies reduziert übertriebene Erwartungen an eine kontinuierliche Planungsarbeit „mit regelmäßiger, intensiver Koordination und Abstimmung".[103]

Eine auf Dauer angelegte Planungsarbeit soll auch Probleme überwinden, wie sie bei der traditionellen Entwicklungsplanung im Zuge der Umsetzung von Konzepten (Implementation) regelmäßig auftraten. Von den vielfältigen Hindernissen müssen vor allem die am Ort liegenden, verwaltungsexternen[104] angesprochen werden, weil die Vorstellung, gemeindliche Investitionsvorhaben (insbesondere im Hoch- und Tiefbau) könnten in einer dem örtlichen Entwicklungsplan entnommenen Reihenfolge verwirklicht werden, nahezu alle (von uns noch zu erörternden) Strukturelemente kommunalpolitischer Willensbildung und Entscheidung[105] vernachlässigt. Denn die Einwirkungsmöglichkeiten der öffentlichen Hand sind auf das (für die bauliche Entwicklung einer Gemeinde maßgebende) Verhalten privater Investoren (etwa in den Bereichen Wohnungen und Arbeitsplätze)[106] angewiesen. Handlungsmöglichkeiten sind also geringer als Begriffe wie „kommunale Autonomie" und „Planungshoheit" nahelegen. Daher wird inzwischen eine dauernde Diskussion über Ziele und Strategien einschließlich einer Erörterung der Wirkungen von Einzelprojekten vorgesehen. Ob die beabsichtigte fortlaufende Einbindung von Bürgern, Verbänden, Organisationen und Fachverwaltungen einseitige Interessen reduzieren und eine integrative Sichtweise durchsetzen kann,[107] bleibt abzuwarten. Mit der Einsicht in diese Beschränkungen reduzieren sich aber übertriebene Erwartungen. Tendenzen zur strategisch angesetzten Einzelprojektorientierung[108] sind erkennbar.

Jedenfalls ist dies eine bevorzugte Antwort auf die unübersichtliche Problemlage. Neben den unmittelbaren Wirkungen des konkreten Projekts selber (Investitions-

---

[102] Vgl. Böhret, in: Frey 1976b. Zu den Bestimmungsfaktoren für die Stadtentwicklungsplanung s. Heuer 1975; zur Strategie s. Friend/Jessop 1973.

[103] Zitate bei Fritz-Vietta, in: Dauwe u.a. 1995, S. 63, 62; vgl. auch ebenda, S. 58, 64f. Diejenigen, die sich für Stadtmarketing einsetzen, sehen es als wesentlich an, die Nutzer und Interessengruppen bei der Konzepterstellung, also der Konsensbildung über die Stadtentwicklungsziele, kontinuierlich einzubinden (Schneider 1997, S. 50).

[104] Böhret, in: Frey 1976b, S. 201.

[105] S. unten, Kapitel 4.

[106] S. unten, Abschnitt 5.2 und 5.3.

[107] Siehe dazu Zimmermann 1997, S. 36f.; Naßmacher 1987, S. 136; Helbrecht 1994, S. 231; Göb 1990, S. 508. Für weitere Einzelheiten s. Abschnitt 4.2.

[108] Häußermann/Siebel 1994, S. 32.

schub, Ausbau der Infrastruktur, Anziehungskraft für neue Käufer und Nutzer) werden Anstöße für die Ausstrahlung von nicht genau benennbarer Bedeutung gesehen. Sie sollen sich auf die Standortqualität und (mittel- und langfristig) auf weitere Folgeinvestitionen positiv auswirken. In Zeiten der Finanzknappheit gelten diese Projekte (u. a. verbunden mit Großveranstaltungen und mit privater Beteiligung)[109] zuweilen als einzige Chance für die Entwicklung.[110] Ein Zeichen dafür ist, dass solche Projekte und Veranstaltungen zunehmen: neue Einkaufs- bzw. Freizeitzentren, Ausbau von Bahnhöfen und Landesgartenschauen. Obwohl Großveranstaltungen immer häufiger durchgeführt werden, übertrifft die Nachfrage der Austragungsinteressenten das Angebot bei Weitem. Ob die Projekte keine Expansion der Bautätigkeit in die freie Landschaft mehr beinhalten, wie dies früher üblich war, sondern die Stadtplanung nur die Wiedernutzung von bestehenden und zum Umbau nicht mehr benötigen Arealen im Blick hat, wie Rüegg für Weltstädte[111] herausarbeitet, ist die Frage. Jedenfalls stehen durch Deindustrialisierung und die Aufgabe von Bundeswehrstandorten Freiflächen (Konversionsflächen) zur Verfügung. Wichtig erscheint im Hinblick auf nachhaltige Entwicklung eine Verbindung der alten Stadtstruktur mit den Neuinvestitionen.

Insgesamt machen privat initiierte Einzelprojekte es den Städten nicht einfacher, Bedarfsplanungen der verschiedenen Dienstleistungsbereiche mit den verfügbaren Instrumenten der Ressourcenplanung (Finanzplanung, Bauleitplanung) in den Griff zu bekommen. Dennoch bietet bis heute die Bauleitplanung einer Gemeinde die wirksamsten Möglichkeiten, auf die örtliche Entwicklung einzuwirken.

2.3.2 Steuerungsmöglichkeiten der Gemeinden

Zur Durchsetzung ihrer Entwicklungsziele steht den Gemeinden die Möglichkeit einer entsprechenden Gestaltung des Ortsrechts, also der für alle Bürger einer Gemeinde verbindlichen Regelungen, zur Verfügung. Baumschutz-, Ortsbild- und Gestaltungssatzungen[112] sowie ein Anschluss- und Benutzungszwang für Versorgungs- und Entsorgungseinrichtungen (Gas, Wasser, Strom, Fernwärme, Abwasser, Müllabfuhr) schaffen Rahmenbedingungen für die Entwicklung einer Gemeinde. Schulbezirksgrenzen[113] sind wichtige Weichenstellungen für die Verständigung der

---

[109] Häußermann/Siebel 1993; Beispiele bei Häußermann/Siebel 1994, S. 32. Zur Kritik, ebenda, S. 38. S. unten, Abschnitte 2.4.2, 2.4.3 und 5.2.5.

[110] Praktiker interpretieren ihre Wirkungen im Sinne der Regionalökonomie als Wachstumspol (s.d. Krätke 1999, S. 62) - zweifellos eine Überinterpretation.

[111] Rüegg 1996, S. 188.

[112] Fritz-Vietta, in: Dauwe u. a. 1995, S. 76. In den Beispielstädten gibt es Baumschutzsatzungen und Gestaltungssatzungen sowie Leitlinien für Altstadtgestaltung.

[113] Aufgrund von Forderungen des Koalitionspartners FDP in Nordrhein-Westfalen wird dieses Steuerungsinstrument den Kommunen dort 2008 genommen (FAZ v. 23.6.2006).

Bevölkerung untereinander und mit Minderheiten. Durch Gebührensatzungen, z.B. für Parkgebühren, lässt sich das Verhalten so beeinflussen, dass öffentliche Einrichtungen und Geschäftslagen für Nutzer mehr oder weniger attraktiv sind. Alle diese Maßnahmen werden in der Policy-Forschung als regulative Politik bezeichnet.

Wichtigstes Instrument der Gemeinden zur Steuerung der örtlichen Entwicklung ist jedoch die Bauleitplanung. „Die Gemeinden sind ... die zentralen bodenpolitischen Akteure."[114] Dazu steht ihnen ein entsprechendes Instrumentarium zur Verfügung.[115] Das Baugesetzbuch (BauGB)[116] bestimmt als Aufgabe der Bauleitplanung, vorausschauend die städtebauliche Entwicklung einer Gemeinde zu ordnen, die „bauliche und sonstige Nutzung der Grundstücke in der Gemeinde ... vorzubereiten und zu leiten" (§ 1 I BauGB), also die zulässige Bebauung rechtsverbindlich zu regeln. Dadurch wird zugleich das Zusammenleben der Menschen in einer Stadt oder Landgemeinde bzw. in einem Stadtteil oder Quartier entscheidend beeinflusst. In die Bauleitplanung fließen die Überlegungen aus den Stadtentwicklungs- bzw. Stadtmarketing-Konzepten ein.

Bauleitpläne im engeren Sinne sind der *Flächennutzungsplan* und die Bebauungspläne. Im Flächennutzungsplan spiegelt sich die Absicht einer Gemeinde wider, die planerischen Nutzungsziele für ihr gesamtes Gebiet darzustellen (§ 5 BauGB). Während der Flächennutzungsplan (= vorbereitender Bauleitplan) als Gesamtkonzept zur Verteilung der verschiedenen Nutzungen im Gemeindegebiet die örtliche Entwicklung insgesamt „nach den voraussehbaren Bedürfnissen der Gemeinde in den Grundzügen" längerfristig festlegt (§ 5 I BauGB), entwickeln die Bebauungspläne (= verbindliche Bauleitpläne) für Teilbereiche einer Gemeinde auf der Grundlage des Flächennutzungsplanes u.a. Festsetzungen für „die Art und das Maß der baulichen Nutzung" (§ 9 I BauGB). Die Begriffe Art und Maß der baulichen Nutzung werden durch die Baunutzungsverordnung (§§ 1-15 BauNVO[117]) näher bestimmt.

So sind etwa im Flächennutzungsplan neben Flächen für öffentliche Einrichtungen (z.B. Kindergarten, Hallenbad, Mülldeponie, Klärwerk, Kinderspielplatz, Schule) Flächen für den Gemeinbedarf (u.a. Fußgängerbereiche, Parkplätze, Verkehrsflächen), Grünflächen, Flächen für die Landwirtschaft, Gewerbe- und Wohnflächen, gemischte Bauflächen und Sonderbauflächen ausgewiesen. Die Baunutzungsverordnung enthält insgesamt 10 Grundtypen von Baugebieten (§ 1 II BauNVO), deren Eigenart (auch bei Duldung von ausdrücklich vorgesehenen Durchbrechungen) grundsätzlich gewahrt bleiben muss (§ 1 V BauNVO). Die für die Funktionen Wohnen und Arbeiten vorgesehenen Flächen können im *Bebauungsplan* weiter

---

[114] Schäfer, in: Voigt 1984, S. 73.
[115] Quantitative Angaben zur Nutzung bis 1982 s. Schäfer/Schmidt-Eichstaedt 1984, S. 65ff.
[116] Baugesetzbuch in der Fassung vom 23. September 2004 (BGBl. I, S. 2414), zuletzt geändert am 5. September 2006 (BGBl. I, S. 2098). Zu den vielfältigen Änderungen und Ergänzungen des BauGBs s. Bunzel 1997, S. 254.
[117] Baunutzungsverordnung (BauNVO) i.d.F. vom 23. Januar 1990 (BGBl. I, S. 132); zuletzt geändert durch Gesetz vom 22. April 1993 (BGBl. I, S. 466).

konkretisiert werden als reine Wohngebiete (WR), allgemeine Wohngebiete (WA), besondere Wohngebiete (WB), Dorfgebiete (MD), Mischgebiete (MI), Kerngebiete (MK), Gewerbegebiete (GE), Industriegebiete (GI) und Sondergebiete (SO). Darüber hinaus kann ein Bebauungsplan - auch bezogen auf einzelne Parzellen - weitere Festsetzungen enthalten, die sich insbesondere auf Bauweise, Freiflächen, Grünflächen, öffentliche Flächen (Verkehr, Versorgung) und Flächen für Gemeinschaftsanlagen beziehen. „Der Bebauungsplan besteht aus einer Karte (Maßstab 1:1000 oder 1:500) mit Planfestsetzungen in gezeichneter Form und in Textform (beides auf der Karte). Er muss auch alle Verfahrensbeschlüsse und den Genehmigungsvermerk enthalten."[118]

Das Maß der baulichen Nutzung (§§ 16-21a BauNVO) wird bestimmt durch die Zahl der Vollgeschosse (Z), die Grundflächenzahl (GRZ), die Geschossflächenzahl (GFZ) und die Baumassenzahl (BMZ). Die Werte für GRZ, GFZ und BMZ geben an, wieviel Quadratmeter Grundfläche (bebaute Fläche), Quadratmeter Geschossfläche oder Kubikmeter Baumasse (jeweils bezogen auf die Grundstücksfläche) zulässig sind.

Bei Baumaßnahmen im Ortskern gilt zunächst - wie für alle älteren „im Zusammenhang bebauten Ortsteile" - die Regelung des § 34 BauGB. Die Städte und Gemeinden können auf Bauvorhaben, die im Wesentlichen der bisherigen Bebauung entsprechen, nicht einwirken. Wollen sie etwas in diesen Bereichen ändern, so muss ein Bebauungsplan aufgestellt werden. Damit ein Vorhaben in der Phase der Bearbeitung nicht genehmigt werden muss, ist zusätzlich eine Veränderungssperre zu beschließen (§ 14 BauGB) oder das Bauvorhaben nach § 15 BauGB zurückzustellen.

„Allgemeine Wohngebiete dienen vorwiegend dem Wohnen." Zulässig sind aber auch „die der Versorgung des Gebietes dienenden" Ladengeschäfte, Gastwirtschaften und (nicht störende) Handwerksbetriebe (§ 4 BauNVO). Auch für Kerngebiete (§ 7 BauNVO) gilt grundsätzlich die Trennung von Wohnen und Arbeiten. Hier ist aber die Wohnnutzung nur ausnahmsweise zulässig und auf Wohnungen beschränkt, die oberhalb eines bestimmten Geschosses liegen. In Mischgebieten ist neben dem Wohnen auch die „Unterbringung von Gewerbebetrieben" zulässig, „die das Wohnen nicht wesentlich stören" (§ 6 I BauNVO). Keine der beiden Nutzungsarten kann also einen Vorrang in Anspruch nehmen. Da die Gemeinden (mit Rücksicht auf eventuelle Entschädigungsforderungen der Grundstückseigentümer) meist gerade solche Gebiete als Mischgebiete ausgewiesen haben, deren Charakter sich verändert, bleibt es dem Eigentümer überlassen, welche der acht dort zulässigen Nutzungsarten er im Einzelnen wählt. Zulässig sind insbesondere Wohn-, Geschäfts- und Bürogebäude, Handels-, Gewerbe- und Gartenbaubetriebe sowie Tankstellen und Spielhallen. Die Folge ist, dass im Mischgebiet meist gebaut wird, was die größte Rendite bringt. Das hat insbesondere am Rande der Innenstädte zu einem Ver-

---

[118]   Fritz-Vietta, in: Dauwe u.a. 1995, S. 71.

drängungswettbewerb[119] geführt. Daher resümieren Schäfer/Schmidt-Eichstaedt, dass die Bedeutung der Bebauungspläne in ihrer Steuerungsfunktion vor allem für Neubaugebiete am Stadtrand besteht.[120]

Dabei ist freilich nicht zu verkennen, dass die Kommune fast immer für die Verwirklichung ihrer Planungen private Investoren (Bauherren, Bauträger) finden muss. Das gilt insbesondere für umfangreiche Neubau- oder Modernisierungs- (Sanierungs-)Maßnahmen, die in erheblichem Umfang privates Kapital binden. In solchen Fällen kann es vorkommen, dass sich das Verhältnis von (öffentlicher) Rahmensetzung und (privater) Ausführung umkehrt: Ein Maßnahmenträger (Sanierungsträger, Industrieunternehmen, Wohnungsbaugesellschaft) liefert den Bebauungsplanentwurf und gegebenenfalls die Änderung des Flächennutzungsplanes gleich mit; die Gemeinde braucht beides nur noch zu beschließen und genehmigen zu lassen.[121]

Dieser Realität - Erarbeitung eines städtebaulichen Plans und eines Bauplans für spezielle Bauvorhaben durch einen Investor - trägt neuerdings die Möglichkeit Rechnung, einen Vorhaben- und Erschließungsplan (§ 12 BauGB.) aufzustellen, der aus dem Flächennutzungsplan zu entwickeln ist. „Grundsätzlich stellt er eine Kombination von (einfach gehaltenem) Bebauungsplan und städtebaulichem Vertrag dar",[122] in dem sich der Investor verpflichtet, die Baudurchführung innerhalb einer bestimmten Frist zu bewerkstelligen. Voraussetzung für den Einsatz dieses Instruments ist, dass die benötigten Grundstücke dem Zugriff des Investors unterliegen.

Unabhängig von der Art ihres Zustandekommens und den jeweiligen Eigentumsverhältnissen binden die Festsetzungen eines rechtskräftigen Bebauungsplans als Ortsrecht jeden Eigentümer eines Grundstücks im Plangebiet. Bei der Erteilung von Baugenehmigungen wird jeweils die Zulässigkeit des Vorhabens, d.h. seine Vereinbarkeit mit einem gültigen Bebauungsplan (in beplanten Ortsteilen), der bisherigen Bebauung in der Nachbarschaft (in bereits bebauten Ortsteilen ohne Bebauungsplan - § 34 BauGB) oder einem der Privilegierungstatbestände[123] (im Außenbereich - § 35 BauGB) geprüft. Falls das beabsichtigte Vorhaben damit in Einklang steht, muss die Genehmigung erteilt werden. Die häufig am „grünen Tisch" erteilten Genehmigungen können trotzdem die Interessen der in einem Quartier Nutzungsberechtigten so tangieren, dass andauernde Konflikte unausweichlich sind. Die Umsetzung eines Bebauungsplans erfolgt zuweilen erst nach Jahren, sodass die Situation

---

[119] Das bundesweit bekannteste Beispiel bildet das Münchener Lehel, weitere Beispiele sind der Stuttgarter Westen und das Oldenburger Dobbenviertel. Zu Instrumenten, dies zu verhindern, s. Heuer/Schäfer 1978.

[120] Schäfer/Schmidt-Eichstaedt 1984, S. 331.

[121] S. unten, Abschnitt 4.5.

[122] Fritz-Vietta, in: Dauwe u.a. 1995, S. 75.

[123] Zum Beispiel wenn das Bauvorhaben einem land- und forstwirtschaftlichen Betrieb dient, wozu auch die Binnenfischerei und die Imkerei gehören. Hinzu kommen noch halbprivilegierte Tatbestände (s.d. Deutsches Institut für Urbanistik 1977, Blatt Nr. 6.11).

vor Ort sich aufgrund von Eigentümerwechseln und Gewohnheiten oder Verkehrs-strömen gewandelt haben kann. Von daher ist eine Prüfung der Veränderungsan-sprüche im Quartier häufig wünschenswert, um (fernab planerischer Vorgaben) im Einzelfall eine für alle Seiten befriedigende Lösung zu suchen. Hier könnte die regu-lative Verwaltung sich als verhandelnde oder kooperative Verwaltung profilieren.[124] Stattdessen lässt sich eine Tendenz erkennen, die Genehmigungsverfahren nach Landesbauordnung radikal zu beschneiden, um das Verfahren zu vereinfachen: Nur noch wenige zentrale Vorhaben werden in Augenschein genommen. Wenn ein Vor-haben den Bestimmungen des qualifizierten Bebauungsplans entspricht, soll die Genehmigungsnotwendigkeit ganz entfallen.[125]

Eine kooperative Verwaltung ist auch deshalb von Bedeutung, weil die geringe Flexibilität des baurechtlichen Instrumentariums als Problem gilt: Mögliche Nut-zungen werden nicht immer und vor allem nicht gleichzeitig realisiert. Flächennut-zungspläne müssen geändert werden, weil die gesamtstädtische Entwicklung oder die eines Quartiers bzw. die Absichten eines Investors ein Überdenken angeraten erscheinen lassen.[126] „Die Erfahrung mit möglichst umfassenden und detaillierten B-Plänen zeigt, dass für ca. 60 bis 70 % aller Bauvorhaben wesentliche Befreiungen erteilt werden müssen."[127] Weil damit ein hoher Zeitaufwand verbunden ist, muss vorher bedacht werden, wie genau die Festlegungen sein sollen. Das bedeutet aller-dings nicht (und hier werden gerade bei gewerblichen Bauflächen große Fehler ge-macht), dass fast völlig auf solche Festlegungen verzichtet werden sollte.

Aber auch überplante und mit den entsprechenden Infrastruktureinrichtungen ausgestattete Gebiete bleiben untergenutzt. In besonders extremer Form ist dies in Ostdeutschland zu beobachten, wo in großem Ausmaß neue Siedlungsflächen im Außenbereich für die Gewerbeansiedlung und als Sondergebiete für große Einkaufs-zentren (in den ersten Jahren mit Bundesförderung massiv bezuschusst) ausgewiesen und erschlossen wurden, ohne dass die Flächen mangels Investoren ihrer Nutzung zugeführt werden konnten. In fast vollständig bebauten städtischen Bereichen („im Zusammenhang bebauten Ortsteilen") kann oft davon ausgegangen werden, dass die (eigentlich notwendige) Überplanung nicht mehr einbringt als die Bebauung einiger weniger ungenutzter Grundstücke. Eine klarstellende Ausweisung durch „Abrun-dungssatzung"[128] nach § 34 IV BauGB zeigt an, dass (zur Verdichtung oder Abrun-dung der vorhandenen Bebauung) weitere Bauvorhaben in ähnlicher Weise möglich sind. Durch entsprechende Zusatzgesetze zum Baurecht (sog. Beschleunigungsno-vellen) wurde mehr Flexibilität im Verfahrensablauf geschaffen.[129]

---

[124] Benz 1992.
[125] FAZ vom 17.7.1998.
[126] Flächennutzungspläne werden im Durchschnitt einmal im Jahr irgendwo geändert (Schä-fer/Schmidt-Eichstaedt 1984, S. 330).
[127] Schäfer/Schmidt-Eichstaedt 1984, S. 170, 194, 196; jetzt § 31 BauGB.
[128] Fritz-Vietta, in: Dauwe u.a. 1995, S. 76.
[129] Siehe unten, Abschnitt 4.5.

In den 1960er Jahren entwickelten sich in vielen westdeutschen Städten erhebliche Sanierungsaufgaben. Für mehr als marginale Veränderungen am baulichen Bestand des Ortskerns (wegen verfallener Bausubstanz, problematischen Grundstückszuschnitten, unzulässigen Nutzungsmischungen, fehlender Investitionstätigkeit der Eigentümer) konnten die Städte seit den 1970er Jahren auf das Instrumentarium des Städtebauförderungsgesetzes[130] zurückgreifen. Waren anfangs großflächige Sanierungen üblich (Flächensanierung, verbunden mit dem Abriss ganzer Baublöcke und Straßenzeilen, also völliger Veränderung des Stadtbildes), so wurden unter politischem Druck linker Gruppierungen bald radikale Umwandlungen der gesamten Stadtlandschaft verhindert; es kam zu Objekt- oder Funktionssanierungen.[131] Diese Möglichkeiten der Stadterneuerung sind auch für die ostdeutschen Städte mit ihren sanierungsbedürftigen Innenstädten von erheblicher Bedeutung. Für ein förmlich ausgewiesenes Sanierungsgebiet stehen Gelder von Bund und Land für öffentliche und private Investitionsmaßnahmen bereit.[132] Dies bot sich schon deshalb an, weil durch eine grundlegende Umgestaltung (Sanierung mit Nutzungsänderung und neuem Grundstückszuschnitt durch Umlegung) auch mit einem weitgehenden Wechsel der Nutzer gerechnet werden musste (finanzschwache Bevölkerung wird durch zahlungskräftigere ersetzt).[133] Die aus der Sanierung zu erwartende Wertsteigerung wird abgeschöpft, dafür erhalten die Eigentümer wesentlich verbesserte Grundstücke (§ 154 BauGB).[134]

Die Erwartungen an schnelle Erfolge von Sanierungen sind meist unrealistisch. Heutige positive Ergebnisse gehen meist auf Initiativen der 1970er Jahre und deren kontinuierliche Weiterbearbeitung zurück.[135] Es dauert häufig ein Jahrzehnt, bis die Pläne konkreter werden. Meist sind bei solchen Vorhaben verschiedene ortsansässige Architekten involviert, die eigene Konzepte für die Sanierung vorlegen, die sich teilweise unterscheiden und dadurch auch gegenseitig blockieren.[136] Typisch ist auch, dass die Stadterneuerung häufig in einem Bereich beginnt, in dem wenig denkmalgeschützte Gebäude vorhanden sind. Als besonders schwierig erweist sich immer - wie bei älteren Quartieren zu erwarten - die Lösung der Parkprobleme. Dies gilt besonders dann, wenn es keine städtischen Liegenschaften in unmittelbarer Nähe des Sanierungsbereichs gibt, die als Standorte eingebracht werden können. So haben einige Städte schließlich die innovative Lösung einer Tiefgarage (Parkkaver-

---

[130] Heute Besonderes Städtebaurecht im BauGB, §§ 136ff.
[131] Damkowski, in: Voigt 1984, S. 446ff.
[132] S. unten, Abschnitt 3.4.2.
[133] In der Soziologie spricht man von „Gentrification" eines Quartiers (s. d. Friedrichs/Kecskes 1996). Matthiesen (in: Matthiesen 1998, S. 47ff.) spricht von „Revolution des Milieus". Zur Abwehr gibt es inzwischen im BauGB den sog. „Milieuschutz" (§ 172 BauGB).
[134] Krautzberger, in: Roth/Wollmann 1994, S. 501.
[135] Naßmacher/Naßmacher 1999, S. 132 ff.
[136] Naßmacher 1987, S. 261f., 363.

ne)[137] verwirklicht, ohne damit allerdings das Problem der Akzeptanz bearbeiten zu können. Da die Maßnahmen so viele Jahre in Anspruch nehmen, ändern sich zuweilen auch die Prioritäten bei der Ordnung der Verkehrsströme. So gab es zwischenzeitlich unter dem Einfluss der Grünen die Tendenz, den Autoverkehr völlig aus den Stadtmitten zu verbannen und durch einen Zubringerverkehr mit Bussen zu ersetzen. Dies stieß allerdings nur auf begrenzte Zustimmung der Bevölkerung. Erste Ergebnisse einer Sanierungsmaßnahme sind frühestens nach 15 Jahren erkennbar.

In den neuen Bundesländern musste bei den allenthalben notwendigen Sanierungsmaßnahmen mit einem noch längeren Zeitraum der Verwirklichung gerechnet werden. Dafür waren vor allem verantwortlich:

- ungeklärte Vermögens- und Eigentumsverhältnisse, verursacht durch die im Einigungsvertrag vorgesehene Regel „Rückgabe vor Entschädigung";
- ungewisse Einkommensverhältnisse von Eigentümern, die Investitionsfähigkeit und –bereitschaft hemmen.

Das Hemmnisbeseitigungsgesetz von 1991 sollte die Investitionshindernisse abbauen. „Durch geänderte Verfahrensvorschriften wurde ein zügigerer Grundbucheintrag möglich."[138] Der Bund engagierte sich mit zusätzlichen Mitteln für Instandsetzungs- und Modernisierungsinvestitionen. Die Kumulation unterschiedlicher Fördermittel hat in vielen Städten und Gemeinden schon zu einer erheblichen Verbesserung der Stadtstruktur beigetragen.[139]

Zuweilen wird die generelle „Untauglichkeit" des bestehenden bauplanungsrechtlichen Instrumentariums zur Steuerung der privaten Nutzung von Grundstücken und Gebäuden behauptet.[140] Wesentlich erscheint aber (neben strukturellen Mängeln der Festsetzungsmöglichkeiten[141] und den einseitig auf Schutz des privaten Eigentums abgestellten Entschädigungsregelungen), dass die Städte und Gemeinden gerade dort auf Steuerung verzichten, wo diese ganz besonders erforderlich wäre. Dem liegt häufig das Bestreben zugrunde, sich mit Eigentümern und tatsächlichen/potenziellen Investoren nicht anzulegen oder Entwicklungen nicht durch voreilige Festlegungen zu behindern. Unzufriedenheit mit den Steuerungsmöglichkeiten durch das verfügbare Instrumentarium ergibt sich vor allem bei kurzfristiger Betrachtung. Die Wirkungen von Ausweisungen sind erst langfristig zu erkennen.

Als zweite wichtige Festsetzung enthalten Bebauungspläne die Trassenführung von Straßen, so z.B. von Entlastungs- oder Umgehungsstraßen und Erschließungsstraßen für neue Baugebiete. Dagegen sind Fußgängerbereiche nur indirekt dem Plan

---

[137] So z. B. neben Leonberg auch Wertheim (vgl. Ellwein/Zoll 1982, S. 212).
[138] Dauwe, in: Dauwe u.a. 1995, S. 29.
[139] Naßmacher 2006, S. 114ff.
[140] Hier sind vor allem jene Autoren zu nennen, die den Kapitalismus bzw. die Globalisierung als wesentliche Wirkkraft ansehen und das politische System als abhängig davon.
[141] Novelliertes BauGB und heutige BauNVO bieten bessere Möglichkeiten der Feinsteuerung.

zu entnehmen, z.B. durch die Verbreiterung angrenzender Straßen bzw. die großzügige Ausweisung von Parkraum. Hier kommt nun ein wichtiger Fachplan in den Blick, der Verkehrsentwicklungsplan,[142] der z.B. eine Fußgängerzone als Entwicklungsmöglichkeit enthält. Hierbei handelt es sich um einen weiteren Bestandteil der Bauleitplanung. Beim Verkehrsentwicklungsplan handelt es sich um eine längerfristige Planung für einen Zeitraum von 20-30 Jahren. Ein solcher Plan wird in kleineren Gemeinden (weil eigene Planungskapazität fehlt) häufig durch externe private Ingenieurbüros oder Institute erarbeitet. Damit hat sich die Verkehrsplanung immer mehr zu einer eigenständigen Planung neben der Flächennutzungsplanung entwickelt.

Im Rahmen der Neuplanung von Straßen und einer Veränderung ihrer Funktionszuweisung ist inzwischen eine Umweltverträglichkeitsprüfung notwendig,[143] die in der Regel ebenso durch externe Prüfer durchgeführt wird.[144] Bei der langfristigen Vorausschätzung der Verkehrsentwicklung gehen alle Prognosen seit Jahren von einer Zunahme des Individualverkehrs aus.[145] Die räumliche Trennung von Arbeiten, Wohnen und Einkaufen trägt zur Vermehrung des Verkehrs erheblich bei. Auf diese sehr langfristigen Vorausschätzungen müssen die Vorgaben der Pläne reagieren, gleichzeitig aber auch zukünftige Entwicklungen gestalten. Hier zeigt sich die Tendenz, die Nähe von Wohnen und Arbeiten wieder stärker als wünschenswert zu sehen. Die Bebauungspläne legen dann die konkrete Trasse von Straßen (z. B. eine neue Umgehungsstraße) fest.

Bebauungspläne sind eher „Möglichkeitsplanungen": Spätere Entscheidungen öffentlicher (Fußgängerzone, Verkehrsberuhigungsmaßnahmen) und privater Investoren (Ortskernsanierung) können folgen. Die Kommunen könnten nach der verbesserten Rechtslage durch Ergänzungen im damaligen BBauG mit Hilfe von Baugeboten, Modernisierungs- und Instandsetzungsgeboten (§§ 176, 177 BauGB) Druck ausüben. Die Städte und Gemeinden schrecken allerdings davor zurück. Sie sind häufig gut beraten, zunächst einmal an die Einsicht der Grundstückseigentümer zu appellieren und sie dabei für eine zukunftsweisende Umgestaltung oder ein konkretes Projekt zu gewinnen. Geht es darum, private Grundstücke für öffentliche Investitionen verfügbar zu machen, so haben die Kommunen bei solchen Verhandlungen (seit der Neufassung des Enteignungsrechts (§§ 85 ff. BauGB)) ein ultimatives Druckmittel in der Hand. Kommt eine Einigung nicht zustande, lassen sich auch geplante Maßnahmen gegen den Widerstand der betroffenen Eigentümer durchsetzen.

Dennoch bleibt der freihändige An- und Verkauf von Grundstücken durch die Gemeinde, die kommunale Liegenschaftspolitik, das wichtigste Mittel zur Durchset-

---

[142] Früher Generalverkehrsplan; vgl. hierzu Menke 1975; Müller, in: Dauwe u.a. 1995, S. 220ff.
[143] EWG-Richtlinie von 1985 (85/337/EWG, aufgenommen ins BauGB in § 1 V-VII). Dies gilt auch bei einer Aufstellung von Bebauungsplänen mit emissionsträchtigen Anlagen (s. d. Werner, in: Dauwe u.a. 1995, S. 128ff.).
[144] Dill/Kanitz 1994, Heft 2, S. 30ff.; beispielhafte Darstellung S. 42-51.
[145] Nerlich, in: Friederich 1997, S. 275.

zung kommunalpolitischer Ziele. Dabei geraten die Gemeinden allerdings in überaus schwierige Konfliktlagen:

- Betreiben die Gemeinden eine umfangreiche Bodenvorratspolitik, so beteiligen sie sich selbst an der (privaten) Bodenspekulation, die gerade den öffentlichen Steuerungsmöglichkeiten der Gemeinden entgegenwirkt („Spekulationskonflikt").
- Verfügen die Gemeinden über ausreichende Vorratsflächen, dann besteht die Gefahr, dass der Einfachheit halber solche Flächen vorrangig für die verschiedenen Arten von „Gemeinbedarf" (also etwa für alle Hochbauvorhaben der Gemeinde) eingesetzt werden. Die Standortbestimmung erfolgt nicht bedarfsgerecht, sondern ressourcenbezogen („Planungskonflikt").
- Gibt die Gemeinde Vorratsflächen durch Verkauf zur privaten Nutzung frei, so verzichtet sie auf einen Teil der durch aktive Liegenschaftspolitik gewonnenen Handlungs- und Steuerungsmöglichkeiten („Veräußerungskonflikt").
- Folgt die Gemeinde „dem Gebot einer völligen Transparenz öffentlichen Handelns, also einer umfassenden Rechenschaftslegung," dann riskiert sie unmäßige - aber marktgerechte - Preissteigerungen, die durch Geheimhaltung der eigenen Überlegungen zu vermeiden wären („Öffentlichkeitskonflikt").[146]

Schließlich werden einer umfassenden Liegenschaftspolitik auch durch die kommunale Finanznot enge Grenzen gezogen: Vermögen, das mit dem Blick auf Steuerungsmöglichkeiten für die gemeindliche Entwicklung auch nur mittelfristig in einen Flächenvorrat gebunden wird, geht prinzipiell zu Lasten aller öffentlichen Investitionsvorhaben, ist also angesichts einer starken Verschuldung[147] der Gemeinden ohnehin nicht recht vorstellbar. Von daher verbietet die Haushaltslage über die Liegenschaftspolitik einen Einstieg in die Sanierung des Stadt- oder Ortskerns. Deshalb setzen die Politiker eher auf die Eigendynamik in den überplanten Gebieten: Jeder Geschäftsinhaber und Hauseigentümer soll seinen Beitrag zur Attraktivität des Stadtzentrums leisten. Die nach zwanzig Jahren zu besichtigenden Ergebnisse in verschiedenen Städten scheinen den Akteuren Recht zu geben.

Nur in Grenzfällen kann also das für die Durchsetzung von Maßnahmen der Stadterneuerung geschaffene Instrumentarium der Gebote [148] hilfreich sein. Die Einsatzmöglichkeiten dieser Instrumente unterliegen nämlich begründeten Zweifeln. Da die Modernisierungskosten unbegrenzt auf den Mieter abwälzbar sind, sprechen regelmäßig sozialpolitische Erwägungen gegen den Erlass eines Gebotes.[149] Für die praktische Durchsetzung einer bestimmten Stadtentwicklungspolitik können diese

---

[146] Neuffer 1973, S. 222.
[147] Siehe unten, Abschnitt 3.3.
[148] Zunächst im Städtebauförderungsgesetz (StBauFG), heute in §§ 175-179 BauGB.
[149] Vgl. Heuer/Schäfer 1978, S. 120ff.

Instrumente vor allem als Druckmittel Bedeutung erlangen: Die Gemeinde kann jetzt einzelnen (nicht kooperationswilligen) Eigentümern bestimmte Maßnahmen glaubwürdig androhen. Sie wird aber zunächst alle Möglichkeiten der Kooperation nutzen.

2.3.3 Zusammenhänge mit überörtlichen Planungen

Bereits bei der Aufstellung der Bauleitpläne müssen sich die Gemeinden den Vorgaben überörtlicher Entscheidungen unterordnen: „Die Bauleitpläne sind den Zielen der Raumordnung und Landesplanung anzupassen" (§ 1 IV BauGB). Damit erscheinen die Gestaltungsmöglichkeiten der Gemeinden stark beschränkt, zugleich sind aber auch Bund und Land als die beiden Träger überörtlicher Planungen angesprochen (s. Abbildung 4).

Den allgemeinen Rahmen setzen das Raumordnungsgesetz (ROG) des Bundes[150] und die aufgrund dieses Gesetzes entwickelten Raumordnungspläne. Hier werden Aufgaben, Ziele und Grundsätze der Raumordnung niedergelegt (z.B. Schutz und Entwicklung der natürlichen Lebensbedingungen, gleichwertige Lebensbedingungen der Menschen in allen Teilräumen, „Abbau der Ungleichgewichte zwischen den bis zur Herstellung der räumlichen Einheit Deutschlands getrennten Gebiete"). Diese eignen sich allerdings aufgrund ihrer weiten Interpretationsmöglichkeiten, z. T. ihres „Leerformelgehaltes", weder unmittelbar als Handlungsziele,[151] noch sind sie ausreichende Beurteilungskriterien für einzelne Maßnahmen. Ziel ist es, ausgeglichene Funktionsräume zu schaffen, die gleichmäßige Versorgung der Bevölkerung sicherzustellen und die nachhaltige Entwicklung durch Verdichtung zu betreiben, und dadurch den Flächenverbrauch einzudämmen.[152] Die Raumordnungsberichte zeigen die Entwicklung im zweijährigen Rhythmus auf: Veränderungen der Ausgangslage, raumwirksame Entwicklungen und spezifische Probleme einzelner Politikfelder.[153]

Die Festsetzungen auf Bundesebene bilden den Rahmen für die Landesplanung (§ 6 ROG), die eine Konkretisierung der gesamtstaatlichen Planung erbringt. Die Planung eines Landes wird entweder für einzelne Landesteile (in der Regel Bezirke) in Form sogenannter Regionalpläne, oder für bestimmte Aufgabenbereiche in besonderen Fachplänen ausdifferenziert.

Wesentlichste Aussagen in überörtlichen Plänen sind die Festlegung der Bedeutung einzelner Städte und Gemeinden innerhalb der Region als zentrale Orte (Ober-,

---

[150] Zur Geschichte s. Fürst/Ritter 1993, S. 15; ROG vom 18.8.1997 i.d.F. v. 25. Juni 2005 (BGBl. I, S. 1746).

[151] Zur Diskussion über Indikatoren s. Fürst/Ritter 1993, S. 36f.

[152] Fürst/Ritter 1993, S. 41ff. Der Ansatz der funktionsräumlichen Arbeitsteilung geht im Gegensatz zu diesem Konzept davon aus, dass die Arbeitsteilung im Raum nicht veränderbar ist. Mit dieser Arbeitsteilung ist aber gleichzeitig eine Zunahme der interregionalen Mobilität verbunden (Ebenda, S. 45f.)

[153] Z. B. Raumordnungsbericht 1991, Drs. 12/1098.

Mittel-, Neben-, Unterzentrum),[154] das Aufzeigen der Entwicklungsachsen[155] und der Entwicklungsrichtung: verstärkte Entwicklung für die Funktionen Wohnen, Arbeiten (häufig kombiniert) und Freizeit (Kurzerholung, längerfristige Erholung).[156] Diese Festlegungen werden nach Größe,[157] Leistungsfähigkeit und Ausstattung der Städte mit Infrastruktureinrichtungen vorgenommen, aber unabhängig von der historischen Bedeutung und rechtlichen Stellung der Stadt. Die Zuordnungen haben insofern Auswirkungen, als die Gemeinden eine finanzielle Förderung eigener Investitionsmaßnahmen vor allem dann erwarten können, wenn sich das gemeindliche Vorhaben in die überörtliche Planung einfügt. In manchen Bundesländern haben diese Festlegungen auch Einfluss auf die Ausstattung der Gemeinden mit allgemeinen Finanzmitteln, den sog. „Schlüsselzuweisungen".[158]

Abbildung 4: Abstufung der Planungsebenen

Planungsträger	Planart	gesetzliche Grundlagen
Bundesrepublik Deutschland	**Bundesraumordnung** • Raumordnungs-Konzept • Fachplanungen	Raumordnungsgesetz des Bundes (ROG) Fachplanungsgesetze
Bundesländer, einschließlich Stadtstaaten	**Landesplanung** • Landesentwicklungsplan • Fachplanungen **Regionalplanung**	Landesplanungsgesetze (LPG) Fachplanungsgesetze
(Planungsregionen) (Landkreise)	• Regionale Raumordnungs-pläne mit Landschaftsrahmenplänen	Landesplanungsgesetze (LPG) Landesnaturschutz- und Landschaftsschutzgesetze
Kommunen, kommunale Verbände	**Städtebauliche Planung** • (Gemeindenwicklungsplan) • Flächennutzungsplan mit Landschaftsplan • Bebauungsplan mit Landschafts- oder Grünordnungsplan • Vorhaben- und	Baugesetzbuch des Bundes (BauGB) Baunutzungsverordnung des Bundes (BauNVO) Landesnaturschutz- und Landschaftsschutzgesetze

---

[154] Diese Zuordnung geht auf die Raumwirtschaftstheorie von Christaller (1933) zurück (s. Krätke 1999, S. 27f.). Zur Theorie zentraler Orte s. Stauder 1991, S. D1ff. Zur Diskussion s. Güßefeld 1997, S. 327ff. und Knieling 1997, S. 165ff.

[155] Zum Konzept der Entwicklungsachsen s. Stauder , S. D 27.

[156] Riffel, in: Püttner 1981, S. 185ff.; § 7, 9 ROG; Fürst/Ritter 1993, S. 40ff.; vgl. auch Fritz-Vietta, in: Dauwe u.a. 1995, S. 48f.

[157] Dabei kommt es nicht nur auf die Einwohnerzahl an. Auch die räumliche Zuordnung zu anderen Städten ist von erheblicher Bedeutung: Die größte Stadt in einem dünnbesiedelten Gebiet hat die größte Chance, Oberzentrum zu werden.

[158] S. unten, Abschnitt 3.4.1.

	Erschließungsplan • Abrundungssatzung • (Struktur-, Rahmenplan)	
Bauherren (Grundstückseigentümer)	**Planung baulicher Anlagen** • Bauantrag • Bauanzeige	Landesbauordnung

Quelle: Vgl. Dauwe, in: Dauwe u.a. 1995, S. 46.

Im Einzelnen gehen die Länder bei der Ausgestaltung ihrer Landesplanung unterschiedlich vor.[159] So verzichten kleine Flächenländer eher auf Pläne für einzelne Gebiete und versuchen, die Landesentwicklung durch fachliche Entwicklungspläne (z.B. Schulentwicklungspläne, Verkehrspläne)[160] zu ordnen, die jeweils das gesamte Land betreffen. In Nordrhein-Westfalen und Sachsen-Anhalt gibt es eine verstaatlichte Regionalplanung, in Baden-Württemberg Planungsorganisationen für die Regionalplanung unterhalb der Mittelbehörde (Regionalverbände).[161] Im Gegensatz dazu wurde in Niedersachsen eine Kommunalisierung vorgenommen. Die Kreise (früher die Bezirke) sind für die Regionalplanung (s. Abbildung 5) zuständig.[162]

Für Nordrhein-Westfalen existieren neben dem Landesentwicklungsprogramm und den Landesentwicklungsplänen auch die Gebietsentwicklungspläne, die von der Bezirksplanungsbehörde unter Beteiligung der Bezirksplanungsräte bei der jeweiligen Bezirksregierung erarbeitet werden. Unterhalb dieser Planungsebene werden seit dem Ende der 1980er Jahre von der Landesregierung „regionale Entwicklungskonzepte" angeregt, die in den (im Wesentlichen an den Arbeitsmarktregionen der Gemeinschaftsaufgabe regionale Wirtschaftsförderung bzw. den IHK-Bezirken orientierten) Regionen entwickelt werden.[163] Daneben liegen fachliche Entwicklungspläne des Bundes, der Länder und ihrer Sonderbehörden bzw. Planungsgemeinschaften vor, z.B. für Schulen, Verkehr,[164] Krankenhäuser, Sportstätten, Wirtschaftsentwicklung, Erholungsflächen und Freiräume. Die frühzeitige Beteiligung der betroffenen Städte und Gemeinden für all diese Planungen bildete in vielen Fällen einen wichtigen Impuls für die Einführung einer kommunalen Entwicklungsplanung.[165]

---

[159] S.d. Fürst/Ritter 1993, S. 23f.; zur Aufbauorganisation s. ebenda, S. 62-65. Für aktuellere Einzelheiten zur Organisation s. Knieling u.a. 2003. Es zeigt sich eine große Vielfalt im Vergleich der Bundesländer.

[160] Hierzu gehören nach der Regionalisierung des öffentlichen Personennahverkehrs auch Verkehrspläne für diesen Bereich. Hier geht es u. a. um die Abstimmung von Fahrplänen und Tarifen.

[161] Zur Geschichte der Regionalplanung s. Scherer 1994, S. 30ff.; Knieling u.a. 2003, S. 23ff.

[162] Fürst/Ritter 1993, S. 65.

[163] Heinze/Voelzkow 1997.

[164] S.d. Naßmacher 1987, S. 134f.; Fürst/Ritter 1993, S. 66.

[165] S. oben, Abschnitt 2.3.1. Die Verbesserung kommunaler Mitwirkungsformen an überörtlichen Planungen diskutiert bereits Roters 1975, insb. S. 95ff.

Beispiele aus den verschiedenen Bundesländern zeigen, dass es die Gemeinden gerade im Rahmen der Gebietsreform verstanden haben, trotz überörtlicher Planungsvorgaben ihre individuellen Ziele bei der Ergänzung ihrer Infrastruktur durchzusetzen.[166] Auch die überörtlichen Planungen sind offenbar - wie die Bauleitpläne der Gemeinden - in hohem Maße Ausdruck einer „Möglichkeitsplanung"; sie regen Entwicklungen an und geben Maßstäbe für eine optimalere Verteilung von Infra-struktureinrichtungen.[167] Einerseits werden den (fast immer miteinander konkurrierenden) Gemeinden durch überörtliche Planungen Entwicklungsperspektiven und Grenzen ihres Handelns aufgewiesen, andererseits sind diese Vorgaben fast immer so allgemein gehalten, dass bei der Beurteilung eines einzelnen Vorhabens Ausdeutungen nicht nur möglich, sondern sogar notwendig sind. Das geschickte Nutzen dieser „Grauzone" bewirkt langfristig, dass eine Stadt im Vergleich zu anderen Städten ihres Raumes an Bedeutung gewinnt. Andere Städte haben dagegen an Bedeutung verloren.[168]

Abbildung 5:   Inhalte von Landesentwicklungsplänen und Regionalen Raumordnungsplänen

Landesentwicklungsplan (LEP)		Regionaler Raumordnungsplan (ROP)
evtl. im LPG	**Raumpolitische Grundsätze und langfristige Ziele**	x
x	**Bevölkerungsstruktur, -entwicklung**	x
x	**Wirtschaftsstruktur, -entwicklung**	x
x	**Räumliche Gliederung**	
evtl. im LPG	• Festlegung von Planungsregionen	
x	• Verdichtungsräume	x
x	• Ordnungsräume	x
x	• ländliche Räume	x
	Siedlungsstruktur	
x	• Zentrale Orte: Ober-, Mittelzentren	
	• Zentrale Orte: Unter-, Kleinzentren	x
x	• Entwicklungsbänder	x
x	• (Wirtschafts)Entwicklungsschwerpunkte	
	• Siedlungsflächen, Wohnen, Gewerbe	x

[166]   S. d. Naßmacher/Naßmacher 1999, S. 141 für Nordrhein-Westfalen. Die geringe Einschränkung der Handlungsfähigkeit bei der Aufstellung der Flächennutzungspläne hat Scherer an zwei Fallbeispielen aus Baden-Württemberg herausgearbeitet (Scherer 1994, S. 102, 108, 129, 133).

[167]   S. oben, Abschnitt 1.3.1.

[168]   Damit ist zunächst die These von Brake (1996, S. 16ff.) widerlegt, dass die Ausweisung von Städten als Zentren zu deren „upgrading" führe und die Ungleichheiten zwischen den Städten dadurch verschärft würden. Vielmehr gibt es auch hier eine dynamische Entwicklung.

x	**Naturräume**	x
	• Natur-, Landschaftsschutz	x
	• Grünzüge	x
	• Erholung	x
	• Boden-, Gewässerschutz	x
x	**Abwasser, Abfall, Immissionsschutz**	x
x	**Verkehr**	x
x	**Energie**	x
x	**Rohstoffsicherung**	x
x	**Land-, Forstwirtschaft**	x
x	**Fremdenverkehr**	x
x	**Nachrichtenverkehr**	x
evtl.	**Investitionen des Landes für Infrastruktur**	

Quelle: Fritz-Vietta, in: Dauwe 1995, S. 48.

Als ergänzender raumordnungspolitischer Orientierungsrahmen kam die Handlungsstrategie der Städtenetze hinzu.[169] Ziel ist es hier, nicht arbeitsteilig vorzugehen, sondern durch Zusammenarbeit bei der Aufgabenwahrnehmung Synergie[170] zu entwickeln, z. B. durch die Nutzung von gemeinsamen Ressourcen bei der Wirtschaftstätigkeit und Infrastruktur. Solche Kooperationen sind zwar nicht neu und besonders im Kulturbereich schon tradiert (Theater, Orchester), sie werden allerdings jetzt für Gebiete empfohlen, in denen die einzelnen Städte und Gemeinden zu schwach sind, um den Anschluss an die allgemeine Entwicklung zu schaffen („Städte mit besonderem Ausbau- bzw. Entwicklungsbedarf"). Aber auch für Städte im Umland von Kernstädten, die diese entlasten könnten, werden Städtenetze angeregt.[171] Inzwischen haben sich auch vielfältige Kooperationen zwischen den Kommunen und Regionen entwickelt, die Vereinbarungen über allgemein zu verfolgende Ziele ergeben haben. Damit es zu einer dezentralen Konzentration kommen kann, müsste der Finanzausgleich auf solche Kooperationen abstellen. Dies geschieht allerdings bislang noch nicht.[172]

Anders als die Wirkung von allgemeinen Rahmenplanungen ist die Wirkung von Fachplanungen zu beurteilen, die sich nur z.T. in Raumplanungen wiederfinden. Hierzu gehören solche für Bundesautobahnen, S-Bahn-Strecken, Kabel zur Datenübertragung, Flugplätze, Abfallbeseitigungseinrichtungen (Mülldeponien und Müllverbrennungsanlagen), Einrichtungen für die Landesverteidigung, aber auch zu

---

[169] Vgl. BMBau 1993 bzw. Handlungsrahmen BMBau 1995; der Impuls für dieses Konzept kam 1991 von der EG (Danielzyk/Priebs 1996, S. 1).
[170] Brake, in Danielzyk/Priebs 1996, S. 19.
[171] Brake 1996, 1997.
[172] Siehe unten, Abschnitt 3.4.1.

schützende Freiflächen (Natur- und Landschaftsschutzgebiete). Die Verbindlichkeit dieser Planungen wird allgemein als höher veranschlagt. Überörtlich angeregte Fachprojekte, die immer Großinvestitionen beinhalten, können die Bauleitplanung für bestimmte Bereiche und auf lange Sicht stark präjudizieren. Allerdings verfolgen die Gemeinden zuweilen die Strategie, sich den gewünschten Folgerungen zu verweigern.[173] Bei Fachplanungen besteht für Städte immer die Gefahr, dass sie aufgrund dieser Planungen realisierten Infrastruktureinrichtungen quasi von der Entwicklung „abgehängt" werden. Dies gilt besonders für die Verkehrsanbindung an das überörtliche Straßen- und Schnellbahnnetz. Allerdings ist noch ungeklärt, ob die Gemeinden die vorhandenen Interventionsmöglichkeiten auch tatsächlich wahrnehmen und über Jahre überörtliche Einflussnahme in eine bestimmte Richtung betreiben.[174]

Weiterhin muss beachtet werden, dass manche Fachplanung im Zeitablauf vor dem Hintergrund des Wandels gesellschaftlicher Wertvorstellungen an Bedeutung verliert. Die planende Behörde kann dadurch ihre Vorstellungen (z.B. für den Straßenbau) schlechter durchsetzen[175] und muss zwangsläufig auf Ziele der Gemeinde eingehen. Auch wenn der öffentliche Planungs-, Steuerungs- und Leistungsverbund sich eher intensivieren als entflechten wird, scheint die Freiheit von Städten und Gemeinden sich derjenigen eines Unternehmens zu nähern, das örtliche und überörtliche Gegebenheiten nutzen kann.

Neben dem Konkurrenzverhalten der Gemeinden und seinen Folgen (frühere Investitionsentscheidungen haben die Verschuldung an die Grenze der Belastbarkeit getrieben[176]) spielen auch die generell unzureichende Finanzausstattung und die im Prozess der gesellschaftlichen Entwicklung veränderte Aufgabenbestimmung der Gemeinden eine wichtige Rolle. Den Gemeinden ist keineswegs ein bestimmter Aufgabenkatalog zur Erledigung fest vorgegeben. Die Anforderungen an eine öffentliche und ortsnahe Steuerung der gesellschaftlichen Entwicklung ändern sich ebenso wie die Ansprüche an eine bürgernahe Versorgung mit kommunalen Dienstleistungen. Die Aufgaben der Gemeinden unterliegen beinahe zwangsläufig der Veränderung im Zeitablauf.

2.4 Kommunale Aufgabenerfüllung im Wandel

Bereits im Zusammenhang mit der Stellung der Gemeinde im modernen Sozialstaat haben wir auf Veränderungen bei den gemeindlichen Aufgaben hingewiesen.[177]

---

[173] Beispiele zusammenfassend bei Faber 1982, S. 20ff. und bei Naßmacher/Naßmacher 1999, S. 145.
[174] Fürst/Ritter 1993, S. 67; s. unten, Abschnitt 4.2.3.
[175] Naßmacher 1987, S. 134f.
[176] Wann diese erreicht wird, ist wiederum eine Bewertungsfrage, die allerdings durch die Kommunalaufsicht fixiert werden kann, s. unten, Abschnitt 3.3.
[177] S. oben, Abschnitt 1.3.1.

Kommunalwissenschaftliche Theorie und kommunalpolitische Praxis bieten kaum Eindeutiges über Art und Umfang der gemeindlichen Aufgaben. Man muss den Eindruck gewinnen, die vielfältigen Aufgaben seien der öffentlichen Hand im Laufe der Geschichte einfach zugewachsen, teils in einem Prozess aktiver Gestaltung, teils als bloße Antworten auf historische „Lagen" und ihre Anforderungen.[178] Kommunale Aufgaben erscheinen als „vorwiegend sachbezogene Leistungen ..., die entweder vom Staat auferlegt oder ... als Antwort auf aufgetretene Bedürfnisse"[179] vor Ort übernommen wurden.

Im Einzelnen wird der Aufgabenkatalog aber nicht nur durch die allgemeine ökonomische und gesellschaftliche Entwicklung, die privatkapitalistisch-marktwirtschaftlich organisierte Wirtschaft und der (damit zusammenhängenden) Gesetzgebung in Bund und Ländern bestimmt, sondern auch durch die Bewertung der Bevölkerung am Ort,[180] u.a. vertreten durch die einzelnen Kommunalpolitiker, entscheidend beeinflusst. Art und Umfang der gemeindlichen Aufgaben sind das Ergebnis gesellschaftlicher Entwicklungen und politischer Entscheidungen. Dies gilt teilweise auch für die Aufgabenausführung, wobei das Implementationsverhalten der Verwaltung (u.a. die Verwaltungskultur und ihre Bürgernähe) eine wichtige Rolle spielt. Dafür wurde von der KGSt das Leitbild der Kundenorientierung vorgegeben, das es zu konkretisieren gilt. Die Verwaltung soll privaten Dienstleistungsunternehmen nicht nachstehen und die Aufgaben so anbieten, dass die Bürger zufriedene „Kunden" sind. Doch zunächst zum Aufgabenkatalog.

2.4.1 Versuche einer systematischen Erfassung der Aufgaben

Bei der Darstellung kommunaler Aufgaben haben wir bisher zwischen der Bereitstellung öffentlicher Dienstleistungen für die Bevölkerung und einer kleinräumigen Steuerung der Stadtentwicklung unterschieden.[181] Ellwein hatte schon Anfang der 1970er Jahre fünf Aufgabenschwerpunkte genannt:

- technische Versorgung der Bevölkerung (Wasser, Strom, Gas, öffentliche Verkehrsmittel, Abwasserbeseitigung, Müllabfuhr, Straßenbeleuchtung, Straßenreinigung)
- kulturelle Tätigkeit (Schulen, Erwachsenenbildung, Büchereien, Theater, Museen)
- soziale Aufgaben (Kindergärten, Altenheime, Gesundheitspflege, Krankenhäuser, Sport)

---

[178] Engelhardt, in: Budäus/Engelhardt 1996, S. 50.
[179] Wysocki, in: Hansmeyer 1973, S. 28.
[180] Schäfer/Stricker, in: Gabriel 1989a, S. 46 - 56; Schimanke, in: Voigt 1984, S. 54f.
[181] Vgl. oben, Abschnitte 2.2. und 2.3.

- gemeindliche Bautätigkeit (Straßenbau, Förderung des Wohnungsbaus, Stadt- und Verkehrsplanung)
- Ordnungsfunktionen (Feuerwehr, Polizei, Meldewesen).[182]

In dieser Aufstellung entspricht der (leider nicht überzeugend bezeichnete) Aufgabenschwerpunkt „gemeindliche Bautätigkeit" unserer Aufgabengruppe „kleinräumige Steuerung der Stadtentwicklung". Die anderen Aufgabenschwerpunkte bei Ellwein (technische Versorgung, kulturelle Tätigkeit, soziale Aufgaben und Ordnungsfunktionen) beschreiben sehr detailliert den Gesamtumfang der von den Kommunen für ihre Bürger erbrachten Dienstleistungen.

Gunlicks unterscheidet (für die Bundes- und Landesebene einschließlich der Regierungsbezirke) in Anlehnung an Wagener zwischen Planungsaufgaben, Regelungsaufgaben und Dienstleistungen.[183] Bei den Selbstverwaltungsaufgaben der Gemeinden und Kreise differenziert er (in Anlehnung an Köstering) nach Handlungsbereichen/-feldern (analog zu Einzelplänen der Haushalte oder der Dezernats- und Ämtergliederung).[184] Grunow unterscheidet zwischen Leistungs- und Eingriffsverwaltung,[185] sieht aber selbst Probleme bei der Abgrenzung zwischen beiden. Diese Gliederungen der kommunalen Aufgaben erscheinen für eine sozialwissenschaftliche Betrachtung besser geeignet als die in der rechtswissenschaftlich dominierten Kommunalwissenschaft übliche Trennung (s. Abbildung 6) zwischen staatlichen und kommunalen Aufgaben, zwischen Hoheits- und Selbstverwaltungsaufgaben, übertragenem und eigenem Wirkungskreis bzw. zwischen Pflichtaufgaben und freiwilligen Leistungen.[186]

Während die Unterscheidung zwischen Pflichtaufgaben und freiwilligen Leistungen der Kreise und Gemeinden (auch landesspezifisch) differenzierte Informationen erfordert, liegt den anderen Unterscheidungen ein einheitliches Prinzip zugrunde, die Trennung zwischen Staat (Bund und Land) einerseits und Kommunen (Kreis, Gemeinden) andererseits. Auf den ersten Blick erscheint diese Trennungslinie leicht nachvollziehbar. Wichtig ist allerdings, sich nochmals vor Augen zu führen, dass beim traditionellen Verwaltungsaufbau in Deutschland weder Bund noch Länder ein flächendeckendes Netz örtlicher Dienststellen aufweisen. Soweit die Flächenländer nicht durch eigene Behörden vor Ort vertreten sind, nehmen sie für Aufgaben der Landesverwaltung die Dienste von Kreisen und Gemeinden in Anspruch. Das gilt regelmäßig für das Personenstands- und Meldewesen, die Durchführung von Wah-

---

[182]   Ellwein 1973, S. 366. - In der neuen Auflage beziehen sich Hesse/Ellwein (1992, S. 66ff.) wieder stärker auf juristische Quellen.
[183]   Gunlicks 1986, S. 87.
[184]   Norton (1997, S. 64-66, 266-270) verwendet 18 Einzelaufgaben und eine Restkategorie.
[185]   Grunow, in: Wollmann/Roth 1999, S. 397f. Zur Diskussion über die Abgrenzung von Leistungs- und Eingriffsverwaltung s. a. Gröttrup 1976, S. 31ff.
[186]   Die Terminologie ist zudem in den einzelnen Bundesländern unterschiedlich. Wesentlich ist, welche Befugnisse die Kommunalaufsicht daraus ableiten kann (Rechtsaufsicht oder Fachaufsicht).

len für den Landtag, den Bundestag und das Europaparlament, aber (seit Abschluss der Funktionalreform) auch für Gesundheits- und z.T. Katasterbehörden.[187] Stets werden kommunale Dienststellen im Auftrage und nach Weisung ihres Landes beim Vollzug von Landesgesetzen tätig. Auch für die ihnen obliegende Aufgabe, Bundesgesetze als eigene Angelegenheit zu vollziehen, bedienen sich die Länder regelmäßig der Kreis- und/oder Gemeindeverwaltungen.

Abbildung 6: Juristische Systematik kommunaler Aufgaben

Selbstverwaltungsbereich		Übertragener Wirkungskreis	
Freie Selbstverwaltungsaufgaben	Pflichtige Selbstverwaltungsaufgaben	Pflichtaufgaben zur Erfüllung nach Weisung	Auftragsangelegenheiten
Ob die Gemeinde die Aufgabe überhaupt wahrnimmt und wie sie sie durchführt, liegt in ihrem Ermessen (aber im Rahmen der Gesetze).	Die Gemeinde ist gesetzlich verpflichtet, sich der Aufgaben anzunehmen. Wie sie sie durchführt, liegt in ihrem Ermessen (aber im Rahmen der Gesetze).	Die Gemeinde ist gesetzlich verpflichtet, sich der Aufgabe anzunehmen. Auf die Durchführung kann der Staat durch Weisungen im gesetzlich vorgesehenen Rahmen Einfluss nehmen.	Die Gemeinde ist gesetzlich verpflichtet, sich der Aufgabe anzunehmen. Da es sich um staatliche Aufgaben handelt, besitzt der Staat ein unbeschränktes Weisungsrecht hinsichtlich der Durchführung.
Beispiel: Büchereien, Museen, Theater	*Beispiel*: Straßenbau und- unterhalten, Wasserversorgung, Abwasser-, Müllbeseitigung, Bauleitplanung	*Beispiel*: Feuerschutz, Landschaftsschutz, Bauaufsicht.	*Beispiel*: Feuerschutz, Landschaftsschutz, Bauaufsicht.
Staat hat nur die Rechtsaufsicht (geregelt in den Gemeindeordnungen)		Sonderaufsicht (geregelt in Gemeindeordnungen und Spezialgesetzen)	Rechtsaufsicht und Fachaufsicht (d.h. Überprüfung von Ermessensentscheidungen auf Zweckmäßigkeit)
Rechtsmittel gegen Aufsichtsmaßnahmen: Widerspruch und Anfechtungsklage		Rechtsmittel: Widerspruch und Anfechtungsklage	keine Rechtsmittel

Quelle: Dauwe, in: Dauwe u.a. 1995, S. 23; vgl. auch Marcus 1987, S. 21; Konegen 1990, S. 261; Dill/Kanitz 1994, Heft 1, S. 45.

Da sich Bund und Länder unter der Bezeichnung Staat zusammenfassen lassen, handelt es sich bei ihren Aufgaben um staatliche Hoheitsaufgaben des (den Kom-

---

[187] Für den Stand am Ende der 1980er Jahre s. Becker 1989, S. 332; s. a. Laux, in: Wollmann/Roth 1999, S. 184f.

munen) übertragenen Wirkungskreises. Im Gegensatz dazu gelten „Angelegenheiten der örtlichen Gemeinschaft" als quasi „natürliche" Selbstverwaltungsaufgaben der Kreise und Gemeinden, gehören also zum eigenen Wirkungskreis, den kommunalen Aufgaben i.e.S. Als Unterscheidungskriterium würde sich die Frage anbieten, ob es sich im Einzelfall um den Vollzug von Bundes- und Landesgesetzen oder „nur" um Vorbereitung bzw. Vollzug von örtlichen Satzungen handelt. Diese einfache Unterscheidungsmöglichkeit scheitert aber daran, dass durch Bundes- oder Landesgesetz bestimmte Aufgaben den Gemeinden zur Pflicht gemacht werden können. Drei Beispiele dazu sind das BauGB, das KJHG und BSHG. Alle drei Gesetze enthalten zugleich mehr oder weniger detaillierte Vorschriften darüber, wie die Gemeinden und Kreise die „Selbstverwaltung" dieser Pflichtaufgaben wahrzunehmen haben. Danach bleibt theoretisch ein Kernbestand von „freiwillig" durchgeführten Selbstverwaltungsaufgaben. Dieser unterliegt allgemeinen Vorschriften der Sicherheit (u.a. Gesundheit und Ordnung) und unterschiedlichen Formen von politischem Druck: Investitionsinteressen privater Investoren, einer Vielzahl von zweckgebundenen Zuschüssen, Eingruppierung als Ober-, Mittel- oder Unterzentrum, Leistungsprofilen der Nachbargemeinden.

Definitorisch lässt sich also relativ eindeutig zwischen staatlichen/übertragenen Aufgaben einerseits und kommunalen (weisungsfreien) Aufgaben oder Selbstverwaltungsangelegenheiten andererseits unterscheiden: Verwaltungsaufgaben sind dann dem staatlichen Behördenvollzug vorbehalten, wenn im Interesse aller Einwohner des Landes oder unter der Zielvorstellung „gleichwertiger Lebensverhältnisse" (Art. 72 II GG) ein einheitlicher Gesetzesvollzug und zentrale Steuerung notwendig erscheinen. Kommunale Aufgaben sind dagegen die Aktivitäten, die von den örtlichen Organen in eigener Verantwortung gewollt sind (Selbstverwaltung). Die Aufgabengliederung und die Kompetenzzuweisung spiegeln allerdings die soziale Wirklichkeit nicht in geeigneter Weise wider. Selbst Juristen betonen, dass bei „aller Anerkennung des staatlichen Interesses an einer einheitlichen Ausführung von Aufgaben des übertragenen Wirkungskreises durch Gemeinden und Kreise ... für den Staat bei Vorkehrungen organisatorischer oder personeller Art besondere Zurückhaltung geboten (ist - d.Verf.) zumal die Personal- und die Organisationshoheit zum ‚härtesten Kernbereich' der Selbstverwaltung gehören."[188]

Die Beispiele (Bäder, Fußgängerzone) zeigen, dass mit „freiwilligen Aufgaben" Pflichtaufgaben von unterschiedlichem Freiheitsgrad in der Aufgabenerledigung (z.B. Straßenbau, Straßenbeleuchtung, Fußgängerüberwege, Ampeln, Straßenreinigung, Ausweisung und Erschließung von Baugelände, Feuerlöschwesen, Gesundheitsschutz) untrennbar verbunden sind.[189] Die meisten Aufgaben sind also

---

[188] Köstering, in: Püttner 1983a, S. 43 unter Bezug auf einige Urteile des Verfassungsgerichtshofs in NRW. S. a. Rastede-Urteil (Entscheidungen des Bundesverfassungsgerichts, 79. Band, 1989, S. 127), das die Selbstverwaltungs-Garantie (Art. 28, Abs. 2, Satz 1 GG) präzisiert.

[189] S. oben, Abschnitt 2.2.1.

komplex, wobei freiwillige bzw. pflichtige Selbstverwaltungsangelegenheiten[190] oder gar Aufgaben des übertragenen Wirkungskreises[191] ineinander greifen. Während die Verwaltung eher den sektorisierten Aufgabenvollzug in einzelnen Verwaltungseinheiten sieht, der sich nach der Administration der zur Anwendung kommenden Gesetze bzw. Rechtsgrundlagen (s. Abbildung 7) richtet,[192] gehen Politiker von der komplexen Gesamtleistung, die zu erbringen ist (output), aus. Dies gilt auch für die Bürger; sie nehmen die Unterschiede zwischen Kommunal- und Staatsaufgaben sowie zwischen Selbstverwaltungsaufgaben und solchen des übertragenen Wirkungskreises nicht wahr. Die Bürger erwarten die Bereitstellung bestimmter Leistungen. Für sie ist nicht wichtig, wer die Leistung erbringt und aufgrund welcher gesetzlichen Regelungen das geschieht, sondern dass und wie die Leistung verfügbar ist. Erst durch die Verknüpfung von Teilaufgaben, die in einzelnen Verwaltungsdienststellen z.T. isoliert erbracht werden, ergibt sich eine für den Bürger relevante Leistung, das „Produkt". Diesen Vorstellungen folgt auch das Neue Steuerungsmodell der KGSt. Diese ist aber nach Jahren mit den Produkten, „die man mit erheblichen Anstrengungen erarbeitete und heute nutzt", nicht zufrieden, weil die nach den „Lebenslagen" der Bürger, den Adressaten, definierten Produkte noch häufig zu kurz kommen.[193] Weitere Adressaten von Dienstleistungen sind die innerhalb der Verwaltung arbeitenden Fachbereiche, Ämter und Abteilungen.

Abbildung 7: Rechtsgrundlagen des Handelns kommunaler Ämter

AMT	RECHTSGRUNDLAGEN DES HANDELNS
Allgemeine Verwaltung	
11 Personalamt	Beamtengesetze, StellenplanVO
12 Statistisches Amt	Gesetze über die Erhebung von Statistiken
14 Rechnungsprüfungsamt	Gemeindeordnung des Landes
Finanzverwaltung	
20 Kämmerei	Haushaltsrecht, Finanzausgleichsgesetz/ Gemeindefinanzierungsgesetz des Landes
21 Kasse	GemeindekassenVO
22 Steueramt	GrundsteuerG, GewerbesteuerG, weitere Steuergesetze
23 Liegenschaftsamt	Bürgerliches Gesetzbuch, GemO

---

[190] Bei letzteren sind der Straßenbau, der Schulbau bzw. die Unterhaltung von Schulen, die Wasserversorgung, die Abwasser- und Abfallentsorgung, der Feuerschutz und die Bauangelegenheiten zu nennen.

[191] z. B. Bau- und Gewerbeaufsicht, Straßenverkehrsaufsicht, Wohnbauförderung und Gesundheitsvorsorge.

[192] Schmidt-Eichstaedt, in: Roth/Wollmann 1994, S. 99ff.; bzw. in: Wollmann/Roth 1999, S. 326f.

[193] Wulff, in: KGSt 2001, S. 13.

Rechts-, Sicherheits- und Ordnungsverwaltung

30 Rechtsamt	Ordnungsbehördengesetz des Landes
32 Amt für öffentliche Ordnung	Prozessordnungen (ZPO, VwGO, SGO)
33 Einwohner- und Meldeamt	Melderecht
34 Standesamt	Personenstandsgesetz
35 Versicherungsamt	Reichsversicherungsordnung
37 Feuerwehr	Feuerschutzgesetz des Landes
38 Zivilschutzamt	ZivilschutzG

Schul- und Kulturverwaltung

40 Schulverwaltungsamt	Landesschulgesetz
42 Bibliothek	Bibliotheksgesetz des Landes
43 Volkshochschule	Volkshochschulgesetz des Landes

Sozial-, Jugend- und Gesundheitsverwaltung

50 Sozialamt	Bundessozialhilfegesetz (BSHG)
51 Jugendamt	Kinder- und Jugendhilfegesetz (KJHG)
53 Gesundheitsamt	Bundesseuchengesetz
54 Krankenhäuser	Krankenhausgesetz
55 Lastenausgleichsamt	Lastenausgleichsgesetz (LAG)

Bauverwaltung

61 Stadtplanungsamt	Baugesetzbuch (BauGB)
62 Vermessungs- und Katasteramt	Landesgesetz über das Vermessungswesen
63 Bauordnungsamt	Landesbauordnung (LBO)
64 Wohnungsförderungsamt	Wohngeldgesetz, WohnungsbauG
65 Hochbauamt	Technische Regelwerke /
66 Tiefbauamt	Verdingungsordnung für das Bauwesen
67 Grünflächenamt	Naturschutzrecht
68 Umweltschutzamt	Bundesimmissionsschutzgesetz (BImSchG), Umweltrecht

Verwaltung für öffentliche Einrichtungen

70 Stadtreinigungsamt	Kreislaufwirtschaftsgesetz
71 Schlacht- und Viehhof	Veterinärrecht
72 Marktamt	Lebensmittelrecht

Verwaltung für Wirtschaft und Verkehr

81 Eigenbetriebe	EigenbetriebsVO des Landes
82 Forstamt	Waldgesetze, Naturschutzrecht

Quelle: Vgl. Schmidt-Eichstaedt, in: Roth/Wollmann 1994, S. 99f.; derselbe, in: Wollmann/Roth 1999, S. 326f.

Für einen bürgernahen Aufgabenvollzug ist es dringend erforderlich, die bisherigen Gliederungssysteme zu überwinden[194] und eine Zusammenfassung der Aufgaben

---

[194] Dies würde einem monistischen Aufgabenverständnis entsprechen, „nach dem die Gemeinden in ihrem Gebiet als ausschließliche und eigenverantwortliche Träger der gesamten öffentlichen Ver-

danach vorzunehmen, wie der Bürger die Politik und ihre Ergebnisse wahrnimmt (Output-Orientierung). Dies geschieht hier mit der Kategorie „bürgernahe Dienstleistungen". Aber auch dann, wenn bei den Dienstleistungen die Bürger oder - wie in der Policy-Forschung üblich - genau abgegrenzte Adressatengruppen im Blick sind, werden sich noch viele Probleme im Rahmen der Abgrenzung von „Produkten" ergeben. Denn die Produkte sollen neben der Art der Leistungen auch deren Qualität sowie Aussagen über Kosten und Nutzen mit erfassen.[195] Bei den Produkten sind deshalb auch kurzfristige und langfristige Wirkungen (outcomes und impacts) im Hinblick auf bestimmte Adressatengruppen zu beachten. Diese Schwierigkeit ergibt sich besonders dann, wenn weiter in die Zukunft geplant werden soll und nicht nur kurzfristig messbare Leistungsindikatoren benutzt werden.

Die KGSt geht mit ihrem Leitbild der Kundenorientierung noch weiter. Es stellt sich allerdings die Frage, ob bestimmte Leistungen dann, wenn sich die Verwaltung nur am Kunden, also kurzfristig an dessen Nachfrageverhalten, orientiert, noch angeboten werden. Schließlich gilt es, mit den Verwaltungsleistungen gesellschaftliche Ziele zu verfolgen, die - abgesehen von einem Grundkonsens über viele Leistungen - doch erheblich kontrovers sind. So wird der kinderlose Single kein Interesse an öffentlichen Kindergärten oder - anders formuliert - dem Produkt „Kinderbetreuung" haben, der Gutverdienende sich möglicherweise lieber in ein Fitnessstudio begeben als in eine öffentliches Erlebnisbad. Mit der Kundenorientierung kann auch nicht nur die Zufriedenheit des Nutzers gemeint sein, vielmehr sollen ja manche Einrichtungen gerade aus gesellschaftspolitischen Erwägungen heraus zusätzliche Nutzer gewinnen. Zudem haben die „Kunden" vielfach recht egoistische Ziele, z. B. bei der Jagd nach Subventionen (Mitnahmeeffekte) oder beim Versuch, persönliche Risiken bzw. Fehlverhalten auf die Allgemeinheit abzuwälzen.[196] Die Interessen der Allgemeinheit müssen also berücksichtigt werden, wenngleich der „Kunde" dies nicht bemerkt (mittelbarer Interessenausgleich). Bei der Wahrnehmung kleinräumiger Steuerungsaufgaben nehmen dagegen die Gemeinden unmittelbar den Interessenausgleich zwischen verschiedenen Anspruchsberechtigten wahr, z. B. bei der Zuordnung von Nutzungen (Wohnen, Wirtschaft, Freizeit) bzw. den Ansprüchen eines Bauherren versus denen der Anlieger/Bewohner eines Quartiers. Diese Überlegungen führen zu einer neuen Systematisierung kommunaler Aufgaben (Abbildung 8).

---

waltung gesehen wurden." (Weinheimer Entwurf: Aufgabe der Trennung zwischen Selbstverwaltungsangelegenheiten und Auftragsangelegenheiten, wie sie im dualistischen Aufgabenverständnis üblich ist). S. d. Wollmann, in: Wollmann u.a. 1997, S. 266.

[195] S. z. B. König 1997, S. 68f. Für erste Ergebnisse s. Innenministerium Baden-Württemberg 1996 und KGSt, 5/1997.

[196] Ob die Anspruchshaltung den Bürger in eine reaktive Rolle drängt, wird bereits in den USA im Rahmen des „Consumer Centered Model" diskutiert (König 1997, S. 119).

Abbildung 8:   Politikwissenschaftliche Systematik kommunaler Aufgaben

1)   Ortsnahe Bereitstellung öffentlicher Dienstleistungen
(mittelbarer Interessenausgleich)
• immateriell: individuell, z.b. Beratung, Pflege
           kollektiv, z.b. Sicherheit, Ordnung
• materiell: individuell, z.b. Sozialhilfe, Subventionen
           kollektiv, z.b. Bildung, Freizeit
 	
2)   Kleinräumige Steuerung der Stadtentwicklung
(unmittelbarer Interessenausgleich)
• Zuordnung von Nutzungsmöglichkeiten (individuell)
• Bereitstellung von Infrastruktur (kollektiv)

Die Städte und Gemeinden sind dabei zugleich stellvertretend für die von den örtlichen Problemen (nicht nur räumlich) zu weit entfernten (staatlichen) Stellen (Zentralinstanzen des politisch-administrativen Systems) tätig. Der Umfang solcher Aufgaben nahm in den letzten Jahrzehnten als Folge der ökonomischen Entwicklung und im Zuge wachsender Staatstätigkeit kontinuierlich zu. Auch die Deregulierung (Verkehr, Post und Telekommunikation, Energieversorgung, Beauftragung von privaten Aufgabenträgern) hat die Tätigkeit der öffentlichen Hand nicht vermindert, sondern eher verändert. Zielbestimmung sowie Art und Umfang der Aufgabenbeschreibung der überörtlichen Gesetzgeber sind häufig sehr allgemein, sodass unbestimmte Rechtsbegriffe (kann, soll) in den gesetzlichen Vorgaben die tatsächliche Aufgabenerfüllung (Programmstruktur) nur sehr vage vorgeben. Im Übrigen bestehen Gesetze häufig aus verschiedenen Programmelementen, wie am BauGB im Einzelnen bereits verdeutlicht wurde. Hier ließen sich redistributive und regulative Programme[197] sowie Angebote und Anreize als Instrumente erkennen.

Vor dem Hintergrund dieser Alternativen reduzieren sich Auseinandersetzungen um konkrete Vorgehensweisen fast immer auf die ordnenden bzw. steuernden Maßnahmen der Gemeinde, also die Anwendung von regulativen Programmen oder Anreizen und den grundgesetzlich garantierten Verfügungsrechten der (privaten) Eigentümer. Besonders problematisch erscheint dabei die unterschiedliche Steuerungsintensität, die in der Stadtentwicklung vom Baubereich bis zum Sozialwesen abnimmt: Die Folge ist, „dass der mit Problem- und Zielformeln der Planung zur öffentlichen Angelegenheit gewordene Prozess der Stadt- und Raumentwicklung in sozialer, zeitlicher und wirtschaftlicher Hinsicht untersteuert blieb, in baulich-technischer Hinsicht jedoch übersteuert wurde."[198] Dabei kommen dann die materiellen und immateriellen Dienstleistungen in den Blick, die als Steuerungspotenzial genutzt werden müssten. Sie sollen Einzelnen oder der Allgemeinheit zugute kommen.

---

[197]   Zur Systematisierung von Programmen und ihren Wirkungen s. Windhoff-Heritier 1987.
[198]   Pankoke/Nokielski 1977, S. 55.

118

Die Gemeinde sorgt für die Bereitstellung immaterieller öffentlicher Güter kollektiver (z.B. Sicherheit und Ordnung) und individueller Art (z.B. Beratung) sowie für ein materielles Dienstleistungsangebot. Letzteres dient als Ausgleich für das Angebot der Privatwirtschaft, das den Dienstleistungsbedarf der Bevölkerung meist bei Weitem nicht deckt, insbesondere den ihrer einkommensschwächeren Teile (z.B. bei Bildung und Freizeit). Weiterhin stellen die Kreise und Gemeinden durch Zahlungen (Anreize) an private Unternehmen und Organisationen sicher, dass bestimmte Leistungen (z.B. Arbeitsplätze und Einrichtungen) erhalten bzw. neu eingerichtet werden. Die Gemeinde greift also durch die für ihre Bürger erbrachten Dienstleistungen in den Prozess der Zuweisung gesellschaftlicher Güter und Werte ein (Verteilung/Umverteilung mit Hilfe distributiver/redistributiver Programme). Indem die Gemeinde bestimmte Leistungen erbringt, begünstigt sie jene Teile der Bevölkerung, für die entsprechende Leistungen sonst nicht zugänglich wären (z.B. Benutzung eines Erlebnisbades) und belastet (möglicherweise) andere Bevölkerungsgruppen, die durch ihre Steuerzahlungen dieses Dienstleistungsangebot (mit)finanzieren (müssen) (Abbildung 8).

Für viele Dienstleistungen werden durch mehr oder weniger vage „Vorentscheidungen" auf Bundes- oder Landesebene schon Mindestanforderungen festgelegt. So sind z.B. bei der Eheschließung (als Pflichtaufgabe) bestimmte Grundelemente unverzichtbar. Viele Städte denken mit Recht über adressatengerechte Trauangebote (Produkte) nach, wobei Uhrzeit, Tag und Ort zur Debatte stehen. Dies ist auch bei sogenannten Selbstverwaltungsangelegenheiten der Fall, beispielsweise der Sozialhilfe. Ob über die vorgesehenen Regelsätze hinaus noch Zahlungen erfolgen sollen, ob die Auszahlungen in Geld- oder (teilweise) in Sachleistungen erfolgen sollen, ist Sache der kommunalen Entscheidungsträger. Wie der Anspruchsberechtigte bedient wird, welche Perspektiven ihm über die finanziellen Leistungen hinaus erschlossen werden, ist ebenfalls den Städten überlassen. Im Rahmen der Hartz IV-Reform[199] und der damit verbundenen gemeinsamen Zuständigkeit (§44b)[200] von Kommunen und Agentur für Arbeit zur Förderung und zum Fordern aller Arbeitsfähigen ohne Beschäftigung, haben viele Städte bisherige Sozialhilfeempfänger als für einige Stunden arbeitsfähig erklärt, ihnen damit das Arbeitslosengeld II zugänglich gemacht und dadurch den eigenen Sozialetat entlastet. In diesem Vorgehen zeigt sich allerdings auch ein zielgruppenbezogener Zugriff, auf den das Verwaltungshandeln (die Qualität der Produkte) zugeschnitten werden muss. Einem Teil der Adressatengruppen ist individuell und gesamtgesellschaftlich am besten gedient, wenn die Förderung durch Fortbildung so erfolgt, dass Stellenangebote, die durch eigene

---

[199]   Sozialgesetzbuch (SGB) Zweites Buch (II) - Grundsicherung für Arbeitsuchende vom 24. Dezember 2003 (BGBl. I S. 2954), zuletzt geändert durch Gesetz vom 24. März 2006 (BGBl. I S. 558).
[200]   Die gemeinsame Zuständigkeit wird wegen Reibungsverlusten diskutiert mit der Tendenz, die alleinige Zuständigkeit an die Kommunen zu übertragen, deren Verbände sich dazu allerdings unterschiedlich äußern.

Aktivität der Arbeitsuchenden oder durch Mithilfe der Verwaltung ermittelt wurden, auch tatsächlich angenommen werden können.[201] Unter den Arbeitsfähigen bilden die alleinerziehenden Mütter sicherlich eine Sondergruppe. Ihnen müsste neben der Arbeitsstelle auch eine Betreuungsmöglichkeit für Kinder angeboten werden.

Auch bei diesen einfachen Transferzahlungen an berechtigte Bürger mischen sich also typische Selbstverwaltungselemente mit regelgeleitetem Verhalten bei der Bearbeitung der Einzelfallhilfen. Dabei ist auch die Zugänglichkeit von Verwaltungsleistungen wesentlich, z.B. Öffnungszeiten, Verteilung der Dienststellen über die Stadt. Die Verwaltungsspitze reklamiert Entscheidungen darüber und bei Pflichtaufgaben häufig noch als „Geschäfte der laufenden Verwaltung" bzw. als Staatsaufgaben für sich selbst. Die Repräsentanten der Bevölkerung sehen hier allerdings mit Recht einen erheblichen Mitwirkungsbedarf, denn es geht um Bewertungsfragen, die, abseits der allgemein akzeptierten Zielvorstellungen kundenfreundlicher zu agieren oder Arbeitslosigkeit zu bekämpfen, doch für die einzelnen Produkte zu unterschiedlichen Ergebnissen führen können.[202] Daher sind Art und Umfang kommunaler Aufgabenerfüllung immer wieder Gegenstand politischer Auseinandersetzung gewesen.

2.4.2 Abgrenzung zwischen privaten und öffentlichen Dienstleistungen

Eine weitere Dimension kommunaler Aufgabenerfüllung eröffnen die Stichworte „kalte Sozialisierung", „Nulltarif", „Privatisierung öffentlicher Dienstleistungen". Sie deuten gleichzeitig auf Zeitpunkt, Gegenstand und politische Orientierung der Beteiligten solcher Auseinandersetzungen. Hintergrund sind zwei unterschiedliche Urteile über die Staatstätigkeit: einerseits die These vom Versagen des Marktes/Kapitalismus, wobei der Staat als Lückenbüßer in den Blick kommt,[203] und andererseits die These von der Überlastung des Staates,[204] weshalb Selbstorganisation und Selbststeuerung, Subsidiarität und Kommunitarismus an seine Stelle treten müssten und der Staat sich zurückziehen sollte (Deregulierung, Entstaatlichung, Privatisierung). Bei diesen Debatten standen jeweils die wirtschaftliche Betätigung der Gemeinden, die Finanzierbarkeit von Defiziten öffentlicher Einrichtungen und ihre Effizienz im Vordergrund. Dennoch ging es immer wieder zugleich um die

---

[201] Solche Aktivitäten der Städte wurden früher im Rahmen des „zweiten Arbeitsmarktes" unternommen (s. Blanke u.a. 1987, S. 299ff., 390ff.; Benzler/Heinelt 1991, S. 57ff.; Bullmann 1991, S. 192ff.). Zur Diskussion des „Produktes" „Schule" s. Lange, in: Budäus/Engelhardt 1996, S. 168.

[202] S. unten, Abschnitt 4.3. Zudem müssen die Produkte immer wieder auf ihre Wirkungen befragt und möglicherweise geändert werden.

[203] Grundsätzlich zu den Ursachen des Marktversagens s. Musgrave u.a. 1978, Bd. I, S. 53-96; Heidt 1998, S. 432ff., unter Bezug auf Offe und Hirsch.

[204] Die Folgen werden als Unregierbarkeit (Hennis u. a. 1977) bzw. als Staatsversagen (Lehner 1979) benannt.

Grenzziehung zwischen öffentlicher und privater Tätigkeit und damit um die Festlegung der im Hinblick auf Dienstleistungen stets als Restkategorie bestimmten Aufgaben der Gemeinden.

Bereits zu einer Zeit, als Kommunalpolitik noch unbestritten mit dem Etikett „Sachpolitik" versehen und der in Bund und Land vorherrschenden „Parteipolitik" gegenübergestellt wurde, kam es zwischen CDU und FDP einerseits und SPD andererseits zu Konflikten mit weitgehend gleichartigen Problemlagen: Während die SPD eher dazu neigte, kommunale Dienste und Investitionen auszudehnen, auch unter Aufnahme von Krediten (also Schuldenmachen) und durch Erhöhung der Gewerbesteuer, standen CDU/CSU und FDP all dem zumindest skeptisch, meist sogar offen ablehnend gegenüber.[205] Dieser Konflikt über Art und Umfang öffentlicher Aufgaben lässt sich bis in die Zeit der Weimarer Republik, zum Teil sogar bis ins Kaiserreich zurückverfolgen.

Die explosionsartige Entwicklung der großen Städte führte zu einer Ausdehnung der kommunalen Verwaltungstätigkeit auf dem Wirtschafts- und Versorgungssektor. Dieser Prozess begann im 19. Jahrhundert mit der Strom-, Gas- und Wasserversorgung; es ging weiter mit dem öffentlichen Nahverkehr, ihm folgten Straßenreinigung, Müllabfuhr, Kanalisation und Straßenbau.[206] In den 1920er Jahren veränderte die wirtschaftliche Tätigkeit der Gemeinden „ihren Charakter von einer behelfsmäßigen Einrichtung zur Abdeckung unabweisbaren öffentlichen Bedarfs zu einer systematisch betriebenen eigenständigen Kommunalwirtschaft."[207] Einige Städte unterhielten sogar Steinbrüche, Ziegeleien, Brauereien, Sägewerke;[208] andere beteiligten sich am „Brennstoff-, Futtermittel-, Papier- und Möbelhandel, vertrieben Autozubehör, Werkzeuge und Büroartikel. Es gab städtische Blumengeschäfte und Friedhofsgärtnereien, Bäckereien, Fuhrbetriebe, Hotels und Gaststätten sowie gemeinnützige Wohnungsbaugesellschaften."[209]

Die gewerbliche Wirtschaft und ihre Spitzenverbände beurteilten die wirtschaftliche Betätigung der Gemeinden, insbesondere die der Großstädte, kritisch. Die kommunalen Wirtschaftsunternehmen sahen sie als systemfremdes Element im Konzentrationsprozess der 1920er Jahre. In z.T. heftiger Kritik wandten sich diese Interessengruppen vor allem gegen die „kalte Sozialisierung." Unter diesem Schlagwort wurden jene Maßnahmen zusammengefasst, „die den Sektor der öffentlichen Wirtschaft ... durch Errichtung bzw. Erweiterung öffentlicher Unternehmungen" gegenüber der

---

[205] Rudzio, in: Naßmacher 1977, S. 80, und Grauhan 1970, S. 262; ähnlich auch Ziebill 1971, S. 30.
[206] S. oben, Abschnitt 1.2. Hier bietet sich ein Hinweis auf die finanzwissenschaftliche Diskussion an, speziell zu den Wagnerschen (= Gesetz der zunehmenden Staatstätigkeit) und Popitzschen (= Gesetz von der Anziehungskraft des übergeordneten Etats) Gesetzen sowie zum Brechtschen Gesetz der parallelen Progressivität von Ausgaben und Bevölkerungsmassierung (s. Wagner, in: Recktenwald 1970, S. 241ff.; Engelhardt, in: Budäus/Engelhardt 1996, S. 50, 53, 59).
[207] Ribhegge, in: Frey 1976a, S. 41.
[208] Böhret 1966, S. 35f., 54; s.a. Rebentisch, in: Püttner 1981, S. 94f.
[209] Böhret 1966, S. 56f.

Privatwirtschaft vergrößerten. Unterstellt wurde eine „zunehmende privatwirtschaftliche Betätigung der öffentlichen Hand", u.a. auch der Kommunen.[210] Handwerker und Einzelhändler protestierten vor allem gegen die Einrichtung von Nebenbetrieben (Installations- und Verkaufsabteilungen) der Gas-, Wasser- und Elektrizitätswerke. Die Spitzenverbände der Wirtschaft betonten mangelnde Elastizität kommunaler Unternehmen, fehlende Rentabilität des eingesetzten Kapitals, ungerechtfertigte Konkurrenz kommunaler Betriebe gegenüber dem örtlichen Gewerbe.

Dagegen hoben die Interessenvertretungen der Städte hervor, dass die wirtschaftliche Betätigung der Städte gleichermaßen die allgemeine „Produktion, auch der Privatwirtschaft, durch die Unterhaltung privatwirtschaftlich nicht rentierlicher Anlagen und die Versorgung breiter Schichten der Bevölkerung mit unentbehrlichen Lebensgütern"[211] fördere. Diese Betrachtung erscheint angemessen, weil damals mit der Ausweitung der kommunalen Dienste weder eine systematische Zurückdrängung des kapitalistischen Wirtschaftsprinzips noch eine sozialpolitische Umverteilung durch besonders günstige (nicht kostendeckende) Tarife für kommunale Dienste und Leistungen verfolgt wurde.[212] Die Gemeinden strebten - so die verbreitete Interpretation - im Gegensatz zu den englischen Städten keinen „Munizipalsozialismus" an.[213] Das bedeutete aber nicht, dass sozialpolitische Erwägungen überhaupt keine Rolle spielten. Vor allem die Suche nach neuen Einnahmequellen war jedoch ein wichtiger Antrieb.[214]

Trotz heftiger Agitation und ungeachtet der propagandistischen Aktionen hielten die Städte an den Kommunalbetrieben fest und bauten diese teilweise noch aus. Auf Energieversorgung und Nahverkehr war die Masse der Bevölkerung angewiesen; Leistungsangebot und Preisgestaltung konnten nicht allein nach der Rentabilität vorgenommen werden. Außerdem wurde der städtische Haushalt zum Teil durch die Überschüsse aus Betrieben und Werken entlastet.[215] Erfolg war den Spitzenverbänden der deutschen Wirtschaft bei ihrem Kampf gegen die wirtschaftliche Betätigung der Gemeinden[216] erst mit der 1935 von den Nationalsozialisten erlassenen Deutschen Gemeindeordnung (DGO) beschieden: „Die Gemeinde darf wirtschaftliche Unternehmen nur errichten oder wesentlich erweitern, wenn

- der öffentliche Zweck das Unternehmen rechtfertigt,
- das Unternehmen nach Art und Umfang in einem angemessenen Verhältnis zu der Leistungsfähigkeit der Gemeinde und zum voraussichtlichen Bedarf steht,

---

[210] Böhret 1966, S. 19.
[211] Mulert 1929.
[212] Ganz anders im „roten" Wien, s.d. Pelinka, in: Naßmacher 1977, S. 69ff., und von Saldern 1985, S. 186ff.
[213] Engelhardt, in: Budäus/Engelhardt 1996, S. 50. S. d. auch Majerczik 1919, S. 3, 10ff.
[214] Upmeier, in: Hansmeyer 1973, S. 96.
[215] Engeli, in: Kirchgässner/Schadt 1983, S. 179.
[216] Böhret 1966, S. 19, 170.

- der Zweck nicht besser und wirtschaftlicher durch einen anderen erfüllt wird oder erfüllt werden kann."[217]

Diese (die Gestaltungsmöglichkeiten der Gemeinden beschränkende) Abgrenzung zwischen privater und öffentlicher Wirtschaft wurde nach dem Kriege nahezu gleichlautend in die neuen Gemeindeordnungen der Bundesländer übernommen (Abbildung 9) und ist in dieser Form bis heute in Kraft.[218] Auch die Verfassungen bzw. Gemeindeordnungen der neuen Bundesländer enthalten diese Vorschriften.[219] Die Frage, in welchem Umfang private und öffentliche Dienstleistungen zur notwendigen Versorgung der Bevölkerung beitragen sollen, blieb freilich in der Diskussion. Lediglich die Diskussionsanlässe änderten sich; thematisiert wurden Subsidiarität und „Nulltarif", bei wachsender Finanznot der öffentlichen Hände erlebte die Privatisierungsdebatte eine Renaissance.

Bereits Anfang der 1960er Jahre hatte die SPD unter dem Stichwort „Gemeinschaftsaufgaben" auf Mängel in der Versorgung mit öffentlichen Gütern hingewiesen. Anfang der 1970er Jahre forderten die Jungsozialisten, möglichst viele Bedürfnisse dem Marktgeschehen zu entziehen und ihre Befriedigung durch kommunale Dienste anzustreben. Die Münchner Jungsozialisten bezeichneten in einem auf dem Bremer Bundeskongress 1970 vorgelegten Papier u.a. Krankenpflege, Erholung und Bildung, Versorgung mit Strom, Gas, Wasser und Wohnraum sowie Benutzung von Verkehrsmitteln als „Grundbedürfnisse", die nicht weiterhin privatwirtschaftlichem Gewinnstreben überlassen bleiben dürften, sondern auf lange Sicht vollständig aus Steuermitteln zu finanzieren und den Bürgern kostenlos zur Verfügung zu stellen seien. Eine Verwirklichung solcher Vorstellungen hätte die Grenze des kommunalen Leistungsangebots sehr weit ausgedehnt und der privatwirtschaftlichen Betätigung eher eine Restaufgabe zugebilligt. Derart weitgehende Vorstellungen konnten aber weder bei den Jungsozialisten noch in der SPD oder gar in der Bevölkerung die Unterstützung einer Mehrheit finden.

Breitere Zustimmung fanden die mit dem Stichwort „Nulltarif" verbundene Kritik an einer vermeintlich kostendeckenden Gestaltung der Tarife im öffentlichen Personennahverkehr[220] und die Forderung nach kommunalen Wohnungsvermittlungsstel len als Gegengewicht gegen freie Makler.[221] Verschiedene Großstädte versuchten, über die bisherige Tätigkeit der „Wohnungsämter" hinauszugreifen und

---

[217] § 67 I DGO. Zum Wortlaut von § 67 DGO s. Böhret 1966, S. 170. Giere (1965, S. 312) hält die Regelung für „mustergültig". S. d. auch Otting 1997, S. 90ff.

[218] Diesen (auch und gerade für ihre Fragestellung bedeutsamen) Sachverhalt übersieht Rodenstein (in: Emenlauer u.a. 1974, S. 65, Anm. 20), wenn sie apodiktisch feststellt: „Die nationalsozialistische Phase der kommunalen „Selbstverwaltung" ist für unser Thema wenig ergiebig, ...".

[219] § 100 KV/GO Brandenburg; § 68 KVMeVo; § 96 GO Sachsen; § 116 GO LSA; § 71 KommunalO Thür.

[220] Roth 1971, S. 21; Rudzio, in: Naßmacher 1977, S. 96.

[221] Beschlüsse der SPD-Parteitage Hannover 1973 und Mannheim 1975.

nicht mehr nur öffentlich geförderte Wohnungen zu vermitteln, sondern auch auf den örtlichen Markt für frei finanzierten Wohnraum Einfluss zu nehmen. Dabei stießen sie nicht nur auf geringe Bereitschaft der Vermieter, dieses kommunale Dienstleistungsangebot in Anspruch zu nehmen. Die Kommunalaufsichtbehörden der Länder (Regierungspräsidenten) bestimmten das durch die Gemeindeordnungen geschützte Tätigkeitsfeld der Privatwirtschaft so, dass die Erfolgsaussichten kommunaler Wohnungsvermittlung erheblich eingeengt wurden.

Auch in anderen Bereichen ihrer Tätigkeit stoßen die Gemeinden auf gesetzliche Grenzen. Grundlage dafür ist eine Konkurrenz zwischen dem öffentlichen Solidarverband Gemeinde und den auf freiwilliger Basis operierenden Hilfseinrichtungen gesellschaftlicher Gruppen, insbesondere der Kirchen. So entspricht es etwa der (aus der katholischen Soziallehre stammenden) Forderung nach Subsidiarität[222] (also dem Vorrang der kleineren gesellschaftlichen Einheit vor der umfassenderen), wenn (seit 1961) im Bereich der Jugendpflege Regelungen gelten, die die Gemeinden gegenüber privaten Trägern benachteiligen: „Aufgabe des Jugendamts ist ..., die für die Wohlfahrt der Jugend erforderlichen Einrichtungen und Veranstaltungen anzuregen, zu fördern und gegebenenfalls zu schaffen ... Soweit geeignete Einrichtungen und Veranstaltungen der Träger der freien Jugendhilfe vorhanden sind, erweitert oder geschaffen werden, ist von eigenen Einrichtungen und Veranstaltungen des Jugendamtes abzusehen. [223]

Heute heißt es: „Die öffentliche Jugendhilfe soll mit der freien Jugendhilfe zum Wohl junger Menschen und ihrer Familien partnerschaftlich zusammenarbeiten.... Soweit geeignete Einrichtungen, Dienste und Veranstaltungen von anerkannten Trägern der freien Jugendhilfe betrieben werden oder rechtzeitig geschaffen werden können, soll die öffentliche Jugendhilfe von eigenen Maßnahmen absehen.‘‘[224] Die Gemeinden dürfen Einrichtungen, wie Kindergärten u.ä., nur dann schaffen, wenn „freie Träger‘‘[225] kein entsprechendes Angebot machen. Das Gesetz diskriminiert also die Repräsentanten der örtlichen Gemeinschaft zugunsten von gesellschaftlichen Großgruppen, deren zentrale Verwaltungen häufig ähnliche bürokratische Leitungsstrukturen aufweisen, wie sie den Gemeinden nachgesagt werden.

---

[222] Groser 1995, S. 582f. und 622ff.

[223] § 5, Abs. 1, Satz 1 und Abs. 3, Satz 2 Gesetz für Jugendwohlfahrt (JKG) vom 11. August 1961 (BGBl. I, S. 1206).

[224] § 4 KJHG vom 8. Dezember 1998 (BGBl. I, S. 3546), i.d.F. v. 8. 9. 2005 (BGBl. I, S. 2729).

[225] Als bundesweit tätige und anerkannte Organisationen sind insbesondere Deutscher Caritasverband, Diakonisches Werk, Arbeiterwohlfahrt (AWO), Deutsches Rotes Kreuz (DRK), Zentralwohlfahrtsstelle der Juden und die Vielzahl der im Deutschen Paritätischen Wohlfahrtsverband (DPWV) zusammengeschlossenen freiwilligen Gruppen ohne religiöse oder politische Bindung zu nennen.

Abbildung 9: Synopse der Nachfolgebestimmungen zu § 67 I DGO

Gemeindeordnung (GO)	§ 102 I BaWü	Art. 87 I Bay	§ 100 Bran	§ 121 I He	§ 108 I Nds	§ 68 MeVo	§ 107 NRW	§ 85 I RhPf	§ 108 I Saarl	§ 97 Sa	§ 116 SaAn	§ 101 I SH	§ 71 TH
Die Gemeinde darf wirtschaftliche Unternehmen (nur)													
• errichten, übernehmen	X	X		X	X		X	X	X	X	X	X	X
• oder				X									
• erweitern		X							X				X
• wesentlich erweitern,	X				X			X				X	
wenn der öffentliche Zweck das Unternehmen													
• dringend													
• erfordert							X						
• rechtfertigt	X		X	X	X	X		X	X	X	X	X	X
• und dieser Zweck durch das Unternehmen wirtschaftlich erfüllt werden kann,			X	X					X				
das Unternehmen nach Art und Umfang in einem angemessenen Verhältnis zur Leistungsfähigkeit der Gemeinde und zum voraussichtlichen Bedarf steht,	X	X	X	X	X	X		X	X	X	X	X	X
und der Zweck durch													
• Andere/ einen Anderen					X		X	X	X		X		
• andere Unternehmen							X						
• auf andere Weise											X	X	
nicht													
• besser und wirtschaftlicher	X	X	X	X	X	X	X	X	X		X	X	X
• ebenso gut und wirtschaftlich		X		X	X	X		X					X
• erfüllt wird		X		X	X			X					
• erfüllt werden kann.	X	X		X	X		X	X	X		X	X	X

Quelle: Schmidt-Jortzig 1982, S. 231. Eigene Fortschreibung.

Die Städte und Gemeinden können sich also keineswegs nach eigener Wahl selbst neue Aufgaben stellen und für ihre Bürger jedes beliebige Dienstleistungsangebot bereithalten, auch wenn sie über die dazu erforderlichen finanziellen Mittel verfügen sollten. Nicht nur private Unternehmer, sondern auch der (zwischen öffentlicher Verwaltung und Markt angesiedelte) „Dritte Sektor"[226] und die hier agierenden Non-Profit-Organisationen bzw. alternativen Einrichtungen, sind eine ernsthafte Konkurrenz, aber auch eine Entlastung für die Kommunen. So ergeben sich häufig Konstellationen, in denen nicht nur die bloße Finanzierung der gemeinnützig und autonom erbrachten Leistungen erfolgt. Vielmehr möchte die Kommune bei der Leistungserbringung durch freie Träger eine gewisse Beeinflussung des Ergebnisses aufrecht erhalten, zumal dann, wenn sie mitfinanziert.[227] Dies führt häufig zu einer kooperativen Verflechtung (Korporatismus) zwischen öffentlichen Akteuren und Anbietern des Dritten Sektors.[228] Bei einer Privatisierung öffentlicher (insbesondere kommunaler) Dienstleistungen entfallen häufig Eingriffs-/Steuerungsmöglichkeiten.

2.4.3 Privatisierung öffentlicher Aufgaben

Die Debatte über Privatisierung wurde bereits in den 1970er Jahren vor dem Hintergrund einer kommunalen Finanznot eingeleitet.[229] Dabei geht es nicht nur um die gelegentliche Inanspruchnahme leistungsfähiger Privatbetriebe für einzelne Aufgaben der öffentlichen Hand. So ist es fast selbstverständlich, dass selbst in großen Städten größere Investitionsvorhaben und Planungsmaßnahmen von freien Architekten und Planern vorbereitet werden: Der Entwurf eines Verkehrsentwicklungsplans, der Vorschlag für die Neugestaltung der Verwaltungsorganisation, die Durchführung einer Sanierungsmaßnahme, die Planung und Realisation von Hoch- und Tiefbauten, die Überprüfung der Statik bei privaten Bauvorhaben und die Erarbeitung eines Leitbildes im Rahmen der Lokalen Agenda 21 werden als Aufträge an private Unternehmen vergeben. Häufig scheint es also so, als wenn es bloßer Zufall wäre, welche Aufgabe unmittelbar vom öffentlichen Dienst wahrgenommen oder „nur durch die öffentliche Hand finanziert wird."[230]

Auch die sogenannte „Organisationsprivatisierung", also die Bereitstellung öffentlicher Dienstleistungen durch gemeindeeigene Kapitalgesellschaften (AG, GmbH) ist nicht gemeint und wird längst praktiziert. So wurden bisherige Regie-

---

[226] Seibel, in: Bauer 1992, S. 455ff.
[227] Die dazu bereitgestellten Beträge sind erheblich, sodass internationale Studien zum Ergebnis kommen, dass die Hälfte oder sogar Zweidrittel der Gelder aus der öffentlichen Hand kommen (John Hopkins Comparative Nonprofit Sector Project).
[228] Vgl. Voigt, in: Voigt 1993, S. 336f.; s. unten, Abschnitt 4.2.2 bzw. 4.3.1.
[229] Groser 1980, S. 3.
[230] Ellwein 1972, S. 14; 87 Prozent der Städte, die 2005 vom Fraunhofer Institut im Auftrag der KGSt befragt wurden, hatten Erfahrungen mit dem Outsourcing (www.kgst.de).

oder Eigenbetriebe, vor allem Versorgungsbetriebe (Gas, Elektrizität, Wasser), Verkehrsbetriebe sowie Krankenhäuser und Altenheime in eine private Rechtsform überführt. Dieser Trend einer Organisationsprivatisierung oder „formalen Privatisierung" setzt sich fort. Neuerdings kommen Theater, Freizeiteinrichtungen, Friedhöfe, Fußballstadien und Vermögensbetriebe hinzu. Damit entwickelt sich die Kernverwaltung (Zentrale) in Richtung eines Holdingmodells, das die einzelnen Profitcenter steuert. Hier gibt es allerdings Unterschiede über die einzelnen Bundesländer sowie Städte und Gemeinden hinweg, die auch mit der Managementphilosophie zusammenhängen.

Bei der Diskussion über eine „Privatisierung öffentlicher Dienstleistungen" geht es um die Übertragung von Daueraufgaben, die traditionell von Kommunen wahrgenommen werden oder unstreitig in der Verantwortung der Gemeinden wahrgenommen werden müssen, auf (nicht nur der Rechtsform nach) private Unternehmen. Hier wird auch von „materieller" Privatisierung gesprochen.[231] Eine Grenze sehen Befürworter nur bei den hoheitlichen Aufgaben, die im Wesentlichen die Ordnungsfunktionen umfassen.

Das wesentliche Ziel der Privatisierung ist es, der unaufhaltsamen Ausdehnung der Staatstätigkeit entgegenzuwirken. Die Leistungserbringung soll sich stärker am „ökonomischen Prinzip" orientieren, die Drohung mit möglicher Privatisierung den Wettbewerbsgedanken in der Verwaltung fördern. Dadurch wird eine Verbesserung und Verbilligung von bisher öffentlichen Dienstleistungen für den Bürger erwartet. Es geht um größere Flexibilität und höhere Produktivität bei der Aufgabenerfüllung, verbunden mit einer Entbürokratisierung der Staatstätigkeit. Auch stärkere persönliche Verantwortlichkeit bei der Inanspruchnahme von Dienstleistungen wird ins Feld geführt. Befürworter der Privatisierung orientieren sich an staatskritischen Konzepten, also u.a. der Annahme, dass Güter, die wirklich oder vermeintlich nichts oder wenig kosten, verschwenderisch gebraucht werden. Was vielen gehört, pflegen Menschen weniger gut als das, was ihnen selbst gehört. Die Entkoppelung von Leistung und Gegenleistung führe dazu, dass Bürger öffentliche Leistungen ohne „Preisbewusstsein" in Anspruch nehmen und daher keinen Anreiz für einen sparsamen Umgang hätten.[232] Befürworter von Privatisierung vertrauen daher auf den Markt.

Die Forderung nach Privatisierung steht bereits in den kommunalpolitischen Grundsatzprogrammen der Parteien: „Wir Kommunalpolitiker (der CDU/CSU - d. Verf.) wollen die wirtschaftliche Tätigkeit der öffentlichen Hand einschränken und auch Versorgungsleistungen, soweit sie sinnvoll und möglich erscheinen, privatisieren."[233] In den Leitlinien der FDP heißt es: „Im Dienstleistungsbereich ist laufend zu

---

[231] Diese Entwicklung läuft auf allen Ebenen des Staates parallel und wird auch unter dem Stichwort „Redimensionierung des Staates" diskutiert (Schneider/Tenbrücken 2004, S. 17).

[232] So bereits Aristoteles (Naßmacher ⁵2004, S. 318f.); Recktenwald 1980, S. 74.

[233] CDU/CSU 1975, abgedruckt in: Bretschneider/Göbel 1976, S. 20. Zu weiteren Aussagen der CDU s. Groser 1980, S. 4ff.

überprüfen, inwieweit Aufgaben, die bisher von den Gemeinden wahrgenommen wurden, privatisierbar sind oder in andere Trägerschaften überführbar sind."[234] Dagegen wird in den programmatischen Aussagen der SPD vor „Marktradikalismus" gewarnt.[235] Die Linke ist nach wie vor für ein sehr starkes Engagement der öffentlichen Hand.[236] Die Gewerkschaften haben sich schon sehr frühzeitig mit der Frage befasst[237] und dabei vor allem die Situation der Beschäftigten im Blick.[238] Das Dienstrecht gilt aber gerade als ein wesentliches Hindernis für mehr Flexibilisierung in der Leistungserstellung.

Dagegen unterstützen der Zentralverband des deutschen Handwerks, das Institut der deutschen Wirtschaft und der Bund der Steuerzahler die Forderung nach Privatisierung uneingeschränkt. Einige kommunale Spitzenverbände haben sich früh solche Überlegungen zu eigen gemacht, z.B. diejenigen in Baden-Württemberg. Der Deutsche Städtetag hat dagegen seit jeher differenzierende Stellungnahmen abgegeben. Schon vor Jahrzehnten erörterte er die Möglichkeiten und Grenzen einer „Privatisierung öffentlicher Aufgaben" an konkreten Aufgabenbereichen (u.a. Museen, Theatern, Altenheimen, Krankenhäusern, Kindergärten, Abfallbeseitigung, Straßenreinigung, Verkehrsbetrieben).[239] Die finanziell angespannte Situation nach der deutschen Vereinigung forderte zu einer weiteren Stellungnahme im gleichen Tenor heraus. Es wurde davor gewarnt, das betriebswirtschaftliche Kalkül als das entscheidende Kriterium heranzuziehen[240] und Privatisierung als Allheilmittel und Ausweg aus der Finanznot zu sehen.[241] Dieser Auffassung schließen sich auch Wissenschaftler an.[242] Auch der Städte- und Gemeindebund hat dafür plädiert, „im Einzelfall eine praktische, den konkreten Rahmenbedingungen Rechnung tragende Lösung" zu suchen.[243]

Mit ihrer Deregulierungspolitik in der Energieversorgung und beim Verkehr hat sich die EU eindeutig auf die Seite der Privatisierungsbefürworter gestellt. Strom und Erdgas werden als Waren - vergleichbar mit anderen Handelsgütern - gesehen, die dem Wettbewerb unterworfen werden sollen. Die bisher üblichen Demarkationsverträge der großen Energieversorger und die Verteilungsmonopole der Stadtwerke werden damit ausgehebelt: Unternehmen und Haushalte müssen Energie vom jeweils günstigsten Anbieter beziehen können. Auch beim Verkehr sollen betriebs-

---

[234] FDP 1975, in: Bretschneider/Göbel 1976, S. 60.
[235] SPD 2006, S. 2.
[236] PDS: Kommunalpolitischer Leitantrag, in: Bey u.a. 2001, S. 379.
[237] Z.B. ÖTV: 1977-78.
[238] Groser 1980, S. 10f.
[239] Deutscher Städtetag 1976, S. 50ff.
[240] Leitlinien, abgedruckt in Dill/Kanitz 1994, Heft 6, S. 99.
[241] Witte, in: FAZ vom 29.11.1996.
[242] Zusammenfassend z. B. König/Benz in: König/Benz 1997, S. 40f. Zur kritischen Auseinandersetzung mit dem Versuch, die Tätigkeit der öffentlichen Hand nur unter Kostengesichtspunkten zu betrachten, Naschold/Riegler, in: Riegler/Naschold 1997, S. 271ff., insb. S. 273.
[243] Thesen, abgedruckt in Dill/Kanitz 1994, Heft 6, S. 103.

wirtschaftliche Maßstäbe gelten. Die bisherigen Anbieter, auch regionale Verkehrsverbünde, müssen sich nun in einem Ausschreibungsverfahren dem europaweiten Wettbewerb stellen.[244] Nachdem die Kommunen es verstanden haben, die radikalen Liberalisierungstendenzen der EU beim Verkehr erheblich zu verwässern und der Europäische Gerichtshof sich mehrfach mit der Angelegenheit befasst hat, bleibt als bisheriges Ergebnis nur, dass die kommunalen Subventionen für den öffentlichen Nahverkehr sichtbar werden müssen.

Die Privatisierungsdebatte scheint heute ihre ideologische Komponente teilweise einzubüßen und einer eher pragmatischen Richtung zuzustreben.[245] Bei verschiedenen „Hilfstätigkeiten" (auch Annexaufgaben) der öffentlichen Hand (etwa Gebäudereinigung, Grünflächenpflege, Straßenunterhaltung, Küchenbetriebe, Wartung von Verkehrssignalanlagen, Schreibdiensten, Druckereien, Schülertransport u.a.) kann Privatisierung durch Nutzung von Spezialkenntnissen in größeren wirtschaftlichen Einheiten und durch das Aufheben besoldungs- und arbeitsrechtlicher Beschränkungen, wie sie in der öffentlichen Verwaltung bestehen, zu einer besseren und wirtschaftlicheren Erfüllung öffentlicher Aufgaben führen.[246] Veränderung der Lebensverhältnisse, der Technik und der Arbeitsorganisation im nicht-öffentlichen Bereich können kommunale Dienste überflüssig machen. So gibt es etwa heute keinen öffentlichen Auftrag mehr für ein kommunales Backhaus, wie es in Museumsdörfern noch vorgeführt wird.

Am entgegengesetzten Ende des Agglomerationsprozesses stellt sich für die großen Ballungsräume ein ähnliches Problem: Was hatten Großstädte wie Köln, München, Düsseldorf, Hannover, Essen oder Dortmund eigentlich davon, dass sie als Gewährträger[247] für sechs der zwanzig größten Sparkassen in Deutschland einstehen mussten? Im vorigen Jahrhundert wurden kommunale Sparkassen mit der doppelten Zielrichtung aufgebaut, eine Altersvorsorge sozial schwacher Teile der Bevölkerung und die Bereitstellung von Kapital in der Region zu ermöglichen.[248]

---

[244] Gerlach/Reinkober 1996, S. 17ff.; zu den Vergaben s. Schmidt-Eichstaedt, in: Wollmann/Roth 1999, S. 334; zu den wahrscheinlichen Wirkungen s. Thränhardt, in: ebenda, S. 366.

[245] Grande, in: König/Benz 1997, S. 580. Die programmatischen Aussagen bzw. Diskussionspapiere der Parteien sind moderater. Am stärksten gegen Privatisierung ist nach wie vor die Linkspartei (2005, S. 4, 7). Die CDU wünscht sich einen „schlanken Staat" (CDU 2000, S. 2, 16, 17), die SPD spricht sich gegen einen „abgemagerten Staat" und für einen „besseren Sozialstaat" aus (SPD 2006, S. 17).

[246] König 1997, S. 143. Informationen zum Stand der Ausgliederung kommunaler Aufgaben in kleinen und mittelgroßen Gemeinden in: Bremeier u.a., in: Killian u.a. 2006, S. 32f., 37. Hohe Ausgliederungen gibt es bei Alten- und Pflegeheimen, dem Rettungsdienst, beim Abfall, der Versorgung mit Strom und Gas, dem ÖPNV und bei Krankenhäusern (ebenda, S. 38).

[247] Dabei handelt es sich um eine pauschale Ausfallbürgschaft für alle Verbindlichkeiten eines modernen, wenn auch regional begrenzten, Bankunternehmens (vgl. von Mutius, in: Püttner 1984, S. 459; Heinevetter, in: Voigt 1984, S. 410). Die EU als Wettbewerbshüter sah darin Beihilfen, die im Widerspruch zum EU-Wettbewerbsrecht standen. Diese Gewährträgerschaft ist seit 2005 entfallen (Killian u.a. 2006, S. 20).

[248] Jungfer 2005, S. 151ff., 165.

Wenn (insbesondere die großen) Sparkassen sich heute von anderen Kreditinstituten weder durch günstigere Konditionen für kleine Schuldner oder Existenzgründer[249] noch durch höhere Zinsen für kleine Sparer unterscheiden und die Förderung des Spargedankens längst flächendeckend in hemmungslose Kreditgewährung an junge Leute umgeschlagen ist, was bleibt dann vom Regionalbezug und vom öffentlichen Auftrag?[250]

Ständige Aufgabenkritik ist bei allen kommunalen Einrichtungen dringend angebracht. Wer die Notwendigkeit eines städtischen Schlacht- und Viehhofes in Frage stellt, muss allerdings die künftige Erledigung der veterinärpolizeilichen Aufgaben beachten. Dies gilt auch für die Überwachung der Aufgaben, die den Umweltschutz tangieren, z. B. private Müllbeseitigung und Abwasserreinigung.[251] Selbst beim Personennahverkehr bleibt die Verantwortung bei der öffentlichen Hand.[252] Damit fallen mehr Kontrollaufgaben an, die zugleich schwieriger werden.[253]

In vielen Fällen dürfte eine Privatisierung nicht der Entlastung der öffentlichen Hand bzw. der breiten Bevölkerung dienen, sondern vor allem den Interessen der Privatwirtschaft. Vor diesem Hintergrund lassen sich folgende Hauptargumente gegen die Privatisierung anführen:

- In den meisten Fällen wird ein öffentliches Monopol in ein privates Monopol verwandelt.
- Die Privatisierung beschränkt sich auf gewinnbringende öffentliche Aufgaben; eine Entlastung des kommunalen Haushalts erfolgt nicht.
- Es kommt zum Abbau flächendeckender Leistungsangebote; die Gewähr für ein dauerhaftes Leistungsangebot besteht nicht.

Ob der Bürger billigere Leistungen erhält, scheint nicht immer sicher. Ein flächendeckendes Angebot durch den privaten Monopolisten ist nur dann gewährleistet, wenn er sich darauf verlassen kann, dass die öffentliche Hand die Gebühren[254] ein-

---

[249] S. unten, Abschnitt 5.2.5.

[250] Eine einheitliche Rechtfertigung für öffentliche Kreditinstitute (große und kleine Landesbanken, große und kleine Sparkassen, Sparkassen in Ballungsräumen und im ländlichen Raum) ist nicht vorstellbar. Wer mit globaler Wettbewerbsfähigkeit argumentiert, muss die breite Versorgung mit Bankdienstleistungen im ländlichen Raum (vgl. Dill/Kanitz 1994, Heft 6, S. 105) außer Acht lassen und umgekehrt. Für einige Einzelheiten s. die Kontroverse zwischen Gebhard Zimmermann (FAZ vom 5.11.1997) und Ralf Zimmermann (FAZ vom 16.12.1997). Inzwischen wissen die Sparkassen die Spitzenverbände der Städte auf ihrer Seite, die vor einer Zerschlagung des Sparkassensystems warnen, allerdings auch mehr Kontrollrechte einfordern (Arbeitsgemeinschaft der Kommunalen Spitzenverbände Nordrhein-Westfalen 2006, S. 3).

[251] Zur Diskussion einer Privatisierung der Abwasserbeseitigung s. Späth, in: Fettig/Späth 1997, S. 15; zur Situation der Abwasserentsorgung s. Buck, in: Mäding/Voigt 1998, S. 245ff.

[252] Das Regionalisierungsgesetz definiert den ÖPNV als öffentliche Aufgabe (Muthesius, in: Püttner 1997, S. 77).

[253] S. a. Abschnitt 3.3 Vermögensumschichtung.

[254] S. Abschnitt 3.1.

treibt, weil sie selbst für die Erfüllung der Aufgabe verantwortlich ist und nur einen Privaten mit der Durchführung betraut, z.B. beim Müll (Entsorgungsvertrag) und Abwasser (Betreibermodell). Die Abnehmer der Leistungen sind auch genau zu bestimmen, denn die Grundstückseigentümer werden mit einem Anschluss- und Benutzungszwang belegt.[255] Der private Betreiber erhält für die Übernahme der Aufgabe einen vertraglich festgelegten Preis oder das Gebührenaufkommen (factoring).[256]

Bei den Verkehrsbetrieben wird durch den Konzessionsvertrag (er sichert der Stadt die Konzessionsabgabe) gleichzeitig die Betriebs-, Beförderungs- und Fahrplanpflicht an den privaten Unternehmer im Nahverkehr weitergegeben. Die Kosten für ein dichteres Verkehrsnetz und dabei auftretende Defizite fallen aber selbstverständlich der öffentlichen Hand anheim.[257] Ob der Konzessionsnehmer durch andere Anbieter aus dem europäischen Raum zu besonders effizienter Abwicklung der übernommenen Aufgabe gezwungen wird, bleibt offen. Eine Mischkalkulation in der Art, dass Gewinne durch Energie- und Wasserverkauf der Stadtwerke aus umweltpolitischen Überlegungen heraus den Verlust des auch von den Stadtwerken betriebenen öffentlichen Nahverkehrs abdecken (sog. Quersubventionierung), ist nicht mehr möglich, da die EU diese Art der verdeckten Beihilfe als wettbewerbsfremd einstuft.[258]

Durch die Liberalisierung des Strom- und Gasmarktes werden möglicherweise Großkunden bei den Stadtwerken abspringen und sich billigere Energie, z.B. aus Atomkraftwerken, besorgen, sodass die Restnachfrage nicht mehr gewinnträchtig ist. Einfluss kann die Kommune vor allem als Netzeigentümer nehmen, allerdings nur auf den Preis für die Durchleitung;[259] da ein diskriminierungsfreier Zugang für andere Anbieter durch das Netz gestattet werden muss.[260] Die Einnahmeausfälle bei den Stadtwerken würden dann dem Verbraucher über niedrigere Energiepreise zugute kommen. Tatsächlich dominieren allerdings noch 2006 die bisherigen Energielieferanten in ihren jeweiligen Regionen, weil sie langfristige Liefervereinbarungen mit

---

[255]   Hoppe 1982, S. 210ff., 221ff.

[256]   Dill/Kanitz 1994, Heft 6, S. 93. Hat der Betreiber einen für sich guten Vertrag ausgehandelt (unter Umständen auf der Grundlage der bisherigen Kosten, die bei der Stadt für die Aufgabenerfüllung anfielen) und kann er die Leistungen erheblich kostengünstiger anbieten, als die Stadt dies bisher konnte, so sind während der Laufzeit des Vertrages auch Gewinne möglich. Bei der Stadt bleibt allerdings die Verantwortung, die auch als „Ensuring" bezeichnet wird (Wohlfahrt/Zühlke 2005, S. 55ff.).

[257]   S. zur Privatisierung verschiedener öffentlicher Leistungen aus volkswirtschaftlicher Perspektive Scheele 1993.

[258]   Inzwischen hat der Europäische Gerichtshof sich mit diesem Problem beschäftigt mit dem Ergebnis, dass ein Unternehmen mit klar definiertem Auftrag Beihilfen erhalten kann, die nicht zu hoch sind (vgl. Bracher u.a. 2004, S. 36f.). Den öffentlichen Personennahverkehr kostendeckend zu betreiben, ist ohnehin nicht möglich. S. d. Abschnitt 3.1.1.

[259]   Die Netze müssen vorher in eigenständige Netzgesellschaften eingebracht werden (Monstadt 2004, S. 186, 207. S. a. Plassmann, in: Heinrich-Böll-Stiftung 2004, S. 16f.).

[260]   EnWG (BGBl. Teil I, S. 1953 vom 12.07.2005).

den Stadtwerken abgeschlossen hatten. Die Preisgestaltung der Energiekonzerne bei der Durchleitung von Energie durch ihre Netze erweist sich als besonders kostensteigernd. Das bisherige Fazit ist, dass der Wettbewerb nicht funktioniert und Kartellbehörden gegen die hohen Strom- und Gaspreise vorgehen müssen.[261]

In bestimmten Bereichen läuft die Privatisierung, verglichen z. B. mit Großbritannien, auch relativ langsam an, weil sich das Engagement der Kommunen in Grenzen hielt bzw. die Voraussetzungen für Privatisierung nicht stimmten. Ein Beispiel ist die Privatisierung von Wohnungen in Ostdeutschland mit der Zielvorstellung, die Wohnungen an die Mieter zu verkaufen. In der ehemaligen DDR waren 1990 noch 32,4% der Wohnungen im kommunalen Eigentum[262] und die finanzielle Entlastung durch Rückgabe der Wohnungen an Alteigentümer, Verkauf an Nutzer bzw. Investoren für manche Städte eine Frage des Überlebens. Alle Fallstudien verweisen aber auf ein sehr langsames Voranschreiten bei der Verwirklichung der Ziele,[263] bis schließlich Großinvestoren ein Interesse an ganzen Wohnanlagen zeigten. Nicht nur in den neuen Bundesländern, sondern auch in den alten ergriffen die Städte die Chance, durch den einmaligen Geldfluss ihre Haushalte zu sanieren.[264] Damit scheint aber auch die ursprüngliche Zielsetzung der Privatisierung immer mehr aus dem Blick zu geraten, die darauf abzielte, durch Wettbewerb ein besseres Angebot für den Bürger zu erhalten.

Insgesamt sind durch Privatisierungen keine Wunder zu erwarten. Ob die Bürger tatsächlich durch bessere Leistungen profitieren, ist sehr genau zu prüfen. Auch ob eine Entlastung der öffentlichen Haushalte erreicht wird, scheint höchst ungewiss. Der Verkauf städtischen Eigentums wird zuweilen mit dem Verkauf des Tafelsilbers verglichen oder als ein Vorgehen nach dem „Prinzip des Rosinenpickens", z.B. beim Bestattungswesen oder dem Rettungsdienst. „Wir müssen aufpassen, dass wir nicht die Gewinne privatisieren und die Verluste sozialisieren."[265] Die Stadtverwaltung kann dabei am Ende auf den unrentierlichen und unattraktiven Aufgaben sitzen bleiben, „sozusagen als Armenhaus des Unternehmens Stadt."[266] Auf jeden Fall ist mit der Privatisierung eine Einschränkung der Entscheidungs- und Steuerungsfähigkeit durch gewählte Repräsentanten verbunden.[267] Dies ist besonders bei einem langfristigen Vertragswerk der Fall, das zudem für die Laufzeit des Vertrages den Wettbewerb ausschaltet. Wenig beleuchtet werden bislang auch die Kosten des

---

[261] FAZ vom 3.4.2006.
[262] Bardelmann/Steinert, in: Benzler u.a. 1995, S. 144.
[263] Naßmacher 2006, S. 96ff.
[264] S. d. Abschnitt 3.3.
[265] Eickmeyer in: Mäding 1983, S. 64.
[266] Witte, in: FAZ vom 29.1.1996, und Abschnitt 2.2.1.
[267] Siehe dazu Kapitel 4.

Wettbewerbs darum, wer bei der Privatisierung den Zuschlag erhalten soll. Hier sind für die Kommunen zunächst die Kosten des Vertragsabschlusses zu nennen.[268]

Viele Bereiche der Verwaltung versuchen, sich dem Privatisierungsdruck zu entziehen, indem sie kommunale Servicefunktionen herausstellen. Dies ist beispielsweise bei den Sparkassen der Fall.[269] Denn durch Privatisierung könnten sich unerwünschte Auswirkungen für das Management ergeben (Druck der Konkurrenz, Fusionszwang, Abwertung zu Filialdirektoren). In anderen Bereichen bewirkt die Konkurrenz mit Privaten (und bei knappen Kassen) eine Suche nach Kooperationsmöglichkeiten. Dies gilt besonders für kleine Einheiten. So schließen sich bisher selbständige GmbHs und AGs mit denen anderer Städte zusammen und gehen sogar an die Börse.[270] Inzwischen sind in vielen Gemeindeordnungen auch Regelungen zur Privatisierung enthalten. Veräußerungen von Unternehmen, Einrichtungen und Beteiligungen können danach nur vorgenommen werden, wenn die Erfüllung der Aufgaben der Gemeinde „nicht beeinträchtigt" wird.[271] Unternehmen in Privatrechtsformen kann die Gemeinde nur führen, wenn sie „einen angemessenen Einfluss" behält.[272] Aber es wird bezweifelt, ob dies überwiegend gegeben ist.[273]

Auch ein Trend zurück zum Engagement der Kommunen wird für verschiedene Bereiche bereits wieder gesehen. Dies ist z. B. für die Ver- und Entsorgung, vor allem die Abfallbeseitigung[274] bzw. die Entsorgung von Sondermüll, der Fall. Es entstanden nicht nur neue (Sonder-)Mülldeponien und Müllverbrennungsanlagen, weil die TA-Siedlungsabfall Neuinvestitionen notwendig machte.[275] Auch von den Städten getragene Institute für Entsorgung und Umwelttechnik wurden gegründet, die Konzepte zur Lösung des wachsenden Entsorgungsproblems entwickeln sollen. In weitere Bereiche gingen Kommunen erstmals hinein, z. B. in den Technologietransfer oder in Strukturförderungsgesellschaften.[276] In vielen Städten konkurrieren öffentliche Betriebe offenbar schon mit der Privatwirtschaft und scheinen erfolgreich beim Erobern privater Märkte. Schon hat die Arbeitsgemeinschaft selbststän-

---

[268] Budäus 1993a, S. 383. Er verweist auf Such-, Informations- und Bewertungskosten in der Vorkontraktphase. In der Kontraktphase entsteht ein hoher Koordinations- und Abstimmungsbedarf. Diese Kosten werden als Transaktionskosten zusammengefasst.

[269] Knüfermann 1996, S. 281f.; Heitmüller 1996, S. 308f.

[270] FAZ vom 1.7.1998: Das Beispiel Mannheim.

[271] § 103 I SH.

[272] § 103 I 3 GO BaW; Art. 92 I 2 GO Bay; § 122 I 3 GO Hess; § 69 I 3 GO MeVO; § 109 I 6 GO Nds; § 108 I 6 GO NRW; § 87 I 3 GO RPf; § 110 I 3 KommunalselbstverwaltungsG Saarl; § 96 I 2 GO Sa; § 117 I 3 GO SaAn; §73 I 3 GO Th.

[273] Trapp, in: Killian u.a. 2006, S. 96.

[274] Öffentliche Aufträge dürfen z. B. ohne Ausschreibung an Eigenbetriebe gegeben werden, „soweit sie im Allgemeininteresse liegen." (Sog. Inhouse-Geschäfte). So dürfte z. B. nach dem Urteil des Europäischen Gerichtshofs die Müllentsorgung an einen Eigenbetrieb ohne Ausschreibung erfolgen (FAZ vom 11.11.1998 und 17.11.1998).

[275] Ob hier eine Überversorgung vorliegt oder nur eine falsche Verteilung der Anlagen im Raum ist die Frage. Jedenfalls deutet der Mülltourismus auf Probleme hin.

[276] Voigt, in: Voigt 1993, S. 277.

diger Unternehmer (ASU) die „unfaire Konkurrenz" beispielsweise bei Beschäftigungsgesellschaften, Technologieparks, dem Betrieb von Hotels, Solarien und Reisebüros herausgestellt. Ein Urteil des Oberverwaltungsgerichts Hamm untersagte einem städtischen Gartenbaubetrieb, seine Leistungen in Konkurrenz zu privaten Gartenbaubetrieben anzubieten. Die ASU argumentiert, dass die öffentlichen Betriebe einen Informationsvorsprung bei potenziellen Aufträgen hätten und auch kein Konkursrisiko tragen müssten.[277] Ob die Kommunen schon bald wieder an die Grenzen stoßen, die in den Gemeindeordnungen aufgezeigt werden (s. Abbildung 9), ist die Frage.

„Grundsätzlich kann festgehalten werden, dass in den 1980er Jahren die öffentliche Wirtschaft insgesamt nicht abgebaut, sondern umgeschichtet wurde."[278] Traditionelle Hilfstätigkeiten wurden an Private abgetreten, dafür aber neue, produktionsorientierte, ökologische und soziale Dienstleistungen übernommen. Um die Vorteile der öffentlichen Leistungen, z.B. Leistungssicherheit, Datenschutz, bei gleichzeitiger Leistungssteigerung sicherzustellen, greifen Verwaltungen häufiger - und durch Reformüberlegungen zusätzlich animiert - zu privatwirtschaftlichen Organisationsformen auch in Kernbereichen der Verwaltung, z.B. indem sie verwandte Dienstleistungen zusammenfassen. Dies ist beispielsweise bei den Vermögensbetrieben der Fall, die durch Registrierung und Bewertung aller Vermögensbestände der Stadt auch zugleich eine Grundlage für den Übergang zur Doppik schaffen. Neu sind auch Vermögensgesellschaften, die nicht nur die bisherigen unmittelbaren Beteiligungen erfassten, sondern über die sich die Gemeinden (Gemeindeverbände) an weiteren Unternehmen beteiligten.[279]

Gleichzeitig sollen die Bürger selbst in den Prozess der Leistungserstellung eingebunden werden, z. B. durch Hilfstätigkeiten bei Betreuungs- und Beratungsfunktionen, die die Verwaltung entlasten. Dieses Muster ist auch keineswegs neu, wie das Beispiel Freiwillige Feuerwehr zeigt, neu ist jedoch die Breite der Bereiche, die neuerdings diesem Prinzip zugänglich sein sollen. Die private Verantwortung wird also bei Leistungen für die Gemeinschaft eingefordert und muss durch entsprechende Rahmenvorgaben sichergestellt werden. Dies läuft neben der Kostenersparnis (z. B. lassen sich hier auch Sozialhilfeempfänger und Langzeitarbeitslose einbinden) auf das Ziel einer stärkeren Akzeptanz der Leistungen hinaus, z. B. in der Drogenberatung, bei Selbsthilfegruppen nach Krankheiten, Betreuung von Turnhallen (deren Nutzungszeiten sich bisher an starren Arbeitszeiten des Hausmeisters auszurichten hatten), Lotsendienste und Aufsicht in Schulen (bei angestrebter Ganztagsbetreuung der Schüler). Dabei ist allerdings zu beachten, dass die Professionalisierung in allen Bereichen (z.B. bei der Kinderbetreuung und beim Sport) so weit fortgeschritten ist, dass nur marginale Aufgaben an Freiwillige übertragen werden kön-

---

[277] FAZ vom 17.12.1997.
[278] Voigt, in: Voigt 1993, S. 278.
[279] Vgl. Voigt, in: Voigt 1993, S. 282.

nen.[280] Es ist kaum zu erwarten, dass eine Deprofessionalisierung in Kauf genommen werden soll.

Art und Umfang öffentlicher Dienstleistungen der Gemeinden hängen also nicht nur von den jeweils vorherrschenden politischen Zielsetzungen ab,[281] sie werden auch in Zukunft ganz wesentlich durch die finanziellen Möglichkeiten der einzelnen Gemeinde bestimmt bleiben. Unabhängig von abstrakten Diskussionen über Nulltarif oder Privatisierung bilden die Einnahmen der Gemeinden eine strukturelle Obergrenze für das kommunale Dienstleistungsangebot. Während die Frage, wie über Aufgaben der Gemeinden und die Art ihrer Erledigung entschieden wird, später erörtert werden soll, wenden wir uns zunächst der Herkunft der gemeindlichen Finanzmittel, der Einnahmenseite des kommunalen Haushalts zu.

---

[280] Naßmacher 2006, S. 47f.
[281] Soll die Leistung angeboten werden? Kann sie im Hinblick auf den Adressatenkreis und die gesamtgesellschaftlichen Wirkungen qualitativ besser oder kostengünstiger angeboten werden?

3   Finanzierung kommunaler Maßnahmen: Politische Anforderungen und wirtschaftliche Rahmenbedingungen

Die Fülle kommunaler Aufgaben findet ihren Niederschlag in einem erheblichen Anteil der Gemeinden an den Ausgaben der öffentlichen Hand: Im Durchschnitt der letzten Jahre fand sich von jedem Euro, der in einem öffentlichen Haushalt verausgabt wurde, ca. ein Viertel im Haushalt einer Gemeinde oder eines Gemeindeverbandes.[1] Angesichts dieses Finanzvolumens, das durch die Kassen der Gemeinden läuft, drängt sich die klassische Frage auf: Wer soll das bezahlen? Die Antwort wird, bedingt durch soziale Lage und politische Einstellung, aber auch je nach gemeindlicher Aufgabe, unterschiedlich ausfallen.

Ein nahe liegender Generalnenner ist: Bezahlen soll immer, wer eine öffentliche Leistung in Anspruch nimmt! Doch lässt sich das überhaupt verwirklichen? Betrachten wir unsere Beispiele:[2] Bei einem *Erlebnisbad* ist der Kreis der Benutzer durch den Verkauf von Eintrittskarten zu ermitteln, abzugrenzen und zur finanziellen Abwicklung heranzuziehen. Bei *Kindergärten* sind die Personen, denen diese öffentliche Leistung unmittelbar zugute kommt, nämlich Eltern und Kinder, ebenfalls leicht zu bestimmen. Aber sollten gerade diese „Benutzer" die Betreuungsleistung bezahlen? Dies wird zunehmend öffentlich diskutiert, nachdem die Integrationsprobleme von Kindern mit Migrationshintergrund als schwere Hypothek erkannt wurden. Die Eltern in der ehemaligen DDR waren ohnehin daran gewöhnt, dass ihre Kinder die Betreuungseinrichtungen kostenfrei benutzen konnten. Auch Arbeitgeber sind an berufstätigen Eltern interessiert, die Gesellschaft an der angemessenen Nutzung des Sozialkapitals ihrer Mitglieder und selbst die künftigen Rentner an gesunden Kindern, die später den Rentenbeitrag verdienen können.[3]

Bei der Einrichtung einer *Fußgängerzone* lassen sich Nutzen und Lasten nicht mehr bestimmten Personen zurechnen. Zunächst haben die Käufer in der (nunmehr autofreien) Innenstadt einen Vorteil für ihre Gesundheit (Lärm und Abgase fallen weg). Aber auch die Geschäftsinhaber können Vorteile erwarten: Die Urbanität einer Ladenstraße erhöht den Umsatz des einzelnen Ladens. Veränderungen ergeben sich auch für die Grundstückseigentümer; ihre Grundstücke werden wertvoller (an

---

[1]   Bundesministerium der Finanzen 2006b, S. 130-132.
[2]   S. oben, Abschnitt 2.1.
[3]   S. d. die finanzwissenschaftliche Diskussion über öffentliche bzw. meritorische Güter, z.B. bei Recktenwald, in: Recktenwald 1969, S. 212ff.; Musgrave, in: Recktenwald 1970, S. 88ff.; Head, in: Recktenwald 1970, S. 46ff. und Abschnitt 2.4.2.

der Fußgängerstraße) oder verlieren an Wert (an Straßen, in denen nunmehr geparkt wird, und an der Umgehungsstraße). Bei der *Stadtsanierung* bleibt sogar ein Teil des Nutzens abstrakt: Die größere Stadtqualität und das verbesserte Stadtbild fördern das positive Lebensgefühl aller Bürger. Der größte Teil des Nutzens ist jedoch zurechenbar: Der Grundstückswert steigt, dem Eigentümer wächst Nutzen zu. Ob er entsprechend zu den Sanierungskosten beitragen soll, ist politisch umstritten. Einen Vorteil hat schließlich auch die jeweilige Stadt: Höhere Einnahmen der Gewerbetreibenden und steigende Grundstückswerte wirken sich günstig auf die Steuereinnahmen aus. Aber wie sind die Kosten einer Fußgängerzone, eines Parkhauses oder einer Umgehungsstraße im Einzelnen aufzubringen? Sicher nicht ohne einen angemessenen Anteil der betroffenen Bürger.

Während Gemeindeverbände (nicht zuletzt die Kreise) sich im Wesentlichen aus Umlagen[4] der Mitgliedsgemeinden, Zuweisungen der Länder und Kostenerstattungen finanzieren, können Einnahmen der Städte und Gemeinden aus eigenem Vermögen, Rücklagen oder Darlehen, aus Zuschüssen oder Beihilfen von Bund und Land, aus Steuern, Beiträgen oder Gebühren der Bürger stammen.

3.1 Entgelte, Gebühren und Beiträge

Für eine Vielzahl kommunaler Aufgaben gilt der Grundsatz, dass in jedem einzelnen Fall eine spezielle (auch und gerade finanziell angemessene) Beziehung zwischen Leistung der Gemeinde und Gegenleistung des Bürgers herzustellen ist („Äquivalenzprinzip").[5] Dabei bereitet nicht nur die Bestimmung und Zurechnung der öffentlichen Leistung Schwierigkeiten, auch die korrekte Bezeichnung der jeweiligen Gegenleistung des Bürgers ist keineswegs einfach.

Sofern die Dienstleistung von einem städtischen oder privaten Unternehmen (GmbH, AG) bzw. einem kommunalen Eigenbetrieb erbracht wird, etwa die Lieferung von Strom, Gas, Wasser bzw. die Fahrt mit einem öffentlichen Verkehrsmittel, zahlt der Bürger häufig ein (privatrechtliches) Entgelt; er „kauft" die (jedermann angebotene) Leistung. Aus der Sicht des Nutzers stellt sich die Inanspruchnahme anderer Dienstleistungen durchaus ähnlich dar: Bei der Personalausweis- oder Passausfertigung, der Kraftfahrzeugzulassung, der Trauung, der Ummeldung bei Wohnungswechsel oder der Beurkundung müssen die Einwohner für Dienstleistungen des Kreises bzw. der Gemeinde zahlen; es besteht ein unmittelbarer Zusammenhang zwischen Leistung und Gegenleistung.

Allerdings zahlt der Bürger für die Vornahme von Amtshandlungen oder die Benutzung öffentlicher Einrichtungen kein Entgelt, sondern er entrichtet eine (öf-

---

4 S.d. Wagener und Droste, in: Wagener 1982, S. 27-42 bzw. 53-59; zur juristischen Dimension s. Kirchhof 1995.
5 Wilke, in: Püttner 1985, S. 254f.

fentlich-rechtliche) Gebühr.[6] Nur Verwaltungsgebühren sind stets öffentlich-rechtliche Gebühren. „Die Grenze zwischen Gebühren ... und ... Entgelten ist in der Praxis oft schwer zu ziehen."[7] Bei öffentlichen Einrichtungen (z.B. einem Erlebnisbad) kann die Gemeinde wählen, ob sie Benutzungsentgelte auf privatrechtlicher Basis oder eine öffentlich-rechtliche Benutzungsgebühr erheben will. Hierzu ist jeweils eine gültige Satzung erforderlich.[8] Die Entscheidung der Stadt wird davon abhängen, ob die Beitreibung der Gelder problematisch werden kann. Die Höhe einer Gebühr ergibt sich (wie bei anderen Abgaben) aus dem Kommunalabgabengesetz (des jeweiligen Landes) und der örtlichen Gebührensatzung.

3.1.1 Kostendeckung bei Entgelten und Gebühren

Bei der Festsetzung von Gebühren und Entgelten sollen die Gemeinden Kostendeckung anstreben. Immer wieder wird die Frage diskutiert, „ob soziale, verteilungs- und regionalpolitische Überlegungen den strengen äquivalenztheoretischen Zusammenhang zwischen Leistung und Gegenleistung lockern dürfen bzw. sollen."[9] Die Kommunen wollen unterschiedliche Ansprüche und Einkommen ihrer Einwohner berücksichtigen und müssen gleichzeitig dem Grundsatz der Gleichbehandlung Rechnung tragen.[10] Das Ergebnis dieser Abwägung zwischen volkswirtschaftlichen,[11] betriebswirtschaftlichen, gesellschaftspolitischen und rechtsstaatlichen Gesichtspunkten kann nur ein politischer Kompromiss sein, der im Ernstfall der Kontrolle durch ein Verwaltungsgericht standhalten muss und vorab schon von der Kommunalaufsicht überwacht wird.

Kostendeckung bei Gebühren und Entgelten für kommunale Dienstleistungen ist allenfalls eines von verschiedenen Leitbildern, war aber nie verbreitete Realität.[12] Bei manchen Leistungen wird ständig eine Unterschreitung der vollen Kostendeckung[13] in Kauf genommen. Besonders in den neuen Bundesländern war in den Gemeinden die sozioökonomische Ausgangssituation stark handlungsbestimmend, die Bereitschaft, Gebührenerhöhungen zu beschließen - und dadurch die Gebühren dem Westniveau anzupassen - nicht vorhanden.[14] Regelmäßige Untersuchungen des

---

[6]   Für die Erhebung in Mecklenburg-Vorpommern s. Matschke/Hering 1998, S. 21.
[7]   Giere 1965, S. 310. Vgl. auch Zeitel 1988, S. 348f.; Kunz, in: Gabriel 1989a, S. 72.
[8]   Sander/Weiblen, in: Pfizer/Wehling 1991, S. 90.
[9]   Gawel 1995, S. 36.
[10]   Zur Frage, welche Entscheidungsfreiheit die Kommunen haben, s. Bätz 1979, S. 54.
[11]   Kommunale Entgelte werden als „lenkende Kostenpreise" (Gawel 1995, S. 15) angesehen.
[12]   Marcus 1987, S. 100; Seiler 1988, S. 517.
[13]   „Kostendeckungsregeln, Äquivalenzprinzip und Gewinnerzielungsverbote" sollen den Zahlungspflichtigen vor einer Denaturierung der Gebühr zur verkappten Kommunalsteuer schützen (Gawel 1995, S. 41).
[14]   Hansmeyer 1997, S. 201. Von einer Kostendeckung kann aus Gründen des „öffentlichen Interesses" abgesehen werden (§ 6, Abs. 1, Satz 3 KAG MV).

Deutschen Städtetages (s. Abbildung 10) haben ergeben, dass die Einnahmen der kommunalen Bäder im Durchschnitt nur etwa 18-24% der Kosten decken. Ähnliches gilt für Theater (11-13% Kostendeckung). Bei Museen ist der Kostendeckungsgrad mit 7-9% noch geringer. Häufig ist hier der Besuch ebenso wie die Nutzung öffentlicher Büchereien völlig kostenlos.[15]

Zur Berechnung der tatsächlichen Kosten sind also bei den meisten Leistungsangeboten Einzelerhebungen oder zusätzliche Berechnungen erforderlich. Diese enden immer mit dem Ergebnis, dass der Bürger ein Vielfaches dessen bezahlen müsste, was ihm bei der Nutzung der Einrichtungen tatsächlich in Rechnung gestellt wird. Denn zu den Errichtungskosten kommen die Folgekosten hinzu. Als Folgekosten bezeichnet man jene Kosten, die eine Einrichtung (nach Fertigstellung) durch den laufenden Betrieb verursacht, also Unterhaltungskosten und Instandsetzungskosten, im Einzelnen sächliche Betriebs- und Verwaltungskosten, Personalkosten für Verwaltung und Aufsichtspersonen, Kosten für Abschreibungen[16] und Kapitalverzinsung sowie Zinsen für die zur Finanzierung der Maßnahme aufgenommenen Darlehen.

Durch die Veranschlagung kalkulatorischer Kosten (Abschreibungen, Zinsen)[17] der kostenrechnenden Einrichtungen und die Brutto-Veranschlagung aller Ausgaben und Einnahmen seit den 1970er Jahren enthält das Haushaltsrecht zwei wesentliche Hilfen für die Entwicklung einer kostenbewussten Gemeindeverwaltung.[18] Dennoch bleibt wegen der summarischen Ausweisung von Personalkosten und sächlichen Verwaltungsausgaben für ganze Aufgabenbereiche die Klarheit auf einen geringen Teil der kommunalen Tätigkeit begrenzt.[19] Welchen Beitrag das Haushaltsrecht zur Kostentransparenz und damit zu kostenbewusstem Verhalten bei der Abrechnung von kommunalen Diensten leistet, wird deutlich an den Kostendeckungsgraden[20] für Abwasser- und Abfallbeseitigung (s. Abbildung 10). Die Leistungen dieser „kostenrech-

---

[15] 2003 lag der Kostendeckungsgrad bei Kindergärten in Hessen bei max. 44,6% (Hessischer Rechnungshof 2005). Die Deckungsquote der Gebühren ist im Durchschnitt seit 1998 noch zurückgegangen (Karrenberg/Münstermann 2005, S. 88).

[16] Dabei stellt sich die betriebswirtschaftliche Frage nach der gewünschten Kapitalerhaltung bei der Bewertung nach dem Anschaffungs-, Tages- oder Wiederbeschaffungswert (Bätz 1979, S. 55). Eine bloße auf verwaltungsexterne Ressourcenfinanzierung (Re-Finanzierung) verpflichtete Gebühr dürfte Mittel nur in Höhe des Voraus-Engagements der Gemeinde kalkulieren (Gawel 1995, S. 39). Letztlich ist der Stellenwert eine Ermessensentscheidung. Die neuen Gemeindehaushaltsverordnungen zur Umstellung auf die Doppik enthalten dazu Orientierung bzw. Regeln (z.B. GemHKV von Niedersachsen vom 22.12.2005, §§ 42-47); s.a. Ständige Konferenz der Innenminister und -senatoren der Länder: Anlage 3, Arbeitsentwürfe, S. 91.

[17] Zur Berechnung mit Beispielen s. Matschke/Hering 1998, S. 68ff.

[18] Depiereux, in: Voigt 1984, S. 185f.; Pohl/Voigt, in: Klemisch u.a. 1994, S. 105. (Interne) kalkulatorische Kapitalkosten (Abschreibungen, Zinsen) der Gemeinden, des Kreises oder des Zweckverbandes werden seit den 1970er Jahren einbezogen. Externe Effekte, wie z.B. gesamtwirtschaftlicher Werteverzehr oder soziale Zusatzkosten, blieben bisher allerdings unberücksichtigt.

[19] Dies beklagen zu Recht die Befürworter eines „Neuen Steuerungsmodells" (vgl. etwa Banner 1991, S. 6ff.).

[20] Vgl. Bullinger bzw. Flämig, in: Püttner 1985, S. 111 bzw. 653, 655.

nenden Einrichtungen" liegen seit 1982 mit Deckungsgraden von 83 bis 89% bzw. 90-95% weit vor allen anderen. Bei Friedhöfen und Straßenreinigung[21] konnte der Kostendeckungsgrad in gut 10 Jahren deutlich gesteigert werden. Eine gewisse Steigerung gelang auch bei „freiwilligen"/freizeitbezogenen Bildungseinrichtungen (Musikschulen und Volkshochschulen). In den anderen Bereichen (mit geringem finanziellen Gewicht beim „Umsatzvolumen" des kommunalen Leistungsangebots) wird Kostendeckung aus allgemeinpolitischen Gründen nicht angestrebt.[22] Der Bund der Steuerzahler vermutet allerdings auch Managementfehler in den Städten als Ursachen für die unterschiedliche Belastung der Bevölkerung mit Gebühren.[23]

Durch Verselbstständigung von Einrichtungen als Eigenbetrieb oder Eigengesellschaft haben sich die Gebühreneinnahmen der Gemeinden formell verringert. Gerade in Bereichen, in denen fast kostendeckende Gebühren erhoben wurden, wählen die Städte häufig private Anbieter als Ausführende der gemeindlichen Pflichtaufgaben.[24] Die jeweilige Belastung des Bürgers hängt vom Vertrag ab, den die Stadt mit dem Betreiber abschließt. Die Überweisung der Entgelte ist dem privaten Anbieter wegen des Anschluss- und Benutzungszwangs[25] sicher. Gebührenerhöhungen bei den fast kostendeckend erhobenen Müllbeseitigungs- und Abwassergebühren sind zuweilen notwendig geworden, weil die Kapazität der Entsorgungseinrichtungen falsch geplant wurde, z.B. ist häufig die Auslastung von „alten" Müllverbrennungsanlagen aufgrund von neuen Konzepten zur Trennung des Mülls nicht mehr gegeben oder neue Anlagen - nach TA-Siedlungsabfall erforderlich - lassen die Kosten in die Höhe schnellen.

Insgesamt gehören die Benutzungsgebühren zu den tragenden Pfeilern des kommunalen Finanzsystems.[26] Allerdings würden durch kostendeckende Gebühren und Entgelte ganze Bevölkerungsgruppen von der Inanspruchnahme vieler öffentlicher Dienstleistungen ausgeschlossen, z.B. mehrköpfige Familien mit niedrigem Familieneinkommen. Das können und wollen die Städte und Gemeinden aber aus sozialen Gründen keinesfalls zulassen; die Folge ist der Wunsch nach einer sozial ausgewogenen, benutzerspezifischen Festlegung von Gebühren und Entgelten. Arend[27] umschreibt mit den Begriffen „Verursacherprinzip" und „Null-Tarif"[28] die Spannweite der politischen Bewertungsmöglichkeiten.

---

[21] Bei der Straßenreinigung wird auch ein hohes Maß an „Kollektivinteresse" gesehen, sodass die Gebühren für Straßenreinigung nach einem Urteil des Bundesverfassungsgerichts von 1984 nicht kostendeckend berechnet werden (Karrenberg/Münstermann 2006, S. 20). Diese Erwägung gilt auch für Friedhöfe als parkähnlichen Erholungseinrichtungen.

[22] Für einzelne Einrichtungen erhalten die Gemeinden laufende staatliche Zuschüsse über den Finanzausgleich oder sonstige einrichtungsspezifische Einnahmen (Karrenberg/Münstermann 2006, S. 21).

[23] Süddeutsche Zeitung vom 19.9.1998.

[24] Siehe oben, Abschnitt 2.4.3 (Betreibermodell).

[25] Vgl. Penski, in: Voigt 1984, S. 44f.

[26] Giere 1965, S. 310; Seiler 1988, S. 516f.

[27] Arend, in: Borgerding u.a. 1978, S. 399.

Die einzelnen Parteien im Gemeinderat werden die Bedürftigkeit potenzieller Benutzergruppen unterschiedlich beurteilen. Sollen etwa Einzelbenutzer mehr bezahlen als Gruppen (Vereine, Schulen)? Erwachsene Einzelbenutzer werden zwar das höchste Eintrittsgeld zahlen, aber wo ist die Grenze zum Erwachsenenalter anzusetzen? Sind alle Erwachsenen gleich zu behandeln, oder dürfen einige (z.B. Schüler, Studenten, Rentner, Invaliden, Arbeitslose) ein Erlebnisbad gegen ein geringeres Eintrittsgeld benutzen als andere? Können Kinder und Jugendliche das Bad gar umsonst benutzen? Auch die Landesgesetzgebung wirkt sich dabei zuweilen aus. Sie legt z.B. die Gruppengrößen für Kindergärten fest und beeinflusst dadurch die Personalkosten. Selbst Gerichte scheinen immer häufiger mit der Gebührengestaltung befasst zu sein. Sie mussten sich bereits mit dem Kostenanteil der Eltern für Kinderbetreuung beschäftigen: So haben oberste Gerichte festgestellt, dass besserverdienenden Eltern mehr Gebühren für den Kindergartenplatz abverlangt werden dürfen als den geringerverdienenden.[29] Die Kommunen in vielen Bundesländern hatten die Gebühren schon nach diesem Prinzip gestaltet. Die kostenlose Betreuung, inzwischen in vielen Städten erwogen, lässt sich z.B. im Saarland und in Rheinland-Pfalz nur durch Landeszuschüsse sicherstellen.[30] Auch Müllgebühren beschäftigen immer wieder die Gerichte, so in der niedersächsischen Großstadt Oldenburg. Die Verwaltung sah vor Jahren gleiche Gebühren für alle Haushalte, unabhängig von der Müllmenge, als besonders einfaches Verfahren an. Die Stadt wurde aber vom Verwaltungsgericht dazu gezwungen, die entsorgte Müllmenge bei der „Abfallbeseitigungsgebühr" zugrunde zu legen.

Bei Tennisplätzen, Eissporthallen, Golfplätzen, Heilbädern und ähnlichen Einrichtungen werden sozialpolitische oder verhaltenssteuernde Überlegungen bei der Nutzung seltener oder gar nicht erwogen. Hier wird eher auf die vielgerühmte Privatinitiative gesetzt.[31] Beispiele aus verschiedenen Städten zeigen, wie rasch Privatinitiative erlahmen kann, wenn die Folgekosten überhandnehmen. Die Stadt steht dann vor der Alternative, ihren Bürgern bestimmte Leistungen in Zukunft vorzuenthalten oder die Hauptlast der Folgekosten zu tragen. Dies trifft zum Beispiel für vereinsbetriebene Freibäder oder Turnhallen zu. Könnte eine Stadt sich weigern, wenn ihr in ähnlicher Situation eine Reithalle, Tennisplätze oder eine private Kunstsammlung geschenkt würden? Diese Überlegung führt unmittelbar zurück auf die

---

28	Dabei wird allerdings „auf die Stärkung individueller Kostenverantwortung und systembezogener Verursacher-Gerechtigkeit" verzichtet (Gawel 1995, S. 18).
29	Das Bundesverwaltungsgericht sah 1998 die Grundrechte besserverdienender Eltern dadurch nicht verletzt. In den einzelnen Bundesländern fielen schon immer unterschiedliche Kosten für die Ganztagsbetreuung der Kinder bei den Eltern an (s. Focus 18/1998, S. 15). Inzwischen stellen Städte und Gemeinden ihre Gebührenordnungen ins Internet (Internetrecherchen am 12.7.2006). Dabei zeigen sich ganz unterschiedliche Gebührensätze und zugrunde liegende Berechnungsarten.
30	S. d. unten, Abschnitt 3.4.1.
31	Bereits Scheuner (1973, S. 28) warf im Zusammenhang mit „nicht elementaren Einrichtungen, wie etwa dem städtischen Theater, die Frage auf, welchen Bevölkerungsschichten sie dienen und in welchem Verhältnis ihre Kostendeckung zu anderen Aufgaben steht."

Frage, welche öffentlichen Leistungen und Einrichtungen eine Gemeinde für welche Bürger erbringen muss. Dies ist eine Entscheidung über Alternativen, letztlich also eine politische Frage.

Abbildung 10: Kostendeckungsgrade bei kommunalen Dienstleistungen (alte Bundesländer)

Leistung	1982	1985	1990	1992	1994	1996	2005	Spann-weite
Abfall	93,0	94,9	90,7	89,6	90,0	85,1	92,1	90-95
Abwasser	83,4	85,2	88,5	88,0	89,0	86,5	87,7	83-89
Straßenreinigung	59,2	59,9	72,5	70,8	73,0	55,8	69,6	59-73
Friedhöfe	55,0	63,0	64,3	63,4	74,7	71,3	71,2	55-75
Schlachthöfe	52,4	72,3	68,7	66,2	k.A.	k.A.	k.A.	52-72
Musikschulen	25,5	36,9	30,5	29,2	31,8	31,7	36,0	26-37
Volkshochschule	18,8	28,2	26,1	25,2	29,2	24,5	34,7	19-35
Bäder	18,2	22,2	23,3	22,7	23,7	19,1	21,4	18-24
Theater	11,3	13,5	11,6	11,3	13,3	11,0	11,6	11-13
Kindergärten	10,9	13,5	9,1	10,2	11,6	11,1	11,9	9-13
Museen	8,1	8,5	8,5	8,5	7,1	9,1	6,8	7-9
Büchereien	1,1	2,7	2,3	2,5	4,0	4,3	6,8	1-7

Quelle: Karrenberg/Münstermann 1987, S. 90f.; dieselben 1994, S. 182; dieselben 1996, S. 154, dieselben 1998, S. 181; Karrenberg/Münstermann 2006, S. 21.

Zum Ergebnis unterschiedlicher Bewertungen kommen verschiedene (meist völlig undurchschaubare) Berechnungsverfahren hinzu. So sorgen Vorschriften im Umweltschutz, aber auch die bereits erwähnten Überkapazitäten bei Müllentsorgungseinrichtungen (Deponien bzw. Verbrennungsanlagen) sowie Rationalisierungen im Betriebsablauf für stadtspezifisch unterschiedliche Gebühren. Das Abfallmanagement wird in den einzelnen Städten ganz unterschiedlich gehandhabt. Zum Beispiel stehen manchmal Biotonnen verpflichtend oder nur als Angebot zur Verfügung. Papiertonnen werden zuweilen kostenlos angeboten. Dies gilt auch für unterschiedliche Regelungen bei sonstigen Wertstoffabfällen und beim Sperrmüll. Die abweichenden Ergebnisse hängen also nicht nur mit dem mehr oder weniger effizienten Vorgehen und mit neuen Anforderungen, z.B. beim Umweltschutz, zusammen, sondern auch mit der Art und Weise der Zurechnung der Kosten zum Produkt.[32] Die EU setzt sich zudem mit der Abfall-Rahmen-Richtlinie für die freie Konkurrenz der Abfallanbieter ein,[33] was die kommunalen Systeme ständig in Frage stellt. Bei der Berechnung der Abwassergebühren wurden die Städte durch Gerichtsurteile und

---

[32]   So ist es kein Wunder, dass die Abfallgebühren sehr unterschiedlich sind. S. d. z.B. die Informationen, die der Bund der Steuerzahler 2005 für die niedersächsischen Städte zusammengestellt hat.

[33]   Wollmann 2002, S. 35.

eine EU-Richtlinie (2000/60/EG) zur Veränderung ihres Vorgehens animiert. Nicht mehr der Frischwasserverbrauch gilt als Berechnungsgrundlage, sondern auch die Versiegelung von Grundstücksflächen und Dachflächen wird berücksichtigt, auf denen das Regenwasser nicht versickern kann. Denn die Kommune muss dafür größere Kapazitäten für Abwasser- und Regenrückhaltebecken vorhalten.[34] Bei Kinderbetreuungseinrichtungen werden z.B. die Betreuungskosten pro Stunde berechnet, andere Städte bevorzugen eher pauschalere Beträge. Die Kosten pro Kind ermäßigen sich zum Teil danach, je mehr Kinder in einer Familie die Einrichtung benutzen usw. Generell gehen alle Reformer davon aus, dass das Kostenbewusstsein geschärft werden muss und auch Kosten mitzuberechnen sind, die andere Verwaltungsdienststellen erbringen, z.B. beim Erstellen eines Kindergartenbedarfsplans.

Eine Steigerung der Gebühren stößt aber immer häufiger auf Kritik. So rechnet z.B. das Berliner Institut für Städtebau, Wohnungswirtschaft und Bausparwesen vor, dass die Wohnungsnebenkosten ständig ansteigen.[35] Daher ist es nicht verwunderlich, dass die Städte zur Behebung ihrer finanziellen Engpässe Einrichtungen abgeben[36] oder neue Gebührenquellen erschließen wollen. Im Zeichen der Finanznot haben viele Städte in den letzten Jahrzehnten die Gebühren für das Parken von PKWs am Rande der Innenstadtstraßen bzw. in eigens dafür vorbereiteten Parkbuchten auf Plätzen der Innenstadt oder in Bahnhofnähe als Einnahmequelle entdeckt. Welches finanzielle Potenzial die Parkgebühren bieten, zeigt das Beispiel der Stadt Konstanz. Hier kam 1982 ein Fünftel der im Haushalt veranschlagten Steigerung des Gebührenaufkommens aus dem Ertrag der deutlich erhöhten Parkgebühren.[37] Die Städte schlagen auch bei der Parkraumbewirtschaftung ganz unterschiedliche Wege ein. Dies zeigen die verschiedenen Gebührenordnungen.[38] Bei der Gestaltung ist jedoch die Meinungsbildung durch die Medien zu berücksichtigen: Schließlich werden die Städte schon als „Wegelagerer" bezeichnet. Natürlich stellt sich bei der faktischen „Besteuerung" von Parkplätzen im öffentlichen Straßenraum besonders deutlich die Aufgabe, zwischen öffentlichem und privatem Nutzen bzw. Verhaltenssteuerung und fiskalischen Vorteilen abzuwägen. Die Parkraumbewirtschaftung gilt natürlich auch als wesentliche „Stellschraube" für das Management von knappen Parkflächen insbesondere in den Innenstädten.

---

[34] FAZ vom 7.1.2006.
[35] Vergleichsweise moderat stiegen allerdings die Kosten für die Müllabfuhr, Wasser- und Abwasserver- und -entsorgung (Ifes/Stat. Bundesamt, www.siedlerbund.de (10.8.2006).
[36] Kostenminderung für die Gemeinde kann sich dadurch ergeben, dass ein „armer" Träger anstelle der Stadt den Kindergarten übernimmt und dann Kreis und Land höhere Anteile zahlen (Westdeutsche Rundschau vom 3.10.1995).
[37] Eickmeyer, in: Mäding 1983, S. 68.
[38] Siehe dazu die Informationen, die von sehr vielen Städten im Internet zur Verfügung stehen.

3.1.2 Beiträge zwischen öffentlichem und privatem Nutzen

Diese Abwägung zwischen öffentlichem und privatem Nutzen ist etwa beim Ausbau, der Verkehrsberuhigung einer Straße oder der Anlage einer Fußgängerzone noch schwieriger. Unmittelbar und mittelbar Betroffene können über den Nutzen einer solchen Einrichtung sehr unterschiedlicher Meinung sein; Nutzungsberechtigte (Käufer, Autofahrer) und Zahlungspflichtige (Anlieger) fallen zudem auch personell auseinander. Beim Ausbau von Straßen können Kommunen von den Anliegern „zur Deckung ihres anderweitig nicht gedeckten Aufwandes einen Erschließungsbeitrag" (für Straßen, Plätze, Versorgungs- und Entsorgungsanlagen) erheben.[39] Dies gilt auch bei Erweiterung und Verbesserung von Erschließungsanlagen. Während Gebühren und Entgelte den Gegenwert für individuell zurechenbare öffentliche Dienstleistungen bilden, werden Beiträge als Gegenleistung dafür erhoben, dass „die öffentliche Hand ... Maßnahmen durchführt, die einem bestimmten Personenkreis besondere Vorteile eröffnen."[40] Dies kann neben dem Straßenbau und sonstigen Ver- und Entsorgungsanlagen auch ein Vorteil durch andere Infrastruktureinrichtungen sein, z.B. solche speziellen, die in einem Kurort angeboten werden müssen. Nicht jeder Beitragspflichtige (Straßenanlieger, Bewohner eines Kurortes oder der Kurgast)[41] muss auch konkret und nachweislich in den Genuss der ihm zugerechneten Vorteile (Straßenbau, Kureinrichtungen) kommen. Beiträge beziehen sich also auf einen schwer zu präzisierenden, (faktischen oder mutmaßlichen) Vorteil des Bürgers aufgrund kommunaler Aktivitäten für Herstellung, Anschaffung, Erweiterung, Verbesserung oder Erneuerung öffentlicher Einrichtungen. Diesem Vorteil ist im Einzelnen nachzugehen.

Die gesetzlichen Grundlagen bei Erschließungsbeiträgen (Abbildung 11) weisen auf vielfältige Bewertungsprobleme hin. Beitragsfähig ist nur, was erforderlich ist, um Flächen entsprechend den baurechtlichen Vorschriften zu nutzen. Diese werden von den Anliegern in der Regel unterschiedlich eingeschätzt. Geschäftsinhaber waren zum Teil strikt gegen eine Fußgängerzone oder die Verkehrsberuhigung eines Innenstadtplatzes, weil sie eine Behinderung des Zuliefererverkehrs, aber auch den Wegfall der „Lauf"kundschaft befürchteten, die möglichst nah an die Geschäfte heranfahren will. Ein Straßenausbau wird häufig von Anliegern nicht als notwendig angesehen, weil mehr Verkehrslärm erwartet wird. So werden Ausbaumaßnahmen

---

[39]   Zunächst gelten § 127 und 128 Abs. BBauG. Den Ländern ist die Regelung der Einzelheiten überlassen (s.d. Driehaus 1991, S. 5). § 6 ff. Niedersächsisches Kommunalabgabengesetz (NKAG) vom 11. Februar 1992 (Nds. GVBl., S. 29); zuletzt geändert durch Gesetz vom 20. November 2001 (Nds. GVBl., S. 701).

[40]   Wilke, in: Klein 1993, S. 8. Vgl. auch Lehmann, in: Püttner 1985, S. 264, 266; Driehaus 1991, S. 2f.

[41]   Eine Kurabgabe bzw. ein Fremdenverkehrsbeitrag (Kurtaxe, Kurbeitrag) darf nur in staatlich anerkannten Kur- und Erholungsorten von Fremden erhoben werden (s. Bayer bzw. Lehmann, in: Püttner 1985, S. 225-230, 234, 264). Für Niedersachsen NKAG, ebenda, §§ 9 und 10.

zuweilen verschoben.[42] Dennoch können in den meisten Bundesländern Anlieger (soweit sie Eigentümer sind) mit anteiligen Herstellungskosten belastet werden. Die Erfahrung hat gelehrt, dass Grundstückseigentümer (höhere Grundstückswerte) letztlich einen Vorteil von der Ausbaumaßnahme haben. Das gilt auch für die Geschäftsinhaber an Fußgängerzonen.

Im Falle einer Umgehungsstraße kann ein solcher Vorteil für die Anlieger nicht gesehen werden; eine Beteiligung an den Kosten des Ausbaus muss entfallen. Generell sind die Kosten für Fahrbahnen der Ortsdurchfahrten von Bundesstraßen sowie von Landstraßen I. Ordnung (Staatsstraßen) und II. Ordnung (Kreisstraßen) aus dem Erschließungsaufwand herauszunehmen (§ 128 III BauGB), soweit die Fahrbahnen keine größere Breite erfordern als ihre anschließenden freien Strecken. Diese Regelung führt zu einer Entlastung derjenigen Grundstücke, die von den Ortsdurchfahrten erschlossen werden, gegenüber Grundstücken an Straßen gleicher Abmessung, die nicht Ortsdurchfahrten sind. Den nicht beitragsfähigen (weil im öffentlichen Interesse erforderlichen) Erschließungsaufwand muss die Gemeinde selbst tragen.

Für die tatsächliche Veranlagung des Erschließungsaufwandes ist zu beachten, dass der gemeindliche Anteil nicht nur von Art und Umfang der Maßnahme, sondern auch von politischen Entscheidungen am Ort, der Bereitschaft der Anlieger zur Beitragszahlung und dem geltenden Landesrecht (Landeszuschüsse) wesentlich beeinflusst wird. Die konkreten Maßstäbe der Beitragspflicht (z.B. Frontmeter, Grundstücksfläche, zulässige oder tatsächliche bauliche Nutzung) bilden eine fast unerschöpfliche Quelle für gerichtliche Auseinandersetzungen zwischen beitragspflichtigen Eigentümern und ihrer Gemeinde.[43] Die Kommunalabgabengesetze der Länder sehen unterschiedliche Regelungen vor, die sich insbesondere auf den Anteil der Gemeinden an den Ausbaukosten (zwischen 10 und 75%)[44] oder auf die Feststellung beziehen, dass Beiträge erhoben werden sollen (Nordrhein-Westfalen) bzw. zu erheben sind (Schleswig-Holstein). [45]

Auch die Erhebung von Beiträgen für die Unterhaltung von Straßen/Erschließungsanlagen wird unterschiedlich gehandhabt. Während verschiedene Gemeinden nur den Mindestanteil der Herstellungskosten selbst tragen, sehen sich andere Gemeinden gezwungen, diesen Satz erheblich zu überschreiten.[46] Einen Anlass dafür bildet die Furcht vor Konflikten mit den zur Beitragszahlung heranzuziehenden Eigentümern. Gerade bei der Einrichtung einer Fußgängerzone kann durchaus strittig sein, ob und in welchem Umfang die Anlieger zu einem Ausbaubeitrag herangezogen werden können. So wird u.a. die Auffassung vertreten, es käme allenfalls ein

---

[42] S. unten, Abschnitt 3.4.2; s.a. Matschke/Hering 1998, S. 23.
[43] Marcus 1987, S. 102.
[44] § 129, I BauGB, s. unten, Abschnitt 3.4. Baden-Württembergische Kommunen müssen bei bisher nur einmaliger Belastung der Anlieger an Ausbaukosten nur 5% bezahlen (Klobischke/Gloser 2005, S. 40ff.).
[45] Bonczek u.a. 1973, S. 16.
[46] Bonczek u.a. 1973, S. 20, 22.

Umbaubeitrag in Betracht, da es sich nicht um eine Erschließungsmaßnahme handele. Nachdem die Beitragspflicht bei Fußgängerzonen jahrelang diskutiert und von einzelnen Städten unterschiedlich gehandhabt wurde, liegt dazu inzwischen ein Urteil des Verwaltungsgerichts Münster vor: Anlieger von Fußgängerbereichen dürfen mit bis zu 50% der Kosten belastet werden. Dabei bleiben allerdings Aufwendungen für gestalterische Maßnahmen (Zierlampen, Brunnen, Plastiken) und für Straßenverkehrszeichen außer Betracht. Erst unter dem Druck von zusätzlichen Geschäften auf der grünen Wiese und in stadtergänzenden Einkaufszentren oder Passagen sind die Anlieger von Fußgängerzonen bereit, selbst einen erheblichen Beitrag für deren Modernisierung aufzubringen. In Baden-Württemberg konnten Maßnahmen dadurch beschleunigt werden, dass die Kann-Vorschrift angewandt wird, die Grundstückseigentümer bei Modernisierung einer bereits ausgebauten Straße nicht erneut zu belasten.[47]

Welche Bedeutung eine Einschränkung der den Gemeinden (durch gesetzliche Regelungen) zugewiesenen Entscheidungsmöglichkeiten durch gerichtliche Auseinandersetzungen erreichen kann, zeigt anschaulich das Beispiel einer (leider nicht genannten) großen deutschen Stadt. In den 1970er Jahren wurde dort bei 29 Beitragsverfahren gegen 292 von 621 Heranziehungsbescheiden Widerspruch eingelegt. Gegen 155 Widersprüche erhob die Stadt 123 Klagen. Davon haben mindestens 32 Klagen nach mehrjähriger Prozessdauer dazu geführt, dass die Stadt die Heranziehungsbescheide aufheben musste. Diese Stadt stellte daraufhin 260 anstehende Beitragsverfahren mit etwa 6.000 Heranziehungsbescheiden bis zur Klärung der strittigen Fragen zurück.[48]

Sieht man einmal von den Folgen für die Rechtssicherheit und die finanzielle Situation der betreffenden Stadt ab, dann ergibt sich aus derartigen Vorgängen vor allem die Gefahr, dass Städte und Gemeinden Auseinandersetzungen kommen sehen und - ähnlich wie bei der Festsetzung von Gebühren und Entgelten (wenn auch aus anderen Gründen) - auf die Erhebung angemessener Beiträge verzichten. Die Folge wäre, dass der wachsende öffentliche Anteil an Erschließungs-, Ausbau-, Umbau- und anderen Verbesserungsmaßnahmen aus den übrigen Einnahmen der Gemeinden bestritten werden muss, bei denen im Gegensatz zu Gebühren, Entgelten und Beiträgen kein unmittelbarer Zusammenhang zwischen kommunaler Leistung und persönlicher Zahlungspflicht[49] besteht. Hier ist zunächst an Steuereinnahmen zu denken.

---

[47] Naßmacher 1987, S. 262f.
[48] Hein 1977, S. 1060.
[49] Ausnahmen: Kraftfahrzeugsteuer, die auch als „Verwendungszwecksteuer" bezeichnet werden kann; Ökosteuer auf Kraftstoff und Energie zur Finanzierung der Sozialsysteme.

Abbildung 11: Erhebung von Erschließungsbeiträgen

Prinzip: Nach dem Baugesetzbuch müssen die begünstigten Eigentümer die beitragsfähigen Kosten für die erstmalige Erstellung einer Erschließungsanlage (z.B. Straße) bis zur Höhe von 90% selbst zahlen. Den Rest übernimmt die Kommune (§ 129 BauGB).

Ausnahme: In einem **Erschließungsvertrag** (§ 124) kann ein Eigentümer oder ein Bauträger die Übernahme aller Kosten vereinbaren; eine Beitragserhebung erfolgt dann nicht.

Voraussetzungen für die Erhebung eines Beitrages sind:
1. Beschluss und Genehmigung einer Satzung zur Erhebung von Erschließungsbeiträgen (§ 132),
2. ein rechtsgültiger Bebauungsplan, außer bei den im Zusammenhang bebauten Ortsteilen (§ 125), und
3. die endgültige Herstellung der Erschließungsanlagen (§ 133).

Ausnahme: Vorausleistungen auf den Erschließungsbeitrag können verlangt werden,
- wenn ein Bauvorhaben auf dem Grundstück genehmigt wird oder
- wenn mit der Herstellung der Erschließungsanlagen begonnen worden ist und sie innerhalb von vier Jahren fertiggestellt sind (§ 133).

Das in der Erschließungsbeitragssatzung festzulegenden **Erhebungsverfahren** enthält folgende Elemente:
- Bestimmung der Merkmale der endgültigen Herstellung einer Erschließungsanlage (§ 132).
- Ermittlung des gesamten Erschließungsaufwandes nach den tatsächlichen Gesamtkosten oder nach den in der Kommune üblichen Einheitssätzen, evtl. abschnittsweise Kostenermittlung (§ 130).
- Ermittlung des beitragsfähigen Aufwands: Beitragsfähig sind die Kosten für den Erwerb der Flächen (ggfs. der Wert der von der Gemeinde bereitgestellten Flächen), Kosten der Vermessung und Freilegung der Flächen, die erstmalige Herstellung der Erschließungsanlagen, evtl. auch Kosten für Erweiterungen oder Verbesserungen (§§ 127-129).
- Bestimmung des Maßstabes zur Verteilung des Erschließungsaufwands; möglich sind als Maßstäbe (auch miteinander verknüpfbar):
  - Art und Maß der baulichen und sonstigen Nutzung des Grundstücks,
  - Größe des Grundstücks,
  - Grundstücksbreite an der Erschließungsstraße (§ 131).
- Verteilung des beitragspflichtigen Aufwands auf die Eigentümer (§§ 133, 134).
- Zeitpunkt der Fälligkeit des Erschließungsbeitrags.
- Anforderung des Erschließungsbeitrags beim Eigentümer oder Nutzungsberechtigten; Raten- oder Rentenzahlungen bzw. das Absehen von der Zahlung sind möglich (§ 135).

Quelle: Fritz-Vietta, in: Dauwe u.a. 1995, S. 86 (von den Verfassern überarbeitet).

3.2 Steuereinnahmen der Gemeinden

„Steuern dienen regelmäßig der Deckung des allgemeinen öffentlichen Finanzbedarfs."[50] Sie werden ohne Gegenleistung von allen erhoben, bei denen jener Tatbestand zutrifft, an den das jeweilige Steuergesetz eine Zahlungspflicht knüpft (z.B. Einkommen, Umsatz, Grundeigentum, Hundehaltung). Die konkrete Ausgestaltung eines Steuersystems ist stets ein politisches Optimierungsproblem. Dafür lassen sich unterschiedliche Ursachen benennen. Zunächst geht die Bereitschaft der Bürger, Steuern zu zahlen, stark zurück: Die Steuerlast wird als zu hoch empfunden. Nicht ohne Grund zeigt Schmölders in einem Kapitel „Kunst der Besteuerung" die psychischen Grenzen der Besteuerung auf.[51] Allgemein kann gesagt werden, dass mit dem Wandel des Staates vom „Nachtwächterstaat" zum „Wohlfahrtsstaat" und der Tendenz, die Einkommens- und Vermögensverteilung zu modifizieren, die öffentliche Hand immer mehr auf Besteuerung angewiesen ist. So ist die Suche nach neuen Steuereinnahmen verständlich. Darüber hinaus kann allenfalls „ein System aufeinander abgestimmter Steuern zu einem befriedigenden Ergebnis führen." Kriterien dafür sind neben der bereits erwähnten Äquivalenz zwischen Belastung und Nutzen auch die Bindung des Aufkommens an das wirtschaftliche Wachstum ohne Abhängigkeit vom Konjunkturverlauf. Selbstverständlich sollte das Steueraufkommen dem Finanzbedarf entsprechen. Schließlich sollen möglichst viele Steuerzahler „einen fühlbaren Beitrag ... erbringen."[52]

Seit der Gemeindefinanzreform 1969 „stehen die Steuereinnahmen der Gemeinden gleichsam auf drei Säulen von ganz unterschiedlichem baulichen Zustand"[53] (s. Abbildung 12): Die traditionell von den Gemeinden vereinnahmten Realsteuern (Grund- und Gewerbesteuern) haben an Bedeutung verloren. Die (im Austausch gegen einen Anteil an der Gewerbesteuer, „Gewerbesteuerumlage") von Bund und Ländern zugestandene unmittelbare Beteiligung an der Einkommensteuer (einschließlich Lohnsteuer) verschaffte den Gemeinden eine neue, an das Wirtschaftswachstum gekoppelte und regional gleichmäßiger verteilte Einnahmequelle. Ähnliche Wirkungen wurden vom Gemeindeanteil an der Umsatzsteuer erwartet. Die örtlichen Verbrauch-, Aufwand- und Verkehrssteuern (sog. „kleine Gemeindesteuern"), deren Aufkommen allerdings nie das der Realsteuern erreichte, verlieren für die Gesamtheit der Gemeinden allmählich an Gewicht (Art. 108, IV ff. GG).

---

[50] Wilke, in: Klein 1993, S. 5.
[51] Schmölders 1960, S. 144. Zu den Wirkungen der Steuer siehe ebenda, S. 145ff.
[52] Zitate bei: Seiler 1988, S. 517; Musgrave u.a. (1978) nennen als Prinzipien einer gerechten und ökonomisch rationalen Steuerpolitik die Kategorien Allokation, Verteilung und Stabilität. Zu Grundsätzen einer rationalen Besteuerung s. a. Linscheidt/Truger 1997, S. 385.
[53] Gleitze/Klein 1974, S. 125.

Abbildung 12: Zusammensetzung der kommunalen Steuereinnahmen in %

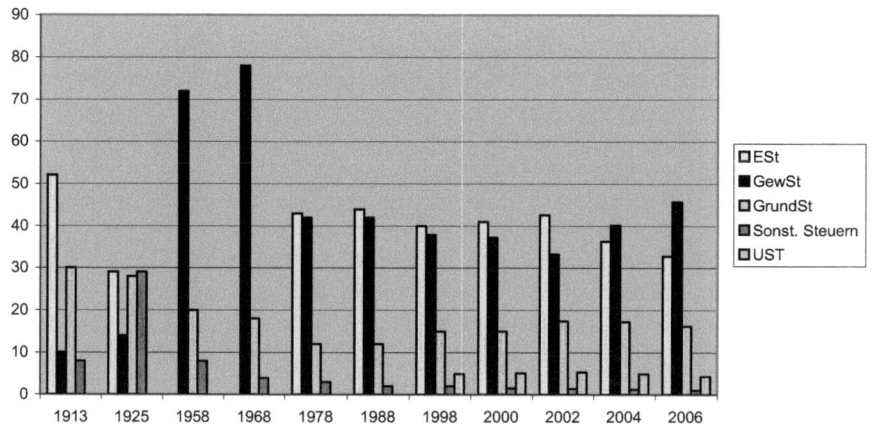

Quellen: Seiler 1988 (HdWW3), S. 516; Naßmacher/Naßmacher 1979, S. 80; Karrenberg/Münstermann 1990, S. 132; dieselben 2006, S. 80, 89.

3.2.1 Kleine Gemeindesteuern

Zu den kleinen Gemeindesteuern gehören u.a. die Getränke- und die Speiseeissteuer (Verbrauchsteuern), die Vergnügungssteuer (z.B. auf Spielautomaten), Jagd-, Fischerei- und Hundesteuer (Aufwandsteuern), die Schankerlaubnissteuer und der gemeindliche Zuschlag zur Grunderwerbsteuer (Verkehrssteuern).[54] Ungeachtet ihrer insgesamt geringen Bedeutung kann das Aufkommen der kleinen Steuern in manchen Gemeinden „ein beachtliches Volumen erreichen und zur Stärkung des ohnehin schwachen Gemeindesäckels unentbehrlich sein."[55] Als Beispiele lassen sich etwa die Fremdenverkehrsabgabe/Zweitwohnungssteuer,[56] - ursprünglich nur von ausgesprochenen Ferienorten, zwischenzeitlich aber auch von typischen „Arbeitsorten" mit Zweitwohnungen (Berlin, Hamburg, Bremen) erhoben - und die

---

[54] Für eine Übersicht siehe Depiereux, in: Voigt 1984, S. 453f.; Bayer, in: Püttner 1985, S. 232-234; Matschke/Hering 1998, S. 58 - 61.

[55] Gittel, in: Rausch/Stammen 1972, S. 110.

[56] Zur Konstanzer Zweitwohnungsteuer 1982 s. Eickmeyer, in: Mäding 1983, S. 65f. Zu Einzelheiten s. a. Bayer, in: Püttner, 1985, S. 207-212 bzw. 227-230. Bis auf Bayern, Saarland und Thüringen wurde sie in allen Ländern eingeführt. 1998 nahmen bundesweit über 300 Gemeinden etwa 100 Mio. DM ein und damit ist sie keine unbedeutende Einnahmequelle (Demo 3/1998, S. 4). Inzwischen hat das Bundesverfassungsgericht allerdings eine Zweitwohnungsteuer für eine berufsbedingte Nebenwohnung eines verheirateten Berufstätigen für unzulässig erklärt (WVG vom 11. Oktober 2005 – 1 BvR 1232/00, 1 BvR 2006 127/03).

Getränkesteuer in Hamburg und München anführen. Eine beachtliche Aufwertung haben die kleinen Steuern seit den 1980er Jahren durch eine Vergnügungssteuer[57] auf Spielautomaten erfahren.

Der wichtigste Vorteil der kleinen Gemeindesteuern ist ihre „steuerliche Beweglichkeit", d.h. die finanzpolitische Möglichkeit, über alle Elemente, die sich auf das tatsächliche Steueraufkommen auswirken, selbst zu entscheiden. Nur bei kleinen Gemeindesteuern kann jede Gemeinde nicht nur den Steuersatz festlegen, sondern auch die Bemessungsgrundlage verändern sowie auch Einführung und Abschaffung einer Steuerart selbst bestimmten.[58] In der finanzpolitischen Praxis werden diese grundsätzlichen Vorteile jedoch durch Nachteile aufgewogen.

Im Allgemeinen steht den (relativ geringen) Einnahmen aus den kleinen Gemeindesteuern ein (insbesondere im personellen Bereich) beträchtlicher (evtl. sogar wachsender) Aufwand beim Einzug[59] gegenüber, sodass viele Kommunen auf eine Erhebung dieser Steuern verzichten. Das Bestreben, das gesamte Steuersystem zu vereinheitlichen und zu vereinfachen, findet seit langem seinen Niederschlag in der Tendenz, die „Bagatellsteuern" abzuschaffen.[60] Sieht man von gewissen Ordnungsfunktionen bzw. verhaltenssteuernden Zielen[61] solcher Steuern (etwa der Hundesteuer) ab, dann sprechen vor allem finanzpsychologische Überlegungen gegen die Abschaffung: Die Verteilung der Steuerlast auf verschiedene Quellen vermindert erfahrungsgemäß den Steuerwiderstand.[62]

„Ein Verzicht auf die kleinen Gemeindesteuern, der bei den Bürgern den Eindruck erwecken könnte, wachsende Leistungen der öffentlichen Hand seien mit gleichbleibenden oder sinkenden Steuerbelastungen vereinbar, wäre auch ein Verzicht der Kommune auf ein Stück Finanzautonomie."[63] Ein oft erwähntes „Steuerfindungsrecht"[64] der Gemeinden ist zunächst auf deren örtlichen Wirkungskreis begrenzt, hat aber für die gemeindliche Steuerpraxis ohnehin nur geringe Bedeutung: „Wirklich lohnende Quellen der Besteuerung lassen sich durch noch so originelle Ideen kaum noch erschließen."[65] Weitere Begrenzungen ergeben sich aus den

---

[57]   Für Einzelheiten s. Karrenberg/Münstermann 1989, S. 95f.; Brinkmeier 1990, S. 75ff.
[58]   Hansmeyer/Zimmermann 1993, S. 221. Wie eng der Handlungsspielraum ist, hat das Beispiel „Verpackungssteuer" gezeigt.
[59]   Adamaschek 1997, S. 70.
[60]   Gleitze/Klein 1974, S. 125; Voigt, in: Andersen 1987, S. 148f. Bayern hat 1989 die Erhebung der kommunalen Bagatellsteuern ausgeschlossen. Die kommunalen Spitzenverbände setzten sich 2004 zu deren Wiedereinführung ein, was auf den Widerstand des Bundes der Selbstständigen und des Bundes der Steuerzahler in Bayern stieß. (www.bds-bayern.de/content/presse/mitteilungen/004/04 0407.htm; www.steuerzahler-bayern.de), ähnliche Debatten laufen in anderen Bundesländern um die Abschaffung der Bagatellsteuern.
[61]   Laut Bundesverfassungsgericht „Lenkungsziele" (FAZ vom 29.3.1997).
[62]   Schmölders 1960, S. 113ff. - Anderer Ansicht: Bayer, in: Püttner 1985, S. 245.
[63]   Holler, in: Naßmacher 1977, S. 149; Gittel, in: Rausch/Stammen 1972, S. 109f.
[64]   Brinkmeier 1990, S. 6. Zur juristischen Diskussion s. Flach 1998, S. 145ff.
[65]   Schmölders, in: Peters 1959, S. 60; Giere 1965, S. 310; Petri 1977, S. 29. Dass die Gemeindevertreter dennoch solche Ideen haben, zeigt die Zweitwohnungssteuer und die Zielvorstellung, eine

Kommunalabgabengesetzen der Länder und bei der Genehmigung kommunaler Satzungen durch die Kommunalaufsicht, vor allem wenn landeseinheitliche Mustersatzungen zugrunde gelegt werden.

Aus einer eigenverantwortlichen Finanzierung kommunaler Aufgaben ergibt sich der Zwang für die Bürger, für eigene Aktivitäten, eigene Fehler und Belastungen der Allgemeinheit zahlen zu müssen. Erwartet wird, dass eine direkte „Kontrolle der Zahlungspflichtigen zu einem effizienteren Mitteleinsatz führen" kann.[66] Soll den Bürgern „durch die Belastung mit Gemeindesteuern bewusst werden, dass sie ... zur Erfüllung der Aufgaben ihrer Gemeinde" beitragen,[67] dann richtet sich der Blick vor allem auf Gewerbe- und Grundsteuer.

3.2.2 Grundsteuer A und B

Auch bei den ihrer alleinigen Steuerhoheit unterliegenden Realsteuern sind die finanzpolitischen Möglichkeiten der Gemeinden durch staatliche Rahmengesetze begrenzt. Diese regeln Besteuerungsgrundlage und Erhebungstechnik; der gemeindliche Entscheidungsbereich ist auf die Festlegung sogenannter Hebesätze beschränkt. Dieses Prinzip gilt gleichermaßen für Grund- und Gewerbesteuer. Beide setzen als „Realsteuern" nicht (wie etwa die Einkommensteuer) bei der wirtschaftlichen Leistungsfähigkeit einer Person, sondern bei der Ertragskraft bestimmter Einkommensquellen an.

Grundlage der Besteuerung ist die wirtschaftliche Tätigkeit am Ort: „Durch die Nutzung der in einem Gemeindegebiet liegenden Grundstücke zu Wohnungs-, Landwirtschafts- und Gewerbezwecken entstehen den Gemeinden erhebliche Aufwendungen und Folgelasten ..., sodass eine entsprechende Besteuerung gerechtfertigt erscheint."[68] Bereits zur Wende vom 19. ins 20. Jahrhundert nannte Schmoller die wichtigsten Gemeindeaufgaben, „von denen die meisten in einem unmittelbaren Zusammenhang mit der Nutzung von Grundstücken stehen, so z.B. die Regulierung des Trinkwassers, die Abfuhr der Fäkalien, das Wege- und Bebauungswesen, die Pflasterung und Beleuchtung."[69] Solange Landwirtschaft, Handel, Handwerk, Kleinindustrie und Hausbesitz wesentliche Erwerbszweige der wahlberechtigten Bevölkerung waren, vermochten die Realsteuern durchaus alle durch Entgelte, Gebühren und Beiträge nicht abgedeckten finanziellen Lasten der Gemeinde auf ihre Bürger

---

„Landschaftsbeeinträchtigungssteuer" zu erheben, die vor allem auf die Anlagen zur Windenergiegewinnung und deren Betreiber abzielt (Solinger Tageblatt vom 2.7.1998). „Eine Katzensteuer dürfte an administrativen Problemen scheitern." Bei Pferden wird wegen der insgesamt geringen Zahl kein verhaltenssteuerndes Ziel (Lenkungsbedürfnis) gesehen (Matschke/Hering 1998, S. 59).

[66] Seiler 1988, S. 514.
[67] Timm 1965, S. 303; ähnlich Giere 1965, S. 311.
[68] Freiberg 1970, S. 72f.
[69] Zitate bei: Schöber 1991, S. 106 (unter Berufung auf Schmoller 1901, S. 315) bzw. 105.

(in mehrfachem Sinne des Wortes) angemessen zu verteilen.[70] Ob auch heute eine ähnliche Anwendung des Äquivalenzprinzips bei den Realsteuern gelingen kann, muss zumindest fraglich erscheinen.

Die Grundsteuer erfasst die land- und forstwirtschaftlich genutzten Flächen (Grundsteuer A) und die sonstigen (bebauten und unbebauten) Grundstücke (Grundsteuer B).[71] Zur Finanzierung gemeindlicher Tätigkeit gilt sie als besonders geeignet, „weil sicher die Bodenverbundenheit der Zahlungspflichtigen ein wesentliches Moment ihrer Einbeziehung in die Probleme der örtlichen Gemeinschaft darstellt."[72] Als Besteuerungsgrundlage dienen die vom Finanzamt nach den Vorschriften des Bewertungsgesetzes[73] festgelegten Einheitswerte, zu denen durch Anwendung eines Tausendsatzes (Steuermesszahl) die Steuermessbeträge ermittelt werden. Die Grundsteuererschuld errechnen die Gemeinden durch Anwendung der jährlich vom Gemeinderat zu beschließenden Grundsteuerhebesätze[74] auf die Grundsteuermessbeträge. Die Veranlagung und Einziehung der Grundsteuern liegt in den Händen der Gemeinden. Für die beiden Arten der Grundsteuer (Grundsteuer A und B) können die Gemeinden grundsätzlich unterschiedliche Hebesätze festlegen und machen auch davon Gebrauch.[75]

Die Bundespolitik hat also zwei Eingriffsmöglichkeiten, das Bewertungsgesetz und das Grundsteuergesetz, die in der Vergangenheit häufig zu Steuerbefreiungen genutzt wurden. Schmidt-Jortzig betont zu Recht, dass der so gelockerte Steuerzugriff jede Satzungsentscheidung der Gemeinden als „Elementarstück ihrer finanzwirtschaftlichen Eigenverantwortung" erheblich einschränkt und damit „die Grenzen der kommunalen Finanzhoheit deutlich sichtbar" macht.[76]

Für die alljährliche Festsetzung der Hebesätze bildet die bisherige Höhe eine wichtige Vorgabe, von der nach oben oder unten nur im Ausnahmefall abgewichen wird. Als Sperrklinke nach unten wirkt bereits die allgemeine Finanzlage der Gemeinden. Bremswirkungen gegenüber einer Erhöhung entfalten die erforderliche Genehmigung (der Haushaltsatzung) durch die Kommunalaufsicht (Wer etwas ändert, gerät in Begründungszwang!), (in Agrargemeinden) die Rücksicht auf den vorherrschenden Wirtschaftszweig, (in Industrie- und Dienstleistungsstädten) die Angst vor einer Überwälzung auf die Wohnungsmieten. Eine weitere Einschränkung

---

[70] Vgl. Köttgen 1968, S. 19.

[71] Grundsteuergesetz vom 7. August 1973 (BGBl. I S. 965) geändert durch Gesetz vom 1. September 2005 (BGBl. I S. 2676).

[72] Schmidt-Jortzig 1982, S. 257.

[73] §§ 19, 20, 33, 68 Bewertungsgesetz i.d.F. vom 20.12.2001 (BGBl. I S. 3794).

[74] § 25 Grundsteuergesetz vom 1.12.1996 i.d.F. vom 19.10.1997 (BGBl. I S. 2590).

[75] Diese Tendenzen bestätigen eine Erhebung des Landesbetriebes für Datenverarbeitung und Statistik, Land Brandenburg (www.lds-bb.de/cms/detail.php/lbm1.c.288176.de) sowie Karrenberg/ Münstermann 2006, S. 94-98.

[76] Schmidt-Jortzig 1982, S. 256f.

der kommunalen Entscheidungsfreiheit ergibt sich in einzelnen Ländern aus spezifischen Koppelungsvorschriften und Obergrenzen für die Hebesätze.[77]

Neben den, früh und auf relativ niedrigem Niveau, weitgehend „erstarrten" Hebesätzen, vor allem für landwirtschaftlich genutzte Grundstücke, waren bei der Grundsteuer auch andere Faktoren wirksam, die zu geringeren Einnahmen der Gemeinden aus dieser Steuer führten. Hier ist zunächst die erst mit der Steuerreform 1987 abgeschaffte,[78] auf jeweils 10 Jahre befristete Begünstigung (fast) aller Neubauwohnungen in Bezug auf die Grundsteuer zu nennen. Dieser Einnahmeausfall traf vor allem relativ schnell wachsende Gemeinden (in der Ballungsrandzone), denen für den Ausbau der Infrastruktur keine Steuerzahlungen ihrer „Neubürger" zuflossen, deren Zuzug aber z. T. erhebliche Investitionen der Gemeinde verursacht hatte. Bis heute ist darüber hinaus auch das Auseinanderfallen der Wertentwicklung auf den Grundstücks-, Bau- und Wohnungsmärkten einerseits und die „überaus schonend"[79] vorgenommene Wertermittlung nach den Grundsätzen des Bewertungsgesetzes andererseits bemerkenswert. Dies hat die Gemeinden inzwischen veranlasst, die Hebesätze insbesondere bei der Grundsteuer B kontinuierlich zu erhöhen.[80]

Neben Finanzengpässen als Ursache für Erhöhungen ist auch der jahrelange Verzicht auf eine Neufestsetzung der Einheitswerte zu erwähnen. Diese für verschiedene Steuerarten einheitlich vorgeschriebenen Vermögenswerte werden nur in sehr großen Abständen („Hauptfeststellungen") neu bestimmt. Dies soll inzwischen alle sechs Jahre erfolgen (§ 21 BewG). Bis 1973 galten die Einheitswerte von 1935, erst seit 1974 galten die von 1964.[81] Eine neue Hauptfeststellung verzögerte sich wegen des hohen Verwaltungsaufwandes. Daher sind die Einheitswerte „hoffnungslos veraltet. Daran hat auch der ... pauschale Zuschlag von 40 v.H. (§ 121a BewG) nichts ändern können."[82] Selbst diese (unzureichende) Neubewertung wird nur mit zeitlicher Verzögerung wirksam. Dabei könnte die Grundsteuer die wesentliche Einnahmequelle der Gemeinde sein und auch zu sparsamem Gebrauch von Boden im Sinne einer nachhaltigen Entwicklung anregen. Die Besteuerung des Grundbesitzes als Mittel zur Beseitigung eines unverdienten Wertzuwachses an Grund und Boden (durch Bebaubarkeit und durch Infrastruktureinrichtungen) ist allerdings

---

[77] Kunz, in: Gabriel 1989a, S. 67.

[78] Karrenberg/Münstermann 1989, S. 97f.

[79] Giere 1965, S. 311.

[80] Für die Hebesatzpolitik in den kreisfreien Städten kommt Kunz (in: Mäding/Voigt 1998, S. 180) zu dem Ergebnis, dass der örtliche soziale Problemdruck für die Ausschöpfung der Steuerquellen maßgebend ist. Zum Vergleich von Hebesätzen s. a. Institut Finanzen und Steuern 2005, S. 30, 32.

[81] Marcus 1987, S. 73.

[82] Thies, in: Klein 1993, S. 69. Nach dem BewG vom 20.12.1996 musste das Ertragwertverfahren nach §§ 78ff. angewandt werden. Die Finanzämter kamen allerdings mit der Bewertung nicht nach (Interview mit dem Finanzamt Leonberg im Mai 1998) sodass die Einheitswerte weiter gelten. Nach dem Einheitswertverfahren ergibt sich der Grundstückswert durch Anwendung eines Vervielfältigers auf die Jahresrohmiete. Der Vervielfältiger wird für jede einzelne Grundstücksart festgelegt (BewG, Anlagen).

politisch nicht durchsetzbar. Deshalb bieten sich nur partielle Reformen an, die z.B. die jetzige, sehr aufwändige, Wertermittlung betreffen.[83]

In Ostdeutschland war die Erhebung der Grundsteuer durch fehlende bzw. lückenhafte Einheitsbewertung vor besondere Probleme gestellt. Zunächst wurden die Einheitswerte von 1935 zugrunde gelegt. Sofern ein Einheitswert von 1935 nicht vorhanden war, dienten einer vereinfachten und damit möglichst zügigen Erschließung der Steuer als kommunale Einnahmequelle drei verschiedene Bemessungsgrundlagen:

- „Für die Betriebe der Land- und Forstwirtschaft wurden Ersatzwirtschaftswerte als Bemessungsgrundlage ermittelt.

- Für die gewerblich, freiberuflich oder öffentlich genutzten Grundstücke wurden die Einheitswerte des Reichsbewertungsgesetzes vom 2. Februar 1935 als Bemessungsgrundlage herangezogen.

- Für die Mietwohngrundstücke, Einfamilienhäuser und Eigentumswohnungen wurden Ersatzbemessungsgrundlagen erstellt."[84]

Eine neue Bewertung (Fortschreibung/Nachfeststellung) erfolgte erstmals 1991, nicht aber für Mietwohngrundstücke und Einfamilienhäuser.

Als Folge dieser vielfältigen Begrenzung ihrer fiskalischen Ergiebigkeit (durch bundespolitische Entscheidungen, landesspezifische Verwaltungsverzögerung und jahrelange kommunalpolitische Nicht-Entscheidungen) blieben schon in Westdeutschland die Steuereinnahmen aus Grundstücken deutlich hinter der allgemeinen Wirtschaftsentwicklung zurück. Als Einnahmequelle der Gemeinden hat die Grundsteuer im Vergleich zur Gewerbesteuer an Bedeutung eingebüßt (Abbildung 12). Während bei Beginn des Wiederaufbaus in Westdeutschland das Aufkommen aus Grund- und Gewerbesteuern noch annähernd gleich groß war, hat sich dieses Verhältnis „während der 1950er Jahre aufgrund der außerordentlich günstigen Wirtschaftsentwicklung ... wesentlich zugunsten der Gewerbesteuer verschoben."[85]

3.2.3 Gewerbesteuer

Grundsteuer und Gewerbesteuer als Realsteuern, die traditionell den Gemeinden zufließen,[86] sind auch in der Erhebungstechnik weitgehend ähnlich ausgestaltet. Wie

---

[83] Zu Reformvorschlägen s. Linscheidt/Truger 1997, S. 392. Das Bundesverfassungsgericht hat in seinem „Einheitswerturteil" den Gesetzgeber zum Handeln gezwungen. Institut für Finanzen und Steuern 2003, S. 54; 2005, S. 8 f. Die Große Koalition hat sich nun eine Reform der Bewertungsregeln vorgenommen (FAZ v. 6.5.2006).

[84] Hansmeyer 1997, S. 202.

[85] Kunz, in: Gabriel 1989a, S. 68.

[86] Vgl. oben, Abschnitt 1.3.2.

bei der Grundsteuer wird auch bei der Gewerbesteuer die Steuermesszahl[87] durch Bundesgesetz[88] festgelegt. Den Steuermessbetrag ermitteln die Finanzämter (also Landesbehörden) „als Nebenprodukt ihrer Tätigkeit bei der Einkommen- und Körperschaftsteuer."[89] Wenn mehrere Betriebsstätten (Filialbetriebe) bestehen, erfolgt eine Aufteilung auf die verschiedenen Kommunen (überwiegend im Verhältnis der Arbeitslöhne). Darin zeigt sich der Grundgedanke, die Gewerbesteuer als pauschale Gegenleistung für die Nutzung der gemeindlichen Infrastruktur durch Industrie, Handel und Handwerk zu erheben.[90] Immerhin schaffen die Gemeinden „erst die Voraussetzungen für erwerbswirtschaftliches Handeln", also für die private Kapitalverwertung.[91] Deshalb bestimmen die Gemeinden durch ihre Haushaltssatzung einen Hebesatz setzen dann die Steuerschuld fest und erheben die Steuer.

Bei der Berechnung des Steuermessbetrages (aus den Werten der Vermögens- bzw. Einkommensteuerveranlagung) wurden der Besteuerung (bis 1997) folgende Werte zugrunde gelegt: Gewerbeertrag (5%) und Gewerbekapital (2‰) ergaben einen gemeinsamen Steuermessbetrag für jeden Gewerbebetrieb.[92] Bis in die 1970er Jahre konnten (in einigen Ländern) Gemeinden ihr Steueraufkommen noch dadurch verbessern, dass auch die Lohnsumme der Betriebe (mit einem Steuermessbetrag von 2‰) einer eigenen Gewerbesteuer, der Lohnsummensteuer, unterworfen wurde.[93] In Gewerbeertrag, Lohnsumme und Gewerbekapital (als Besteuerungsgrundlagen der Gewerbesteuer) fanden vor 1980 Umfang und Ergebnis wirtschaftlicher Aktivität unmittelbaren Ausdruck. Im Gegensatz zur eher statischen Entwicklung der Grundsteuer wurde die Gewerbesteuer in einer wachsenden Wirtschaft zum dynamischen Element der kommunalen Steuereinnahmen.

Zahlreiche Eingriffe des Bundes in die Gewerbesteuer haben dazu beigetragen, dass die Einnahmequelle für die Kommunen nur schwer kalkulierbar wurde und jeweils unterschiedliche Einnahmeausfälle herbeiführten. Der Wegfall der Lohnsummensteuer (ab 1.1.1980) bewirkte massive Steuerausfälle der Großstädte mit alter Industrie (insbesondere im Ruhrgebiet). Die Abschaffung der Gewerbekapitalsteuer[94] (zum 1.1.1998) entlastete kapitalintensive (Industrie-) Betriebe.[95] Erhöhte

---

[87]   Zur Problematik der Bewertung von Ertrag und Kapital s. Marcus 1987, S. 67ff.

[88]   § 6 Gewerbesteuergesetz i.d.F. vom 09.02.2004 (BGBl. I, S. 3310).

[89]   Giere 1965, S. 311.

[90]   Vgl. Milbradt, in: Püttner 1985, S. 134; Schmidt-Jortzig 1982, S. 257.

[91]   Schöber 1991, S. 107. Die Infrastrukturanbieter bzw. -einrichtungen Post, Bahn, Telekom, Krankenhäuser, Altenheime sind von der Gewerbesteuerzahlung befreit. Dies gilt auch für Kreditanstalten und Freiberufler (§ 3 Gewerbesteuergesetz).

[92]   Dettmer, in: Klein 1993, S. 238; Larisch, in: Klemisch u.a. 1994, S. 86f.; genauer §§ 11, 13 Gewerbesteuergesetz.

[93]   S. d. Hansmeyer 1988, S. 624f.

[94]   Der Deutsche Städtetag schätzte den Anteil der Gewerbekapitalsteuer am Aufkommen der Gewerbesteuer auf 30 bis 40 %. Zu den neuen Bundesländern s. Matschke/Hering 1998, S. 55f.

[95]   Weitere Änderungen der gesetzlichen Grundlagen s. Institut Finanzen und Steuern 2005, S. 9-11.

Freigrenzen machten die Gewerbesteuer zunehmend zu einer Großbetriebssteuer.[96] Soweit der (neu geschaffene) Umsatzsteueranteil (Art. 107 GG) den Einnahmeverlust für einzelne Gemeinden nicht ausgleicht, müssen diese versuchen, die erforderlichen Mittel über einen höheren Hebesatz der (verbleibenden) Gewerbeertragsteuer hereinzuholen. Das musste vor allem ertragsstarke, rasch wachsende Dienstleistungsbetriebe (soweit vorhanden und steuerpflichtig) treffen. Die Länder gehen in ihren Finanzausgleichsgesetzen davon aus, dass die Gemeinden ihren Betrieben eine bestimmte Belastung auferlegen können, die dann später für die Steuerkraftmesszahl relevant wird.[97] Hier geht es vor allem darum, dass sich eine Gemeinde nicht mit niedrigen Hebesätzen auf Ausgleichszahlungen des Landes verlassen soll.[98] „Vertraulich gefragt wird ein Kämmerer gern zugeben, dass er mit Zuweisungen besser lebt als mit Einnahmen, die er vor den Bürgern zu vertreten hat."[99]

Generell waren am Ende der 1990er Jahre wie auch ganz überwiegend im Jahr 2005 die Hebesätze der Gewerbesteuer in Städten niedriger als jene der Grundsteuer B; Frankfurt/Main und Bottrop mit 490% und Rüsselsheim mit 340% sowie Landsberg am Lech mit 320% markieren die Spannweite der Hebesätze in Städten mit über 50.000 Einwohnern.[100] Auffallend ist, dass Großstädte mit starkem und diversifiziertem Gewerbebesatz ihren Betrieben höhere Hebesätze zumuten können als kleinere Städte am Ballungsrand und im ländlichen Raum.[101] In diesem Zusammenhang stellt sich auch die Frage: Wann erhöht eine Gemeinde den Gewerbesteuerhebesatz? Eindrucksvoll ist hier das Beispiel der Stadt Konstanz, die im Jahre 1982 zunächst alle Ausgabenkürzungen, dann alle Gebührenerhöhungen und schließlich die neu eingeführte Zweitwohnungssteuer ausgeschöpft hatte, bevor sie den Gewerbesteuerhebesatz maßvoll von 320 auf 330% anhob.[102]

Ein ernstes Problem für die einzelne Gemeinde ergibt sich, wenn die örtlichen Einnahmen aus der Gewerbesteuer ganz überwiegend von einem (meist zugleich besonders großen und häufig auch zeitweise oder zunächst schnell wachsenden)

---

[96] Karrenberg/Münstermann, in: Roth/Wollmann 1994, S. 196. Nur noch Unternehmen, deren Gewerbeertrag 24.000 € beträgt, müssen eine Gewerbesteuererklärung abgeben (GewStG vom 15. Oktober 2002 (BGBl. I S. 4167) in der Fassung vom 19. Dezember 2004 (BGBl. I S. 3310)).

[97] Dies gilt auch für die Hebesätze der Grundsteuer.

[98] Dabei sind die Gemeinden einzelner Bundesländer in ihren Gestaltungsmöglichkeiten z.T. durch bestimmte Höchstwerte, z.T. durch vorgeschriebene Zahlenverhältnisse („Relationen") zwischen den einzelnen Hebesätzen eingeschränkt. S.d. Finanzausgleichsgesetze bzw. Gemeindefinanzierungsgesetze der Länder.

[99] Zimmermann, in: Ipsen 1995, S. 77.

[100] Karrenberg/Münstermann 1997, S. 139; Institut Finanzen und Steuern 2005, S. 50-55. Karrenberg/Münstermann 2006, S. 96ff.

[101] Dies ist allerdings nur eine Tendenzaussage, denn die Hebesätze der Gemeinden deuten auf ein recht individuelles Verhalten (bedingt durch den Wirtschaftsbesatz?) hin. S. a. Statistisches Bundesamt (versch. Jahre).

[102] Eickmeyer, in: Mäding 1983, S. 65f. Für kreisfreie Städte hat Kunz (in: Mäding/Voigt 1998, S. 180) auch für die Gewerbesteuer einen Zusammenhang mit dem sozialen Problemdruck nachgewiesen.

Unternehmen aufgebracht werden:[103] das (dominierende) Großunternehmen wird versuchen, durch Verhandlungen mit der Gemeinde eine Erhöhung des Hebesatzes zu vermeiden. Großzügige Zuwendungen für gemeindliche Vorhaben (etwa im sozialen Bereich) stehen dazu keineswegs im Widerspruch; sie sind geradezu als eine strategische Rückzugslinie zu deuten. Das betreffende Unternehmen versucht, mit Hilfe einer einmaligen Zahlung finanzielle Dauerbelastungen abzuwenden.

Sofern nicht ein einzelnes Unternehmen die wirtschaftliche Struktur seiner Gemeinde prägt, wie in Hameln, Leonberg, Leverkusen, Ludwigshafen, Rüsselsheim, Sindelfingen oder Wolfsburg[104], kann auch eine Vielzahl von Betrieben des gleichen Wirtschaftszweiges („Monostruktur"), etwa Lederwaren (Offenbach), Uhren- und Schmuckindustrie (Pforzheim), Schuhproduktion (Pirmasens) oder Schneidwaren (Solingen), für die Steuerpolitik der betreffenden Stadt zum Problem werden. Als die betreffenden Wirtschaftszweige in eine Strukturkrise gerieten, verminderten sich die Steuereinnahmen der Gemeinden dramatisch. Hier wurde die Abhängigkeit der Einnahmen von der Wirtschaftsentwicklung sehr deutlich. Eine Erhöhung der Hebesätze kommt in dieser Situation mit Rücksicht auf die Erhaltung von Arbeitsplätzen nicht in Betracht; eine arbeitsmarktpolitisch begründete Senkung der Hebesätze ist aber ohne erhebliche Einschränkungen des (gerade mit Hilfe der bisherigen Steuerkraft ausgebauten) kommunalen Leistungsangebotes nicht möglich.

Auch die Situation der Betriebe ist zu bedenken; bei ohnehin ertragsschwachen Unternehmen kann die Realsteuerlast den Ertrag soweit reduzieren, dass die Fortsetzung des Betriebes unmöglich wird. Die gemeindliche Entscheidung über den Hebesatz der Gewerbesteuer lässt sich also nicht allein unter dem (fiskalpolitischen) Gesichtspunkt treffen, dass eine Gemeinde möglichst hohe Einnahmen erzielen will. Der Hebesatz kann in Krisenzeiten oder bei einseitigem Betriebsbesatz zu weitreichenden wirtschaftlichen Konsequenzen führen, die sich im Voraus nur schwer abschätzen lassen. Die negativen Folgen einer Steuererhöhung werden von der Wirtschaft naturgemäß immer extrem dargestellt.[105] So wurde häufig darauf hingewiesen, dass die faktische „Großbetriebssteuer" vor allem international tätige Unternehmen belaste, die dadurch Nachteile hätten.

Kritiker von internationalen Unternehmen mit verschiedenen Standorten vermuteten zu Recht, dass diese durch interne Verrechnungspreise Gewinne dort anfallen lassen, wo die Besteuerung am niedrigsten ist.[106] In der Tat wussten die Global Players mit den Rahmenbedingungen in dieser Weise zu ihren Gunsten umzugehen. Dies erwies sich vor allem als Problem der größeren Städte.[107] Die Globalisierung und die damit verbundene internationale Verflechtung hat ehemals sehr reiche Städ-

---

[103] Auf die „Gefahr von Machtdisparitäten, d.h. den Einfluss großer Gewerbesteuerzahler auf die kommunale Politik", weist auch Hansmeyer (1988, S. 624) hin.
[104] Hilterscheid 1970; Rügemer 2006.
[105] Vgl. Adam 1979, S. 124-128.
[106] Bach 1997, S. 335; Jungfer 2005, S. 180-183.
[107] Karrenberg/Münstermann 2002, S. 4, 8.

te an den Abgrund geführt, weil es die dominanten Unternehmen verstanden hatten, gar keine Gewerbesteuer mehr an ihrem deutschen Standort zu bezahlen. So erhielt z.B. München von der Allianz, von BMW, der Münchener Rück, von Siemens und der Hypo-Vereinsbank keine Gewerbesteuer.[108] Infolge der Maßnahmen des Bundes (Verbreiterung der Bemessungsrundlage, insbesondere Mindestgewinnbesteuerung) und aufgrund der konjunkturellen Belebung haben sich die Einnahmen aus Gewerbesteuern seit 2004 wieder deutlich verbessert.[109] Dies gilt besonders für die neuen Bundesländer.[110]

Neben einer Analyse der örtlichen Wirtschaftsstruktur (im Hinblick auf Branchen und Ertragskraft) bietet auch das Vorgehen anderer Kommunen mit unterschiedlich ertragsstarkem Gewerbebesatz eine Orientierungshilfe. Eine Stadt oder Gemeinde kann die örtliche Steuerbelastung um so stärker anspannen, je besser sich ihre allgemeine Standortqualität darstellt: „Wo die richtigen Kontakte bestehen, die Infrastruktur alle notwendigen Bedürfnisse befriedigt und ein interessanter Ruf der Stadt vor allem für leitendes Personal verlockend ist, gehört eine ganz schöne Steuerbelastung dazu, um einen Betrieb zu vertreiben oder Neuansiedlungen ... zu verhindern."[111] Dem attraktiven Erscheinungsbild versuchen die Städte heute mit Standortmarketing nachzuhelfen, um dadurch die Persistenz von Bevölkerung und Unternehmen sowie die Anziehungskraft der Stadt zu erhöhen.[112] Die Grenzen der Besteuerung sind erreicht, wenn die örtliche Steuerlast einen Standort aus unternehmerischer Sicht so uninteressant macht, dass Erweiterungs- und Modernisierungsinvestitionen an anderen Plätzen vorgenommen werden.

Als dynamisches Element im örtlichen Finanzsystem musste die Gewerbesteuer zwei Folgewirkungen zeitigen, das Bestreben, Betriebe anzusiedeln, und eine Konkurrenz der Gemeinden um ansiedlungswillige Unternehmen. Die Kommunen versuchten (zur Erhöhung ihrer Steuereinnahmen), durch kommunale Wirtschaftsförderung gewerbesteuerträchtige Betriebe anzulocken („Ansiedlung"), zu halten („Gewerbebestandspflege") oder weiter zu entwickeln.[113] Dadurch gerieten die Städte und Gemeinden untereinander in einen Wettbewerb, der für ihre Gesamtheit schwerwiegende Nachteile zur Folge hat, ohne die finanzielle Situation der Einzelnen wirkungsvoll zu verbessern.

Die Diskussion darüber, ob nach einer Aushöhlung der Gewerbesteuer (durch immer höhere Freigrenzen) und angesichts der Pflicht zur Abführung eines Teils der Gewerbesteuer (gegen einen Anteil an der Einkommensteuer) die Gewerbesteuer

---

[108]   Wohlfahrt/Zühlke 2005, S. 32f.
[109]   Monatsbericht der BMF, April 2006, S. 57. So konnte auch Sindelfingen mit Daimler-Chrysler aufatmen, das sich 2002 „von der S-Klasse" der Städte bis 2003 „zum Fahrrad" zurückgestuft sah (Payer 2002, S. 1). Hinzu kommt die Senkung der Gewerbesteuerumlage.
[110]   Monatsbericht des BMF – April 2006, S. 59.
[111]   Neuffer 1973, S. 216.
[112]   S. unten, Abschnitt 5.2.3.
[113]   Vgl. unten, Abschnitt 5.2.1.

ganz abzuschaffen sei, will seit Jahren nicht verstummen. [114] Kritiker verweisen darauf, dass die Gewerbesteuer ihre ursprüngliche Funktion nach mehrfacher Erhöhung der Freigrenzen sowie mit der Abzugsfähigkeit der Dauerschuldzinsen, die nicht mehr voll dem Gewerbeertrag zugerechnet werden brauchen, ohnehin nicht mehr wahrnehmen könne. [115] Befürworter der Gewerbesteuer weisen zu Recht darauf hin, dass über die Gewerbesteuer ein Interesse der Gemeinden am Unternehmensbesatz erhalten bleibe. [116] „Der erwerbswirtschaftlich tätige Bürger, der ausgiebig für seine wirtschaftlichen Ziele die Infrastruktur seiner Gemeinde in Anspruch nimmt, erkennt dann nicht mehr die spezielle Verpflichtung, für die vielfältigen Leistungen korrespondierende Gegenleistungen zu erbringen."[117] Deshalb wurden Vorschläge aufgegriffen, den Kreis der Zahlungspflichtigen und die Besteuerungsgrundlage zu erweitern.

Wer die Gewerbesteuer abschaffen will, betont immer wieder, dass eine Objektsteuer nicht mehr in das Steuersystem passt. Seit Jahren sind die Wirtschaft und der Bund der Steuerzahler Gegner der Gewerbesteuer, weil es zu einer Mehrfachbelastung gewerblicher Einkünfte komme. [118] Wie die Grundsteuer sei auch die Gewerbesteuer überwälzbar, sodass ein Unterschied zwischen Arbeitnehmer- und Unternehmersteuer nicht zu verstehen sei. Die Einrichtungen der Stadt (Verbesserung der Infrastruktur/Verbesserung der Verkehrsverhältnisse) kämen nicht nur den Betrieben zugute. Wenn die Gewerbesteuer als Ausgleich der Bürger für die Belästigung durch Betriebe gesehen werden solle, so müsse sie zwischen den einzelnen Betrieben differieren: Manche Betriebe seien ja eher positiv zu bewerten. Zudem wird angeführt, dass im EU-Vergleich die Gewerbesteuer einmalig sei. Schließlich gilt die Gewerbesteuer als konjunktur- und strukturanfällig sowie als eine Steuer, die die Wirtschaftstätigkeit unterschiedlich belaste. Alle Versuche, auch die Freiberufler (also Ärzte, Rechtsanwälte, Steuerberater, Architekten) in die Gewerbesteuer einzubinden, sind bislang gescheitert.

Solange etwa 4/5 aller gemeindlichen Steuereinnahmen aus der Gewerbesteuer stammten, konnten nur Gemeinden mit entsprechendem Gewerbebesatz (und des-

---

[114]   Zu Reformvorschlägen s. Linscheidt/Truger 1997, S. 388ff.; Junkernheinrich 2003, S. 430ff.; zur Diskussion s. Karrenberg/Münstermann 2005, S. 20ff.; dieselben 2006, S. 9f.

[115]   2003 zahlten deutlicher weniger als 30% der Unternehmen Gewerbesteuern (Junkernheinrich 2003, S. 430).

[116]   Die Spitzenverbände der Städte und Gemeinden, der Deutsche Städtetag und der Deutsche Städte- und Gemeindebund haben immer wieder auf die Bedeutung der Gewerbesteuer hingewiesen und darauf gepocht, dass das „steuerliche Band" zwischen Gemeinde und Gewerbetreibenden erhalten bleiben müsse (DStGB 2002/3, S. 10). Beide Spitzenverbände haben sich immer wieder für eine Modernisierung der Gewerbesteuer ausgesprochen, und zwar durch Ausweitung des Kreises der Steuerpflichtigen und Erweiterung der Bemessungsgrundlage (ebenda, S. 10; Karrenberg/Münstermann 2003, S. 4).

[117]   Schöber 1991, S. 107.

[118]   Durch Körperschafts- (=Einkommensteuer der Kapitalgesellschaften) und Gewerbeertragssteuer. Zusammenfassend bzw. Vorschläge zur Reform bei Spahn 1989, S. 71ff.; Bach 1997, S. 335.

halb ausreichenden Steuereinnahmen) aus eigener Kraft eine Infrastruktur schaffen, die neue Gewerbeansiedlungen ermöglichte. Seit Inkrafttreten der Gemeindefinanzreform 1969 müssen die Städte und Gemeinden im Austausch gegen einen Anteil von z.Zt. 15% an der Einkommensteuer (einschließlich Lohnsteuer) sowie 12 % des Aufkommens aus dem Zinsabschlag[119] einen Anteil ihrer Gewerbesteuereinnahmen[120] an Bund und Länder abführen („Gewerbesteuerumlage").[121] Die Senkung der Umlage 2004 hat ebenfalls wesentlich zur Verbesserung der Einnahme aus Gewerbesteuern beigetragen und dadurch das hohe Finanzdefizit der Kommunen ein wenig gemildert.[122] Ziel der Reform von 1969 war, dass die Abhängigkeit der Kommunen von der konjunktursensiblen Gewerbesteuer gemildert wurde. Der wichtigste Vorteil der Umlageregelung liegt darin, dass den Kommunen seit 1970 - unabhängig von der Art der Erwerbstätigkeit ihrer Bewohner - ein bestimmter Anteil an den aus dieser Erwerbstätigkeit resultierenden Steuereinnahmen von Land und Bund (Gemeinschaftssteuern) zufließt. Viele Gemeinden haben damit für ihre Steuereinnahmen den Anschluss an die allgemeine wirtschaftliche und gesellschaftliche Entwicklung gefunden, aber durch den Finanzverbund an steuerpolitischer Beweglichkeit verloren.

3.2.4 Gemeindeanteil an der Einkommen- und Umsatzsteuer

Der öffentliche Finanzverbund sollte auch aus der Gewerbesteuer resultierende Unterschiede in der Steuerkraft und damit der finanziellen Leistungsfähigkeit der Gemeinden abbauen. Dies ist in gewissem Umfang durchaus gelungen. In sehr vielen Städten ist die Bedeutung der Lohn- und Einkommensteuer als Einnahmequelle sehr viel größer als die Gewerbesteuer. Für die kleinen Gemeinden wirkte sich die Finanzreform 1969 generell positiv aus: Der Einnahmeanteil aus der Einkommensteuer betrug in den größten Städten nur 34,8% der gemeindlichen Steuereinnahmen, bei sinkender Gemeindegröße stieg dieser Anteil vollkommen kontinuierlich bis auf 54,1% an. Im Gegenzug sank die Bedeutung der Gewerbesteuer in den 1980er und 1990er Jahren von 53,6% auf 31,7% der gemeindlichen Steuereinnahmen.[123] In den neuen Bundesländern war der kommunale Anteil an der Einkommensteuer wesentli-

---

[119] Gemeindefinanzreformgesetz vom 4. April 2004 (BGBl. I S. 482) in der Fassung vom 6. September 2005 (BGBl. I S. 2725).

[120] Zunächst etwa 40%, nach weiterer Aushöhlung der Gewerbesteuer durch Bundesgesetz wurde der Anteil bis auf 20 % reduziert.

[121] Art. 106, Abs. 6, Satz 4 GG. Der Vervielfältiger wird jährlich aktualisiert. Die Berechnung erfolgt folgendermaßen: Grundbetrag = $\frac{\text{Ist-Aufkommen der Gewerbesteuer}}{\text{Hebesatz}}$ x Vervielfältiger.

[122] Karrenberg/Münstermann 2005, S. 13, 25; Wohlfahrt/Zühlke 2005, S. 35.

[123] Karrenberg/Münstermann 1987, S. 74; zur Umverteilung beim Einkommensteueranteil in den alten Ländern s. Karrenberg/Münstermann, 1997, S. 145.

che Komponente des Steueraufkommens.[124] Ob die ost- und westdeutschen Gemeinden ihre Abhängigkeit von konjunkturellen Schwankungen verringert haben und ob ein immer stärkeres Auseinanderfallen der Einnahmenentwicklung bei Bund, Ländern und Gemeinden auf Dauer vermieden werden könnte, wurde allerdings bezweifelt.[125] Ab 1992 hat der Gemeindeanteil an der Einkommensteuer seine progressionsbedingte Dynamik verloren, z.B. durch Arbeitslosigkeit und „beispiellosen Verfall der veranlagten Einkommensteuer."[126]

Aus der Beteiligung der Gemeinden an der Einkommensteuer wird häufig geschlossen, dass es nunmehr verstärkt darauf ankomme, anstelle von Unternehmen einkommensstarke Bevölkerungsgruppen anzusiedeln, um die kommunalen Einnahmen zu erhöhen. Zumindest wurde diese Strategie ernsthaft diskutiert. So vereinfacht handelt es sich aber um einen Fehlschluss: Der kommunale Anteil an der Einkommensteuer wird nämlich seit 1972 länderweise so auf die Gemeinden verteilt, wie es dem örtlichen Anteil am Gesamtaufkommen aus der Proportionalzone (also dem Steueranteil der unteren Einkommensgruppen) entspricht.[127] Der Bezieher eines steuerpflichtigen Einkommens in Millionenhöhe bringt für die Gemeindekasse nicht mehr ein als derjenige, der bis maximal 30.000/60.000 Euro (Ledige/Verheiratete) jährlich verdient.[128] Die Grenzen wurden mehrfach erhöht.[129] „In dreijährigen Abständen wird diese Steuerquelle zwischen den Städten und Gemeinden eine Landes auf der Basis einer neuen Statistik neu verteilt, wodurch regelmäßig die großen und größeren Städte zugunsten der Wohnortgemeinden im Umland Verluste erleiden."[130] Eine weitere Schwäche des Verteilungsverfahrens liegt darin, dass der zeitliche Abstand zwischen dem tatsächlichen Einkommensteueraufkommen „und einer konkreten Verteilung ... bis zu sieben Jahre betragen" kann.[131] Wie das Fehlen eines kommunalen Hebesatzrechtes trägt auch der zeitliche Abstand zur „Fühlbarkeit" der Einkommensteuer als Gemeindesteuer nicht bei.[132]

Insgesamt gesehen besteht auch nach der Gemeindefinanzreform ein erhebliches kommunales Eigeninteresse an einer Vergrößerung jener Merkmale, die als Besteuerungsgrundlage die Höhe des Steueraufkommens direkt beeinflussen: „Für

---

[124] Renzsch, in: Wollmann u.a. 1997, S. 104.
[125] Vgl. Karrenberg/Münstermann 1989, S. 94.
[126] Karrenberg/Münstermann 1997, S. 142f.; Der Spiegel (46/1997, S. 45) verweist auf den „Finanzkurort" Bad Homburg.
[127] Änderungsgesetz zum Gemeindefinanzreformgesetz vom 27.12.1971 (BGBl. I, S. 2157). Zur Begründung vgl. Schriftlicher Bericht des Finanzausschusses des Deutschen Bundestages vom 8.11.1971, Drs. VI/2798 und zu VI/2798.
[128] Gesetz zur Neuordnung der Gemeindefinanzen (Gemeindefinanzreformgesetz vom 4. April 2004 (BGBl. I S. 482), zuletzt geändert durch Gesetz vom 6. September 2005 (BGBl. I S. 2725).
[129] Mehreinnahmen für die Gemeinden sind durch die Abschaffung der Eigenheimzulage (letzter geförderter Jahrgang 2005) zu erwarten (Karrenberg/Münstermann 2006, S. 33).
[130] Karrenberg/Münstermann 2005, S. 35.
[131] Marcus 1987, S. 75; Karrenberg/Münstermann 2000, S. 7.
[132] Seiler 1988, S. 518.

die Gewerbesteuer ist das ... der Gewinn, für ... die Anteile an der Einkommensteuer ist es die Höhe des Erwerbseinkommens, für die Grundsteuer der Einheitswert,"[133] neuerdings die Anwendung des Ertragswertes. Auch wenn diese Formulierung den skizzierten Besonderheiten des Steuerverbundes zwischen Bund, Ländern und Gemeinden nicht vollständig Rechnung trägt, trifft sie doch den Kern des Problems. Nicht die Festlegung der Hebesätze, sondern die Ausweitung der Besteuerungsgrundlagen durch Wachstum sahen die Gemeinden jahrelang als wichtigstes Mittel der eigenen Steuerpolitik an.[134] Durch eine entsprechende Politik werden die Gemeinden jedoch immer stärker von den Standortentscheidungen der Unternehmen (insbesondere der Global Players) und Haushalte abhängig. Zusätzlich geraten Gemeinden immer mehr in die Schere von rasch wachsenden Aufgaben (mit entsprechend wachsendem Finanzbedarf) und wesentlich langsamer (und außerdem mit beachtlichen Verzögerungseffekten) wachsenden Steuereinnahmen.

Mit Abschaffung der Gewerbekapitalsteuer haben Bund und Länder den Gemeinden im Gegenzug einen Anteil am Aufkommen der Umsatzsteuer (allgemein bekannt unter der Bezeichnung „Mehrwertsteuer") zugebilligt.[135] Damit ist ein lange verfolgtes Ziel der kommunalen Spitzenverbände erreicht worden. Bereits in der Inflationszeit nach dem Ersten Weltkrieg hatten die Gemeinden erkannt, dass nur die Umsatzsteuer mit dem erhöhten Inflationstempo Schritt hielt. Sie forderten deshalb zunächst

- ein kommunales Zuschlagsrecht zur Umsatzsteuer (als Ersatz für den 1920 verlorenen Zuschlag zur Einkommen- und Körperschaftsteuer), ersatzweise
- eine Beteiligung am Umsatzsteueraufkommen.

Beide Vorschläge ließen sich nicht durchsetzen. Stattdessen wurde im Sommer 1923 in Preußen, dem weitaus größten Land des Deutschen Reiches, die Lohnsummensteuer (als drittes Element der Gewerbesteuer) eingeführt.[136] Im Jahre 1982 wurde eine Beteiligung der Gemeinden an der Umsatzsteuer erneut vorgeschlagen.[137] In seiner Stellungnahme zur Debatte um die Beschränkung der Gewerbesteuer auf eine Besteuerung des Gewerbeertrages haben die Interessenvertreter der Städte und Gemeinden, Deutscher Städtetag und Deutscher Städte- und Gemeindebund, sowohl 1979 (Abschaffung der Lohnsummensteuer) als auch 1997 (Abschaffung der Gewerbekapitalsteuer) stets auf den zu erwartenden Einnahmeausfall abgehoben und sich mit Vorschlägen um einen Ausgleich bemüht. Als vorsorgliche Maßnahme für

---

[133] Neuffer 1973, S. 215.
[134] Vgl. Zimmermann, in: Ipsen 1995, S. 71; zu den Ursachen im örtlichen Entscheidungsprozess, s. unten, Abschnitt 4.4.
[135] Nach Gesetz über den Finanzausgleich zwischen Bund und Ländern (Finanzausgleichsgesetz vom 20.12.2001 (BGBl. I, S. 3955, 3956, zuletzt geändert am 5.9.2006), § 1, § 12.
[136] Vgl. Upmeier, in: Hansmeyer 1973, S. 73-75.
[137] Vgl. Milbradt, in: Püttner 1985, S. 139f.; Marcus 1987, S. 130, 145.

einen Schutz gegen willkürliche Eingriffe von Bund und Ländern wurde 1997 zusätzlich eine verfassungsrechtliche Absicherung gefordert[138] und inzwischen durchgesetzt (Art. 106 Va GG; Art. 107 II GG).

Auf das gemeinsame Strukturproblem des schrittweise verstärkten Steuerverbundes und damit der verminderten finanzpolitischen Gestaltungsmöglichkeiten und Ergebnisverantwortung der Gemeinden haben u.a. die Eberhard-Kommission (1971) und Hansmeyer/Zimmermann (1993) aufmerksam gemacht. In beiden Fällen bezog sich die Warnung nur auf einen gemeindlichen Einkommensteuer-Anteil ohne Hebesatzrecht. Auch der Umsatzsteueranteil der Gemeinden enthält keinen „Anreiz zur Pflege der Bemessungsgrundlage" und im „Endergebnis ... eine massive Verschlechterung in der Struktur des gemeindlichen Steuersystems."[139] Die Beteiligung der Gemeinden am Aufkommen der Umsatzsteuer mag fiskalisch ergiebig sein, finanzpolitisch ist sie aber ein weiterer Schritt in die falsche Richtung: „Der einzelne Bürger weiß kaum, dass er überhaupt auf diese Weise zum Gemeindehaushalt beiträgt, und mit Sicherheit kann er auch bei Kenntnis des Tatbestandes nicht annähernd angeben, in welchem Ausmaß er dazu beiträgt. ... Die größere Merklichkeit einer Steuer führt in der Regel gleichzeitig zu einer stärkeren Einbindung der Bürger in die gemeindlichen Entscheidungen. ... Forderungen nach verstärkter Einbindung der Bürger und nach Intensivierung des Bewusstseins, dass über das eigene Geld politisch entschieden wird, werden offensichtlich in anderen Staaten, ..., mit größerem Nachdruck erhoben."[140] Das Fehlen solcher Anknüpfungspunkte stärkt unverantwortliches Handeln bei fordernden Bürgern wie bei aktiven Kommunalpolitikern.[141]

3.2.5 Bedeutung der Steuereinnahmen für die Kommunalfinanzen

Die Einnahmesituation der Gemeinden kann durch Vergleiche deutlicher gemacht werden. Innerhalb der Gesamteinnahmen der Kommunen sank der Steueranteil von weit über 35% in den 1950er Jahren auf weniger als 30% in den 1970er Jahren bei den westdeutschen Gemeinden. Anders als bei Bund und Ländern erhielten die Kommunen zu dieser Zeit bereits nur einen geringen Teil der Gesamteinnahmen aus eigenen Steuern: Bund 90%, Länder 70%, Gemeinden 30%. 2005 war der Steueranteil bei den Kommunen auf nur 20% aller Steuern zurückgegangen.[142] Dagegen nahm die Bedeutung der Finanzzuweisungen zu. 1968 hatten sie sogar die Höhe der

---

[138] Karrenberg/Münstermann 1997, S. 188f., 191f.
[139] Zimmermann, in: Ipsen 1995, S. 76.
[140] Hansmeyer/Zimmermann 1993, S. 225.
[141] Es fällt auf, dass Reformvorschläge, wie die Direktwahl des Verwaltungschefs oder die dezentrale Ergebnisverantwortung im Neuen Steuerungsmodell, entweder beim Verwaltungspersonal oder bei den Kommunalausgaben ansetzen, die Einnahmenseite aber völlig außer Acht lassen.
[142] Bundesministerium der Finanzen 2006, S. 4.

Gemeindesteuern erreicht.[143] Diese Gewichtsverschiebungen haben sich nicht weiter fortgesetzt, sodass sich die Situation in den letzten Jahrzehnten weitgehend stabilisiert hat. (Abbildung 13)

Abbildung 13: Kommunale Einnahmen (Westdeutsche Kommunen)

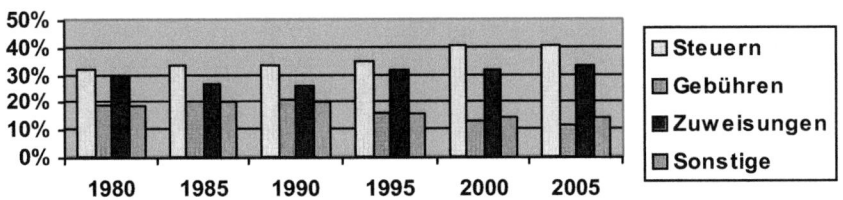

Quellen: Karrenberg/Münstermann 1987, S. 49; dieselben 1991, S. 85; dieselben 2006, S. 80.

Auch innerhalb des Steueraufkommens fanden bemerkenswerte Veränderungen statt. Während Grundsteuer und Gewerbesteuer 1949 noch etwa gleiche Erträge abwarfen, sank der Grundsteueranteil drastisch; der Gewerbesteueranteil stieg dagegen auf ca. 80%. Die Gemeindefinanzreform 1969 hat zwar die einseitige Abhängigkeit der Gemeinden von der Gewerbesteuer beseitigt, aber keineswegs die wiederkehrenden Probleme der Gemeindefinanzen behoben. Gewerbesteuer und Gemeindeanteil an der Einkommensteuer sind jetzt etwa von gleichem Gewicht (Abbildung 12), die Zuweisungen von Bund und Land quantitativ fast genauso bedeutend wie die Steuern. Hinzu kommt der deutliche Unterschied zwischen ost- und westdeutschen Gemeinden. Mehr als 15 Jahre nach der Vereinigung finanzierten die ostdeutschen Gemeinden sich noch immer zu mehr als 50% aus Investitionszuschüssen und allgemeinen Zuweisungen, letztlich also über den Finanzausgleich. Eigene Steuern und Gebühren machen bei den ostdeutschen Gemeinden etwa ein Viertel der Gesamteinnahmen aus, bei den westdeutschen Gemeinden ist es etwa die Hälfte.[144]

Bis heute ist die Gewerbesteuer nicht nur die wesentliche Gemeindesteuer mit Hebesatzrecht (also einem Hebel für kommunale Steuerpolitik), sondern auch von allen Einnahmemöglichkeiten, die jede Gemeinde selbst gestalten kann, die wichtigste Finanzquelle für zusätzliche Maßnahmen. Das gilt nicht, wenn die Gemeinde durch Veräußerung vorhandenen Vermögens Finanzmittel beschaffen kann oder durch Aufnahme weiterer Darlehen für gemeindliche Investitionsvorhaben den Kreis der Zahlungspflichtigen (im Sinne eines erweiterten Äquivalenzprinzips) über die unmittelbaren Nutzer und alle gegenwärtig steuerpflichtigen Bürger der Gemeinde hinaus auf zukünftige Nutzer und Bürger ausdehnen will.

---

[143] Boldt, in: Wehling 1975, S. 135.
[144] Karrenberg/Münstermann 2006, S. 17.

3.3 Vermögensumschichtung und Kreditaufnahme

Neben Entgelten, Gebühren, Beiträgen und Steuern erzielen die Gemeinden auch Einnahmen aus Bußgeldern für Ordnungswidrigkeiten (etwa falsches Parken, Nichtanmeldung eines Hundes) und Erlöse aus der Nutzung eigener Vermögenswerte, wie z.B. aus Grundstücken, (vermieteten) Wohnungen, eigenen Altenheimen und Parkhäusern, Beteiligungen an rentablen Wirtschaftsunternehmen (Aktienbesitz) oder der Verzinsung vorübergehend angelegter Geldbeträge (Rücklagen und allgemeine Kassenbestände). In den letzten hundert Jahren konnten in Deutschland nur wenige Gemeinden einen Großteil des gemeindlichen Aufwands aus Vermögenserträgen decken. Dabei „handelte es sich zumeist um ländliche Gemeinden, die über einen ausnahmsweise großen Waldbesitz mit alten Beständen verfügten."[145]

Einige Impulse zur Erschließung neuer Einnahmen aufgrund von Vermögensbeständen und durch Vermögensumschichtung überlebten sich schnell und waren zudem eher mit Problemen verbunden. So hatten manche Städte in den 1990er Jahren die Idee, für Telefonzellen auf gemeindeeigenen Straßen und Plätzen von den Telefongesellschaften Mieten zu verlangen. In Zeiten des Mobilfunks und der häufigen Beschädigung dürften damit eher die Telefonzellen aus dem Stadtbild verschwinden, als höhere Einnahmen in die Stadtkasse fließen. Eine weitere Möglichkeit wird in der Ausschöpfung des privaten Sponsoring gesehen. So können z.B. Schulen für bestimmte Maßnahmen private Mittel oder Geschenke (z.B. Computer) einwerben und die Sponsoren auch benennen. Zugleich stellt sich allerdings die Frage, ob die einwerbende Schule, z.B. eine Eliteschule, alle eingeworbenen Gelder behalten darf oder sich auf eine Umverteilung einlassen muss. Diese Strategie des Sponsoring oder des Mäzenatentums kommt dem Beispiel der USA folgend auch immer mehr im Kulturbereich zum Einsatz.

Seit langem ist Leasing für den Kraftfahrzeugpark und die Computernutzung eine geübte Praxis. Seit den 1990er Jahren wird auch immer häufiger erwogen, öffentliche Gebäude oder sonstige Infrastruktureinrichtungen nicht selbst zu bauen, sondern diese zu leasen. Wirtschaftlich gesehen handelt es sich dabei um einen Kredit, bei dem das Investitionsobjekt nicht Eigentum des Geldgebers wird oder bleibt. Rechtlich erwirbt der Leasingnehmer, z.B. eine Stadt, durch Vertrag die Möglichkeit, das Investitionsobjekt (z.B. Parkhaus, Schule oder Verwaltungsgebäude) für einen vereinbarten Zeitraum einer bei Vertragsabschluss festgesetzten Leasingrate zu nutzen. Während der Laufzeit des Leasingvertrages muss der Leasingnehmer die Unterhaltung der Sache sicherstellen.[146] Die Leasingrate enthält sowohl die Zinsaufwendungen des Vertragspartners, die (wegen der Nutzung des Objekts) anfallenden Abschreibungen, als auch (bei privaten Leasing-Firmen) einen Verwaltungskosten- und Gewinnzuschlag. Je nach Vertrag zahlt die Gemeinde für geleaste Objekte

---

[145] Sander/Weiblen, in: Pfizer/Wehling 1991, S. 90.
[146] Zu den unterschiedlichen Verträgen s. Matschke/Hering 1998, S. 165ff.

insgesamt mehr als für eigene, durch entsprechende Verschuldung finanzierte.[147] Leasen gilt als günstiger, als sie zu mieten, denn Mieten steigen beim Anstieg der Lebenshaltungskosten. Haushaltsrechtlich besteht für Gemeinden ein doppelter Vorteil: Die Leasingraten gehören in den Verwaltungshaushalt (belasten also nicht den ohnehin beengten Vermögenshaushalt); der Abschluss solcher Verträge ist formell keine Kreditaufnahme, bedarf aber der Genehmigung durch die Kommunalaufsicht. Ob sich damit die Gemeinden einen Gefallen tun oder nur optisch ihre Situation mittelfristig verbessern, ist eine andere Frage.

Dies gilt vor allem für das Cross-Border Leasing (CBL).[148] Hier konnte geleaste Infrastruktur durch Steuervorteile unmittelbare Einnahmen der Kommunen herbeiführen, die der Leasinggeber erhält und an den Leasingnehmer (die Stadt) teilweise weitergegeben wurden. Dabei wurden öffentliche Verwaltungsgebäude, Schulen, Stadthallen, Kulturzentren, Krankenhäuser und sonstige Infrastruktureinrichtungen (Kläranlagen, Abwasserkanäle, Straßenbahnen und Schienen) an amerikanische Investoren langfristig (auf 99 Jahre) vermietet und unmittelbar danach von den Kommunen geleast, wobei Verträge mit einer Laufzeit von 30 Jahren zustande kamen. Diese Immobiliengesellschaften oder Kapitalsammelstellen konnten in den USA[149] einen Steuervorteil nutzen und haben einen kleinen Teil dieses Vorteils unmittelbar an die Kommunen weitergegeben. Nach Schätzung des nordrhein-westfälischen Innenministerium hatten bis 2003 mindestens 150 deutsche Kommunen davon Gebrauch gemacht.[150] 2005 wurden diese Geschäfte durch Gesetzgebung in den USA wieder ausgeschlossen. Nach Ablauf der Leasingverträge können die Kommunen die vermieteten Anlagen zu einem vertragsmäßig fixierten Betrag zurückkaufen. „Macht die Kommune von diesem Optionsrecht ... keinen Gebrauch, kann das US-Unternehmen die Anlage selbst nutzen oder sie Dritten überlassen, bis der Hauptmietvertrag abgelaufen ist."[151] Daraus ergibt sich allerdings die größte Unsicherheit.[152]

Eine weitere Chance, die Handlungsfähigkeit zu verbessern, sehen die Städte in der Partnerschaft mit privaten Investoren: Public Private Partnership (PPP). Sie sind dadurch für Kommunen attraktiv, weil private Investoren einen (anteiligen) Eigenkapitaleinsatz leisten.[153] Viele Neubauten und Anlagen des vergangenen Jahrzehnts

---

[147] So auch Dill/Kanitz (1994, Heft 6, S. 92) und Matschke/Hering (1998, S. 169); SGK 2003, S. 33.

[148] Besonders waren Verträge mit amerikanischen Investoren beliebt; s.d. Konegen, in: Robert/Konegen 2006, S. 285ff.

[149] Weil der Mietvertrag so langfristig abgeschlossen wurde, galt der US-Investor nach dem Steuerrecht der USA als Eigentümer und konnte die Kosten für die Investitionen abschreiben.

[150] SGK 2/2003, S. 33.

[151] SGK 2/2003, S. 33.

[152] Es stellt sich die Frage, was beim Cross Border Leasing nach der vereinbarten Laufzeit des Vertrages (i. d. R. 30 Jahre) mit den geleasten Anlagen passiert, die die Gemeinden weiter nutzen müssen. Hier sind die Regelungen der zuweilen 100 bis 1.000 Seiten starken Verträge im Einzelnen zu prüfen.

[153] Uhlig 1990, S. 106ff.; Mayer, in: Roth/Wollmann 1994, S. 440f. Die Zusammensetzung der Akteure ist bei den einzelnen Partnerschaftsvorhaben jeweils verschieden. S. d. Heinz, in: Wollmann/Roth 1999, S. 555.

sind auf dieser Basis zustande gekommen. Die Stadt selbst bringt dabei in der Regel Vermögensbestände (Grundstücke) ein und beteiligt sich an der Erschließung und der Gestaltung der Umgebung. Dabei geht es zum einen um den bereits erwähnten Neubau öffentlicher Infrastruktureinrichtungen (z.B. Schulen, Kindergärten, Sporthallen, Entsorgungsanlagen), die von den Kommunen geleast werden sollen, aber vor allem um privat zu betreibende Vorhaben, z.B. Veranstaltungshallen, Museen und Einkaufszentren. Gerade bei Letzteren ergeben sich Risiken durch die Nutzung der Anlage. Die Kommunen können es sich meist nicht leisten, eine häufig zu beobachtende Unternutzung oder Leerstände langfristig unbearbeitet zu lassen. Jedenfalls versuchen die Städte dadurch, die Bautätigkeit bei zunächst geringem Eigenbeitrag aufrecht zu erhalten.

Die zuletzt genannten Möglichkeiten zur (optischen) Verbesserung der Finanzsituation sind allerdings weder von großer Bedeutung im Rahmen des Gesamthaushalts der betreffenden Kommunen, noch allgemein verbreitet. Insbesondere die Leasing-Variante scheint noch nicht allgemein genutzt zu werden. Dagegen gehen informierte Einschätzungen davon aus, dass Public Private Partnership verbreiteter ist. Dies gilt aber ganz besonders für die Aufnahme von Kassenkrediten, mit denen laufende Ausgaben finanziert werden müssen, weil keine Deckungsmittel vorhanden sind. Solche Kassenkredite sollen eigentlich nur zur kurzfristigen Überbrückung finanzieller Engpässe eingesetzt werden, bevor die dafür veranschlagten Deckungsmittel eingegangen sind.[154] Seit den 1990er Jahren dienen Kassenkredite aber immer häufiger dazu, laufende Ausgaben (des Verwaltungshaushalts) längerfristig zu finanzieren. Diese Entwicklungen setzen sich unvermindert fort, sodass inzwischen von einem „Rekordniveau" gesprochen wird.[155] Wegen ihres prinzipiell vorübergehenden Charakters werden Kassenkredite im Gegensatz zu längerfristig aufgenommenen Darlehen allerdings nicht der kommunalen Verschuldung zugerechnet. Tatsächlich entwickeln sie sich aber mehr und mehr zu einer langfristigen Verschuldung, die den kommunalen Handlungsspielraum einschränkt.

Es wird den Kommunen in Zukunft nichts anderes übrig bleiben, als sich noch intensiver über ihre Vermögensbestände zu orientieren, um sie eventuell für die Finanzierung zur Pflege und Modernisierung ihrer Infrastruktur zu aktivieren, also aus dem vorhandenen Vermögen nicht-zweckgebundene Teile zu veräußern. Denn es ist kaum zu erwarten, dass dafür ausreichende Mittel aus laufenden Einnahmen zur Verfügung stehen. Nur dadurch lässt sich eine Aufnahme von Darlehen vermeiden. Dabei kann es sich etwa um Grundstücke, die nicht als Vorratsflächen benötigt werden, Aktien von gemischtwirtschaftlichen Energieversorgungsunternehmen (wie RWE, Veba, Bayerngas, Badische Gas- und Elektrizitätsversorgung AG, VEW,

---

[154]   Vgl. Müthling 1973, S. 266f. Siehe dazu Statistisches Bundesamt: Schulden der öffentlichen Haushalte, für 2005 Kassenstatistik.

[155]   DStGB 2005; Karrenberg/Münstermann 2006, S. 5.

Schleswag), von Stadtwerken an die Energieunternehmen[156] oder Wohnhäusern, die weder sozialpolitischen Zwecken, noch als Tauschobjekte für die Liegenschaftspolitik dienen, handeln. Die Stadt erwirbt dann gewissermaßen neues (nicht zweckgebundenes) Vermögen im Austausch gegen bisheriges (zweckgebundenes), erreicht also eine betriebswirtschaftlich bessere Struktur ihrer langfristig festgelegten Mittel.

Abbildung 14: Schema einer gemeindlichen Vollbilanz

Aktiva	**Passiva**
Anlagevermögen	*Anlagekapital*
Sachanlagen	Deckungskapital
Finanzanlagen	Kredite
Umlaufvermögen	*Sonstige Passiva*
Geldanlagen, gewährte Darlehen	Rücklagen
lfd. Forderungen	lfd. Verbindlichkeiten
Haushaltseinnahmereste	Haushaltsausgabereste
Bilanzsumme	*Bilanzsumme*

Quelle: Vgl. Seiler 1988, S. 522.

Im Zuge der Welle von Maßnahmen zur Haushaltskonsolidierung hat sich die Häufigkeit solcher Vermögensumschichtungen beschleunigt. Fast zwei Drittel der großen Städte in Westdeutschland planten bereits 1995 den Verkauf von Grundstücken, Gebäuden oder Aktien. Fast die Hälfte der befragten Mitglieder des Deutschen Städtetages führte solche Maßnahmen in den 1990er Jahren tatsächlich durch; etwa 40% hatten entsprechende Pläne für das Haushaltsjahr 1996.[157] Dieser Trend wirkt unvermindert fort. Im Augenblick geht es häufig um den Verkauf der städtischen Wohnungen.[158] Der wirtschaftlich vernünftige Verkauf nicht-betriebsnotwendiger Vermögenswerte stellt Kommunalpolitiker bis heute vor eine besonders schwierige Aufgabe: „Will man sich einen Überblick über das gesamte Vermögen einer Gemeinde verschaffen, müsste eine Vielzahl unterschiedlicher ... Verzeichnisse eingesehen werden, da es keine Vorschriften gibt, die die Gemeinden zu einer Gesamtaufstellung vorhandenen Vermögens ... zwingen."[159] Im Rahmen der Implementation des „Neuen Steuerungsmodells" und der Umstellung auf die Doppik soll auch dieser unhaltbare Zustand beendet werden (vgl. Abbildung 14 und 15).

Immer schon sind dagegen die Gemeinden verpflichtet gewesen, zur Sicherung ihrer Zahlungsfähigkeit („Liquidität") Vorsorge zu treffen. Jede Gemeinde muss

---

[156] Beispiele bei Monstadt 2004, S. 170f.
[157] Karrenberg/Münstermann 1996, S. 206.
[158] Dies führt dann häufig zur sofortigen Schuldenfreiheit der Kommunen, so z.B. in Wilhelmshaven und Dresden. Zum Stand der Überlegungen in anderen Städten s. FAZ vom 26.10.2006. Zu den Problemen s. Abschnitt 5.3.
[159] Beckhof, in: Püttner 1985, S. 559f.

Rücklagen bilden. Für die „Betriebsmittelrücklage" (allgemeine Rücklage) wurden durch die jeweilige Gemeindehaushaltsverordnungen Mindestbeträge vorgeschrieben.[160] Eine Gemeinde kann darüber hinaus Rücklagen bilden und diese zur Finanzierung bestimmter Vorhaben künftiger Jahre ganz oder teilweise auflösen. Über deren Bildung und Auflösung bestimmen aber nach wie vor einzelwirtschaftliche Gesichtspunkte. Im Allgemeinen bleibt jedoch das „Ansparen" finanzieller Mittel (Rücklagen als „Spardose" der Gemeinden) angesichts der verbreitet angespannten Haushaltslage im Hinblick auf Investitionsvorhaben gegenüber der langfristigen Verschuldung durch Aufnahme neuer Darlehen deutlich zurück. Von allen Möglichkeiten der Geldbeschaffung durch o.a. Maßnahmen der Geldbeschaffung kommt der Neuverschuldung (Nettokreditaufnahme) der Gemeinden seit Jahrzehnten die größte Bedeutung zu.

Abbildung 15: Vermögensrechnung (Bilanz)

Aktiva	Passiva
Anlagevermögen	
1. Immaterielle Vermögensgegenstände und Sachvermögen	5. Nettoposition, Sonderposten, Verbindlichkeiten und Rückstellungen
1.1 Immaterielle Vermögensgegenstände	5.1 Nettoposition (Basis-Reinvermögen)
1.2 Sachvermögen	5.1.1 Rücklagen aus Überschüssen des ordentlichen Ergebnisses
1.2.1 Unbebaute Grundstücke und grundstücksgleiche Rechte	5.1.2 Rücklagen aus Überschüssen des realisierten Sonderergebnisses
1.2.1.1 Verwaltungsvermögen	5.1.3 Bewertungsrücklage für Überschüsse des Bewertungsergebnisses
1.2.1.2 Realisierbares Vermögen	5.1.4 Zweckgebundene Rücklagen
1.2.2 Bebaute Grundstücke und grundstücksgleiche Rechte	5.1.5 Sonstige Rücklagen
1.2.2.1 Verwaltungsvermögen	5.1.6 Ergebnis und Ergebnisverwendung (die Bilanzposition „Ergebnisvortrag in das Folgejahr" (Nr. 5.1.6.6) kann durch die Positionen 5.1.6.1 bis einschließlich 5.1.6.5 ersetzt werden)
1.2.2.2 Realisierbares Vermögen	
1.2.3 Infrastrukturvermögen	
1.2.4 Bauten auf fremden Grund und Boden	
1.2.4.1 Verwaltungsvermögen	5.1.6.1 Ergebnisvortrag aus Vorjahr
1.2.4.2 Realisierbares Vermögen	5.1.6.2 Jahresergebnis
1.2.5 Kunstgegenstände, Kulturdenkmäler	5.1.6.2.1 Ordentliches Jahresergebnis
1.2.6 Maschinen und technische Anlagen, Fahrzeuge	5.1.6.2.2 Realisiertes Sonderergebnis
1.2.7 Betriebs- und Geschäftsausstattung	5.1.6.2.3 Bewertungsergebnis
1.2.8 Vorräte	5.1.6.3 Entnahmen aus Rücklagen
1.2.9 Geleistete Anzahlungen, Anlagen im Bau	5.1.6.4 Minderung des Basisreinvermögens zw. Erhöhung des nichtgedeckten Fehlbetrags
2. Finanzvermögen	
2.1 Anteile an verbundenen Unternehmen	

---

[160] „Zu diesem Zweck muss ein Betrag vorhanden sein, der sich in der Regel auf mindestens 1 vom Hundert der Ausgaben des Verwaltungshaushalts nach dem Durchschnitt der drei dem Haushaltsjahr vorangegangenen Jahre beläuft" (GemHVO Nds. vom 17. März 1997 (Nds. GVBl. S. 90), zuletzt geändert durch Verordnung vom 12. Mai 2003 (Nds. GVBl. S. 192); ähnliche Regelungen finden sich in den GemHVO anderer Bundesländer.

Quelle: Ständige Konferenz der Innenminister und –senatoren der Länder 2003, Anlage 3, S. 105ff., hier: Arbeitsentwurf Baden-Württemberg.

Will oder kann eine Gemeinde Investitionsvorhaben weder durch Rückgriff auf Rücklagen oder vorhandenes Vermögen, noch aus laufenden Einnahmen finanzieren, dann bleibt ihr nur die Möglichkeit, in entsprechendem Umfang langfristige Kredite (= Darlehen) aufzunehmen, also sich bei Kapitalsammelstellen (Sozialversicherungsträgern, privaten Versicherungen) oder Kreditinstituten (Banken, Sparkassen, Hypothekenbanken, Bausparkassen) zu verschulden. Zur Finanzierung von außerordentlichen Vorhaben dürfen bei unabweisbarem Bedarf Darlehen erst aufgenommen werden, wenn die sonstigen Einnahmen zur Deckung der Ausgaben nicht ausreichen.[161] Die Kunst bzw. professionelle Leistung eines kommunalen Kämmerers besteht darin,

---

[161] Bzw. die anderweitige Finanzierung nicht möglich oder unwirtschaftlich ist (z.B. § 83 II NGO Niedersachsen).

„das günstigste Verhältnis zwischen Zins- und Tilgungssatz, Laufzeit und Gesamtschuldendienst zu finden."[162] Dabei müssen nach dem geltenden Haushaltsrecht, weder Rücklagen, noch Kreditaufnahmen einzelnen Vorhaben zugeordnet werden. Beide können grundsätzlich zur Finanzierung aller Ausgaben im Vermögenshaushalt dienen (Gesamtdeckungs- statt Einzeldeckungsprinzip). Im Spannungsfeld zwischen allzu langsam wachsenden Steuereinnahmen und fehlenden disponiblen Vermögensbeständen einerseits sowie einem rasch wachsenden Bedarf an öffentlichen Dienstleistungen bzw. Investitionen und den daraus resultierenden Haushaltsanforderungen andererseits bot sich eine längerfristige Verschuldung fast allen Kommunen immer wieder als Ausweg an.

Die Verschuldung ist insbesondere seit Ende der 1960er Jahre sprunghaft gewachsen.[163] Sie hat im Zeitraum zwischen 1960 und 1974 erheblich schneller zugenommen als im Bund und in den Ländern. Dies hing in den 1970er Jahren wesentlich mit der kommunalen Verwaltungs- und Gebietsreform in Westdeutschland, nämlich den dabei eingesetzten Überlebensstrategien, zusammen.[164] Etwa gleichzeitig wurden die Gemeinden auch aufgefordert, sich zur Belebung der Konjunktur antizyklisch zu verhalten. Insofern sorgten Anreize des Bundes ebenfalls für eine höhere Verschuldung.[165] Im Zusammenhang mit der deutschen Einheit hat sich die Verteilung der öffentlichen Verschuldung auf Bund, Länder und Kommunen erneut verändert. Während 1980 auf die (westdeutschen) Kommunen etwa 1/5 der öffentlichen Schulden entfiel, war es 1995 nur noch etwas mehr als 1/10.[166] Bund und Länder weisen in diesem Zeitraum erheblich höhere Zuwachsraten der Verschuldung (246 bzw. 231%) auf; Gemeinden und Gemeindeverbände (in Westdeutschland) lagen mit einer um 60% höheren Verschuldung deutlich unter diesem Zuwachs.

Mit der Aufnahme von Darlehen sind für die Gemeinden Vor- und Nachteile verbunden. Einerseits verteilen Schulden die finanziellen Lasten einer Investition auf viele Jahre, belasten also auch künftige Nutzer und Steuerzahler. Andererseits müssen die Gemeinden, weil „die eigentlich notwendigen Steuer- und Gebührenerhöhungen oder gar schmerzliche Ausgabeneinsparungen ... vermieden werden", einen wachsenden Anteil der laufenden Einnahmen für Verzinsung und Tilgung von Darlehen einsetzen und vermindern damit auf lange Sicht die „wirtschaftliche und politische Entscheidungsfreiheit" der nachfolgenden Generationen,[167] kurzfristig aber auch ihre eigenen finanzpolitischen Gestaltungsmöglichkeiten. Die Gemeinden nähern sich, wenn man den jeweiligen Beobachtern glauben darf, bereits seit Mitte

---

[162] Giere 1965, S. 311, 314.
[163] Karrenberg/Münstermann 1996, S. 177.
[164] Schäfer, in: von Arnim/Littmann 1984, S. 116, 130ff.
[165] Eißel, in: Roemheld/Zielinski 1983, S. 201.
[166] Ausgangsdaten nach Sarrazin, in: Ipsen 1995, S. 14.
[167] Zitate bei: Eickmeyer, in: Mäding 1983, S. 59, 71.

der 1950er Jahre der „Verschuldungsgrenze", also „der Grenze, von der an eine weitere Verschuldung nicht mehr tragbar ist."[168]

Zwar sind die Investitionen seit Jahren stark rückläufig.[169] Wenn die Gemeinden aber bis heute weiter investieren und sich weiter verschulden, so zeigt das zunächst einmal, dass es eine objektiv festlegbare „Verschuldungsgrenze" nicht gibt.[170] Einen Versuch, die kommunale Verschuldungsgrenze allgemein zu bestimmen, enthalten die Gemeindeordnungen: Die Kreditverpflichtungen müssen „mit der dauernden Leistungsfähigkeit der Gemeinde im ... Einklang stehen."[171] Zur Finanzierung ihrer Investitionen dürfen die Gemeinden dann keine neuen Darlehen mehr aufnehmen, wenn „nach der voraussichtlichen Entwicklung der finanziellen Leistungsfähigkeit ... die Aufbringung des Schuldendienstes (Zinsen und Tilgung - d. Verf.) nicht mehr gewährleistet ist."[172] Diese Formulierungen weisen darauf hin, dass die Verschuldungsgrenze bei jeder Gemeinde individuell zu ziehen ist, „weshalb auch interkommunale Schuldenvergleiche selbst unter Berücksichtigung der Gemeindeklassen (Größe und Verwaltungsstufe) nur immer sehr bedingt aussagekräftig sind."[173]

Infolge rückläufiger Investitionen in den 1990er Jahren konnten auch die ostdeutschen Gemeinden ihre Nettokreditaufnahme reduzieren. Umso überraschender ist es, dass sie in wenigen Jahren je Einwohner den gleichen Schuldenstand aufgebaut haben wie die westdeutschen Gemeinden in vier Jahrzehnten. Auch der Anteil der Zinsausgaben an den jeweiligen Haushalten hat sich in den 1990er Jahren fast angeglichen.[174] Die Städte der neuen Bundesländer drückten vor allem Altschulden aufgrund des Buchungssystem der ehemaligen DDR, die vom Deutschen Städtetag nicht „als Forderungen im Sinne des deutschen Rechtssystems" gesehen wurden und die die einzelnen Städte sehr unterschiedlich belasteten.[175] Anfang 1997 haben dann Bundestag und Bundesrat beschlossen, dass Bund und Länder sich die Altschulden teilen.[176]

Für die Anwendung der (in der Gemeindeordnung des jeweiligen Bundeslandes festgelegten) Grundsätze kommunaler Verschuldung bzw. die Beachtung der kommunalen Verschuldungsgrenze hat die Kommunalaufsicht zu sorgen, die im Regelfall eine „Gesamtgenehmigung" im Rahmen der Genehmigung der Haushaltssatzung erteilt. Wichtige Maßstäbe bei der Genehmigung der Haushaltssatzung sind vor allem

---

[168] Schmölders, in: Peters 1959, S. 66; zur finanzwissenschaftlichen Diskussion s. Fehr/Gottfried 1993, S. 324ff.
[169] Karrenberg/Münstermann 1998, S. 186; Reidenbach 2006, S. 1.
[170] So auch Sander/Weiblen, in: Pfizer/Wehling 1991, S. 91f.
[171] Z.B. § 92 NGO; § 86 I GO NW; § 87 II GO Ba-Wü; § 100 II GO LSA.
[172] Gittel, in: Rausch/Stammen 1972, S. 115.
[173] Müthling 1973, S. 404.
[174] Karrenberg/Münstermann 1997, S. 184, 198, 201.
[175] Karrenberg/Münstermann 1996, S. 180, hier auch die durchschnittliche Belastung aller Städte in den jeweiligen neuen Bundesländern.
[176] Karrenberg/Münstermann 1997, S. 186.

Vergleiche der Pro-Kopf-Verschuldung sowie des Verhältnisses zwischen dem Kapitaldienst (Zinsen und Tilgung) und den Einnahmen des Verwaltungshaushalts der betreffenden Gemeinde im Vergleich mit anderen.[177] In der Stadt Konstanz stieg die Pro-Kopf-Verschuldung in 32 Haushaltsjahren von 104 DM auf 1.763 DM, also fast auf das Siebzehnfache, an.[178] Von einem massiven Einschreiten der Kommunalaufsicht gegen diese Entwicklung ist nichts bekannt. Weitere Einwirkungsmöglichkeiten der Kommunalaufsicht, nämlich jene, die sich aus Beschränkungen der Kreditaufnahme nach § 19 StabG („Schuldendeckel")[179] ergeben und die die Gemeinden in Konjunkturdämpfungsmaßnahmen einbeziehen sollen, waren auch nicht wirksamer: Danach kann die Neuverschuldung für die Dauer eines Jahres auf einen Höchstbetrag begrenzt („plafondiert") werden, und zwar gesondert nach Kreditarten und unter speziellen Kreditbedingungen.[180] Diese Regelungen lassen es angemessen erscheinen, zumindest zeitweise von geringen Möglichkeiten für die Schuldenpolitik der Kommunen, von fehlender Verschuldungsautonomie der Gemeinden und Gemeindeverbände zu sprechen.[181] Die Wirkungen scheinen in ersten Interpretationen der Gesetzestexte überschätzt worden zu sein: Inzwischen scheinen einige kommunale Aufsichtsbehörden auch mit Restriktionen gegen eine höhere Verschuldung der Städte vorzugehen,[182] und Haushaltskonsolidierungskonzepte sind die Regel.[183]

Der durch Aufgabenumfang und Einnahmenstruktur bedingte Zwang zur Verschuldung bestimmt gewissermaßen die Untergrenze der gemeindlichen Darlehensaufnahme. Die laufende Kontrolle der Verschuldung durch die kommunale Aufsicht und der Zwang zu Haushaltskonsolidierungskonzepten können als Obergrenzen betrachtet werden. Allerdings stellte der damalige Konstanzer Verwaltungschef schon 1982 fest: „Gerade ... antizyklische Konjunkturpolitik hat ... dazu beigetragen, die Staatsverschuldung immer schneller in die Höhe zu treiben."[184]

Die zuweilen angeführten Schwierigkeiten der Geldbeschaffung als mögliche Folgen eines fehlenden direkten Zugangs zur Notenbank und eines weithin bestehenden Unvermögens, die hohen Emissionskosten für eigene Anleihen aufzubringen, erschienen ebenso überzeichnet wie die Auffassung, wachsende Verschuldung führe zur Abhängigkeit der Gemeinden von den Geldgebern, insbesondere den Banken. Solche Auffassungen sind nur durch geringe Kenntnis einiger Besonderheiten

---

[177]   Verfügung eines nordrhein-westfälischen Regierungspräsidenten im Jahre 1977.

[178]   Eickmeyer, in: Mäding 1983, S. 59.

[179]   Gesetz zur Förderung der Stabilität und des Wachstums der Wirtschaft (Stabilitätsgesetz) vom 8. Juni 1967 (BGBl. I, S. 582); Rakers 1979, S. 11ff.

[180]   S.d. § 87 IV GO BaWü; § 92 IV GONds; § 86 III GO NW; § 100 IV GO LSA.

[181]   Dieses Instrument (Schuldendeckelverordnung) wurde am 1. Juni 1973 eingesetzt. Der Deutsche Städtetag stellte dennoch fest, dass die Gemeinden ihren Kreditbedarf nur um 15 % hatten einschränken müssen (Der Städtetag, 1974, S. 5). - Weitere Literatur bei Schwarting, in: Püttner 1985, S. 632.

[182]   Bull, in: Derlien 2001, S. 169 mit Beispielen für Schleswig-Holstein.

[183]   S. unten, Abschnitt 4.4.

[184]   Eickmeyer, in: Mäding 1983, S. 69.

des deutschen Kreditwesens erklärbar: Die Kommunen verfügen mit den in kommunaler Trägerschaft betriebenen Sparkassen[185] über leistungsfähige Hausbanken[186] und über einen (zumindest indirekten) Einfluss auf verschiedene Landesbanken. Das Instrument der Kommunaldarlehen, die von Hypothekenbanken über öffentliche Pfandbriefe finanziert werden, verschafft auch kleinen Gemeinden einen (indirekten) Zugang zum Kapitalmarkt, dem die mittelständische Wirtschaft nur ansatzweise Vergleichbares gegenüberzustellen hat. Die wichtigsten Probleme der Verschuldung sind aber nicht die Genehmigung und Beschaffung von Krediten, sondern ihre Verzinsung und Tilgung. Die zeitliche Verschiebung der aus unzureichenden eigenen Einnahmen resultierenden Finanzierungslücke zwingt die Gemeinden immer stärker dazu, entweder einen höheren Anteil am Steuerverbund (Abbildung 16) zu fordern oder von Bund und Ländern andere Zuweisungen zu beanspruchen, die eine finanzielle Mindestausstattung der Gemeinden sicherstellen.

Abbildung 16: Verteilung der Steuereinnahmen nach Art. 106 GG

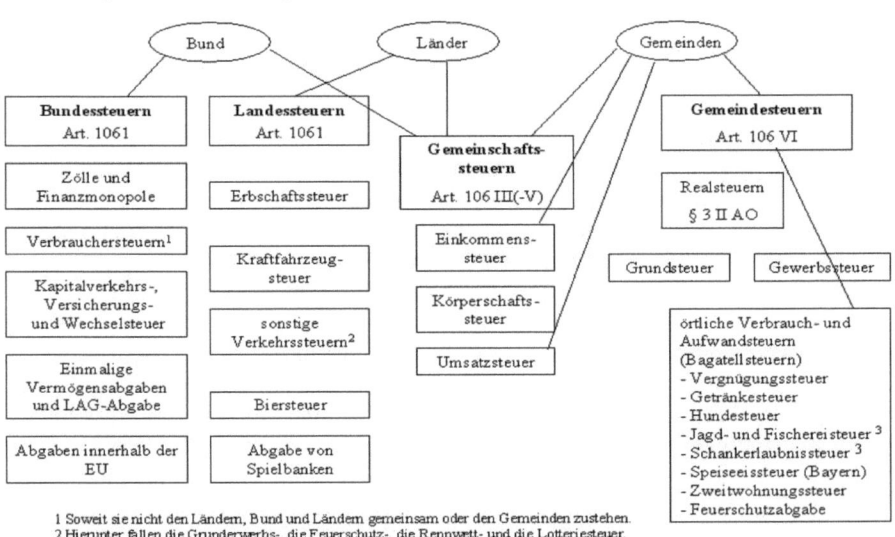

1 Soweit sie nicht den Ländern, Bund und Ländern gemeinsam oder den Gemeinden zustehen.
2 Hierunter fallen die Grunderwerbs-, die Feuerschutz-, die Rennwett- und die Lotteriesteuer.
3 Gelten als Kreissteuer (Stadt- und Landkreis)

Quelle: Schmidt-Jortzig 1982, S. 254 (von den Verfassern geringfügig bearbeitet und aktualisiert).

---

[185] Ausnahmen sind lediglich die von „philanthropischen" Gesellschaften getragenen Sparkassen in Bremen, Hamburg und Frankfurt sowie die Landessparkassen (bzw. deren Rechtsnachfolger) im Gebiet ehemaliger Kleinstaaten (Braunschweig, Nassau, Oldenburg, Württemberg).
[186] Vgl. Oberbeckmann, in: Püttner 1984, S. 486.

3.4 Finanzzuweisungen von Land, Bund und EU

Bisher haben wir uns bei der Betrachtung der kommunalen Finanzsituation gewissermaßen innerhalb der Gemeindegrenzen bewegt: Für die Finanzierung gemeindlicher Aufgaben wurden nur Zahlungen für kommunale Dienstleistungen, Steuerzahlungen der Bürger und Veräußerung einzelner Vermögensteile bzw. Aufnahme langfristiger Darlehen durch die Gemeinde herangezogen. Lediglich bei der Gewerbesteuerumlage und den Gemeindeanteilen an der Einkommen- und Umsatzsteuer wurden Austauschbeziehungen über die Gemeindegrenze hinweg erkennbar; der Steuerverbund zwischen Bund, Ländern und Gemeinden trat ins Blickfeld (s. Abbildung 16).

Der Steuerverbund ist aber nur ein Teil des öffentlichen Finanzverbundes.[187] Bund und Länder nehmen auch darüber hinaus eine „Ausgleichsfunktion" wahr; ihre Zuweisungen stellen einen sehr wichtigen Anteil an den kommunalen Einnahmen dar. Das Niveau der Steuereinnahmen von Bund, Ländern und Gemeinden entwickelte sich seit einem Jahrzehnt eher etwas zu Lasten des Bundes.[188] Allerdings ist diese Information kaum aussagefähig ohne dass die Aufgaben der jeweiligen Organisationsebene der öffentlichen Verwaltung mit betrachtet werden. Aber nicht nur Vergleiche der drei Ebenen, sondern auch solche im Verhältnis zwischen den verschiedenen Ländern und den einzelnen Gemeinden fördern Unterschiede zutage.

Die wirtschaftliche Leistungsfähigkeit der Gemeinde kann relativ groß sein (z.B. in Orten mit hoher Steuerkraft, insbesondere aus der Gewerbesteuer) oder auch so gering, dass eine ordnungsgemäße Wahrnehmung von „Angelegenheiten der örtlichen Gemeinschaft" und staatlichen Aufgaben bedroht erscheint. Ein horizontaler Finanzausgleich (zwischen den Ländern) und ein vertikaler Finanzausgleich (zwischen Bund, Ländern und Gemeinden) sollen die vorhandenen Unterschiede so weit abmildern, dass ein gewisses Mindestmaß an administrativer Leistungsfähigkeit sichergestellt ist und Sonderbedarfe berücksichtigt werden. Auch bei dieser Umverteilung der öffentlichen Einnahmen auf die einzelnen Träger öffentlicher Aufgaben ergeben sich politische Konflikte. Bei der großen Vielfalt von Städten und Gemeinden mit ihrem sehr unterschiedlichen Bedarf werden objektive Maßstäbe für einen gerechten Finanzausgleich wohl kaum zu finden sein. Wie kann z.B. die Leistung einer Stadt mit zentral-örtlicher Funktion für ihr Umland berücksichtigt werden?

Das ist nicht nur ein Problem der (kreisfreien) Großstädte, auch bei den Kreisstädten ist die Belastung höher als bei anderen kreisangehörigen Gemeinden.[189] Da Kreisstädte und andere zentrale Orte zahlreiche Einrichtungen (wie Schulen, Kran-

---

[187] S. oben, Abschnitt 1.3.2. Zur Entwicklung des Finanzverbundes s. Renzsch 1986b, S. 499ff. Ab 1995 sind die neuen Bundesländer in den Steuerverbund eingebunden (Karrenberg/Münstermann, in: Roth/Wollmann 1994, S. 209); zu den quantitativen Dimensionen des West-Ost-Transfers 1991-1997 s. Heilemann/Rappen 1997, S. 39; Kleinfeld u.a. 1996, S. 303; Matschke/Hering 1998, S. 126ff.

[188] Bundesministerium der Finanzen 2006b, S. 80.

[189] Mäding, in: Heinelt/Wollmann 1991, S. 100; s. oben, Abschnitt 2.3.3.

kenhäuser, Altenheime) unterhalten, die teilweise auch von den Bürgern der umliegenden Gemeinden genutzt werden, teilweise in Konkurrenz zu entsprechenden Kreiseinrichtungen stehen, gelten diese kreisangehörigen Städte als doppelt belastet.[190] Aber nicht nur die besonderen Probleme der zentralen Orte werden herausgestellt, sondern auch die von ländlichen Regionen.[191] Mäding verweist zudem darauf, dass der ländliche Raum nicht als homogen betrachtet werden darf.[192] Wie alle kreisangehörigen Gemeinden müssen auch die Kreisstädte für die Finanzierung der Landkreise eine Kreisumlage zahlen, die jährlich vom Kreistag festgelegt wird und bei deren Berechnung die eigene Steuerkraft der jeweiligen Gemeinde und die allgemeine Zuweisung des Landes Berücksichtigung finden.[193] Ein Ausgleich der Lasten erscheint also unverzichtbar.

Die Übertragung von Bundes- und Landesmitteln in Form der allgemeinen und zweckgebundenen Finanzzuweisungen soll verschiedene, einander z.T. widerstreitende Zwecke erfüllen:

- Abbau regionaler und strukturbedingter Unterschiede zwischen Steuerkraft und gemeindlichen Aufgaben (allgemeine Finanzzuweisungen; „Schlüsselzuweisungen"),
- Erstattung von Aufwendungen für die Durchführung von Bundes- und Landesaufgaben (Auftragsangelegenheiten/Aufgaben des übertragenen Wirkungskreises),
- Anreiz zur Durchführung bestimmter Maßnahmen (insbesondere von Investitionsvorhaben; „Zweckzuweisungen").

Dabei werden allokative Effekte von zweckgebundenen, distributive von allgemeinen Zuweisungen ausgehen.[194]

Ähnlich unterschiedlich wie die mit den Zuweisungen verbundenen Zielvorstellungen bei Bund und Ländern ist der Zusammenhang zwischen der Bereitstellung entsprechender Mittel und der politischen Einwirkung von Gemeinden darauf. Nicht zuletzt angesichts der erheblichen Bedeutung der Finanzzuweisungen für die Gemeindehaushalte (s. Abbildung 13) haben die Gemeinden sehr viel weniger Einfluss auf die eigene Finanzlage als Bund und Länder: So scheinen die Schlüsselzuweisungen dem Einfluss der Kommunen fast völlig entzogen zu sein.[195] Zweckzuweisungen folgen hingegen mittelbar oder unmittelbar kommunalen Entscheidungen zur Wahrnehmung bestimmter Aufgaben bzw. Vornahme bestimmter Investitionen.

---

[190] Vgl. hierzu Geißelmann 1975, S. 63.
[191] Ganser 1979, S. 10f.
[192] Mäding, in: Heinelt/Wollmann 1991, S. 100.
[193] Zu den Kreisfinanzen bzw. Einzelheiten der Kreisumlage s. Meyer, in: Wollmann/Roth 1999, S. 461ff. bzw. 473ff.
[194] Marcus 1987, S. 81.
[195] Fürst, in: Hesse/Wollmann 1983, S. 284ff.; s. a. unten, Abschnitt 4.2.3.

Voraussetzung für den Anspruch auf entsprechende zweckgebundene Zuweisungen ist allerdings der Einsatz von kommunalen Eigenmitteln. Daraus ergibt sich auf die Dauer eine Beschränkung kommunaler Gestaltungsmöglichkeiten bei freiwilligen Aufgaben, die nicht förderungswürdig im Sinne der verschiedenen Zuwendungsrichtlinien, -maßnahmen oder -programmen von Bund und Ländern sind. Im Gegensatz dazu bedeuten (nicht zweckgebundene) Finanzzuweisungen als „allgemeine Deckungsmittel" für die Gemeinden eine Stärkung der eigenen Finanzkraft.

3.4.1 Schlüsselzuweisungen und Ausgleichszahlungen

Nicht zweckgebundene Finanzzuweisungen, die „Schlüsselzuweisungen", stammen aus dem Länderanteil an den Gemeinschaftssteuern. Die innerhalb des Steuerverbundes anfallenden Gemeinschaftssteuern (Einkommen-, Körperschaft- und Umsatzsteuer) stehen Bund, Ländern und Gemeinden gemeinsam zu. Einkommen- und Körperschaftsteuer bekommen Bund und Länder je zur Hälfte, „soweit das Aufkommen der Einkommensteuer nicht ... den Gemeinden zugewiesen wird."[196] Die genaue Verteilung sowie die der Umsatzsteuer wird durch spezielle Gesetze vorgenommen.[197] Erst nachdem aufgrund der im Grundgesetz festgesetzten Prinzipien eine Konkretisierung im Gesetz erfolgt ist, kann der Finanzausgleich zwischen den Ländern stattfinden (horizontaler oder Länder-Finanzausgleich).

Die Verteilung erfolgt durch regelmäßige Verhandlungen zwischen Bund und Ländern, in letzter Konsequenz also ohne Beteiligung der Städte und Gemeinden selbst oder der kommunalen Spitzenverbände. Am Ende wird „unter Bündelung eines komplizierten Geflechts von Interessen, Abhängigkeiten und Sachzwängen politisch entschieden." Weil „operationale und verbindliche Kriterien" fehlen, ist die Entscheidung „immer das Ergebnis eines politisch-argumentativen Diskurses bzw. des politischen Kräftespiels."[198] Dabei treten die Länderegoismen intensiv zutage; häufig ist es ein „Aufstand der Starken". Mit Konflikten über die Verteilung der Mittel zwischen finanzarmen und finanzstarken Ländern musste sich schon mehrmals das Bundesverfassungsgericht beschäftigen. Denn umstritten ist bei den reichen Ländern, dass sie sich um arme Länder kümmern müssen, ohne dass diese einen Anreiz haben, sich selbst um eigene Einnahmen zu bemühen. Das Bundesverfassungsgericht hat mehrfach Urteile über die Verteilung der Steuern gefällt, z.B. 1986, dass beim Länderfinanzausgleich nicht nur die Steuerkraft, sondern auch die Finanzkraft eines Landes[199] zu berücksichtigen sei.

---

[196]   Genaueres dazu in Art. 106 III bzw. V GG (Anteil an der Einkommensteuer)
[197]   Art. 106 IV und 107 GG. S. o. 3.2.4. Zur Entwicklung des Finanzausgleichs von 1970 bis 1990 s. Renzsch 1991, S. 261ff.
[198]   Zitate bei: Sarrazin, in: Ipsen 1995, S. 11, 12.
[199]   Diese schließt z.B. den Förderzins für Erdgas ein (S. d. Renzsch 1986a, S. 27ff.); 1999 wurde eine größere Transparenz bei der Verteilung gefordert, die künftig anhand von nachprüfbaren Kriterien

Bei der Verteilung der Mittel an die Gemeinden müssen sich die Länder in dem durch die Gemeindefinanzreform 1969 geschaffenen Rahmen bewegen: Von dem Länderanteil am Gesamtaufkommen der Gemeinschaftssteuern fließt den Gemeinden und Gemeindeverbänden insgesamt ein von der Landesgesetzgebung zu bestimmender Vomhundertsatz zu (Art. 106 VII GG). Die aus diesem „Topf" den Gemeinden zufließenden Mittel heißen „Schlüsselzuweisungen", weil sie nach einem vom jeweiligen Land festgesetzten Schlüssel an alle Gemeinden in diesem Land verteilt werden. Den Schlüsselzuweisungen kommt die eigentliche Ausgleichsfunktion für die Gemeinden und Kreise eines Landes zu.[200] Schlüsselzuweisungen sollen die finanzielle Leistungskraft jeder Gemeinde auf ein Mindestmaß aufstocken, um damit unerwünschte Disparitäten abzubauen.[201]

Das Finanzausgleichsgesetz des Landes (FAG) (auch Gemeindefinanzierungsgesetz genannt) bestimmt den beim Land verbleibenden Anteil aus dem Aufkommen der Gemeinschaftssteuern und die zur Ausschüttung an die Gemeinden (z.B. kreisfreie, kreisangehörige Gemeinden) und Gemeindeverbände (Kreise und sonstige Verbände) verfügbare Summe. Eine strikte Trennung zwischen allgemeinen und zweckgebundenen Zuweisungen ist nicht gegeben, die Mittel können auch zu genau festgelegten Zwecken vergeben werden. Einzelne Ressorts versuchen, zusätzliche Gelder zu bekommen. Diese sektoralen Transfers zersplittern durch Zahlungen für spezifische Lasten die allgemeinen Mittel. Hier können auch einzelne Gemeindegruppen lobbyieren. Die Entscheidungen laufen zwischen Sachpolitikern aus Kabinett und Landtag, den zuständigen Referenten aus dem Finanzministerium und den relevanten (auch kommunalen) Spitzenverbänden ab, die vereinbarte Beschlüsse „verkaufen" müssen.[202] Die Länder sind also Moderatoren unterschiedlicher Interessen und haben bei der Vergabe der Mittel an die Gemeinden gewisse Spielräume. „Länder können durch Gewährung bzw. Verweigerung kommunales Handeln lenken und durch Rückgriff auf Finanzausgleichsmittel eigene Haushaltsprobleme korrigieren oder zumindest versuchsweise kaschieren."[203] Außer dem Anteil an den Gemeinschaftssteuern können die Länder noch andere Steuern verteilen, z.B. den Landesanteil an der Gewerbesteuerumlage oder einzelne Landessteuern wie die Kraftfahrzeugsteuer oder die Vermögenssteuer, müssen dies aber nicht. Die Städte und Gemeinden der neuen Länder sind bisher ganz besonders auf solche Transferzahlungen angewiesen.[204]

---

[200] erfolgen muss (zu Einzelheiten s. Renzsch 2000, S. 2); Maßstäbegesetz – MaßStG vom 9.9.2001 (BGBl. 2302) zuletzt geändert am 5.9.2006. Nur für die Gemeinden besteht eine Pflicht des Landes zur Zahlung, „für die Kreise besteht keine entsprechende landesverfassungsrechtliche Pflicht: Ihre Einbeziehung im einfachen Finanzausgleichsgesetz ist aber zulässig." (Kirchhof, in: Kirchhof/Meyer 1996, S. 27).

[201] Marcus 1987, S. 80.

[202] Fürst, in: Hesse/Wollmann 1983, S. 286f.

[203] Karrenberg/Münstermann 1997, S. 150.

[204] Karrenberg/Münstermann 2005, S. 17; dieselben 2006, S. 55f., 71.

Abbildung 17: Kommunaler Finanzausgleich (Beispiel Baden-Württemberg)

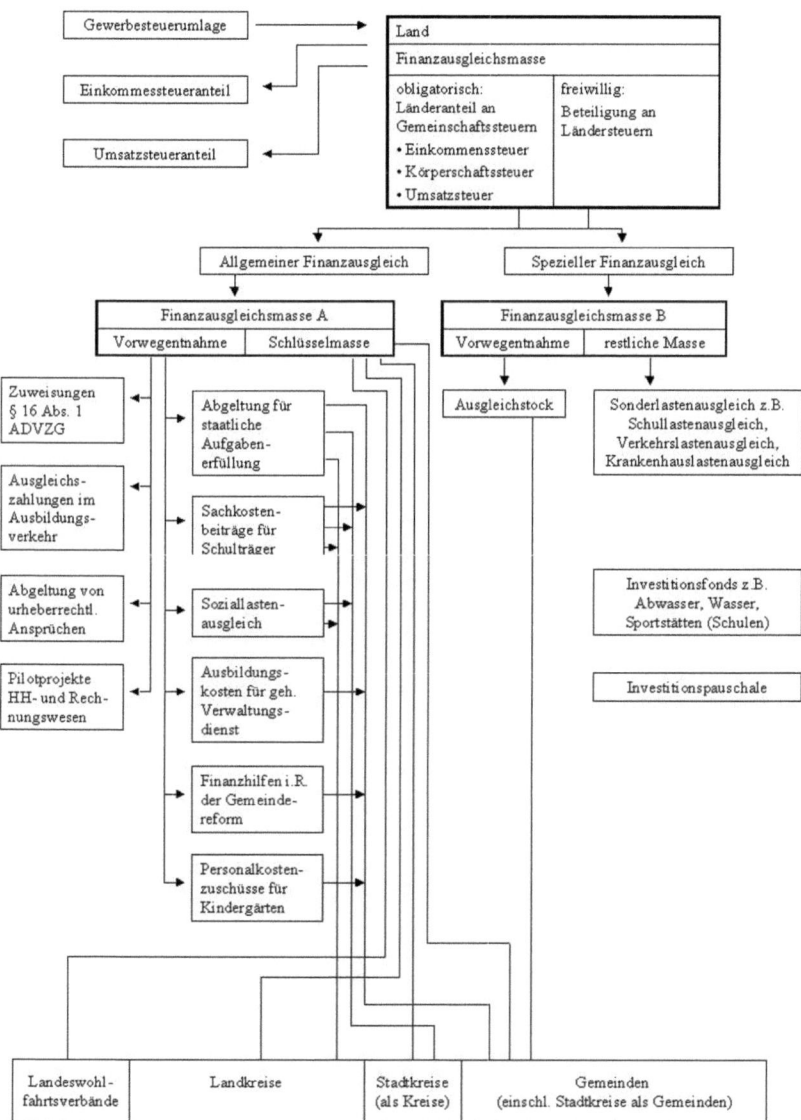

Quelle: Stadt Leonberg, Haushaltsplan 1998, S. 91 und Schmid 1991, S. 119 (vereinfacht bzw. bearbeitet)

Bei der Verteilung der Mittel versuchen die Länder, zwischen dem aufgabenbezogenen Finanzbedarf und der eigenen Finanzkraft der einzelnen Gemeinde einen gewissen Ausgleich zu schaffen.[205] Dabei wird davon ausgegangen, dass mehr Einwohner mehr Ausgaben verursachen, große Verwaltungen teurer sind und große Städte auch mehr Landesaufgaben wahrzunehmen haben.[206] Daher berücksichtigt die Verteilung der Mittel an Gemeinden und Gemeindeverbände als Berechnungsmerkmal (in allen Ländern in den Grundzügen gleich) vor allem die Einwohnerzahl.[207] Hinzu kommen Sonderbelastungen, z.B. bei Ober-, Mittel- und Unterzentren,[208] die von Land zu Land nach unterschiedlichen Kriterien bemessen werden, z.B. Zahl der Schulkinder, Bevölkerungszuwachs, Flächen, Straßenlänge und Arbeitslose, Sozialhilfelasten, Lasten für die Betreuung von Kindern und Jugendlichen, Fremdenverkehr.[209] Besondere Ansätze gibt es auch für Bäder- und Grenzlandgemeinden. Aus der entsprechenden Berechnung leitet sich der „Schlüssel" für einzelne Gemeinden ab. Da Unterschiede in der Finanzkraft verringert werden sollen, müssen zur Berechnung der Zuweisung neben dem Bedarf der Gemeinden (Bedarfsmesszahl) auch deren eigene Steuereinnahmen herangezogen werden (Steuerkraftmesszahl). Für die Kreisstädte kommt die Umlagekraftmesszahl hinzu.

Die Steuerkraftmesszahl einer Gemeinde ergibt sich aus ihren Einnahmen bei Grundsteuer, Gewerbesteuer, Einkommensteuer- und Umsatzsteueranteil. Der Überschuss der Bedarfsmesszahl über die Steuerkraftmesszahl bestimmt die Höhe der Schlüsselzuweisung; die verfügbaren Mittel werden im Verhältnis dieser Überschussbeträge auf die Städte und Gemeinden des Landes verteilt. Damit sich die Gemeinden nicht völlig auf diese Schlüsselzuweisungen verlassen und ihre eigenen Einwohner bei der Festsetzung von Hebesätzen für Grund- und Gewerbesteuer schonen, enthalten die Finanzausgleichsgesetze bestimmte Vorgaben („fiktive Werte") bei den Hebesätzen, die für alle Städte und Gemeinden als Berechnungsgrundlage gelten.[210] Niedrigere Hebesätze gehen zu Lasten der Gemeinden. Manche Bun-

---

[205] Ehrlicher 1988, S. 686; Henneke 1994, S. 114.

[206] Brechtsches Gesetz von der positiven Korrelation zwischen Finanzbedarf und Einwohnerzahl (Marcus 1987, S. 82). Die These, dass die größeren Städte höhere Verwaltungsausgaben haben, wird inzwischen bestritten (Kirchhof, in: Kirchhof/Meyer 1996, S. 32).

[207] I. d. R. werden die Einwohnerzahlen „veredelt", indem sie für verschiedene Gemeindegrößenklassen mit einem entsprechenden Faktor multipliziert werden (Voigt, in: Mäding/Voigt 1998, S. 25).

[208] Vgl. Larisch, in: Klemisch u.a. 1994, S. 89f.; zur Diskussion der Berücksichtigung von Zentralität in Nordrhein-Westfalen s. Voigt, in: Mäding/Voigt 1998, S. 35; Erbguth, in: Kirchhof/Meyer 1996, S. 63ff. Die Einwohnerzahl ist häufig nicht mit den zentralörtlichen Funktionen einer Stadt deckungsgleich: Mittelstädte im ländlichen Raum haben oft oberzentrale Bedeutung, z.B. Emden in Ostfriesland und Weiden in Bayern.

[209] S.d. die Finanzausgleichsgesetze oder Gemeindefinanzierungsgesetze der Länder. Die regelmäßig erscheinenden Gemeindefinanzberichte (Karrenberg/Münstermann) vergleichen die Vorgehensweise der einzelnen Bundesländern bzw. Veränderungen in der Vorgehensweise, z.B. 2005, S. 68.

[210] S. d. oben, Abschnitt 3.2.3. Welche Folgen das für die Wirtschaftsförderung hat, diskutiert Baretti (2002, S. 10ff.) am Beispiel des Saarlandes.

desländer bestimmen auch eine bestimmte „Sockelgarantie" oder „Mindestschlüs-selzuweisung".[211]

Abbildung 18: Struktur des kommunalen Finanzausgleichs - Alte Länder -*

Mittelherkunft	Freiheitsgrad	Verwendung
Steuerverbund	Allgemeine Zuweisungen	Schlüsselzuweisungen
obligatorisch • Einkommenssteuer • Körperschaftssteuer • Umsatzsteuer fakultativ • Länderfinanzausgleich • Gewerbesteuerumlage • Grunderwerbsteuer • Vermögenssteuer • andere Landessteuern 70% Sonstige Landes- und Bundesmittel 30%	disponibel 60% Spezielle Zuweisungen zweckgebunden investive und lfd. Zweck- zuweisungen/Erstattungen 40%	50% *(Bedarfszuweisungen 0,6%)* Investitionspauschale u.a. Zuweisungen 10% Schule, Kultur 8% Soziales, Gesundheit 26% Sport Öff. Einrichtungen, Wirt. Unternehmen 3% Bauwesen, Straßen 2% Sonstige 1%

* nach dem Finanzausgleichsgesetz und der kommunalen Rechnungsstatistik 2002.
Quelle: Karrenberg/Münstermann 2005, S. 43

Bei der Verteilung der Schlüsselzuweisungen sind die Kriterien zur Ermittlung der Bedarfsmesszahl zwischen den verschiedenen Gemeindetypen eines Landes natur-gemäß umstritten. Die in den meisten Bundesländern gebräuchlichen Sonderansätze werden in der finanzwissenschaftlichen Literatur diskutiert, kritisiert und überwie-gend abgelehnt.[212] Allerdings erscheint nach wie vor weitgehend das Konzept ak-zeptiert, einen Sonderansatz für diejenigen Gemeinden zu schaffen, die nach der Landesplanung zentrale Versorgungsaufgaben wahrnehmen, denn die Bewohner des Umlandes nutzen in der Regel die dort vorhandenen Einrichtungen mit. Allerdings ergibt sich daraus auch die Gefahr, dass nicht-zentrale Orte bei allen staatlichen Förderungs- und Entwicklungsmaßnahmen benachteiligt werden.[213] Sofern Sonder-ansätze auf die Ausweisung in Raumordnung und Landesplanung abstellen, muss die einzelne Gemeinde bereits im Hinblick auf die Schlüsselzuweisungen und damit

---

[211]   Marcus 1987, S. 84; s. Finanzausgleichsgesetze der Länder.
[212]   Petri 1977, S. 179, unter Bezug auf Ehrlicher (1967, S. 79) und Düker (1970, S. 63ff.).
[213]   Geißelmann 1975, S. 107. Zur Diskussion s. Henneke 1994, S. 116; Brake 1997, S. 98ff.; Mäding 1995, S. 605ff.

die eigene Finanzlage in der Zukunft auf eine entsprechende Ausweisung in überregionalen Programmen achten.

Damit die Landesregierung in Einzel- und Härtefällen je nach finanzieller Lage und Umfang der örtlichen Aufgaben eine Aufstockung der recht schematisch verteilten Schlüsselzuweisungen vornehmen kann, steht ihr ein besonderer Fonds, der „Ausgleichsstock", zur Verfügung. Diese Mittel sind meistens dazu bestimmt, eine Deckungslücke in den Verwaltungshaushalten zu schließen.[214] Besonders leistungsschwache Gemeinden können also nach dem Ermessen der jeweiligen Landesregierung weitere Zuschüsse („Bedarfszuweisungen")[215] „als flankierende Maßnahmen"[216] erhalten. Diese Zuschüsse sind ebenso wie die Schlüsselzuweisungen allgemeine Deckungsmittel; sie können von den Kommunen wie eigene Steuereinnahmen ohne besondere Zweckbindung für gemeindliche Aufgaben „frei" verwendet werden. Solche Finanzmittel sind besonders für die ostdeutschen Kommunen von Bedeutung. Besonders wichtig waren für sie zunächst der „Fonds deutsche Einheit" sowie der Solidarpakt I, seit 2005 der Solidarpakt II, die an die Länder fließen und für Maßnahmen der Kommunen zur Verfügung stehen, die nur teilweise vorherbestimmt sind. Dennoch besteht die Intention, damit vor allem eine Subventionierung des Faktors Kapital anzustreben.[217]

Neben den allgemeinen Zuweisungen des Landes (Schlüsselzuweisungen, Zuschüsse aus dem Ausgleichsstock/Bedarfszuweisungen) erhalten die Gemeinden vom Land oder vom Bund auch zweckgebundene Mittel.[218] Während allgemeine Zuweisungen als wichtiges Element des öffentlichen Finanzverbundes weithin akzeptiert werden, stoßen Zweckzuweisungen in der kommunalen Verwaltungspraxis und in der Politikwissenschaft häufig auf Kritik: „Wer das Geld hat, nicht wer zuständig ist, bestimmt." Bei der Ausgestaltung ihrer Zuweisungen gehen die Länder sehr unterschiedlich vor. In den meisten Bundesländern trat seit den 1970er Jahren die Bedeutung der allgemeinen Zuweisungen hinter den zweckgebundenen Zuweisungen zurück. Die Gemeindefinanzberichte des deutschen Städtetages verfolgen diese Entwicklungen und geben Einschätzungen zur Gewichtsverlagerung bei den Mittelzuweisungen. Renzsch/Schieren forderten pauschalierte Finanzmittel zur Wahrnehmung bestimmter Zwecke und nannten dafür Kriterien.[219]

---

[214] Puls 1977, S. 4; z.B. § 12 Finanzausgleichsgesetz Sachsen-Anhalt. In Baden-Württemberg werden die Mittel für Investitionen vorgesehen.

[215] Z.T. werden sie auch Fehlbetrags- oder Sonderbedarfszuweisungen genannt, s. d. Drehfahl, in: Kirchhof/Meyer 1996, S. 32.

[216] Marcus 1987, S. 84; Matschke/Hering 1998, S. 122.

[217] Zur Kritik s. Kitterer 2002, S. 6; Naßmacher 2006, S. 123ff. Die Länder wollen auch damit „Humanvermögen" fördern, der Bund sieht das als Missbrauch (Die Zeit, 4/2006).

[218] Zur Situation in Hessen Mitte der 1980er Jahre s. Marcus 1987, S. 88f. Die jeweils aktuelle Situation der Gemeinden insgesamt und der einzelnen Bundesländer sind in den Gemeindefinanzberichten festgehalten (s. Karrenberg/Münstermann, versch. Jahrgänge).

[219] Renzsch/Schieren (in: Mäding/Voigt 1998, S. 83f., 87) stellen fest, dass die meisten alten Bundesländer bereits dazu übergegangen sind.

Die zweckgebundenen Zahlungen haben einen sehr unterschiedlichen Charakter. Soweit sie als Anreiz für bestimmte Investitionsvorhaben dienen sollen, ist darauf (auch wegen der langfristigen Folgen für die gemeindlichen Haushalte) noch ausführlich einzugehen. Daneben gibt es aber auch Zuweisungen für laufende Zwecke (s. Abbildung 19). Die wichtigsten sind die Erstattungen von Ausgaben für staatliche Aufgaben. Rein theoretisch können den Gemeinden neue Pflichten durch Bund oder Land nur dann auferlegt werden, wenn gleichzeitig die Aufbringung der Mittel sichergestellt ist (Konnexitätsprinzip) (Art. 106 VIII GG). Es handelt sich also um Verwaltungskostenerstattungen. Selbst dann, wenn der Bund (wie früher beim Wohngeld) die auszuzahlenden Beträge zur Verfügung stellt, blieben die Verwaltungskosten den Kommunen, weil es dafür kaum oder zu wenig Erstattungen gab. So kam es mehrfach zu gerichtlichen Auseinandersetzungen zwischen Städten bzw. Städtegruppen gegen einzelne Länder, die auch positiv zugunsten der Städte beschieden wurden. Inzwischen sind in den verschiedenen Bundesländern durch Einfügung des Konnexitätsprinzips und partnerschaftlichen Konsultationsverfahren neue Formen des konsultativen Föderalismus initiiert worden. In Nordrhein-Westfalen und Bayern wurden sie sogar in die Verfassungen aufgenommen.[220]

Als viel problematischer gelten Beschlüsse des Bundes, die sich direkt auf die Ausgaben der Kommunen auswirken. Die für Städte und Gemeinden wohl folgenschwerste Entscheidung war ihre Belastung durch die Sozialhilfe. Die dramatische Entwicklung der Sozialhilfe hatte 1961 bei deren Einführung im Zeitalter des Wirtschaftswunders keiner vorausgesehen, sodass die staatlichen Vorgaben aufgrund der erwarteten marginalen Bedeutung in keiner Weise abgesichert wurden. Ursprünglich als individuelle (temporäre) Hilfe in besonderen Notlagen konzipiert, hatte sich die Sozialhilfe als Hilfe zum laufenden Lebensunterhalt außerhalb von Einrichtungen zur Lebensgrundlage für wachsende Bevölkerungsteile entwickelt.[221] Wer den Anstieg der Sozialausgaben in den Haushalten der Gemeinden als besondere Bedrohung der gemeindlichen Finanzlage ansieht, muss jedoch berücksichtigen, dass die Städte, Gemeinden und Gemeindeverbände in den 1990er Jahren durch die Pflegeversicherung Entlastung erfahren hatten.[222] Allerdings sind diejenigen nach wie vor auf Sozialhilfe angewiesen, die aufgrund der restriktiven Einstufungen des medizinischen Dienstes der Krankenkassen keinen oder einen zu geringen Anspruch auf Leistungen aus der Pflegeversicherung haben, aber im Heim leben müssen.[223]

---

[220] Karrenberg/Münstermann 2004, S. 46.

[221] Renzsch 2004, S. 702f.

[222] Aber bereits für 1997 konstatierte der Gemeindefinanzbericht 1998 einen Wiederanstieg der Sozialausgaben (Karrenberg/Münstermann 1998, S. 181f.); s. a. Deutscher Städte- und Gemeindebund 2005, 17, 21.

[223] Der Kriterienkatalog für die Eingruppierung in die Pflegestufen scheint den tatsächlichen Problemen nicht zu entsprechen.

Abbildung 19: Finanzzuweisungen in den Haushalten der Gemeinden

Quelle: Naßmacher/Naßmacher 1979, S. 99

Eine spürbare Entlastung der Sozialhilfe ergab sich durch die Arbeitsmarktreformen, die als Hartz-Reformen bezeichnet werden. Danach sind Sozialhilfeempfänger nur noch solche, die nicht arbeitsfähig sind (u. a. auch Menschen ab 65 Jahren). Die mindestens 3 Stunden täglich Arbeitsfähigen bzw. Arbeitsuchenden erhalten Arbeitslosengeld II.[224] Die Städte und Gemeinden haben die Chance ergriffen, möglichst viele Sozialhilfeempfänger als arbeitsfähig einzustufen. Dadurch zählte der überwiegende Teil der erwachsenen Personen zu den Arbeitsfähigen, und es blieb nur ein kleiner Kreis von Sozialhilfeempfängern übrig.[225] Die seit 2005 angewandten Gesetze haben vor allem beim Bund viel höhere Ausgaben als erwartet verursacht. Dennoch sehen sich die Kommunen belastet, weil sie gemeinsam mit der Bundesagentur für Arbeit für die Betreuung der Arbeitslosen zuständig sind und das gesetzlich vorgeschriebene Fördern und Fordern einen hohen Verwaltungsaufwand mit sich bringt. Weiterhin müssen sie für die Miet- und Heizkosten der Leistungsberechtigten aufkommen, wobei der Bund nur einen Zuschuss leistet.[226]

---

[224] Auch als Hartz IV bezeichnet (Sozialgesetzbuch Zweites Buch (SGB II)).
[225] Das war in den ostdeutschen Städten und Gemeinden aber weniger möglich, sodass die sozialen Lasten hier nach wie vor erheblich zu Buche schlagen (Karrenberg/Münstermann 2005, S. 17).
[226] Karrenberg/Münstermann 2006, S. 22f.

Auch an der aktuellen Zielvorstellung der Bundesregierung, die Kleinkinderbetreuung erheblich auszuweiten, zu verbessern und sie kostenlos anzubieten, lässt sich die zusätzliche Belastung der Kommunen verdeutlichen. Der Bund stellte zwar einen Betrag zu Verfügung. Auch einige Bundesländer sahen sich in der Pflicht und haben dafür zusätzliche Mittel bereitgestellt, z.B. das Saarland und Rheinland-Pfalz,[227] während andere, z.b. Nordrhein-Westfalen, vor allem die Kommunen bei der Finanzierung gefordert sehen.[228]

Die Zuweisungen für laufende Zwecke sind also einerseits eine Art pauschalierter Kostenersatz für die Erfüllung überörtlich beschlossener Aufgaben. Andererseits fördert das Land aber auch - aufgrund von Prioritäten der Landespolitik - laufend bestimmte Vorhaben, z.b. den Schulsport oder andere Maßnahmen der Jugend- und Familienförderung. Diese Beträge sind - wie bereits für die Kinderbetreuung gezeigt - länderweise sehr unterschiedlich. Sie können nicht isoliert gesehen werden, sondern nur im Zusammenhang aller finanziellen Leistungen des Landes für seine Städte und Gemeinden. Ein Teil der entstehenden Kosten ist nämlich durch Schlüsselzuweisungen abgedeckt. Daher wäre es übersichtlicher, wenn, wie in Niedersachsen durch Gerichtsbeschluss gefordert, im jeweiligen Finanzausgleichsgesetz der Kostenanteil der staatlichen Aufgaben an den Schlüsselzuweisungen getrennt ausgewiesen würde (und damit für Kommunen und Gerichte besser nachprüfbar wäre

Die Klagen der Städte und Gemeinden darüber, dass Aufgaben ohne entsprechende Ausgleichszahlungen verlagert werden, scheinen nach wie vor angemessen.[229] Häufig bleibt auch bei Zuweisungen für laufende Zwecke die Bereitstellung der Einrichtungen und des Personals Sache der Gemeinden.[230] Zuweisungen für laufende Zwecke haben insbesondere bei den Landkreisen erhebliche Bedeutung. Die Deckungsquote dieser Mittel liegt aber auch hier selten bei 100%. Soweit die Kosten den Gemeinden nicht in angemessenem Umfang durch Zuweisungen erstattet werden, ergibt sich die Notwendigkeit, auf allgemeine Deckungsmittel, wie Schlüsselzuweisungen oder eigene Steuereinnahmen, zurückzugreifen.

---

[227] Demo, 1/2005, S. 3; FAZ v. 18.1.2006.

[228] Die Kontroverse über die Finanzierung flammt immer wieder auf, z.B. wurden die Zahlungsmodalitäten 1998 zwischen dem Sozialminister und den wichtigsten Trägern (Kirchen, Verbänden der freien Wohlfahrtspflege und Kommunen) durch einen Kontrakt abgesichert (FAZ vom 19.5.1998). 2006 wird wiederum ein Kindergartensterben durch den finanziellen Rückzug des Landes Nordrhein-Westfalen vorausgesehen, da das Land die Defizite nicht mehr tragen will (ST v. 10. 6. 2006).

[229] S.d. Karrenberg/Münstermann (2006, S. 55ff.), die feststellen, dass sich die Länder nach wie vor auf Kosten der Städte und Gemeinden sanieren.

[230] Z.B. § 5 IV NGO: „Die Gemeinden stellen die Dienstkräfte und Einrichtungen zur Verfügung, die für die Erfüllung der Aufgaben des übertragenen Wirkungskreises erforderlich sind. Ihnen fließen die mit diesen Aufgaben verbundenen Einnahmen zu."

3.4.2 Zweckzuweisungen als "goldener Zügel"

Zweckgebundene Zuweisungen sind nicht nur die Folge staatlicher Auftragsverwaltung, sondern auch ein Mittel zur Steuerung kommunalpolitischer Einzelmaßnahmen im Interesse staatlicher Zielvorstellungen. Finanzprogramme der EU werden zuweilen auf Bundesmittel „aufgepfropft", können aber auch zusätzliche Fördermöglichkeiten eröffnen. Manchmal haben EU-Programme - wie in der Agrarpolitik - nationale Programme verdrängt. Zuschüsse an die Kommunen, die objekt- oder projektgebunden gegeben werden, gelten oft als „goldene Zügel"[231] für die Kommunalpolitik, weil die Mittelvergabe kommunale Prioritäten beeinflusst: „In allen Politikfeldern erweisen sich die staatlichen Investitionszuweisungen als wichtigste Bestimmungsgröße (für kommunale Investitionen, d.V.)."[232] Der überwiegende Teil der zweckgebundenen Zuweisungen (ca. die Hälfte bis fast zwei Drittel der Mittel) war in den 1970er Jahren für Investitionen bestimmt.[233] Dieser Anteil hat sich in den alten Bundesländern erheblich reduziert.[234] In den alten Ländern beträgt dieser Zuschuss nur noch weniger als ein Fünftel der laufenden Zuweisungen von Bund und Land, dagegen spielen Investitionszuweisungen mit ca. einem Drittel in den neuen Ländern eine größere Rolle.[235] Die Kommunen in den neuen Ländern haben quasi in zehn Jahren so viele Investitionen getätigt wie die in den alten Bundesländern in zwanzig Jahren. Diese Investitionen sind fast ausschließlich durch Zuweisungen möglich geworden, sie entsprechen in keiner Weise der Wirtschaftskraft der jeweiligen Region.[236]

Häufig wird betont, dass die Vergabepraxis für Zweckzuweisungen örtliche Investitionsprioritäten umgestoßen hat, wenn für einige Maßnahmen kurzfristig Zuweisungen verfügbar sind, für andere aber nicht.[237] Zumindest war dies in den 1970er Jahren der Fall.[238] Aber auch das Ziel der Rot-Grünen Bundesregierung, die Ganztagsbetreuung von Schulkindern zur Regel zu machen und dessen Implementation durch Bereitstellung von Bundesmitteln in Gang zu setzen, brachte die Länder (durch Mitfinanzierung) und vor allem die Kommunen in Zugzwang.[239] Demgegenüber betont Hotz, dass in keinem Falle Impulse für Vorhaben von der Fördermöglichkeit ausgingen. Wenn Bedarfsfragen grundsätzlich geklärt waren, erhöhten För-

---

231 Eickmeyer, in: Mäding 1983, S. 63; Marcus (1987, S. 33) nennt (ohne Belegstelle) Berkenhoff als Urheber dieser Bezeichnung.
232 Mäding, in: Gabriel/Voigt 1994, S. 119, unter Bezug auf Gabriel u.a. 1990.
233 Zielinski 1977, S. 58.
234 Karrenberg/Münstermann 1998, S. 148; Deutscher Städte- und Gemeindebund 2005, S. 27; Karrenberg/Münstermann 2006, S. 19.
235 Karrenberg/Münstermann 2005, S. 13, 15.
236 Fester/Seitz 2005, S. 19ff.
237 Vgl. Marcus 1987, S. 29, 31; ähnlich Gunlicks 1986, S. 185f.; Hotz 1987, S. 132f.; Renzsch/Schieren, in: Mäding/Voigt 1998, S. 81f.
238 Zur politikwissenschaftlichen Diskussion zusammenfassend Hotz 1987, S. 10ff., 32ff.
239 S. Naßmacher 2006, S. 123ff..

dermöglichkeiten die Durchführungschancen förderfähiger Vorhaben.[240] Bewusst erfahren könnten eine Lenkung auch nur Gemeinden, die Prioritäten für Investitionsvorhaben entwickelt haben.[241] Zuweilen wurde darauf hingewiesen, dass die Gemeinden Aufgaben kreieren, um in den Genuss der Mittel zu kommen.[242] Mäding bezweifelt die Wirksamkeit des goldenen Zügels und eine „wesentliche Beeinträchtigung der kommunalen Selbstverwaltung" durch staatliche Zuweisungen, hinter denen unterschiedliche, z.T. sogar widersprüchliche Ziele stehen (u.a. auch symbolische Politik).[243] Zudem verstehen es die Gemeinden durchaus, „an einem Zügelende zu ziehen."[244]

Wie empirische Untersuchungen aus Nordrhein-Westfalen zeigen, hat die Absicht der Landesregierung, eine Mittelvergabe nach genau festgelegten Kriterien vorzunehmen, wenig Wirkung gehabt, so etwa der Versuch, die Vergabe der Fördermittel an Standortprogramme zu binden. Danach sollten im fußläufigen Einzugsbereich der Knotenpunkte des öffentlichen Nahverkehrs Stadtteilzentren entstehen, für die die Kommunen vorher Standortprogramme (die der landesplanerischen Billigung bedurften) aufstellen mussten. Zweckgebundene Landesmittel sollten nur auf der Basis der gebilligten Standortprogramme fließen. Die Städte wussten sich zu wehren. Um doch an mehr Mittel zu kommen, erfand die Stadt Dortmund ein multizentrales Raummodell. Das Entscheidende aber war, dass die überwiegende Mehrzahl der Städte, insbesondere die großen, die Planungen einfach nicht vorlegten.[245]

Im Rahmen der Zukunftsinitiativen ZIM (Zukunftsinitiative Montanregionen) und ZIN (Zukunftsinitiative NRW, die ab 1989 die Förderung auf das ganze Land ausdehnte), war beabsichtigt, die Mittelvergabe (EU-, Bundes- und Landesmittel) an regionale Entwicklungskonzepte (REK) zu binden.[246] Während ZIM sich an den Arbeitsmarktregionen orientierte, ist ZIN auf IHK-Bezirke[247] ausgerichtet. Durch Regionalisierung und Selbstorganisation von Beratungsgremien (Regionalkonferenzen) als Bedingung für die Vergabe der Mittel sollten „Anreize für eine Transformation der Konkurrenz in Kooperationsbeziehungen" geschaffen werden. Diese Strate-

---

[240] Hotz 1987, S. 131. Dies betonten auch 1998 Gesprächspartner aus Beispielstädten wieder (Naßmacher/Naßmacher 1999). So wurde zwar 1994 in Leonberg die Sophie-Scholl-Schule mit Mitteln aus dem Schulhausbauförderungsprogramm saniert. Eine Sanierung hätte aber ohnehin erfolgen müssen. Das Freibad wurde 1990 ohne staatliche Zuschüsse für 22 Mio. DM fertiggestellt - quasi als Prestigeobjekt (Interview in Leonberg im Mai 1998).

[241] Investitionsprogramme (als Anlagen zum Haushaltsplan) haben zuweilen eine recht vorläufige Prioritätensetzung.

[242] Engelhardt u.a. 1983, S. 266f.

[243] Mäding, in: Gabriel/Voigt 1994, S. 122 (unter Bezug auf Richter 1983); ähnlich Norton 1997, S. 261.

[244] Faber 1982, S. 34.

[245] Baestlein u.a., in: Wollmann 1980, S. 103ff., 114, 122f.

[246] Eichener u.a., in: Voigt 1995, S. 219. Die EU will durch die Art der Mittelvergabe die Regionsbildung fördern. So ist auch in anderen Teilen Deutschlands ein Informationsaustausch über Projekte zustande gekommen, z.B. in Ostfriesland (s. Kolck, in: Ridinger/Steinröx 1995, S. 174f.).

[247] Waniek 1992, S. 19.

gie schien zunächst nicht erfolgreich. Erwartet wurden sogar vertiefte regionale Disparitäten, „wenn die Landesförderung die unterschiedliche Dialog- und Konsensbildungsfähigkeit in der nächsten Phase sanktionieren würde."[248] Die regionalen Entwicklungskonzepte konnten zwar überall vorgelegt werden, sie enthielten aber wenig handhabbare Inhalte, weil sie kaum unterscheidbare Profile für die Regionen aufzeigten. Dies hatte ein „Sammelsurium" von Schubladenprojekten zur Folge, deren Strukturwirksamkeit nicht klar ersichtlich war.[249] Inzwischen sind z.B. im Bergischen Städtedreieck rund 20 Einzelprojekte realisiert. Diese werden allerdings eher symbolisch und durch Events[250] als Regionale 2006 zusammengebunden. Bei solchen Vorschlägen trifft die Mittelbehörde (die Regierungspräsidien) die Vorauswahl, letztlich entscheidet das Landeskabinett bzw. der Landtag.[251]

Das Angebot an zweckgebundenen Zuweisungen ist groß. Zu den Zuschüssen aus Bundes- und Landesfinanzhilfen für Investitionen kommen die Fördermittel aus der Europäischen Union. Dabei lassen sich kurzfristig aufgelegte Förderprogramme (aufgrund einer aktuellen Problemlage, z.B. Konjunkturprogramme, Programme zur Bearbeitung einer Naturkatastrophe) von längerfristigen unterscheiden. Generell wird bei den bereitstehenden Mitteln (auch der EU) über einen Mangel an Transparenz im Hinblick auf Ziele und Maßnahmenarten geklagt. Die Angaben über das Zusammenspiel mit anderen Finanzierungsmitteln, die Prioritäten der Fördermaßnahmen sowie die erwarteten Ergebnisse sind meist nur vage definiert. Da die Regierungspräsidien nicht wissen, welche anderen Fördermittel noch in eine bestimmte Region oder an eine bestimmte Institution fließen, können sich Mittel unbemerkt kumulieren und andere Regionen vernachlässigt werden.[252] Die Initiativen der Antragsteller zählen also. Die Auswahl erfolgt - wenn der Antrag erst einmal vorliegt - nach formalen Kriterien. Ähnliche Befunde ergaben sich bereits für die Vorhaben der 1970er Jahre.[253] Wichtig erscheint nur, dass Investitionsvorhaben schnell Antragsreife erlangen können, wenn sich Finanzierungsmöglichkeiten ergeben. Auf die kurzfristig aufgelegten Programme lässt sich selten vorausschauend reagieren. Allenfalls kann erwartet werden, dass Konjunkturprogramme in mittelfristiger Sicht immer wieder aufgelegt werden. Wollen die Kommunen daraus Mittel in Anspruch nehmen, sind sie gut beraten, sich darauf durch sogenannte "Schubladenpläne" vorzubereiten. Solange konjunktur-, struktur- und wachstumspolitische Programme des Staates nicht mit den raumbezogenen Planungen abgestimmt werden, besteht die Gefahr, dass solche kurzfristig aufgelegten und auf rasche Verausgabung der bereit-

---

[248] Waniek, in: Ridinger/Steinröx 1995, S. 225.
[249] Krafft/Ulrich 1993, S. 36.
[250] Z.B. Bergische Expo (Regionale 2006).
[251] Malachewitz, in: Bellers u.a. 1997, S. 233; Waniek, in: Ridinger/Steinröx 1995, S. 186ff.
[252] Staeck, in: Heinelt 1996, S. 51, 96.
[253] Naßmacher/Naßmacher 1999, S. 243.

gestellten Mittel angelegten Programme mit ihren Zuschüssen auch sorgfältig festgelegte kommunale Entwicklungsziele verbiegen.[254]

Dagegen gibt es seit Jahrzehnten Fördermittel für ausgewählte Politikfelder, die je nach politischer Schwerpunktsetzung einer Bundes- oder Landesregierung oder der EU entsprechend profiliert werden. Beispielsweise wird nach dem Gemeindeverkehrsfinanzierungsgesetz die Verbesserung der innerstädtischen Verkehrssysteme gefördert. Darunter fallen z.b. innerörtliche Hauptverkehrsstraßen und verkehrswichtige Zubringerstraßen zum überörtlichen Verkehrsnetz und Verkehrsleitsysteme. Die Förderschwerpunkte berücksichtigen inzwischen stärker den öffentlichen Personennahverkehr, z.b. den Bau und Ausbau von Busbahnhöfen und die Verbesserung der Haltestellen. Den Ländern wurde bisher alljährlich ein fester Anteil aus dem Aufkommen der Mineralölsteuern bereitgestellt, und die Länder beteiligen sich durch verschieden hohe Zuschüsse zu den Bundesmitteln an den Maßnahmen. Dadurch kommt eine unterschiedliche Belastung der Kommunen (10 bis 40%) zustande. Voraussetzungen für die Förderung sind u.a. ihre Dringlichkeit (Generalverkehrsplan) [255] sowie die Finanzierung des kommunalen Eigenanteils. Die Bewilligung der kommunalen Anträge liegt zwar formal bei den Ministerien der Länder. Untersuchungen am Beispiel Baden-Württembergs zeigten aber, dass die Entscheidung auf der untersten Ebene fällt und das wichtigste Förderungskriterium der zeitliche Eingang eines „baureifen" Antrags ist.[256] Überhangprojekte wurden in eine Warteliste verwiesen.

Ein weiterer tradierter Förderzweig ist die Erneuerung der Stadtstruktur. Sie wird seit 1971 durch Mittel aus der Städtebauförderung vom Bund bezuschusst.[257] Die zweckgebundenen Zuweisungen sollen vor allem Bausubstanz- und Funktions-

---

[254] „Zu welchen Ergebnissen dies führt, lässt sich am Beispiel der Stadt Krefeld demonstrieren, die beim Bund für einige Investitionsvorhaben Mittel aus einem Konjunkturprogramm beantragt und erhalten hat. Gefördert wurde(n - d. Verf.) jedoch nicht das dringend benötigte Berufsschulzentrum, sondern eine Freizeitanlage und ein Großtierhaus im Zoo, die auf der Prioritätenliste auf den Plätzen 9 und 11 standen." (Schuster/Kux, in: Kevenhörster/Wollmann 1978, S. 271). Vgl. auch Marcus 1987, S. 32.

[255] Scharpf u.a. 1976, S. 153 und § 3 Gemeindeverkehrsfinanzierungsgesetz (GVFG) vom 18.3.1971 in der Fassung vom 29.12. 2003. Die Länder können die Bundesfinanzhilfen nach den von ihnen festgesetzten Programmen im gesetzlich festgesetzten Finanzrahmen zur Finanzierung der förderfähigen Vorhaben je nach regionalen Erfordernissen flexibel einsetzen. Weiterhin geht es um Umgehungsstraßen und Radwege (Kurnol 1995, S. 340; Müller, in: Dauwe u. a. 1995, S. 254). Nach der Föderalismusreform von 2006 wird sich der Bund ab 2007 aus diesem Programm zurückziehen, die Länder bekommen allerdings Kompensationsmittel (Bundesministerium der Finanzen 2006, S. 36).

[256] Scharpf u.a. 1976, S. 144f.

[257] Dies geschah zunächst auf der Grundlage des Städtebauförderungsgesetzes, das 1986 als besonderes Städtebaurecht im Baugesetzbuch aufgegangen ist. Dadurch haben sich die Entwicklungsziele nicht grundsätzlich geändert (s. sehr ausführlich § 136 BauGB). Die Aufgabe wurde im BauGB als Daueraufgabe verankert. Die Finanzhilfen des Bundes werden durch Verwaltungsvereinbarung zwischen Bund und Ländern festgelegt (§§ 164 a und b). Zudem gilt Art. 104a IV GG.

schwächen alter Stadtkerne beseitigen helfen. Im Einzelnen können seit den 1970er Jahren Gelder für Planung und Vorbereitung einer Sanierung, für Ordnungsmaßnahmen zur Vorbereitung von Baumaßnahmen (z.b. für Grundstücksneuordnung, Abbrüche), für Modernisierungen sowie für Gemeinbedarfs- und Folgeeinrichtungen beantragt werden. Auch für Baumaßnahmen an privaten Gebäuden erhalten die jeweiligen Grundstückseigentümer Fördermittel, z.b. für den Einbau und die Erneuerung sanitärer Einrichtungen, die Verbesserung der Heizungsinstallation, die Schaffung von Wohnungsabschlüssen und die Erneuerung von Fenstern.[258]

Die Beteiligung des Bundes zu einem Drittel in diesem „klassischen Bereich" der Stadterneuerung wurde feste Praxis, ebenso ein Anteil der Länder in dieser Größenordnung. Finanzschwache Länder, z.B. das Saarland, machen hier eine Ausnahme.[259] Die Länder haben erst nach Inkrafttreten des Städtebauförderungsgesetzes erhebliche Mittel für die Stadterneuerung bereitgestellt.[260] Der Bund hat also in diesem Bereich mit seinem „goldenen Zügel" auch landespolitische Prioritäten beeinflusst. Die Mittelvergabe an die Gemeinden erfolgt auch hier in der Regel über die Regierungspräsidien bzw. Landesverwaltungsämter[261]. Bis in die 1980er Jahre überstieg die Antragsflut die Förderungsmöglichkeiten, sodass die bereitgestellten Mittel zunehmend für Fortsetzungsmaßnahmen verwendet werden mussten. Die Finanzzuweisungen konnten ganz erheblich zur Verbesserung der Stadtstrukturen beigetragen und auch private Mittel mobilisieren. Allerdings haben diese Maßnahmen zuweilen zwei Jahrzehnte in Anspruch genommen.[262] Die Zeit der Großvorhaben der Erneuerung ganzer Stadtviertel erscheint abgeschlossen, sodass jetzt gezielt kleinere Einzelmaßnahmen (bezogen auf eine Straße, ein Quartier) im Mittelpunkt stehen.

Inzwischen werden im Rahmen dieser Finanzzuweisungen Prioritäten im Hinblick auf spezielle Problemlagen der Städte gesetzt, z.B. auf die Stärkung der Innenstädte, die Wiedernutzung von brachliegenden Flächen (Industrie-, Konversions- und Bahnflächen) sowie die Beseitigung von sozialen Missständen in spezifischen Quartieren. Die aktuellen Programme sind „Stadtumbau Ost" (seit 2002), „Stadtumbau West" (seit 2004), „Soziale Stadt"[263] und „Ab in die Mitte", deren Ziele auch in den entsprechenden Landesprogrammen ihren Niederschlag finden. Diese setzen zusätzliche Prioritäten. So sind z.B. die Plattenbausiedlungen in ostdeutschen Städten in baulicher und sozialer Hinsicht ein Problem. Daher stehen hier für umfangrei-

---

[258] S.d. Fritz-Vietta, in: Dauwe u.a. 1995, S. 88ff.

[259] Scharpf u.a. 1976, S. 165; zum Stand der Finanzierung s. Fritz-Vietta, in: Dauwe u.a. 1995, S. 94f. Bei finanzschwachen Gemeinden können sich die Länder auch mit einem höheren Anteil beteiligen.

[260] Petri 1977, S. 140.

[261] In den Bundesländern, in denen im Zuge der Verwaltungsreform die Regierungspräsidien abgeschafft wurden oder auf sie - wie in den neuen Bundesländern - verzichtet wurde.

[262] S. d. die Beispiele in Naßmacher/Naßmacher 1999, S. 246f.

[263] Aufgrund einer Bund-Länder-Gemeinschaftsinitiative werden seit 1999 quartierbezogen Aufgabenfelder wie Wohnraum-, Wirtschafts-, Arbeits- und Beschäftigungsförderung, Familienhilfe, Frauenförderung und Integrationshilfe gefördert. Die Bundestransferstelle Soziale Stadt (www.sozial stadt.de/programm) gibt einen Einblick in die geförderten und evaluierten Projekte.

che Maßnahmen zur Wohnumfeldverbesserung, aber auch zum Abriss von Wohnungen (Rückbau) zweckgebundene Zuweisungen im Rahmen der Gelder zur Städtebauförderung bereit.[264] Manche Länder stellen auch zusätzliche Finanzzuweisungen im Rahmen spezifischer Problemfelder zur Verfügung. So geht es seit langem bei Förderprogrammen des Bundes und der Länder auch um den sparsamen Umgang mit Ressourcen (Energie[265], Wasser).

Weiterhin sind auch EU-Mittel in Erwägung zu ziehen, z.b. aus der Gemeinschaftsinitiative des Europäischen Fonds für regionale Entwicklung URBAN I (1994 - 1999) und II (1999 - 2006) zur Förderung innovativer Projekte in Stadtregionen mit extremen sozialen Problemen.[266] In Regionen mit Entwicklungsrückstand konnten bis zu 75% der Projektkosten gefördert werden, in anderen bis zu 50%. Der Einsatz von Mitteln aus dem Europäischen Fonds für regionale Entwicklung (EFRE) erfordert, dass die Städte und Gemeinden ihre Vorhaben in ein Regionalkonzept einbringen, wobei die Kommunen die räumliche Abgrenzung allerdings selbst bestimmen können. Die Landesregierungen versuchen aufgrund landesspezifischer Besonderheiten Schwerpunkte zu formulieren, z.B. die nordrhein-westfälische unter Bezug auf die "Lissabon-Strategie" für (nachhaltiges) Wachstum und Beschäftigung Aspekte, die Innovation und wissensbasierte Wirtschaft betonen.[267] Diesen regionalen Bezug müssen auch Maßnahmen haben, die aus den Programmen INTERREG (grenzüberschreitende, transnationale und interregionale Zusammenarbeit) sowie ELER (Europäischer Landwirtschaftsfonds für die Entwicklung des ländlichen Raumes) bezuschusst werden sollen. Der Anteil der Städte, die Geld aus den EU-Strukturfonds beziehen bzw. bezogen haben, ist von 1997 bis 2005 wesentlich gestiegen. Dabei wird allerdings deutlich, dass die Städte das Antragsverfahren doch als sehr zeitaufwendig und kompliziert einschätzen.[268]

Insgesamt betrachtet erscheint die Förderkulisse recht vielfältig. Dabei muss allerdings bedacht werden, dass die Kommunen immer mitfinanzieren und insbesondere bei EU-Geldern hohe Eigenanteile beitragen müssen. Daher ist es kaum verwunderlich, dass bei der überaus angespannten Haushaltslage die Investitionen seit Jahren zurückgehen. In den Jahren 1992 bis 2004 betrug „in den alten Bundesländern ... der Rückgang preisbereinigt 40 Prozent, in den neuen Bundesländern mehr als die Hälfte."[269] Dieser Trend setzte sich 2005 fort. Hier ist zu unterscheiden zwi-

---

[264] Ministerium für Arbeit und Bau MV (www.am.mv-regierung.de/stbfr/index-wurl.htm; 13.8. 2006).

[265] Z.B. Modernisierungs- und Energiespargesetz (ModEnG) vom 12.7.1978. S. d. (und zur weiteren Entwicklung der Programme des Bundes) Mayer 1998, S. 228ff. Eine Synopse für die Förderung von Wohnungsmodernisierung in Sanierungsgebieten der Länder enthält Echter u.a. 1994, S. 30ff. Zur aktuellen Förderkulisse in diesem Bereich s. Bundesministerium der Finanzen 2006b, S. 36.

[266] Ridinger, in: Ridinger/Steinröx 1995, S. 42. Für die weitere Förderung bestehen vielfältige mittelbare Beziehungen zu EU-Programmen. S. d. Krautzberger, in: Wollmann/Roth 1999, S. 596.

[267] Z.B. Nordrhein-Westfalen bei der EU Ziel-Förderung nach 2006 (Bezirkregierung Arnsberg, Vorlage zur Regionalratssitzung vom 22.6.2006, S. 2).

[268] Laut Difu-Verwaltungsumfrage bei allen deutschen Großstädten (Heinz 2006, S. 20, 22).

[269] Reidenbach 2006a, S. 24.

schen den Investitionen, die über die städtischen Kämmereihaushalte finanziert und solchen, die über städtische Unternehmen in privater Rechtsform vorgenommen wurden. Erstere trugen nur zu 51 Prozent zu den Investitionen bei. Bei wachsender Zahl von städtischen Unternehmen, die in der Rechtsform der GmbH oder AG geführt werden, müssen deren Investitionen mitbetrachtet werden.[270] Die Doppik soll deren bisher mit separater Bilanz ausgewiesene Wirtschaftstätigkeit wieder in die kommunalen Haushalte zurückführen, damit eine Gesamtübersicht möglich wird.

3.5 Perspektiven der Haushaltskonsolidierung

Zu den schwerwiegenden Folgen der Finanzierungsstrategie über Zweckzuweisungen bemerkte ein süddeutscher Verwaltungschef bereits 1982: „Leider hat der goldene Zügel staatlicher Zuschüsse in der Vergangenheit wiederholt dazu geführt, dass neue Einrichtungen geschaffen wurden, deren staatlich nicht bezuschusste Folgelasten alljährlich wiederkehren."[271] Er illustrierte den Vorgang an drei städtischen Bädern (in Konstanz), von denen jedes damals etwa 1 Mio. Zuschuss aus allgemeinen Deckungsmitteln des städtischen Haushalts benötigte. Neben den Folgekosten des laufenden Betriebs einer von EU, Bund oder Land bezuschussten Investition ergeben sich meist auch Folgekosten aus der Finanzierung der kommunalen Eigenbeteiligung durch Kreditaufnahme. Hohe Folgekosten können aber den Ausgleich des Verwaltungshaushalts durch Bedarfszuweisungen aus dem Ausgleichsstock[272] notwendig machen. Spätere Zins- und Tilgungsleistungen bewirken ebenso wie die laufenden Betriebskosten einen „Rückzug aus Bereichen eigenverantwortlicher Aufgabenerfüllung bei gleichzeitig steigendem Engagement auf dem Gebiet staatlich mitbestimmter Aufgabenfelder."[273]

Um die Folgen kommunaler Investitionsentscheidungen deutlich zu machen, werden die jährlichen Folgekosten ausgewählter Vorhaben zu deren gesamten Herstellungskosten in Beziehung gesetzt und damit den Gemeinden zumindest Schätzwerte an die Hand gegeben. Die jährlichen Folgekosten ausgewählter Investitionen belaufen sich dabei auf folgende Prozentsätze der jeweiligen Herstellungskosten:

Verkehrsanlagen	9,6
Sportplätze	13,5
Freibäder	15,5
Turn- und Sporthallen	16,5
Kläranlagen	19,5

---

[270] Reidenbach 2006b, S. 9.
[271] Eickmeyer, in: Mäding 1983, S. 63.
[272] Vgl. oben, Abschnitt 3.4.1.
[273] Marcus 1987, S. 32.

Hallenbäder	20,5
Krankenhäuser	26,0
Kindergärten	31,0
Schulen	31,0. [274]

Auf die Folgekosten wurde lange Zeit kaum geachtet. Angesichts eines als prinzipiell unbegrenzt angesehenen Bedarfs nahmen die Kommunen an staatlichen Zuschüssen, was geboten wurde. Inzwischen drücken die Folgekosten (als fortdauernde Ausgaben im Verwaltungshaushalt) derart auf die Haushalte, dass der Raum für neue Bauvorhaben immer weiter eingeengt wird. Ob sich tatsächlich „das Bewusstsein der Gemeinden bezüglich der Folgelasten aus investiven Aktivitäten verstärkt" hat, wie Marcus[275] annahm, erscheint zweifelhaft. Allenfalls ist bei manchen ein Bewusstsein verbreitet, dass - weil nichts mehr gebaut werden kann - auch keine Gestaltung auf der kommunalen Ebene mehr möglich ist. Dabei ist höchst zweifelhaft, ob die Bezeichnung „Investition" für alle oder zumindest die meisten in der näheren Vergangenheit initiierten Vorhaben angemessen ist. Denn Investition bedeutet Verzicht zugunsten von zukünftigen Handlungsmöglichkeiten und Vorteilen.[276] In einer „Wissensgesellschaft" müsste der Schwerpunkt nicht auf der Schaffung weiterer Bauten, sondern auf der Vermittlung von Wissen und handwerklichen Fertigkeiten liegen, damit die Menschen in der globalisierten Welt bestehen können. Stattdessen versuchen die Städte, für neue Bauvorhaben die Finanzierungsprobleme durch Vermögensveräußerungen, PPP oder neue Finanzierungsmodelle (z.B. Leasing) in den Griff zu bekommen.[277] Innovative Akteure denken noch weiter; so erwog Hamburg eine „Bodenwertabgabe": Baugenehmigungen für größere Projekte sollen nur noch dann erteilt werden, wenn sich der Investor an den öffentlichen Infrastrukturkosten beteiligt. Dahinter steckt die Vorstellung, dass derjenige, der durch öffentliche Entscheidungen einen Planungswertgewinn erzielt hat, diesen Gewinn mit der öffentlichen Hand teilen soll.[278]

Die bedenkliche Entwicklung der Gemeindehaushalte zeigt sich besonders in der für die kommunale Eigenleistung bei Investitionsvorhaben maßgebliche Zuführung vom Verwaltungshaushalt zum Vermögenshaushalt (vgl. Abbildung 20). Die Überschüsse im Verwaltungshaushalt, dessen Einzelausgaben bei der Diskussion um

---

[274] Ministerium der Finanzen Rheinland-Pfalz (Hrsg.): Folgekosten öffentlicher Investitionen, Bad Ems 1975, S. 8; Marcus (1987, S. 49, Anm. 11) zitiert (ohne Quellenangabe). Berechnungen des Deutschen Städtetages kommen für Kindergärten und Krankenhäuser zu den gleichen Sätzen, „für Freibäder auf 16-21%, für Turn- und Sporthallen auf etwa 27%".

[275] Marcus 1987, S. 36.

[276] Naßmacher 2006, S. 123.

[277] S. Abschnitt 3.3.

[278] FAZ vom 17.4.1998. Auch ein Vorstoß des nordrhein-westfälischen Bauministeriums geht in diese Richtung. Kommunen sollen den Wertzuwachs, der durch die Planungsentscheidung, Ackerland zu Bauland zu machen, entsteht, bis zu einer Höhe von 70% abschöpfen können und damit Infrastruktureinrichtungen bezahlen (FAZ vom 27.6.1998).

die kommunalen Aufgaben[279] schon erörtert wurden, ergeben die Mittel, die als Eigenkapital für die Finanzierung von Instandsetzungs- oder Investitionsmaßnahmen verwendet werden können. Die Zuführung vom Verwaltungshaushalt zum Vermögenshaushalt kann in einer immer größeren Zahl von Städten nicht mehr erwirtschaftet werden.[280] Heute müssen die laufenden Ausgaben häufig mit Krediten finanziert werden. Die Kassenkredite haben bedrohliche Formen angenommen.[281]

Für Baden-Württemberg erscheint die Situation noch günstiger als für Nordrhein-Westfalen. Dennoch gab es 2002 drei große Kreisstädte, deren Haushalt nur mit der Auflage eines Haushaltssicherungskonzepts genehmigt wurde. Bei den sonstigen kreisangehörigen Gemeinden wuchs die Zahl mit Haushaltssicherungskonzept von 22 (2002) auf 71 (2003). Die Fälle von Gemeinden aller Größenordnungen, die keine Zuführung zum Vermögenshaushalt leisten konnten, erhöhten sich von 164 (2002) auf 365 (2003).[282] Während sich in Baden-Württemberg weniger als ein Zehntel der Kommunen in Schwierigkeiten befand, sind in Nordrhein-Westfalen bei großzügiger Berechnung fast die Hälfte der Kommunen in sogenannter Haushaltssicherung.[283] Nach den Vorgaben der Gemeindeordnung in Nordrhein-Westfalen ist ein Haushaltssicherungskonzept aufzustellen, wenn der Haushaltsausgleich nicht erreicht werden kann. Dieses Instrument wurde bereits 1987 in Nordrhein-Westfalen geschaffen. Inzwischen sind andere Bundesländer nachgezogen, wobei das nordrhein-westfälische Recht vielfältig als Beispiel diente.[284] Ansonsten enthalten die Gemeindeordnungen Genehmigungsvorbehalte. Die Untersuchung von Diemert kommt zu dem Ergebnis, dass „die Genehmigung als gestattender Verwaltungsakt die betreffende Kommune vom Gebot des jährlichen Haushaltsausgleichs befreit." Da die Kommune der Kommunalaufsichtsbehörde gegenüber lediglich als Antragstellerin auftritt, hat die Genehmigung keine Bindung der Kommune an ihr Haushaltssicherungskonzept zur Folge. Allerdings unterwirft sich die Kommune mit der Aufstellung des Haushaltssicherungskonzepts teilweise einer „Selbstbindung", da das Haushaltssicherungskonzept Bestandteil des Haushaltsplans bzw. der Haushalts-

---

[279] S. oben, Abschnitt 2.2.2.

[280] Betrachtet man eine Einschätzung des Deutschen Städtetages, so ist diese Entwicklung nicht neu: Bereits 1976 konnten viele Städte aus dem Verwaltungshaushalt nicht einmal mehr die Schuldentilgung erwirtschaften (Deutscher Städtetag, 7. Januar 1976). Karrenberg/Münstermann (1997, S. 168; 1998, S. 185) stellen bereits Ende der 1990er Jahre eine vorübergehende Finanzierung des laufenden Haushalts aus Krediten fest.

[281] Bundesministerium der Finanzen 2006, S. 192; s.a. Abschnitt 3.3.

[282] Antwort der Baden-Württembergischen Landesregierung auf eine große Anfrage der Fraktion der FDP/DVP, Drucksache 13/1945, 27.3.2003, Anlage 11.

[283] Während in Nordrhein-Westfalen 1995 „nur" 49 Kommunen ein Haushaltssicherungskonzept aufstellen mussten, waren es 1996 bereits 74 Kommunen (Liebs, in: Mäding/Voigt 1998, S. 44). 2004 waren es 179 von 427 Kommunen. In Rheinland-Pfalz gibt es ebenfalls erhebliche Fehlbedarfe bei den Städten und Gemeinden, die kontinuierlich anstiegen (www.gstbrp.de/html/aktuelles /aktuell/verwaltungshaushalte_2004.htm); Angaben zu Defiziten in Verwaltungshaushalten auch bei Karrenberg/Münstermann 2006, S. 27.

[284] Diemert 2006, S. 1.

satzung wird.[285] Wird die Zuführung zum Vermögenshaushalt kleiner, muss tendenziell die Kreditaufnahme wachsen. Der Zusammenhang zwischen Folgekosten und Verschuldung wird hier unmittelbar deutlich.[286]

Abbildung 20: Einnahmen und Ausgaben der kommunalen Haushalte

Verwaltungshaushalt	
Einnahmen	*Ausgaben*
Gewerbesteuer (netto)	Personalausgaben u.a. Folgekosten
Einkommensteueranteil	Sachaufwand, u.a. Folgekosten
Grundsteuer	Leistungen der Sozialhilfe
sonstige Steuern	Zahlungen an öffentlichen Bereich
Steuern insgesamt	Zinsausgaben, u.a. Folgekosten
Schlüsselzuweisungen	Sonstige Ausgaben
Gebühren	**Überschuss des Verwaltungs-**
Sonstige Einnahmen	**haushalts =**

Vermögenshaushalt	
Einnahmen	*Ausgaben*
Zuführung vom Verwaltungs-haushalt	Erwerb von Sachvermögen
Vermögensveräußerungserlöse	Investitionsmaßnahmen und größere Instandsetzungen (Baumaßnahmen)
Investitionszuweisungenvon Bund und Land	Sonstige Ausgaben
Beiträge und sonst. Einnahmen	
Fehlbetrag = Nettokreditaufnahme	

Seit die Finanzpolitik in Bund und Ländern regelmäßig „unerwartete Finanzlöcher" zu schließen hat, können die Gemeinden kaum noch finanzwirtschaftliche Erleichterungen erwarten. Entsprechende „Hilferufe" („Rettet unsere Städte jetzt"),[287] die

---

285 Diemert 2006, S. 2.
286 Nach der Doppik wird für jedes Produkt der Saldo des Ergebnishaushaltes dem Finanzhaushalt gutgeschrieben. Investitionen und die Inanspruchnahme zweckgebundener Zuschüsse müssten daher bereits an den fehlenden Eigenmitteln scheitern, sodass Städte und Gemeinden den Ausbau ihrer Infrastruktur aus eigener Kraft auf absehbare Zeit nicht realisieren können. Auch eine Genehmigung einer weiteren Inanspruchnahme zweckgebundener Zuweisungen im Rahmen der Haushaltsgenehmigung wäre nicht mit einer „geordneten Haushaltsführung" vereinbar.
287 So der Deutsche Städtetag 1972; Städte- und Gemeindebund Nordrhein-Westfalen 2003, S. 3. Die These von der öffentlichen Armut und dem privaten Reichtum machte Anfang der 1970er Jahre die Runde und wird immer wieder aufgegriffen.

darauf abzielen, von Land und Bund zusätzliche Mittel zu beschaffen, haben zwar Tradition, müssen aber angesichts der Finanzlage in Bund und Ländern erfolglos bleiben. Auch in den Gemeinden muss der Sparzwang dominieren, d.h. die Suche nach Einsparungsmöglichkeiten bei den eigenen Ausgaben. Ein süddeutscher Verwaltungschef meinte schon 1982: „Realistischer ist es, von einer Strukturkrise der öffentlichen Haushalte auszugehen, ... Das Gebot der Stunde heißt, ..., Sparen ..."[288] Soweit eine Erhöhung der Einnahmen durch kommunalpolitische Entscheidungen (angehobene Hebesätze, Mehrkostendeckung bei Gebühren, Verkauf von Vermögenswerten, Neuverschuldung) nicht möglich ist, sind verminderte Ausgaben zwingend erforderlich. Haushaltskonsolidierung ist das zentrale Problem deutscher Städte.[289] Damit rücken Struktur und Entwicklung der kommunalen Ausgaben in den Blick. Ein durchaus wohlmeinender ausländischer Beobachter hielt bereits die Mehrausgaben der 1970er Jahre für ein Ergebnis (zu) hoher und steigender Erwartungen sowohl der Bürger als auch der leitenden Kommunalbeamten im Hinblick auf Güte und Menge öffentlicher Leistungen.[290] Aber schon in den 1980er Jahren haben Kommunalpolitiker, die sich zu Einsparungen gezwungen sahen, „festgestellt, dass der weitaus größte Teil der Ausgaben in festen Blöcken besteht, die kaum bewegt werden können"[291] (s. Abbildung 21).

Bei der Aufgabenerfüllung bilden die *Personalausgaben* nach wie vor den wichtigsten Ausgabenblock. In den Jahren 1975-1985 war ihr Anteil an den Gesamtausgaben der Gemeinden und Gemeindeverbände (in Westdeutschland) eher über als unter 30%. 2006 liegt er immer noch bei ca. 27%.[292]. Ungeachtet der kommunalen Finanznot in den 1980er Jahren stieg allerdings die Zahl der Beschäftigen in den westdeutschen Kommunalverwaltungen von 1980-1993 um 18,5% an. In dieser Zahl ist der Nettoeffekt zahlreicher Ausgliederungen in Betriebe privater Rechtsform noch nicht berücksichtigt.[293] In Ostdeutschland war der Personalbestand in der öffentlichen Verwaltung besonders groß und musste stark verringert werden. Innerhalb von fünf Jahren ließ sich eine Reduktion von 35% auf 24% in Städten und kreisangehörigen Gemeinden erreichen.[294] Die ostdeutschen Gemeinden gaben im Durchschnitt 1997 28,6% bzw. 2005 26,5% ihrer Haushaltsmittel für Personal aus. Wenn diese innerdeutsche Angleichung ein Stück Normalisierung enthält, wird auf absehbare Zeit mehr als ein Viertel aller Kommunalhaushalte für Personal eingesetzt, eine Größenordnung, die (weiterhin) zu Sparvorschlägen geradezu einlädt. Die

[288] Eickmeyer, in: Mäding 1983, S. 60.
[289] S.d. die jährlichen Umfrageberichte des Deutschen Instituts für Urbanistik.
[290] Gunlicks 1986, S. 132.
[291] Eickmeyer, in: Mäding 1983, S. 64.
[292] Konegen 1990, S. 267; Karrenberg/Münstermann 2005, S. 13; dieselben 2006, S. 80.
[293] Sarrazin, in: Ipsen 1995, S. 19.
[294] Karrenberg/Münstermann 1997, S. 183f.; s. a. Lorenz/Wegrich 1998, S. 34; s.a. Jann, in: Derlien 2001, S. 113f.

haben die Kommunen auch weiterhin genutzt, sodass in den Kommunen mehr Stellen abgebaut worden sind als in Bund und Land.[295]

Allerdings stellt sich die Frage, ob Personaleinsparungen in allen Bereichen gleich sinnvoll sind. Soll die Verwaltung, wie seit eh und je z.B. in der Wirtschaftsförderung gefordert, individueller Dienstleister sein, soll sie bei der Bekämpfung der Arbeitslosigkeit daran mitwirken, die Arbeitsfähigen zu fördern und zu fordern, soll die Qualität der Kleinkinderbetreuung in Zukunft einen ganz anderen Stellenwert haben, dann sind in diesen Bereichen Personaleinsparungen problematisch, und die Qualifizierung des Personals hat oberste Priorität. In den westdeutschen Kommunen wurde allerdings der Wille zum Sparen nicht im Bereich der Jugendhilfe und der Kindergärten eingelöst.[296] Dies gilt nicht für die ostdeutschen Bundesländer. Hier wurde besonders viel Personal in den Kindergärten und Kindertageseinrichtungen abgebaut mit den vielleicht dadurch mitverursachten besonders geringen Geburtenraten nach der Wende.

Abbildung 21: Ausgaben der Städte und Gemeinden (in % der Gesamtausgaben)

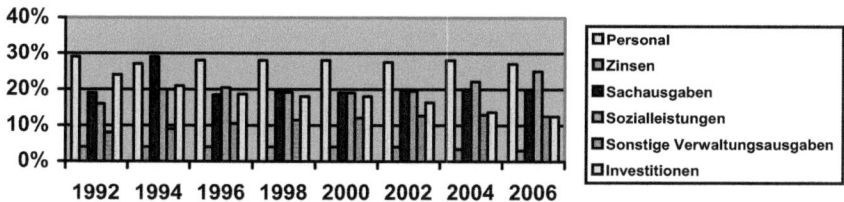

Quelle: Karrenberg/Münstermann 2006, S. 80 (eigene Berechnungen).

Einerseits sind die Personalkosten durch das Bundesbesoldungsgesetz, die Tarifverträge und der vom Land verordnete Stellenkegel weitgehend festgelegt.[297] Andererseits haben die meisten westdeutschen Kommunen in den „üppigen" 1970er Jahren alle Möglichkeiten für Beförderung und Höhergruppierung genutzt, die ihnen vom Land eröffnet wurden. Nicht nur die erhebliche Personalsteigerung der 1970er Jahre, sondern auch die Vielzahl von Gefälligkeitsbeförderungen (insbesondere vom gehobenen in den höheren Dienst)[298] sind mitverantwortlich für die heute als drückend empfundene Last der Personalkosten.

---

[295]   In westdeutschen Städten wurden seit 1991 ca. 3%, in ostdeutschen 7,2% der Stellen jährlich abgebaut (DStGB 2005, S. 28 ff.). BMF 2006, S. 59.
[296]   Karrenberg/Münstermann 1998, S. 183.
[297]   Vgl. Sander/Weiblen, in: Pfizer/Wehling 1991, S. 95.
[298]   Vgl. Gunlicks 1986, S. 139, 146f., 150.

Den zweitgrößten Ausgabenblock bilden inzwischen die *Sozialausgaben*. Hier „sind insbesondere die Träger der Sozialhilfe,[299] kreisfreie Städte und Landkreise", in den 1980er Jahren „zunehmend stärker beansprucht worden." Z.B. war in den einzelnen Städten Nordrhein-Westfalens die „Sozialhilfe für Arbeitslosigkeit im Zeitraum von 1981 bis 1984 um über 300% angewachsen."[300] Die besondere Dramatik dieser Ausgabenposition lag für die westdeutschen Gemeinden darin, dass sie seit den 1980er Jahren allmählich, seit 1991 dann stärker bis zu 30% angestiegen ist.[301] 2005 hatten sich die Anteile in Ost und West angepasst. Die Anteile an den Gesamtausgaben betrugen in Westdeutschland 23,3% und in Ostdeutschland 23,9% und liegen 2006 etwa bei 25%.[302]

Dies zeigt, dass die Hartz-Gesetze den Kommunen nicht die erwartete Entlastung gebracht haben, was vor allem dadurch bedingt ist, dass die Kommunen seit 2005 die Unterkunftskosten für Hartz IV-Empfänger (Miete/Heizung) zahlen müssen.[303] Bereits in den 1990er Jahren wurde darauf hingewiesen, dass die Gefahr bestehe, dass sich eine „neue, ... bis in die 1980er Jahre ... nicht bekannte, breiter werdende und sich im Bestand verhärtende Unterschicht herausbildet",[304] die auch für kleinere Städte eine Herausforderung werde. Die Städte sind dringend aufgefordert, mit den zu vergebenden Geldern mehr zu tun, als eine Personengruppe aus der Gesellschaft auszugrenzen oder ruhigzustellen. Hiervon sind aber besonders die Großstädte und Ballungszentren mit den individualisierten Lebensstilen betroffen, in ländlichen Räumen fangen traditionelle Familienstrukturen einen Teil des Problemdrucks auf. Allerdings deutet der Zulauf der Wähler in ostdeutschen Kleinstgemeinden zu Gruppierungen aus dem rechten Spektrum auf eine bedrohliche Situation hin.

Bedeutsam bleibt, dass kommunale Sozialleistungen sich letztlich aus der Auffangposition der Gemeinden und Gemeindeverbände am unteren Ende des sozialen Netzes ergeben: Alte Langzeitarbeitslose, Alleinerziehende, Asylbewerber, Bürgerkriegsflüchtlinge und Patienten der stationären Altenpflege sind nach Ausschöpfung aller anderen Möglichkeiten auf die von Städten und Kreisen gewährte Sozialhilfe angewiesen. Das schließt allerdings nicht aus, dass die Gemeinden durch aktive Politik arbeitsfähige Sozialhilfeempfänger wieder dem Arbeitsmarkt zuführen können. Viele Städte haben sich hier schon seit den 1970er Jahren als Pioniere versucht.[305] Sie sind durch die Hartz-Gesetze wieder gefordert.

---

[299] Für Einzelheiten s. Wenzel/Leibfried, in: Voigt 1984, S. 394f.
[300] Zitate bei: Marcus 1987, S. 38 und 49, Anm. 18 mit Verweis auf Karrenberg/Münstermann 1986, S. 87-90.
[301] So bereits frühzeitig: Karrenberg/Münstermann 1995, S. 123.
[302] Karrenberg/Münstermann 2006, S. 80.
[303] Karrenberg/Münstermann 2006, S. 22f.
[304] Sarrazin, in: Ipsen 1995, S. 20.
[305] Blanke u.a. 1986; Bullmann 1991; Benzler/Heinelt 1991.

Während die *laufenden Sachausgaben* in den Kommunen beider Landesteile auf hohem Niveau stagnieren,[306] sind die *sonstigen Verwaltungsausgaben* in westdeutschen Gemeinden angestiegen (vgl. Abbildung 21). Unter die laufenden Sachaufwand fallen laufende Kosten für substanzerhaltende Maßnahmen von Gebäuden und sonstige Infrastruktureinrichtungen sowie die Betriebskosten, z.B. die Energiekosten. Sofern bei den sonstigen Verwaltungsausgaben auch Kosten für Leistungen oder Leasingraten für Anlagen und Gebäude enthalten sind, belegt diese Position, dass die frühere Dynamik bei Personal, Schulden und Zinsen nur scheinbar gebrochen ist. Dieser Befund steht im Einklang mit der Tatsache, dass sich bei den personalwirtschaftlichen Maßnahmen der Städte 1993-96 so etwas wie ein Standardkonzept (von etwa 50 Mitgliedsstädten des Deutschen Städtetages) abzeichnet. Dazu gehören: zeitweise Nichtbesetzung freiwerdender Stellen, Wegfall von Stellen, Vorruhestandsregelungen, Überprüfung von Überstunden bzw. Mehrarbeit und Abbau eigener Kapazitäten bei Verwaltungstätigkeiten (vor allem in der Gebäudereinigung). Soweit die letzte Möglichkeit genutzt wird, erfolgt eine Vergabe der Leistungen an Dritte. Für Grünflächenpflege, Bauleitplanung und Bauleitung im Hoch- und Tiefbau wird ähnlich verfahren, allerdings nicht so häufig.[307]

Der über Jahrzehnte traditionell zweitgrößte Ausgabenblock, die *Investitionen,* bleibt in der Quantität inzwischen weit hinter den laufenden Ausgaben zurück. Hier sind vor allem die Baumaßnahmen erfasst. Ein erheblicher Nachholbedarf bestand noch in den ostdeutschen Gemeinden, deren Investitionen noch 1997 mit durchschnittlich 24,2% zu Buche schlugen. 2005 machte ihr Anteil an den Ausgaben nur noch 16,6% aus.[308] Traditionell tätigen Städte und Gemeinden in Deutschland viele Investitionen. Die Situation verdeutlicht eine doppelte Zweidrittelregel: Von den Sachinvestitionen der öffentlichen Hand entfallen fast zwei Drittel auf die Kommunen;[309] von den Sachinvestitionen der Gemeinden und Gemeindeverbände entfallen Zweidrittel auf Baumaßnahmen, davon mehr als die Hälfte auf kreisangehörige Gemeinden.[310] Der Hauptstadtneubau, der Ausbau von Autobahn-, Schienen- und Telefonnetz haben diese Spitzenstellung allenfalls vorübergehend reduziert. Seit den 1990er Jahren waren die Bauinvestitionen der westdeutschen und der ostdeutschen Kommunen jedoch deutlich rückläufig[311] (vgl. Abbildung 21).

Bei langfristiger Betrachtung wird der Trend deutlicher. In den westdeutschen Gemeinden ging der Anteil der Investitionsausgaben am gesamten Haushaltsvolu-

---

[306] Karrenberg/Münstermann 1997, S. 130, 133; Karrenberg/Münstermann 2005, S. 13, 15; dieselben 2006, S. 80.
[307] Karrenberg/Münstermann 1996, S. 206.
[308] Karrenberg/Münstermann 2005, S. 13, 15.
[309] Karrenberg/Münstermann 1997, S. 170; Deutscher Städte- und Gemeindebund 2005, S. 26; Bundesministerium der Finanzen 2006b, S. 170.
[310] Marcus 1987, S. 36, 40, 46.
[311] Über eine drastische Senkung der Investitionen berichtet bereits: Eickmeyer, in: Mäding 1983, S. 70.

men seit den 1960er Jahren „fast beständig zurück."[312] Selbst wenn nach 50 Jahren Aufbau und Ausbau jetzt bedarfs- oder finanzbedingte Abstriche naheliegend erscheinen, bleibt die gesamtwirtschaftliche Wirkung stark verminderter Bautätigkeit unerwünscht. Investitionsschwäche in den Kommunen bedeutet Nachfrageausfall in der Bauwirtschaft und damit zusätzliche Arbeitslose.[313] Ob die neue Vergabepraxis, die einen europa- bzw. weltweiten Wettbewerb vorsieht, wesentliche Einsparungen ermöglicht oder ob dies noch weitere negative Folgen für den Arbeitsmarkt mit sich bringt, wird kontrovers diskutiert. Das Auffangen dieses Problemdrucks durch Rückzug aus der eigenen Investitionstätigkeit und die Zuflucht zu geleasten Gebäuden wurde bereits kritisch diskutiert.[314]

Die notwendige Konsolidierung der Haushalte war in vielen Städten der Anlass dafür, die Einführung des Neuen Steuerungsmodells zu forcieren. Bisherige Maßnahmen in Mittelstädten haben allerdings noch nicht die erhofften Folgen gezeigt. Dies konnte sicherlich so kurzfristig auch nicht erwartet werden. Städte, die die Reformen zügig angehen, die sogenannten „Reformkommunen", konzentrieren sich jeweils auf Kosteneinsparungen und Rationalisierungen in der Verwaltung, wobei in der Regel das Haushalts- und Rechnungswesen im Vordergrund steht.[315] So soll die Kostenverantwortung jedes Akteurs durch bessere Managementstrukturen und Budgetierung verbessert werden.[316] Daneben sieht das Neue Steuerungsmodell vor, dass sich die Angebote der Verwaltung stärker an den Wünschen der Bevölkerung orientieren. Vergleiche der Ausgabenpräferenzen von Politikern und Bevölkerung zeigen aber, dass die Bürger noch weniger zukunftsbezogen denken als die Politiker. Während Politiker für öffentlichen Personennahverkehr, Abfallvermeidung und Wirtschaftsförderung optierten, sprachen sich die Bürger für Parkplätze, mehr Sicherheit („Polizei") und Freizeiteinrichtungen aus. Die Untersuchung von Gabriel u.a. bestätigt damit den von Arzberger ermittelten Befund, „nach dem die Prioritätensetzungen der städtischen Parlamentarier ... kaum noch eine Ähnlichkeit mit dem ... durchschnittlichen Bürgerwillen aufweisen."[317] Responsivität[318] bedeutet aber nicht, nur dem durchschnittlichen Bürgerwillen zu folgen. Vielmehr geht es auch um Handeln im wohlverstandenen Interesse der Repräsentierten.[319] Politiker sind aufgefordert, mit Hilfe der kontinuierlichen Tätigkeit der Verwaltung langfristige Perspektiven aufzuzeigen und entsprechende Möglichkeiten zu nutzen. Dies muss durch die institutionelle Struktur zur Kanalisierung von Entscheidungsprozessen möglich bleiben.

---

[312] Kunz, in: Gabriel 1989a, S. 85.
[313] Vgl. Sander/Weiblen, in: Pfizer/Wehling 1991, S. 95f.
[314] S. oben, Abschnitt 2.4.3.
[315] Difu-Berichte, 2/1998, S. 12; Difu-Berichte 2005.
[316] S. unten, Abschnitt 4.4.
[317] Gabriel u.a. 1993b, S. 36; Arzberger 1980, S. 147.
[318] Uppendahl 1981, S. 123ff.
[319] Schüttemeyer, in: Nohlen 1995, S. 549.

4 Entscheidung über gemeindliche Aufgaben: Kommunale Selbstverwaltung oder Demokratie in überschaubaren Einheiten

Die Frage „Wie wird über Angelegenheiten einer Gemeinde entschieden?" bildet den Kern einer politikwissenschaftlichen Gemeindeforschung. Rein juristisch wäre diese Frage durch einen Blick in die Gemeindeordnung des betreffenden Bundeslandes rasch zu beantworten.[1] Ein Vergleich der Gemeindeordnungen fördert aber noch immer erstaunliche Vielfalt zutage.

4.1 Konvergenz der Gemeindeordnungen?

Bis Mitte der 1990er Jahre ließen sich die Gemeindeordnungen weitgehend auf vier Gemeindeverfassungstypen zurückführen.[2] Die Gemeindeordnungen unterschieden sich

- in der Bestellung der Verwaltungsspitze
  (Direktwahl durch die Bevölkerung in Baden-Württemberg und Bayern oder Bestellung durch den Rat in Rheinland-Pfalz, Hessen, Nordrhein-Westfalen, Niedersachsen, Saarland und Schleswig-Holstein) sowie
- durch die Kompetenzen der Verwaltungsspitze:
  nur Leiter der Verwaltung neben einem ehrenamtlich tätigen, durch den Rat gewählten Repräsentanten (insb. Niedersachsen und Nordrhein-Westfalen) oder auch gleichzeitig Leiter/Mitglied des Rates und oberster Repräsentant der Gemeinde (Baden-Württemberg, Bayern und Rheinland-Pfalz). Damit ist die Unterscheidung zwischen Verknüpfung (Einköpfigkeit) oder Trennung (Zweiköpfigkeit) von Rats- und Verwaltungsspitze verbunden.
- Weiterhin gab es eine monokratische oder kollegiale (Hessen, größere Städte in Schleswig-Holstein) Form der Verwaltungsleitung.

---

[1] Ergänzend wären für jede Stadt Hauptsatzung und Geschäftsordnung heranzuziehen.
[2] Frey/Holler, in: Frey 1976a, S. 241ff.; Lang, in: Wehling 1975, S. 154ff.; vgl. die Darstellung der Kommunalverfassungssysteme bei Borchmann, in: Borchmann/Vesper 1976, S. 30ff.; Schmidt-Eichstaedt u.a.: 1975ff.; Schmidt-Eichstaedt, in: Gabriel 1989a, S. 17ff.; Holtmann 1990, S. 6f.; s.a. Wehling 1986, S. 70.

In diesen Typen mischten sich landesspezifische Selbstverwaltungstraditionen (Süddeutsche Ratsverfassung in Bayern und Baden-Württemberg, Bürgermeisterverfassung in Rheinland-Pfalz und Saarland, Magistratsverfassung in Hessen und Schleswig-Holstein) mit Demokratisierungsimpulsen der britischen Besatzungsmacht[3] (Norddeutsche Ratsverfassung in Niedersachsen und Nordrhein-Westfalen).

Die Vielfalt der in den einzelnen Gemeindeverfassungstypen herrschenden institutionellen Rahmenbedingungen bot eher ein verwirrendes Bild als Einblick in den Ablauf kommunalpolitischer Prozesse. Zudem war in der sozialwissenschaftlichen Diskussion schon immer strittig, inwieweit die unterschiedlichen Gemeindeordnungen tatsächlich eine grundlegende Strukturierung der Entscheidungsprozesse bewirken könnten und nicht viel mehr - gerade in kleineren Gemeinden - andere Faktoren eine wichtigere Rolle spielen.[4] Derlien u.a. haben die begrenzte Bedeutung der Gemeindeordnungen für den Entscheidungsprozess nachgewiesen.[5] Beim Vergleich von vier Mittelstädten in unterschiedlichen Bundesländern zeigte sich, dass in allen Städten und unabhängig vom Verfassungstyp generelle Muster im Entscheidungsprozess existieren.[6] Demgegenüber hat Banner immer wieder die strukturierende Bedeutung der Gemeindeordnungen unabhängig von der Gemeindegröße und sonstigen sozioökonomischen Rahmenbedingungen betont.[7] Neuerdings wird in der Öffentlichkeit vor allen Dingen eine Konvergenz der Gemeindeordnungen wahrgenommen.

Seit den frühen 1980er Jahren zeigt sich eine Präferenz zugunsten der Süddeutschen Ratsverfassung. In Hessen wurde 1991 die Direktwahl des Bürgermeisters/ Landrates eingeführt,[8] dabei aber die Zweiköpfigkeit und der kollegiale Magistrat beibehalten. In Nordrhein-Westfalen begann die Diskussion zur Direktwahl des Oberbürgermeisters 1991; diese fand aber erst 1994 eine politische Mehrheit, als die Opposition ein Volksbegehren hierzu androhte.[9] In den neuen Bundesländern war zunächst die Wahl des Bürgermeisters/Oberbürgermeisters durch den Rat vorgesehen, bald zeigte sich aber der gleiche Trend in Richtung Direktwahl des Bürgermei-

---

[3] S. oben, Abschnitt 1.2.3. Zur historischen Entwicklung der Norddeutschen Ratsverfassung s. Rudzio 1968.

[4] Zusammenfassend dazu Naßmacher, in: Schimanke 1989, S. 62-83.

[5] Derlien u.a. 1975.

[6] Zu ähnlichen Ergebnissen bzw. Einschätzungen kommt Winkler-Haupt, (in: Schimanke 1989, S. 154; zur Problematik seiner empirischen Basis s. Derlien, in: Gabriel/Voigt, 1994, S. 70); Schmidt-Eichstaedt (in: Gabriel 1989a, S. 18) und Voigt (in: Gabriel/Voigt 1994, S. 17).

[7] Z.B. Banner 1983, S. 139ff.; ähnlich in der Tendenz auch Wehling (z.B. in: Schimanke 1989, S. 84-96). Auch Simon glaubt aufgrund der Ergebnisse seiner empirischen Studie in Großstädten mittlerer Größe, dass die Bedeutung der Gemeindeordnungen in der Literatur bisher unterschätzt wurde (Simon 1988, S. 13). Falsifizierend im Hinblick auf die Bedeutung für die Fiskalpolitik Kunz/Zapf-Schramm, in: Schimanke 1989, S. 161-189; für kleine Gemeinden Bußmann 1998, S. 238.

[8] Dies erfolgte nach Volksabstimmung, in der sich 80 % der Abstimmenden für die Einführung aussprachen (Schulenburg 2000, S. 57).

[9] Zum Reformweg in Nordrhein-Westfalen s. Andersen, in: Andersen 1998a, S. 58ff. Ähnlicher politischer Druck führte in Niedersachsen zur Direktwahl des Bürgermeisters als Verwaltungschef (s. a. Schulenburg 2000, S. 54-58).

sters und Einköpfigkeit des Gemeindevorstandes.[10] Allerdings waren für diese Angleichung in Ost und West unterschiedliche Ursachen wichtig. In der ostdeutschen Diskussion wirkten basis- und direktdemokratische Wurzeln nach, die in der Wendezeit zu einer lokalen Aufbruchstimmung geführt hatten, während in der westdeutschen Debatte eher verwaltungspolitische Gründe, z.B. bessere Steuerbarkeit und höhere Verwaltungseffizienz der Kommunen, eine Rolle spielten.[11]

Am auffälligsten ist nach den Novellierungen, dass der Chef der Verwaltung jetzt überall als oberster Repräsentant der Gemeinde fungiert und von der Bürgerschaft direkt gewählt wird.[12] Vorher waren häufig Orientierungsschwierigkeiten bei den Bürgern sowie Abstimmungsprobleme (Reibungs- und Effizienzverluste) zwischen dem ehrenamtlichen Repräsentanten (Ober-)Bürgermeister in Niedersachsen und Nordrhein-Westfalen und dem Verwaltungschef (Ober-/Stadtdirektor) beobachtet oder konstatiert worden.[13] Die Direktwahl und die Kompetenzen verleihen dem Amtsinhaber „eine andere Legitimation, Durchsetzungskraft, Integrationsfähigkeit und Unabhängigkeit."[14] Die niedersächsische Enquete-Kommission zur Überprüfung des Kommunalverfassungsrechts hat wohl mit Recht darauf hingewiesen, dass durch die Direktwahl die Balance zulasten des Rates auf die Verwaltung verschoben wird. Dies ist besonders dann gegeben, wenn der hauptamtliche Bürgermeister Mitglied des Rates ist, zugleich dem Rat vorsitzt,[15] seine Amtszeit unabhängig von der des Rates ist und länger als die Wahlperiode des Rates dauert.

Diese Voraussetzungen waren in Baden-Württemberg schon immer gegeben; Rheinland-Pfalz, Hessen, Sachsen und Thüringen folgten dem Beispiel. In Baden-Württemberg betrug die Amtszeit immer schon 8 Jahre, dies ist nun auch in Rheinland-Pfalz, Brandenburg, Niedersachsen und dem Saarland der Fall.[16] Die Wahlzeit kann in Mecklenburg-Vorpommern am längsten ausgedehnt werden.[17] Dagegen war die Amtszeit des Bürgermeisters in Niedersachsen und Nordrhein-Westfalen zunächst mit der des Rates identisch.[18] Andersen/Bovermann sprachen in diesem Zusammen-

---

[10] Derlien, in: Henneke 1996, S. 26.

[11] Wollmann, in: Kaase u.a. 1996, S. 108.

[12] Für die Landkreise haben nur Baden-Württemberg und Brandenburg die Wahl durch den Kreistag beibehalten, sonst wurde überall die Volkswahl des Landrats/Oberkreisdirektors eingeführt. S.d. Henneke, in: Wollmann/Roth 1999, S. 140.

[13] Z.B. Hillmann 1992, S. 41ff. Weitere Probleme bei Andersen, in: Andersen 1998a, S. 54.

[14] Kleinfeld u.a. 1996, S. 154. Diese Vorteile sehen auch die ersten (74) hauptamtlichen Bürgermeister in Nordrhein-Westfalen (Oebbecke/Schulenburg 1997, S. 193).

[15] Ellwein/Zoll 1982; Wehling/Siewert 1987.

[16] GO RPf, § 52 I GO Brandenburg, § 62, ebenso im Saarland § 31 II GO. Für Sachsen-Anhalt beträgt die Amtszeit 7 Jahre (GO § 58 I), ebenso in Sachsen (GO § 51 III); GO Nds, § 61. In Thüringen und Hessen sind Amtszeiten von 6 Jahren vorgesehen (§ 28 III bzw. § 39 IV).

[17] GO MV, § 38: 7 bis 9 Jahre.

[18] GO NRW, § 65 I. Bei den ersten hauptamtlichen Bürgermeistern stieß die kurze Amtszeit daher auch auf die vergleichsweise größte Ablehnung (Oebbecke/Schulenburg 1997, S. 194). In Niedersachsen wurde die Amtszeit inzwischen auf 8 Jahre erhöht, in Nordrhein-Westfalen besteht die FDP in der CDU/FDP-Koalition 2006 auf einer entsprechenden Änderung. Schleswig-Holstein er-

hang von „Kompromissmodell" im Hinblick auf die Deutsche Ratsverfassung.[19] Selbst in Bayern (Amtszeit 6 Jahre) wird der Bürgermeister mit dem Rat gleichzeitig gewählt und nur für diesen Zeitraum. Die Leitung des Rates liegt z.B. in den Ländern Hessen, Niedersachsen und Sachsen-Anhalt nicht beim volksgewählten Bürgermeister.[20] In Thüringen kann die Hauptsatzung regeln, wer die Ratssitzungen leitet.[21] Damit ist gleichzeitig der wesentliche Einfluss auf die Aufstellung der Tagesordnungen für Ratssitzungen und eine Prioritätensetzung für die Diskussionen im Gremium verbunden. Dies gilt natürlich entsprechend, wenn der hauptamtliche Bürgermeister die Ausschüsse leitet, wie dies in Baden-Württemberg und Rheinland-Pfalz prinzipiell vorgesehen ist.

Weiterhin unterscheiden sich die Gemeindeordnungen nach wie vor darin, dass einmal der Bürgermeister allein für die Verwaltungsleitung zuständig sein soll (wie in Baden-Württemberg und den neuen Bundesländern Sachsen, Sachsen-Anhalt und Thüringen) oder dass er in einen Gemeindevorstand aus nur hauptamtlichen (Verwaltungsvorstand: Nordrhein-Westfalen) oder haupt- und nebenamtlichen Beigeordneten eingebunden ist (Stadtvorstand: Rheinland-Pfalz; Magistrat: Hessen; Verwaltungsausschuss: Niedersachsen).[22] Die Dominanz des Bürgermeisters als Verwaltungschef kann durch Wahlbeamte als Dezernatsleiter eingeschränkt sein:[23] Diese sind durch ihre Kontakte zu den Fraktionen vom Chef unabhängiger,[24] sodass an die Stelle einer monokratischen Führung eher eine kollegiale Leitung tritt.[25]

Die Verselbstständigungstendenz der vom Rat gewählten Beamten (Dezernenten) wurde bereits von Grauhan (1970) herausgearbeitet.[26] Weiterhin sind die Mehrheitsverhältnisse im Rat wesentlich für die Stellung des (Ober)Bürgermeisters, wie Thränhardt am Beispiel München gezeigt hat.[27]

---

wägt dagegen, die Direktwahl der Verwaltungschefs (Landräte und (Ober-)Bürgermeister) wieder abzuschaffen (SH vom 26.9.2006).

[19]   Andersen/Bovermann, in: dies. 2002, S. 12.

[20]   In Hessen ist der Oberbürgermeister/Bürgermeister nicht Mitglied des Rates; s.a. GO Sachsen-Anhalt, § 51 IV; Nds. GO § 43. Für die weiteren Bundesländer s. Knemeyer, in: Wollmann/Roth 1999, S. 115.

[21]   GO Thüringen, § 23.

[22]   § 70 GO NW; § 57 GO RhPf, § 65 GO Hess; § 56 I GO Nds; s. d. Schmidt-Eichstaedt 1985, S. 25ff.; Naßmacher 1988c, S. 304ff..

[23]   In Baden-Württemberg gibt es Beigeordnete nur für Gemeinden ab 10.000 Einwohner (Wehling, in: Schimanke 1989, S. 92).

[24]   Derlien u.a. 1975, S. 42, 46f., 60. Dies ist besonders dann zu erwarten, wenn die Amtszeit – wie z.B. in Nordrhein-Westfalen und Niedersachsen – wesentlich länger ist als die des Verwaltungschefs.

[25]   In Hessen kann die vorzeitige Abwahl von Beigeordneten in Städten über 50.000 EW zum Zwecke der Angleichung von Mehrheitsverhältnissen in Rat und Verwaltungsspitze vorgenommen werden.

[26]   Grauhan 1970, S. 252. Wehling glaubt, dass gerade in kleinen Städten der Bürgermeister, der gegenüber diesen Spitzenbeamten Weisungsrecht hat, diese in die Knie zwingen kann (Wehling, in: Schimanke 1989, S. 92). Der Erfahrungsbericht von Stüber (in: Andersen 1998a, S. 70) deutet auf die bessere Einbindung der Beigeordneten durch den Gemeindevorstand hin.

[27]   Thränhardt, in: Schimanke 1989, S. 22ff.

Die Machtposition des baden-württembergischen Bürgermeisters wird häufig am Eilentscheidungsrecht festgemacht.[28] Das Eilentscheidungsrecht ist in den anderen Gemeindeordnungen eingeschränkt. In Rheinland-Pfalz kann der Bürgermeister Eilentscheidungen im Benehmen mit den Beigeordneten treffen, der Gemeinderat die Entscheidung aber in der nächsten Sitzung wieder aufheben. In Niedersachsen steht dem Bürgermeister ein Eilentscheidungsrecht nur mit dem Vorsitzenden des Rates oder des Verwaltungsausschusses zu. In Nordrhein-Westfalen ist das Eilentscheidungsrecht auf den Bürgermeister und ein Ratsmitglied übertragen, die Entscheidung muss dem Gemeinderat aber in der nächsten Sitzung zur Genehmigung vorgelegt werden. Auch im Saarland kann der Gemeinderat die Entscheidungen des Bürgermeisters, der diese allein trifft, wieder aufheben.[29]

Schließlich ergibt sich die besondere Stellung des Bürgermeisters in Baden-Württemberg und Bayern auch daraus, dass während der Amtsdauer keine Abwahlmöglichkeit (recall) besteht, während in den anderen Bundesländern - dem Beispiel Hessens folgend - eine Abwahlregelung getroffen wurde.[30] In Hessen existiert für die Abwahl eine repräsentativ-demokratische Hürde: Das plebiszitär-demokratische Abwahlverfahren kann nur durch einen entsprechenden Beschluss der Gemeindevertretung ausgelöst werden. Diese Regelungen haben die meisten Bundesländer übernommen. Brandenburg und Sachsen wenden dagegen das plebiszitär-demokratische Verfahren unmittelbar an: Das Abwahlverfahren lässt sich aus der Mitte der Bevölkerung über ein Bürgerbegehren einleiten.[31]

Die Betrachtung der Position des (Ober-)Bürgermeisters nach den formalen Regeln der Gemeindeordnungen führt nicht unmittelbar zu angemessenen Ergebnissen, wenn nicht andere institutionelle Rahmenbedingungen mit einfließen. Hier sind insbesondere das personalisierte Wahlrecht für die Ratsmitglieder (s. Abbildung 22) und der mögliche Bürgerentscheid über Sachfragen zu berücksichtigen. Sie zwingen nicht nur die Kommunalpolitik zu einem sehr konkreten Bürgerbezug,[32] sondern sie bewirken auch eine bestimmte Zusammensetzung der Gemeinderäte und ein besonderes Verhalten. So vertritt Wehling die These, dass das baden-württembergische

---

[28] S. d. Ellwein/Zoll 1982; Wehling, in: Schimanke 1989, S. 87.

[29] GO RPf., § 48; GO Nds., § 66; GO NW, § 60; GO Saarland, § 61.

[30] Schefold/Neumann 1996, S. 50f.; Wollmann, in: Derlien 2001; S. 47.

[31] Wollmann, in: Kaase u.a. 1996, S. 108. Obwohl Mindestquoren vorgesehen waren, wurde von der Möglichkeit der Abwahl häufig Gebrauch gemacht. Dies war in Brandenburg am intensivsten der Fall. (Das Parlament vom 13.3.1998, S. 12; Wollmann, in: Wollmann/Roth 1999, S. 48). Besondere Aufmerksamkeit zog die Abwahl des Potsdamer Oberbürgermeisters mittels Bürgerbegehren und Bürgerentscheid auf sich (FAZ vom 16.5.1998). Das „Bürgermeisterkegeln" hat zu einer Novellierung der Abwahlmodalitäten veranlasst. Schließlich lag das Quorum in Brandenburg zunächst bei 10%. Zu Sachsen s. Das Parlament vom 13.2.1998 und zu Erfahrungen in weiteren neuen Bundesländern s. Wollmann, in: Derlien 2001, S. 55ff. Hinzu kommen noch unterschiedliche Abwahlmöglichkeiten der hauptamtlichen Führungskräfte der Verwaltung, der Dezernenten. Dazu gibt es weitere Angaben bei Wollmann, in: Bogumil 2002, S. 254-257.

[32] Banner, in: Schimanke 1989, S. 57.

Wahlrecht Gemeinderäte hervorbringt, die dem Bürgermeister die Möglichkeit verschaffen, die in der Gemeindeordnung vorgesehenen Ressourcen in vollem Umfange zu nutzen.[33] Durch drohende Bürgerbegehren mit möglichem Bürgerentscheid wird quasi die Bürgermeinung antizipierend vorweggenommen. Damit erweitert sich die Zahl der als relevant angesehenen institutionellen Faktoren also noch.[34]

Auch lässt sich schon prognostizieren, dass die formalen Regeln aufgrund langjähriger Traditionen in den einzelnen Bundesländern nicht unmittelbar zu den gleichen Ergebnissen führen werden.[35] Unterschiede in Großstädten und Landgemeinden wurden schon immer vermutet bzw. empirisch belegt.[36] Die Bedeutung des Parteiensystems, der sozio-ökonomischen Situation und der siedlungsgeographischen Struktur der Stadt sowie der handelnden Personen konnte nachgewiesen werden.[37] Die Ausdifferenzierung der Städte, bedingt durch die kommunale Verwaltungs- und Gebietsreformen, sowie die Stärkung der teilräumlichen Vertretungen machen es notwendig, auch diese Aspekte in den Blick zu nehmen. Zunächst waren Bezirksvertretungen nur als „Trostpflaster" gedacht,[38] um den Prozess der kommunalen Gebietsreformen abzufedern. Nur unter bestimmten Bedingungen (parochiale Strukturen, relevante Einzelmaßnahmen, „Ortsbürgermeister")[39] kam ihnen eine gewisse Bedeutung zu. Heute können Bezirksvertretungen, bedingt durch eingespielte Praxis[40] und (inzwischen auch in den Gemeindeordnungen abgesicherte) größere Kompetenzen, ihr Konkurrenzverhältnis zum Rat besser ausspielen.

Auch Wehling hat in der Debatte um die Übertragung der baden-württembergischen Gemeindeordnung auf die westdeutschen Bundesländer darauf hingewiesen, dass möglicherweise andere Wirkungen zu erwarten sind.[41] Bei Diskussionen um die Gemeindeordnungen für die neuen Bundesländer wurde von soziokulturellen „legacies" des DDR-Systems sowie einem soziokulturellen „luggage" gesprochen.[42] „Diese Situation schließt eine bloße einseitige Anpassung ... an die Strukturen des politischen und administrativen Systems der alten Bundesrepublik und eine bloße Imitation westdeutscher Muster der politischen Entscheidungsfindung aus. Die prob-

[33]   Wehling, in: Schimanke 1989, S. 95.

[34]   Einen Überblick über die Differenzen in den Gemeindeordnungen gibt Holtkamp, in: Bogumil/Heinelt 2005, S. 21, 23.

[35]   Zu geringen Determinationswirkungen einer neuen Gemeindeverfassung s. Hauschild, in: Blanke 1991, S. 229.

[36]   Naßmacher, in: Thränhardt/Uppendahl 1981, S. 43ff.

[37]   Naßmacher, in: Schimanke 1989, S. 62-83; Voigt, in: Gabriel/Voigt 1994, S. 17.

[38]   Hill (1987, S. 134) kritisiert, dass der Aspekt der Bürgernähe und der Integrationskraft bei der territorialen Gebietsreform zu kurz gekommen ist.

[39]   S. d. Kevenhörster u.a. 1980; Schäfer 1982.

[40]   S. d. Beckord 1989, S. 495.

[41]   Wehling, in: Schimanke 1989, S. 95.

[42]   Eisen/Kaase, in: Kaase u.a. 1996, S. 44; zu den verschiedenen Phasen des Wandels - einschließlich der Veränderung der Wahrnehmungs- und Deutungsmuster - in der Kommunalverwaltung im Problembereich Wirtschaftsförderung s. Berg u.a. 1998, S. 216ff.

lematische Wirtschaftssituation in den neuen Bundesländern trägt zudem nicht zu einer schnellen Annäherung an die Einstellungs- und Verhaltensmuster der westdeutschen Bevölkerung bei."[43] Größere Unzufriedenheit könnte beispielsweise häufiger zur Abwahl von Amtsträgern führen. In abgeschwächter Form ist mit einer Hypothek der Vergangenheit auch in jenen Bundesländern zu rechnen, denen wesentliche Merkmale der Süddeutschen Ratsverfassung übergestülpt wurden, insbesondere in Nordrhein-Westfalen und Niedersachsen.[44] Hier lässt sich zudem auch heute noch kaum auf empirisches Material zurückgreifen.[45]

Abbildung 22: Das Kommunalwahlrecht für die Wahl der Gemeinderäte (Teil 1)

	Baden-Württemberg	Bayern	Brandenburg	Hessen	Mecklenburg-Vorpommern	Niedersachsen	Nordrhein-Westfalen	Rheinland-Pfalz	Saarland	Sachsen	Sachsen-Anhalt	Schleswig-Holstein	Thüringen
1. Wahlsystem													
1.1 Mehrheitswahl:													
1.1.1 in Einerwahlkreisen	-	-	-	-	-	-	-	-	-	-	-	-	-
1.1.2 in Einer- o. Mehrmannwahlkreisen	-	-	-	-	-	-	-	-	-	-	x	-	-
1.2 Verhältniswahl:													
1.2.1 mit freier Liste	x	x	x	x	x	x	-	x	-	x	x	-	x
1.2.1 mit starrer Liste	-	-	-	-	-	-	x	-	x	-	-	x	-
1.3 verfügbare Stimmenzahl:													
1.3.1 1 Stimme	-	-	-	-	-	-	x	-	x	-	-	-	-
1.3.2 3 Stimmen	-	-	x	-	x	x	-	-	-	x	x	-	x
1.3.3 Anzahl der Stimmen = Anzahl der Mandate	x	x	-	x	-	-	-	x	-	-	-	(im Wahlkreis)	-
1.4 Kumulieren[1]	x	x	x	x	x	x	-	x	-	x	x	x	x
1.5 Panaschieren[2]	x	x	x	x	x	x	-	x	-	x	x	x	x

[43] Eisen/Kaase, in: Kaase u.a. 1996, S. 44. Unterschiede in der Wahrnehmung des politischen Systems und der Zufriedenheit mit den Leistungen in Ost und West werden immer wieder durch Umfragen bestätigt.

[44] Z.B. einem wesentlich selbstbewussteren Gemeinderat als in Baden-Württemberg.

[45] Empirische Ergebnisse gibt es zu den ersten Direktwahlen in Nordrhein-Westfalen und in Niedersachsen (Andersen/Bovermann 2002; Naßmacher 2006, S. 22ff.; Gissendanner, in: Bogumil 2002, S. 91ff.; Bogumil/Heinelt 2005. Zu Baden-Württemberg s. Wehling 1989a, S. 110ff.

Abbildung 22: Das Kommunalwahlrecht für die Wahl der Gemeinderäte (Teil 2)

	Baden-Württemberg	Bayern	Brandenburg	Hessen	Mecklenburg-Vorpommern	Niedersachsen	Nordrhein-Westfalen	Rheinland-Pfalz	Saarland	Sachsen	Sachsen-Anhalt	Schleswig-Holstein	Thüringen
2. Mandatsverteilung													
2.1 Fünfprozentklausel	-	-	-	-	x	-	-	x	x	-	-	x	x
2.2 Wahlgebiet in Bezirken	-	-	-	-	-	x	x	x	x	x	x	x	x
2.3 Sitzverteilung:													
2.3.1 d'Hondt	x	x	-	-	-	-	x	-	x	x	-	x	-
2.3.2 Hare-Niemeyer	-	-	x	x	x	x	-	x	-	-	x	-	x
3. Wahlvorschläge													
3.1 Listenverbindungen	x	x	x	x	-	x	-	x	x	x	x	-	x
3.2 Neue Bewerber:													
3.2.1 Liste beim Wahlvorstand	-	x	x	-	-	-	-	x	x	x	-	-	x
3.2.2 Unterschriften	10-250	40-1000	-	2 x soviel wie Mandate	-	10-30	5-20 Satzung, Programm	10-250	3 x soviel wie Mandate	20-240	1% der Wahl-ber. max. 100	Satzung, Programm	4 x soviel wie Mandate
3.3 Einzelbewerber:													
3.3.1 zugelassen	-	-	x	-	x	x	x	-	-	-	x	-	-
3.3.2 mit Unterschriften	-	-	3-30	-	-	-	5-20	-	-	-	s.o.	-	-

[1] Für einen Kandidaten können mehrere (Teil-)Stimmen abgegeben werden.
[2] Es können Kandidaten aus verschiedenen Listen gewählt werden.

Quellen: Kommunalwahlgesetze der Länder: Baden-Württemberg i.d.V. vom 28.6.2005; Bayern i.d.V. vom 9.7.2003; Brandenburg i.d.V. vom 22.3.2004; Hessen i.d.V. vom 1.4.2005; Mecklenburg-Vorpommern i.d.V. vom 19.12.2005 Niedersachsen i.d.V. vom 24.2.2006; Nordrhein-Westfalen i.d.V. vom 30.6.1998; Rheinland-Pfalz i.d.V. vom 30.12.2003; Saarland i.d.V. vom 4.2.2004; Sachsen i.d.V. vom 1.11.2003 Sachsen-Anhalt i.d.V. vom 12.12. 2003; Schleswig-Holstein i.d.V. vom 19.3.1997; Thüringen i.d.V. vom 25.11.2004.

4.2 Kommunales Entscheidungssystem

Aus der Gemeindeordnung des jeweiligen Bundeslandes ergeben sich wesentliche Akteure und wichtige normative Aussagen für deren Gewichtung. „Die Verwaltung der Gemeinden wird ausschließlich durch den Willen der Bürgerschaft bestimmt.

Die Bürgerschaft wird durch den Rat und den Bürgermeister vertreten."[46] Rat, Bürgermeister, Verwaltung und Bürger bilden in allen Bundesländern wichtige Pole des kommunalen Entscheidungssystems. Ihr kommunalpolitisches Handeln vollzieht sich - wie wir schon gesehen haben - keineswegs autonom; das Geschehen in der Gemeinde ist auf vielfältige Weise mit der Entwicklung wirtschaftlicher Tätigkeit und sozialer Lagen sowie den Entscheidungen auf anderen Ebenen der öffentlichen Verwaltung oder in anderen Gemeinden verbunden (horizontale und vertikale „Politikverflechtung"[47]). Auch am Ort breitet sich zwischen den einzelnen Bürgern, dem von ihnen gewählten Bürgermeister, ihren Vertretern im Rat und der betreffenden Gemeindeverwaltung das vielfältige Gebilde „lokale Öffentlichkeit" aus, das ebenso wie die rechtlich verfasste kommunale Selbstverwaltung in Gestalt eigener Institutionen im kommunalpolitischen Entscheidungssystem wirksam wird.

4.2.1 Institutionen der kommunalen Selbstverwaltung

Die wichtigen Gemeinsamkeiten aller Gemeindeordnungen (Kommunalverfassungen) der Bundesländer sind eine in unmittelbaren, freien, gleichen und geheimen Wahlen bestellte Vertretung der Gemeindebürger, der Rat, und eine eigenständige Verwaltungsbehörde[48] der Gemeinde. Beide bilden die zentralen Institutionen der kommunalen Selbstverwaltung, wobei an der Spitze der Verwaltungsbehörde überall der von der Bevölkerung direkt gewählte Bürgermeister steht.

Die kommunale Vertretungskörperschaft (in den einzelnen Gemeinden Rat, Gemeinderat, Stadtrat, Stadtverordnetenversammlung genannt) ist nach den (geschriebenen) Regeln der Gemeindeordnung grundsätzlich für alle Angelegenheiten der Gemeindeverwaltung zuständig, soweit es sich nicht um laufende Aufgaben der Verwaltung handelt (die müssten im einzelnen beschrieben werden) oder Aufgaben, die dem Bürgermeister kraft Gesetzes vorbehalten sind.[49] Tatsächlich bildet der Rat zusammen mit der Spitze der betreffenden kommunalen Verwaltungsbehörde (Verwaltungschef und Dezernenten bzw. Referenten, Gemeindevorstand, Magistrat) das Tandem der gemeindeverfassungsrechtlich verankerten Institution kommunaler Selbstverwaltung: Rat und Verwaltung.[50] Für das Verhältnis von hauptamtlicher Verwaltungsspitze und ehrenamtlicher Vertretungskörperschaft in der politischen Willensbildung der Gemeinden haben die verschiedenen Gemeindeordnungen der

---

[46] § 40 I und II GO NW.
[47] Vgl. oben, Abschnitte 2.3.3, 3.4.2.
[48] Vgl. Schmidt-Eichstaedt 1985, S. 21f.
[49] S. oben, Abschnitt 2.4.1. Das dualistische Aufgabenverständnis, wobei der Verwaltungschef die Ausführung der Aufgaben des übertragenen Wirkungskreises für sich reserviert, ohne dabei Mitwirkungsmöglichkeiten des Rates zuzulassen, sorgt häufig für Friktionen, und Reformen wären angesagt (s.d. Naßmacher 1989b; Wollmann, in: Heinelt/Mayer 1997, S. 238).
[50] Vgl. Frey/Holler, in: Frey 1976a, S. 241ff.

Länder unterschiedliche formale Festlegungen getroffen. Gemeinsam ist ihnen jedoch die Orientierung an einem klassischen Modell politischer Verwaltungsführung (institutionelle Gewaltenteilung; „legislatorische Programmsteuerung"[51]), das zwischen Politik als Willensbildung und Verwaltung als Willensausführung unterscheidet. Der volksgewählte Bürgermeister als Verwaltungschef hatte in diesem Modell immer schon die Funktion eines „Grenzgängers". Die klassische Vorstellung von den Funktionen des Gemeinderates wird durch die KGSt jetzt im Neuen Steuerungsmodell wiederbelebt.[52]

Nach diesem Denkmodell liegt die Programmauswahl, also die wichtigste Steuerungsleistung, bei einem „parlamentarischen" Gremium, in der kommunalen Selbstverwaltung beim Gemeinderat.[53] Dort gelten die (parlamentarischen) Prinzipien des Minderheitenschutzes, des Widerspruchsrechts, der Beratung und der Mehrheitsentscheidung. Minderheitenschutz und Widerspruchsrecht finden ihren Niederschlag in den Möglichkeiten, innerhalb des „parlamentarischen" Gremiums Fraktionen zu organisieren und verschiedene Meinungen zu vertreten. Auf diese Weise können die in der politischen Auswahlsituation enthaltenen Alternativen ihre Fürsprecher erhalten und durch kontroverse Diskussionen profiliert werden. Zugleich lassen sich durch das Prinzip der Beratung die Kosten und Gewinne der anstehenden Programmalternativen klären und in ihrem Für und Wider ausdiskutieren. Das Prinzip der Mehrheitsentscheidung stellt sicher, dass als Ergebnis der politischen Auseinandersetzung genau *eine* der verfügbaren Optionen ausgewählt wird oder - wenn möglich - ein Kompromiss über verschiedene Optionen erzielt wird.

Die Programmvollziehung wiederum wird als Aufgabe einer weisungsgebundenen Verwaltung gesehen, für die Beschlüsse einer Vertretungskörperschaft (Satzungen, Gesetze) als entscheidendes Führungsmittel dienen. Die hierarchisch-strukturierte, auf Einzelentscheidungen abgestellte Arbeitsweise der Verwaltung entspricht dem Gedanken der deduktiven Aufgabensetzung: Sie zielt darauf ab, die Rationalität und die Effizienz der programmgebundenen Entscheidungen zu sichern. Das Anweisungsrecht der Verwaltungsspitze garantierte bei dieser Konzeption die Ausführung des durch Gremienbeschluss vorgegebenen Programms. Im Unterschied zur hierarchisch orientierten Steuerungslogik wird nun angestrebt, dass sich diese

---

[51] Grauhan 1969a, S. 270.

[52] KGSt 5/1993. Andere beziehen sich auf die amerikanische Debatte des „Principal-Agent"-Ansatzes, wobei die Politik als Auftraggeber (Principal) Ziele und Ressourcen an einen Beauftragten (Agent), hier die Verwaltung, delegiert, die sich dann zieladäquat verhalten soll (Lienau u.a., in: Budäus/Engelhardt 1996, S. 242).

[53] Damit soll keinesfalls die These vertreten werden, kommunale Vertretungskörperschaften seien kommunale Parlamente. Angemessen erscheint allerdings die Feststellung, dass die Arbeitsweise staatlicher Parlamente und kommunaler Vertretungskörperschaften in vielen Punkten vergleichbar ist, sodass beide unter dem Begriff der parlamentarischen Gremien - für die Vertretungskörperschaft müsste es korrekt der parlamentsähnlich arbeitenden Gremien heißen - zusammengefasst werden können. So auch Schmidt-Eichstaedt, in: Gabriel 1989a, S. 31. Zur Diskussion s. Wollmann, in: Wollmann/Roth 1999, S. 50ff.

nach den Vorschlägen des New Public Management in Richtung einer mehr anreiz- und ergebnisorientierten Steuerung verändert: Die Beschlüsse des Rates sollen sich auf Grundsätzliches beschränken und gleichzeitig auf Produkte des Verwaltungshandelns beziehen (Zielvereinbarungen, Kontraktmanagement). Der Rat müsse sich auf das „Was", die Verwaltung auf das „Wie" konzentrieren. Damit werden der Verwaltung als differenzierter Organisation mehr Entscheidungsmöglichkeiten eingeräumt. Die Mitarbeiter sollen eigenverantwortlicher und bürgernäher agieren können.[54] Eine eindeutige Rollentrennung zwischen Politik und Verwaltung wird propagiert, Hierarchie und Anweisungsbefugnis scheinen aufgegeben.

Allerdings konnten empirische Befunde zu kommunalen Entscheidungsprozessen die modellhaft skizzierte Arbeitsteilung zwischen Rat und Verwaltung nicht nachweisen. Danach müsste der Rat die zu lösenden politischen Probleme artikulieren (Artikulationsfunktion) und der Verwaltung die Aufgaben stellen (Initiativfunktion). Die Realität ist weit ernüchternder: Der Rat fasst meistens nur prozessleitende oder Kulminations-Beschlüsse,[55] insgesamt lässt er sich häufig in die Rolle eines Ratifikationsorgans für Verwaltungsentscheidungen drängen. Beim Rat handelt es sich - wie bereits betont - auch nicht um einen einheitlich handelnden (korporativen) Akteur: Durch die einzelnen Fraktionen als Zusammenschlüsse von Vertretern einer Partei oder Gruppierung bzw. deren Untergliederungen stellt der Rat sich als höchst differenziertes und ebenfalls hierarchisch strukturiertes Gremium dar. Diese Struktur,[56] die sich mit wachsender Gemeindegröße stärker profiliert, ergibt sich aus dem Dilemma zwischen (formal) ehrenamtlicher Tätigkeit in der kommunalen Vertretungskörperschaft und dem dafür (tatsächlich) erforderlichen Zeitaufwand. In einer (kreisfreien) Großstadt des Landes Nordrhein-Westfalen[57] betrug bereits 1972 der Zeitbedarf eines Mandatsträgers allein für

- die Teilnahme an Rats-, Fraktions- und Ausschusssitzungen sowie
- die Vorbereitungen dieser Sitzungen durch die Bearbeitung von Vorlagen und persönliche Gespräche mit einzelnen Bürgern und Vertretern gesellschaftlicher Organisationen

insgesamt 60 - 80 Stunden pro Monat, also etwa 15 - 20 Stunden wöchentlich. Dabei ist noch gar nicht berücksichtigt, dass kommunale Mandatsträger oft auch örtliche Parteifunktionen bekleiden[58] und in anderen Bereichen des gesellschaftlichen Le-

---

[54] KGSt 1996a, S. 100.
[55] Schmidt-Eichstaedt 1985, S. 22. Abweichend davon ist die Selbsteinschätzung der Tätigkeit von Ratsmitgliedern in Städten mittlerer Größe, die ihre Rolle in der Initiativphase als sehr bedeutend sehen (Simon 1988, S. 11f.).
[56] Es handelt sich dabei nicht um eine Besonderheit von Räten, sondern Ähnliches findet sich in allen sozialen Zusammenhängen.
[57] Naßmacher 1973; vgl. auch Berkemeier 1972; Berkemeier, in: Wollmann/Roth 1999, S. 67ff.
[58] Vgl. Kaack 1971a, S. 28; Naßmacher, in: Gabriel u.a. 1997b, S. 428ff.

bens am Ort (etwa im Vereinswesen) [59] oder in Initiativen (z.B. Elterninitiativen oder Agenda-Prozessen) aktiv mitwirken. Der Zeitaufwand hat sich daher seit 1972 eher erhöht. Jedoch kann davon ausgegangen werden, dass der Zeitbedarf in größeren Städten höher ist als in kleineren Gemeinden.[60] Für Städte mit 30.000 bis 50.000 Einwohnern wurden in den 1980er Jahren ca. 94 Stunden ermittelt, für Großstädte ca. 122 Stunden pro Monat.[61]

Die Berufsstruktur in den Räten entspricht keineswegs jener der Bevölkerung, die ältere Untersuchungen vielfach herausgearbeitet haben.[62] Angesichts der zeitlichen Belastung der Mandatsträger hat in den Gemeinderäten - je nach Umfang des kommunalpolitischen Engagements[63] - eine „Professionalisierung" der Mandatsträger stattgefunden, deren Ausmaß sich wiederum in einer „Hierarchie" der kommunalpolitischen Einflussnahme abbildet: Diese ergibt sich durch Seniorität und soziale Ressourcen. Viele Ratsmitglieder scheiden schon nach kurzer Zeit wieder aus. Vor allen Dingen in den neuen Bundesländern ist die euphorische Bereitschaft zur Mitwirkung an der kommunalen Demokratie schnell gewichen. Nachrücker haben ihre Ämter oft nicht angetreten. Häufig waren private und berufliche Belastungen die Ursache.[64] Im Westen sind die Selektionsmechanismen der Parteien dagegen schon so

---

[59] Siewert 1977, S. 503.

[60] Dies ergab jedenfalls eine vergleichende Untersuchung in Nordrhein-Westfalen und Niedersachsen für die Jahre 1983/84 (Naßmacher, in: Kempf u.a. 1989, S. 31); auch Köser/Caspers-Merk, in: Schimanke 1989, S. 108; Simon (1988, S. 63) kommt dagegen nur auf 60 Std., wobei nicht alle Aktivitäten berücksichtigt wurden; ähnlich Gabriel u.a. 1984, S. 69-74.

[61] Naßmacher, in: Kempf u.a. 1989, S. 31; weitere Angaben Naßmacher, in: Thränhardt/Uppendahl 1981, S. 57; zusammenfassend auch Simon 1988, S. 63f. mit internationalen Vergleichsdaten. Verschiedene Umfragen wurden durch die Kommunalpolitischen Blätter veröffentlicht. Ein Vergleich ist allerdings problematisch, weil die abgefragten Kategorien nicht immer vergleichbar sind (s. d. Kommunalpolitische Blätter 1/1977, S. 30, 1/1980, S. 25ff.; 3/1981, S. 162). Ronge (1994, S. 279) kommt aufgrund eines anderen methodischen Vorgehens auf einen Zeitaufwand bei Eliten (60,9 Std. pro Woche) und Hinterbänklern (27,5 Std. pro Woche). S.a. Fruth 1989; Dieckmann, in: Böhret/Nowack 1995, S. 112; Dieckmann, in: Schöneich 1996, S. 22. Ein Vergleich zwischen den Erhebungen von Naßmacher (1972) und Ronge (1994) ergab sogar eine Verdoppelung des Zeitbudgets. Dies deckt sich nicht mit den Ergebnissen von Schneider 1997, S. 294; Reiser kommt für Städte über 400.000 EW 2006 auf durchschnittlich 25-35 Stunden pro Woche für normale Ratsmitglieder (Reiser 2006, S. 140).

[62] Ergebnisse der Umfrage im Auftrag des nordrhein-westfälischen Innenministers, zitiert nach Eildienst Landkreistag Nordrhein-Westfalen Nr. 10/1989, S. 161; die Prozent-Angaben basieren auf den sich an der Umfrage beteiligenden Mandatsträgern. Zu weiteren Angaben in kleinen Gemeinden s. Tabelle 6 in: Naßmacher/Naßmacher 1979, S. 113; s. a. Gau 1983, S. 56-57.

[63] Erhebliche Schwankungen nach Funktionen zeigten sich schon bei Naßmacher 1973, S. 553; auch Reiser 2006, S. 88, 246.

[64] Z.B. waren ein Drittel der Leipziger Ratsmitglieder bis zur Hälfte der Wahlperiode bereits wieder ausgeschieden, was als typisch angesehen werden kann (Becher 1997, S. 9; s. a. den Vergleich zwischen Jena und Frankfurt/Oder bei Hürtgen u.a., in: Naßmacher u.a. 1994, S. 17ff.). Zwei Drittel der 1990 gewählten Ratsmitglieder waren Neupolitiker, die nach der Wende erstmals ein politisches Amt übernahmen, aus privaten und beruflichen Gründen, aus politischer Enttäuschung und Überforderung dieses Mandat wieder aufgaben. Auch in der zweiten Wahlperiode gab es noch eine

ausgeprägt, dass politische Erwartungen und Ressourcen zu einer Kandidatenauswahl führen, die eher Stabilität der Mandatsträgerschaft hervorbringt.[65] Der Ausstieg erfolgt meist erst nach der ersten Ratsperiode.[66]

Personen, die nicht durch eine genau festgelegte, fremdbestimmte Arbeitszeit gebunden sind und im Rahmen ihrer beruflichen Tätigkeit Techniken sozialer Kommunikation erlernt haben, verfügen bei der Auswahl des politischen Personals für kommunale Vertretungskörperschaften und innerhalb der Vertretungskörperschaften über entscheidende Startvorteile. Dazu gehören insbesondere leitende Angestellte privater Unternehmen, hauptamtliche Mitarbeiter von Parteien, Genossenschaften, Gewerkschaften und anderen Verbänden, Angehörige des öffentlichen Dienstes (u.a. Lehrer aller Schularten) und freigestellte Betriebsräte, Inhaber mittlerer Unternehmen, Architekten, aber auch Rentner, Pensionäre und Hausfrauen.[67] Aus diesen Gruppen rekrutieren sich die kommunalen (Teilzeit-) Berufspolitiker, die eine zentrale Stellung in den Ausschüssen und Fraktionen der Vertretungskörperschaften innehaben. Von Ehrenamtlichkeit kann also insbesondere bei Führungskräften des Rates de facto nicht gesprochen werden. Die Besonderheiten des Wahlrechts bewirken wiederum noch weitere Einschränkungen bei der Zusammensetzung der Räte, sodass Wehling für Baden-Württemberg von Honoratiorenparlamenten (mit Ärzten, Rechtsanwälten und sonstigen Akademikern) spricht.[68] Hier ist die Mitwirkungsmöglichkeit des Bürgers, sein „Wahlmenü", also die Zusammensetzung des Gemeinderats durch Kumulieren und Panaschieren zu bestimmen, besonders groß, während in den meisten Bundesländern dem Wahlberechtigten maximal drei Stimmen bei der Wahl der Gemeinderäte zur Verfügung stehen (Abbildung 22).

Die wesentliche Aufgabe „der" Vertretungskörperschaften, die Struktur- oder Steuerungsentscheidungen zu fällen, ist also eher eine normative Zielorientierung. Einzelne Mitglieder sind dabei stärker engagiert und einflussreicher. Bei den Be-

---

[65] erhebliche Elitenzirkulation, obgleich die Mandate durch die kommunale Gebietsreform um die Hälfte reduziert wurden (Wollmann, in: Kaase u. a. 1996, S. 111).
Becher 1997, S. 241.

[66] S. d. Naßmacher 1972, S. 52f. In vielen Fällen wurde in Ostdeutschland eine hauptamtliche Position in der Stadtverwaltung übernommen, sodass Unzufriedenheit mit der Tätigkeit nicht Ursache des Austritts war, sondern die Möglichkeit, die politische Karriere anders weiterzuführen (Becher 1997, S. 244).

[67] S.d. Naßmacher 1973 und Naßmacher/Naßmacher 1979, S. 115, Tab. 6. Dies entspricht auch den allgemeinen Erkenntnissen der Elitenforschung (s. zusammenfassend Kurp 1994, S. 42ff.; insbesondere S. 46). Diese Hinweise auf die soziale Struktur der kommunalen Vertretungskörperschaften, die von allen vorliegenden Untersuchungen bestätigt werden, widerlegen die Behauptung, „dass Andere über die (kommunalen - d.V.) Steuern beschließen als diejenigen, die diese zu zahlen haben, ... Sind doch die Steuern, über deren Höhe die Gemeindevertretungen zu bestimmen haben, „...." in erster Linie Steuern der sog. Besitzenden, des Grundbesitzes, und der Inhaber der Produktionsmittel ..." (Schmölders, in: Peters 1959, S. 37). Gerade diese Interessen sind aber in den kommunalen Vertretungskörperschaften keineswegs unter-, sondern als Folge der sozialen Selektion für Mandatsträger eher überrepräsentiert.

[68] Wehling, in: Schimanke 1989, S. 89; Naßmacher, in: Gabriel u.a. 1997b, S. 431ff.

schlüssen kommt es allerdings auf jede Stimme an. Denn die Entscheidungen des Rates haben erhebliches Gewicht, z.B. die Wahl (und z. T. Abwahl) der führenden Gemeindebeamten (Dezernenten, Amtsleiter/Bereichsleiter), die Konkretisierung der Gemeindeordnung für die Gemeinde (Hauptsatzung), die Festlegung der Grundstruktur der Verwaltungsorganisation und des Verfahrensablaufs bei der Beratungstätigkeit und Entscheidungsfindung in der Geschäftsordnung sowie die Beschlüsse über sonstige Satzungen, vor allem die Haushaltssatzung[69] und die Bebauungspläne.[70]

Personalentscheidungen für die Spitzenpositionen der Verwaltung sind häufig stark politisiert. Als Ausnahmefall wird nur Baden-Württemberg gesehen: Hier treffen Bürgermeister und Rat diese Entscheidungen im Einvernehmen. Verweigert der Bürgermeister das Einvernehmen, kann der Rat mit zwei Drittel Mehrheit allein entscheiden. Da der Vorwurf, bei Beförderungen im Rathaus sei das Parteibuch ausschlaggebend, dem Bürgermeister bei der nächsten Wahl schaden könnte, mag er existenziell an einer Personalpolitik ohne Patronageelemente interessiert sein.[71] Die (partielle) Politisierung von Personalentscheidungen in den anderen Bundesländern bedeutet auch nicht, dass Sachkompetenz keine Rolle spielt. Allerdings wollen die Fraktionen sicherstellen, dass die Mitglieder der Führungsgruppe der Verwaltung auch die politische Bewertung der Mehrheitsfraktion(en) teilen. Dies könnte bei langjährig dominanten Mehrheiten im Rat zu einer einseitigen politischen Färbung der Verwaltungsspitze führen. Da diesem Vorwurf vorgebeugt werden sollte bzw. der Wunsch bestand, die Minderheit in die politische Verantwortung einzubinden, wurden den Minderheitsfraktionen auch von dauerhaften Mehrheiten häufig Spitzenpositionen in der Verwaltung zugestanden. Dies bewirkte dann eine institutionalisierte Konkordanz in der Führung der Verwaltung.[72] Inzwischen wird diese Vorgehensweise nicht mehr als einzig möglicher Weg gesehen.[73]

In Ostdeutschland führte zunächst ein gewisser „gesinnungsethischer Rigorismus" (gegenüber der DDR-Vergangenheit, potenziellem Stasi-Verdacht) zu offener (konkurrenzdemokratischer) Konfliktaustragung, die vor allen Dingen gegen die Repräsentanten der PDS gerichtet war.[74] Das Elitendefizit wurde durch Führungspersönlichkeiten aus der ehemaligen Blockpartei CDU - im eher technischen Bereich - und kurzfristig durch „Westimporte" bearbeitet. Bei der deutlichen Mehrheit

---

[69] S. unten, Abschnitt 4.4.
[70] S. unten, Abschnitt 4.5.
[71] Vgl. Wehling/Siewert 1987, S. 28. Die Antiparteienhaltung hat den Personen ohne Parteibuch, die aber eindeutig einer politischen Richtung „nahe stehen", bessere Chancen gegeben.
[72] Gabriel u.a. 1984.
[73] Naßmacher, in: Gabriel u.a. 1997b, S. 440f.
[74] Ansonsten wirkt in verschiedenen Politikfeldern, z.B. der Wirtschaftsförderung, noch die DDR-spezifische Sozialisation der Konfliktverdrängung nach. Die inhaltliche Konfliktaustragung zwischen den Parteien ist deshalb noch in den politischen Beziehungen noch nicht dominant (Berg u.a. 1998, S. 232).

der Dezernenten handelte es sich um Personen, die in der ehemaligen DDR keine öffentliche Funktion innehatten. Auch auf die Besetzung der Amtsleiterstellen wurde versucht, entsprechend der politischen Orientierung Einfluss zu nehmen, sodass die Muster der Stellenbesetzung mit denen für die Dezernenten weitgehend übereinstimmen. Die Qualifikation der gewählten Neupolitiker war wesentlich höher als die der Westbeamten, da es sich überwiegend um Seiteneinsteiger (u.a. aus naturwissenschaftlichen Berufen) handelte.[75]

Die Grundstruktur der Verwaltungsorganisation umfasst die Anzahl der Führungspositionen (Dezernate/Bereiche) und Zuordnung der Aufgabenschwerpunkte.[76] Überall zeichnet sich eine Reduzierung der Leitungspositionen und eine Abflachung der Führungsstrukturen ab, die mit einer Änderung des Führungsstils einhergehen soll.[77] Weiterhin werden höchst wirksame Entlastungsmöglichkeiten[78] genutzt, die unter demokratietheoretischen Gesichtspunkten nicht gewollt sein können. Durch die formale und tatsächliche Privatisierung[79] von Aufgaben und die konsequente Beschränkung der Verwaltung auf die Kernaufgaben (schlanke Verwaltung) kann sich ein Rat weitgehend überflüssig machen.[80] Ziel ist es stets, komplizierte interne Abstimmungsprozesse zwischen Personalvertretung,[81] Gleichstellungsstelle, Fraktionen, Ausschüssen, Stadtrat, Bezirksvertretungen, Bürgerbeteiligung, Ausländerbeiräten, Seniorenbeiräten u.a. zu vermeiden.[82] Was bleibt, sind viele Aufgabenträger (z. T. auch in Non-Profit-Organisationen), die kaum kontrollierbar sind, (meist gut dotierte) Aufsichtsratspositionen für einzelne Ratsmitglieder und die noch erheblich größere Entscheidungsmacht der Verwaltung, der Geschäftsführungen bzw. Vorstände von GmbHs und AGs.[83]

Seit eh und je sind die teilprofessionalisierten Räte sehr auf die Verwaltung angewiesen. Sie wären kaum in der Lage, die weitreichenden Beschlüsse zu fassen,

---

[75] Wollmann, in: Kaase u.a. 1996, S. 114, 126; Berg u.a. 1998, S. 120, 123f.

[76] Natürlich sind bei diesen Beschlüssen auch Empfehlungen wichtig, wie sie beispielsweise von den kommunalen Spitzenverbänden und der KGSt gegeben werden. S. Abschnitt 2.2, Abbildung 1 und 2.

[77] Da diese Organisationsentwicklung zunächst mit dem vorhandenen Personal bewerkstelligt werden muss, sind Konflikte vorprogrammiert und eine Personalentwicklung ist dringend angesagt. Nach Einschätzung von Beobachtern geht der Prozess nur langsam voran (Bogumil/Kißler, in: Heinelt/Mayer 1997, S. 127, 132). Die gewachsene Verwaltungskultur lässt sich eben nur allmählich ändern.

[78] Von der Wissenschaft wird dies im Rahmen der Institutional Choice-Debatte thematisiert (s. d. Badelt 1990, S. 53f.).

[79] S. oben, Abschnitt 2.4.2 und 2.4.3.

[80] Welche drastischen Folgen dies haben kann, zeigt Norlin (in: Riegler/Naschold 1997, S. 72) auf: Der Rat trat in vier Monaten nur einmal zusammen.

[81] S.d. Lorenz/Wollmann, in: Wollmann/Roth 1999, S. 493ff.

[82] Löhe/Potthast, in: Schöneich 1996, S. 36.

[83] Ein Beobachter meint sogar: „Die Eigengesellschaften der Städte ... sind heute vielfach zu Selbstbedienungsläden verkommen." (Berkemeier, in: Wollmann/Roth 1999, S. 69).

wenn sie nicht auf die Zuarbeit der Verwaltung zurückgreifen könnten.[84] Auch die organisatorischen Hilfen für die Fraktionsarbeit - in den einzelnen Bundesländern unterschiedlich großzügig ausgebaut, sodass sich schon fast eine „Gegenverwaltung" gebildet hat - reichen nicht aus.[85] Die Frage nach der Initiative für Ratsbeschlüsse führt somit zu einem weiteren, in den Gemeindeordnungen angelegten Problem der kommunalen Selbstverwaltung. Die Gemeindeordnungen haben nämlich dem Verwaltungschef bzw. dem Magistrat u.a. die Aufgabe übertragen, Beschlüsse der Vertretungskörperschaft vorzubereiten. Das Ergebnis der Vorbereitungstätigkeit sind „beschlussreife" Entschließungsvorschläge oder Satzungstexte (sog. „Vorlagen") der Verwaltung. Diese Vorlagen können als Ausdruck einer „exekutiven Führerschaft"[86] in der politischen Willensbildung der Gemeinden interpretiert werden,[87] deren Träger keineswegs allein der jeweilige Verwaltungschef sein muss.

In größeren Städten wird der Verwaltungschef seine Aufgabe, die Beschlüsse der Ausschüsse und des Rates vorzubereiten, zum größten Teil praktisch auf die Dezernenten (Referenten, Beigeordneten) delegieren. Die tatsächliche Vorbereitungsarbeit für Verwaltungsvorlagen liegt auch in Gemeinden mittlerer Größe bereits bei den Amtsleitern oder bei den Leitern bestimmter Sachgebiete. Politische Verantwortung für den Inhalt der Vorlagen und deshalb auch die Endredaktion bleiben jedoch bei dem jeweils zuständigen Mitglied der Verwaltungsspitze (Verwaltungschef oder Dezernent, Ressortchef). In die Bearbeitung der Vorlagen fließen ebenso eigene Wertvorstellungen wie die aus überörtlichen und örtlichen Kontakten der Verwaltungsspitze resultierenden Sichtweisen ein. Dies sind Einschätzungen, die sich aus dem öffentlichen Aufgaben-, Planungs- und Finanzverbund ergeben. Hinzu kommen Anforderungen, in die Werthaltungen und Überzeugungen von den örtlichen Trägern gesellschaftlicher Interessen und einzelnen Bürgern ständig an den (Ober-)Bürgermeister, die einzelnen Mitarbeiter der Verwaltung oder die kommunalen Mandatsträger herangetragen werden. Dieser Hinweis auf die Verbindung zu den

---

[84] Die Informationsanforderungen, denen die Verwaltung gegenüber dem Rat genügen muss, sind tendenziell weiter ausgebaut worden. Dies gilt für Akteneinsicht, Anfragen, regelmäßige Informationen über wichtige Gemeindeangelegenheiten. Die Beschlüsse, z.B. über Betreibermodelle und Leasing-Verträge (s. Abschnitt 2.4.3 und 3.3) sind bereits von juristisch vorgebildetem Personal der Verwaltung schwer zu durchschauen.

[85] Naßmacher, in: Gabriel 1989a, S. 190. Die wissenschaftlichen Dienste versuchen in Verbindung mit den kommunalpolitischen Vereinigungen der Parteien zwar den Initiativen und der Sachkompetenz der Fraktionen zum Durchbruch zu verhelfen (Kempf, in: Kempf u.a.; Reiser 2006, S. 77, 127). Diese Möglichkeiten sind allerdings in Mittel- und Kleinstädten nicht vorhanden. Dort können Ratsmitglieder an diesen Prozessen nur durch Lesen entsprechender Fachaufsätze in den Publikationsorganen der Vereinigungen von SPD, CDU, FDP und Grünen (Demokratische Gemeinde, Kommunalpolitische Blätter, Das Rathaus, Alternative Kommunalpolitik) partizipieren. Ansonsten erfolgt in den kleineren Städten eher eine „Einschulung" durch die Verwaltung. Zu den kommunalpolitischen Vereinigungen der CDU und CSU (KPV) mit Vergleichen zu SGK und VLK s. Wilbers 1985.

[86] Grauhan 1969a, S. 273.

[87] Simon weist dagegen die These von der Ohnmacht des Rates zurück (Simon 1988, S. 13).

am Ort wirksamen und auf den Ort wirkenden gesellschaftlichen Kräfte erweitert bereits den Kreis der relevanten Akteure: Das kommunalpolitische Entscheidungsfeld ist keineswegs - wie die Gemeindeverordnungen vermuten lassen - allein durch das Zusammenspiel von Rat und Verwaltung bestimmt. Vielmehr handelt es sich um ein höchst kompliziertes Politiknetzwerk[88] oder bezogen auf Einzelaufgaben (z.B. Wirtschaftsförderung, Wohnungspolitik)[89] um spezifische Politiknetzwerke oder urbane Regime, in denen Institutionen der öffentlichen Meinungsbildung immer wichtiger werden.

4.2.2 Formen lokaler Öffentlichkeit

Das repräsentative Demokratiekonzept der deutschen Gemeindeordnungen legt eine politische Vermittlerrolle von Gemeinderatsmitgliedern und Bürgermeister zwischen Bevölkerung und Verwaltungen nahe. Nach anhaltender Diskussion über Politik-, Politiker- und Parteienverdrossenheit ist die plebiszitäre Komponente in allen Gemeindeordnungen ergänzt worden: In Bürgerbegehren und Bürgerentscheiden können Bürger verbindliche Entscheidungen unmittelbar gestalten.[90] Weiterhin finden neue Formen der Beteiligung sehr starke Beachtung. Dadurch scheinen sich Willensbildungsprozesse von den traditionellen Gruppierungen wegzubewegen. Diese werden allerdings nicht in ihrer Bedeutung eingeschränkt. Politische Parteien, lokale Organisationen und Bewegungen deliberaler Politik (Foren, Agenda-Prozesse) sowie örtlich orientierte Massenmedien wirken alle an der Legitimationserzeugung mit. Letztere scheinen mit der Gemeindegröße an Bedeutung zu gewinnen. Ihre kommunalpolitische Aufgabe könnte es sein, einen wechselseitigen Austausch von Informationen zwischen der örtlichen Bevölkerung und den kommunalen Entscheidungsträgern zu organisieren.

Noch immer ist die lokale Tageszeitung[91] auch in kleineren Städten Hauptträger der Meinungsbildung und der Informationsübermittlung. Selbst im ländlichen Raum sind die meisten Vorgänge für den einzelnen Bürger nicht unmittelbar erfahrbar.[92] Neue Informationsmedien (Lokalradio, offene Fernsehkanäle, Anzeigenblät-

---

[88]   Dabei wird Politiknetzwerk verstanden als eine durch „gegenseitige Relevanz abgegrenzte Anzahl gesellschaftlicher und staatlicher, korporativer Akteure und deren Beziehungen zueinander." (Kenis/Schneider 1991, S. 25ff.) Diese Akteure handeln nicht durch ein einheitliches Willens- und Aktionszentrum, sondern über eine Vielzahl von Knoten, die jeder für sich, aber zugleich auch für das Netz kooperieren (Jansen, in: Jansen/Schubert 1995, S. 309).

[89]   S. unten, Abschnitt 5.2.2, 5.3.2.

[90]   Zur Geschichte direktdemokratischer Verfahren in den Gemeindeordnungen s. Wollmann, in: Wollmann/Roth 1999, S. 38ff.; zu den institutionellen Regelungen s. Wollmann, in: Derlien 2001, S. 32ff.

[91]   Zusammenfassung von Angaben zur quantitativen Entwicklung s. Jonscher 1991, S. 25, S. 122ff. und Kurp 1994, S. 150ff.; zur Reichweite bzw. Mediennutzung in NRW s. Kurp 1994, S. 138ff.; zum Forschungsstand s. Brettschneider/Neller, in: Gabriel u.a. 1997c.

[92]   Schneider 1991; Jarren, in: Wollmann/Roth 1999, S. 278f.

ter, Informationsmaterialien sozialer Gruppen und die Präsentation im Internet) haben zwar neben der lokalen Tageszeitung einen festen Platz erobert, die oft hohen Erwartungen konnten sich allerdings bisher nicht erfüllen.[93] Vor allem die geringe Zahl der Veranstalter und die Abhängigkeit von der Werbung verhindern, dass z.B. das Lokalradio zu einer seriösen Konkurrenz auf dem Informationsmarkt werden kann.[94] Weil Lokalnachrichten bei den Zeitungslesern die größte Aufmerksamkeit finden, liegt es nahe, dem Lokalteil der Tageszeitung eine Mittlerfunktion zwischen Kommunalverwaltung und Bürgern zuzuweisen.[95] Als Problem ergibt sich allerdings, dass in den meisten Städten - selbst wenn es verschiedene Lokalzeitungen gibt - zwischen diesen keine Konkurrenz[96] herrscht. Meist dominiert ohnehin eine Zeitung.[97] In den neuen Bundesländern wurde durch die Aktivitäten der Treuhandanstalt die „Bezirkspresse" quasi belassen und damit eine einmalige Machtkonzentration im Zeitungsbereich geschaffen.[98] Aber auch eingefahrene Standards und Prinzipien publizistischer Praxis führen zu weitgehender Uniformität. Die Zeitungen gleichen sich wie ein Ei dem anderen.[99]

Als personelle Träger der Mittlerfunktion kommen insbesondere die Lokalredakteure in Betracht. Deren Handlungsmöglichkeiten sind freilich durch die allgemeinen Arbeitsbedingungen der Lokalredaktionen (z.B. wenig Redakteure vor Ort, viele freie Mitarbeiter und Mängel in der journalistischen Ausbildung) beschränkt.[100] 30 bis 80 % der Arbeitszeit wird für das Blattmachen und Redigieren fremder Texte („Verlautbarungsjournalismus") verwendet.[101] Kritische Stellung-

---

[93] Zum Versuch der Lokalzeitungen, u.a. in diesem Feld Fuß zu fassen, s. Mast 1986; Jonscher 1991, S. 40. Zur Entwicklung des Lokalradios ebenda, S. 32ff.; Jarren, in: Wollmann/Roth 1999, S. 286.

[94] Jonscher 1991, S. 38; Jarren 1984, S. 296, 302; Jarren, in: Wollmann/Roth 1999, S. 287; allerdings betont Jarren für die lokale Rundfunkanstalt Dortmund eine „große ökonomische und politische Autonomie", die die lokale Kommunikation angeregt hat (Jarren, in: Blanke 1991, S. 436).

[95] Zusammenfassend Jonscher 1991, S. 27; Kurp 1994, S. 144f. Die Leser - so eine jüngst abgeschlossene Untersuchung von 350 deutschen lokalen Zeitungen zwischen 1989 bis 1994 - wollen „kompetente und seriöse Berichterstattung" (FAZ vom 24.6.1998).

[96] Dies ergab die Untersuchung von Rager (1982, S. 166) von vier Zeitungen der Region Mannheim-Heidelberg (inklusive des Lokalsenders Radio Kurpfalz).

[97] S. d. Naßmacher 1987; Manns 1996; Rager 1982, S. 166; Begemann 1982. Nach der Wende gab es in den neuen Bundesländern zunächst einige alternative (Wochen-) Zeitungen der Bürgerrechtsbewegung, die sich jedoch gegenüber den ehemaligen Bezirkszeitungen, die von westdeutschen Unternehmern übernommen wurden, nicht behaupten konnten. Durch den Fortbestand der großflächigen Verbreitungsgebiete konnte sich keine Konkurrenz lokaler Zeitungen entwickeln. Neugegründete Tageszeitungen verschwanden schnell wieder vom Markt (Streul, in: Niedermayer 1996, S. 447, 448). Zur lokalen Medienlandschaft s.a. Jarren, in: Wollmann/Roth 1999, S. 280ff.

[98] Jarren 1984, S. 297-299; Kurp 1994, S. 150f.; Streul, in: Niedermayer 1996, S. 443ff.; s.a. Jonscher 1991, S. 131, 150.

[99] Rager 1982, S. 166. Zusammenfassend zu Rolle, Funktion und Qualität des lokalpolitischen Informationsangebots s. Jarren, in: Blanke 1991, S. 424.

[100] Jarren 1985, S. 25; Jonscher 1991, S. 171ff; zusammenfassend Kurp 1994, S. 120ff., insb. S. 131, 231ff.

[101] Rombach 1983, S. 186.

nahmen unterbleiben weitgehend. Die Personallücke ist bei Einzeitungskreisen besonders deutlich.[102] Viele Lokalzeitungen bedienen zudem einen ganzen Kreis mit mehreren Gemeinden, sodass hier eine publizistische Versorgung der Bevölkerung nur annähernd gewährleistet werden kann. Die Teilausgaben für einzelne Gemeinden lassen sich nur durch Lehrer und Studenten mehr oder weniger nebenbei aufrechterhalten.[103] Problematisch ist weiterhin die besondere Nähe zum Nachrichten- und Anzeigenmarkt.[104]

Diese Tendenzen[105] wurden bereits in einer empirischen Untersuchung der 1970er Jahre zutage gefördert. Die Untersuchung eines kleinstädtischen Zeitungsmarktes mit konkurrierenden Lokalzeitungen ergab beispielsweise, dass sich die Zeitungen bei 95% aller Meldungen eigener Stellungnahmen enthalten und im wesentlichen die Mitteilungen Dritter abdrucken. Weniger als 1% aller lokalpolitischen Informationen beruhte auf eigenen Recherchen oder auf Agenturmeldungen. In einer stark personalisierenden Berichterstattung (im Stile von „Hofberichten") wies die Lokalpresse der örtlichen „Obrigkeit" im Allgemeinen und Einzelnen lokalen Autoritäten/Respektspersonen im besonderen die Rolle kommunaler Wohltäter zu. Kritische Kommentare waren sehr selten.[106] Zu ähnlichen Ergebnissen kommen auch Beobachtungen zur Berichterstattung in der Lokalpresse der neuen Bundesländer.[107] Als problematisch erscheint, dass die Zeitungsmacher selbst in das Geflecht der lokalen Elite eingebunden sind.[108] Jedenfalls haben deren Mitglieder die größte Chance, auf die Berichterstattung Einfluss zu nehmen. Die Printmedien bieten „Wirklichkeitskonstruktionen" an, die nur von Insidern angemessen interpretiert werden können und in vielen Fällen auch nur für die Eliten relevant sind.[109] Die übrigen Mandatsträger und die örtlichen Parteiorganisationen können zur wichtigen Zielscheibe der Medienkritik werden und damit die gefühlsmäßige Einstimmung der Bevölkerung gegen notwendige Erscheinungsformen der (lokalen) Parteiendemokratie (z.B. das Ringen um Mehrheiten) herbeiführen.[110] Das kommt anderen (organisierten) Teilen der Bevölkerung zugute, die von ihnen präferierte Lösungsstrategien

---

[102] Benzinger 1980, S. 78; weitere Kriterien bei Jonscher 1989, S. 113 und 1991, S. 159f.
[103] Jarren 1984, S. 300; Jarren 1985, S. 26; Jonscher 1991, S. 161ff.
[104] Rückel 1975; Jarren 1984, S. 300 unter Bezug auf Wilking und Knoche.
[105] Zusammenfassend Jarren, in: Blanke 1991, S. 424; Zusammenfassung empirischer Forschungsergebnisse bei Jonscher 1991, S. 98-118.
[106] Haenisch/Schröter 1971, S. 242-279; ähnlich Rager 1982; s.a. Rombach 1983, S. 186, 181. Auf jeden Fall ist eine starke Personalisierung festzustellen.
[107] Kästner 2000, S. 940.
[108] Jarren, in: Blanke 1991, S. 425.
[109] Kurp 1994, S. 248. Auch die Mehrheit der Informanten gehört zur lokalen Elite (Grimme 1991, S. 106).
[110] Vgl. Haenisch/Schröter 1971, S. 266. Vergleichende Untersuchungen (z.B. Rückel 1975, S. 154f.) kommen zu differenzierteren Ergebnissen. Jonscher (1991, S. 258) bestätigt die kritische Einstellung gegenüber Parteien nicht.

in der für sie überschaubaren lokalen Öffentlichkeit intensiv verfolgen.[111] Damit unterscheidet sich die Berichterstattung dann doch wesentlich von der in der ehemaligen DDR, bei der kritische Äußerungen über auf der lokalen Ebene erkennbare Entwicklungen unterdrückt wurden.[112]

Unter den örtlichen Organisationen sind vor allem die Vereine, aber auch einzelne Verbände und Initiativen, ein wichtiger Faktor kommunaler Gemeinschaftsbildung. Sie werden zuweilen als Basis der Demokratie bezeichnet.[113] Zwischen 30 und 50% der Bevölkerung sind Mitglied in mindestens einem örtlichen Verein; die Mitgliedschaft nimmt allerdings mit zunehmender Ortsgröße ab.[114] Im ländlichen Raum können Vereine, Verbände und Initiativen durchaus mit den örtlichen Parteien konkurrieren oder ihnen den Rang ablaufen. Dies gilt insbesondere für die neuen Bundesländer und die kleinen Gemeinden. Politiker sehen in Vereinen und Verbänden Stimmenpotenziale, sodass die Repräsentanten dieser Organisationen zuweilen erheblichen Druck ausüben und somit Forderungen anmelden können, die auch befolgt werden.[115] Die Erwartung eines erheblichen Stimmenpotenzials durch die Vereine trifft für Großstädte aber so nicht zu: „Vereine beeinflussen die Meinungsbildung ihrer Mitglieder so gut wie nicht. Vor allem die vertretene Ansicht, lokale Vereine würden ihre Mitglieder bei der Stimmabgabe zu politischen Wahlen beeinflussen, ließ sich nicht bestätigen."[116] Dieser Befund muss allerdings relativiert werden. Beobachtungen zeigen, dass Vereine (z.B. Sportvereine), wenn sie sich einer Bürgerinitiative anschließen, um eine wichtige Investitionsmaßnahme meinungsbildend zu begleiten, sehr wohl „Stimmenpakete" in Kommunalwahlen sein können.

Darüber hinaus tragen Vereine (und immer häufiger auch Initiativen) durch die Pflege von Geselligkeit oder die Bearbeitung spezifischer Probleme (z.B. in Selbsthilfegruppen), Teilgruppen des Agenda-Prozesses in gewisser Weise zur Milieustabilisierung bei, Wirkungen, die früher aus den Aktivitäten der Kirchen resultierten. Bei der Verfolgung ihres speziellen Zwecks werden Vereine, Initiativen und Verbände auch zur Informationsquelle für Gemeinderatsmitglieder. Funktionsverknüpfungen erleichtern dies.[117] Das personelle Engagement oder die bloße Mitgliedschaft von Ratsmitgliedern und (Ober)-Bürgermeistern bzw. Kandidaten für dieses Amt in

---

[111] Vgl. Haenisch/Schröter 1971, S. 269ff., Rückel 1975, S. 64f., 79f. und Zoll u.a. 1974, S. 204ff.

[112] Kästner 2000, S. 935.

[113] Siewert, in: Wehling 1978, S. 78ff.; Zimmer (1996 und dies., in: Wollmann/Roth 1999, S. 247) verweist auf die Debatte der Kommunitaristen über die Potenziale der „Zivilgesellschaft". Zur Verbreitung der Vereine s. Zimmer 1996, S. 95f., 102f.; zur Entwicklung in Nordrhein-Westfalen s. Gehne, in: Andersen 1998a, S. 203ff.

[114] Vgl. Dunckelmann 1975, S. 109, 224. Zimmer (in: Wollmann/Roth 1999, S. 248) geht davon aus, dass in den alten Ländern jeder Zweite Mitglied in einem Verein ist; für Ostdeutschland s. ebenda, S. 249f.; für Nordrhein-Westfalen s. Gehne, in: Andersen 1998a, S. 206.

[115] Naßmacher/Rudzio, in: Wehling 1978; Bußmann 1998, S. 253; Kevenhörster u.a. 1980, S. 124; Helmke/Naßmacher in: Frey 1976a, S. 195; Kühr/Simon 1982; Siewert 1977.

[116] Simon, in: Schuster/Dill 1992, S. 334.

[117] Naßmacher 1987, S. 110ff.; Kühr/Simon 1982.

mehreren Vereinen sichert die Beachtung ihrer Ziele in der Ratsarbeit. Die Kontaktdichte der Ratsmitglieder mit Vereinen/Verbänden ist aber nicht so intensiv wie die mit der Fraktion, den Bürgern und der Verwaltung.[118]

Daher gelten die Kontakte der Vereine, Verbände, Initiativen und Agenda-Gruppen zur Verwaltung inzwischen als wichtiger. „Ohne das Wirken der Vereine, welche die Erfüllung privatwirtschaftlich nicht zu befriedigender Bedürfnisse der Bevölkerung vor der Öffentlichkeit exemplarisch demonstrieren ..., würde die kommunale Selbstverwaltung entscheidende Orientierungspunkte für ihr Verwaltungshandeln verlieren. Sie bedient sich der Vereine ... als allgemeiner Indikatoren für die Vordringlichkeit bestimmter Bedürfnisse der Allgemeinheit."[119] Daneben beinhalten die Aktivitäten der Initiativen, Vereine und Verbände[120] auch eine starke öffentliche Komponente: Sie nehmen Aufgaben wahr (Pflege des Sports, des Brauchtums, von kulturellen Aktivitäten, Projekten zur Nachhaltigkeit), die eine Verwaltung sonst in eigener Regie erfüllen müsste. Daneben treten sonstige private Träger des sogenannten Dritten Sektors[121] auf den Plan. Die entlastenden Wirkungen solcher Aktivitäten sind wichtig. Mayer sieht hier bereits eine Umstrukturierung des lokalen Wohlfahrtsstaates unter dem Motto „Dienstleistungen mit dem Bürger statt für den Bürger".[122]

Zu den wichtigen korporativen Akteuren gehören die Verbände im Sozialbereich, das „Wohlfahrtskartell"[123], sowie die halböffentlichen Institutionen (Kammern) im Rahmen der Wirtschaftspolitik. Hinzu kommen wirtschaftsspezifische Zusammenschlüsse. Erstaunlicherweise sind die Gewerkschaften in der kommunalen Politik als Organisationen nicht so stark präsent, wenngleich sie häufig in Wirtschaftsausschüssen Sitze innehaben.[124] Einflussnahme erfolgt eher über Personalverknüpfung mit Mitgliedern der SPD-Fraktion, wobei Kontroversen mit Betriebsräten nicht selten sind. Die Beteiligung (Kooperation) oder auch Einbindung der kollektiven Akteure in konkrete Maßnahmen durch die Verwaltung soll Sachverstand und privates Engagement mobilisieren sowie gemeinsame, konsensfähige Perspektiven entwickeln helfen. Diese Einbindung (Korporatismus) scheint vor allen Dingen im Sozialbereich zu

---

[118] Mayntz 1959, S. 268f.; Luckmann 1970, S. 172; Kevenhörster u.a. 1980, S. 67; Ellwein/Zoll 1982, S. 78; Gau 1983, S. 87f.; Zender 1982, S. 134.

[119] Zimmer 1996, S. 97.

[120] Neuerdings werden sie als Non-Profit-Organisationen (NPOs) oder Non-Governmental-Organizations (NGOs) bezeichnet.

[121] Also Organisationen, die weder staatlich noch marktlich agieren (Seibel, in: Bauer 1992, S. 455ff.; Zimmer 1996, S. 84ff.).

[122] Mayer, in: Blanke 1991, S. 87. Diese Aktivitäten werden auch unter dem Stichwort „neue Subsidiarität" (z.B. Heinze, in: Heinze 1986) oder „Bürgerkommune" zusammengefasst.

[123] Treutner, in: Voigt 1995, S. 267ff.

[124] Storz 1980, S. 699; Naßmacher 1987, S. 110ff. Aus der Gewerkschaftsperspektive stellt sich die Bedeutung anders dar (s.d. Simon, in: Wollmann/Roth 1999, S. 243ff.).

gelingen. Dagegen zeigen etwa Sportvereine zuweilen eine problematische Kürzungsresistenz im Hinblick auf die Finanzierung von Aufgaben.[125]

Es bleibt aber als Problem, dass die untereinander oder mit der Verwaltung lose verkoppelten Organisationen oder Initiativen vor allem Interessen der bei ihnen engagierten oder vertretenen Klientel wahrnehmen. Jede Organisation (Verein, Initiative, Verband) bildet eine Interessenvertretung für ihre speziellen Tätigkeitsfelder, insbesondere im Kultur-, Sport-, Umwelt-, Sozialbereich und in der Wirtschaft. Damit verbindet sich allerdings zugleich die Gefahr einer selektiven Wahrnehmung (in doppeltem Sinne) öffentlicher Aufgaben: Bedürfnisse, die sich nicht in Vereinsform darstellen, werden nicht sichtbar und gelten als unwichtig.[126] Dagegen ergaben neuere Untersuchungen, dass die Organisationsfähigkeit und Beachtung schwacher Interessen größer ist als traditionell angenommen.[127] Insgesamt werden durch die Einflusskanäle bzw. die Einbindung der Verbände Interessen überpointiert und Entscheidungsmöglichkeiten gewählter Gremien relativiert.[128]

Heute erfahren die eher lockeren oder sogar informellen Zusammenschlüsse (Bürgerinitiativen, Bewegungen und die neuen Beteiligungsmöglichkeiten in (Stadtteil-)Foren und Agenda-Prozessen sowie Selbsthilfegruppen) mehr Zuspruch als die eher formal organisierten Vereine.[129] „Der gestiegene Individualismus in der deutschen Gesellschaft macht sich bemerkbar im sprunghaften Ansteigen von Initiativen, die nur ein Anliegen und dieses mit ganzer Kraft, mit Beredsamkeit und juristischen Kenntnissen verfolgen."[130] Die Zahl der Aktivisten wurde an der Schwelle der 1980er Jahre schon so hoch geschätzt wie die der Parteimitglieder.[131] Viele dieser spontanen Aktivitäten gewinnen erst durch überörtliche Unterstützung an Bedeutung.[132] Langfristig überleben solche Initiativen jedoch nur, wenn sie in eine formalere Organisation überführt und/oder durch öffentliche Gelder unterstützt werden.[133] So verdeutlichten die empirischen Untersuchungen zu den seit den 1990er

---

[125] Karrenberg/Münstermann 1996, S. 209. Beispiele dafür, welche Arten der Förderung Vereine erhalten, bei Zimmer 1996, S. 133ff. Dabei nehmen die Zuschüsse für laufenden Zwecke den größten Anteil ein (ebenda, S. 138).

[126] Zur Organisierbarkeit der Interessen s. Raschke 1978, S. 194; Offe 1972.

[127] Willems/Winter 2000.

[128] Thränhardt, in: Thränhardt/Uppendahl 1981, S. 5-33.

[129] Ehrenamtliche Aktivitäten („Neue Ehrenamtlichkeit") schätzen Beobachter als wachsend ein, nicht dagegen die ehrenamtliche Mitarbeit in etablierten Organisationen (Thiel, in: Wollmann/Roth 1999, S. 264). Zusammenfassend unter Aufarbeitung empirischen Materials Naßmacher 2006, S. 35ff.

[130] Dieckmann, in: Schöneich 1996, S. 28f.; Roth, in: Wollmann/Roth 1999, S. 2f., 6.

[131] Gabriel, in: Gabriel 1983, S. 271. Nach den von Roth (in: Wollmann/Roth 1999, S. 8f.) präsentierten Angaben hat sich die Zahl der Aktivisten noch erhöht. Umfrageergebnisse für Nordrhein-Westfalen kommen zu niedrigeren Werten (Gehne, in: Andersen 1998a, S. 208). Neuere empirische Untersuchungen kommen zur Mitwirkung in den Agenda-Prozessen eher zu ernüchternden Ergebnissen (zusammenfassend Frings/Kunz, in: Robert/Konegen 2006, S. 153).

[132] So kam ein Protest gegen die Erhöhung der Elternbeiträge für Kindergärten durch Unterstützung und Federführung des Deutschen Familienbundes in Gang (Solinger Tageblatt vom 31.12.1997).

[133] Auf internationaler Vergleichsbasis verfolgt diese Entwicklungen das John-Hopkins-Project.

Jahren in Gang gesetzten Agenda-Prozessen, deren Einrichtung sich kaum eine Stadt entziehen konnte und die selbst im ländlichen Raum verbreitet sind, dass die finanzielle öffentliche Unterstützung sehr wichtig ist.[134] Manche Initiative mündete in Verbände ein. Ob sich bei den Initiativen ein Hang zu eher egoistischen Zielen, persönlicher Betroffenheit folgend, abzeichnet, ist nicht unmittelbar zu prüfen. Manche Beobachtungen deuten sicherlich in diese Richtung.[135]

Dies war auch bei der Vielzahl von Vereinen und Verbänden so, die sich in der ehemaligen DDR im Zuge der Wende aus Oppositionsgruppen heraus bildeten. Nach der Vereinigung wurden auch auf der kommunalen Ebene die wesentlichen Vereine und Verbände der alten Bundesrepublik nachgeahmt, oder es kam zur Expansion dieser nach Ostdeutschland. Bei der Formalisierung und Professionalisierung mögen auch die Mittel für Arbeitsbeschaffung (ABM) eine gewisse Rolle gespielt haben. Jedenfalls war ein Übergang zu Verbänden westlicher Prägung mit entsprechenden Funktionen zu beobachten.[136] Heute sind die Verbände der neuen Bundesländer auch wesentliche Mittler von Interessen und Akteure im Implementationsprozess.

Die lokalen Agenda 21 Prozesse, die unter der Zielvorstellung einer nachhaltigen Entwicklung Stadtentwicklungsprozesse beeinflussen wollen, sollen in die Formulierung von Leitbildern und Maßnahmekataloge für lokale beziehungsweise regionale Entwicklung einmünden.[137] Sie haben sich inzwischen nach den Interessen der Teilnahmewilligen sehr stark ausdifferenziert. Viele erproben bisher vernachlässigte Beteiligungsformen, z.B. Foren, Planungszellen und Zukunftswerkstätten. Weiterhin sind sie mit den anderen Initiativen und Organisationen in unterschiedlich intensiver Kommunikation und Kooperation. Als Fragen bleiben, ob sie bei ihrer Arbeit die Interessen im Hinblick auf ihre Zielvorstellung bündeln und sie wirksam im Politikprozess einbringen können. Jedenfalls wird der Eindruck erweckt, als seien Zielrichtung und Maßnahmen nicht mit Konflikten belastet.[138] Weiterhin ergibt sich die Frage, ob neue Mitwirkende an Politik durch die Agenda-Prozesse gewonnen werden können, denn eines ihrer zentralen Anliegen „ist die Steigerung der Partizipation der lokalen Bevölkerung an den Prozessen der lokalen Politik."[139] Hier scheint es so zu sein, dass auch hier die Aktivisten nur mit sporadischer Teilnahmebereitschaft eines größeren Kreises von Interessenten rechnen können. Ihnen verbleibt auch die Bündelung der in den einzelnen Teilgruppen erarbeiteten Konzepte zur Nachhaltigkeit der Stadtentwicklung, die schließlich in großen Städten wie bei der Stadtentwicklungsplanung der 1970er und 1980er Jahre auf professioneller Basis konkretisiert werden müssen.

---

[134]   Umweltministerium Mecklenburg-Vorpommern 2006, S. 72.
[135]   Roth, in: Roth/Wollmann 1994, S. 231f.
[136]   Partiell eine andere Einschätzung dazu hat Roth (in: Wollmann/Roth 1999, S. 21f.).
[137]   Gehrlein 2002, S. 65, 68.
[138]   S. dazu das professionell erstellte, umfassende Konzept zur nachhaltigen Entwicklung von Berlin (Abgeordnetenhaus Berlin, o.J.).
[139]   Pleschberger, in: Heinelt/Mühlich 2000, S. 23.

Insgesamt scheint die Bereitschaft zuzunehmen, sich an unkonventionellen Formen des Protests zu beteiligen. Dies gilt besonders für Beteiligungsformen, die sich vorübergehend eines bestimmten Problems annehmen.[140] Postmaterialistische Einstellungen (Gleichheits- und Selbstverwirklichungsziele) bringen eine Abkehr von Formen elitengesteuerter Partizipation durch Massenorganisationen mit sich.[141] Diesen Vorstellungen kommen auch Bürgerbegehren und Bürgerentscheide entgegen. Die Aktivitäten werden nur durch unterschiedliche Hürden (Quoren für die Beteiligung),[142] die Begrenzung auf bestimmte Angelegenheiten und eine Zulässigkeitsprüfung durch Gemeinderat (z.b. in Baden-Württemberg) oder Kommunalaufsicht (z.b. Schleswig-Holstein) gebremst. Nur in Bayern setzte sich zunächst eine Version ohne Zustimmungsquorum und thematische Beschränkung durch (Ausnahme ist nur die Verabschiedung des Haushaltsplans), die durch die Initiatoren eingebracht worden war. In den anderen Bundesländern, z.b. in Niedersachsen, gibt es demgegenüber seit den Novellierungen der Gemeindeordnungen eine weniger ausgeprägte Version, die auch als „Mogelpackung"[143] eingeschätzt wurde. Viele Fragen sind dem Bürgerentscheid nicht zugänglich. Diese Restriktionen gelten teilweise auch für Baden-Württemberg, wo Bürgerbegehren und Bürgerentscheid seit 1955 in der Gemeindeordnung verankert sind. Dort zeichnete sich als Tendenz ab, dass der Gemeinderat - weil viele Fragen ausgeschlossen sind - häufig Bürgerentscheide aus formalen Gründen nicht zugelassen hat.[144]

Gerade bei der Vorbereitung plebiszitärer Entscheidungen in anonymisierten Lebenszusammenhängen ist politische Mobilisierung durch Medien oder gesellschaftliche Organisationen unverzichtbar, um die Instrumente Bürgerbegehren und Bürgerentscheid zur Wirkung zu bringen. Gut organisierte Gruppierungen treten hier in Konkurrenz zu anderen Institutionen gesellschaftlicher Interessenvertretung. Bei langfristiger Betrachtung ließ sich eine Tendenz zu einer verstärkteren Nutzung des Instruments erkennen. In kleineren Gemeinden ist es dabei eher möglich, die notwendige Unterstützung zu bekommen, in größeren Städten gelingt das nur, wenn sich etablierte Organisationen, u.a. auch Vereine und Parteien, für oder gegen das thematisierte Problem engagieren. Waren die plebiszitären Möglichkeiten ursprünglich auch als Kampfansage gegen die Parteien gedacht, werden Parteien und andere Organisationen nun gezwungen, sich über längere Zeit für ein Thema zu engagieren, was u. U. die Prioritätensetzung in den Organisationen zufällig verändert und ein

---

[140]   Naßmacher 2006, S. 35ff.
[141]   Inglehart 1998, S. 331; Klages/Herbert 1983, S. 45ff.
[142]   Wollmann, in: Derlien 2001, S. 32ff.
[143]   Naßmacher 1997, S. 445f.
[144]   Diese Restriktion wollte Schleswig-Holstein vermeiden. Die Zuständigkeit für die Prüfung wurde deshalb den Gemeinderäten entzogen und bei der Kommunalaufsicht angesiedelt. Quantitative Angaben zur Nutzung des Instrumentariums bei Holtkamp, in: Bogumil u.a. 2006, S. 188. Den empirischen Aspekten widmet sich eine Forschungsgruppe an der Universität Marburg unter der Leitung von Theo Schiller.

Nebenproblem überbetont. Äußerst selten kann sich durch Protestverhalten eine neue Initiativgruppe etablieren. Zuweilen nutzen aber auch etablierte Organisationen das Bürgerbegehren mit Blick auf den Bürgerentscheid, um eine Abstimmungsniederlage im Rat rückgängig zu machen.[145] Eine Aktivierung bisher wenig partizipationsbereiter Bevölkerungsschichten ist dabei kaum zu erwarten.[146]

Auch die Personalisierung der Politik soll dem veränderten Beteiligungsverhalten entgegenkommen. Die Direktwahl des Bürgermeisters war u. a. dazu gedacht, die Bevölkerung wieder mehr zur Beteiligung an öffentlichen Belangen zu motivieren und dabei die Parteien zu umgehen. Allerdings werden in Großstädten Parteien und sonstige Organisationen bei der Mobilisierung im Wahlkampf dringend gebraucht.[147] Bei der Direktwahl von Oberbürgermeistern in Großstädte stehen sich häufig profilierte Repräsentanten der bundesweit tätigen Parteien gegenüber. So traten etwa bei Oberbürgermeisterwahlen in den Landeshauptstädten Hannover, Kiel, Mainz, München, Stuttgart und Wiesbaden prominente Parteivertreter als aussichtsreichste Bewerber an. In München und Stuttgart war das auch in den 1960er und 1970er Jahren schon so gewesen; die Namen Hans-Jochen Vogel und Manfred Rommel mögen als Illustration dienen. Allerdings zeigen auch einzelne Beispiele, dass Kandidaten gewählt wurden, die nicht der langjährigen Mehrheitspartei zuzuordnen waren. So hatten in größeren Städten Baden-Württembergs SPD-Kandidaten, in Hessen CDU-Kandidaten[148] und in kleineren baden-württembergischen Gemeinden FDP-Kandidaten eine Chance.[149] In kleinen und mittleren Städten Niedersachsens (mit traditionellen SPD-Mehrheiten) wurden vor allem Fachleute, oft von der CDU vorgeschlagen, gewählt.[150] In Nordrhein-Westfalen mussten die Parteien offensichtlich erst einen Lernprozess durchlaufen, um aussichtsreiche Kandidaten in den Wahlkampf zu schicken. Hier zeigte sich, dass auch langfristige Mehrheiten nicht sicherstellten, die (Ober-)Bürgermeisterwahl zu gewinnen.[151]

Die Erfahrungen mit der Direktwahl von Bürgermeistern in Baden-Württemberg und Bayern hätten vor überzogenen Erwartungen warnen müssen. Die

---

[145] Naßmacher, in: Gabriel u.a. 1997b, S. 427; Holtmann, in: Rüther 1996, S. 212 und Klein, in: Rüther 1996, S. 328.

[146] Naßmacher 1997, S. 460. Zu den bisherigen Erfahrungen und Wirkungen s. Middendorf/Rehmet, in: Bogumil 2002, S. 217f.; Wollmann, in: ebenda, S. 240-248.

[147] Gissendanner, in: Haus 2005, S. 100f.; Gehne/Holtkamp, in: Andersen/Bovermann 2002, S. 98ff., insb. S. 103.

[148] „In unseren vier Städten (untersucht wurden Mannheim, Heidelberg, Regensburg und Ludwigsburg von 1948 an, d.V.) hat man diese Ergebnisse der Oberbürgermeisterwahlen nicht erwartet und sie auch aus strukturellen Gründen für unmöglich gehalten." (Brückner 1962, S. 180). Auch in Hessen haben Wähler - zum Ärger der SPD - der CDU einen Serienerfolg möglich gemacht. „15 der 20 größten Städte Hessens, so rechnen die Christdemokraten gerne Sozialdemokraten vor, haben inzwischen ein CDU-Oberhaupt. Die CDU, ..., regiert die großen Städte." (FAZ vom 21. 1. 1998)

[149] Ein Beispiel ist Horb in Baden-Württemberg (FAZ vom 1.12.1998).

[150] Nordwest-Zeitung vom 10.3.1999.

[151] Naßmacher 2006, S. 22ff.

Wahlbeteiligung war in Bayern und Baden-Württemberg „bei den Direktwahlen oft recht niedrig."[152] Diese Tendenzen bestätigen sich auch bei den ersten Direktwahlen in anderen Bundesländern. Die Erwartungen, mehr Beteiligung zu erzielen, erfüllten sich auch hier nicht. Inzwischen gibt es viele Beispiele mit sehr niedrigerer Wahlbeteiligung, insbesondere bei den Stichwahlen.[153] Gleichwohl können hier keine generellen Aussagen gemacht werden. Die Wahlbeteiligung schwankt in den einzelnen Bundesländern und Städten sehr stark. Sie ist auch nicht den Gemeindegrößen zuzuordnen. Intensive Forschungen wären notwendig, um die Ursachen für hohe oder niedrigere Wahlbeteiligung herauszufinden. So lag die Wahlbeteiligung bei der Bürgermeisterwahl in den großen Städten Sachsens 1994 zwischen 51,8 % (Dresden) und 36,0 % (Plauen), in den sonstigen Gemeinden bei maximal 79,6 % (Gemeinden mit unter 1.000 Einwohnern); die niedrigste Wahlbeteiligung hatte eine Stadt mit 23.030 Einwohnern zu verzeichnen: 31,4 %.[154]

Auch das Kumulieren und Panaschieren bei der Gemeinderatswahl zielt darauf ab, Entscheidungswünsche des Bürgers stärker zu berücksichtigen. Ob dadurch mehr Interesse an Beteiligung geweckt wird, ist allerdings völlig ungewiss. Der allgemeine Trend bei der Wahlbeteiligung zeigt auch in Niedersachsen nach unten.[155] Jedenfalls galt Baden-Württemberg lange Zeit als das Bundesland mit der niedrigsten Wahlbeteiligung bei Kommunalwahlen, obwohl hier immer schon die größte Wahlmöglichkeit des Bürgers gegeben war (s. Abbildung 22). Ohne Rücksicht auf solche Befunde wurde in Rheinland-Pfalz und Hessen das Kommunalwahlrecht nach baden-württembergischem Muster verändert. In Nordrhein-Westfalen hatte die CDU einen ähnlichen Reformentwurf vorgelegt, der dem Bürger bei Kommunalwahlen zum Kumulieren und Panaschieren mit 3 Stimmen verhelfen sollte.[156] Offenbar versuchen die Parteien, eine vage diagnostizierte Politikverdrossenheit der Bürger mit diesem Mittel zu bearbeiten. Immerhin machen die Bürger in Baden-Württemberg häufig von den Möglichkeiten des Wahlsystems Gebrauch: Nur 3 % der Listen blieben 1980 in der 42.000-Einwohner-Stadt Ravensburg unverändert.[157]

Parteien nehmen sich also unter dem Druck der öffentlichen Meinung selbst zurück. Dabei wären sie die einzigen Organisationen, die dem Defizit der auf bestimmte Zwecke und Interessen gerichteten örtlichen Organisationen und Aktionen entgegenwirken könnten. Dazu muss es ihnen aber gelingen, Interessenvertreter und Ak-

---

152 Blümel, in: Böhret/Nowack 1995, S. 100f.
153 In Göttingen lag sie in der Stichwahl 2001 bei 27,8% und dabei in den kreisfreien Städten Niedersachsens bisher am niedrigsten.
154 Amtliche Mitteilungen des Landes Sachsen von 1994. In nordrhein-westfälischen Großstädten betrug die höchste Beteiligung beim ersten und zweiten Wahlgang 1999 bzw. 2004 65,2%, die niedrigste 44,2% (Naßmacher 2006, S. 33); in Niedersachsen lag die Wahlbeteiligung in Städten über 100.000 Einwohnern 2006 bei maximal 51,1%.
155 Wahlbeteiligungen zwischen 1989 bis 1999 bei Wollmann, in: Derlien 2001, S. 44.
156 Diese Wahlrechtsänderung wurde inzwischen abgelehnt (Bovermann, in: Andersen 1998a, S. 166).
157 Löffler/Rogg 1985.

tivisten in gemeinsame Zielvorgaben einzubinden bzw. politische Vorstellungen zu bündeln. Auch im ländlichen Raum waren Parteien nach der kommunalen Gebietsreform der 1970er Jahre auf dem Vormarsch, bei der Rekrutierung des Personals blieben sie aber auf Vereine und Verbände angewiesen.[158] Ob sich die Kandidaten im ländlichen Raum auf die seit den 1970er Jahren für die kommunale Ebene entwickelten Programme festlegen lassen, ist eine offene Frage. Dazu bedürfte es sicherlich intensiver Austauschbeziehungen zwischen den Parteien und ihren Mandatsträgern. Im ländlichen Raum treten Ratskandidaten z. T. erst nach ihrer Aufstellung in die Partei ein; eher ist eine Einbindung der Ratsmitglieder in sonstige Organisationen der Gesellschaft gegeben. Dagegen sind Mandatsträger in großen Städten häufig nur formal Mitglied in einem Verein[159], und die gleichzeitige Mitgliedschaft in Vereinen ist rückläufig.[160] Bestimmte Verbände und Vereine ziehen vor allen Dingen CDU- und FDP-Mitglieder an.[161] Diese verfolgen aber eher Freizeitinteressen und tragen nicht zur programmatischen Orientierung bei. Neuere empirische Erkenntnisse belegen, dass die Parteien auf der kommunalen Ebene tatsächlich unterschiedliche politische Zielvorstellungen repräsentieren und auch durchsetzen.[162] In den Wahlprogrammen scheinen durchaus jene Ziele, die bei Verwendung der bundesweit üblichen Etiketten erwartet werden können, durch.[163] Die politischen Parteien sind allerdings durch die Prinzipien der freiwilligen Mitarbeit, durch die daraus resultierende soziale Struktur und Interessenlage ihrer aktiven Mitglieder sowie durch ihren organisationspolitischen Traditionalismus in ihren Gestaltungsmöglichkeiten stark eingeengt.

Im kommunalpolitischen Alltag konzentrieren sich die Parteien abseits ihrer Rekrutierungsaufgaben (neben Kandidaten für die kommunalen Vertretungskörperschaften stellen sie Personal für die Spitzenpositionen der Verwaltung bereit[164]) vor allem auf Mobilisierung durch ihre Öffentlichkeitsarbeit, um Unterstützung bei Wahlen zu erreichen. Da die örtlichen Parteiorganisationen auch Servicefunktionen für die Bundes- und Landesebene übernehmen müssen (Landtagswahlkampf, Bundestagswahlkampf), kommt die inhaltliche Arbeit in den örtlichen Gliederungen häufig zu kurz. Das hat aber mehr mit Zeitmangel des ehrenamtlichen Personals zu

---

[158] Naßmacher/Rudzio, in: Wehling 1978, S. 131f.; Gau 1983, S. 87; Köser/Caspers-Merk, in: Schimanke 1989, S. 104; Naßmacher, in: Gabriel u.a. 1997b, S. 431f.

[159] Luckmann 1970, S. 172; Ellwein/Zoll 1982, S. 78; Kevenhörster u.a. 1980, S. 66.

[160] Simon, in: Schuster/Dill 1992.

[161] So waren in Köln vor allen Dingen CDU- und FDP-Mitglieder in Vereinen verankert, z. T. durch Mehrfachmitgliedschaften (S. d. Zender 1982, S. 134; Gau 1983, S. 80, 88).

[162] Kunz 2000, S. 281-294; Naßmacher, in: Gabriel u.a. 1997b, S. 428f. Die Gemeindegröße spielt dabei natürlich eine Rolle (Wehling, in: Heinelt/Wollmann 1991, S. 150). Fallstudien bieten dagegen unterschiedliche Einschätzungen bzw. Befunde (Grüner u.a. 1988, S. 42ff.; Jaedicke 1991, S. 206f.; Gabriel u.a. 1992, S. 23ff., im Gegensatz zu Lamping, in: Heinelt/Mayer 1997, S. 64).

[163] Naßmacher, in: Gabriel u.a. 1997b, S. 429.

[164] Naßmacher/Rudzio, in: Wehling 1978, S. 127ff.; Naßmacher, in: Gabriel u.a. 1997b, S. 427ff.

tun, als mit der immer wieder betonten zentralistischen Steuerung der Parteien.[165] Allerdings zeigen aktuelle Entwicklungen, dass in der Bundespolitik zunächst diskutierte Themen die örtlichen Parteiorganisationen durchaus irritieren können, z.B. die Ganztagsschuldebatte und die über die Kleinkinderbetreuung die CDU.

In der Regel kann vielmehr eine Überforderung der Parteiaktivisten bei der Wahrnehmung unterschiedlicher Aufgaben gesehen werden. Da heute Parteiarbeit keinen hohen Prestigewert hat, ist es nicht verwunderlich, dass die Parteiaktivisten ein Mandat oder ihre Wiederwahl anstreben. So herrscht in der Regel - zumindest in den alten Bundesländern - kein Kandidatenmangel.[166] Die mit mehr Informationen ausgestatteten Mandatsträger dominieren häufig in den örtlichen Parteigliederungen und wirken so einer offenen Diskussion entgegen. Wenn Parteien auf Personal zurückgreifen, das von außen kommt, tun sie dies unter dem Druck der Parteienkritik, um hinreichend lange Listen oder attraktive Kandidaten präsentieren zu können. Auch bei den Direktwahlen der Spitzenkräfte in Städten, Gemeinden und Kreisen zeichnet sich vereinzelt die Suche nach geeignetem Personal von außerhalb ab.

Da das politische Handeln auf der kommunalen Ebene keineswegs so ausdifferenziert ist wie in Bund und Land, neigen die Parteien dazu, am Ort „ihre eigene Parteilichkeit zu verleugnen."[167] Konflikte werden nicht verdeutlicht, „Sachorientierung" wird betont. Diese Tendenz könnte sich durch die Debatte um Parteien-, Politiker- oder Politikverdrossenheit noch verstärken[168] und langfristig kommunale Wählervereinigungen noch mehr begünstigen. Bisher hatten diese, die häufig eine gemeinwohlorientierte Sachpolitik propagieren und eher Bewertungen der CDU oder der FDP nahestanden, eine mehr oder weniger große Erfolgschance. Traditionell sind sie in Baden-Württemberg und Bayern besonders stark. Während kommunale Neuordnungen die Parteien begünstigen, weil sie durch Zusammenschluss von kleinen Gemeinden zu einer Großgemeinde die Anonymität der Kommunikationsbeziehungen und die soziale Heterogenität der Gemeinde fördern,[169] sorgt nun der Wegfall der Fünf-Prozent-Klausel auch im Westen für eine Renaissance. Die Bedingungen der Transformationsphase hatten in Ostdeutschland zunächst zu einem gewissen Auf-

---

[165] Scheuner 1973, S. 9. Auch für die Zeit nach 1945 geht die Behauptung zu weit (Ziebill 1971, S. 51).

[166] Vgl. die Ausführungen zur Zusammensetzung der Gemeinderäte; siehe oben, Abschnitt 4.2.1.

[167] Lehmbruch 1975, S. 7. Für die große Politik müssen die „janusköpfigen" Ortsparteien den Bürgern parteipolitische Kriterien für die Wahlentscheidung vermitteln. Die Betrachtung mag überspitzt erscheinen, sie betont aber in nachdrücklicher Weise Sachverhalte, die auch von Kaack (1971a, S. 29, 33 bzw. 1971b S. 474, 477) erwähnt wurden.

[168] Jedenfalls werden die Leistungen von Parteien am geringsten eingeschätzt (Cusack/Weßels 1996, S. 43).

[169] Erfahrungen aus den Gebietsreformen in der alten Bundesrepublik: Frey/Naßmacher 1975, S. 208; Engel, in: Gabriel 1989a, S. 163; Derlien/von Queiss 1986, S. 315; Naßmacher, in: Gabriel u.a. 1997b, S. 438ff.; Bußmann 1998, S. 237. Nach Stolorz (1988, S. 141ff.) hat die Gebietsreform die CDU eher geschwächt, u. a. weil die CDU Mandatsträger, also Ämter, verloren hat sowie die Professionalisierung und Zentralisierung der Partei vorangeschritten sind.

schwung der Rathausparteien geführt, der aber schnell abebbte, sodass sich die Bevölkerung hinter etablierten Parteietiketten (einschließlich der PDS) sammelte.[170]

Abbildung 23: Kommunalpolitisches Entscheidungssystem

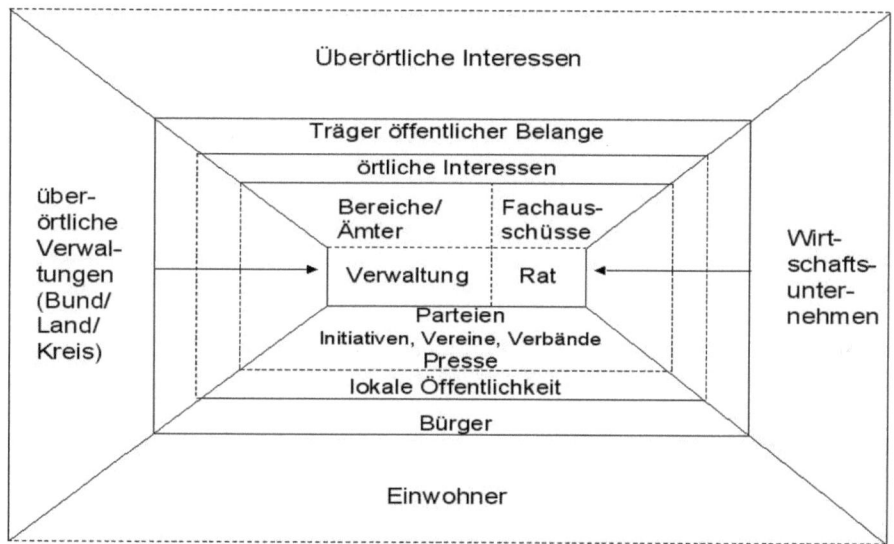

Auch kommunale Wahlsysteme mit großen Entscheidungsmöglichkeiten für den Wähler (insbesondere das Baden-Württembergs)[171] sind seit jeher eine Herausforderung für Parteien. Als Wirkungen des baden-württembergischen Wahlsystems wurden bereits die Begünstigung von Honoratioren und damit eher konservativer Parteien benannt, allerdings auch der Zwang zu ständiger Bürgernähe.[172] Demgegenüber glauben Kritiker des in Nordrhein-Westfalen angewandten Kommunalwahlsystems (mit starren Parteilisten), dass die lokalen Parteiorganisationen Gefahr laufen, sich gegenüber der Bevölkerung abzukapseln. Die latente Spannung, zwischen Mobilisierungs- bzw. Rekrutierungsaufgaben und innerparteilichen Belangen (z.B. Mehrheiten in bestimmten Fragen zu erlangen und Eigeninteressen von Parteifunktionären zu befriedigen), mag durch die Wahlverfahren weiter verschärft werden. Wo die Parteien ihre Binnenorientierung zu weit treiben, laufen sie aber stets Gefahr, für die Wahlentscheidung an Bedeutung zu verlieren.

Wahlenthaltung wird als Zeichen dafür gesehen, dass die Prioritätensetzung der Parlamentarier und der durchschnittliche Bevölkerungswille nicht übereinstimmen.

---

170 Naßmacher, in: Niedermayer 1996, S. 189.
171 S. d. Woyke 1994, S. 153-183.
172 Wehling, in: Schimanke 1989, S. 89.

Je mehr sich die Bevölkerung an einzelnen Themen orientiert und die Parteibindung insgesamt abnimmt, umso mehr müssen Parteien und Politiker auf Responsivität achten. Hier scheinen sich die Politiker der großen Parteien stärker an dem zu orientieren, was sie als Präferenz der Bevölkerungsmehrheit ansehen, während die kleinen Parteien eher den Vorstellungen ihrer Klientel folgen.[173] Insgesamt pflegen Parteimitglieder im Gemeinderat aber einen flexiblen Repräsentationsstil, indem sie einmal als „Treuhänder", dann wieder als „Delegierte" agieren.[174] Keineswegs können Parteien von einem gleichartigen Wahlverhalten bei Kommunalwahlen und für die überörtlichen Ebenen ausgehen. Vielmehr scheinen ortsspezifische Faktoren, z.B. die Gemeindegröße, das Wahlsystem sowie die Auswahl der Kandidaten, von Bedeutung zu sein.[175] Mangelnde Responsivität der Parteien kann auch zur spontanen Selbstorganisation der Bevölkerung in Bürgerinitiativen oder gar neuen Parteien führen, die themenbezogen den Wahlausgang beeinflussen und später selbst bei Wahlen erfolgreich sind.[176] Dies ist umso mehr zu beobachten, nachdem die Fünf-Prozent-Klausel entfallen ist.

Weitere Anstöße für die Bildung örtlicher Bürgerinitiativen können die am Ort wirksam werdenden Ergebnisse überörtlicher Entscheidungen geben, etwa die Planung von regionalen Verkehrswegen oder Atomkraftanlagen und neuerdings der Bau von Abfall- oder Abwasserbeseitigungsanlagen. Solche Vorhaben stellen fast immer die örtlichen Auswirkungen überörtlicher Investitionsentscheidungen privater und öffentlicher Institutionen dar. Die Liberalisierung der Energiemärkte hat möglicherweise zu einer Bedeutungszunahme von Verbraucherinitiativen geführt, die gegen Energiepreiserhöhungen protestieren.[177]

4.2.3 Einflüsse der horizontalen und vertikalen Politikverflechtung

Das kommunalpolitische Geschehen vollzieht sich nicht nur in den Institutionen Rat und Verwaltung. Auch die Erweiterung des Entscheidungsfeldes um Lokalpresse, Vereine/Verbände/Initiativen und Ortsparteien reicht nicht aus, um politische Netzwerke befriedigend darzustellen. Die Ausdehnung von Verwaltungsaufgaben (insbesondere im Bereich der Daseinsvorsorge) hat zunächst eine zentralisierende Verla-

---

[173] Gabriel u.a. 1993, S. 30f.; auch Arzberger 1980.

[174] Z.B. Engel 1990, S. 138ff., 162ff.

[175] Naßmacher, in: Thränhardt/Uppendahl 1981, s.a. Naßmacher 2006, S. 22ff. Im Gegensatz dazu vertreten Kevenhörster (u.a. 1976, S. 241ff.) und Czarnecki (1992, S. 29; für Rheinland-Pfalz) die These von der Angleichung des Wahlverhaltens. Auch Bovermann (in: Andersen 1998a, S. 171) geht (für Nordrhein-Westfalen) davon aus, dass sich ebenenspezifische Wahlentscheidungen verringern.

[176] Naßmacher, in: Gabriel u.a. 1997b, S. 437. Zum Problem der Bürgerinitiativen s. Roth, in: Wollmann/Roth 1999, S. 3, 6ff. Dies zeigen aktuell wieder Beispiele aus den Kommunalwahlen 2006 in Niedersachsen.

[177] Libbe u.a., in: Libbe u.a. 2002, S. 21.

gerung von Handlungs- und Entscheidungskompetenzen bewirkt, die auf den lokalen Bereich zurückwirkt und zudem die Diskussion der lokalen Öffentlichkeit beeinflusst. Eine eindeutige Trennung von „örtlichen", d.h. originär kommunalen, und „überörtlichen", also staatlichen Aufgaben ist kaum möglich.[178] Die Einbeziehung der Gemeinden in den Aufgaben-, Planungs- und Finanzverbund des politisch-administrativen Systems schafft Rahmenbedingungen für das politische Handeln in der Gemeinde (vgl. Abbildung 23). Selbst wenn man die Einschränkung der kommunalen Handlungsmöglichkeiten nicht als so durchschlagend ansieht, wie dies üblich geworden ist,[179] bleiben beachtliche Restriktionen durch ökonomische Lage, finanzwirtschaftliche Möglichkeiten und verwaltungstechnische Bindungen, die mit der globalen Vernetzung eher zunehmen.

Ganz allgemein setzen Bundes- und Landesgesetze (z. T. bedingt durch Richtlinien und Verordnungen der EU) den Gemeinden einen Rahmen für ihre Tätigkeit. So verschafft erst das Baugesetzbuch (BauGB) ihnen die Zuständigkeiten für die kleinräumige Steuerung der Stadtentwicklung. Andere Gesetze haben Entscheidungsmöglichkeiten begrenzt (z.B. Gesetze zur überörtlichen Planung), zu Aktivitäten herausgefordert (z.B. die Entscheidungen der EU in der Energieversorgung bzw. im Verkehrsbereich)[180] oder den Aktionsradius erweitert (z.B. Maßnahmen der Funktionalreform bzw. Bemühungen der Deregulierung). Territoriale Neuordnung hat schließlich in allen Bundesländern die Selbstständigkeit der kleinen Gemeinden im ländlichen Raum, aber auch vieler Gemeinden am Rande der Ballungsgebiete, beseitigt. Ungeachtet der Kritik, die einen Verlust an „Bürgernähe" konstatiert, schafft die Maßstabvergrößerung auch Voraussetzungen für effizienteres Handeln in der kommunalen Selbstverwaltung. Die Region kommt als Zielperspektive zukünftiger Aktivitäten in den Blick, weil u. a. die Netzwerke der Unternehmen enger werden (Vernetzung mit Zulieferern verschiedener Produktionsstufen zu Produktionskomplexen) und die Mobilität der Bevölkerung zugenommen hat. Zuweilen wird die Region bereits als Entscheidungsebene genutzt, z.B. bei Verkehrsverbünden, oder sie soll in Zukunft bedeutsamer werden, z.B. in der Wirtschaftsförderung. Trotz der nicht bezweifelten Stärkung der eigenen Verwaltungskraft (zumindest im ländlichen Raum) bleiben wichtige Beschränkungen für das politische Handeln der Gemeinden ein Grund, warum in den neuen Bundesländern ganz besonders sensibel agiert wurde und viele kleine Gemeinden bestehen blieben.

Bei der Betrachtung von Abhängigkeiten des kommunalpolitischen Handelns sind zunächst die Wirtschaftsinteressen und die ökonomische Entwicklung insgesamt zu betrachten. Die wirtschaftliche Struktur einer Gemeinde, insbesondere ihr Besatz mit leistungsfähigen Industrie- und Dienstleistungsbetrieben, ist Voraussetzung dafür, Aufgaben überhaupt wahrnehmen zu können. Die Möglichkeiten der

---

[178] S. oben, Abschnitte 2.4.1 und 3.4.
[179] Für ein Beispiel s. bereits Reuter 1976, S. 11.
[180] S. oben, Abschnitt 2.4.3.

Gemeinde, sich ohne eine entsprechende wirtschaftliche Grundlage ausreichende Einnahmen zu beschaffen, sind begrenzt.[181] Dieser Zusammenhang bringt die Gemeinden in eine starke Abhängigkeit von der Privatwirtschaft: Je stärker der Zwang zur kommunalen Wirtschaftsförderung ist (und das wird noch heute vor allem mit der Ansiedlung neuer Unternehmen verbunden)[182], umso mehr müssen sich finanzpolitische Maßnahmen und flächenbezogene Planungen der Gemeinden an den Standortentscheidungen von Unternehmen orientieren. Die Zusammenarbeit mit den verbliebenen Sonderbehörden (Gewerbeaufsichtsamt, Wasserwirtschaftsamt, Straßenbauamt), der Agentur für Arbeit und den Kammern gewinnt an Bedeutung.

Nicht nur die Abhängigkeit von Entscheidungen der Unternehmen, die immer stärker im Hinblick auf weltweite Entwicklungen getroffen werden, sondern auch von jenen der Nachbargemeinden ist erheblich. Der regionale oder horizontale Politikverbund[183] müsste eine konkrete Gestalt erlangen,[184] wirkt bisher aber allenfalls informell.[185] Die regionale Zusammenarbeit ist nach anfänglicher Skepsis „in den meisten Regionen einem pragmatischen Umgang mit der Regionalisierungspolitik gewichen. Die Regionen zeigen sich heute auch damit einverstanden, Entwicklungskonzepte in Zukunft zu aktualisieren bzw. im Hinblick auf bestimmte Sachthemen zu vertiefen."[186] „Bei jenen Maßnahmenvorschlägen der regionalen Entwicklungskonzepte, die sich nach ‚innen' richten, wird sich die Überführung ... in praktische Politik nur durch eine Verbesserung der interkommunalen Kooperation realisieren lassen."[187] Erkennbar ist bei Einzelprojekten allerdings, dass die kommunalen Eigeninteressen noch keineswegs zugunsten einer Stärkung der Regionen zurückgedrängt wurden.[188] Gleichwohl können Regionalverbände zuweilen als Moderatoren bei unterschiedlichen Interessen auftreten oder als Lobbyisten gegenüber Fachbehörden und Staat tätig werden.[189] Bei Ansiedlungsentscheidungen verfügen aber

---

[181]   Vgl. oben, Abschnitt 3.2.
[182]   S. unten, Abschnitt 5.2.
[183]   Benz u.a. 1992.
[184]   Vgl. Fürst, in: Blanke 1991, S. 93ff.; Heinze/Voelzkow, in: Blanke 1991, S. 461ff.; Kleger 1996, S. 105.
[185]   Interregionale Kooperation wird zwar von der EU durch Finanzzuweisungen gefördert (S. Abschnitt 3.4). Sie reicht in Nordrhein-Westfalen von bloßer Absichtserklärung bis zur institutionalisierten Zusammenarbeit (Bade/Theisen, in: Heinze/Voelzkow 1997, S. 251). Baden-Württemberg erprobt im Regionalverband Mittlerer Neckar eine neue Form der Zusammenarbeit mit direkt von der Bevölkerung gewählten Vertretern.
[186]   Bade/Theisen, in: Heinze/Voelzkow 1997, S. 255.
[187]   Ebenda, S. 263.
[188]   Naßmacher, in: Bellers u.a. 1997, S. 42ff., Naßmacher 2006, S. 148ff.
[189]   Furth/Wohlfahrt, in: Heinze/Voelzkow 1997, S. 248; Fürst (1990, S. 129f.) arbeitet dies im Hinblick auf den Regionalverband Mittlerer Neckar heraus. Wesentliche Voraussetzungen sieht er in der Gestaltung der institutionellen Struktur und in der Form der Konfliktbearbeitung (S. 384f.), sodass die Interessenlage der Mitglieder langfristig homogener wird und Konflikte sich dämpfen lassen. Es gebe aber „keine Standardversion" (S. 101). In diesem Zusammenhang spricht Fürst (1990, S. 95) von „soft ware". S. dazu auch Fürst, in: Haus 2005, S. 208ff.

nicht die Regionalverbände und die zunehmend etablierten runden Tische aller privaten, halböffentlichen und öffentlichen Entscheidungsträger in der Region, sondern gerade die Kommunalverwaltungen in Abstimmung mit Fachverwaltungen und Kommunalaufsicht über die wesentlichen Entscheidungskompetenzen.

Der Zwang zur kommunalen Zusammenarbeit könnte sich über Infrastruktureinrichtungen verstärken, die im Zuge einer umweltgerechteren Entwicklung als Folge der Globalisierung oder der Finanzknappheit entstehen.[190] Gemeinsames Vorgehen bei bereits vorhandenen Entsorgungseinrichtungen oder bei der Verkehrsanbindung (um nur zwei drängende Problembereiche zu nennen) bahnt sich an. Im ersten Fall bearbeitet dies Ungleichgewichte in der Versorgung (Überkapazitäten oder Unterversorgung) mit der Folge eines Mülltourismus. Empirische Fallstudien zeigen allerdings, dass zu diesem Zweck gegründete Verbände ohne Kompetenzen im Politikbereich nur begrenzten Einfluss nehmen können.[191] Verkehrsverbünde müssten bei steigender Belastung durch den Autoverkehr mit noch mehr Nachdruck auf eine Optimierung ihrer Angebotsqualität und eine Vernetzung verschiedener Verkehrsträger hinarbeiten, um den öffentlichen Personennahverkehr attraktiver zu machen. Die Konkurrenz um Auslastung von öffentlichen Hallen (Kongresszentren) ist bei Überkapazitäten wenig funktional und ein abgestimmtes Vorgehen in der Region oder zwischen einzelnen Städten (Städtenetze) möglicherweise die bessere Lösung. Die Finanzknappheit zwingt zu Vergleichen bei der Darbietung öffentlicher Leistungen. Entsprechende Arbeitskreise haben sich in vielen Bereichen schon herausgebildet; die Ergebnisse schaffen Orientierungen für die einzelnen Gemeinden. Zusammenarbeit oder Absprachen in informellen Gremien sind formell zwar unverbindlich, meist aber mit Selbstbindungen der Beteiligten verknüpft, die auf die kommunalen Entscheidungsträger und auf ihr Handeln zurückwirken. Im übernationalen Rahmen spricht man schon länger von Regimen.[192]

Damit ist zugleich die Gefahr verbunden, dass sich (auch bei der horizontalen Zusammenarbeit) Entscheidungen in Gremien verlagern, die nicht legitimiert sind und denen die demokratische Kontrolle über gleiche und geheime Wahlen fehlt. Bisher wurde eher das Demokratiedefizit der vertikalen Politikverflechtung betont. Dies gilt beispielsweise für die Kreation und die Vergabemodalitäten von zweckgebundenen Zuweisungen. Zunächst ist festzuhalten, dass die Verteilungspraxis zweckgebundener Zuweisungen sich sowohl bei den Geldgebern (Land, Bund, EU) als auch beim Zuwendungsempfänger (Gemeinde) weitgehend einer Kontrolle durch die jeweilige Vertretungskörperschaft entzieht. Darüber hinaus sind die Gemeinden

---

[190] Zu den Vorteilen der übergemeindlichen Zusammenarbeit verweist Fürst (in: Blanke 1991, S. 95) auf amerikanische Studien.

[191] Fürst 1990, S. 113.

[192] Naßmacher ⁵2004, S. 462ff.; für die regionale/kommunale Ebene s. Stoker/Mossberger 1994, S. 195ff.

(je kleiner, desto sicherer) über das reichhaltige Angebot an Zweckzuweisungen nur unzureichend informiert.[193]

Informelle Kontakte scheinen bei der Vergabe von besonderer Bedeutung, „da die ordnungsgemäße Antragstellung auf dem vorgeschriebenen Dienstweg offensichtlich häufig zum Erhalt der beantragten Zuweisungen nicht ausreicht."[194] Die Informationsgebung erweist sich als Machtmittel der Ministerialverwaltung; prämiert wird bei der Vergabe von Zuweisungen (insbesondere gegen Ende des Haushaltsjahres) „der findige und mit den richtigen Beziehungen ausgestattete Kommunalbeamte" („Windhundverfahren").[195] Vertikale Kooperation, „Fachbruderschaften", „Seilschaften" oder „Ressortkumpanei" sind hilfreich.[196] Eine zentrale Rolle haben die Mittelbehörden,[197] in der Regel die Regierungspräsidien: Sie sind in der Regel für die Genehmigung von Fördergeldern zuständig. „Da Regierungspräsidien als einzige Landesbehörden in der Lage sind, den Mittelbedarf der Fortsetzungsmaßnahmen für das Programmjahr abzuschätzen, fällt ihnen auch die Aufgabe zu, den Anteil der für neue Maßnahmen verbleibenden Mittel zu bestimmen."[198] Bei der Mittelvergabe üben die Regierungspräsidien gleichzeitig eine Beratungs- und eine Selektionsfunktion aus; ein Zusammenwirken mit der Kommunalaufsicht kann einen größeren Antragsüberhang verhindern. Die Vergabe der Mittel durch Landesregierung und Landtag ist häufig reine Formalität. Spätestens zu diesem Zeitpunkt sind dann auch die Landespolitiker gefragt bzw. die natürlichen „Außenminister der Gemeinde" (Kämmerer oder Verwaltungschef).

Die Zuschussrichtlinien werden oft als Eingriff in die kommunale Selbstverwaltung gewertet: Wenn ein immer engeres Netz von Zuschussrichtlinien für Finanzzuweisungen geknüpft würde, könnte sich die überörtliche Instanz zu einer Fachplanungsbehörde aufschwingen.[199] Die von uns recherchierten Beispielfälle - insbesondere das Hallenbad - zeigen aber, dass die Genehmigungsinstanzen weder auf die Grundentscheidung (ob), noch auf die konkrete Ausgestaltung (wie) der geplanten Infrastruktureinrichtung wirklich Einfluss nehmen.[200] Eine Bevormundung fand nicht statt.

Schon in den 1970er Jahren kamen verschiedene Autoren bei Untersuchungen über die Förderungs-, Planungs- und Verteilungspraxis in den verschiedenen Bundesländern zu dem Schluss, dass „Raumordnung, regionale Infrastrukturpolitik und

---

[193] Bereits die Untersuchung von Petri (1977) ergab, dass sich in Niedersachsen mehr als 30% der befragten Gemeinden schlecht informiert fühlten.

[194] Petri 1977, AI/6.

[195] Schöber 1991, S. 110; Petri 1977, S. 53; vgl. auch Marcus 1987, S. 29f. Die Entscheidungsmuster für die Vergabe der Mittel aus EU-Fonds werden von Praktikern als völlig gleichartig angesehen.

[196] Zur Ressortkumpanei s. Wagener, in: Wagener 1980, S. 28f.; zur Förderpolitik der EU s. Waniek 1992, S. 78; Krafft/Urich 1993, S. 43; s. oben, Abschnitt 3.4.

[197] Nach der Verwaltungsmodernisierung in den Ländern sind unterschiedliche Behörden zuständig.

[198] Scharpf u.a. 1976, S. 172.

[199] Vgl. Marcus 1987, S. 33.

[200] Naßmacher/Naßmacher 1999, S. 304.

regionale Wirtschaftspolitik ... bisher bestenfalls getrennt voneinander, größtenteils aber im Widerspruch zueinander betrieben worden sind und ein unübersehbares Dickicht isolierter Einzelmaßnahmen produziert haben, das sich durch die fehlende Koordination von Landes- und Bundesmaßnahmen noch potenziert."[201] Inzwischen ist die EU mit ihren Fördermitteln noch hinzugetreten. Die der Verbindung von Landesplanung und Finanzzuweisungen zugeschriebene Gefahr für die kommunale Selbstverwaltung ist zumindest solange ein Vorgriff auf denkbare Entwicklungen, bis staatliche Stellen ihre eigenen Absichten zu koordinieren vermögen. Die Schlussfolgerung von Petri aus den 1970er Jahren scheint nach wie vor richtig. Der von kommunaler Seite erhobene Vorwurf, die Kommunen seien in der Vergangenheit allein durch die Zweckzuweisungen immer stärker zu ausführenden Stellen der staatlichen Politik gemacht worden, lässt sich in dieser Pauschalität nicht aufrecht erhalten. Wahrscheinlich ist er sogar falsch.

Selbst wenn den Gemeinden Zuschüsse unter Hinweis auf raumordnerische bzw. landesplanerische Zielsetzungen versagt werden, ist nicht auszuschließen, dass damit der Gemeinde eher eine plausible und schwer anfechtbare Begründung für die Ablehnung jener Anträge gegeben wird, denen die betreffende Landesbehörde - aus welchen Gründen auch immer - nicht entsprechen will. Immerhin findet sich dieses Argument bevorzugt bei kleineren Gemeinden, die in der Regel nicht über ausreichende Kommunikationskanäle zur Landes- und Regionalplanung verfügen und denen die nötigen Verwaltungskräfte fehlen, um unverzüglich zu agieren.[202] Bereits Mittelstädte zeigen, dass hinhaltender Widerstand (das schlichte Nichtstun, z.B. bei der Nutzung von verkehrsnahen Grünflächen für Wohnen) oder kreative Lösungen als Antwort (die überörtlich gewünschte Einzentrenlösung wurde in die städtische Innovation einer Mehrzentrenlösung umgewandelt) wirksam bleiben. Letztlich können die Städte darauf vertrauen, dass der Mittelabfluss auch eine wichtige Dimension überörtlicher Politik ist.

Viel zu wenig wird bisher die Rolle der Landespolitiker, gerade im Hinblick auf die allgemeine Finanzausstattung (durch Schlüsselzuweisungen, allgemeine Zuweisungen) und die überörtliche Ausweisung der Kommunen, beachtet. Beide können durch entsprechende Weichenstellungen für die Haushaltskonsolidierung auch die Entwicklungspotenziale einer Stadt vorausschauend festlegen. Je besser dies zugunsten der Städte insgesamt oder zugunsten einzelner Städte gelingt, umso weniger werden traditionelle Einflüsse einschränkende Wirkungen haben. Schließlich muss noch die Rolle der Gerichte erwähnt werden, deren Entscheidungen durch antizipierte Reaktionen die Handlungsfähigkeit von örtlichen Verwaltungen und Politikern einzuschränken scheinen. Immer häufiger gestalten Gerichte (insbesondere bei Infrastruk-

---

[201] Petri 1977, S. 75.
[202] Zielinski (1977, S. 103, Anm. 149) verweist auf das Missverhältnis in der Personalausstattung zwischen Verdichtungsräumen und ländlichen Räumen.

turmaßnahmen) den Rahmen von Entscheidungen und tragen zur Interessenabwägung zwischen den Kommunen bzw. zwischen ihnen und dem Land bei.[203]
Weiterhin sind auch eher traditionelle Einflüsse zu erwähnen. Vor dem Inkrafttreten aller gemeindlichen Satzungen (und damit sowohl der Haushalts- als auch der Bebauungspläne) ist die Genehmigung der Kommunalaufsicht[204] einzuholen. Die Kommunalaufsicht soll dabei zwar nur auf die Einhaltung bundes- und landesgesetzlicher Vorschriften achten, im Gegensatz zur Fachaufsicht bei Auftragsangelegenheiten.[205] In Wirklichkeit sind die kommunalen Aufgaben so komplex, dass Rechtsaufsicht (über Beratungsleistungen) zum Mittel der Durchsetzung politischer Zielvorstellungen werden kann, wo Fachaufsicht nicht zulässig ist.[206]

Sowohl die Regelungen der Gemeindeordnung und der Gemeindehaushaltsverordnung als auch diejenigen des Baugesetzbuches bieten mit auslegungsbedürftigen Formulierungen Handhaben genug, die juristisch eindeutige Grenze zwischen Rechtsaufsicht und Fachaufsicht in der politisch-administrativen Wirklichkeit unterschiedlich festzulegen. Das Ausmaß der Unterschiede hängt sowohl vom Gegenstand der Aufsicht als auch von der Gemeindegröße ab: „In grober Zusammenfassung kann man etwa sagen, dass im Verhältnis zu Dörfern und anderen kleinen Gemeinden ein Übergewicht der Kommunalaufsicht besteht, bei Kleinstädten und Mittelstädten ein partnerschaftliches Verhältnis zwischen (faktisch - d. Verf.) Gleichberechtigten, bei Großstädten ein Schwergewicht der Stadt, das von der Aufsichtsbehörde gelegentlich schon als ärgerlich empfunden wird."[207] Der Versuch, mit der Staatsaufsicht „die örtliche Verwaltung der Gemeinden eng an die jeweilige Landesverwaltung anzulehnen,"[208] muss zwar antizipiert werden. Er lässt sich am ehesten von selbstbewussten Städten nutzbar machen oder zurückweisen. Auch in diesem Zusammenhang erhalten die Gerichte - wenn sie bei Bedarf herangezogen werden – eine wichtige Rolle. Dies gelingt selbst bei den Vorschriften zur Haushaltskonsolidierung.[209]

Vertikale Politikverflechtung entwickelt sich jedenfalls nicht zwischen der Kommunalverwaltung und überörtlich agierenden Verwaltungen als geschlossenen

---

[203] Nach einem Urteil des Oberverwaltungsgerichts Münster sollen Verbrauchermärkte auf der grünen Wiese nur dann zulässig sein, wenn sie nicht umfangreiche Kaufkraft für Waren des täglichen Bedarfs aus der Kernstadt abziehen (Nordwest-Zeitung vom 25.7.1998). Die Praxis zeigt allerdings die partielle Unwirksamkeit solcher Urteile im Einzelfall.

[204] Bei kreisangehörigen Gemeinden des Kreises, bei nichtkreisangehörigen Städten des Regierungspräsidenten oder des Innenministeriums (soweit das Land auf eine Mittelbehörde verzichtet).

[205] S. oben, Abschnitt 2.4.1.

[206] S. Abschnitt 2.4.

[207] Glass 1967, insb. S. 84ff., 99ff., 125ff., 137ff.; ähnlich auch Leclaire, in: Rausch/Stammen 1972, S. 274 und Bull, in: Derlien 2001, S. 167. Die Frage, wie sich die Beziehungen zwischen Kommunalaufsicht und Stadtplanung ändern, seitdem nur noch eine Anzeigepflicht für manche Bebauungspläne besteht, kann noch nicht beantwortet werden.

[208] Ellwein 1973, S. 53.

[209] S. Abschnitt 3.3.

Einheiten, sondern zwischen den für einen bestimmten Sektor der öffentlichen Aufgaben verantwortlichen (zuständigen) Teilen unterschiedlicher Segmente des politisch-administrativen Systems. Die bereits in den 1970er Jahren festgestellte vertikale Kooperation der verschiedenen Fachbehörden des Bundes, der Länder und der Gemeinden ist weiterhin als „dominante Grundstruktur" des deutschen bundesstaatlichen Systems einzuschätzen. Sie wird zunehmend durch horizontale Kooperation ergänzt, ohne dass diese neue Dimension bisher die der vertikalen abgelöst hat. Zu den Rückwirkungen gehören die Stärkung aller in der Außenvertretung der Gemeinden Tätigen im örtlichen Entscheidungsprozess und ein erhebliches Anwachsen der Koordinationsaufgaben in der staatlichen Verwaltung ebenso wie im gemeindlichen Entscheidungsprozess.

4.3 Kommunaler Entscheidungsprozess

In formaler Hinsicht lässt sich der kommunale Entscheidungsprozess in die Aspekte „Vorbereitung einer Vorlage" und „Entscheidung über eine Vorlage" gliedern. Während die Vorbereitung möglichst weitgehend von der lokalen Öffentlichkeit abgeschirmt wird und allenfalls Teilöffentlichkeiten einbezieht (frühzeitige Bürgerbeteiligung, Korporatismus, Expertenbefragungen), verbindet sich die Entscheidung mit der Möglichkeit öffentlicher Diskussion. Gemeinsamer Gegenstand von Vorbereitung und Entscheidung sind - zumindest in größeren Städten und Gemeinden - die bereits genannten Vorlagen, an deren Stelle in kleineren Gemeinden mit geringerer Verwaltungskraft der mündliche Sachvortrag des Verwaltungschefs im Gemeinderat (oder einem seiner Ausschüsse) treten kann. Die Vorbereitung einer Vorlage ist Angelegenheit der Verwaltung; die Entscheidung über eine Vorlage ist Aufgabe des Rates. Die enge Fixierung auf die Vorlage kommt auch dadurch zum Ausdruck, dass Ratsmitglieder diese als ihre wichtigste Informationsquelle ansehen.[210] Die Verbindung zwischen beiden Bestandteilen des Entscheidungsprozesses vollzieht sich jedoch nicht nur über die Vorlage (bzw. den mündlichen Sachvortrag), sondern vor allem über einen besonderen Kommunikationsprozess zwischen Rat und Verwaltung, in dem sogenannte „Vorentscheider"[211] eine zentrale Rolle spielen.

4.3.1 Vorbereitung und Beratung einer Vorlage

Der verwaltungstechnisch reibungslose Ablauf (Problem - Vorlage - Beschluss - Satzungsrecht)[212] wird im kommunalpolitischen Alltag in dieser Form nur ganz selten

---

[210]   S.d. Naßmacher/Naßmacher 1982, S. 50; Schneider 1997.
[211]   Banner, in: Grauhan 1972, S. 166ff.
[212]   In der Policy-Forschung wird von agenda-setting und conversion gesprochen.

eingehalten. Vielmehr stellt Kommunalpolitik sich als eine Vielzahl von Einzelentscheidungen dar, die gleichzeitig vorangetrieben werden und sich zu unterschiedlichen Zeitpunkten zum Teil in verschiedenartigen Beschlüssen niederschlagen. Ihre Verknüpfung mit der Evaluation früher getroffener Entscheidungen (controlling)[213] ist eher locker. Der formale Ablauf der Problembearbeitung (Initiativ-, Vorbereitungs-, Entscheidungs- und Ausführungsphase) lässt sich dabei nur idealtypisch erkennen (policy cycle).

Dies gilt selbst bei einzelnen abgrenzbaren Projekten, umso mehr für komplexe Aufgabenstellungen, z.B. die Modernisierung und Funktionsverbesserung eines städtischen Quartiers. Typisch ist bei einer grundlegenden Umgestaltung die mehrfache öffentliche Auslegung von Bebauungsplanentwürfen. Im oder nach dem Prozess der baurechtlichen Absicherung mussten die anfallenden Aufwendungen (und Finanzzuweisungen) für die öffentlichen Investitionen in den Haushaltsplan eingestellt werden. Mit dem Auseinanderfallen von kommunalpolitischen Problemen (hier geringe Attraktivität eines Ortskerns bzw. Ergänzungsbedürftigkeit des Kauf- und des Parkangebots), Problemlösungsmöglichkeiten (Sanierung), Wahrnehmung eines Investitionsangebotes durch Private sowie verwaltungstechnischen Bearbeitungsmitteln (z.B. Vorlagen zu Vergaben, Haushaltsplänen und Bebauungsplänen) ist (schon wegen der Zuständigkeit verschiedener Ämter) die Gefahr verbunden, dass der ursprünglich bestehende Sachzusammenhang sich auflöst, in der kommunalpolitischen Willensbildung nicht beachtet wird oder zumindest der Stand der Beratung für die lokale Öffentlichkeit nur schwer auszumachen ist.

Am Anfang einer Vorbereitungstätigkeit steht die Initiative, ein bestimmtes Problem zum Gegenstand politischer Entscheidung zu machen. Dabei ist zu beachten, dass verschiedene gesellschaftliche Probleme stets miteinander konkurrieren. Daher wird ein gesellschaftliches Problem keineswegs automatisch Gegenstand politischer Entscheidungen. Vielmehr werden in der Phase der Problemformulierung unterschiedliche Interessen bewusst, Prioritäten werden bestimmt. Auch bleiben Probleme unbearbeitet; es finden Filtervorgänge statt. Eine Vielzahl von Aspekten des täglichen Lebens wird gerade dadurch geregelt, dass niemand sie zum Gegenstand politischer Erörterungen und bewusster Entscheidungen macht. Amerikanische Sozialwissenschaftler prägten für dieses Nicht-Infragestellen bestehender Zustände den anschaulichen Begriff der „Nicht-Entscheidung" („non-decision").[214]

Wer also in einer Kommune tatsächlich ablaufende Entscheidungsprozesse betrachtet, hat die Gegenstandsbereiche solcher „Nicht-Entscheidungen" (etwa einen Verzicht auf eine Steuererhöhung, den Bebauungsplan für ein bestimmtes Stadtviertel oder das nicht Beachten eines Versorgungsdefizits mit Krippenplätzen) bereits ausgeblendet. Die Verwaltung muss aktiv werden, wenn wahrgenommener Problem-

---

[213] Damit ist die Überwachung der Implementation von „Produkten" und eine Einschätzung ihrer Wirkungen (outcome, impact) verbunden.
[214] Bachrach/Baratz, in: Zoll 1972, S. 226, 230; Fürst 1975, S. 128, 131.

druck, verfügbarer Sachverstand, artikulierte Interessen und politischer Gestaltungswille zusammentreffen. Auslöser mag eine Initiative sein, die Öffentlichkeit wirksam auf ein Problem hinweist oder der Bauantrag eines Bauwilligen. Die Verwaltung kann selbst durch den Kontakt mit den Bürgern oder zu etablierten Verbänden und Initiativen Kenntnisse einbringen und selbst eine Problemlösung anregen (withinput).[215] Durch Bürgerbefragungen wollen innovative Verwaltungen diese Dimension noch intensivieren.[216] Die intermediären Kräfte (Verbände, Lokalpresse) können von Bedeutung sein, aber auch die teilräumlichen Repräsentanten (Bezirksvertretungen, Ortsräte, bestimmte Ratsmitglieder). Wenn Ratsmitglieder unmittelbar auf einzelne Verwaltungsmitarbeiter zugehen, sehen sie zuweilen ihre Aufgabe darin, den von Bürgern, Bekannten und Kollegen an sie herangetragenen Einzelinteressen Geltung zu verschaffen. Denn die Kontakte zum Bürger betrachten Gemeinderäte mit höchster Priorität. Aber ungeachtet dieser Wertschätzung für den direkten Bürgerkontakt, verwenden gewählte Repräsentanten darauf nur relativ wenig Zeit.[217] Daher gehen Initiativen zur Problemlösung häufig nicht von den Ratsmitgliedern aus,[218] es sei denn, jemand will sich im Wahlkreis/Wohnbezirk/Ortsteil profilieren oder hat sich quasi zum Experten in einem Problembereich herangebildet, auf den die Mitarbeiter eines Verwaltungsbereichs oder die eigene Fraktion hören.

Die Ausarbeitung von Verwaltungsvorlagen beginnt im jeweiligen Fachamt (Sachbereich). Normalerweise erstellen Sachbearbeiter und Amtsleiter (Bereichsleiter) die Verwaltungsvorlagen, wobei sie auch eher informelle Außenkontakte zu Betroffenen oder privaten Implementationsträger nutzen, um problemadäquate Lösungen zu finden. [219] Bei Routineangelegenheiten sind Verwaltungsbereiche mehr oder weniger selbstständig. Diese eigenverantwortlichen Handlungsmöglichkeiten sollen durch die aktuellen Reformüberlegungen noch erweitert werden. Für die eigenverantwortlichen Entscheidungen der Verwaltung ist allerdings zunächst ein Grundsatzbeschluss (über Leistungsauftrag und Ressourcenrahmen des „Produktes") beim Rat einzuholen. Für diesen „Kontrakt" wird es wiederum eine Vorlage geben.

Je nach Bedeutung des Gegenstandes und personeller Ausstattung der betreffenden Verwaltung werden in die Vorbereitung einer Vorlage auch formell externe Berater (Gutachter, z.B. beim Verkehrs; Verbände und Kirchen beim Kindergarten- und Jugendbetreuungsangebot) oder Bearbeiter (etwa Planungsbüros bei Bebau-

---

[215] Fürst 1975, S. 137.
[216] Allgemein wird aber davor gewarnt, die Ergebnisse aus Umfragen einfach zu übernehmen (Klages 1993, S. 49f.), weil Verwaltungen so auch eigene Vorstellungen strategisch fundieren könnten.
[217] Simon 1988, S. 34ff., 66f. Siehe auch die in Abschnitt 4.2.1 genannten Zeitbudgetuntersuchungen.
[218] Ratsmitglieder selbst schätzen allerdings ihre Rolle anders ein. Sie betrachten die Initiative als Domäne des Rates (Simon 1988, S. 41). Unser Beispielfall Hallenbad (Naßmacher/Naßmacher 1999) zeigt, welche Bedeutung sogar die Initiative eines einzelnen Ratsmitgliedes haben kann, wenn sie zeitlich in die „politische Landschaft" passt. Zur Rolle der Räte in der Müllentsorgungsdebatte s. Lamping, in: Heinelt/Mayer 1992, S. 64.
[219] Treutner, in: Voigt 1995, S. 284. So gibt es in der Sozialpolitik besonders enge Absprachen, die immer auch mit einer Steuerungsabsicht der Verwaltung verbunden sind (Korporatismus).

ungsplänen oder konkreten Bauvorhaben bei PPP Projekten) eingeschaltet. Das Ausarbeiten von Vorlagen größerer politischer Bedeutung erfolgt in direkter Absprache mit den zuständigen Führungskräften. Dass die Amtsleiter und Sachbearbeiter bisher weisungsabhängig waren, bedeutete nicht, dass sie bei *jeder* Vorlage nach Weisungen des Dezernenten vorgingen.[220] Hierarchische Steuerung findet allenfalls bei Vorlagen statt, die möglicherweise zu einer Auseinandersetzung in der Vertretungskörperschaft führen oder koordinierende Besprechungen innerhalb der Verwaltungsbehörde notwendig machen.[221]

Erst wenn diese Fragen verwaltungsintern vorgeklärt sind, etwa in formellen oder informellen Arbeitsgruppen, in einer Dienstbesprechung des Verwaltungschefs mit den anderen leitenden Beamten („Verwaltungskonferenz")[222] oder auf einer Sitzung des Magistrats/Stadtvorstands, erhalten die Vorlagen ihre endgültige Form. Somit können mögliche Konflikte antizipierend bearbeitet, vorschnelle Vorstöße einzelner Ressorts verhindert werden. Für alle Vorlagen gilt, dass sie erst dann als „entscheidungsreif" der jeweiligen Vertretungskörperschaft vorgelegt werden, wenn die verwaltungsinterne Klärung abgeschlossen ist. Weil dabei vorstellbare Alternativen verworfen werden, ist sicher, dass Bewertungen der einzelnen Bearbeiter im Auswahlprozess eine Rolle spielen. Trotzdem handelt es sich bei der Erstellung einer Vorlage formal lediglich um die Vorbereitung einer Entscheidung, die zu treffen ausschließlich die gewählten Vertreter der Bürger berufen sind.

Bei der Beratung aller kommunalpolitischen Angelegenheiten wäre die Versammlung aller Ratsmitglieder (das Ratsplenum) arbeitsmäßig überfordert. Daher hat sich auch bei den kommunalen Vertretungskörperschaften ein Ausschusssystem ausgebildet. Ausschüsse bereiten die Entscheidungen der Gemeindevertretung vor und sind beratend tätig, sodass man sagen kann, dass bei ihnen das Schwergewicht der kommunalen Willensbildung der gewählten Repräsentanten liegt.[223] Die Bildung von Ausschüssen wird durch gesetzliche Vorschriften[224] und lokale Traditionen (etwa die Ausschussstruktur in der vorigen Wahlperiode) weitgehend vorgeprägt. Wesentlichere Ursache für die Bildung von Ausschüssen ist das Bemühen um parlamentarische Arbeitsteilung. Das einzelne Ratsmitglied, das ehrenamtlich tätig ist, mit all den Aufgaben und Zuständigkeiten zu belasten, für die in der Verwaltung einer Großstadt Dutzende von Leuten ganztägig arbeiten, wäre mit Sicherheit eine Überforderung. Ob Arbeitsteilung durch Ausschussbildung dabei ein wirkungsvoller Ausweg ist, bleibt (auch im kommunalen Bereich) durchaus fragwürdig. Sie ist

---

[220] Das Sicherheitsstreben und die Angst vor Übernahme der Verantwortung hat manche Anweisung von oben provoziert. Zur Arbeitsweise der Verwaltung für den Bereich Wirtschaft im weitesten Sinne s. Naßmacher 1987, S. 66ff. und 174ff.

[221] Vgl. Derlien u.a. 1975, S. 53ff., 64ff.

[222] Neuerdings Verwaltungsvorstand.

[223] Holler/Naßmacher, in: Frey 1976a, S. 156f.

[224] Manche Ausschüsse sind in Gesetzen vorgeschrieben, z.B. der Schulausschuss oder der Jugendhilfeausschuss.

immer mit einer Fragmentierung der politischen Arbeit verbunden.[225] Es besteht auch die Gefahr, dass die Ausschüsse mit Unterstützung der Fachämter Fachpolitik konfliktträchtig aufladen[226] und damit gegen den Verwaltungschef Politik betreiben. Allerdings sind viele Politikfelder sogenannte Querschnittpolitiken, mit denen sich nach heutiger Organisationsstruktur mehrere Ausschüsse befassen; so ergeben sich Vernetzungen und eine Abschwächung von Egoismen.[227]

Die Ausschussarbeit bedeutet zunächst eine Spezialisierung der Tätigkeit und damit verbunden die Entwicklung von aufgabenspezifischem Sachverstand. Aus der Ausschussarbeit ergibt sich gewissermaßen zwangsläufig deren Besetzung mit oder die Heranbildung von Experten und für diese eine gewisse Profilierungschance. Dennoch ist die Durchschlagskraft entscheidungsreifer Verwaltungsvorlagen so stark, dass die meisten Verwaltungsvorlagen die Ausschüsse allenfalls mit marginalen Veränderungen passieren. Häufig kann sogar in den Ausschüssen keine große Auseinandersetzung über die Vorlagen mehr erwartet werden. Die wenigen empirischen Erhebungen, die dazu existieren, gehen davon aus, dass etwa 80 bis 90 % der Vorlagen unverändert bleiben.[228] Dies ist z. T. auch dadurch bedingt, dass die Ortskenntnis der Ratsmitglieder bereits in mittleren Städten selten ausreicht, um alternative Lösungen oder wichtige Änderungen vorzuschlagen. Nur wo abgegrenzte teilräumliche Siedlungsstrukturen vorherrschen, können deren Repräsentanten der Verwaltung wesentliche Änderungen entgegensetzen. Der Lokalismus kann dort wichtiger sein als soziale Repräsentanz oder fachliche Kompetenz. In kleineren Städten sind solche Einflussnahmen noch möglich.[229] In großen Städten können sie durch die personelle Verflechtung von Mitgliedschaften in Bezirksvertretungen, Ortsräten und Stadtrat zur Wirkung gebracht werden. Dies ist natürlich nur dann möglich, wenn die Fraktionsarbeit Ortskenntnisse und Sachverstand entsprechend gewichtet.

Trotz dieser Befunde wird seit einiger Zeit mit großer Resonanz die These vertreten, dass die Bearbeitung von Vorlagen in einem ausdifferenzierten Ausschusssystem (vor allen Dingen in Großstädten vorzufinden) der Steuerungsfähigkeit von Politikprozessen entgegenwirkt. Ein solches Ausschusssystem wird vor allem der Profilierungssucht einzelner Ratsmitglieder zugeschrieben, die auf weitere Ausschüsse hinwirken, um deren Vorsitz zu übernehmen. Gegen diese Tendenzen habe die Norddeutsche Ratsverfassung (insbesondere die nordrhein-westfälische) keine

---

[225] Naßmacher, in: Gabriel 1989a, S. 179.

[226] So die immer wieder geäußerte Befürchtung von Banner (z.B. 1984, S. 370).

[227] Z.B. Naßmacher 1987, S. 98ff.

[228] Berkemeier (in: Wollmann/Roth 1999, S. 71) schätzt, dass 90 % der Vorlagen ohne Diskussion verabschiedet werden. Im Gegensatz dazu hat Kannen (1996) für eine kleine Stadt wachsende Diskussionsfreudigkeit und Nichteinstimmigkeit aufgezeigt.

[229] Zur Situation in Großstädten s. z.B. Kevenhörster u.a. 1980, S. 177; Beckord 1989, S. 255ff., 496f.; Dieckmann (in: Böhret/Nowack 1995, S. 114) erwähnt einen zum Teil fehlenden Respekt vor der „Fachlichkeit."

Gegengewichte gehabt - ein Argument, das im Vorfeld der Novellierung eine Rolle spielte.[230] Dagegen sei diese Ausdifferenzierung in Baden-Württemberg dadurch gehemmt, dass der Bürgermeister bzw. Oberbürgermeister die Leitung der Ausschüsse innehat und dadurch die Profilierungssucht einzelner Politiker bremsen kann.[231] Die Ausdifferenzierung der Ausschussstruktur wurde letztlich auch für die Finanzmisere der Städte in Nordrhein-Westfalen verantwortlich gemacht,[232] weil Abstimmungsprozesse zwischen diesen Fachpolitikern und der Fachverwaltung der Koordination durch Steuerungspolitiker in Fraktionsspitzen und Verwaltungsspitze entgegenwirken.[233] Hier muss auf jeden Fall die Managementkapazität der Steuerungspolitiker mit ins Kalkül gezogen werden; bevor der Rat über Vorlagen beschließt, durchlaufen sie - je nach Bedeutung - neben Fachausschüssen auch Koordinationsgremien.

Wichtige Verwaltungsvorlagen werden bereits, bevor sie in die Ausschüsse und in das Plenum der Vertretungskörperschaft, also in den „parlamentarischen Raum" gelangen, in den Fraktionen beraten.[234] Fraktionen sind im Allgemeinen selbstständig handelnde, voneinander unabhängige, mit eigenen Zielvorstellungen versehene politische Gruppen in parlamentarischen Gremien.[235] Die Rolle von Fraktionen ist in der Kommunalpolitik zwar schwächer ausgeprägt als in der Landes- oder Bundespolitik. Dies gilt aber vor allem für die kleinen Gemeinden,[236] weil es hier noch immer Probleme damit gibt, soziale und politische Konflikte offen auszutragen. Dies hängt auch damit zusammen, dass die soziale Distanz zwischen den Mitgliedern der Gemeindevertretung relativ gering ist. Kommunale Entscheidungsprozesse kreuzen somit häufig die fraktionspolitischen „Fronten". Die Verleugnung der Parteilichkeit (Sachlichkeitsideologie) führt zu einstimmigen Entscheidungen oder zu konkor-

---

[230] Banner 1984, S. 366ff.; Richter, in: Hesse 1986, S. 156f.

[231] Beim Vergleich einer niedersächsischen, einer nordrhein-westfälischen und einer baden-württembergischen Stadt konnte diese These nicht bestätigt werden. Vielmehr scheinen Mehrheitsverhältnisse, Stadtstruktur sowie Politikstil eine wesentliche Rolle zu spielen (Naßmacher 1987, S. 98, 293). Die These, dass die Anzahl der Ausschüsse mit der Stadtgröße zunimmt, scheint zwar plausibel (Grauhan 1970, S. 278, 292), ließ sich allerdings für die untersuchten Fälle nicht nachweisen. Mit einzelnen Beispielen s. Winkler-Haupt 1988, S. 109.

[232] Banner, in: Schimanke 1989; Banner 1984, S. 366.

[233] Diese These konnte durch empirische Forschungsergebnisse bisher nicht bestätigt werden. Einen Versuch dazu unternahm Winkler-Haupt (1988), indem er zwei baden-württembergische und zwei nordrhein-westfälische Mittelstädte untersuchte und zu dem Ergebnis kam, dass sich diese These „im Kern bewährt" (Mäding, in: Mäding/Voigt 1998, S. 100). Hier stellt allerdings die Auswahl der Städte ein entscheidendes Problem dar. Dagegen konnten Kunz und Zapf-Schramm (in: Schimanke 1989, S. 161ff.) bei ihrer Untersuchung der Policy-Effekte von Kommunalverfassungen in 87 kreisfreien Städten der Flächenländer keine Bestätigung für die These finden.

[234] Für Einzelheiten s. Derlien u.a. 1975, S. 185ff.; zu den juristischen Grundlagen der Fraktionsbildung s. Bick 1989, S. 66ff.; zu Finanzierung und Organisation s. ebenda, S. 98ff. und S. 155ff.

[235] „Fraktionen (sind, d.V.) ... freiwillige Vereinigungen politisch im wesentlichen gleichgesinnter Mitglieder ..., die auf die Dauer einer Wahlperiode gebildet werden" (Jahndel 1990, S. 24).

[236] Zoll 1974, S. 104ff.

danzdemokratischen Strukturen.[237] Allerdings scheint sich ein Wandlungsprozess abzuzeichnen: Die Grünen haben in vielen Fällen zur stärkeren Profilierung der einzelnen Fraktionen beigetragen.[238] Fraktionsgeschäftsführer oder Mitarbeiter sorgen bereits in Städten mittlerer Größe für spezifische Standpunkte der Fraktionen. Auch der Fraktionsvorsitzende kann durch seinen politischen Stil die Fraktionsarbeit ganz entscheidend prägen.[239] Allerdings durften die vielen neuen Gruppierungen in den Räten, die aufgrund des Wegfalls der Fünf-Prozent-Klausel ein Mandat erlangen konnten, wieder als Abschwächung dieser Tendenz wirken und Einzelentscheidungen von Ratsmitgliedern an Bedeutung gewinnen.

Die Meinungsbildung innerhalb der Fraktionen wird von den Ratsmitgliedern (neben den Vorlagen) als wichtigste Informationsquelle angesehen, wenn nicht Informationsgespräche mit der Verwaltung an der Spitze rangieren.[240] Diskussionen und Entscheidungen innerhalb der Fraktion wirken der Zersplitterung des politischen Willensbildungsprozesses durch das Ausschusssystem entgegen und stehen damit in einem gewissen Spannungsverhältnis zur gemeindeverfassungsrechtlichen Konstruktion des „frei"entscheidenden Mandatsträgers. Ratsvertreter, die ihre Rolle politisch auffassen, entscheiden nicht als voneinander isolierte Einzelpersonen, sondern als Mitglieder einer Fraktion. Wenn diese Fraktion politisches Gewicht haben und sich durchsetzen will, muss sie auf ihre Mitglieder eine gewisse Integrationskraft ausüben („Fraktionsdisziplin"). Einheitliches Abstimmungsverhalten ist das Ergebnis eines Lernprozesses zur Durchsetzung von Entscheidungen. Das hat für den einzelnen Bürger unverständliche Folgen, wenn er die öffentliche Sitzung des Ratsplenums beobachtet. Wenn eine Vorlage das Ratsplenum erreicht, hat sie nicht nur die Fraktionen und die Fachausschüsse passiert, sondern auch einen weiteren Koordinationsausschuss, den Verwaltungsausschuss oder Hauptausschuss. Viele Ratsmitglieder sind also bereits zum dritten Mal mit der Vorlage befasst, manchmal noch häufiger, weil der idealtypische Durchlauf nicht eingehalten wird, sondern es zum Wiederholen von Beratungsphasen kommt.

Es ist also durchaus verständlich, dass die kommunalen Vertretungskörperschaften zuweilen darauf verzichten, politische Konflikte in der Öffentlichkeit darzustellen. Der Bevölkerung wird dann nicht deutlich gemacht, dass es politische Meinungsverschiedenheiten zu kommunalpolitischen Fragen gibt, wo sie begründet liegen, wie sich die einzelnen Parteien zu diesen Konflikten stellen und warum ein von der Mehrheit akzeptierter Kompromiss als „brauchbare" (wenn auch nicht opti-

---

[237] Köser/Caspers-Merk, in: Schimanke 1989, S. 112; Holtkamp 2006, S. 644 (unter Bezug auf Lehmbruch 1975).

[238] So jedenfalls das Ergebnis einer Längsschnittuntersuchung (Vergleich von zwei Wahlperioden) in einer niedersächsischen Kleinstadt mit CDU-Dominanz (Cloppenburg; Kannen 1996); Holtmann, in: Gabriel u.a. ²2001, S. 407.

[239] Naßmacher, in: Kempf u.a. 1989, S. 127; Naßmacher, in: Gabriel u.a. 1997b, S. 439.

[240] Naßmacher 1973, S. 551, 558; Schneider 1997, S. 295. Auch Simon (1987, S. 240; 1988, S. 51, 58) bestätigt die Binnenorientierung.

male) Lösung zur Abstimmung gelangt. Dazu trägt auch bei, dass die Ausschusssitzungen öffentlich sind und die Lokalpresse häufig schon mehrfach die unterschiedlichen Positionen im Entscheidungsprozess beschrieben und kommentiert hat. Daher erfüllt das Ratsplenum als Ratifikationsorgan vor allem die Aufgabe, beschlussreife Empfehlungen in verbindliche Entscheidungen zu überführen.[241]

Der politische Prozess dient auch in der Gemeindevertretung zur Bildung eines Mehrheitskonsenses als Legitimationsgrundlage für Führungsentscheidungen. Selbst wenn das Setzen von Zielen, Festlegen von Prioritäten, Anregen politischer Innovationen und Wählen zwischen Programmalternativen, Aufzeigen von Kompromissen vielfach nach Vorgaben der örtlichen Verwaltungsbehörde erfolgt,[242] darf die Bedeutung des Rates in der Phase der rechtsgültigen Entscheidung doch nicht außer Acht gelassen werden. Auch eine starke Verwaltung braucht Mehrheiten im Rat. Der Verwaltung genügt dabei die Zustimmung der Ratsmehrheit. Spektakuläre Entscheidungen von Räten waren u.a. ein Zurückweisen von Cross Border Geschäften,[243] von geplanten Einkaufszentren, von Verkäufen des städtischen Wohnungseigentums zur Haushaltssanierung, die Wiedernutzung einer Konversationsfläche als Flugplatz für Kleinflugzeuge. Von „Bedeutungslosigkeit der kommunalen Parlamente"[244] kann keine Rede sein. Inzwischen ist das Wechselspiel von Regierung und Opposition eher üblich geworden,[245] wenngleich zuweilen unklare Mehrheitsverhältnisse aufgrund neuer Gruppierungen im Rat zu unterschiedlich zusammengesetzten Mehrheiten zwingen. Den Minderheiten werden eigene Verfahrensrechte eingeräumt. Zwar fallen viele Entscheidungen nach wie vor einstimmig, aber selbst in kleinen Gemeinden gibt es in einzelnen Politikbereichen (z.T. erheblich) unterschiedliche Meinungen der Fraktionen, was sich in Gegenstimmen ausdrückt.[246]

Ob sich das Entscheidungsverhalten weg von Konkordanz- und hin zu Konkurrenzmustern bewegt, ist nicht generell zu konstatieren. Beide existieren nach wie vor nebeneinander.[247] In großen Städten findet sich eine parteienstaatliche Konkurrenzdemokratie,[248] wobei Koalitionsvereinbarungen, eine mehr oder weniger intensive Zusammenarbeit oder gemeinsames Abstimmungsverhalten durchaus üblich sind.[249]

---

[241] Ratsmitglieder selbst sehen dagegen die Aufgabe des Ratsplenums darin, Entscheidungen der Öffentlichkeit darzustellen (Simon 1988, S. 44).

[242] Für Einzelheiten s. Holler/Naßmacher, in: Frey 1976a, S. 149ff. Zu einer anderen Einschätzung aufgrund des Selbstverständnisses der Ratsmitglieder kommt Simon 1988, S. 12f.

[243] Jungfer 2005, S. 133.

[244] Wohlfahrt/Zühlke 2005, S. 73, 79.

[245] Wollmann 2002, S. 30.

[246] Kannen 1996; s. d. Naßmacher, in: Gabriel u. a. 1997b, S. 440f.

[247] S. d. Gabriel, in: Oberndörfer/Schmitt 1991, S. 396.

[248] Für Baden-Württemberg s. Köser/Caspers-Merk, in: Schimanke 1989, S. 113. Dagegen tendieren kleinere Städte und Gemeinden vor allem in Baden-Württemberg eher zu konkordantem Verhalten (vgl. Holtkamp 2006, S. 653).

[249] Naßmacher, in: Gabriel u. a. 1997b, S. 440f.

Zwar erscheinen rot-grüne Koalitionen am naheliegendsten,[250] aber Zweck-gemeinschaften zwischen der CDU und den Grünen werden häufiger.[251] Dies gilt vor allen Dingen für die alten Bundesländer. In den neuen Bundesländern wirken dage-gen offenbar die Runden Tische der Vereinigungsphase nach. Große Koalitionen mögen aber auch - zumindest in den ersten Jahren nach der Wende - eine Abgren-zungsstrategie gegenüber der PDS gewesen sein. Auch die traditionelle Gemein-wohlorientierung spielt sicher eine gewisse Rolle.[252].

Vorlagen werden (mit mehr oder weniger bedeutsamen Änderungen) durch Be-schluss des Gemeinderates geltendes Ortsrecht, sofern die Kommunalaufsicht der betreffenden Satzung nicht ihre Genehmigung versagt. Eine derartige Betrachtung bleibt allerdings für das Verhältnis von Rat und Verwaltung allzu formal, übersieht sie doch die wichtige Rolle eines eher informellen „politischen Innovationszent-rums" aus Verwaltungsspitze und führenden Mandatsträgern, das als Gruppe der „Vorentscheider" gekennzeichnet wurde und sich durch besonders enge Beziehun-gen im Informationsaustausch charakterisieren lässt.

4.3.2   "Vorentscheider" als politische Manager

Verwaltungsvorlagen von einer gewissen politischen Tragweite werden im Allge-meinen von der Verwaltung nicht unvermittelt in das formale Entscheidungssystem (Fachausschüsse, Rat) eingeleitet. „"In der Praxis ist unübersehbar, dass kleinere Personengruppen über den Inhalt solcher Vorlagen zumindest in den Grundzügen vorentscheiden." Zwischen den planenden Teilen der Verwaltung und den führenden Personen der Vertretungskörperschaften bestehen vielfältige informelle Beziehun-gen: „Der politisch einflussreiche Ratsvertreter braucht Information und findet sie in der Verwaltung. Der Verwaltungsmanager andererseits sucht den Kontakt, um sein Vorhaben rechtzeitig politisch abzusichern."[253] Aus diesem beiderseitigen Interesse entwickelt sich eine Gruppe von „Vorentscheidern". Diese von Banner ausformu-lierte Beobachtung für eine Großstadt in Nordrhein-Westfalen (Duisburg) konnte inzwischen auch unabhängig von der Gemeindeordnung empirisch nachgewiesen werden.[254]

---

[250]   S. d. Berger 1995.

[251]   Zunächst waren solche Bündnisse in Nordrhein-Westfalen festgestellt worden (s. d. Hoffmann 1997); neuerdings erwecken solche von Oldenburg und Frankfurt Aufmerksamkeit (z.B. FAZ vom 26.10.2006).

[252]   Naßmacher, in: Naßmacher u.a. 1994, S. 12ff.; s.a. Holtmann, in: Wollmann/Roth 1999, S. 224f.

[253]   Zitate bei: Banner, in: Grauhan 1972, S. 166, 165.

[254]   Empirische Ergebnisse dazu: Ellwein/Zoll 1982, S. 221ff., 290. 292; Winkler-Haupt 1988, S. 65, 70, 76, 89, 132, 137, 149, 156, 164, 170; Naßmacher, in: Thränhardt/Uppendahl 1981, S. 61f.; Si-mon 1988, S. 80f.; Schulenburg 2000, S. 62ff. Diese Kommunikationsbeziehungen in die Nähe des „Klüngels" zu rücken (Scheuch/Scheuch 1992), ist nur dann angemessen, wenn ein Wechsel bei den Entscheidungsträgern systematisch unterdrückt wird. Heute wird für den Sachverhalt häufig

Allgemeine Aussagen lassen sich darüber machen, wer potenziell zu diesen Führungspersönlichkeiten oder politischen Managern zu rechnen ist. Auf Seiten des Rates gehören zu den Vorentscheidern die „Berufs-Politiker", die bei der Koordination unterschiedlicher Entscheidungsprozesse in Ausschüssen und Fraktionen wichtig sind, also die sogenannten „Steuerungspolitiker"; weiterhin können dazu die Spezialisten für bestimmte Sachgebiete zählen. Im Einzelnen handelt es sich um Ratsvorsitzende, Ausschussvorsitzende, Fraktionsvorsitzende, Gewerkschafts- und Verbandfunktionäre, Architekten u.a.. Typisch ist auch, dass es sich in der Regel um „Mehrfunktionsträger" handelt, die über wichtige Kontakte verfügen.[255] Im Verwaltungsbereich sind der Verwaltungschef, die Dezernenten (Referenten), die mit politischer Entscheidungsvorbereitung befassten Amtsleiter (Sachbereichsleiter) am ehesten Vorentscheider. Gemeinsames Kennzeichen dieser kommunalen Manager ist, dass sie politisch agieren und deshalb als Gesprächspartner für die Spitzenpolitiker aus der Vertretungskörperschaft in Betracht kommen.

Zwischen den Vorentscheidern finden empirisch nachgewiesene, dichtere Kommunikationsprozesse statt.[256] Von ihnen geht im Einzelfall die Initiative aus. Daher suchen Verwaltungsmanager frühzeitig den Kontakt zu ihren ständigen Gesprächspartnern in der Vertretungskörperschaft, um die Entscheidungsalternativen unter den Gesichtspunkten des politisch Gewollten und fachlich Möglichen gemeinsam zu erörtern. Die Umstände, unter denen dieser Gedankenaustausch stattfindet, ändern sich ebenso wie der jeweils beteiligte Personenkreis. Die Fühlungnahmen sollen politische Entscheidungen auf der Grundlage einer Kombination von Fachwissen und politischem Sachverstand ermöglichen (vgl. Abbildung 24).

„Die Gruppe der Vorentscheider bildet somit den Transmissionsriemen zwischen der bürokratischen Vorbereitungsmaschinerie und dem politischen Entscheidungsorgan. Sie weist zweifellos Züge einer Oligarchie auf, ... die den subalternen Verwaltungsmitarbeiter ebenso wie den Hinterbänkler im Rat von größerem politischem Einfluss ausschließt."[257] Im kommunalpolitischen Entscheidungssystem

- reduziert die kommunalpolitische Führungsgruppe den zeitlichen Aufwand für die Vorbereitung politischer Einzelentscheidungen auf ein erträgliches Maß und
- als Kleingruppe vermag sie die Vorbereitungsarbeit so lange abzuschirmen, bis das entwickelte Konzept den Unwägbarkeiten der öffentlichen Diskussion standhalten kann.

---

der Begriff „Meinungsführerkoalitionen" verwendet, möglicherweise weil die elitenzentrierte Betrachtung als nicht mehr zeitgemäß erscheint.

[255] S. d. Arzberger 1980, S. 80, 46 und Kurp 1994, S. 46ff.

[256] Naßmacher, in: Thränhardt/Uppendahl 1981, S. 62f.; Pappi/Melbeck 1984, S. 567; Simon 1988, S. 81.

[257] Banner, in: Grauhan 1972, S. 167.

Erst wenn die Vorentscheider ihrer politischen Absicht eine erste Formulierung gegeben haben, treten sie in die Ausarbeitung einer Vorlage für den Gemeinderat und in die Beratung mit den Fraktionen, also in ein gewisses Stadium von Öffentlichkeit, ein. Wichtig ist in diesem Zusammenhang auch, dass die einer Partei nahestehenden Fachkräfte (Wahlbeamte) der Verwaltung an den Fraktionssitzungen teilnehmen und dabei in die Lage versetzt werden, mehrheitsfähige Lösungen zu antizipieren, aber auch mit der Fraktionsspitze für eine von den Vorentscheidern in Aussicht genommene Lösung zu werben.

Abbildung 24: Vorentscheider im Entscheidungsnetzwerk

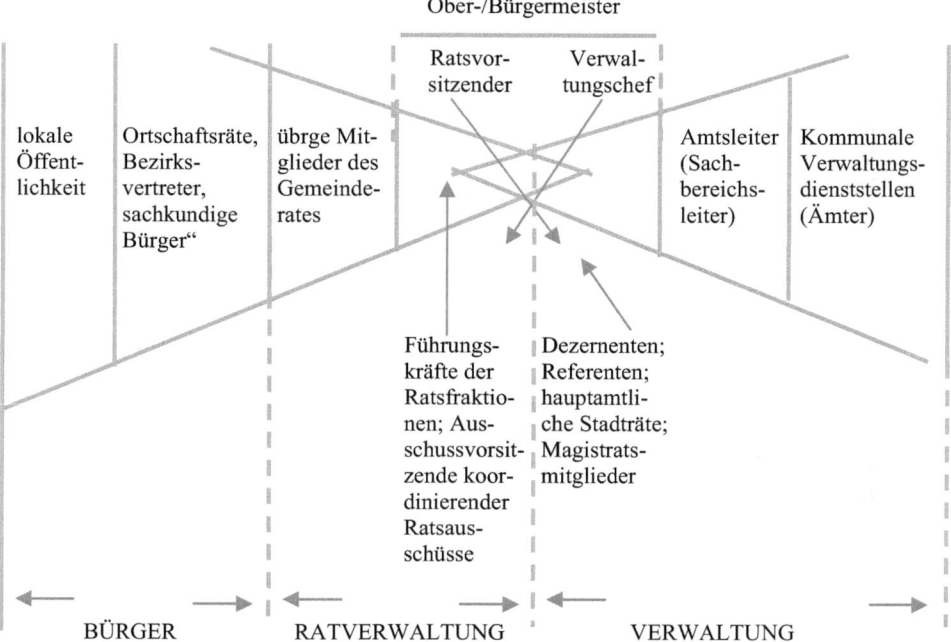

Je nach Gemeindeordnung und agierenden Personen ergeben sich für die Art der Koordination Besonderheiten. Dabei können auch formale Koordinationsgremien eine Rolle spielen. Durch das Amt des ehrenamtlichen Stadtrates (der bayerischen Gemeindeordnung) sowie die ehrenamtlichen Mitglieder des Magistrats (in anderen Ländern) ist eine Kommunikation zwischen haupt- und ehrenamtlichen Kommunalpolitikern institutionalisiert. Allerdings besteht zwischen Gemeinderat und ehrenamtlichen Magistratsmitgliedern Inkompatibilität, sodass die Gesprächsbereitschaft von den Personen selbst ausgehen muss. Der niedersächsische Verwaltungsausschuss[258] und der Stadtvorstand kreisfreier Städte in Rheinland-Pfalz sind als Koordinationsgremien ähnlich konstruiert. Auch ohne institutionelle Vorkehrungen wurden entsprechende Kontakte in baden-württembergischen Kleinstädten und Dörfern festgestellt.[259] Zuweilen kann der Ältestenrat als Gremium für die Vorbereitung der parlamentarischen Beratung in eine entsprechende Funktion hineinwachsen.[260]

Die Struktur des kommunalen Entscheidungsprozesses scheint also vom Typ der Gemeindeverfassung weitgehend unabhängig zu sein.[261] Einzelne Personen können offenbar die formalen Regeln einer Gemeindeordnung entsprechend profilieren. Den Meinungsführern der Fraktionen kommt zunächst einmal eine zentrale Stellung im Informationsfluss zwischen Vertretungskörperschaften und Verwaltung zu. Sie sollten mögliche Mehrheiten antizipieren oder dafür werben. Meist bilden sie zugleich die personelle Brücke zwischen den kommunalen Institutionen und der lokalen Öffentlichkeit. Das gilt zunächst für Personalunionen zwischen den Ratsfraktionen und den lokalen (Partei-) Organisationen: Kommunale Mandatsträger (z.T. sogar Angehörige der Verwaltungsspitze) sind zugleich Inhaber örtlicher Parteifunktionen (Orts- bzw. Kreisvorstandsmitglieder), zuweilen Mandatsträger auf der Bundes- und Landesebene und wichtige Repräsentanten in politikfeldspezifischen Organisationen. Dabei werden die mit bestimmten (beruflichen und ehrenamtlichen) Tätigkeiten verbundenen Startvorteile erneut wirksam: Die „Vorentscheider" verfügen über Zeit, soziale Techniken und Informationen. Diese „politischen Ressourcen"[262] setzen örtliche Spitzenpolitiker aus Rat und Verwaltung ein, um das Vertrauen ihrer Fraktionen, Parteien und darüber hinaus der lokalen Öffentlichkeit zu gewinnen und zu erhalten. Wichtig ist auch, dass das Zeitbudget der Vorentscheider sich von dem der anderen politischen Akteure in Rat und Verwaltung sehr stark unterscheidet.[263] Sie sind vor allem für die Steuerung, Koordination von Entscheidungen und deren politische Durchsetzung zuständig.

Voigt vertritt die These, dass die (inzwischen abgeschaffte) Norddeutsche Ratsverfassung in Nordrhein-Westfalen ganz unterschiedliche Entscheidungsstrukturen hervorbrachte. Die besten Voraussetzungen, zu „zentralen Politikern" zu werden, hatten nach seinen Beobachtungen der Gemeindedirektor, der Bürgermeister

---

[258] S. zur juristischen Dimension Wilkens 1992, S. 247ff.; zur Koordinationsfunktion ebenda, S. 278ff.; zur empirischen Dimension s. Naßmacher 1988c, S. 304ff.

[259] S.d. Zoll 1974, S. 93ff.; Fürst 1975, S. 85ff.; Nelles 1977, S. 275.

[260] Dies ist in Gemeinden Baden-Württembergs häufig der Fall. S. d. Naßmacher 1987, S. 94; Winkler-Haupt 1988, S. 60ff. und 77; Simon 1988, S. 78.

[261] Vgl. Luckmann 1970; Schneider 1977, S. 21ff.; Zoll u.a. 1974; Ellwein/Zoll 1982, S. 220ff.; Vogel (1972, S. 21f.) erwähnt unterschiedlich zusammengesetzte Vorentscheiderkreise. Hierbei spielt auch eine Rolle, welche Personen die herausragenden Positionen bekleiden und zwischen wem eine Zusammenarbeit möglich ist. S.d. Winkler-Haupt 1988, S. 86.

[262] Vgl. Dahl 1961, S. 223ff.

[263] Naßmacher, in: Thränhardt/Uppendahl 1981, S. 53; Simon 1988, S. 83.

und der Chef der Mehrheitsfraktion.[264] Daraus konnten sich drei Varianten ergeben: Im ländlichen Raum konnte der Gemeindedirektor stark dominieren, vergleichbar dem baden-württembergischen Bürgermeister. Das zweite Modell sieht den Bürgermeister als zentralen Steuerungspolitiker. In Nordrhein-Westfalen war diese Situation dann möglich, wenn in einer Großstadt der SPD-Bürgermeister zugleich dem Landtag angehörte. In einer CDU-dominierten Stadt musste der Bürgermeister (bis 1998) gleichzeitig Mitglied des Bundestages mit Kontakten zur Bundesregierung sein. Der Bürgermeister sollte zudem über Popularität in der Bevölkerung verfügen. Die dritte Variante ist dann gegeben, wenn der Vorsitzende der stärksten Ratsfraktion zum zentralen Steuerungspolitiker wird.[265] Er gehört dann gleichzeitig dem Landtag oder Bundestag an. Klare politische Mehrheiten sind in diesem Falle wichtig.[266] Auch für Baden-Württemberg ergeben sich (möglicherweise noch nicht genügend erforschte) Unterschiede im Hinblick auf die zentrale Steuerungsfunktion. Winkler-Haupt hat z.B. festgestellt, dass selbst der Oberbürgermeister in Baden-Württemberg eher die Rolle eines Moderators haben kann.[267] Stellung und Rollenverständnis der mehr unter parteipolitischen Traditionen[268] wirkenden Bürgermeister in Baden müssten noch weiter ausgearbeitet werden. Jedenfalls weisen Köser/Caspers-Merk die These zurück, dass die Bürgermeister in Baden-Württemberg sich in allen Parteien ihre Mehrheiten suchen, dass also quasi eine Konkordanzdemokratie herrscht.[269] In Wertheim offenbarten sich 1968 und 1980 (bei unveränderter Gemeindeordnung) völlig unterschiedliche Machtstrukturen:[270]

- Innovative Dominanz des Bürgermeisters versus verwaltendes Duopol von Oberbürgermeister und Ratsmehrheit.
- Vorherrschender Wirtschaftszweig versus ausgewählte Vereine als Vertreter der eingemeindeten Teilorte.
- Gelenkte Harmonie versus parteilich/personell induzierter Konflikt.

Immer stärker wird auch die Zusammensetzung des Gemeinderats, sowohl was die politische Orientierung der Mehrheit und der des Oberbürgermeisters als auch die Zahl der Fraktionen angeht, in den Blick gerückt. Bei anderer politischer Orientierung der Mehrheitsverhältnisse im Rat als der des Oberbürgermeisters, also soge-

---

[264] Voigt 1992, S. 9 bzw. ders. in: Gabriel/Voigt 1994, S. 14. Dies Selbstbewusstsein der Ratsmitglieder mag dafür Ursache sein, dass bei Simon (1988, S. 79) der Oberbürgermeister als weit einflussreicher eingeschätzt wird als der Verwaltungschef.

[265] Frey, in: Schimanke 1989, S. 130.

[266] Voigt 1992, S. 10, auch Voigt, in: Gabriel/Voigt 1994, S. 15f.

[267] Winkler-Haupt, in: Schimanke 1989, S. 150.

[268] Die Besonderheiten der politischen Kultur im württembergischen und badischen Teil Baden-Württembergs werden immer wieder von Wehling (in: Pfizer/Wehling 1991, S. 170) betont. S. oben, Abschnitt 1.2.1.

[269] Köser/Caspers-Merk, in: Schimanke 1989, S. 88.

[270] Ellwein/Zoll 1982, S. 199ff.

nannten Kohabitationskonstellationen, hat der Oberbürgermeister bzw. Bürgermeister vergleichsweise geringeren Einfluss.[271] Dies ergab sich jedenfalls bei einem Vergleich von Bürgermeistern von Städten in Baden-Württemberg und Nordrhein-Westfalen.[272] Bei stark fragmentierten Vertretungskörperschaften ist die Mehrheitsfindung vergleichsweise schwieriger, das Geschick des Oberbürgermeisters bzw. Bürgermeisters also besonders gefragt.

Dennoch kann davon ausgegangen werden, dass der direkt gewählte Bürgermeister (mit Variationen im Hinblick auf Rollenverständnis und personelle Ressourcen) die besten Voraussetzungen hat, der zentrale Steuerungspolitiker zu sein. Dies gilt natürlich ganz besonders dann, wenn er während seiner Amtszeit nicht abwählbar ist. Er sitzt quasi wie eine Spinne im Netz (Abbildung 25). Seine Ressourcen beziehen sich auf

- direkte Legitimation durch Volkswahl.
- Legitimitätssicherung durch Kontakte zur Bevölkerung, zu organisierten Interessen und zu den Medien.[273]
- Bündelung und Nutzung (als Chef der Verwaltungsbehörde und Leiter der Ratssitzungen) der wesentlichen Kommunikationsströme, die bei ihm zusammenlaufen.
- Zusätzliche Informationen durch Teilnahme an Gesprächen in der Region und mit überörtlichen Behörden.[274]

Ein direkt gewählter Bürgermeister hat also die Chance, zentraler Motor der kommunalen Politik zu sein, weil er als Einziger überall Zugang hat bzw. Kontrolle ausüben kann. Dies verlangt natürlich eine Persönlichkeit, die gleichzeitig Innovator und Moderator sein kann, einen politisch handelnden Manager, der auch mit entsprechenden Verwaltungsfachkenntnissen ausgestattet ist. Die bisherigen Bürgermeister in Baden-Württemberg haben unterschiedliche Potenziale eingebracht. Sie wussten sich jedenfalls - zuweilen unabhängig von den parteipolitischen Mehrheitsverhältnissen - in der lokalen Öffentlichkeit zu behaupten. Die meisten gaben an, parteilos zu sein.[275] Wichtiger als eine bestimmte parteipolitische Zugehörigkeit sind offenbar Ortskenntnisse.[276] Die Distanz zu den Parteien nimmt in kleinen Gemein-

---

[271] Bogumil/Holtkamp, in: Bogumil/Heinelt 2005, S. 84.

[272] Zu ähnlichen Ergebnissen kommt Gissendanner, in: Haus 2005, S. 85f.

[273] Der Bürgermeister kann Flaschenhals/Gatekeeper oder „Chefredakteur" des Lokalteils der Zeitungen bzw. Statussymbol bei Vereinsfesten sein (s.a. Abbildung 26).

[274] So bereits Grauhan 1970, S. 90.

[275] Wehling 1984, S. 33. Dies liegt aber auch an der Vielzahl der kleinen Städte und Gemeinden in Baden-Württemberg.

[276] Grauhan (1970, S. 163f., 171 bzw. 139f.) verweist bereits auf die Bedeutung der Ortsansässigkeit bzw. Herkunft. Dies wurde auch für die Wahl 1999 in Nordrhein-Westfalen festgestellt (Andersen/Bovermann, in: Bogumil 2002, S. 198); in Sachsen hatte fast die Hälfte vor der Kandidatur in der Gemeinde gelebt (Schleer 2003, S. 57).

den sehr stark zu. Hier wird insbesondere das Etikett „Verwaltungsfachmann" wichtig.[277] Die ersten in Nordrhein-Westfalen und Niedersachsen direkt gewählten Personen brachten ebenfalls Verwaltungserfahrungen mit.[278] In Niedersachsen war nicht so sehr die Bewährung in politischen Ämtern bei den Gewählten verbreitet, wohl aber in Nordrhein-Westfalen.[279] Die Bürger erwarten vor allem „Glaubwürdigkeit, Führungsqualitäten und Bürgernähe".[280]

Abbildung 25: Machtpotenziale des direkt gewählten Bürgermeisters

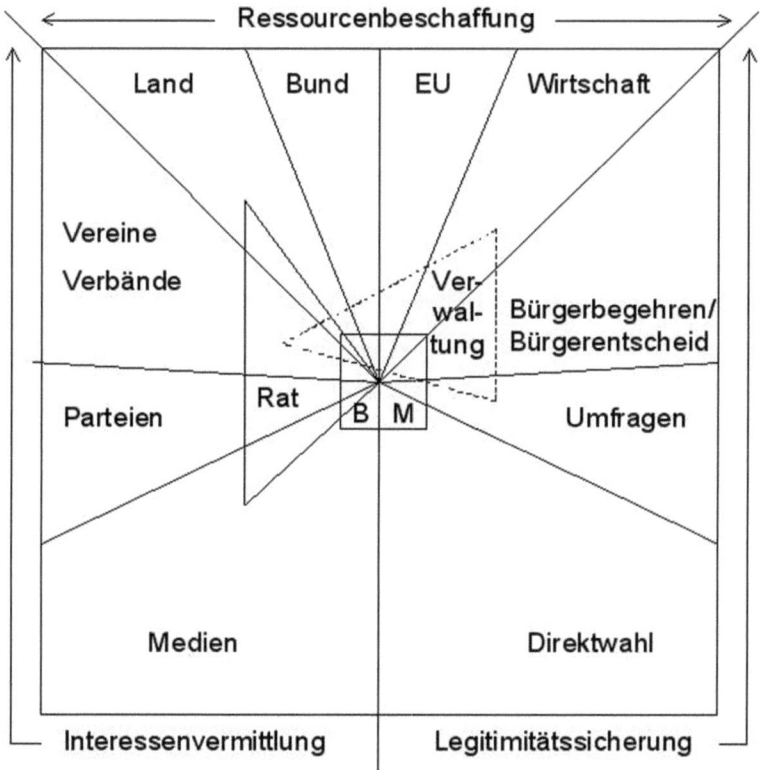

---

[277] In den kleinen Gemeinde Baden-Württembergs haben die meisten Bürgermeister eine Inspektoren-ausbildung der Verwaltungsschulen bzw. jetzigen Fachhochschulen (Wehling/Siewert 1987, S. 64ff.).

[278] Wehne, in: Andersen/Bovermann 2002, S. 18; Gissendanner, in: Haus 2005, S. 99. Ein Vergleich der Bürgermeisterprofile in Baden-Württemberg und Nordrhein-Westfalen in Gemeinden mit mehr als 20.000 Einwohnern bei Bogumil/Holtkamp 2006, S. 102ff.

[279] Gissendanner, in: Haus, S. 99; Wehne/Holtkamp, in: Bogumil/Heinelt 2005, S. 118, 122.

[280] Andersen, in: Andersen/Bovermann 2002, S. 52.

Jedes Element der Machtposition (s. Abbildung 25) kann durch spezifische Faktoren unwirksam werden:

- Legitimation: Die Volkswahl bringt noch keine Macht, sie ersetzt nicht die politische Absicherung von Initiativen bei Vorentscheidern und wichtigen Gruppierungen, die in bestimmten Politikfeldern agieren und die öffentliche Diskussion beeinflussen,
- Verwaltungsführung durch zweipolige Spitze mit Parteibindung (Wertheim 1980),
- Tagesordnung und Sitzungsleitung durch unpolitische Handhabung,
- Außenministerfunktion durch geringe Offenheit gegenüber anregenden Zufällen.

Die Volkswahl ist also allein nicht hinreichend: Sie schafft Führungspotenzial, sichert aber noch nicht seine Nutzung. Steuerungsfähigkeit erfordert mehr. Die überragende Stellung des Bürgermeisters „impliziert nicht, dass er sich über Mehrheiten im Rat hinwegsetzen könnte oder sich nicht mit externen Restriktionen seiner Politik konfrontiert sähe. Es besagt lediglich, dass der Bürgermeister in dieser Konstellation mit größter Wahrscheinlichkeit ‚Herr des Verfahrens‘ in der kommunalen Politik, präziser: im Politics-Prozess, ist."[281] Empirische Ergebnisse kommen zu der Einschätzung, dass der Oberbürgermeister in Baden-Württemberg deutlich einflussreicher ist als der in Nordrhein-Westfalen.[282] Gissendanner stellt am Beispiel Niedersachsens für direkt gewählte Bürgermeister heraus, dass informelle Ressourcen weit wichtiger sind als die institutionellen Voraussetzungen.[283] Letztlich werden unterschiedliche Persönlichkeiten ihren spezifischen Politikstil finden müssen, der zu unterschiedlichen Typen der Amtsführung beiträgt.[284]

In Groß- und Kleinstädten sind die Vorentscheider (aus dem Bereich der Vertretungskörperschaft) sehr oft nicht nur die Meinungsführer ihrer Fraktionen und die Repräsentanten ihrer Parteiorganisationen. Durch ihre Funktionen in den Parteien haben die Vorentscheider Einfluss auf die Personalrekrutierung. Sie gehören länger dem Rat an, haben meist den Vorsitz in einem Ratsausschuss inne, verwenden mehr Zeit auf Kommunalpolitik und halten sich selbst eher für einflussreich. Ihre Kontakte zur Verwaltung sind häufig. Sie erhalten mehr Informationen durch Gespräche mit der Verwaltung als durch das Lesen von Vorlagen. Es handelt sich eher um Berufspolitiker (selbstständige Gewerbetreibende oder im öffentlichen Dienst Tätige). Ihre Würdigung von Kommunalpolitik ist vorsichtiger; prononcierte Meinungen fehlen.[285] Weiterhin sind sie (ebenso wie die kommunalen Wahlbeamten) zugleich wichtige

---

[281]   Derlien, in: Gabriel/Voigt 1994, S. 60.
[282]   Gehne/Holtkamp, in: Bogumil/Heinelt, 2005, S. 140.
[283]   Gissendanner, in: Haus 2005, S. 85ff.
[284]   Vgl. Stock 2000, S. 89ff.
[285]   Naßmacher, in: Thränhardt/Uppendahl 1981, S. 62f.

Informanten und Bezugspersonen der Lokalpresse sowie Funktionäre örtlicher Vereine, die mit dem Verlangen nach Subventionen an die Kommunalverwaltung herantreten[286] (s. Abbildung 26). Ob ihnen der mit mehr Legitimation ausgestattete Bürgermeister oder die bürgernäher agierende Verwaltung den Rang ablaufen kann, bleibt abzuwarten. Durch die Direktwahl wird das kommunale politische System in Richtung präsidenzielles System verändert.[287] Die unmittelbare Legitimation (Direktwahl) und die Entkoppelung der Gewalten im Präsidialsystem haben in den USA bewirkt, dass der Kongress dem Druck der organisierten Interessen durch eine Vielzahl von Subventionsprogrammen entgegengekommen ist. Insofern könnte der Bündelung und dem Legitimationszuwachs an der Verwaltungsspitze sowie dem verstärkten Bürgerbezug der Verwaltung eine Sektoralisierung auf der Seite des Rates folgen und insgesamt das lokale politische System an Entscheidungsfähigkeit verlieren.[288]

Die Steuerungspolitiker üben auf der kommunalen Ebene Macht aus. Die amerikanische Gemeindeforschung hat in den 50er und 60er Jahren mit einem erheblichen Arbeitsaufwand versucht, durch eine Vielzahl von Gemeindestudien der Analyse lokaler Machtstrukturen näher zu kommen. Auch wenn diese Arbeit durch einen zuweilen recht polemisch geführten „Methodenstreit"[289] belastet erscheint und die strukturellen Bedingungen kommunaler Politik sich (in den USA und in Deutschland) in wichtigen Punkten unterscheiden,[290] lassen sich daraus gerade in Bezug auf gesellschaftliche Stellung und örtliche Zusammensetzung der „Vorentscheider" methodisch und inhaltlich bedeutsame Schlussfolgerungen ableiten.

Den Zugang zur lokalen Elite erschließen drei Schlüsselfragen:

- Wer hat in der Gemeinde wichtige Funktionen inne? (Positionstechnik)[291]
- Wer gilt in der Gemeinde als politisch einflussreich? (Reputationstechnik)[292]
- Wer hat in der Gemeinde wichtige Entscheidungen wirksam mitgestaltet? (Entscheidungstechnik)[293]

---

[286] Eine Anwendung der Positionsmethode auf die Stadtverordneten einer nordrhein-westfälischen Großstadt ergab deutliche Unterschiede im Aufgabenprofil von Vorentscheidern und „Hinterbänklern" (s.d. Naßmacher, in: Kevenhörster/Wollmann 1978, S. 316ff.).

[287] Zur Zuordnung s. Derlien, in: Gabriel/Voigt 1994, S. 47; Wollmann, in: Wollmann/Roth 1999, S. 59.

[288] Zum präsidentiellen System im Vergleich mit dem parlamentarischen s. Naßmacher [5]2004, S. 185ff.

[289] Ammon 1967, S. 54ff.; Zoll 1972, S. 129ff.

[290] Hier sind insbesondere die Unterschiede der Parteistruktur (Amtspatronage versus Mitgliederparteien), der örtlichen Verwaltungsbehörden (aufgabenspezifische Einzelverwaltungen versus Tendenz zur Einheitsverwaltung) und der örtlichen Organisationen (Finanzierung durch private versus öffentliche Mittel) zu nennen. Ueltzhöffer (in: Wehling 1975) nennt darüber hinaus die größere Bedeutung formaler Organe, die stärkere Einbindung der Gemeinden in den Politikverbund und „die Vormachtstellung der Parteien in der Kommunalpolitik" (S. 109); zum internationalen Vergleich s. Norton 1997.

[291] Drewe 1974, S. 166f.

[292] Hunter 1953.

[293] Dahl 1961.

Abbildung 26: Politische Ressourcen (Machtquellen) kommunaler „Vorentscheider"

Verwaltung	Gemeinderat
▪ Verfügung über Informations- verarbeitungskapazität (Mitarbeiter) ▪ Kontakte zu den überörtlichen Verwaltungen (Finanzzuweisungen, Planungsverbund, Kommunalaufsicht) ▪ Kontakte zu den örtlichen Produktionsinteressen (Gewerbesteuer, Wohnungsbau)	▪ Verfügung über Legitimationspotential (Meinungsführer der Fraktionen) ▪ Kontrolle der Rekrutierungskanäle (Führungsgruppe der örtlichen Parteien) ▪ Artikulation der örtlichen Interessen ▪ (Repräsentanten der örtlichen Vereine, Initiativen, Verbände)

Auf den ersten Blick könnte man annehmen, dass alle drei Fragen bzw. Techniken zum gleichen Ergebnis führen müssen. Tatsächlich sind aber mit jeder Untersuchungsmethode Auswahlentscheidungen des einzelnen Wissenschaftlers verbunden, die sich auf das Ergebnis auswirken: Welche Funktionen sind wirklich wichtig? Wer hat genügend Einblick in die tatsächliche Verteilung von Macht und Einfluss am Ort? Welche Entscheidungen sind repräsentativ für örtliche Entscheidungsprozesse? Darüber hinaus konnten der Inhalt des Begriffes Macht, das Verhältnis zwischen aktueller und potenzieller Macht, die Relevanz von Position und Reputation für tatsächliche Entscheidungen sowie das Verhältnis von Entscheidungen und „Nicht-Entscheidungen" nicht befriedigend geklärt werden.[294]

Dennoch vermitteln die verschiedenen Methoden (am besten bei kombiniertem Einsatz) wichtige Annäherungen an den Kreis der „Vorentscheider" in einer Gemeinde. Während die Entscheidungstechnik die in einzelnen (vom jeweiligen Forscher ausgewählten) Fällen tatsächlich beteiligten Personen identifiziert (gewissermaßen die untere Grenze), ermittelt die Reputationstechnik alle Personen, die (nach Meinung der befragten Experten) möglicherweise in Entscheidungen einbezogen werden (also eine obere Grenze). Die Positionstechnik erlaubt zumindest in größeren Städten eine erste, grobe Einschätzung des Vorentscheiderkreises: Das System der kommunalen Rollenkumulation verbindet führende Mandatsträger (Ausschussvorsitzende, Fraktionsvorstandsmitglieder), wichtige Funktionsträger (vor allem in Parteien oder Vereinigungen) und Honoratioren der örtlichen Gesellschaft. Teilnehmende Beobachtungen in baden-württembergischen Gemeinden bestätigen die These, dass Vorentscheider (örtliche Meinungsführer) auch außerhalb von Rat und Verwaltung zu finden sind.[295] Diese müssen sich zuweilen gar nicht selbst einmischen; ihre Meinungen werden bereits antizipiert, z.B. Entscheidungen gegen den wichtigsten Arbeitgeber am Ort gar nicht erwogen. Auch Grundeigentümer („deve-

---

[294] Vgl. oben, Abschnitt 4.2.1.
[295] Für kleine Gemeinden Schneider 1977, S. 24; Ellwein/Zoll 1982; für Städte mit einem dominanten Unternehmen z.B. Hilterscheid 1970.

loper", „utility companies") kommen in den Blick.[296] Schließlich sind Repräsentanten des dominanten Wirtschaftszweiges schwer zu übergehen.[297] Die weitere Ausdifferenzierung der Entscheidungsprozesse durch die Analyse einzelner Aufgaben (policies) dürfte die potenzielle Zugehörigkeit zum Vorentscheiderkreis offener erscheinen lassen.

Mit Hilfe der engen Kommunikationsbeziehungen im eher informellen Netzwerk, in dem Informationen, Expertise, Legitimation und Vertrauen (im zwischenmenschlichen Verstehen, im Hinblick auf Mehrheiten oder Unterstützung durch die Bevölkerung) ausgetauscht werden, schließt sich zugleich der Kreis zwischen dem scheinbaren Ressortegoismus in Kernverwaltung und angegliederten (formal selbstständigen) Verwaltungseinheiten, der nach Ausschüssen gegliederten und in Fraktionen hierarchisierten Willensbildung der Vertretungskörperschaften sowie einer in Form von Initiativen, Vereinen und Verbänden sektoral organisierten lokalen Öffentlichkeit. Da jeder Bereich dazu tendiert, die Aufmerksamkeit nur auf seine Klientel zu beschränken, wird er die Probleme ihrer sozio-ökonomischen Umwelt und die jeweils als relevant eingeschätzten Umweltbezüge nur selektiv wahrnehmen („perzipieren"). Der Ressortegoismus erweist sich als Problem, wenn die Funktionseliten nicht durch Steuerungspolitiker in ein Gesamtkonzept einzubinden sind.

Im Umgang mit kommunalpolitisch relevanten Informationen werden die Mitglieder örtlicher Eliten (zuweilen als lokale Machtelite bezeichnet), je nach der eigenen Interessenlage, als „Förderband" oder als „Filter", stets aber als „Flaschenhals" („gatekeeper"[298]) tätig. Wird diese Rolle zu restriktiv wahrgenommen, werden die Informationskanäle zu stark gebündelt, können sich daneben weitere Kommunikationsstrukturen aufbauen. Sowohl auf der Verwaltungsseite als auch auf der Ratsseite zielen Reformüberlegungen auf straffere Organisation (Zusammenfassung der Ämter zu Bereichen, Reduzierung der Zahl der Ausschüsse). Dies mag der Zusammenführung der Kommunikationskanäle dienen. Dennoch bleibt der kommunalpolitische Entscheidungsprozess in zentralen Bereichen segmentiert. Diese Dimension wurde durch Personalisierung im Kommunalwahlrecht, Bürgerbegehren und Bürgerentscheid wieder verstärkt. Vor allem hat die Verselbstständigung (Fachdienste, Servicedienste, Regiebetriebe) bzw. Ausgliederung einzelner Verwaltungsbereiche (als Eigenbetriebe, Eigengesellschaften, städtische Beteiligungen an externen Organisationseinheiten) dazu beigetragen. In der Praxis kann das dazu führen, dass die Kernverwaltung mit den verbleibenden Ämtern (Bereichen) übersteuert wird, während die selbstständigen Teileinheiten einzelne Politiker „vor ihren Karren" spannen und so die Segmentierung von Politikprozessen wieder aufleben lassen.

---

[296] Daher hat sich die Community-Power-Forschung nach Meinung von Stoker (1998, S. 122) in Richtung auf die Erfassung des Einflusses bzw. der Vorteile von Entscheidungen entwickelt: Wer hat den größten Einfluss, warum und mit welchem Effekt?

[297] Naßmacher/Naßmacher 1983, S. 32-36; für Städte mit einem traditionell dominanten Industriezweig s. Naßmacher 1987, S. 112.

[298] Fürst 1975, S. 128f.

4.3.3 Neue Herausforderungen an das Management

Die Ausdifferenzierung von Entscheidungsprozessen, verbunden mit einer Auslagerung der Aufgabenwahrnehmung durch unterschiedliche Organisationsmodelle bis hin zu Privatisierungen, die der Bündelung der Koordinationsfunktion beim direkt gewählten (Ober-) Bürgermeister entgegenwirken soll, macht das Management bzw. die Steuerung (Governance)[299] nicht leichter. Macht, also die Fähigkeit, Ziele auch gegen Widerstand durchzusetzen, muss ersetzt werden durch Führerschaft (Vorbild) mit Überzeugungskraft und Moderationsgeschick. Es gilt, die unterschiedlichen Akteure zu motivieren, ihre Aufgaben engagiert wahrzunehmen und dabei ihre Ressourcen (Fähigkeiten und Möglichkeiten) einzubringen. Gezielte Information, Ermutigung und Anreiz sind also wesentliche Führungsinstrumente. Dazu soll auch das Controlling eine wichtige Hilfe sein. Die auf informeller Basis zustande gekommenen, nur lose gekoppelten Kooperationen, befristeten Reformbündnisse oder langfristigen Koalitionen müssen ständig gepflegt werden, um sie zur selbstständigen und qualifizierten Erledigung von Aufgaben zu ermutigen. Bei der Antwort auf die Frage, wie dies in der Praxis umgesetzt werden kann, wird den zentralen Führungspersönlichkeiten und ihren Fähigkeiten große Bedeutung zugemessen. Dies gilt auch für die Nutzung von Meinungsführerkoalitionen („advocacy coalitions")[300], die gemeinsame Erwartungen, Einstellungen und „Problemlösungsphilosophien" in einzelnen Politikfeldern (z.B. der Wirtschaftspolitik)[301] herausbilden.[302]

Noch sind die Reformen weitgehend „konzeptionelle Absichtserklärungen".[303] Nicht verwunderlich ist, dass das Finanzmanagement unter dem Eindruck der Haushaltskonsolidierungsprobleme in den Mittelpunkt der Überlegungen rückte. Dies ist allerdings eine „Engführung" der Reformziele. Die wesentlichen Entwürfe zur Veränderung der Managementstruktur sind sehr stark rational und betriebswirtschaftlich auf mehr Effizienz und Leistungssteigerung ausgerichtet. Effizienz des Verwaltungshandelns meint die Verbesserung des Verhältnisses von Ressourceneinsatz und Ergebnis. Dabei muss eine angemessene Bearbeitung der Probleme Maßstab sein. Hier geht es nicht nur um den Einzelfall, sondern auch um Folgen für die gesellschaftliche Entwicklung. Dieser Aspekt wird bei der betriebswirtschaftlichen Betrachtung in der Regel vernachlässigt, da sie viel zu kurzfristig angelegt ist. Zwar gilt es, Verschwen-

---

[299] Zur Problematik des Begriffs s. Schneider, in: König/Benz 1997, S. 249.
[300] Naschold, in: Naschold u.a. 1997, S. 43.
[301] Berg u.a. 1998, S. 241, 263; siehe unten, Abschnitt 5.2.
[302] Sabatier, in: Heritier 1993, S. 119, 127.
[303] Naschold, in: Naschold u.a. 1997, S. 26; zu den Reformphasen s. Reichard, in: Naschold u.a. 1997, S. 52; zu Umfrageergebnissen und weiteren Einschätzungen s. ebenda, S. 53. Die KGSt nimmt an, dass sich „die Mehrheit der Teilnehmer mit dem Neuen Steuerungsmodell auseinandersetzt" und es vor allem um die Optimierung des Personal- und Mitteleinsatzes geht (KGSt-Mitgliederbefragung 1997, S. 7). Zum aktuellen Stand der Verwaltungsmodernisierung s. Deutsches Institut für Urbanistik 2005; KGST 2005; Naßmacher 2006, S. 9.

dung zu verhindern, aber auch Sparsamkeit kann auf Dauer teuer werden. Die Bewertungsfragen dürfen bei der Beurteilung von Leistungen oder alternativen Lösungswegen nicht vernachlässigt werden. Dies ist Aufgabe der Politiker.

Eine wichtige Rolle bei den Reformüberlegungen spielt die Steuerung auf Abstand durch die gewählten Ratsmitglieder. Die Kommunalpolitiker sollen dabei auf die Langfristperspektive festgelegt (Kontrakte über Produkte) werden und durch das Instrument des Controlling bessere Entscheidungsgrundlagen erhalten. Dem steht entgegen, dass Bürger sich mit Hilfe der neuen Beteiligungsmöglichkeiten verstärkt auf Einzelfälle und die Kurzfristdimension hin orientieren können. Einzelne Ratsmitglieder werden sich, ausgelöst durch unvorhersehbare Ereignisse (z.B. Konkurs eines wichtigen Unternehmens, Steuerausfälle, Angebote eines privaten Investors) und das politische Alltagsgeschäft (z.B. Rückfragen von Bürgern oder Aktivisten in Vereinen, Verbänden und Parteien) nach wie vor um kurzfristige Krisenbewältigung und um Einzelprobleme kümmern müssen, weil Politiker für Weichenstellungen verantwortlich gemacht werden. Dabei geht es zuweilen auch um den Vollzug bestimmter Entscheidungen. Heranrückende Wahltermine verschärfen das Interesse der Politiker, Einzelinformationen an die Verwaltung weiterzugeben, sich Informationen zu beschaffen und Prozesse zielgerichtet zu beschleunigen. Neue Probleme verlangen ein flexibles Eingehen darauf. Ziele müssen also immer wieder zur Diskussion stehen können.[304] Es ist deshalb zu bezweifeln, ob sich die von der KGSt angeprangerte „Verantwortungsmischung zwischen Politik und Verwaltung",[305] die „organisierte Unverantwortlichkeit"[306] oder informelle Kommunikationsprozesse durch Kontraktmanagement und Controlling zurückdrängen oder gar ausmerzen lassen.[307] Vielmehr deutet die Analyse tatsächlich ablaufender Politikprozesse auf ein interaktives Vorgehen mit ständiger Rückkopplung. Der Rat bzw. seine Führungskräfte werden eine Beschränkung nicht hinnehmen. Auch zeichnet sich die Gefahr ab, dass zeitraubende Festlegung von Produkten und überdetailliertes Berichtswesen beim Controlling[308] eine neue Bürokratisierung auslösen.

---

[304] Dem Kontraktmanagement liegt ein mechanisches Denken aus der frühen Policy-Forschung zugrunde, das für analytische Zwecke, aber nicht für die praktische Gestaltung von Politik geeignet erscheint: Zieldefinition, Politikformulierung, Implementation, Evaluation.

[305] KGSt 5/1993.

[306] Banner 1991, S. 6.

[307] Kritisch zur Trennung von Politik und Verwaltung auch Naschold, in: Naschold u.a. 1997, S. 321. Das hat die KGSt inzwischen auch erkannt und die naive Vorstellung vom Ablauf der Politikprozesse weitgehend revidiert (s.d. Stock 2000, S. 28f. unter Bezug auf Heinz 2000).

[308] „Aus den Fachbereichsberichten entwickelt der Steuerungsdienst jeweils ‚Konzernberichte', die das Kollegium dem Rat präsentiert." (Kleinfeld u.a. 1996, S. 201) In den ersten drei Monaten nach Ablauf des Haushaltsjahres legt jeder Bereich seinen Jahresbericht vor, der nach Prüfung durch den Steuerungsdienst und externe Prüfer in der entsprechenden Rechnungskommission des Rates diskutiert wird. Die Jahresberichte sollen dann wieder Grundlage für bedarfsgerechte Budgets für einzelne Produkte sein. (So wurde im Hinblick auf niederländische Erfahrungen bereits die These vertreten, dass „die Aussagekraft, Konsistenz und Qualität der zahlenmäßigen Unterbauung des Tilburger Haushaltsplans mit einer eines kommunistischen Fünf-Jahres-Planes" zu vergleichen sei; Kleinfeld u.a.

Beim eigenverantwortlichen Handeln der Verwaltungseinheiten (Verwaltung bestimmt das „Wie") ist zu bedenken, dass sich im Laufe der Zeit etablierte Klientelbeziehungen[309] zwischen Fachämtern und Interessenorganisationen verfestigt haben: „Der Egoismus der Ressorts ist meist der Egoismus gesellschaftlicher Interessengruppen,"[310] also Ausdruck gesellschaftlicher Verteilungskonflikte. Bei Verselbstständigung der einzelnen Bereiche und beim Übergang der Ressourcenverantwortung könnte die Kommunikation mit der lokalen (Teil-) Öffentlichkeit und im Rahmen der Politikverflechtung noch enger werden. „Unternehmerische" Bereiche werden möglicherweise - unterstützt durch Fachpolitiker mit überörtlichen Kontakten - durch eigene Erkundungen zu einer weiteren Sektoralisierung beitragen, indem sie z.B. versuchen, Kosten zu externalisieren, durch mehr Informationen ihren Politikbereich zu fördern oder sich selbst zu profilieren. Dies würde eine spezifische Lobbystruktur weiter verfestigen, wie sie bereits in alten Politikfeldern ausgeprägt ist, z.B. der Infrastruktur-, Bau-, Wirtschafts- und Sozialpolitik. Hier kommt es auch zum Hineinagieren der Klientel in die Fachverwaltung und zur Kumpanei zwischen Klienten und Fachverwaltung. Diese Kommunikationsbeziehungen werden gepflegt, um im Vorfeld „vertretbare" Lösungen für Einzelfälle zu suchen (z.B. Gewerbepolitik), auf die Verteilung von Vorteilen hinzuwirken (Infrastrukturmaßnahmen, Stadtsanierung) oder auch die jeweils erreichten Anteile bei der Mittelverteilung zu wahren (Sozialpolitik). Mitwirkungsansprüche von Parteien sowie deren Zusammenwirken mit einzelnen Bürgern, Teilen von Ratsfraktionen oder Bürgerinitiativen sorgen für Unberechenbarkeit.

Dies ist in neuen Politikfeldern, wie der Umweltpolitik, noch stärker ausgeprägt. Hier wirken Ansprüche neuer Gruppen, auf die politikfeldferne Akteure noch nicht eingestellt sind, verunsichernd, während die politikfeldnahen Akteure dazu tendieren, Mitwirkungsansprüche zu instrumentalisieren, also die Netzwerke der beteiligungsbereiten Gruppen für eine Verbesserung des eigenen Einflusses zu nutzen. Wie sich dann die konkrete Entscheidungsstruktur gestaltet, hängt von der Konfliktfähigkeit der mitwirkungsbereiten Gruppen und vom Managementpotenzial im Politikfeld ab. Als weiteres Problem kommen die im Rahmen der unterschiedlichen Politikfelder verselbstständigten bzw. aus der Verwaltung ausgegliederten Wirtschaftseinheiten hinzu, die nur teilweise kontrollierbar sind. Allerdings wird die

---

1996, S. 31.) Durch laufende Information (mehrfach im Jahr) soll die Verwaltung im Rat entsprechende Vorschläge als Reaktion auf Planabweichungen unterbreiten.

[309] Dieser unmittelbare Interessenbezug, und nicht etwa eine besondere „Dynamik der parlamentarischen Willensbildung" (Schmölders, in: Peters 1959, S. 36f.), verursacht die Schwierigkeiten demokratischer Konfliktregelung.

[310] Siebel 1974, S. 50.

Zahl dieser Einheiten häufig überschätzt, weil als Orientierung nur die sehr großen Städte dienen.[311]

Eine Steuerung auf Abstand - wie immer sie in neuen Steuerungsmodellen im Einzelnen ausgestaltet sein mag - wird sich auf diese Ausdifferenzierung der Referenzsysteme einstellen und Vorkehrungen dagegen treffen müssen. Auf die zentralen Vorentscheider kommt also eine wesentlich schwierigere Koordinationsaufgabe zu. Ob sich durch die Zusammenfassung von Ämtern zu Bereichen und die Zusammenlegung von Ratsausschüssen die Governance-Probleme lösen lassen, sodass eine „Neubalancierung von Politik und Verwaltung" möglich wird, bleibt fraglich.[312] Der Bürgermeister wird das Controlling als Führungsunterstützung dringend benötigen, aber nach wie vor auf spezifische informelle Koordination zwischen Rat und Verwaltung angewiesen sein. Ohne Eliten kann in der Demokratie nicht effizient entschieden werden. Wichtig ist nur, dass ein Austausch der Entscheidungsträger durch die Wähler möglich bleibt. Das plebiszitäre Verfahren scheint dieses Problem zumindest partiell zu bearbeiten, denn jede Führungskraft sucht sich - abseits formeller Positionen und festgefügter Mehrheiten im Rat - kraft Persönlichkeit und daraus resultierendem Politikstil die Personen aus, mit denen Zusammenarbeit möglich ist.

Elitenzentrierte Betrachtungen scheinen den Forderungen nach mehr Bürgernähe zuwider zu laufen. Dies ist aber nur dann der Fall, wenn sowohl die gewählten Repräsentanten als auch die Verwaltung nicht ständig Kontakt zum Bürger halten. Sicherlich ist der Zugang von Eliten zu den Bürgern vor allem medienvermittelt, während die nicht zu den Vorentscheidern zählenden Ratsmitglieder eher direkte Bürgerkontakte pflegen können.[313] Dies gilt auch für die nachgeordneten Verwaltungsmitarbeiter bei der Bewältigung ihrer normalen Dienstaufgaben. Weil die gewählten Repräsentanten in den Ratsfraktionen nicht genügend Responsivität[314] erkennen lassen (so zumindest die weitverbreitete Kritik),[315] soll die Verwaltung auf mehr Bürgernähe eingeschworen werden.[316] Vielfach war es bislang so, dass Kenntnisse aus dem Verwaltungsvollzug bei hierarchischem Verwaltungsaufbau und entsprechender Steuerung nicht als wichtige Informationen berücksichtigt wurden. Andererseits bleibt natürlich zu fragen, ob der einzelne Verwaltungsmitarbeiter in seiner Ausbildung mit der genügenden Sensibilität ausgestattet wurde, um wichtige

---

[311] Z.B. bei Wohlfahrt/Zülke 2005, S. 62f., im Gegensatz zu Püttner 2002, S. 17. Zur Steuerung der Beteiligungen (Beteiligungsmanagement) siehe die empirischen Erhebungen bei Killian u.a. 2006, S. 50ff.

[312] Erste Schritte in diese Richtung gibt es z.B. in Osnabrück. Hier wurde bereits der Sportausschuss zusätzlich mit Zuständigkeiten der Querschnittausschüsse (insbesondere Personal- und Bauausschuss) ausgestattet (König 1997, S. 64).

[313] Naßmacher, in: Thränhardt/Uppendahl 1981, S. 61f.; Ratsmitglieder selbst schätzen ihre Bürgerorientierung als wesentliche Dimension ihrer Tätigkeit ein (Simon 1988, S. 34).

[314] Uppendahl 1981a, S. 189f.

[315] S.d. zusammenfassend Götz 2001, S. 124.

[316] Bürgerämter verleihen dem nur partiell Ausdruck, weil sie sich nur auf einzelne Leistungen der Verwaltung beziehen.

Entwicklungen wahrzunehmen, sie in sein Handeln einzubeziehen oder sie als führungsrelevante Informationen zur Verfügung zu stellen. Mehr Eigenverantwortung der einzelnen Bereiche bedingt spezifische Anstrengungen der Aus- und Fortbildung im Hinblick auf gesellschaftliche Entwicklungen.[317] Daneben ist der Kommunikationsfluss von unten nach oben zu verbessern. Für die Vorbereitung von Entscheidungen sollen auch Ergebnisse von Bürgerbefragungen[318] benutzt werden. Ratsmitglieder müssen darauf achten, dass hier nicht eine „Nachrüstung" der Verwaltung mit Informationen stattfindet, die diese den gewählten Repräsentanten noch überlegener macht. Andere sehen in den Bürgerbefragungen gar eine „dritte Säule der Demokratie", neben repräsentativen und direktdemokratischen Elementen.[319]

Auch Bürgerbegehren und Bürgerentscheid können tendenziell dazu beitragen, die Sensibilität für Anliegen der Bürger zu verbessern. Sie sind allerdings auch mit der Gefahr verbunden, die Sektoralisierung der Gemeindepolitik weiter voranzutreiben und die Gesamtkoordination zu erschweren. Jedenfalls konnte bei der Aufarbeitung von (bisherigen) Erfahrungen festgestellt werden, dass das politische Leben sich dadurch über einen größeren Zeitraum hinweg sehr stark auf einzelne Sachfragen konzentriert. Dies ist natürlich besonders dort der Fall, wo Bürgerbegehren ohne besondere Schwelle zu Bürgerentscheiden führen können.[320] Eine verstärkte Nutzung erfuhr das Instrument in Baden-Württemberg erst seit 1977.[321] Bei längerfristiger Betrachtung zeichnen sich Themenkonjunkturen ab. Waren es in den 1970er Jahren vor allem kommunale Gebietsreform und Bebauungsplanung (einschließlich Sanierung), so sind es heute Ergänzung der kommunalen Infrastruktur, Straßenbau und Umweltschutz. In den neuen Bundesländern wiederholte sich Anfang der 1990er Jahre der Einstieg mit der Gebietsreform. Insgesamt gesehen wird das St. Florians- oder Nimby-Prinzip (not in my backyard) zuweilen als Anzeichen einer „Demokratie von unten" verklärt. Häufig nutzen Teile des Gemeinderates das Instrument zur eigenen Entlastung oder um als unterlegene Minderheit doch noch ihre Vorstellungen durchzusetzen (so in Bayern und Schleswig-Holstein beobachtet). Die Mobilisierung der Abstimmungsberechtigten wäre in Groß- und Mittelstädten kaum erfolgreich, wenn nicht etablierte Organisationen, Parteien oder Medien mit ihren Kommunikationsnetzen solche Initiativen unterstützten.[322] Hier müsste ein vorausschauendes Management antizipativ handeln, z.B. durch Überzeugung oder moderne Verfahren der Konfliktbearbeitung (Mediation).[323]

---

[317]   Zu den Problemen bisheriger Fortbildungsmaßnahmen s. Reichard, in: Wollmann/Roth 1999, S. 519ff.
[318]   Schon entdecken Meinungsforschungsinstitute diese neuen Dienstleistungen und bieten sie Städten an.
[319]   Kißler, in: Bogumil/Kißler 1997.
[320]   Regeln und Anwendungspraxis bei Wollmann, in: Derlien 2001, S. 32ff. und Bogumil/Holtkamp 2006, S. 108ff.
[321]   Vgl. Beilharz 1981, insbes. S. 180ff.; Ardelt/Seeger 1977, S. 91-119; Seeger 1988, S. 516-535.
[322]   Naßmacher 1997, S. 447ff.
[323]   S.d. Zilleßen u.a. 1993, sowie Zilleßen 1998a und 1998b; kritisch dazu Jansen 1997, S. 274ff.

Die nach der kommunalen Verwaltungs- und Gebietsreform eingeführten und inzwischen etablierten Strukturen einer teilräumlichen Gliederung (Ortsräte, Bezirksvertretungen) sind bereits in Mittelstädten Ursache für eine andere Art von Sektoralisierung, nämlich der Verfestigung von Egoismen einzelner Stadtteile. Andererseits müssen die Ortsteilvertretungen aber auch als Einrichtungen gewürdigt werden, die Bürgernähe mit Legitimation koppeln. Wo teilräumliche Vertretungskörperschaften abgeschafft wurden, um komplexe Managementstrukturen zu vereinfachen, haben sich eher negative Auswirkungen gezeigt: Bürgerschaftliches Engagement in der Kommunalpolitik ging zurück.[324]

Die bisher dargelegten Befunde zu den Entscheidungsprozessen und jenen relativ dauerhaften Faktoren, die Entscheidungsfindung und Steuerung (Governance) bestimmen, lassen sich verschiedenen Dimensionen von Politik zuordnen. Zu den politischen Rahmenbedingungen (polity) gehören die Gemeindeordnung, das Wahlsystem und teilräumliche Vertretungssysteme (Bezirksvertretungen, Ortsräte und die Ausdifferenzierung der Verwaltungsorganisation). Die Prozess-Dimension (politics) darf aber nicht unterschätzt werden. Ihr sind zunächst die Mehrheitsverhältnisse im Rat, die Wirtschaftsstruktur (und damit die dominanten Interessen) sowie die Stadtstruktur (Ausdifferenzierung in der Fläche) zuzuordnen. Letztere sorgt wahlweise für einen nicht in Frage gestellten Zentralismus oder die Dominanz parochialer Orientierungen. Dieser Aspekt leitet zur Bedeutung der politischen Kultur über, die in langfristig eingeübten Verhaltens- und Verfahrensweisen sowie Orientierungen ihren Niederschlag findet, z.B. dem Beibehalten von Allparteienabsprachen oder -koalitionen bzw. der Ausgrenzung bestimmter politischer Kräfte (wie anfangs der PDS in den neuen Bundesländern). Für polity und politics ist die Stadtgröße von Bedeutung. Größere Städte haben ausdifferenziertere, professionelle Entscheidungsstrukturen, sodass wahrscheinlich die Polity-Dimension wichtiger wird. Die Koordination ist schwieriger. Das Führungsvermögen und die politischen Stile der Eliten kommen in den Blick.

Bei der Analyse von durchaus komplexen Entscheidungsabläufen wurde deutlich, dass die Betrachtung der einzelnen Politikfelder in den verschiedenen Bearbeitungsphasen nur für analytische Zwecke benutzt werden kann. Tatsächlich sind Politikprozesse sehr viel komplizierter. Politikwissenschaftler haben sich daher an Überlegungen der Organisationstheorie orientiert und das sogenannte „Mülleimermodell"[325] übernommen. Mit diesem (garbage can) Modell wird die Vorstellung von

---

[324] Dies erwies sich vor allen Dingen als Problem für die Parteien, deren personelle Rekrutierungsbasis geschmälert wurde. Bezirksvertretungen sind auch immer eine Möglichkeit für die hier vertretenen Repräsentanten, sich für ein höherwertiges Mandat zu empfehlen. Sie schaffen den Mitgliedern eine gewisse Reputation. Diese gesellschaftliche Anerkennung fehlt beim sonstigen ehrenamtlichen Engagement in Parteien (Naßmacher, in: Gabriel u.a. 1997b, S. 431). Insofern sind Bestrebungen in Hessen, die Kommunen zu ermächtigen, die Zahl der Ratsmandate zu reduzieren, Schritte in die falsche Richtung.

[325] Cohen u.a. 1972.

programmgesteuerter Politik mit vorausgesetzter Abfolge von Entscheidungsstufen verlassen. Das Mülleimermodell betrachtet Entscheidungsvorgänge eher als „organisierte Anarchie". Damit scheint die Realität von Entscheidungsprozessen aber auch nicht wirklichkeitsnah abgebildet. Viele Erkenntnisse zum Entscheidungsverhalten würden irrelevant werden. Denn es lässt sich nach der bisherigen Diskussion kaum übersehen, dass die Strukturierung keineswegs einer „organisierten Anarchie" entspricht. Wichtig ist allerdings, dass Entscheidungsgelegenheiten stärker in den Blick rücken, die zuweilen einem Zusammentreffen „glücklicher Zufälle" entspringen. Die Akteure müssen gleichzeitig in unterschiedlichen organisatorischen Teilsystemen an Regelungen arbeiten. Ob die Bearbeitung eines Problems vorangebracht werden kann, hängt auch davon ab, welche anderen Probleme gerade bearbeitet werden müssen, welche Lösungen sich aktuell anbieten, ob ein Problem zunächst unbearbeitet gelassen werden kann oder ob der Problemdruck so stark wird, dass eine Entscheidung - möglicherweise nur eine symbolische – nahezu zwingend erforderlich ist. Ob eine Problemlösung zustande kommt, ist durch situative Faktoren bedingt. Der „Entscheidungskorridor" (policy window) gestattet eine (wie immer geartete) vorläufige Regelung oder ein Ruhigstellen des Problems. Das Mülleimermodell betrachtet nur das „zufällige Zusammenfließen" von Entscheidungsproblemen und Lösungen mit den zugehörigen mehr oder weniger lose oder fest verkoppelten Teilnehmern und den sich zufällig ergebenden Entscheidungsgelegenheiten. Daraus ist zu entnehmen, dass ein Programm (der policy output) nur ausnahmsweise stromlinienförmig oder optimal sein kann.[326] Dies gilt auch für die Beratung des Gemeindehaushalts.

4.4 Beratung des Gemeindehaushalts

Die Erarbeitung des Haushaltsplans (der Budgetierungsprozess) wird häufig als zentrales Element der Entscheidungsfindung von nicht-marktorientierten Organisationen gesehen. In diesem Sinne handelt es sich um den Kulminationspunkt des gesamten Entscheidungsspektrums.[327] Bei der Aufstellung des Haushaltsplans werden die Weichenstellungen für alle anderen politischen Entscheidungen vorbereitet. Im Gegensatz zu anderen Debatten haben die Auseinandersetzungen im Rat dazu in der Regel größeres Gewicht.

Prinzipiell unterscheidet sich die Arbeit der Gemeindeverwaltung und der Gemeindevertretung am Gemeindehaushalt nicht von ihrem Vorgehen bei der Beschäftigung mit anderen Vorlagen. Allenfalls erscheinen ein größerer Umfang des Ge-

---

[326] Die Folgen für das Controlling sind absehbar.

[327] Der Hauptausschuss des Deutschen Städtetages bezeichnet den Haushaltsplan als „Hauptkontrakt" zwischen Politik und Verwaltung und weist ihm damit die Funktion des zentralen Planungs-, Steuerungs- und Kontrollinstruments zu (Der Städtetag 12/1998, S. 789).

genstandes (und der Unterlagen), eine relativ starke Formalisierung des Verfahrens (einschließlich einer zeitlichen Beschränkung) und der vorhersehbare Zeitpunkt der abschließenden Beratungen (alljährlich im Herbst) bemerkenswert. Da Abänderungen und Ergänzungen, die ein Entwurf in den Beratungen des Gemeinderates erfährt, den Voranschlag in der Regel nicht entscheidend umgestalten, geht ein wesentlicher Impuls von der jeweiligen Kommunalverwaltung aus. Für die Arbeit am Haushaltsplan hat sich ein Ritual ausgebildet, in das die Grundstrukturen kommunalpolitischer Entscheidung ebenso eingegangen sind wie einige durch den Gegenstand bedingte Besonderheiten. Aufstellung, Beratung und Inkrafttreten jedes Haushaltsplans liegt „ein langgestrecktes ... Zusammenspiel zwischen Verwaltung, Rat, Bürgerschaft und Aufsichtsbehörde" zugrunde.[328]

Bisher erfolgte die Haushaltsaufstellung in den großen Städten so: Die (verwaltungsinterne) Aufstellung des Haushaltsplans stellte sich als ein dreistufiges Verfahren zur Kontrolle der Bedarfsexplosion (Ausgabenbremse) dar (Abbildung 27). Die erste Stufe bildete die Bedarfsermittlung der Ämter und Dezernate, die zweite die Abstimmung zwischen Fachämtern und Kämmerei, die dritte schließlich die abschließende Beratung der Verwaltungsspitze.[329] In kleinen Gemeinden konnte sich das Verfahren - bedingt durch ein geringeres Maß an verwaltungsinterner Arbeitsteilung - um eine Stufe vereinfachen. Das Grundproblem bei der Aufstellung des Entwurfs bleibt jedoch die Abstimmung zwischen Ausgabenwünschen und möglichen Einnahmen.

Spätestens im Frühsommer eines Jahres begannen die Arbeiten am Haushaltsplan für das kommende Jahr. Dies lief bisher so ab, dass die einzelnen Ämter von der Kämmerei aufgefordert wurden, ihre Vorstellungen darzulegen und entsprechende Anforderungen für die einzelnen Haushaltstitel einzureichen. Die teilautonomen Akteure verfolgten dabei auch eigene Ziele: Viele konkurrierende Ämter wollten natürlich keinen Bedeutungsverlust erleiden.[330] Sie haben wiederum Erwartungen ihrer Klientel und der Fachpolitiker zu berücksichtigen. Deshalb waren die Haushaltsansätze des Vorjahres die wichtigste Orientierung. Mehrbedarfsmeldungen, auf die in der Regel die meiste Aufmerksamkeit gerichtet wird, müssen Verteilungsprobleme auslösen, denn sie begrenzen bei knappen Kassen die Ressourcen anderer Ämter und sind also objektiv Umverteilungspolitik. Da der Koordinationsinstanz allerdings die Teilinformationen aus den Fachämtern fehlen, ist sie stark auf Kompromissfindung und Bargaining-Strategien angewiesen, um letztlich den Budgetierungsprozess zu einem Gesamtentwurf zusammenführen zu können.[331] „Häufig wird die Meinung vertreten, man müsse bei den Anmeldungen zum Haushaltsplan

---

[328] Giere 1965, S. 315.
[329] Vgl. Pohl/Voigt, in: Klemisch u.a. 1994, S. 99.
[330] Kunz 2000 unter Verarbeitung der internationalen Literatur, S. 162.
[331] Vgl. dazu Mäding, in: Mäding 1983, S. 21.

das Doppelte fordern, um letztlich die Hälfte davon tatsächlich zu bekommen."[332] Zweifellos wurde vielfach nach dieser Methode vorgegangen. Es gab aber sicher auch immer Ämter, deren Haushaltsanforderungen ausschließlich auf Ansätzen beruhten, die sich am konkreten Bedarf orientierten, nicht von Taktik angeleitet waren und sich bis in die Einzelheiten gut begründen ließen. Während das eine Verfahren pauschale Kürzungen vorsieht, zielt das andere darauf, ein auf Glaubwürdigkeit beruhendes Vertrauensverhältnis zwischen Fachamt und Koordinationsinstanz aufzubauen. Alljährlich musste also das Dilemma zwischen Ressortegoismus und Deckungslücke bewältigt werden. Langwierige Verhandlungen mit den einzelnen Dezernaten waren die Folge, um so „die Positionen der Ausgabenseite den vorhandenen Mitteln anzupassen."[333]

In Zukunft sollen die Ausschüsse und Fachbereiche aufgrund der erwarteten Einnahmen ein Budget[334] für die Erstellung ihrer Produkte erhalten. Unter Budgetierung ist dabei eine prospektiv ausgerichtete monetäre Planung zu verstehen, die eine bedarfsgerechte Versorgung der dezentralen Einheiten mit entsprechenden Finanzmitteln gewährleistet. Wesentlich ist, dass diese Budgetierung als gemeinsame Aufgabe zwischen Führung und dezentralen Einheiten verstanden wird. Also nicht das jeweilige Amt meldet wie bisher seinen Bedarf an, sondern die Kämmerei ermittelt zunächst aufgrund der zu erwartenden Einnahmen den wahrscheinlich zur Verfügung stehenden Finanzrahmen, und gibt den Bereichen (nach Diskussion im Finanzausschuss) bekannt, mit welchem Budget für den jeweiligen Bereich zu rechnen ist. Nachdem feststeht, welchen Finanzrahmen die einzelnen Bereiche zur Verfügung haben, gehen diese (nach Beratung mit den Ausschüssen) daran, eine entsprechende Planung für die Verwendung vorzulegen.[335] Dabei müssen sie vorausdenken, dass alle anfallenden Ausgaben, auch die für Leistungen Dritter, aus diesen (auf den Bereich entfallenden) Finanzmitteln zu bezahlen sind. Die Verantwortung für den Finanzrahmen soll also von den bisherigen Querschnittämtern auf die Fachbereiche übergehen. Das bedeutet auch, dass aus dem Budget personelle und materielle Leistungen anderer Bereiche der Verwaltung beglichen werden müssen, die für die Erstellung der Produkte erforderlich sind, einschließlich der Nutzung von Gebäuden. Dies soll das Bewusstsein für Vermögensbestände fördern. Die Flexibilität besteht darin, dass die Bereiche bei der Erstellung ihrer Produkte die bereitgestellten Fi-

---

[332] Schauerte 1975, S. 33.
[333] Schmölders, in: Peters 1959, S. 44.
[334] Zur Verbreitung der Budgetierung in Städten mit über 50.000 Einwohnern Difu-Berichte 2/1996, S. 5. Es handelt sich um jenes Reformfeld, das am weitesten vorangeschritten ist. Allerdings dürfen die Fortschritte nicht überbewertet werden, wie empirische Ergebnisse aus 2005 zeigen. Der Rückfall in das alte Vorgehen ist auch erkennbar (Bogumil u.a., in: Bogumil u.a. 2005, S. 173). Zum konkreten Vorgehen in der Praxis s. beispielhaft Kuban, in: Wollmann/Roth 1999, S. 482; Winkler-Haupt 1988, S. 139, 140, 165, 166; Bogumil/Holtkamp 2006, S. 152ff.
[335] Nach Abbildung 27 ist eine Einbindung der gewählten Repräsentanten in diese Debatte von der Verwaltungsseite her nicht vorgesehen.

nanzmittel (das Budget) entweder für Personal und für Sachmittel (gegenseitige Deckungsfähigkeit) verwenden oder Leistungen von internen und externen Anbietern beziehen können. Auch soll nicht derjenige bestraft werden, der spart: Die Übertragbarkeit der Mittel ins nächste Jahr bleibt möglich. Bisher wurde der Stand jedes Titels vom Vorjahr als Nullniveau für das nächste Jahr verstanden. Dies hatte das „Dezemberfieber" zur Folge, also das Bemühen, den Haushaltsansatz vor dem Ende des Haushaltsjahres voll auszuschöpfen.[336]

Im Gesamtentwurf des Haushaltsplans (neuerdings zuweilen als „Haushaltsbuch" bezeichnet) müssen sich selbstverständlich ebenso alle „Produkte" wiederfinden,[337] die die Verwaltung laufend anbietet, wie auch aktuelle Investitionsvorhaben, die traditionellerweise im Vermögenshaushalt ihren Niederschlag fanden, z.B. der Bau eines Kindergartens oder die Verkehrsberuhigung einer Straße. Mit Hilfe des Denkens in Produkten ist langfristig an eine Überwindung der Trennung von Verwaltungs- und Vermögenshaushalt gedacht. Der Bezug auf unsere Beispielfälle zeigt bereits, dass die Vorbereitung eines Haushaltsplanentwurfs keineswegs auf Überlegungen innerhalb der Gemeindeverwaltung beschränkt bleibt.

Bei der Festlegung der Gesamteinnahmen spielt nämlich auch die Ausschöpfung finanzieller Spielräume am Ort eine Rolle. Jeder Kämmerer versucht, die Haushaltsberatungen im Rat und in seinen Ausschüssen durch die Konzeption des Voranschlages und den Inhalt der „Vorbemerkungen" (in Zukunft ergänzt durch die Berichte der einzelnen Bereiche) in eine gewisse Richtung zu lenken.[338] Alle Steuerungspolitiker werden sich bemühen, die örtlichen Interessenstrukturen zu antizipieren (Möglichkeiten für Steuer- oder Gebührenerhöhung, Problemdruck bei einzelnen Maßnahmen) und ihnen auf der Einnahmen- und Ausgabenseite des Haushaltsentwurfs Rechnung tragen. Kein Kämmerer wird (ohne Not) die Lokalpresse durch die vorgesehenen Steuer- und Gebührenfestsetzungen zu einer Kampagne gegen seinen Entwurf herausfordern. Angesichts der erheblichen Bedeutung des (gewerbe- und/oder grundsteuerpflichtigen) Mittelstandes in den und für die kommunalen Vertretungskörperschaften[339] und der Orientierung der Lokalpresse an den Interessen der örtlichen Honoratioren,[340] die in dieser Frage auch die persönlichen Interessen ihres Verlegers sind, erspart der Kämmerer sich so unnötige und aussichtslose Konfliktsituationen. Er nimmt allerdings auch im (tatsächlichen oder vermeintlichen) Interesse der Erhaltung von Arbeitsplätzen eine reduzierte finanzielle Leistungsfähigkeit der Gemeinde in Kauf. Die unmittelbare Verbindung zwischen etablierten kommunalen

---

[336] Wagener, in: Wagener 1980, S. 29. Dieses flexible Vorgehen wurde durch eine Experimentierklausel ermöglicht. Danach kann das Innenministerium in begrenzten Ausnahmefällen von entsprechenden organisations- und haushaltsrechtlichen Vorschriften absehen (Kleinfeld u.a. 1996, S. 108; Budäus 1992, S. 31), die in Gemeindeordnung und Gemeindehaushaltsverordnung enthalten sind.

[337] S. Abschnitt 2.2.2; Abbildung 3: Produktrahmen.

[338] Vgl. Schmölders, in: Peters 1959, S. 44.

[339] Vgl. oben, Abschnitte 1.2.2, 3.2, 4.1.1.

[340] Vgl. oben, Abschnitt 4.2.2.

Interessen und Gemeindesteuerpflichtigen wirkt als Einnahmenbremse für die Gemeinde.

Zunächst einmal bringen politische Diskussionen am Ort oder in überörtlichen Zusammenhängen (durch die EU, die Bundes- und Landespolitik, die kommunalen Spitzenverbände, die politischen Parteien, Fachzeitschriften für Kommunalverwaltung[341] und Kommunalpolitik[342] oder auch überörtliche Massenmedien) neue Themen, neue Aufgaben, neue Lösungsmöglichkeiten (kurz: politische Innovationen), die - soweit sie finanzwirksam sind - in den Gemeindehaushalt umgesetzt werden können oder aufgrund von Druck umgesetzt werden müssen. 1998 ließ sich in allen Städten eine Aufstockung des Personals zumindest um eine Stelle zum Ingangsetzen des Prozesses der Lokalen Agenda 21 beobachten.[343]

Sehr viel massiver als politische Innovationen bewirken aktuelle Entwicklungen im Bereich der Bundes- und Landespolitik gemeindlichen Handlungsdruck oder -optionen. So stoßen immer schon landespolitische Auseinandersetzungen (z.B. 2006 die Debatte über kostenlose Kinderbetreuung) bzw. die bundespolitischen Maßnahmen zur Stabilisierung der Beschäftigungslage (Konjunkturprogramme) finanzwirksame Entscheidungsprozesse an. Typischerweise waren diese Ende der 1960er/Anfang der 1970er Jahre auf Infrastrukturmaßnahmen bezogen. Aber auch Programme der 1980er Jahre, z.B. zur Verkehrsberuhigung oder zur Förderung von Bädergemeinden, zeigen in vielen Kommunen inzwischen ihre Wirkungen. 2006 brachten Bundesmittel, aufgestockt durch Gelder des Landes, die Ganztagsbetreuung von Schulkindern voran. Dies kann natürlich nur eintreten, wenn kommunale Akteure die Möglichkeiten erkennen und nutzen. Bei Konjunkturprogrammen gilt es meistens, Ausdauer zu beweisen, denn die allgemeinpolitische Großwetterlage als Entscheidungshintergrund ist kaum vorhersehbar. Angebote privater Investoren können dazu dienen, dass Vorstellungen verwirklicht werden, die eher zufällig in das Reservoir des Wünschbaren gehören. Nicht nur die intensiver recherchierten Beispiele zeigen, dass in diesem Zusammenhang die zentralen Steuerungspolitiker eine wichtige Rolle spielen. Dies gilt besonders dann, wenn sie neu im Amt sind und nach Profilierung streben.[344]

Angesichts dieser empirischen Befunde (innovative Idee mit zwangsläufigen Folgeentscheidungen; kurzfristige Reaktionsnotwendigkeit auf Handlungsoptionen) erscheint es ziemlich utopisch, dass nach den Kommunalwahlen der Rat ein politisches Arbeitsprogramm aufstellen soll und daraus der Steuerungsdienst im Vorfeld der jährlichen Etatberatungen eine „Jahresprojektion" erstellen kann, die dann früh-

---

[341] Z.B. „Die Verwaltung" und Verbandszeitschriften (z.B. des Städtetages, des Städte- und Gemeindebundes und des Landkreistages).

[342] Kommunalpolitische Blätter (CDU), Demokratische Gemeinde (SPD), Alternative Kommunalpolitik (Grüne), Das Rathaus (FDP).

[343] Kleinere Städte begnügten sich zuweilen mit einer Mitarbeiterin aus Mitteln für Arbeitsbeschaffungsmaßnahmen.

[344] Naßmacher/Naßmacher 1999, S. 343f.

zeitig dem Rat bzw. seinen Ausschüssen mit den einzelnen Budgets der Fachbereiche zugeleitet wird.[345] Die neue Praxis wird also darauf hinauslaufen, dass die Jahresprojektion dem bisherigen Haushaltsentwurf relativ ähnlich ist, mit dem Unterschied, dass die Ausschüsse bei der Diskussion zur Verwendung der Budgets früher als bisher und auch formell eingeschaltet werden müssen.[346] In Anknüpfung an die „Jahresprojektion" werden dann im ersten Teil „Leitlinien" erarbeitet (bisher Haushaltsübersicht) und politikfeldbezogene Sachstandsinformationen gegeben, z.B. eine Darstellung der Betriebsführung und der Personalpolitik, ein Überblick über die Finanzentwicklung mit Vorschlägen zur Steuer-, Gebühren- und Investitionspolitik sowie eine Zusammenfassung der Budgets. Der Entwurf für den „Konzernhaushalt" muss dem Rat und seinen Ausschüssen vorgelegt werden.

Die allgemeine Finanzlage der Städte[347] verschafft dem Kämmerer eher noch eine größere Bedeutung im Entscheidungsprozess als vorher. Diese wird noch verstärkt, wenn die Städte und Gemeinden ein Haushaltskonsolidierungskonzept vorlegen müssen, um den Haushalt genehmigungsfähig zu machen. Hier nehmen die Kämmerer in der Regel die Vorgaben der Genehmigungsbehörde sehr ernst. Die Abstimmung mit dieser erfolgt sehr eng und praktisch ohne Einbeziehung der Vertretungskörperschaft.[348] Fachliche Informationen (über sachliche Notwendigkeit und interessenpolitische Einwirkung), die meist nur den einzelnen Abteilungsleitern (Dezernenten, Referenten) zur Verfügung standen, werden durch das Controlling ein Stück weit objektiviert. Auch bisher räumte der Kämmerer allerdings jedem Aufgabenbereich ein bestimmtes Ausgabenvolumen ein und verwies damit einen Teil der Koordinationsarbeit in die Abteilungen (Ämter/Dezernate) zurück. Die verwaltungsinterne Willensbildung über den Haushaltsentwurf fand ihren Abschluss in einer Zusammenkunft der Verwaltungsspitze (Stadtvorstand, Magistrat, Dezernentenkonferenz). Diese Koordinationsleistung muss vorgezogen werden, da Kompromisse oder Kompensationslösungen bei der Festlegung der Budgets frühzeitiger zu suchen sind.

Gerade für diese zentrale Koordinationsleistung wurden durch die Direktwahl des (Ober-) Bürgermeisters erhebliche Verbesserungen für die Erlangung des Ziels eines Haushaltsausgleichs erwartet. Banner stellte die These auf, dass direkt zu wählende Bürgermeister stark am Haushaltsausgleich interessiert sind, weil sie sonst um ihre Wiederwahl fürchten müssen. Sie würden daher einer Leistungsausweitung entgegenwirken. Als Beispiel nannte er dabei die Haushalte der baden-württembergischen Städte im Gegensatz zu denen, die unter der norddeutschen Ratsverfassung in Nordrhein-Westfalen eher ausgeglichen waren.[349] Dabei hat Ban-

---

[345] So jedenfalls die Vorgehensweise in Tilburg. S.d. Kleinfeld u.a. 1996, S. 200, unter Bezug auf Krähmer 1992, S. 32.

[346] Kuban berichtet, dass nur einige Städte die Räte im Stadium der Festlegung der Budgets einbeziehen (Kuban, in: Wollmann/Roth 1999, S. 483).

[347] S. Abschnitt 3.5.

[348] Holtkamp, in: Bogumil 2002, S. 58, 61.

[349] Banner 1984.

ner die prekäre Wirtschaftslage in Nordrhein-Westfalen im Gegensatz zu der Baden-Württembergs allerdings nicht genügend berücksichtigt. Weiterhin stellt sich die Frage, ob die Wählerschaft tatsächlich eine Sparpolitik mehr honoriert, die ein direkt gewählter Bürgermeister nach Banner betreiben würde, als die Leistungsausweitung. Vielmehr ist zu erwarten, dass sich gerade direkt gewählte Bürgermeister durch die sichtbare Verbesserung des Angebots in der Stadt, also durch öffentlich initiierte Bautätigkeit, Anreize für ihre Wiederwahl erhoffen.[350] Daran könnten den Bürgermeister natürlich Haushaltskonsolidierungsmaßnahmen, die von der Kommunalaufsicht vorgeschrieben sind, hindern. In Niedersachsen scheinen diese allerdings flexibel gehandhabt zu werden. Auch in Nordrhein-Westfalen zeigen empirische Ergebnisse, dass es auch hier Mittel und Wege gibt, um einer Deckelung der Investitionspolitik wirksam zu begegnen.[351]

Wie bisher fällt dem Kämmerer durch die Notwendigkeit des Haushaltsausgleichs und die Möglichkeit, einen Rahmen für das Ausgabevolumen abzustecken, die Koordinationsleistung zu. Diese wird auch in Zukunft letztlich schwer kontrollierbar sein, weil die Fachämter (Bereiche) Einnahmemöglichkeiten weniger überblicken und das Controlling vor allen Dingen die Ausgabenseite und die Bedarfe objektivierbar macht. Allerdings wird die traditionelle Strategie des Kämmerers, nämlich „die Kunst, Enttäuschungen gleichmäßig zu verteilen",[352] nicht mehr so leicht anwendbar sein. Dieses „lineare Sparen" diente der Minimalisierung von Konflikten und Entscheidungskosten. Dabei wurden allerdings unterschiedliche Dringlichkeiten ebenso wenig berücksichtigt wie die Tatsache, dass gut gepolsterte Etats solche Kürzungen leichter verkraften konnten als diejenigen, die knapp kalkuliert waren. Zu befürchten war bislang, dass die freiwilligen Aufgaben (Selbstverwaltungsaufgaben) stärker dem Sparzwang zum Opfer fielen. Aufgaben, die mit Hilfe externer Zuschüsse („vertikal verflochtene Aufgaben"[353]) finanziert werden, blieben dagegen eher unangetastet. Klienten und ihre Wünsche brachten durch Antizipation eine „Sperrklinke nach unten" mit sich. Diese Probleme werden nun bearbeitet: Das Instrument des Haushaltsausgleichs soll „produktgerechter" zur Anwendung kommen und frühzeitiger (in Konsultationen der Bereiche mit der Koordinationsstelle der Kämmerei) angewandt werden.

Das Ergebnis dieser Rückkopplungsprozesse wird im Herbst eines jeden Jahres (nach formeller „Feststellung") als Verwaltungsvorlage durch die Etatreden des Verwaltungschefs und des Kämmerers in der kommunalen Vertretungskörperschaft eingebracht. Anlässlich der Haushaltsberatungen bietet sich dem Gemeinderat die Möglichkeit, die gesamte Kommunalverwaltung sowohl im Hinblick auf die zu erfüllenden Aufgaben als auch hinsichtlich ihrer Finanzierung ebenso einer grund-

---

[350]   Naßmacher 2006, S. 87ff., 120ff.
[351]   S. Abschnitt 3.3.
[352]   Müthling 1973, S. 254, S. 254.
[353]   Mäding, in: Mäding 1983, S. 24.

sätzlichen wie einer detaillierten Kritik zu unterziehen. Dennoch bleibt in der kommunalpolitischen Praxis diese Möglichkeit meistens ungenutzt.

Abbildung 27: Haushaltsplanverfahren im Vergleich

Phase	Neues Verfahren	Phase	Altes Verfahren
1	Vorausschätzung der allgemeinen Deckungsmittel, der vorab zu dotierenden Positionen und der verbleibenden Finanzmasse durch 20	1	Haushaltsanmeldung durch die Fachämter
		2	Erstellung des Rohentwurfs durch 20
2	Chefgespräche zur Aufteilung der verbleibenden Finanzmasse auf die Fachbereiche und Vorgabe der Budgets für die Fachbereiche	3	Feststellung des Fehlbetrags, Entscheidung über Kürzungsvolumen, Kürzungsvorschläge durch II/20
		4.1	Abgleichverhandlungen zwischen II/20 und Fachämtern
3	Erstellung der Fachbereichshaushalte durch die Fachbereiche	4.2	Entscheidung über Dissense durch Verwaltungsführung
4	Zusammenstellung der Entwürfe der Fachbereiche zum Gesamtenwurf durch 20	5	Erstellung des Entwurfs durch 20
5	(Einbringung)	6	(Einbringung)
6	(Fraktionsberatung)	7	(Fraktionsberatung)
7	Beratung der Fachbereichshaushalte in den Fachausschüssen	8	Beratung in den Fachausschüssen
8	Abschlussberatungen (z.B. im Haupt- und Finanzausschuss und im Rat)	9	Abschlussberatungen (z.B. im Haupt- und Finanzausschuss und im Rat)

Quelle: Meyer-Pries, in: Schöneich 1996 unter Bezug auf KGSt-Bericht Nr. 6/1993, Köln 1993, S. 9.

Für die Rolle der Ausschüsse und der des Rates im haushaltspolitischen Entscheidungsprozess ist wichtig, dass die Beratung durch das Controlling informierter geschehen soll. Denn dadurch wird ein umfassendes Berichtswesen über die Verwendung der bereitgestellten Mittel (Budgets) institutionalisiert. Der Grundgedanke des Controlling im engeren Sinne ist es, dafür zu sorgen, dass ein geplanter Realisationsgrad/ein angestrebtes Ziel erreicht wird[354] und Abweichungen so früh wie möglich entdeckt werden, um rechtzeitige Zielkorrekturen vornehmen zu können.[355] Die Analysen zum Entscheidungsprozess stellen diese Grundorientierungen aber teilweise in Frage.[356] Die weiteren Überlegungen sind daher als rein betriebswirtschaftlich

---

[354] Brüggemeier 1997, S. 25f.
[355] Bildlich gesprochen entspräche das Verhältnis von Controlling zur Verwaltungsführung dem vom Navigator zum Steuermann. Der Navigator (=Controlling) unterstützt den Steuermann (=Verwaltungsführung) eines Schiffes (=Verwaltung) (KGSt-Bericht B 15/1994, S. 16).
[356] S. oben, Abschnitt 4.3.3.

zu qualifizieren. Die innerhalb des Berichtswesens notwendigen Einzelberichte müssen sich am Aufbau des Produkt- bzw. Haushaltsplans orientieren. Ihre Inhalte sollen zeitliche, finanzielle und leistungsbezogene Abweichungen bei der Produkterstellung sichtbar machen. Weiterhin müssen sie deren Ursachen ergründen und Anpassungsmöglichkeiten aufzeigen. Schließlich gilt es, eine Prognose bis zum Jahresende zu erstellen und Aussagen zu erwarteten Rechnungsergebnissen vorzulegen. Das Messen der Ziele ist allerdings nur dann möglich, wenn Indikatoren oder Kennzahlen entwickelt werden, die nicht nur quantitative, sondern auch qualitative Leistungsziele im Hinblick auf die Produkte vorgeben und kontrollieren können. Die besondere Schwierigkeit dieser Festlegung wurde bereits bei der Diskussion kommunaler Aufgaben besprochen.[357]

Die öffentliche Beratung des Haushaltsentwurfs im Rat (und seinen Ausschüssen) könnte nach Verständigung und Beschluss über die Produkte und Entscheidungen über die Budgetierung (am Beginn der Haushaltsplanaufstellung) recht schlank ausfallen, sodass in den Gremien informelle Einflüsse gruppendynamischer Art (persönliche Wertschätzung, Erfahrungen aus der bisherigen Zusammenarbeit) und die Artikulation oder Durchsetzung von Interessen in dieser Phase der Beratung erheblich an Bedeutung verlieren.[358] Haushaltswirksame Forderungen, von den örtlichen Interessengruppen (im Ernstfall auch öffentlich) mit Nachdruck erhoben, wären früher (bei der Formulierung und Budgetierung von Produkten) anzumelden. Da die einzelnen Abteilungen der Gemeindeverwaltung bei der Verwendung der Budgets flexibel sein sollen, werden die örtlichen Interessenvertreter wahrscheinlich den Kontakt zu den einzelnen Fachbereichen der Verwaltung intensivieren, um bei der Verwendung der Budgets Einfluss zu nehmen. Politiknetzwerke zwischen Verwaltungen und korporativen oder privaten Akteuren von außerhalb der Verwaltung könnten enger geknüpft werden. Eine stärkere Sektoralisierung der Politik dürfte die Folge sein.[359] Bei der abschließenden Beratung in den Ausschüssen und im Rat ist dennoch eine personelle Verzahnung zwischen Interessenten und Entscheidungsträgern ganz besonders nützlich.

Soweit dies nicht der Fall ist und die örtlichen Vereine eine Korrektur des Haushaltskompromisses für erforderlich und durchsetzbar hielten, waren bislang die Fraktionen oder die Ausschüsse die wesentliche Anlaufstelle für Interessentenansprüche, die entweder ortsteilbezogen oder öffentlichkeitswirksam dargeboten wurden. Die Fraktionen gerieten so in ein nur schwer überschaubares Spannungsverhältnis zwischen verfestigten Klientelbeziehungen, verständlichem Profilierungs-

---

[357] S. oben, Kap. 2. Zur Kunst der Leistungsmessung s. Osborne/Gaebler 1997, S. 279ff., insb. S. 284.

[358] Da sich aber zeigt, dass der Rat nach wie vor erst nach Fertigstellung des Entwurfs eingeschaltet wird, ist das nicht zu erwarten.

[359] Damit wird das fachpolitische Übergewicht, das Banner für die bisherigen Haushaltsplanberatungen, feststellt, nicht bearbeitet (Banner, in: Schimanke 1989, S. 45). Die Verlagerung des Drucks von den Fachausschussmitgliedern auf die Verwaltung kann nicht zu einer angemessenen Regelung führen.

streben und sachlicher Überforderung. Damit verbunden war die Profilierung politischer Positionen an Marginalien wie Zuschüssen für bestimmte Organisationen oder Bereitstellung von Mitteln für ganz spezielle Aufgaben, z.B. für die großzügige Förderung eines bestimmten Kleingartenvereins. In einer „Grauzone" von „Parteien, Stammtischbekanntschaften und sonstigen undurchschaubaren Beziehungen"[360] wurden Entscheidungen selbst für die Interessenten zum Glücksspiel. Ob sich wirklich durch eine intensive Diskussion über Produkte aufgrund der von den Bereichen übermittelten Informationen solche Konstellationen ausschließen lassen, bleibt abzuwarten. Unwägbarkeiten bei der Durchführung des Budgets (durch Einnahmeausfälle oder unvorhergesehene Ausgaben) werden nach wie vor über Nachtragshaushalte aufgefangen werden müssen.

Haushaltsausgleich und Haushaltssicherungskonzepte scheinen die Kommunalaufsicht zu machtvollen Akteuren zu machen.[361] Allerdings ist die Aufsicht auf die Mitarbeit der Gemeinden angewiesen, da sonst juristische Auseinandersetzungen die Folge sein können. Schließlich handelt es sich um einen Eingriff in die kommunale Selbstverwaltung.[362] Räte sind zuweilen froh, dass sie die Verantwortung für notwendige Hebesatz- und Gebührenerhöhungen externalisieren können. Sie nutzen den Anreiz, alle Konsolidierungsmaßnahmen systematisch zu erfassen. Dies hat aber auch Grenzen, denn die einzelnen Gruppierungen im Rat wollen auch Benutzergruppen nicht verprellen.[363] Andere Städte antizipieren zukünftige Probleme mit dem Haushaltsausgleich.[364]

Eigene Erhebungen und Beobachtungen zur Praxis der 1970er Jahre ergaben, dass die Genehmigungen in Nordrhein-Westfalen keinen Hinweis auf eine Bevormundung enthielten.[365] Schon damals war die Entwicklung des Schuldenstandes in manchen Kommunen bedenklich. Trotzdem realisierten die Kommunen mit Hilfe der zweckgebundenen Zuweisungen neue öffentliche Gebäude. Dabei nutzen die Städte und Gemeinden offensichtlich überörtliche Zweckzuweisungen als Möglichkeit, stagnierende oder gar sinkende Steuereinnahmen aufzufangen.

---

[360] Schauerte 1975, S. 36.

[361] Holtkamp, in: Andersen 1998a, S. 250f. Die Folgen sind: vorläufige Haushaltsführung mit Restriktionen bei der Kreditaufnahme und jeweilige Einzelgenehmigungen.

[362] S. a. Abschnitt 3.5 Haushaltskonsolidierung. Die Entsendung eines „Sparkommissars" in Form von Beratern durch die Aufsichtsbehörde wurde erstmals im Rathaus von Waltrop Ende 2005 praktiziert und droht weiteren 25% der Nordrhein-Westfälischen Gemeinden mit Haushaltssicherungskonzept.

[363] Holtkamp, in: Bogumil 2002, S. 58ff.

[364] So wurde in Leonberg ein Konzept zur Haushaltskonsolidierung bereits in die Wege geleitet, als die Zuführung zu Vermögenshaushalt sich ab 1995 negativ entwickelte (Leonberg, Haushaltsplan 1998, S. 7).

[365] Die Auflagen waren eher formaler und technischer Natur, sie betrafen nicht den Kern der Infrastrukturmaßnahme: Bau eines Hallenbades ohne Nachweis des langfristigen Bedarfs und ausreichende Prüfung der finanzwirtschaftlichen Folgen als Beitrag zur Erhaltung der Selbstständigkeit um jeden Preis (Naßmacher/Naßmacher 1999, S. 248, 252f.).

Mit Hilfe der Duldungen werden den Kommunen auch bei vorläufiger Haushaltswirtschaft Handlungsmöglichkeiten eingeräumt. Dies gilt zunächst für die Kreditaufnahme.[366] Auch bei der Beförderung gibt es gewisse Spielräume, die sich auf die Handhabung des Stellenkegels beziehen. Holtkamp hat zudem darauf hingewiesen, dass die Gemeinden es verstehen, Gegenstrategien gegen Haushaltssicherungskonzepte zu entwickeln, die allerdings langfristig keinen echten Beitrag zur Haushaltskonsolidierung erbringen können. So haben seine Untersuchungen ergeben, dass die Veräußerung von Vermögen, dessen Ergebnis dann dem Verwaltungshaushalt zugeführt wird, dazu anreizt, fiktive Geschäfte vorzusehen, die dann doch nicht zustande kommen. So könne eine Gemeinde prinzipiell das ganze Grundvermögen für die nächsten Jahre zum Haushaltsausgleich einstellen. Neue Bebauungspläne würden vorgesehen und dadurch Einnahmen erwartet, die durch das Abschöpfen des Planwertzuwachses bei den privaten Eigentümern zustande kommen. Neue Investitionen für Gebäude würden vorgesehen und Gutachter damit beschäftigt, die dann überraschend häufig die Rentierlichkeit dieser Vorhaben bestätigen.[367] Inwieweit sich die Kommunen inzwischen erfolgreich auf dem Konsolidierungspfad befinden, wird unterschiedlich eingeschätzt.

Dagegen schienen die niedersächsischen Förderrichtlinien für die Vergabe von Zweckzuweisungen präziser und ihre Anwendungsmöglichkeit wirksamer: „Anträge auf Zuwendungen müssen ... Angaben über die ... Dringlichkeit des zu fördernden Vorhabens ..., die erforderlichen Ausgaben einschließlich der Folgeausgaben und den voraussichtlichen Nutzen des Ergebnisses sowie einen Zeitplan" enthalten. „Auf Antrag der Bewilligungsbehörde sind zusätzliche Übersichten über das Vermögen und die Schulden sowie die voraussichtlich einzugehenden Verpflichtungen zu Lasten künftiger Jahre beizufügen."[368] Darin wird neben der Forderung nach einer Kosten-Nutzen-Analyse die Einbindung in das gesamte Dienstleistungsangebot der Gemeinden verlangt. Weiterhin wird neben der Bedeutung der kommunalen Verschuldung auch das in den Gemeinden bei der Entscheidung über Investitionsvorhaben nicht immer ausreichend beachtete Problem der Folgekosten hervorgehoben. Dieser Praxis ist Nordrhein-Westfalen inzwischen gefolgt, obwohl die Bewertungsprobleme bei der Kosten-Nutzen-Analyse nach wie vor ungelöst sind.[369] Es bleibt bei Einzelfallbeurteilung. Dies gilt auch für Niedersachsen. Zwar gibt es objektive Kriterien zur Beurteilung der „dauernden Leistungsfähigkeit, „so das wiederholte

---

[366] Hierauf wurde bereits im Abschnitt zur Verschuldung eingegangen und auf die individuelle Prüfung jeder Gemeinde hingewiesen.

[367] Holtkamp 2003, S. 6f. Es gibt sogar Kommunen in NRW, die ein Haushaltssicherungskonzept verweigern und auf zusätzliche Landesmittel hoffen (Holtkamp, in: Andersen 1998a, S. 249).

[368] Vorläufige Verwaltungsvorschriften zu § 44 (Abs. 1) vom 26.6.1974, Nr. 3 Antragsverfahren. Abgedruckt bei Petri 1977, A II/3.

[369] Die Stadt Solingen konnte der Genehmigungsbehörde vorrechnen, dass der Neubau eines neuen Rathauses, das seit den 1960er Jahren aufgrund finanzieller Probleme nicht realisiert wurde, nun wirtschaftlicher ist als die jetzige Unterbringung der Verwaltung.

„Entstehen eines Fehlbetrages", die „Beantragung einer Bedarfszuweisung in einem der vergangenen drei Jahre", das „Nichterreichen der Mindestzuführung zwischen Verwaltungs- und Vermögenshaushalt", allerdings nimmt die Kommunalaufsicht unter Hinzuziehung weiterer Indikatoren eine Gewichtung im Einzelfall vor. Eine generelle Aussage darüber, welche Kommunen zweckgebundene Zuweisungen ohne entsprechende Eigenmittel in Anspruch nehmen können, sei nicht möglich.[370]

Werden die Festsetzungen des vom Gemeinderat beschlossenen Haushaltsplans in Einzelheiten beanstandet (die Aufsichtsbehörde ist nur zu einer Rechtsprüfung befugt), muss die Haushaltsberatung von Neuem aufgenommen werden. Angesichts des stets vorhandenen Bedarfsüberhangs und der großen Bedeutung staatlicher Mittelzuweisungen lässt sich aber auch bei Verabschiedung eines Haushalts das baldige Eintreten einer Situation voraussehen, in der (verwaltungstechnisch) die Notwendigkeit und (damit politisch) die Möglichkeit eines Nachtragshaushalts besteht. Der Nachtragshaushalt war bisher das politische Instrument des Kämmerers. Er konnte den Budgetprozess selbst dann noch steuern, wenn sein Haushaltsentwurf und die „Vorbemerkungen" im kommunalpolitischen Alltag „verschlissen" waren. Allerdings löste diese Entwicklung den im öffentlichen Haushaltsrecht vorgesehenen strengen Zusammenhang zwischen Haushaltsjahr und Haushaltsplan in gewissem Umfang auf. Damit nähert sich die Planung des kommunalen Finanzgebarens in mancher Hinsicht der örtlichen Bauleitplanung an.

4.5 Entscheidung über einen Bebauungsplan

Während das kommunale Haushaltsrecht die Gemeinden verpflichtet, regelmäßig Haushaltspläne aufzustellen, sind Maßnahmen der Bauleitplanung nicht periodengebunden. Bebauungspläne werden von den Gemeinden bei Bedarf aufgestellt (Abbildung 28). Die Gemeinde ist formal frei in der Festlegung des Planungsbereichs wie des Planungszeitpunktes. Tatsächlich wird eine Kommune jedoch immer dann ein Bebauungsplanverfahren einleiten müssen, wenn sie auf die bauliche Entwicklung in einem bestimmten Bereich einwirken will. Da sich dies als sehr langwierig herausgestellt hat,[371] sind auch Entscheidungen getroffen worden, um das Verfahren zu beschleunigen.[372]

---

[370] Antwort des Nds. Ministeriums für Inneres und Sport auf eine kleine parlamentarische Anfrage (Pressemitteilung vom 24. 3. 2006).

[371] Zur Dauer von Bebauungsplanverfahren s. Schäfer/Schmidt-Eichstaedt 1984, S. 85, 99, 100ff. Die These, dass sich die Verfahrensdauer immer mehr verlängert hat, konnte durch einen Zeitvergleich zwischen 1961 bis 1976 und 1977 bis 1982 nicht bestätigt werden. Vielmehr ist die Verfahrensdauer sehr unterschiedlich. Sie liegt zwischen ein paar Monaten und mehr als 5 Jahren, im Extremfall bei über 10 Jahren.

[372] Zuletzt durch BauGB-Novelle 2006, die am 1. Januar 2007 in Kraft getreten ist (s. d. DIFU-Berichte für 2006, S. 20ff.)

Abbildung 28: Verfahren zur Aufstellung und Änderung von Bauleitplänen

		Alternative Plankonzepte
	• Vorbereitungsphase, Datenanalyse, Erarbeitung von Konzepten	**Alternative Plankonzepte**
	• Aufstellungsbeschluss der Gemeindevertretung	
Bürgerbeteiligung	Evtl. Erlass einer Veränderungssperre (bei Bebauungsplan) Mitteilung der Planungsabsicht an die Landesplanungsbehörde (in den neuen Ländern) • Frühzeitige Bürgerbeteiligung mit Erörterung der Planungen	
Beteiligung TÖB	• Beteiligung der Träger öffentlicher Belange und der Nachbargemeinden	
	• Vorläufige Abwägung aller Argumente	
	• Erstellung eines Planentwurfs	Planentwurf
	• Beschluss des Planentwurfs und Auslegungsbeschluss der Gemeindevertretung	
Bürgerbeteiligung	• Öffentliche Auslegung des Planentwurfs (4 Wochen) Information der Träger öffentlicher Belange Möglichkeit der Bürger, Bedenken und Anregungen vorbringen zu können	
	• Endgültige Abwägung aller Argumente Evtl. Auslegung eines neuen Planentwurfs (bei grundlegenden Änderungen)	
	• Erstellung eines endgültigen Plans	
	• Satzungsbeschluss des Bebauungsplans bzw. Beschluss des Flächennutzungsplans	Plan
	• Genehmigungs- oder Anzeigeverfahren bei der höheren Behörde (Ministerium, Verwaltungsamt oder Regierungsbezirk)	
	• Bekanntmachung der Genehmigung oder der Durchführung des Anzeigeverfahrens evtl. vorhandene Veränderungssperre tritt außer Kraft	Rechtsgültigkeit des Plans

Quelle: Fritz-Vietta, in: Dauwe u.a. 1995, S. 72 (geringfügig bearbeitet).

Der Anstoß zu einem Bebauungsplan kann von einzelnen Bürgern und Institutionen jeglicher Art ausgehen. Oft genügt die Bauanfrage eines Grundstückseigentümers. Aber auch öffentliche Investitionsvorhaben, die Lösung städtebaulicher Probleme (z.B. Beseitigung eines Verkehrsproblems, Sanierung eines Quartiers) oder die Erschließung eines neuen Wohngebiets für Einzelbebauung können die Aufstellung eines Bebauungsplans auslösen. Zuweilen legen Bauwillige, etwa große Baugesellschaften, die größere Flächen bebauen oder sanieren wollen, der Gemeinde bereits einen Vorschlag für den Bebauungsplan vor.[373] Auch wenn der sachliche Zusammenhang zwischen Bebauungsplan und Maßnahmenplanung eindeutig ist, lässt sich keine allgemeingültige zeitliche Reihenfolge angeben. Die Aussicht auf Fördermittel kann Verfahren beschleunigen, Einsprüche der Beteiligten sie zuweilen erheblich verzögern.

Der Gemeinderat berät und beschließt (wie beim Haushaltsplan) schließlich über eine örtliche Satzung den betreffenden Bebauungsplan (Satzungsbeschluss). Bevor es zu diesem Beschluss kommt, muss aber ein Entwurf öffentlich ausgelegt werden. Ganz am Anfang des Verfahrens ist ein weiterer Beschluss erforderlich, der Aufstellungsbeschluss: Auf Anregung von „Vorentscheidern" oder aus eigener Initiative leitet das für die Bauplanung zuständige Amt (Planungsamt, Bauamt, Fachbereich) dem entsprechenden Ratsausschuss (Bauausschuss, Planungsausschuss, Technischer Ausschuss) eine Vorlage zu, die in der Regel nur eine Festlegung des zu beplanenden Gebietes, u.U. auch Anregungen für die inhaltliche Konzeption enthält. Nach Beratung im Ausschuss beschließt der Gemeinderat dann zunächst die Aufstellung eines Bebauungsplans. Daraufhin leitet die Bauverwaltung die Ausarbeitung eines Bebauungsplanentwurfs ein.

Nach dem Baugesetzbuch sollen bereits in dieser frühen Phase (Erarbeitung der ersten Konzeption) die Bürger in den Planungsprozess einbezogen werden: „Die Bürger sind möglichst frühzeitig über die allgemeinen Ziele und Zwecke der Planung, sich wesentlich unterscheidende Lösungen, die für die Neugestaltung oder Entwicklung eines Gebietes in Betracht kommen, und die voraussichtlichen Auswirkungen der Planung öffentlich zu unterrichten; ihnen ist Gelegenheit zur Äußerung und Erörterung zu geben (§ 3, Abs. 1 BauGB)." Meist wissen die Bürger eines Ortsteils besser als die Verwaltung und (u.U. ortsfremden) Planer, wo es an Spielplätzen, Geschäften oder auch Haltestellen für den öffentlichen Nahverkehr fehlt. Selbst die Ratsmitglieder haben oft keine genaue Kenntnis über die spezifischen Probleme und Möglichkeiten kleinräumiger Zusammenhänge. Gerade weil die Bürger mit ihrem Lebensraum so gut vertraut sind, ist es ihnen oft möglich, den Planern bessere Lösungen vorzuschlagen. Schon deshalb erscheint es außerordentlich sinnvoll, dass das Baugesetzbuch die Bürgerbeteiligung in der Phase der Sammlung von Lösungsvorschlägen den Gemeinden zur Pflicht gemacht hat. Die Gestaltung der Einzelheiten, insbesondere die Wahl des Verfahrens, bleibt freilich den Gemeinden überlassen. Gerade dies wird aber von vielen Gemeinden als zusätzliches Hindernis - als ein mit erheblichem Zeitaufwand verbundener Zwischenschritt - auf dem Weg zu einem rechtskräftigen Bebauungsplan empfunden. Der Interessenausgleich zwischen betroffenen Bürgern erweist sich oft als schwierig. Zur Beschleunigung des Verfahrens können neuerdings daher auch „Dritte" mit einbezogen werden; so sollen Mediatoren

---

[373]   Die Land-Developer haben in der amerikanischen Kommunal- bzw. Stadtentwicklungspolitik jedoch mehr Gewicht als in Deutschland (vgl. dazu Rohr-Zänker 1996, S. 196ff.).

dafür sorgen, dass Konflikte bearbeitet werden.[374] Wird der Flächennutzungsplan in den Grundzügen nicht berührt oder das Plangebiet nur unwesentlich verändert, können Gemeinden auch auf Unterrichtung und Erörterung verzichten (§ 3 I, 1-2; § 13 BauGB).

Hier scheint allerdings ein sensibles Vorgehen angebracht zu sein. Das ist vor allem durch Unsicherheit im Verhältnis von planender Verwaltung und betroffenen Bürgern, örtlichen Politikern und zuständiger Kommunalaufsicht begründet. Die im Gesetzestext enthaltenen „unbestimmten Rechtsbegriffe" tragen - bei allzu ängstlicher Auslegung - dazu bei, diese Unsicherheit zu verstärken. Das gilt allerdings nur, solange unter Bürgerbeteiligung die Anwendung eines einheitlichen Verfahrens für alle Arten von Bebauungsplänen verstanden und ein (gesetzlich zulässiger) Verzicht auf Bürgerbeteiligung (etwa in Bagatellfällen) nicht in Erwägung gezogen wird. Schon seit den 1970er Jahren werden daher Verfahren vorgeschlagen, die je nach Inhalt des Bebauungsplans unterschiedlich intensive Formen der Beteiligung praktizieren.[375] Diese Vorschläge sollen ermöglichen, das Beteiligungsverfahren sowohl der Bedeutung des Bebauungsplans als auch den Besonderheiten der betroffenen Bevölkerung angemessen zu gestalten. Auf diese Weise können die bereits genannten Vorteile der Bürgerbeteiligung genutzt werden, ohne den Anwender zum leichtfertigen Opfer von Unwägbarkeiten zu machen und dadurch zu einer unnötigen Verzögerung beizutragen. In der Praxis wird allerdings häufiger nur die schon vor Jahrzehnten vorgeschlagene „Planungszelle" zum Einsatz empfohlen.[376]

Üblich sind die Einberufung einer Bürgerversammlung im zu überplanenden Gebiet und eine Ankündigung in der Presse. Wirksamer sind u.U. Sprechstunden der Verwaltung im entsprechenden Stadtteil, die durch Postwurfsendungen angekündigt werden.[377] Häufig begnügen sich Städte noch mit der öffentlichen Auslegung der fertigen Bebauungsplanentwürfe im Rathaus. Bei größeren Vorhaben, z.B. einer „Stadtsanierung", wurde auch ein oder eine Sanierungsbeauftragte/r eingestellt, der/die jederzeit bereit war, die Pläne mit Interessenten zu diskutieren.

Immer wieder kann während des komplexen Planungsprozesses eine Verschiebung des Interesses der Öffentlichkeit beobachtet werden. Dies ist dadurch bedingt, das Bebauungspläne bzw. ihre spezifischen Teilpläne sich (korrekter formuliert) auf verschiedene Probleme erstrecken. Sie stoßen folglich auf den Widerstand unterschiedlicher Teilöffentlichkeiten: Den angrenzenden Anliegern passt häufig die Anbindung eines neuen Bebauungsgebietes nicht, die Eigentümer der Grundstücke sind mit den Bebauungsmöglichkeiten bzw. Vermarktungsmöglichkeiten ihrer Grundstücke nicht zufrieden. Daher ist Bürgerbeteiligung für Rat und Verwaltung immer

---

[374] § 4b BauGB; Difu-Berichte 2/1998; zu Mediationsverfahren s. Zilleßen, in: Zilleßen 1998b, insb. S. 184ff.; Jansen 1997, S. 279ff.

[375] Difu-Arbeitsblätter 1977. Das Difu hat inzwischen eine neue Arbeitshilfe herausgebracht (Difu-Berichte 2/1996, S. 7).

[376] Dienel 2002.

[377] Solche aufwendigen Verfahren werden meist nur bei beabsichtigten Sanierungsmaßnahmen erwogen.

ein „Frühwarnsystem" bei Planungen, das gleichermaßen Planungsfehler verhindern und Loyalitätsverluste vermeiden hilft. Dies ist allerdings nur möglich, wenn der Bebauungsplan für die Bürger so verständlich präsentiert wird, dass sie sich auch dazu äußern können. Die Darstellung nur als Zeichnung erfüllt in der Regel diesen Zweck nicht. Daher gibt es für größere Projekte in der Regel Modelle, die anschaulich die mögliche Bebauung sichtbar machen. Ein Mediationsverfahren, wie es heute weite Verbreitung findet, kann die unterschiedlichen Interessen berücksichtigen und gezielt auf einen Ausgleich hinarbeiten.

Bei Beteiligungsmöglichkeiten ist zunächst daran zu denken, dass eine persönliche Vorsprache bei der Kommunalverwaltung voraussetzt, dass der betroffene Bürger über entsprechende Zeit verfügt. Darüber hinaus darf er nicht durch eine Überschneidung seiner Arbeitszeit mit den Dienststunden der Verwaltung darin gehindert werden, Kontakt aufzunehmen. Schließlich kann auch eine „Schwellenangst" gegenüber anonymen Verwaltungsapparaten bestehen, die als mögliches Hindernis zu beachten ist. Derartige Probleme werden durch Mediatoren, ortsnahe Bürgerämter oder Büros im Plangebiet bearbeitet. Ein sehr viel schwieriger zu lösendes Problem ist die schriftliche Kommunikation einzelner Bürger mit der Verwaltung, ausgelöst durch fehlende Übung im Umgang mit der Schriftform. Viele Kommunalverwaltungen sind deshalb gerne bereit, wenn die bisher genannten Beteiligungsschranken überwunden sind, bei der schriftlichen Abfassung einer Eingabe zu helfen und insoweit eine mögliche Schranke aufzuheben. Selbst wenn die Verwaltung Hilfestellung leistet, fehlt aber häufig die Verständigungsmöglichkeit; die Übersetzung ins Amtsdeutsch scheitert. Politische Teilhabe an der kommunalen Selbstverwaltung im Bereich des Bauwesens kann nicht so attraktiv werden, dass eine allgemeine Inanspruchnahme zu erwarten ist.

Dennoch ist nicht zu bestreiten, dass die Erweiterung formaler Beteiligungsrechte auch die Aussichten auf eine Durchsetzung von Einzel- und Teilinteressen zu Lasten der Allgemeinheit verbessert. Interessenten, die über Zeit, Geld und Bildung verfügen, können das berechtigte Verlangen nach Bürgerbeteiligung dazu missbrauchen, Entscheidungen zu verzögern oder gar zu verhindern. Bürgerbeteiligung und verantwortliche politische Führung bedingen einander. Die Last der öffentlichen Verantwortung und Entscheidung tragen Rat und Verwaltung.

Neben den betroffenen Bürgern sind auch andere (von der gemeindlichen Planung betroffene) Institutionen zu hören; die Gemeinde muss sogenannte Träger öffentlicher Belange (§ 4 BauGB) frühzeitig unterrichten und ihnen Gelegenheit zur Stellungnahme geben.[378] Diese soll innerhalb eines Monats abgegeben werden und darf sich nur auf den jeweiligen Aufgabenbereich des Trägers beziehen (§ 4 II, Satz 2 BauGB). Von den Gemeinden erhalten bestimmte Institutionen (z.B. die untere Naturschutzbehörde, das Gesundheitsamt, die Kammern, das Gewerbeaufsichtsamt, die Bauaufsicht, das Amt für Denkmalpflege, die Kirchen) routinemäßig die Entwürfe

---

[378]   Das Verfahren kann gleichzeitig mit der Bürgerbeteiligung (§ 3 BauGB) durchgeführt werden.

aller Bebauungspläne. Mit wichtigen Trägern öffentlicher Belange, deren Einspruch bei der nachträglichen Genehmigung Gewicht haben könnte, erfolgt eine Frühkoordination, z.B. wenn unterschiedliche Planungsinteressen des Regionalverbandes oder des Kreises zu erkennen sind.[379] Üblicherweise stimmen sich auch Nachbargemeinden ab.

Die Stellungnahmen der Träger öffentlicher Belange werden ebenso wie die Ergebnisse der Bürgerbeteiligung in die Überarbeitung des Entwurfs einbezogen. Der überarbeitete Plan wird dann dem zuständigen Ratsausschuss vorgelegt. Soweit Änderungswünsche bei der Überarbeitung berücksichtigt wurden, ist damit ein Teil des potenziellen örtlichen und überörtlichen Widerstandes ausgeräumt. Die nicht berücksichtigten örtlichen Interessen haben in der Ausschussberatung eine Möglichkeit, ihre Vorstellungen „politisch aufzuladen" (also auf besonders schutzwürdige Interessen wie die private Initiative, soziale Bedürfnisse oder städtebauliche Konzepte zu verweisen) und damit erneut vorzubringen. Dies gelingt besonders wirksam, wenn die Betroffenen in der (öffentlichen) Sitzung persönlich anwesend sind und so Druck auf die Ratsmitglieder ausüben.[380] Die Tatsache, dass den Bau- bzw. Planungsausschüssen der Gemeinderäte häufig Architekten, Bauunternehmer, Grundstücksmakler, Vertreter von Wohnungsbaugesellschaften und ähnliche „Sachverständige" angehören, kann sich für einzelne Interessenten als hilfreich, aber auch als hinderlich erweisen. Letzteres gilt vor allem, wenn sich die Vorstellungen partiell widersprechen und gegenseitig blockieren. Die unterschiedlichen Interessen werden in der Regel dadurch befriedigt, dass ihre Vertreter auf Teilbereiche der Vorhaben besonderen Einfluss nehmen dürfen, indem sie z.B. die Detailplanung für ein Teilquartier zur Stadtsanierung vorlegen.[381]

Aber auch von den einzelnen Fraktionen des Gemeinderates können eigenständige Impulse zur Änderung des Entwurfs ausgehen. Soweit die vorgelegte Fassung des Bebauungsplanentwurfs sich in der Ausschusssitzung als „beschlussreif" erweist, ohne dass Änderungen nötig sind, kann der Rat ihn als Satzung beschließen. Dies gilt auch für geringfügige Änderungen (§ 3 III BauGB). Erweist sich der Bebauungsplanentwurf nicht als beschlussreif, findet eine weitere Überarbeitung statt. Dann muss der Entwurf noch einmal ausgelegt werden, mit der bereits beschriebenen Bürgerbeteiligung und einem erneuten Kontakt zu den Trägern öffentlicher

---

[379] Scherer 1994, S. 109. Üblicherweise werden Gewerbeaufsichtsamt, Landwirtschaftskammer, Deutsche Bahn AG, Telekom, Wasserwirtschaftsamt, Industrie- und Handelskammer, Energieversorgungsträger, Straßenbauämter, Wasserverbände, die Kirchen vorzeitig informiert. Ortsspezifisch kann die Zahl der Träger öffentlicher Belange 60 Behörden und Organisationen umfassen.

[380] Bußmann (1998, S. 241ff.) stellt bei kommunalpolitisch Engagierten in Dörfern die Orientierung an persönlichen Interessen heraus. Dies wird besonders deutlich, wenn es um Eigenheimbau (mit Baulandausweisung) geht.

[381] Zur Rolle von Mitgliedern des Bauausschusses und speziell von Architekten s. Naßmacher 1987, S. 103ff., 259ff.

Belange. Diese Erörterung und Auslegung kann sich jedoch nur auf die „geänderten und ergänzten Teile" beziehen.

Jeder vom Rat beschlossene Bebauungsplan musste früher - wie jede kommunale Satzung - der Kommunalaufsicht zur Genehmigung vorgelegt werden. Dies gilt jetzt nur noch für solche Pläne, die gleichzeitig eine Flächennutzungsplanänderung erforderlich machen. Da bei vielen Bebauungsplänen allerdings auch eine Änderung des Flächennutzungsplans nötig ist, wird sich der Ablauf nur selten ändern.[382] Die bisherige Genehmigungspraxis führte zur Einmischung und zuweilen zu Verzögerungen, weil die Aufsichtsbehörde unter „dem Deckmantel der Rechtsaufsicht" eine eigenständige Planungspolitik betreiben und die rechtliche Kontrollfunktion mit der fachlichen Beratungsfunktion vermischen konnte.[383] Solche Verzögerungen können sich auf die Forderung nach der Verabschiedung eines Fachplans beziehen, z.B. für den Verkehr.[384] Aber auch z.B. Gesichtspunkte des Denkmalschutzes werden zuweilen überörtlich anders gewichtet. Das gesetzliche Erfordernis einer Genehmigung durch die höhere Verwaltungsbehörde (§ 10 BBauG) führt dazu, dass sich Städte im Stadium der Planerstellung schon auf die von der Kommunalaufsicht vertretenen Auffassungen hin orientieren.[385] Andere Stadtverwaltungen versuchen, durch eine „wasserdichte" Begründung die Genehmigung sicherzustellen.[386]

Im Zusammenspiel von Aufsichtsbehörde und örtlicher Verwaltung bei der Gestaltung von Bebauungsplänen kam es durchaus vor, dass die örtliche Verwaltungsspitze sich von der Aufsichtsbehörde beraten ließ, um die eigene Position gegenüber dem Gemeinderat durchzusetzen. Aber auch von Seiten einzelner Ratsmitglieder und Fraktionen wird ein interessenbezogenes Vorgehen gewählt. Der Fall, dass wichtige Mitglieder eines Gemeinderates bestimmte Ortsteile als Baufläche ausweisen wollen, um den Wert ihrer dort gelegenen Grundstücke zu erhöhen, ist weder hypothetisch noch durch das Auslaufen der allgemeinen Baukonjunktur in den letzten Jahren oder die Bildung größerer Gemeinden im Zusammenhang mit der territorialen Neuordnung gänzlich unwahrscheinlich geworden. In einem derartigen Fall kann die örtliche Verwaltungsspitze durch Zusammenspiel mit der Kommunalaufsicht allgemeine Interessen gegen Einzelinteressen politisch wichtiger Bürger durchsetzen.

Die Rolle mancher Regierungspräsidenten im Hinblick auf nachhaltige Entwicklung (Verhinderung von Zersiedlung, Abwehr von großflächigen Zentren auf der

---

[382] Kritisch zur neuen Praxis s. Bunzel 1997, S. 259ff. Hier sind nach der Novellierung des BauGB 2006 auch nachträgliche Änderungen zur Beschleunigung des Verfahrens für Bebauungspläne zur Innenstadtentwicklung möglich (DIFU-Berichte, 4/2006, S. 20).

[383] Bunzel 1997, S. 259, insbes. FN 25.

[384] Naßmacher/Naßmacher 1999, S. 358.

[385] Dies gilt natürlich auch für Flächennutzungspläne.

[386] Manche Mitarbeiter beklagten sich, dass die Begründung immer umfänglicher würde („Deutschaufsatz") (Schäfer/Schmidt-Eichstaedt 1984, S. 155). Zur aktuellen Genehmigungspraxis s. Schmidt-Eichstaedt 1996, S. 35f., 41, 55f.

grünen Wiese) ist der Öffentlichkeit durch Zeitungsberichterstattung bekannt geworden. Da die Regierungspräsidenten nicht nur Kommunalaufsichtsbehörde, sondern auch „Vorentscheidungsinstanz" bei der Vergabe zweckgebundener Finanzzuweisungen sind, mag die einvernehmliche Gestaltung von Bebauungsplänen im Einzelfall Hilfestellung für die Erlangung von Landesmitteln leisten.[387] So will das Land Nordrhein-Westfalen bei der Vergabe von Mitteln zur Förderung der Stadtentwicklung dann nicht mehr vergeben, wenn die Stadt die Zersiedlung der Landschaft vorantreibt.

Zur Akzeptanz der Planungen - auch durch die Aufsichtsbehörde - tun die Städte und Gemeinden sicherlich gut daran, mit der Aufsicht ein kooperatives Verhältnis aufzubauen.[388] Aus einzelnen Kommunen ist bekannt, dass Probleme mit der Kommunalaufsicht in Planungsfragen auch in andere Bereiche ausstrahlen können. Zur Umsetzung der planerischen Überlegungen[389] ist die Gemeinde gut beraten, wenn sie nicht nur die Durchsetzungsinstrumente des BauGB in Erwägung zieht, sondern auch durch Verhandlungen oder entsprechende Verträge mit den Begünstigten (Grundstückseigentümer) die Verwirklichung von Planungen sicherstellt, z.B. durch Erschließungsverträge, Vereinbarungen über Umlegungen.[390]

Auch diese Überlegungen zeigen, dass eine pauschale Beurteilung der kommunalen Gestaltungsmöglichkeiten aufgrund von Rechtsvorschriften, finanzieller Mangelsituation oder administrativer „Bevormundung" nicht möglich ist. Gerade die vielfältige Verflechtung der Gemeinde mit unterschiedlichen Lebensbereichen und Institutionen schafft im Einzelfall Gestaltungsmöglichkeiten und Entscheidungsfreiheit. Kommunale Autonomie im Sinne völliger Freiheit des örtlichen Verwaltungshandelns von fremden Einflüssen, Bindungen und Regelungen ist in einem Mehrebenensystem schlechterdings unvorstellbar. Völlige Bevormundung der Gemeinden durch staatliche Verwaltungsapparate, die ihre meist heterogenen Vorstellungen durch Planungsvorgaben, zweckgebundene Zuweisungen und Anordnungen der Kommunalaufsicht durchsetzen, gehört - wie unsere Beispiele gezeigt haben - in die Vorstellungswelt von „Verschwörungstheorien".

Die Kommunen in Deutschland stehen in einem vielfältigen Beziehungsgeflecht mit globalen wirtschaftlichen Entwicklungen, gesellschaftlichen Anforderungen und politischen Entscheidungen, bei denen die verschiedenen Ebenen des politisch-administrativen Systems im Rahmen eines Finanz-, Planungs- und Politikver-

---

[387] Glass 1967, S. 45. S. oben, Abschnitt 3.4.2. Das gute Einvernehmen mit der Aufsicht strahlt auf andere Bereiche aus.

[388] Die Ergebnisse der Rechtstatsachenuntersuchung weisen in diese Richtung; „nur 1 % der Befragten bezeichneten das Klima zwischen Gemeinde und höherer Verwaltungsbehörde als zerstritten, immerhin 60% demgegenüber als kooperativ-freundlich und 30 % als unbelastet-neutral" (Schmidt-Eichstaedt 1996, S. 35f.). Allerdings ist der Anteil der beanstandeten Pläne mit etwa 80 % in den neuen und etwa 30 % in den alten Ländern ganz erheblich (Ebenda, S. 41).

[389] S. oben, Abschnitt 2.3.2.

[390] S. d. Busse, in: Voigt 1995, S. 133ff.

bundes zusammenwirken und die Ergebnisse von Entscheidungsprozessen sich in keinem Falle der „Macht" einer einzelnen Institution zurechnen lassen. Kommunalpolitik bedarf des Willens zur politischen Verantwortung und der Bereitschaft zum politischen Engagement. Dass sich dies lohnt, soll an zwei Politikfeldern verdeutlicht werden.

5 Handlungsfelder kommunaler Politik: Wohnungen und Wirtschaft als Beispiele

Bereits im ersten Kapitel hatten wir dem Politikbegriff drei Dimensionen zugeordnet, nämlich Rahmenbedingungen (polity), Gegenstände (policies) und Abläufe (politics). Während Abläufe und Rahmenbedingungen kommunaler Politik jetzt als hinreichend geklärt gelten können, sehen wir weiteren Informationsbedarf für konkrete Gegenstände kommunalpolitischen Handelns. Seit einiger Zeit hat die Politikwissenschaft den Schwerpunkt ihrer Aufmerksamkeit auf die Gestaltung politischer Inhalte in einzelnen Bereichen verlagert.[1] Die Untersuchung von Politikfeldern (Politikfeldanalyse/policy analysis) schien den inhaltlichen Gegenstand der wissenschaftlichen Bearbeitung, die Politik, in eine unbegrenzte Fülle beliebig abgegrenzter Teilpolitiken aufzulösen. Gleichzeitig versprach dieses Vorgehen einen neuen Zugriff auf konkrete Gegenstände und Ergebnisse politischen Handelns. Voraussetzung dafür ist allerdings, für den einzelnen Ausschnitt des politischen Handlungsfeldes, die jeweilige Politikarena,[2] wesentliche Gegenstandsbereiche auszuwählen. Diese müssen dann adressatengerecht unter Beachtung wissenschaftlicher Forschungsergebnisse optimal bearbeitet werden.

5.1 Auswahl der Handlungsfelder

Durch Kommunalpolitik lässt sich die Entwicklung von Gemeinden steuern. Dabei ist die Baupolitik traditionell von besonderer Bedeutung, weil dadurch Weichenstellungen für das friedliche Zusammenleben der Menschen erfolgen und insofern soziale Probleme verhindert werden können, die später durch Sozialpolitik wieder bearbeitet werden müssten. Die Kommunen sind Träger der für alle Bauvorhaben relevanten Planungshoheit. Als Auftraggeber für die Masse aller öffentlichen Investitionen veranlassen kommunale Verwaltungen (kreisfreie Städte, Gemeinden und Gemeindeverbände) die meisten Vorhaben der öffentlichen Hand im Hoch- und Tiefbau, die Voraussetzungen zur Wirtschaftätigkeit und für Arbeitsplätze sowie Wohnfolgeeinrichtungen sind (für Bildung, Betreuung, Freizeit). Zwar lässt sich kommunale Politik nicht auf die Gestaltung öffentlicher und die Regulierung privater Bauvorhaben reduzieren, aber die kommunale Baupolitik (im weitesten Sinne) wirkt sich in erheblichem Umfang auf die örtlichen Lebensbedingungen - insbeson-

---

[1] Für die Analyse kommunaler Politik vgl. Wehling 1989b, S. 199f.; Kleinfeld u.a. 1996, S. 28f., 34.
[2] S. dazu Naßmacher [5]2005, S. 126ff.

dere die Stadtentwicklung - aus. Arbeiten und Wohnen als wichtige Bereiche im menschlichen Leben sind standortgebunden, finden also in einer Gemeinde statt, wenn auch nicht notwendig in der gleichen. Bildung als Voraussetzung einer eigenverantwortlichen Lebensbewältigung und Erholung (Rekreation) in der Freizeit sind mehr oder weniger unmittelbar darauf bezogen. Kommunalpolitische Entscheidungen betreffen fast immer einen dieser Aspekte des gemeindlichen Zusammenlebens. Wohnungs- und Wirtschaftspolitik sind also wesentliche Handlungsfelder.

Für Auswahl, Bezeichnung und Abgrenzung von Politikfeldern haben sich keine festen Regeln entwickelt. So könnten wir ohne Weiteres davon ausgehen, dass alle Aspekte einer kommunalen Finanzpolitik bereits abgehandelt sind.[3] Ähnliches ließe sich zumindest für die Grundlagen jeder kommunalen Baupolitik behaupten.[4] Genauer betrachtet würden beide in alle genannten Lebensbereiche hineinwirken, könnten also nicht zur angemessenen Abgrenzung eines Politikfeldes dienen. Die Bezeichnung von Politikfeldern nach Elementen der Behördenorganisation (in Bund und Land, also der Ministerien) ist durchaus verbreitet. Für die Kommunalpolitik kämen entsprechend die (unterschiedlich ausdifferenzierten) Ämter bzw. Bereiche einer Stadtverwaltung[5] in Betracht.

Dabei darf allerdings nicht aus dem Blick geraten, dass die Verwaltungsorganisation nicht Selbstzweck, sondern Mittel zum Zweck ist. Spezifischer Gegenstand von Kommunalpolitik ist die „Gestaltung des Alltagslebens von Menschen."[6] Deshalb müssen Politikfelder oder kommunale Aufgaben von menschlichen Alltagsbedürfnissen her definiert werden, d.h. von den beabsichtigten Politikergebnissen. Die Bereitstellung von Wohnungen und Arbeitsplätzen für eine aufgrund unterschiedlicher Lebensstile ausdifferenzierte Bevölkerung ist bleibende Aufgabe jeder kommunalpolitischen Daseinsvorsorge. Damit sind gleichermaßen unverzichtbare Voraussetzungen menschlicher Existenz und Entwicklungschancen gesellschaftlichen Zusammenlebens verbunden. Daneben haben im Zuge politischer Themenkonjunkturen der letzten Jahre die Sicherung einer gesunden Umwelt (auch für die nachfolgenden Generationen) sowie das private und öffentliche Angebot an Einrichtungen für eine tendenziell wachsende Freizeit an Bedeutung gewonnen. Dagegen spielte die Verantwortung der Kommunen in der Bildungspolitik (der inzwischen allgemein akzeptierten Notwendigkeit des lebenslangen Lernens)[7] und für die frühkindliche Förderung lange Zeit eine Randrolle.[8] Dennoch haben die angesprochenen Politikfelder mehr oder weniger lange Traditionen.

---

[3] Vgl. oben, Abschnitt 1.3.2, Kapitel 3 und Abschnitt 4.4.
[4] Vgl. oben, Abschnitte 2.2, 2.3 und 4.5.
[5] Vgl. oben, Abschnitt 2.2.1, insb. Abbildung 1, 2 und 3.
[6] von Saldern, in: von Saldern 1989, S. 308.
[7] Naßmacher 1976, S. 148-192.
[8] Erst intensive Diskussionen über die Gesamtschule in einzelnen Bundesländern (Nordrhein-Westfalen und Niedersachsen), über die Kleinkindererziehung oder über die Qualifikation von Sozialhilfeempfängern haben Bildungspolitik wieder stärker in den Blick gerückt.

Kommunale Umweltpolitik zielt auf den nachhaltigen Schutz menschlichen Lebens. Seuchenbekämpfung und Stadtreinigung gehörten bereits im Mittelalter zu den als notwendig erkannten Maßnahmen städtischer Daseinsvorsorge. Moderne Zugriffe, zuletzt etwa die Lokale Agenda 21, haben das Handlungsfeld wesentlich erweitert. Die angestrebte „Nachhaltigkeit", also eine Entwicklung, die künftige Generationen nicht belastet oder beschränkt, soll alle Lebensbereiche erfassen. Unübersehbar ist, dass die Umweltpolitik heute deutlicher als früher mit der Wirtschaftspolitik konkurriert. Die Debatte darüber, ob **Umweltschutz** und Wirtschaftstätigkeit Gegensätze seien, ist noch im Gange. Einerseits können kurzfristig erzielte private Gewinne langfristig von der Gesellschaft zu bezahlende Schäden verursachen, andererseits lassen sich um Luftreinhaltung, Schadstoffbekämpfung, Gewässerschutz und Abfallwirtschaft[9] wachstumsträchtige Industrien gruppieren. Vom einzelnen Unternehmen her betrachtet sieht das Problem jedoch anders aus: „Administrative Umweltschutzmaßnahmen widersprechen prinzipiell dem betriebswirtschaftlichen Gebot der Kostenminimierung";[10] Wirtschaftsförderung und Umweltschutz bleiben konfliktträchtige Politikbereiche. Politische Steuerungsversuche des administrativen Systems sind ein Balanceakt zwischen gegensätzlichen gesellschaftlichen Interessen.

Auch bei **Bildung** lässt sich eine enge Verbundenheit der Städte mit den Schulen über längere Zeiträume zurückverfolgen. „Im öffentlichen Bildungswesen gibt es kaum eine Innovation, die nicht auf zukunftsweisende städtische Initiativen zurückgeht."[11] So entstanden im 19. Jahrhundert auf kommunale Initiative hin das Realgymnasium, die Realschule, berufsbildende Schulformen, die Sonderschulen und Schulkindergärten.[12] Auch im 20. Jahrhundert haben die Gemeinden im Schulwesen neue Formen entwickelt und den schulischen Rahmen erweitert. Wenn heute häufig politische Gestaltungsräume nur auf der Landesebene gesehen werden, so ist dies sicherlich eine Verengung: Die Bürger betrachten die Schule als Teil gemeindlicher Aufgabenerfüllung und überschätzen dabei zuweilen das Handlungspotenzial der Städte. Es bleiben aber wichtige Gestaltungsmöglichkeiten.[13] Der Ausbau der Schulen zu Ganztagsschulen (auf Initiative der rot-grünen Bundesregierung) hat die Städte verstärkt in die Verantwortung genommen, das Gleiche gilt für die Betreuung von Kleinkindern.[14] Dies zeigt erneut, dass es problematisch ist, Bildungspolitik nur im

---

[9] Kommunale Abfallpolitik wird bei Bogumil/Holtkamp (2006, S. 186ff.) als eigenes Politikfeld ausführlich diskutiert.
[10] Hartwich 1984, S. 15.
[11] Manns 1996, S. 12.
[12] Pfizer, in: Pfizer/Wehling 1991, S. 291f.
[13] S.d. Manns 1996, S. 19ff.; Naßmacher 2006, S. 123ff.
[14] Die Handlungsmöglichkeiten in diesen Bereichen wurden im Rahmen der Aufgaben und bei Finanzen (Kap. 2 und 3) immer wieder erwogen.

Rahmen der Kulturpolitik zu sehen, um sie dann möglicherweise den verschiedenen Freizeitangeboten unterzuordnen.[15]

Der Bereich **Freizeit** bildet kein homogenes, eindeutig abgrenzbares Politikfeld.[16] Dennoch bezeichnen Aspekte wie Kultur, Theater und Sport eingeführte Handlungsfelder der Kommunen. Maßnahmen in diesen Bereichen gehören zur Daseinsvorsorge im weitesten Sinne und tragen dazu bei, spätere Belastungen der Gemeinden (etwa durch Abwanderung oder Vandalismus) zu vermeiden. Seit der Antike haben Brot und Spiele zu den klassischen Aufgaben volkstümlicher Herrschaft gehört. Es wäre wenig überzeugend, die Gemeinden in einer Demokratie auf private Angebote wie Gastwirtschaften, Diskotheken, Spielhallen, Bowlingbahnen und Tennishallen zu beschränken. Anlässlich der Überlegungen zu den kommunalen Aufgaben waren weitere Angebote bereits erwähnt worden. Für die allgemeine Entwicklung zur Dienstleistungsgesellschaft erschließen sich gerade im Freizeitbereich neue Tätigkeitsfelder für private Anbieter. Sie sind für Gemeinden nicht nur als Steuerquelle (bei Gewerbe-, Umsatz- und evtl. Einkommensteuereinnahmen) von Belang, sie erschließen u.U. auch zusätzliche Arbeitsplätze. Die Städte und Gemeinden scheinen im Rahmen der Entwicklung zu Dienstleistungsgesellschaften hier eher zu einem Überangebot zu neigen.[17]

In jedem Falle beeinflusst ein sparsames oder ausgebautes Freizeitangebot das **Wohnen** in einer Gemeinde. Die Magnetfunktion (durch Großkinos, Shopping-Center, Badeland) in größeren Städten kann die Wohnqualität in einzelnen Quartieren belasten und so dauernde oder kurzfristige Wanderungen heraufbeschwören. Unterversorgung mit Freizeiteinrichtungen mag ebenso Abwanderungstendenzen (z.B. auf dem Lande) verstärken. Im Gegensatz zum Wohnumfeld, das im Wesentlichen durch öffentliche Maßnahmen gestaltet wird, ist die Bereitstellung von Wohnraum für Haushalte unterschiedlicher Größe und Zusammensetzung prinzipiell dem Wohnungsmarkt überlassen. Dort werden Eigenheime und Mietwohnungen unterschiedlicher Preisklassen überwiegend durch private Bauträger oder Vermieter angeboten. Makler vermitteln zwischen Eigentümern und potenziellen Nutzern. Dennoch gibt es Möglichkeiten kommunalpolitischer Einwirkung: Ausweisung und Erschließung von Bauland betreiben die Gemeinden ebenso wie die Sanierung heruntergekommener Quartiere. Die Gemeinden sind oft auch Eigentümer von Grundstücken und Gebäuden oder Miteigentümer von Wohnungsgesellschaften. Wohnungsämter erteilen Berechtigungsscheine für Sozialwohnungen und zahlen das (durch Bundesgesetz festgelegte) Wohngeld aus. Die Bereitstellung angemessener Wohnungen für alle wird als politische Forderung an Bund, Länder und Gemeinden gerichtet.

---

[15] Dies ist beispielsweise wieder bei der Ergebnispräsentation der Umfrage des DIFU 2004 der Fall (Brettschneider 2004, S. 12).
[16] Vgl. Görgmeier, in: Voigt 1984, S. 172.
[17] Naßmacher 2006, S. 120ff.

Durch den Gemeindeanteil an der Einkommensteuer ihrer Bewohner und die Grundsteuer auf alle in ihrem Gebiet gelegenen Wohngrundstücke hat jede Gemeinde ein unmittelbares Interesse. Jede neue Wohnung im Gemeindegebiet begründet gemeindliche Ansprüche auf zusätzliche Einnahmen, aber auch solche der Neubürger auf Leistungen der Gemeinde. Will eine Gemeinde den Umfang ihrer Soziallasten vermindern, muss sie daran interessiert sein, dass jeder Einwohner (auf dem eigenen Gebiet oder in einer Nachbargemeinde) eine Erwerbsmöglichkeit, d.h. also einen Arbeitsplatz, findet. Will die Stadt soziale Problemgebiete verhindern, so muss sie sich bereits in der Neubauphase von Wohnungen darum kümmern, dass diese unterschiedliche Bevölkerungsgruppen ansprechen. Auch die Aussicht auf Einnahmen aus der Gewerbesteuer oder die Absicht, größere Einnahmeausfälle zu vermeiden, begründen ein eigenes Handlungsfeld, die kommunale Wirtschaftspolitik.[18]

Die wirtschaftliche Tätigkeit von Handwerk und Industrie, Handel und anderen Dienstleistungsbetrieben ist (fast immer) standortgebunden. Die Standorte von Produktionsstätten, Verteilungsstützpunkten und Verwaltungsbüros stellen eine räumliche Verbindung zwischen wirtschaftlichen Betrieben und kommunalen Gebietskörperschaften her, wenn auch die Nutzung des Internets für Dienstleistungsarbeitsplätze zunehmend zu einer Entörtlichung beiträgt. In der Kommunalpolitik finden Fragen der örtlichen **Wirtschaft** immer dann geringes Interesse, wenn wirtschaftliches Wachstum den Wohlstand sichert und der Strukturwandel die jeweilige Region unbeeinflusst lässt. Lediglich die Kernstädte der großen Ballungsräume haben durch abwandernde Betriebe ständig Verluste an Wirtschaftskraft zu befürchten; dort bleibt das Thema „Wirtschaft" permanent auf der politischen Tagesordnung (agenda). In den 1970er Jahren holten viele Großstädte durch umfangreiche Eingemeindungen abgewanderte Betriebe wieder zurück. Wichtige Ausnahmen waren hierbei allerdings die Stadtstaaten Berlin, Bremen, Hamburg, die Landeshauptstädte Kiel, Hannover, Stuttgart und München sowie die Finanzmetropole Frankfurt. In Deutschland hat die Gemeindefinanzreform, die den Kommunen einen eigenen Anteil an der Einkommensteuer bescherte,[19] die fiskalische Abhängigkeit vom wirtschaftlichen Erfolg der örtlichen Wirtschaft vermindert und damit das Interesse an der kommunalen Wirtschaftspolitik erheblich reduziert.

Ausgangspunkt für die Rückkehr der örtlichen Wirtschaft auf die Tagesordnung der Kommunalpolitik ist eine gesamtwirtschaftliche Entwicklung mit gravierenden örtlichen Folgen.[20] Der Strukturwandel, das Ende des Wirtschaftswachstums und die Globalisierung mit weltweiten Zusammenschlüssen von Unternehmen und Übernahmen von (Traditions-) Unternehmen bescherten den Städten stagnierende Einnahmen und damit verbunden die Einsicht, dass nicht nur die kommunalen Einnahmen und die Arbeitsplätze, sondern letztlich auch der Einwohnerbestand gefährdet

---

[18] Zu den Entwicklungslinien der kommunalen Wirtschaftspolitik s. Schiefer 1989, S. 20ff.
[19] S. Abschnitt 3.2.
[20] Grabow/Henckel, in: Wollmann/Roth 1999, S. 618f.

ist, wie insbesondere durch die hohen Abwanderungszahlen aus Ostdeutschland zu beobachten war. Hohe Dauerarbeitslosigkeit ist regional unterschiedlich verteilt, betrifft also einzelne Städte besonders deutlich. Die Stilllegung großer Betriebe und die Gefährdung ganzer Branchen schärft das Problembewusstsein. Sobald Arbeitslosigkeit nicht mehr vorübergehend, sondern dauerhaft auftritt, muss die jeweilige Stadt bzw. der betreffende Kreis zusätzliche Sozialleistungen aus öffentlichen Kassen erbringen. Die kommunalpolitische Sorge um die örtlichen Folgen der Massenarbeitslosigkeit und die Aussicht auf zusätzliche Steuereinnahmen verdichten sich im Interesse an der Schaffung und Sicherung von Arbeitsplätzen.

In keiner Gemeinde wird die Zahl der Arbeitsplätze derjenigen der erwerbsfähigen Einwohner entsprechen. Mittelstädte im Ballungsraum und Kleinstädte im ländlichen Raum haben traditionell einen Auspendlerüberschuss. In den Großstädten des Ballungskerns überwiegen die Einpendler. Dennoch besteht in allen Kommunen ein spezifisch kommunalpolitisches Interesse an Arbeitsplätzen, wenn auch nur in der Nachbargemeinde oder in der Region. Jede Investitionsentscheidung betrifft irgendeine Gemeinde, weil (nach der kommunalen Gebietsreform) „jedes Stück Boden auf dem Territorium einer Gemeinde liegt."[21] Arbeitsplätze werden zwar vorwiegend von privaten Unternehmen angeboten. In der Dienstleistungsgesellschaft wächst allerdings die Bedeutung des Dritten Sektors neben der öffentlichen Verwaltung als Arbeitgeber beträchtlich. Zudem versuchen die Kommunen seit Jahrzehnten einen „zweiten" Arbeitsmarkt zu schaffen.[22] Die Aufgabe lautet jetzt nicht mehr Wirtschaftsförderung, sondern kommunale Beschäftigungspolitik. Die Städte und Gemeinden sehen sich nicht nur selbst als wirtschaftspolitischer Akteur, sondern auch als Träger sozialpolitischer Verantwortung.

Wo kommunale Beschäftigungspolitik nur dem Einzelnen die Folgen der Arbeitslosigkeit und dem Gemeindehaushalt einen Teil der Sozialhilfeaufwendungen erspart, handelt sie zu wenig zukunftsweisend. Wo eine durch kommunale Politik geschaffene Beschäftigung dabei hilft, Arbeitskräfte zu qualifizieren, bereitet sie den Übergang der Programmadressaten in den eigentlichen, den „ersten" Arbeitsmarkt vor. Die Städte und Gemeinden sollten mit ihrem Ausbildungsangebot aber nicht nur Reparaturbetrieb sein, sondern durch die gute Ausstattung von Kindergärten und Schulen mit pädagogisch geeigneten und technischen Hilfsmitteln sowie Fachräumen Kinder und Jugendliche optimal für das Erwerbsleben vorbereiten.[23] Aus der Sicht eines privaten Arbeitgebers erhöht dies die Einstellungschancen von Auszubildenden und Arbeitnehmern, verbessert das Qualifikationsprofil der Arbeitskraft. Denn der Faktor Arbeitskraft ist regional nur begrenzt mobil. Auch höhere Löhne oder offene Stellen in München, Frankfurt/Main und Stuttgart bewirken keine Ent-

---

[21]   Wehling 1989b, S. 201.
[22]   Blanke u.a. 1986; Gallas, in: Andersen 1998a, S. 268, 273-276, 282-286; Schulze-Böing, in: Kiß-ler/Zettelmeier 2005, S. 28..
[23]   Naßmacher 2006, S. 123ff.

völkerung in Ostfriesland, an der Ostseeküste oder im Bayerischen Wald. Hier hat sich die Bevölkerung in ihrem bescheidenen Wohlstand eingerichtet. Die individuellen Kosten der Mobilität sind heute höher als während der industriellen Revolution. Dagegen scheint die Mobilitätsbereitschaft von Arbeitnehmern aus Ostdeutschland und denen aus der erweiterten EU ganz anders zu sein. Es gibt dort offenbar hochmobile Arbeitskräfte. Die einzelne Kommune agiert als Standort wirtschaftlicher Leistungserstellung in globalen, kontinentalen, nationalen und regionalen Zusammenhängen. In der kommunalen Wirtschaftspolitik kann die Gemeinde allerdings nicht nur der kapitalistischen Entwicklung hinterherlaufen.

5.2 Kommunale Wirtschaftspolitik

Ganz allgemein bezeichnet *Wirtschaftspolitik* ein klassisches Politikfeld, nämlich die Einwirkung öffentlicher Politik auf den Bereich Wirtschaft (oder seine Teilaspekte). In der Europäischen Union gestalten Ministerrat, Kommission, Bundesregierung und Europäische Zentralbank durch Wettbewerbs-, Außenhandels-, Finanz- und Geldpolitik die allgemeinen Bedingungen für jede betriebliche Produktion von Waren und Dienstleistungen in Deutschland. Die Länder wirken für ihren Bereich durch zusätzliche Regional-, Industrie- und Technologiepolitik (Strukturpolitik) auf die nachholende Entwicklung einzelner Regionen, die Stützung von Krisenbranchen und die Stärkung entwicklungsfähiger Wirtschaftszweige ein. Fast scheint es, dass für kommunale Wirtschaftspolitik weder Handlungsbedarf noch Gestaltungspotenzial bleibt. Neben der Fülle von EU- und Bundesaktivitäten oder Länderinitiativen finden sich aber auch kommunale Maßnahmen, die einzelnen Unternehmen optimale Ausgangsbedingungen verschaffen sollen.

Der Versuch, eine eigenständige Wirtschaftspolitik der Gemeinden inhaltlich zu bestimmen, stößt rasch auf eingrenzende Denkschablonen: Kommunale Wirtschaftsförderung soll die *Ansiedlung* von Unternehmen fördern bzw. eine Abwanderung von Unternehmen und Arbeitskräften verhindern.[24] Vom Aufbau einer hohen Wohn- und Freizeitattraktivität wird ein günstiges Ansiedlungsklima erwartet. Für stagnierende (oder gar rückläufige) Bevölkerungsentwicklung, De-Industrialisierung und einen erheblichen Sockel an Langzeitarbeitslosigkeit ist in dieser Sichtweise der wirtschaftlichen Probleme einer Gemeinde wenig Raum. Der kommunalpolitische Alltag vieler Gemeinden in Ost- und Westdeutschland wird deshalb durch solche Zugriffe nicht beschrieben.

Dem aktiven Kommunalpolitiker ist der Begriff *Wirtschaftsförderung* durchaus vertraut. Er hebt vor allem auf eine Subventionspraxis ab, in deren Mittelpunkt

---

[24] Schübel 1996, S. 55f.

„geldwerte Leistungen ... für neu anzusiedelnde Industriebetriebe" standen.[25] Die übergroße Aufmerksamkeit für solche Maßnahmen verstellt jedoch den Blick auf einzelbetriebliche Entwicklungshemmnisse, die durch öffentliches Tun oder Unterlassen entstehen. Um auch diese Probleme zu beachten, wurde bereits vor Jahren Gewerbepolitik als neuer Begriff in die wissenschaftliche Diskussion eingeführt; damit sind zusätzlich weitere Branchen, kleinere Betriebe und andere Instrumente der Gemeinden in die Erörterung einbezogen. Kommunale *Gewerbepolitik* meint alle Maßnahmen, mit denen eine Gemeinde die wirtschaftliche Entwicklung von Betrieben und Standorten im Gemeindegebiet begleitet.[26]

5.2.1 Aufgaben und Ziele

Bei der kommunalen Wirtschaftsförderung geht es um die Verbesserung der Lebens- und Arbeitsbedingungen für Bevölkerung und Betriebe.[27] Aus der Sicht einer Gemeindespitze gelten nach wie vor maximale Gewerbesteuereinnahmen und genügend *Arbeitsplätze* als Ziel.[28] Jede Kommune, die von wenigen Großbetrieben oder einer dominanten Branche abhängig ist,[29] muss eine möglichst krisenfeste, also nach Branchen diversifizierte, Wirtschaft anstreben.

Im Zeitablauf hat sich das Ziel Schaffung von Arbeitsplätzen weiter nach vorn geschoben. Die Sicherung der wohnortnahen *Güterversorgung* bei Waren und Dienstleistungen des täglichen Bedarfs einschließlich der gängigen Handwerksleistungen gerät leicht als Aufgabe aus dem Blick. Sie stellt sich allerdings regelmäßig für die Gemeinde insgesamt, in Mittel- und Großstädten, aber auch für einzelne Stadtquartiere und die Region (Ober-/Mittelzentren).

Generell müssen Städte und Gemeinden darauf bedacht sein, die Entwicklung im Gemeindegebiet so zu beeinflussen, dass die eigenen wirtschaftlichen Möglichkeiten ausgeschöpft und andere Entwicklungsaufgaben (wie Wohnqualität und Freizeitwert) nicht beeinträchtigt werden. Es geht also darum, die richtige Zahl von Betrieben mit ausreichender *Steuerkraft* und größtmöglicher Branchenvielfalt bei optimaler Auslastung von Arbeitskräften[30] und Flächen mit einer ausreichenden Versorgung der

---

[25] Bullinger, in: Voigt 1984, S. 196; ähnlich Ettelbrück 1984, S. 248. - Für weitergehende Definitionen s. Mayntz 1981, S. 11; Lehner u.a., in: Andersen 1987, S. 180.

[26] Naßmacher, in: Haubner 1982, S. 115; Naßmacher 1987, S. 18.

[27] Diesem Oberziel lassen sich bevölkerungsbezogene, betriebsbezogene und verwaltungsbezogene Einzelziele zuordnen (Bullinger, in: Voigt 1984, S. 196).

[28] Biermann/Ziegner (1991, S. 208) sehen seit den 1970er Jahren eine Veränderung zulasten der Wirtschaft, bedingt durch die Aushöhlung der Gewerbesteuer.

[29] Dies trifft besonders häufig für Mittelstädte zu (Vgl. Naßmacher/Naßmacher 1983, S. 35f.).

[30] Feuerstein 1981, S. 190-193; ähnlich Icks/Kayser 1994, S. 81-83.

Bevölkerung durch betriebliche Leistungen und minimalen Umweltproblemen zu verknüpfen.[31]

Für eine erfolgreiche Bearbeitung von Problemen sind oft die Ausgangsbedingungen entscheidend: die räumliche Lage der Gemeinde (Ballungskern, Ballungsrandzone, ländlicher Raum), ihre Topographie sowie die groß- und kleinräumige Verkehrsanbindung. Die lokalen Akteure finden eine langfristig (z.T. über Jahrhunderte) gewachsene *Wirtschaftsstruktur* vor. Hierzu gehören dominante Branchen, örtliche Großbetriebe,[32] Betriebe unterschiedlicher Größe und Branchen ebenso wie die Verteilung der Betriebsstandorte auf Quartiere mit spezifischer Nutzungszuweisung (MI, GE, GI, SO oder Gebiete nach §34 BauGB). Die Summe aller in der Vergangenheit getroffenen Entscheidungen zur betrieblichen Standortwahl prägt die räumliche Struktur eines Gebietes; die wirtschaftlichen Möglichkeiten und Probleme einer Kommune resultieren aus ihrem Betriebsbesatz. Im Rahmen ihrer Möglichkeiten sind alle Städte und Gemeinden bestrebt, den Betriebsbesatz quantitativ und qualitativ zu verbessern, die Wettbewerbsfähigkeit der lokalen Wirtschaft zu stärken und den wirtschaftlichen Strukturwandel am Ort zu fördern.[33]

Gesamtwirtschaftliches Wachstum ist immer nur der Durchschnitt aus wachsenden, stagnierenden und schrumpfenden Branchen und Betrieben. Beschäftigung ergibt sich als Saldo zwischen abgebauten und neugeschaffenen Arbeitsplätzen, neu ins Arbeitsleben eintretenden und ausscheidenden Menschen. Wichtigster Träger dieser Veränderungen sind die einzelnen Betriebe, deren Absatzpotenzial mit der Entwicklung ihrer Märkte wächst, stagniert oder schrumpft. Die Situation der Betriebe hat Auswirkungen auf die Flächennutzung an den betrieblichen Standorten (Standortwechsel, Nutzungsverdichtung, Brachfallen) sowie die Auslastung des örtlichen Arbeitskräftepotenzials. Aus diesen Überlegungen folgt als generelle Aufgabe kommunaler Wirtschaftspolitik die *„Begleitung betrieblicher Entwicklungsprozesse."*[34]

Die wirtschaftliche Dynamik der entwickelten Gesellschaften beruht auf kontinuierlicher Kapitalbildung und „schöpferischer Zerstörung". Dies ist mit dem Auf- und Abstieg ganzer Gebiete verbunden.[35] Die in einer Epoche dominanten Industrien entwickeln sich an den für sie wirtschaftsgeographisch günstigen Standorten; besonders deutlich ist dies im Falle von Bodenschätzen. Beginn, Dauer oder Reichweite der Kapital- und Arbeitsplatzvernichtung in einzelnen Branchen lassen sich in der Regel nicht im Vorhinein abschätzen. Die „langen Wellen"[36] kapitalistischer Entwicklung haben regionalwirtschaftliche Folgen: Mit den innovativen, rasch wach-

---

[31] Naßmacher 1987, S. 26; Naßmacher, in: Gabriel 1989a, S. 338.

[32] Dies trifft besonders häufig für Mittelstädte zu (vgl. Naßmacher/Naßmacher 1983, S. 35f.).

[33] Vgl. Grabow/Henckel, in: Wollmann/Roth 1999, S. 616f.

[34] Naßmacher 1982a, S. 196; vgl. auch Heuer 1985, S. 151-158; Naßmacher 1987, S. 168-170.

[35] Hall 1981.

[36] Sie wurden nach ihrem Entdecker Kondratieff-Zyklen benannt.

senden Branchen (heute vor allem Datentechnik) stiegen auch ihre Standortregionen auf, später jedoch wieder ab. Der Aufstieg Stuttgarts mit dem Produkt Auto sowie den Unternehmen Daimler und Bosch (im dritten Innovationszyklus) illustriert diesen Prozess ebenso wie das Schicksal der Textilregionen (erster Zyklus) und der Kohlereviere (zweiter Zyklus).[37]

Im Verlaufe der wirtschaftlichen Entwicklung gewinnen neue Produkte an Bedeutung, wie z.B. Kohle und Stahl (am Anfang der Industrialisierung), Elektrizität und Chemie (um 1900), Autos und Öl (nach 1945), Computer und neue Medien (seit maximal drei Jahrzehnten). Dieser gesamtwirtschaftliche Prozess des Auf- und Abstiegs ganzer Branchen ist abhängig von Produktionsmöglichkeiten und Nachfragemengen. Aus dem Absatzpotenzial von Produkten (*Produktzyklen*) ergeben sich *Unternehmenszyklen*: Jeder Betrieb weist eine eigene „Lebensgeschichte" (von nicht vorhersehbarer Dauer) auf; er durchläuft zwischen Gründung und Schließung verschiedene Entwicklungsphasen, in denen jeweils spezifische Probleme auftreten und unterschiedliche Hilfen der Standortgemeinde erforderlich sind. Ziemlich deutlich lassen sich Experimentier-, Expansions-, Ausreifungs- und Rückbildungsphasen unterscheiden.[38] Der örtliche Betriebsbesatz wiederum erzeugt *Flächenzyklen*. Einzelne Gebiete durchlaufen die Phasen Erschließung, Aufsiedlung, Volllaufen und schließlich Umnutzung.

Eine reibungslose Abwicklung zyklischer Flächennutzung ließe sich von einer engen Zusammenarbeit zwischen örtlicher Wirtschaft und kommunaler Verwaltung erwarten. Diese Vorstellung übersieht jedoch, dass kapitalistische Produktion und wirtschaftliche Entwicklung auf privatem Eigentum und betrieblicher Autonomie beruhen. Alle Maßnahmen öffentlicher Politik, insbesondere auch die Bauleitplanung, finden ihre Grenze an der Mitwirkungs- und Informationsbereitschaft privater Grundstückseigentümer und Unternehmensleiter.[39] Zusätzlich neigen öffentliche Verwaltungen generell zu „weitgehend unabgestimmtem, einzelfallbezogenem Handeln."[40]

Aus diesen Bedingungen ergeben sich für kommunale Wirtschaftspolitik unterschiedliche *Zieloptionen*: „Bestandspflege bereits ortsansässiger Betriebe, ... Unterstützung von ansiedlungswilligen Unternehmen und Erschließung von regionalem Gründungspotenzial."[41] Traditionelles Ziel der Gemeinden ist es, neue Unternehmen mit hohem Ertrag zur *Ansiedlung* zu bewegen („anzulocken").[42] Dieses Ziel wollen Gemeinden mit geringem Mitteleinsatz oder sogar unter Schonung der eigenen Finanzen realisieren. Unternehmen versuchen, ihr langfristiges Überleben durch ge-

---

[37]   Gschwind/Henckel 1984, S. 993f. bzw. 135f.
[38]   Naßmacher 1982a, S. 196ff.; Bullinger/Naßmacher 1984, S. 133-138; Naßmacher/Schmidt, in: Afheldt u.a. 1987a, S. 276-285.
[39]   Vgl. oben, Abschnitt 2.3.2.
[40]   Bullinger, in: Voigt 1984, S. 197.
[41]   Icks/Kayser 1994, S. 84.
[42]   Vgl. Schübel 1996, S. 55f.

ringe Kosten zu sichern; dies kann auch durch kommunale Sonderleistungen oder staatliche Fördermittel erreicht werden.[43] Die (oft verzweifelte) Hoffnung mancher Gemeinde auf den großen Ansiedlungserfolg löst bei den Betrieben regelmäßig Mitnahmeeffekte aus. Das finanzielle Entgegenkommen der Gemeinden erfordert erhebliche Mittel, die für andere Verwendungen fehlen. Außerdem bindet die „Bürgermeisterkonkurrenz" um verlagerungsbereite Betriebe viel Zeit des kommunalen Führungspersonals. Mehr Aufmerksamkeit der Städte und Gemeinden müsste daher den bereits ansässigen Betrieben, der am Ort vorhandenen wirtschaftlichen Substanz, zukommen.[44]

Bestandspflege muss gezielt auf Entwicklungsprobleme der Unternehmen abstellen. Das erfordert „detaillierte und differenzierte Informationen über die relevanten Probleme."[45] Jeder Bestandspflege geht es um „Erhaltung und Verbesserung der ... Entwicklungsbedingungen" für die im Gemeindegebiet ansässigen Betriebe.[46] Systematisch gesehen hat jede Gemeinde auf ihrem Gebiet alte und neue Betriebe, alte und neue Gewerbeflächen (GI, GE und MI, MK, SO), alte und neue Qualifikationen von Arbeitskräften. Dabei müssen Klein- und Mittelbetriebe ganz besonders beachtet werden. 80 % aller Betriebe in Westdeutschland haben weniger als 10 Beschäftigte.[47] Sie stellen aber rund 2/3 bis 3/4 aller Arbeitsplätze und 80% der Ausbildungsplätze. Klein- und Mittelbetriebe sind der Motor des Strukturwandels und der Innovation.[48] Daraus ergeben sich (im Rahmen einer Marktwirtschaft) öffentliche Aktivitäten zur „Absicherung der betrieblichen Entwicklungsfähigkeit", zur Weiterqualifikation der ortsansässigen Arbeitskräfte, zur „Erhaltung der Versorgungsstruktur" am Ort, sowie zur „Einpassung betrieblicher Flächenbedarfe in die kommunale Entwicklungsplanung".[49]

Die anspruchsvollste Form von Gewerbebestandspflege, eine Politik der Bestandsentwicklung (*endogene Entwicklung*), zielt auf die Ausschöpfung örtlicher Potenziale durch die kreative Suche nach Anknüpfungspunkten für ein „Innovationsmilieu".[50] Entwicklungspotenziale in alten Industrieregionen und ländlichen Räumen können nur genutzt werden, wenn sich Innovationsdefizite und Modernisierungsrückstände durch Diversifizierung der Produktpalette und Erschließung neuer Märkte beseitigen lassen. Dies ist vor allem Aufgabe ortsansässiger Betriebe. Unternehmen können durch Beziehungen untereinander gemeinsame Lösungen suchen, die einem Unternehmen allein nicht möglich sind, z.B. bei der Ausbildung von Personal. Die räumliche Nähe scheint eine wichtige Voraussetzung für das Ausnutzen

---

[43] Naßmacher, in: Gabriel 1989a, S. 338.
[44] Zill, in: Mayntz 1981, S. 76; Naßmacher, in: Bellers u.a. 1997, S. 42f.
[45] Lehner u.a., in: Andersen 1987, S. 183.
[46] Bullinger, in: Voigt 1984, S. 196.
[47] Informationsdienst des Instituts der deutschen Wirtschaft, Nr. 15/1997, S. 6.
[48] Landesregierung Nordrhein-Westfalen 1994, S. 55; Boyken 2002, S. 22ff.
[49] Zitate bei: Bullinger, in: Voigt 1984, S. 198f.
[50] Camagni 1991, S. 121ff.; Häußermann, in: Häußermann 1992, S. 17, 20.

synergetischer Effekte und für eine innovative Zusammenarbeit zu sein. „Eingespielte Kooperation und vertrauensvolle Beziehungen bilden das ‚Milieu‘, also eine
komplexe Organisation aus ökonomisch-technischen Beziehungen.“[51] Die Unternehmen bedürfen dabei aber oft fremder Hilfe. Für eine Gemeinde, die ihre Wirtschaft entwickeln oder deren Zukunft absichern will, ist die Analyse der vorhandenen wirtschaftlichen Potenziale unverzichtbar (Stärken-Schwächen-Analyse). Initiativen müssen bei den verfügbaren Standortpotenzialen (vor allem gut ausgebildeten
Schülern und weiterbildungsbereiten bzw. geeigneten und qualifizierten Arbeitskräften), ansetzen, an das Innovationspotenzial von Betrieben anknüpfen und gemeinsam zur Gewerbebestandsentwicklung beitragen.

Die funktionsfähige Vernetzung des vorhandenen Betriebsbesatzes (einschließlich der wissenschaftlichen Einrichtungen wie Hochschulen und Forschungszentren)
mit Zulieferern oder Abnehmern sowie der Austausch von Wissen werden immer
wichtiger.[52] Dieses Netz ist Teil des Standortpotenzials für jeden Neuankömmling
(auf dem örtlichen Arbeits- und Gewerbeflächenmarkt). Neuankömmling kann sowohl die Niederlassung eines internationalen Konzerns als auch ein ortsansässiger
Existenzgründer sein. Der eine schafft auf der Suche nach neuen Märkten neue Arbeitsplätze am Ort, gestützt auf Leistungsangebot und Kapitalkraft der Muttergesell-
schaft. Der andere versucht seinen Markteintritt in einer spezifischen Marktnische,
gestützt auf eine unternehmerische Idee und potenzielle Abnehmer, geeignete Räume
und wenige Mitarbeiter. Selbst die Weltfirmen Bosch, Siemens und Zeiss sind so
entstanden. Firmen wie SAP, Aixtron, Intershop und Lintec haben bewiesen, dass
nicht alles von IBM oder Microsoft entwickelt wird. Der erfolgreiche Existenzgründer, der zunächst klein anfängt, aber sich am regionalen, nationalen oder internationalen Markt durchsetzt, verkörpert auch einen Teil des Wachstumspotenzials[53] seiner
Standortgemeinde. Besondere Entwicklungspotenziale werden von hochrangigen
technischen und pädagogischen Dienstleistungen erwartet. Bei der anhaltenden Alte-
rung der Gesellschaft gibt es immer mehr Betreuungs- und Pflegebedarf, der eine
wachsende Zahl von kleinen Dienstleistungsbetrieben nach sich ziehen wird.

5.2.2 Akteure und Handlungspotenziale

Die Vielfalt der lokalpolitischen **Akteure**[54] reduziert sich für Maßnahmen der Wirtschaftspolitik dramatisch, dafür nehmen überörtlich Agierende an Bedeutung zu.
Zwar gelingt es örtlichen Interessengruppen und Bürgerinitiativen zuweilen, z.B.

---

[51] Häußermann, in: Häußermann 1992, S. 17; s.a. Beck 1997, S. 54.

[52] Dörsam/Icks 1997, S. 17ff.; s.a. Stember 1997, S. 59f. Zuweilen wird anstelle der Globalisierungs-
these eine Regionalisierungsthese vertreten.

[53] Auf die regionalwirtschaftliche Debatte um die Bedeutung von Wachstumspolen oder Absatzmärkten
(Export-Basis-Theorie) soll hier nur verwiesen werden. (S. z.B. Hoffmann, in: Stauder 1991, S. 18ff.).

[54] S. oben, Abschnitt 4.2 (insbesondere Abbildung 23).

durch ortsnahe Zuspitzung des Konflikts zwischen Ökologie und Ökonomie oder zwischen Denkmalschutz und Ökonomie, einzelne Großvorhaben der kommunalen Wirtschaftsförderung zu verhindern. Die Rolle der Gewerkschaften bleibt mit Ausnahme von spektakulären Betriebsschließungen begrenzt.[55] Im Regelfall sind die genannten Akteure (ebenso wie die Ortsparteien) bestenfalls Resonanzboden der von anderen aktiv gestalteten Wirtschaftspolitik vor Ort. In kommunalen Wahlprogrammen findet sich Wirtschaftspolitik meist in allgemeiner Form; konkrete Vorhaben werden nur ganz selten aus einer parteipolitischen Perspektive entwickelt. Natürlich bedürfen alle Entscheidungen von einiger Tragweite, generelle Regelungen ebenso wie Verträge mit einzelnen Firmen oder Zugeständnisse an örtliche Unternehmen, der Zustimmung des Gemeinderates, dessen Voten bei wechselnden Mehrheiten aufgrund der Zusammensetzung schwerer prognostizierbar werden.

Für die Mobilisierung von Entwicklungspotenzialen durch „kommunale Informations-, Beratungs- und Vermittlungsleistungen" fehlten den Städten, Kreisen und Regionen bereits in den 1980er Jahren sowohl die institutionellen und materiellen Voraussetzungen als auch „die notwendige *Informationsbasis* und das erforderliche *Kooperationsnetz.*"[56] Daran scheint sich bis in die 1990er Jahre wenig geändert zu haben.[57] Mittel- und Großstädte haben zwar eigene Einrichtungen geschaffen und setzen eigenes Personal ein. Kleinere Gemeinden bleiben häufig auf die Tätigkeit ihrer Kreisverwaltung angewiesen, soweit sie nicht durch Zweckverbände innovative Lösungen suchen. Eine Vielzahl von Sonderbehörden wirkt - je nach Einzelfall - mit. Besonders wichtig ist aber die Entscheidungsvorbereitung bzw. die Koordinationsfunktion durch die zuständige Verwaltungseinheit bei konkreten Einzelfällen. Daran sind weder die lokale Öffentlichkeit noch die Gremien des Rates beteiligt. Fast immer reduziert sich die Mitwirkung politischer Institutionen auf den *Verwaltungschef*. Hinzu kommt, zumindest in größeren Städten, eine besondere *Wirtschaftsförderung*sdienststelle.[58] Diese bleibt für die konkrete Aufgabenbewältigung auf die einzelnen Ämter/Bereiche/Dienste der Verwaltung angewiesen, für Grundstücksgeschäfte das zuständige *Liegenschaftsamt* bzw. die Kämmerei und das Stadtplanungsamt bzw. Bauamt für die Abstimmung von Bauanträgen mit der Bauleit-

---

[55] Naßmacher, in: Naßmacher 1994, S. 5. Die auf der kommunalen Ebene nach dem Vorbild der Bundesebene gegründeten „Bündnisse für Arbeit" in denen die Gewerkschaften als zentrale Akteure auftraten, hatten die Umverteilung der Arbeit in städtischen Verwaltungen zum Ziel (Wiechmann, in: Kißler/Zettelmeier 2005, S. 58).

[56] Zitate bei: Lehner u.a., in: Andersen 1987, S. 186f.

[57] Vgl. Deutsches Institut für Urbanistik, Ergebnisse einer Umfrage bei 191 Städten, März 1995.

[58] Zu verbreiteten Organisationsformen je nach Stadtgröße s. Hollbach-Grömig 1996, S. 20f., 23; Schübel 1996, S. 129-132. Die meisten Städte haben ein eigenes Amt. Die Zuständigkeiten von Kämmerei, Amt für Stadtentwicklung oder Liegenschaftsamt ist seltener (Grabow u.a. 1990, S. 28). Zur personellen Ausstattung s. Grabow u.a. 1990, S. 35; Kühn/Floeting 1995, S. 45ff. Zu den Rechtsformen der Wirtschaftsförderung s. Richter u.a., in: Killian u.a. 2006, S. 74f. Mehrheitlich ist Wirtschaftsförderung in der öffentlichen Verwaltung angesiedelt, zweitwichtigste Organisationsform ist eine GmbH. Größere Städte wählen häufig letztere (ebenda, S. 75).

planung, ggf. die Vorbereitung eines Bebauungsplanes.[59] Sofern die Stadt selbst die Baugenehmigungen erteilt, kommt das Baurechts-/*Bauordnungsamt* hinzu.

Bei (kleineren) kreisangehörigen Gemeinden muss die entsprechende Dienststelle der Kreisverwaltung eingeschaltet werden. Hier zeigt sich bereits, dass für konkrete Einzelmaßnahmen neben der eher pauschalen Akzeptanz bei lokalen Institutionen und Organisationen vor allem die Zusammenarbeit der örtlichen Verwaltung mit überörtlichen Behörden von Bedeutung ist. Neben dem Bauordnungsamt des Kreises (bei kreisangehörigen Gemeinden) kommen *Fach- und Sonderbehörden* des Landes in Betracht. Bei Ansiedlungsvorhaben sind dies vor allem Straßenbauämter, Kommunalaufsicht und Regionalplanung. In der Bestandspflege kommen den Umweltbehörden (einschließlich Wasserwirtschaft) und der Gewerbeaufsicht[60] besondere Bedeutung zu.

Schließlich sind Initiativen einer lokalen Beschäftigungspolitik und Qualifizierungsmaßnahmen (schulische und berufliche Bildung, wissenschaftliche Qualifikation, Umschulung, Weiterbildung) ohne Mitwirkung der IHK, der Handwerkskammer, der Universitäten und der Arbeitsverwaltung nicht denkbar. Dies gilt bereits für die Erstausbildung, die immer auch die Wettbewerbsfähigkeit im internationalen Kontext, aber auch die örtlichen Erfordernisse im Blick haben muss. Gerade im Hinblick darauf, dass lebenslanges Lernen, Berufswechsel und Umschulung zum Normalfall in einer dynamischen Wirtschaft werden müssen, rückte seit Jahren das Arbeitsamt (inzwischen Agentur für Arbeit) ins Blickfeld. Seine Vernetzung mit Anbietern auf dem Bildungsmarkt, den Unternehmen und die erforderliche Kooperation mit Kommunen sind Voraussetzungen für erfolgreiches Handeln. Bereits in den 1970er Jahren wurde die Facharbeiterlücke beklagt und auf Defizite bei der Bearbeitung hingewiesen.[61] Trotz wachsender Arbeitslosigkeit und bundesweit bereitgestellter Programme, insbesondere nach dem Arbeitsförderungsgesetz (AFG, 1969) und den sogenannten Hartz-Gesetzen, ist hier noch keineswegs Abhilfe geschaffen.[62] Als halb-öffentliche Interessenorganisationen der Wirtschaft werden die *Kammern* (Industrie- und Handelskammer, Handwerkskammer) wegen ihres räumlich ausgedehnten Wirkungsfeldes oft überschätzt.[63] Sie bieten zwar vielfältige Beratungsleistungen und Fortbildung an, ihre Hilfen bleiben aber doch eher allgemein.

In der Flächenpolitik kann ihr Einfluss größer sein, weil sie in den Bebauungsplanverfahren als Träger öffentlicher Belange stets einbezogen sind und häufig auch vorher individuell kontaktiert werden. Wesentlich wirksamer und von den Beteiligten nicht zu konterkarieren sind Einflüsse, die sich aus Urteilen der *Verwaltungsge-*

---

[59] Feuerstein 1981, S. 176-178.
[60] S.d. Graf, in: Voigt 1984, S. 193f.; Naßmacher 1987, S. 128-132.
[61] Naßmacher 1983, S. 294f., 312.
[62] Henckel/Hollbach 1991, S.. 145; Gallas, in: Andersen 1998a, S. 282f. Dies zeigen auch die ersten Ergebnisse über die Wirkungen der Hartz-Reformen.
[63] S.d. Stember 1992, S. 164-168.

richte,[64] insbesondere zur örtlichen Bauleitplanung, ergeben. Durch Einzelfallentscheidungen können kommunale Satzungen (also auch B-Pläne) wegen Formfehlern für nichtig erklärt werden. Durch Präzedenzfälle beeinflusst ein Gericht mit fast automatischer Bindungswirkung - weiterhin unbemerkt - spätere ähnliche Fälle so lange, bis durch ein neues Verfahren oder eine gesetzliche Neuregelung ein anderer Ausweg gewiesen wird. Das gilt vor allem für Probleme des Bestandsschutzes in Stadtquartieren mit Konflikten zwischen Wohnnutzung und „störendem" Gewerbe, das viel Lärm- oder Geruchsbelästigung (Immissionen) verursacht (sog. Gemengelagen). Als vorsorgliche Gegenwehr versuchen Gemeinden deshalb, baurechtliche Einzelmaßnahmen ihrer Bestandspflegepolitik „gerichtsfest" zu gestalten.

Insgesamt sind die meisten Produktionsfaktoren (Arbeit, Boden, Kapital, Betriebsführung)[65] einer kommunalen Hilfestellung nur indirekt zugänglich. Dies gilt ganz besonders für eine betriebswirtschaftliche Nachschulung der Unternehmensleiter (zum Bearbeiten von Managementfehlern). Technologieorientierte Wirtschaftsförderung muss aber unternehmer- bzw. führungskräfteorientiert sein. Allenfalls kann sich die Stadt durch Inszenierung formeller oder informeller Treffen um eine stärkere Kooperation zwischen den Akteuren bemühen und deren Vertrauen zueinander fördern. Weiterhin bieten spezielle Angebote von Hochschulen oder ein Erfahrungsaustausch im Rahmen der Kammern gewisse Anknüpfungsmöglichkeiten. Zur endogenen Entwicklung gehört aber nicht nur die ständige Weiterqualifikation des Managements. Auch eine hochqualifizierte und sich ständig weiterbildende Arbeitnehmerschaft ist Voraussetzung für endogene Entwicklung.[66] Zweifellos müssen Produkt- und Prozessinnovationen auf aufnahmebereite Entscheidungsträger und Arbeitnehmer in den Unternehmen stoßen. Die Verfügbarkeit von Facharbeitern rangiert bei Befragungen immer sehr hoch, z.T. als der wichtigste Standortfaktor.[67] Auf dem Arbeitsmarkt gesucht werden junge, hochqualifizierte Kräfte aus Branchen, die das Etikett „innovativ" tragen.[68]

Seit den 1990er Jahren haben die EU sowie auch der Bund durch die Hartz-Reformen die Kommunen als wichtigen Akteur entdeckt.[69] Die Zusammenarbeit von Akteuren mit unterschiedlichen Instrumenten ist bislang keineswegs eng genug: Arbeitsagentur und Kommune[70] (Kenntnis der Problemfälle), IHK/Handwerkskammer (Wirtschaftsnähe, Beratungspotential) müssen stadtspezifische Initiativen

---

[64] Vgl. Naßmacher 1987, S. 147-150.

[65] Afheldt 1987a, S. 68-82; Naßmacher 1987, S. 242-261, 232-241.

[66] Naßmacher, in: Bellers u.a. 1997, S. 43.

[67] Clemens/Tengler 1983, S. 118; Henckel/Hollbach 1991, S. 117, 118; Pieper 1994, S. 117.

[68] Lorenzen, in: Stock/Kegelmann 2005, S. 146.

[69] Kißler/Zettelmeier 2005, S. 7.

[70] Insbesondere die Kontakthäufigkeit zum Arbeitsamt lässt noch zu wünschen übrig (Hollbach-Grömig 1996, S. 34). Dies stellen auch die Evaluatoren der Arbeitsmarktgesetze fest, sodass die alleinige Verantwortung der Gemeinden als sinnvoller angesehen wird, weil sie sich mehr um freie Arbeitsplätze in der Stadt kümmern. Erfolge werden bei Kißler/Zettelmeier (2005, S. 11) genannt.

kreieren und dabei nicht nur mit den Arbeitsuchenden, sondern vor allem mit den Unternehmen Kontakt halten.[71] Bei Innovationsberatung verlassen sich Städte eher auf die Kammern, bei Technologietransfer auf die Universitäten.[72] Jede Modernisierungsstrategie in alten Industriegebieten oder Entwicklungskonzeption für vorwiegend ländliche Räume muss flexible Interaktionsnetzwerke zwischen privaten und öffentlichen, wirtschaftlichen und politischen Akteuren anstreben. Die Gemeinde kann zugleich Initiator neuer Aktivitäten, Unterstützer bei möglichen Engpässen und Moderator für Diskussionsprozesse sein.[73] Bei der Beschaffung von Wagniskapital (Venture Capital als Seed-Money oder Start-up-Finanzierung) müssten die örtlichen Sparkassen oder Genossenschaftsbanken gewonnen werden.[74]

Das Handlungspotenzial ergibt sich für die ortsnahe Verwaltungseinheit (Stadt, Gemeinde, Kreis) vor allem als Träger der Planungshoheit bzw. als Baugenehmigungsbehörde. Sie ist Anlaufstelle für alle betrieblichen Standortprobleme und die dabei anfallenden Informationen. Damit mag eine einseitige Orientierung der Kommunalpolitik auf grundstücksbezogene Engpassfaktoren der Unternehmen verbunden sein. Diese Schwerpunktsetzung ist aber sachlich berechtigt. Wer kommunale Wirtschaftspolitik nur als dezentrale Implementation zentraler Förderprogramme deutet,[75] übersieht leicht die Bedeutung der Grundstücksnutzung für die betriebliche Entwicklung.

Neun Standortfaktoren entscheiden aus betrieblicher Sicht über die Eignung eines Grundstücks: die Nähe zu Kunden, das Parkplatzangebot, die Zufahrtsmöglichkeiten zu Kunden und Lieferanten, die Bedienung durch öffentlichen Nahverkehr, die Nähe zu Lieferanten, der spezifische Arbeitsmarkt, die Flächenreserven und der Preis des Grundstücks. Der ideale Standort ist mit dem Auto und durch öffentlichen Nahverkehr gut zu erreichen, keinen beschränkenden Bau- oder Umweltschutz- (Immissions-) Auflagen unterworfen, groß genug für den aktuellen Bedarf und eine spätere Betriebserweiterung sowie gegenüber einer angrenzenden Wohnnutzung verschlossen.[76] Dementsprechend nennt Bullinger als erfolgversprechende Parameter kommunaler Gewerbepolitik: Flächenplanung/Bodenpolitik, Infrastruktur, Koordination/Beratung,[77] also mindestens drei „grundstücksbezogene" Instrumente.[78]

---

71 Beispiele zur Verzahnung von Arbeitsmarktpolitik (Beschäftigungspolitik) und Wirtschaftsförderung schon bei Freidinger, in: Dieckmann/König 1994, S. 138ff.; für das Heidelberger Beispiel s. Dill/Kanitz 1994, Heft 6, S. 3f.

72 Zu den Erfolgsfaktoren beim Wissenschafts- und Technologietransfer s. Sternberg u.a. 1996, S. 184ff. Die „lernende" Region rückt in den Blick (S. d. Sturm 1998, S. 220ff.).

73 Grabow/Henckel, in: Roth/Wollmann 1994, S. 427.

74 Zur Bedeutung von örtlichen Venture Capital-Gebern s. Campbell 1990, S. 130f., 142f. Sparkassen sehen sich selbst in der Rolle derjenigen, die den örtlichen Strukturwandel unterstützen wollen (Heitmüller 1996, S. 308).

75 So Lehner u.a., in: Andersen 1987, S. 180.

76 Schanz 1987, S. 46. Vgl. auch Grabow u.a. 1990, S. 157, 215; Sachse, in: Ehlers 1990, S. 39ff.; Kirchhoff/Müller-Godeffroy 1991, S. 26.

77 Bullinger, in: Voigt 1984, S. 197.

In der Vergangenheit haben Städte und Gemeinden durchweg die günstige Bereitstellung gewerblich nutzbarer Bauflächen und einen attraktiven Hebesatz bei der Gewerbesteuer in den Mittelpunkt ihrer Bemühungen gestellt, um neue Betriebe zu gewinnen. „Die Ausweisung und Erschließung von Gewerbeflächen sowie die Verfügung über Liegenschaften" galten als „die wichtigsten ... **Instrumente** der kommunalen Wirtschaftsförderungspolitik."[79] Heute gehören zu den Maßnahmen, mit denen eine Gemeinde die Entwicklung der Betriebe auf ihrer Gemarkung begleiten kann,

- Ausweisung, Erschließung und Aufsiedlung von *Gewerbeflächen* für die Verlagerung ortsansässiger Betriebe mit Erweiterungs- und Umweltproblemen,
- *Interessenausgleich* zwischen Betrieb und Bevölkerung bei Nutzungskonflikten in Misch- und Gemengelagen,
- Pflege von Kontakten zwischen Betrieben und Verwaltung zur Vorbereitung von *Einzelfallhilfen.*

Beinahe klassische Instrumente im „Werkzeugkasten" kommunaler Wirtschaftspolitik sind neben der Bauleitplanung, der Baugenehmigungspraxis und der Liegenschaftspolitik, die Steuer- und Tarifpolitik sowie auch Finanzhilfen.[80] Direkte *Finanzhilfen* sollen Standortnachteile wirtschaftlich schwacher Regionen nachhaltig kompensieren.[81] Da die Fördertatbestände zu diffus, die Programme kaum diskriminierend, die Förderung zu wenig konzentriert und selektiv sind,[82] bleiben verlorene Zuschüsse, Darlehen oder Bürgschaften in der Literatur umstritten. Von den einen wird vor allem die rechtliche Zulässigkeit[83] bezweifelt, von anderen besonders auf wettbewerbsverzerrende Wirkungen und die zu erwartenden Mitnahmeeffekte verwiesen. Die EU legt vor allem Wert darauf, dass der Wettbewerb nicht verzerrt wird. Dabei sind aber auch alle sich wirtschaftlich auswirkenden unentgeltlichen Maßnahmen einbezogen, mit Ausnahme von besonderen Hilfen in Problemsituationen, wie Naturkatastrophen o.ä.[84] Bis 1995 setzten nur eine Minderheit der befragten

---

[78] Stember stellt ebenfalls fest, dass die Erfolge der kommunalen Wirtschaftsförderung ganz wesentlich auf Standort- und Flächenpolitik zurückzuführen sind (Stember 1992, S. 226).

[79] Zitate bei: Schumacher, in: Mayntz 1981, S. 149.

[80] Grabow/Henckel (in: Wollmann/Roth 1999, S. 624) sprechen von einem „Baukasten" der wirtschaftspolitischen Instrumente.

[81] Im Einzelfall können sie insbesondere bei kapitalintensiven Arbeitsplätzen die entscheidende Rolle spielen (Hahne, in: Ridinger/Steinröx 1995, S. 17); zur Förderkulisse und den Förderzielen s. Boyken 2002, S. 90ff; Götschel 2004, S. 76ff.

[82] Lehner u.a., in: Andersen 1987, S. 178. - Für eine exemplarische Übersicht s. Kirchhoff/Müller-Godeffroy 1991, S. 40-43; zur Kritik der Förderpraxis der EU s. Ridinger, in: Ridinger/Steinröx 1995, S. 44 ff.

[83] S.d. Ettelbrück 1984, S. 57-68.

[84] Stöß 2000, S. 104. Die Notifizierung von Beihilfen erfolgt über das Bundeswirtschaftsministerium, das für die Kommission arbeitet (ebenda, S. 105).

Mittel- und Großstädte (u.a. bei Neuansiedlungen) dieses Instrument ein. Die EU kennt auch inzwischen Ausnahmen von diesen Regeln, die sich auf Gebiete beziehen mit unterdurchschnittlichem Bruttoinlandsprodukt pro Kopf der Bevölkerung gemessen in Kaufkraftstandards. Die geprüften Fälle der Beihilfevergaben zeigen, dass die Auslegungsbedingungen doch weit sind.[85] Die Durchleitung von Zuschüssen aus Bundesmitteln für die innerörtliche Verlagerung störender Gewerbebetriebe oder das Abräumen von Sanierungsflächen war und ist üblich. Bei Erweiterungsinvestitionen am alten Standort oder Liquiditätsengpässen ortsansässiger Betriebe versuchen die Standortgemeinden häufig, durch Vermittlung von Landesbürgschaften zu helfen.[86]

Anstelle solcher Finanzhilfen können auch Gemeindesteuern gestundet, ermäßigt oder gar erlassen werden. Die Mehrheit der deutschen Städte, im Osten häufiger als im Westen, hat bereits Steuern gestundet, während nur eine Minderheit auch zu einem Steuernachlass bereit war. Stundung, Ermäßigung und Erlass sind auch für Müll- oder Wassergebühren, Erschließungsbeiträge und (bei rein kommunalen Versorgungsbetrieben) für die Strompreise möglich, aber seltener.[87] Geläufig sind (gerade beim Strom) jedoch Sondertarife für Großabnehmer. Als wichtigstes Instrument der *Steuer- und Tarifpolitik* gilt weithin, insbesondere bei Praktikern der Kommunalverwaltung, die Festsetzung des Gewerbesteuerhebesatzes:[88] In „der Gemeinde tätige Betriebe dürfen nicht zur Abwanderung veranlasst und potenzielle Zuwanderer sollten zur Ansiedlung ermuntert werden."[89] Die Bedeutung des Hebesatzes wird jedoch vielfach überschätzt. Bei Ansiedlungsverhandlungen dient er traditionell als wichtiges Argument, aber sonst kommt ihm eher symbolische Bedeutung für ein „wirtschaftsfreundliches Klima" zu.[90]

Materiell interessanter für das Standortverhalten von Betrieben ist die Infrastruktur. Sie bestimmt das Standortpotenzial eines Raumes (einer Stadt und ihrer Region, eines Kreises und seiner Gemeinden). Durch *Infrastrukturpolitik* werden (vor allem von der öffentlichen Hand) materiell-technische Grundlagen privatwirtschaftlich organisierter Erzeugung von Gütern und Dienstleistungen bereitgestellt. Als notwendige Ergänzung der üblichen (durch Bund und Land vorgehaltenen) Verkehrsanlagen, insbesondere Straßen- und Schienennetze, aber auch Wasserwege und Flugplätze, dienen kommunale Investitionen für Parkplätze, Einrichtungen der

---

[85]   Stöß 2000, S. 115, 107.
[86]   Heuer 1985, S. 55f.; Hollbach-Grömig 1996, S. 57f.
[87]   Heuer 1985, S. 57, Hollbach-Grömig 1996, S. 49f.
[88]   Für ein Beispiel s. Stember 1992, S. 186.
[89]   Tiepelmann 1984, S. 422.
[90]   Naßmacher 1981, S. 211; Schanz 1987, S. 46; Hollbach-Grömig 1996, S. 46f.; Grabow/Henckel, in: Wollmann/Roth 1999, S. 625.

Energie- und Wasserversorgung, der Abwasser- und Abfallbeseitigung[91] sowie die Sicherung des Zugangs zu Hochgeschwindigkeitsdatennetzen.[92]

Die uneingeschränkte Verfügbarkeit und günstige Lage bestimmter Flächen im Stadtgebiet und zu den überörtlichen Verkehrsnetzen[93] waren schon immer wichtige Elemente kommunaler Wirtschaftsförderung. Die Versorgung mit Wasser und Energie ebenso wie die Entsorgung von Abwasser und Sondermüll stellen neben der Verkehrsanbindung überall notwendige Vorleistungen der gemeindlichen Infrastrukturpolitik dar. Eisenbahn-, Autobahn- und möglichst auch Wasserstraßenanschluss oder gar ein Regionalflughafen für neu entwickelte GE-/GI-Gebiete gehören seit langem zum Standard. Ohne Vorleistungen bei der Infrastruktur waren Ansiedlungserfolge nicht zu erzielen oder aussichtsreiche „Bleibeverhandlungen" nicht zu führen. Dass bei diesem einseitig technischen Verständnis von Infrastruktur die Wirtschaftsförderer der Städte und Kreise immer öfter mit großen Verbraucher- und Möbelmärkten oder Betrieben des Güterumschlags (Auslieferungslager, Speditionen) verhandelten, ist lange Zeit unbemerkt geblieben. Die einseitige Fixierung auf große ebene Flächen mit erstklassiger Verkehrsanbindung beim Neuaufbau der wirtschaftlichen Infrastruktur in Ostdeutschland ist massenhaft praktiziert worden.

Die Verbesserung der wirtschaftsnahen Infrastruktur hielt etwa die Hälfte der 1995 befragten Mittel- und Großstädte für sehr wichtig; ihre Wirtschaftsförderer widmeten dieser Aufgabe fast soviel Zeit wie dem Stadtmarketing.[94] 2004 sahen die westdeutschen Städte die Wirtschaftsförderung (mit Arbeitsmarkt und Bearbeitung des Strukturwandels) hinter der Haushaltskonsolidierung als zweite Priorität, während in Ostdeutschland hinter letzterem Zentralproblem die Stadterneuerung und der Plattenbau rangierten.[95] Neuerdings kommt dem ÖPNV mit Bussen und Schnellbahnnen neben dem traditionellen Gleisanschluss wieder erhebliche Bedeutung zu. Ortsumgehung, Fußgängerzonen und Parkflächen tragen wesentlich zur Standortsicherung der innerörtlichen Ladengeschäfte bei.[96] Industrieparks, Gewerbehöfe, Gründer- und Technologiezentren und Handwerkerhäuser oder Güterverkehrszentren sind Ausdruck einer weitgefassten Infrastrukturpolitik, die eine Gemeinde selbst im verschärften regionalen und überregionalen Standortwettbewerb um fast jeden Preis konkurrenzfähig machen soll. Forscher und Praktiker, die nur auf die „weichen" Infrastrukturfaktoren (Wohnqualität, Einrichtungen für Bildung und Freizeit)[97] so-

---

[91] Vgl. auch oben, Abschnitt 2.4.3.

[92] S. „Breitbandtechnologieinitiative" des DStGB. http://www.dstgb.de/index_inhalt/homepagekommunalreport/inhalt/dstgb_dokumentation_breitbandanbindung_von_kommunen/index.phtml (19.07.2006). Nach Schätzungen der OECD wird der Zugang zu Hochgeschwindigkeitsnetzen bis zum Jahre 2011 zu einem Drittel des Produktionszuwachses in Industrieländern beitragen.

[93] Pieper 1994, S. 198, 117; Sternberg u.a. 1996, S. 118.

[94] Hollbach-Grömig 1996, S. 38, 40.

[95] Brettschneider u.a. 2004, S. 14ff.

[96] Vgl. oben und unten, Abschnitt 5.2.5.

[97] Zusammenstellung der „weichen" Infrastrukturfaktoren bei Hahne, in: Ridinger/Steinröx 1995, S. 15.

wie ein wirtschaftsfreundliches Klima[98] abheben, übersehen die empirischen Befunde. Wissenschaftler und Unternehmer betonen seit Jahren, dass im Hinblick auf angemessene Informationen, Kontaktpflege, Beratung und Interessenausgleich (auch zur Nutzung der „harten" Standortfaktoren) verstärkte Anstrengungen nötig sind.[99]

Zudem verweisen die Medienzentren Hamburg und München, das Bankenzentrum Frankfurt und das Standortvorbild Silicon Valley in den USA auf ein erweitertes Verständnis von Infrastruktur. Wenn das Leistungsprofil eines Ortes oder einer Region (als Folge des vorhandenen Betriebsbesatzes) zur Vorleistungsnachfrage und/oder dem Leistungsangebot des neuen Betriebes passt, hat die Kommune im Standortwettbewerb einen Vorteil gegenüber anderen.[100] Netzwerkbeziehungen sind insbesondere für die Dienstleistungsbranche bedeutsam.[101] Dieses Potenzial kann allerdings nur sehr viel langfristiger (aufgrund der sehr langfristig gewachsenen Wirtschaftsstruktur) beeinflusst werden als die traditionelle Infrastruktur. Dennoch setzen Standorte mit tradierter Wirtschaftsstruktur bewusst auf Zukunftsbranchen (Multimedia, High Tech) und deren Bedarf an „Fühlungsvorteilen".

Entwicklungsimpulse müssen in Zukunft stärker von der richtigen Einschätzung und Bearbeitung kleinräumiger Problemlagen ausgehen. Verbesserung der kleinteiligen Verkehrsanbindung, der Parksituation oder der Stadtbildgestaltung sind wichtige Aufgaben einer kommunalen Infrastrukturpolitik. Voraussetzung dafür ist allerdings, dass den Städten für solche Maßnahmen ausreichende Eigenmittel zur Verfügung stehen.[102] Private Investitionen bzw. Projekte als Public-Private-Partnership (PPP) können Defizite nur partiell kompensieren.[103] Dennoch lässt sich nicht übersehen, dass (zumindest viele westdeutsche) Kommunen inzwischen ein so hohes Niveau ihrer Infrastrukturausstattung erreicht haben, dass vor allen Dingen durch gezielte strategische Ergänzungen ein Impuls für unternehmerische Entscheidungen ausgeht. Die ostdeutschen Kommunen haben dagegen noch Nachholbedarf. Bei der Liegenschaftspolitik scheint dies noch immer anders zu sein.

Die Vermittlung von gewerblich nutzbaren Grundstücken zwischen privaten Käufern und Verkäufern gehört zu den wirtschaftspolitischen Routinetätigkeiten der Gemeinden. Zuweilen wird sogar eine Verengung der kommunalen Wirtschaftsförderung auf *Liegenschaftspolitik* konstatiert.[104] Städte, Gemeinden und Kreise haben aber nur das entscheidende Handlungspotenzial, wenn sie selbst aufgrund frühzeitiger Bodenvorratspolitik Eigentümer von Grundstücken sind. Einige Städte sind noch

---

[98] von Ameln, in: Ehlers 1990, S. 21; dagegen Henckel/Hollbach (1991, S. 128), die beim Vergleich alter und neuer Befragungsergebnisse nur einen geringen Bedeutungszuwachs der „weichen" Standortfaktoren erkannten.
[99] Naßmacher u.a., in: Afheldt 1987a, S. 275.
[100] Zusammenfassend zur Bedeutung von Netzwerken s. Sydow 1992, S. 83ff.; Dörsam/Icks 1997.
[101] Grabow 1996a, S. 185ff.; insb. S. 187; s.a. Stember 1997, S. 131.
[102] Vgl. oben, Abschnitt 3.4.2.
[103] S. oben, Abschnitte 2.4.3 und 3.3.
[104] Bauer u.a. 1987, S. 18; Schübel 1996, S. 57, 59.

immer bestrebt, das Grundstücksangebot bei gewerblichen Bauflächen so zu verbessern, dass jederzeit kleinere und größere Grundstücke in voll erschlossenem Zustand zu günstigen Konditionen kurzfristig (für Neuansiedlungen und innerstädtischen Verlagerungsbedarf) zur Verfügung stehen.[105] „Seit 1990 wurden in den neuen Bundesländern mehr Hektar Gewerbeflächen ausgewiesen als in Westdeutschland seit 1950."[106] Manche Städte bedauern das Fehlen größerer zusammenhängender Flächen, unternehmen aber keine besonderen Anstrengungen, um selbst gewerblich nutzbare Grundstücke zu kaufen. Bleiben Flächen zu lange ungenutzt, dann entsteht daraus Handlungsdruck auf die Kommunalpolitiker; irgendeine Nutzung ist nach einigen Jahren politisch besser als gar keine. Allerdings wird der Einfluss des Grundstückspreises auf die unternehmerische Standortentscheidung von den kommunalen Akteuren offenbar immer noch überschätzt. Beim Verkauf von städtischen Grundstücken an private Wirtschaftsbetriebe wurden schon 1980 fast überall durch vertragliche Vereinbarungen (allerdings ohne wirksame Sanktionen)[107] oder den Bebauungsplan differenzierte Nutzungsanforderungen festgelegt.

Die kommunale *Bauleitplanung* (Flächennutzungsplan und Bebauungspläne[108]) hatte in den 1980er Jahren zu wenig Flächen für emittierende Betriebe verfügbar gemacht. Gefordert wurde „eine stärkere Berücksichtigung von GI-Flächen (Industriegebiet) im Rahmen der Bauleitplanung."[109] Danach schienen bei „einem weiter steigenden Anteil von Bürobeschäftigten, der ... entsprechenden Flächenverbrauch nach sich zieht," vor allem in Großstädten, Büroflächenkonzepte wichtiger geworden zu sein.[110] Dabei wurden - insbesondere in den neuen Bundesländern - erhebliche Überkapazitäten geschaffen. Bei der (nachholenden) Überplanung alter Standorte agieren Gemeinden eher zurückhaltend. Fast immer wurde und wird in solchen Fällen auf Bebauungspläne verzichtet, weil im hochformalisierten und langwierigen Verfahren latente Nutzungskonflikte (insbesondere zwischen Wohnen und Gewerbe) aufbrechen können und Entschädigungsansprüche drohen. Nur ausnahmsweise haben Kommunen in solchen Fällen für einzelne Betriebsstandorte mühsam eine Sanierung der Rechtslage (allerdings ohne Entwicklungsperspektive für den betroffenen Betrieb) zustande gebracht.[111]

Die Modernisierung des Baurechts (seit den 1970er Jahren) hat den Gemeinden mit den planungsrechtlichen Geboten (nur scheinbar wirksame) Instrumente zur Durchsetzung eines politischen Gestaltungswillens an die Hand gegeben. Ein Baugebot für Baulücken in überplanten Gewerbegebieten mag schon deswegen nicht sinnvoll sein, weil gerade in weitgehend belegten Quartieren Flächenpuffer ohnehin

---

[105]   Lorenzen, in: Stock/Kegelmann 2005, S. 146.
[106]   McGovern 1997.
[107]   Ausnahmen gibt es natürlich (S. z.B. Naßmacher/Naßmacher 1983, S. 44).
[108]   Siehe oben, Abschnitt 2.3.2.
[109]   Heuer 1985, S. 75.
[110]   Hollbach-Grömig 1996, S. 71.
[111]   Für ein Beispiel s. Naßmacher 1981, S. 216f.

knapp sind. Ein Nutzungs-, Instandsetzungs- oder Abrissgebot für brachgefallene Betriebsgrundstücke scheitert entweder am Fehlen eines rechtskräftigen Bebauungsplans oder am entsprechenden politischen Willen der Gemeinde. Soweit Betriebsstandorte in MI- oder §34-BauGB-Gebieten liegen, ergibt sich ein Verzicht auf steuernde Vorgaben. Die Betriebe sind auf den gesetzlichen Bestandsschutz verwiesen, die Kommunalverwaltung sorgt ggf. durch großzügige Ausnahmen und Befreiungen bei Baugenehmigungen für eine Atempause.

Aufgabe der Bauordnungsämter, die sich als Vollzugsorgane staatlicher Ordnungsverwaltung verstehen, ist die (durchaus bürgerfreundlich gedachte) Anwendung von orts-, landes- und bundesrechtlichen Regelungen, insbesondere Bebauungsplan, Landesbauordnung und BauGB. In einem Verfahren der vorurteilslosen, möglichst anonymen Einzelfallprüfung wird ermittelt, ob das geplante Vorhaben den einschlägigen Vorschriften entspricht. Wirtschaftliche Aspekte spielen in der *Baugenehmigungspraxis* nur insoweit eine Rolle, als die Ämter sich ständig mit Anträgen konfrontiert sehen, die das zulässige Maß der Nutzung überschreiten. Auch hier sind die Behörden überwiegend bemüht, dem bauwilligen Investor zu helfen und keine Bauanträge abzulehnen.

Als bedrohlich empfinden die Mitarbeiter der Baugenehmigungsbehörden einerseits die Rechts- und Zweckmäßigkeitskontrolle durch Kommunalaufsicht und Verwaltungsgerichte, andererseits die zusätzliche Belastung bei komplizierten (meist einmaligen, fast immer gewerblichen) Bauvorhaben: Wegen besonderer Anforderungen der gewerblichen Produktion an „Brandschutz, Heizungs- und Feuerungsanlagen, Brennstofflagerung, Lüftung, Belichtung und Beleuchtung, Lage und Ausstattung von Aufenthaltsräumen, Entsorgungsfragen" ist eine Fülle von „Behörden zu beteiligen, von deren Zustimmung, Einvernehmen, Genehmigung oder Erlaubnis die Baugenehmigung abhängt."[112] Schon deshalb dauern Genehmigungsverfahren bei gewerblichen Bauvorhaben länger und sind mit höheren Risiken (im Hinblick auf Rechtsmängel) behaftet. Als bedeutsam erwiesen sich in diesen Fällen regelmäßig Auflagen der Gewerbeaufsicht, Maßnahmen zur Sicherheit des Straßenverkehrs und in Einzelfällen auch des Denkmalschutzes. Werden durch städtische Dienstanweisungen oder vorsorgliche Einzelintervention auch noch das Planungsamt und die Wirtschaftsförderung eingeschaltet, droht die Abweichung von einer Verwaltungsroutine, die, durch ein entsprechendes Raster angeleitet, alle einschlägigen (dem beantragten Bauvorhaben möglicherweise entgegenstehenden) Vorschriften abfragt. Andererseits sind gerade wenig spezifizierte MI-Ausweisungen im Bebauungsplan oder Quartiere, auf die §34 BauGB anzuwenden ist, für Wirtschaftsförderer und Stadtplaner im Hinblick auf Gestaltungsmöglichkeiten besonders wichtig. Durch Einzelfallentscheidung in diesen Bereichen droht allerdings eine allein vom

---

[112]   Zitate bei: Naßmacher 1987, S. 89.

Grundstückspreis gesteuerte Stadtentwicklung, zu deren „natürlichen" Folgen unerwünschte Nutzungskonflikte und Gewerbeverdrängung gehören.[113]

Ungeachtet vieler Unterschiede im Einzelfall lassen sich die meisten Probleme, mit denen sich die Wirtschaftspolitik von Städten und Gemeinden auseinandersetzen muss, typisieren. Zunächst einmal gibt es in jeder Gemeinde alte Produktions- und Dienstleistungsstandorte, deren weitere Entwicklung eine Steuerungsaufgabe darstellt. Sind Produktionsbetriebe schon seit Jahrzehnten am gleichen Standort oder in wirtschaftlichen Schwierigkeiten, muss sich die Gemeinde bei Verlagerung oder Stillegung des Betriebes um die weitere Nutzung der Fläche (Flächenrecycling, Nutzungssukzession) kümmern. Das gleiche Problem ist jetzt auch im Hinblick auf ehemalige Standorte für Landesverteidigung anzugehen (Konversion). Weitere Probleme ergeben sich im Zusammenhang mit einer ausreichenden örtlichen Versorgung, bei der Betreuung von Existenzgründern und (im Westen noch seltener als im Osten) bei der Ansiedlung neuer Betriebe als Ergebnis eines erfolgreichen Standortmarketings. In der Regel befindet sich mindestens ein Gebiet (meist für GE, seltener für GI ausgewiesen) im Prozess der Ausweisung, Erschließung oder Aufsiedlung.

5.2.3 Ansiedlung und Aufsiedlung (neue Betriebe und neue Standorte)

In keinem Handlungsfeld der kommunalen Wirtschaftspolitik klaffen Ausgangslage und Instrumenteneinsatz weiter auseinander als bei der *Ansiedlung neuer Betriebe*. Dem Ziel Ansiedlungserfolg (mit nationaler oder gar internationaler Reputation) ordnen führende Kommunalpolitiker normalerweise Liegenschaftspolitik, Flächenausweisung und auch die Festsetzung von Abgaben unter. Zusätzlich versuchen die Städte, (durch ihre überörtlichen Repräsentanten oder in Verbindung mit ihren Verbänden) günstige Bedingungen für das vom Staat geschaffene Umfeld (einschließlich der Förderkulisse) zu bewirken.[114] Wenn nationale Grenzen durchlässiger werden (z.B. mit dem EU-Binnenmarkt), geht es auch um die Besteuerung von Unternehmen und die Sozialleistungssysteme.

Durch Ansiedlungspolitik wird die betreffende Stadt zum Anbieter auf internationalen, nationalen und regionalen „Standortmärkten". Erfahrungsgemäß können ansiedlungswillige Unternehmen zwischen Angeboten mit unterschiedlicher Infrastruktur,[115] verschiedenen Förderbedingungen und spezifischen Arbeitskräftepotenzialen wählen. Die Städte agieren - auch in wirtschaftlich günstigen Zeiten - auf

---

[113]   Siehe unten, Abschnitt 5.2.4.

[114]   Insbesondere in den neuen Bundesländern wurde ganz auf Ansiedlung gesetzt (Kühn/Floeting 1995, S. 26).

[115]   Die These, dass die Infrastrukturausstattung als ubiquitär zu bezeichnen ist, wurde bereits im Kap. 2 zurückgewiesen.

einem „Käufermarkt". Üblich ist eine Betreuung des gesamten Ansiedlungsvorhabens durch kommunale Wirtschaftsförderungs-Dienststellen oder (privatrechtliche) Wirtschaftsförderungsgesellschaften. Solche Institutionen vermitteln dem ansiedlungswilligen Betrieb alle notwendigen Kontakte am Ort, aber auch die Vergabe öffentlicher Finanzhilfen. Bei großen Ansiedlungen wird das Vorhaben zwangsläufig zur Chefsache.[116] Der umfassende Service durch Projektmanagement endet meist bei Inbetriebnahme der neuen Fertigungsstätte.[117] Vor allem bei der Festlegung von Grundstückspreisen unter dem Verkehrswert und der Stundung von Erschließungsbeiträgen kommen die Städte fast immer den Unternehmen weit entgegen. Ob finanzielle Vorleistungen der Stadt einer nachträglich durchgeführten Kosten-Nutzen-Analyse standhalten, muss vielfach bezweifelt werden.[118] Die ökologischen und stadtwirtschaftlichen Grenzen dieser Politik wurden erst allmählich erkennbar.

Die Entwicklung in den ostdeutschen Ländern hat gezeigt, dass der Versuch, den wirtschaftlichen Niedergang durch Neuansiedlung aufzufangen,[119] den Städten große Risiken beschert. Auch die Absicht, sich aus der wirtschaftlichen Abhängigkeit von großen Gewerbesteuerzahlern, Arbeitgebern oder einer dominanten Branche zu lösen, ist mit erheblichen Schwierigkeiten verbunden. Große Arbeitgeber üben auf die vorhandenen Arbeitskräfte eine hohe Anziehungskraft aus, sodass qualifizierte Kräfte kaum noch für neu anzusiedelnde Betriebe zur Verfügung stehen. Dominante Branchen haben das Arbeitskräftepotenzial in eine spezifische Qualifikation gelenkt. Schließlich sind die Verflechtungsbeziehungen ganz auf die vorhandenen Betriebe ausgerichtet.[120] Das Angebot von Flächen kann also nur Teilprobleme bearbeiten. Der durch niedrige Bodenpreise verstärkte leichtfertige Umgang mit gewerblich nutzbaren Flächen (ungenutzte Flächenvorräte, Ausdehnung in die freie Landschaft, Billigbauweise, große Parkflächen) schränkt bei wachsendem Umweltbewusstsein die Handlungsmöglichkeiten vieler Städte unnötig ein. Gemeinden mit großen Flächenvorräten geraten unter fiskalischen und politischen Druck, diese entsprechend zu nutzen.

Selbst hohe Risikobereitschaft und ein beträchtlicher Einsatz von Geld und Personal können nur zum Erfolg führen, wenn eine Kommune Ansiedlungsinteressenten aufspüren und mit ihnen in Kontakt treten kann. Städte machen traditionell keine Absatzforschung, überlegen also selten, für welche Unternehmen ihr Standort besonders gut geeignet ist. Erst neuerdings, soweit das Standortmarketing mit Stärken-Schwächen-Analyse richtig betrieben wird, bahnt sich hier ein Wandel an. Aller-

---

[116] Dies war z.B. bei der Ansiedlung des Großversandhauses Quelle in Leipzig der Fall, wo die planerischen Grundlagen und Erschließungsmaßnahmen in Rekordzeit von einem Jahr bis zur Grundsteinlegung erledigt wurden (McGovern 1997).

[117] Vgl. Heuer/Roesler, in: Afheldt u.a. 1987a, S. 166.

[118] Naßmacher, in: Blanke 1991, S. 444. Für Beispiele misslungener Ansiedlungen s. Naßmacher 1981, S. 213; Naßmacher/Naßmacher 1983, S. 37.

[119] Zu den besonderen Ausgangsbedingungen in Ostdeutschland s. Pieper 1994, S. 119f.

[120] Grabher 1993, S. 749f.; Boss, in: Dieckmann/König 1994, S. 45.

dings dominiert immer noch – wie bereits in den 1980er Jahren - bei der Anwerbung von Neuansiedlungen die ortsbezogene Imagewerbung in Zeitungen und Zeitschriften, auf Ausstellungen und Messen oder gar durch großflächige Plakatierung.[121] Auch z.T. aufwendig gestaltete Standortbroschüren gehören nach wie vor routinemäßig zu den Akquisitionsinstrumenten fast aller Wirtschaftsförderer - in Ostdeutschland noch häufiger als im Westen.[122] Werbung für bestimmte Aufsiedlungsobjekte (neue Gewerbegebiete) durch unmittelbaren Kontakt mit möglichen Einzelinteressenten oder Einschaltung von regionalbezogenen Vermittlern (Medien, Kammern, Verbänden und Unternehmensberatern), also ein gezieltes Standortmarketing, wird nur gelegentlich praktiziert. Soweit ein (lokaler bzw.) regionaler Standort- oder Gewerbeatlas erarbeitet wird, enthält dieser weniger Informationen als für betriebliche Standortentscheidungen notwendig sind.[123]

Selbst wo innovative Werbemittel und neue Kommunikationsmedien (direct mail, Internet) eingesetzt werden, sind die Zielgruppen nicht präzise bestimmt und/oder die „Informationen zu wenig auf die Bedürfnisse der ... Zielgruppe abgestimmt."[124] Die Hilfe professioneller Werbeagenturen und eine selbstkritische Stärken-Schwächen-Analyse können nur dann nützen, wenn die Gemeinde nicht nur allgemeine quantitative Strukturdaten erhebt[125] und fortschreibt, sondern für vorhandene Standorte deren Eignung testet. Standortmarketing als Teil des Stadtmarketing soll auch deshalb mehr sein als Standortwerbung, weil nicht nur die (tatsächlichen oder vermeintlichen) Vorzüge zu vermarkten sind, sondern gleichzeitig die angebotenen „Produkte" weiterentwickelt werden müssen.[126] Dies gilt nicht nur für Flächen, wo die Nutzung der Datentechnik beim Standortmarketing z.T. schon verwirklicht ist, sondern auch für alle anderen Standortpotenziale.[127] Nach flexibler Beobachtung des Marktes sind potenzielle Investoren für vorhandene Standorte direkt anzusprechen.[128] Noch wichtiger bleibt aber das tatsächliche Geschehen auf den nationalen und regionalen Standortmärkten.

---

[121] Zill, in: Mayntz 1981, S. 106f.; Heuer/Roesler, in: Afheldt u.a. 1987a, S. 167f.; Naßmacher, in: Blanke 1991, S. 443; Pieper 1994, S. 205; Iglhaut, in: Iglhaut 1994, S. 56. Für Ostdeutschland s. Kühn/Floeting 1995, S. 95, unter Bezug auf die Difu-Umfrage 1993.

[122] Hollbach-Grömig 1996, S. 52-55.

[123] Diese seit Jahren verfügbaren Instrumente haben sich kaum geändert.

[124] Mahnke 1998, S. 120.

[125] Kriterien für eine Stärken-Schwächen-Analyse liefern Dill/Kanitz 1994, Heft 6, S. 15-18; auch Lugan 1997. Die hier gegebenen Kategorien erscheinen aber viel zu unpräzise.

[126] Grabow/Henckel, in: Roth/Wollmann 1994, S. 433; s. a. Simon (1995, S. 148), deren Vorschläge allerdings noch viel zu allgemein ausfallen.

[127] Schübel 1996, S. 62ff. So lassen sich die Potenziale vorhandener Standorte in einer regionalen Datenbank für Gewerbeflächen dokumentieren und den absehbaren Anforderungen entsprechend marktgerecht gestalten. Zum Standortinformationssystem s. Stember 1992, S. 241.

[128] Maier/Schübel, in: Maier 1994, S. 5; Iglhaut, in: Iglhaut 1994, S. 138. „Es genügt heute nicht mehr, eine Vielzahl von Instrumenten nutzen zu können. Wichtig ist vielmehr, dass innerhalb der Stadt Voraussetzungen geschaffen werden, auf die potenzielle Zielgruppen positiv reagieren." (Joseph 1996, S. 358).

Tatsächlich sind seit geraumer Zeit Ansiedlungsaktivitäten (zumindest der westdeutschen Städte) immer weniger von sichtbarem Erfolg begleitet. Auch in der kommunalen Wirtschaftsförderung prägen die Erfahrungen der Vergangenheit die Erwartungen an die Zukunft. „Wirtschaftsförderer ... reagierten oftmals zunächst überrascht, dass für die jeweilige Region in den fünf Jahren des Untersuchungszeitraums nur ein bis maximal drei Betriebe, in vielen Fällen aber auch keine interregionale Ansiedlung erfasst wurde."[129] Einzige Erfolge sind Märkte aller Art für kurz- und langlebige Konsumgüter. Nur in den Wachstumsjahren der (west)deutschen Wirtschaft gelang die Ansiedlung von (neuen, auswärtigen) Unternehmen.

In den 1950er und 1960er Jahren führten Wiederaufbau, Erweiterung und Modernisierung der Industrie dazu, dass Betriebe des produzierenden Gewerbes massenhaft neue Standorte suchten und fanden. In einer wachsenden Wirtschaft erweitern Betriebe den Umfang ihrer Geschäftstätigkeit. Dazu benötigen sie zusätzliche Flächen, die entweder durch Standortwechsel (Verlagerung) oder Standortteilung (Teilverlagerung) beschafft werden. Betriebsansiedlung ist die massenhaft auftretende Folge wirtschaftlichen Wachstums. Betriebe, die an ihrem bisherigen Standort nicht erweitern konnten, realisierten das vom Absatz her mögliche Wachstumspotenzial durch „Umzug" an einen neuen Standort, innerhalb ihrer Standortgemeinde oder in einer Nachbargemeinde.[130] Soweit betrieblich möglich, kam als „kleine Lösung" auch die Teilung des Betriebsstandortes durch Errichtung von Zweigwerken in Betracht. Solche Zweigwerke fanden ihren Standort entweder in der Nähe eines wichtigen Rohstoffes, von Zulieferern oder Kunden, schließlich als verlängerte Werkbank dort, wo noch freie Arbeitskräfte verfügbar waren.[131] Aus diesen regionalen Wirkungen des gesamtwirtschaftlichen Wachstumsprozesses ergaben sich für Gemeinden in fast allen Teilen (West-) Deutschlands positive Impulse. Wo die naturwüchsige Dezentralisierung nicht ausreichte, wurden die Gemeinden durch die Finanzreform 1969 vom Erfolgsdruck entlastet[132] und durch Finanzhilfen aus der Gemeinschaftsaufgabe „Förderung der regionalen Wirtschaftsstruktur" unterstützt. Ansiedlungswillige Unternehmen bestimmten dabei die Konditionen fast beliebig. Die Gemeinden halfen zusätzlich.

Die „Ölkrise" (1973/1974) markierte einen wirtschaftlichen Wendepunkt der westlichen Industriegesellschaften. In Deutschland begann sehr bald ein bis heute anhaltender Prozess der De-Industrialisierung, oder anders formuliert: der Wandel zur (postindustriellen) Dienstleistungsgesellschaft. In traditionsreichen Industriezweigen (Textil, Bergbau, Stahlerzeugung, Schiffbau, Metallverarbeitung einschließlich Elektrogeräte) wurden mehr Arbeitsplätze wegrationalisiert oder ins

---

[129] Pieper 1994, S. 195.
[130] Ettelbrück (1984, S. 128) unterscheidet zwei Formen von betrieblichem Standortwechsel: Umsiedlung (innerhalb Gemeindegrenze) und Verlagerung (über eine Gemeindegrenze hinweg).
[131] Hier stoßen wir erneut auf die Bedeutung der Arbeitskraft für die Standortqualität und damit das wirtschaftliche Entwicklungspotenzial einer Gemeinde.
[132] S. oben, Abschnitt 3.2.4.

Ausland verlagert als bei „neuen" Branchen, insbesondere Dienstleistungen geschaffen, wo zusätzliche Arbeitskräfte gebraucht werden. Im Jahre 1970 bezogen in Deutschland noch fast 700 Betriebe mit 43.000 Beschäftigen einen neuen Standort; bereits 1980 waren es weniger als 200 Betriebe mit höchstens 10.000 Beschäftigten. Um 1995 suchten und fanden in ganz Westdeutschland jährlich 40 Industriebetriebe (mit mehr als 30 Beschäftigten) einen neuen Standort, der mehr als 30 Kilometer vom alten entfernt lag.[133] Für diese 40 Betriebe kommen fast 15.000 Gemeinden (davon etwa 3.000 mit mehr als 5.000 Einwohnern) als Partner in Betracht. Gewisse Hoffnungen auf Neuansiedlungen ergaben sich aus politischen Veränderungen. Die deutsche Vereinigung und die Öffnung Osteuropas sowie der erweiterte EU-Binnenmarkt brachten eine neue Beweglichkeit bei Betriebsstandorten mit sich, von der allerdings eher Ostdeutschland profitierte.[134] Dennoch macht das bloße Zahlenverhältnis deutlich, dass unter solchen Bedingungen der Ansiedlungserfolg eher zufällig zustande kommt. In einem hochentwickelten Land, dessen industrieller Kern an wirtschaftlicher Bedeutung verliert, wird sich an diesen Proportionen auch in Zukunft wenig ändern.

Durch Einsatz von viel Zeit und mehr Geld für geschickte Standortwerbung oder professionelles Stadtmarketing kann das Ergebnis der „Bürgermeisterkonkurrenz" auf diesem „Käufermarkt" mit minimaler Nachfrage nicht entscheidend beeinflusst werden.[135] Gesamtwirtschaftlich gesehen konkurrieren die Städte miteinander nach Art eines Null-Summen-Spiels: Der Ansiedlungserfolg einer Stadt ist der Wachstumsverlust einer anderen. Von daher fordern Wissenschafter seit langem eine verstärkte Kooperation der Städte untereinander.[136] Die meisten Verlagerungen erfolgten von den Kernstädten der Ballungsräume (Berlin, Frankfurt, Hamburg, München, Stuttgart) ins Umland. Der neue Standort liegt im gleichen Sektor der Region und im Nahbereich des alten Standorts, weil so die Stammbelegschaft ebenso wie die bisherigen Liefer- und Absatzbeziehungen erhalten bleiben.[137] Falls Kommunen nicht an Überschwappeffekten eines benachbarten Ballungszentrums partizipieren können, wie beispielsweise Klein- und Mittelstädte in Verdichtungsräumen, fehlen häufig geeignete Ansiedlungsinteressenten. Allenfalls lohnt es sich für Städte, Kreise und Gemeinden (besonderes in Ostdeutschland), auf den „Glücksfall" einer ernsthaften Anfrage eines ansiedlungswilligen Unternehmens angemessen vorbereitet zu sein.

---

[133]   Schliebe 1982, S. 77; Hahne, in: Ridinger/Steinröx 1995, S. 19; Mahnke 1998, S. 19f.
[134]   Henckel/Hollbach 1991, S. 65; Grabow/Henckel, in: Wollmann/Roth 1999, S. 619.
[135]   Um eine neue Teststrecke der Automobilfirma Daimler-Benz bewarben sich nicht weniger als 149 Regionen (Hahne, in: Ridinger/Steinröx 1995, S. 20).
[136]   Zur Praxis der Zusammenarbeit s. Naßmacher 2006, S. 148ff.
[137]   Heuer (1985, S. 26, 28, 61) kommt auf 20 Kilometer Wanderungsentfernung; für individuelle Verlagerungen ermittelt Pieper (1994, S. 194) selten über 30 Kilometer. Ob heute im Zuge der Globalisierung weitere Wanderungen der Betriebe zu billigeren Arbeitskräften und Arbeitsmärkten bereits die Regel sind und massenhaft auftreten, ist empirisch noch nicht erhoben.

Alle entwickelten Gesellschaften sind in einen De-Industrialisierungsprozess eingetreten. Soweit Betriebe heute noch einen (ersten oder neuen) Standort in Deutschland suchen, gehören sie ganz selten zur Industrie. Dort spielen häufig betriebswirtschaftliche Überlegungen zur Verschlankung der Betriebsabläufe (verbunden mit Outsourcing und Just-in-time-Anlieferung) eine Rolle: Zulieferer oder belieferte Betriebe müssen in der Nähe und besser erreichbar sein. Die Entwicklung zur Dienstleistungsgesellschaft, manche sprechen sogar schon von einer Informations- und Wissensgesellschaft, schreitet voran. Das real verfügbare Ansiedlungspotenzial stammt eher aus Dienstleistungsbranchen (insbesondere zur Verteilung von Gütern aller Art) oder besteht aus kleineren Betrieben und sucht vorrangig Räume für Büronutzung. Neben Betriebsverlagerungen im Umkreis von weniger als 50 Kilometer, zur Hälfte sogar innerhalb der Stadtgrenze, handelt es sich um Neugründungen oder innerdeutsche Zweigbetriebe.[138] Lediglich der ungebrochene Strukturwandel im Handel und die Expansion der Freizeitwirtschaft bieten noch gewisse Aussichten auf vorzeigbare Ansiedlungserfolge: Möbel- und Verbrauchermärkte,[139] Diskotheken und Skihallen auf sonst jahrelang brachliegenden Gewerbeflächen. Kommunale Wirtschaftspolitik hat sich noch nicht überall auf diese veränderten Rahmenbedingungen umgestellt.

Nicht nur für neue Betriebe von außen, sondern auch für innerörtliche Verlagerungen entwickeln fast alle Gemeinden neue Standorte, um Wanderungen über die Stadtgrenze hinweg zu verhindern. Deren Ausweisung gilt (selbst am Rande des Gemeindegebietes) zunehmend als unerwünschter Landschaftsverbrauch, gegen den Umweltschützer, Regionalplaner und Genehmigungsbehörden getrennt oder gemeinsam vorgehen. In fast allen Ballungsräumen sind Natur- und Landschaftsschutz wichtige Handlungsgrenzen; die Regierungspräsidenten wachen über die zu erwartenden Belastungen. Die Eigentümer bislang landwirtschaftlich genutzter Grundstücke sehen sich durch eine Umwidmung von Flächen in ihrer beruflichen Existenz bedroht. Weil viele Grundstücke in der Vergangenheit zu billig verkauft wurden und eine Ausweisung als Wohngebiet stets rentabler ist, kommt zu Marktpreisen keine Verkaufsbereitschaft auf.[140]

Jeder Aufsiedlung eines neuen GE-, GI- oder SO-Gebietes müssen Bauleitplanung und Erschließung vorangehen. Die Planung beginnt mit der Auswahl geeigneter Flächen im Gemeindegebiet. Es liegt nahe, derart grundsätzliche Erwägungen in die Aufstellung oder Überarbeitung des Flächennutzungsplanes einzubeziehen.[141] Dabei lassen sich auch langfristige Nutzungskonflikte vorhersehen und die Flächenbevorratung optimieren. Dem Erwerb von Verfügungsrechten über die betreffenden Flächen (am besten: Ankauf durch die Gemeinde) könnte dann die Entwicklung von

---

[138]   Mahnke 1998, S. 120f.
[139]   Die potenziell innenstadtzerstörerischen Tendenzen wurden in Ostdeutschland viel zu spät erkannt.
[140]   Heuer u.a., in: Afheldt u.a. 1987a, S. 136.
[141]   Biermann/Ziegner 1991, S. 204.

Nutzungskonzept und Bebauungsplan folgen. Durch Neuparzellierung (Umlegung) und innere Erschließung (Infrastrukturausbau) wird die aufzusiedelnde Fläche bebaubar gemacht. Bei der Grundstücksvergabe ist darauf zu achten, dass eine Nutzung der zugewiesenen Fläche für den (auswärtigen oder einheimischen) Betrieb technisch und wirtschaftlich möglich ist (Produktionsverfahren, gute Erreichbarkeit, Kundennähe). Im Gegenzug sollte die Gemeinde eine rasche und angemessene Nutzung vertraglich absichern.

Die Aufsiedlung bzw. Entwicklung neuer Standorte lässt sich nur als ein Prozess betrachten, bei dem die Aufmerksamkeit der Beteiligten sehr stark wechselt. Damit ist zugleich die Gefahr eines unkoordinierten Vorgehens verbunden. Wenn (staatliche) Sonderbehörden berührt sind, die untereinander kaum Kontakt haben, muss die Kommunalverwaltung als Vermittler tätig werden. Die Koordination fällt je nach Bearbeitungsstand und Vorgehensweise unterschiedlichen Ämtern der Gemeindeverwaltung zu. Aber selbst zwischen den einzelnen Bereichen (insbesondere einer ausgebauten Stadtverwaltung) ist die Aufgabe nur schwer zu lösen, notfalls durch Dienstanweisung. Um für Investoren eine schnelle Nutzung zu ermöglichen, versuchen die kommunalen Verwaltungen, schwierige Sonderinteressen durch entsprechenden Zuschnitt des Planungsgebietes auszugrenzen oder die beabsichtigte Investition so zu beschränken, dass sich Mitspracherechte (etwa bei Verbrauchermärkten oder Immissionen) reduzieren. Zuweilen kann die Bedeutung einer Sonderbehörde (Naturschutz, Wasserwirtschaft, Gewerbeaufsicht, Straßenbauamt) stark durchschlagen.[142] Dann muss der Regierungspräsident (bzw. die Mittelbehörden des Landes) als Schlichter fungieren, der zuweilen selbst ein Interesse an der Entwicklung des neuen Standortes und einer Beschleunigung des Verfahrens hat, um den zügigen Abfluss von Fördermitteln sicherzustellen.

Einflüsse von Trägern öffentlicher Belange kann die örtliche Verwaltung relativ gut voraussehen. Schwerer sind Repräsentanten organisierter Sonderinteressen (z.B. des Naturschutzes) einzuschätzen. Einzelne Bürger und Bürgerinitiativen werden als Risikofaktoren von der Verwaltung nicht immer genügend beachtet. Versuche, durch bewusste Umgehung von Mitwirkungsansprüchen eine Entscheidung „durchzuziehen", gefährden die Glaubwürdigkeit für spätere Entscheidungen.[143] Andererseits kann ein mühsam erzielter Kompromiss mit Sonderinteressen (etwa der Verzicht auf eine GI-Ausweisung von Teilflächen) die Nutzungsmöglichkeiten erheblich beschränken.

Neben der Verfügbarkeit neuer Flächen wird auch deren Eignung häufig vernachlässigt. Weil moderne Betriebe ebenes Gelände bevorzugen, ist die Suche nach topografisch geeigneten Flächen ein besonderes Problem aller Gemeinden, die nicht im Flachland oder auf einer Hochebene liegen. Im Hinblick auf diese Standorte fällt es wiederum schwer, eingeschossige Billighallen durch entsprechende Ausweisung

---

[142] S.d. Schäfer/Schmidt-Eichstaedt 1984, S. 118ff.
[143] Naßmacher 1987, S. 185ff.

zu vermeiden. Geschossbau wird zuweilen nur in der städtebaulich nicht wünschenswerten Form des Hochregallagers in Erwägung gezogen.[144] Da der Anschluss an das Fernstraßennetz die Standortqualität stark beeinflusst, werden Industrie- und Gewerbeflächen zwar in der Nähe entsprechender Auffahrten ausgewiesen, eine gute Anbindung der Stadt an das überörtliche Verkehrsnetz ist dadurch allerdings noch nicht gegeben. Die innerörtliche Verkehrsanbindung und damit die äußere Erschließung der Gewerbeflächen vollzieht sich in der Praxis oft mit erheblicher Verzögerung, weil konkrete Maßnahmen über Jahre in der Schwebe gehalten werden. Meist ist das Gebiet bei endgültiger Fertigstellung der Erschließungsstraße schon völlig bebaut.

Nach der Ausweisung im Bebauungsplan und einer (zumindest rudimentären) Erschließung sehen die Kommunen kaum Einflussmöglichkeiten auf die weitere Entwicklung eines neuen Standortes (GI-, GE- oder SO-Gebietes). Dies ergibt sich aus dem Grundproblem der lokalen Planungshoheit: Jeder Bebauungsplan, auch der für neue gewerbliche Standorte, ist ein Anreizprogramm. Die Gemeinde kann den künftigen Bedarf für gewerbliche Bauflächen zwar vorausschätzen, baurechtlich zulässige Vorhaben im neuen Gebiet durch ihre Planung aber nur anregen und die Umsetzung ihrer wirtschaftspolitischen Entwicklungsziele nicht erzwingen. Schon die Diskrepanz zwischen dem Zeitbedarf für öffentliche Planungen (mindestens zwei Jahre) und dem Handlungsdruck bei betrieblichen Entscheidungen legt eine „beschleunigte Flächenbereitstellung"[145] als vorlaufendes und vorausschauendes Handeln der Gemeinden dringend nahe.

In vielen neu aufgesiedelten Gebieten lassen sich allmählich Fehlentwicklungen feststellen. Sie ergeben sich dadurch, dass die einzelnen Akteure mit Einzelfällen befasst sind und dabei häufig den jeweiligen Betrieben mit kleineren Zugeständnissen entgegenkommen. Letztlich wird dadurch aber der Gewerbestandort entwertet. Dazu gehören übertriebene Vorratshaltung und Kümmernutzung ebenso wie drangvolle Enge bei besonders schnell gewachsenen Unternehmen. Das wichtigste Problem ist jedoch die partielle Nutzung durch Wohnungen, deren Häufung fast immer den Einstieg in eine Nutzungsmischung markiert, die auf lange Sicht zum Verlust von gewerblichen Bauflächen führt. Ein anderes Problem bildet die Häufung von Transportbetrieben, Material- und Gerätelagern, Bauhöfen, Groß- und Einzelhandelsbetrieben mit hohem Flächenbedarf bzw. geringer Arbeitsplatzdichte. Zu beobachten ist, dass sich immer häufiger Verbrauchermärkte (unterhalb der nur im Sondergebiet zulässigen Größenordnung) in Gewerbegebiete einschleichen. Auch Tennishallen, Bowlingbahnen und Diskotheken bieten der Gemeinde keine optimale Nutzung wertvoller Gewerbeflächen. Ähnliches gilt für die „vorübergehende" Nutzung von Pufferzonen/Vorratsflächen als Parkraum.

---

[144]   Naßmacher/Naßmacher 1983, S. 40.
[145]   Mahnke 1998, S. 121.

Als Zeithorizont zwischen der ersten Planungsidee und der vollen Aufsiedlung des neuen Gebietes sind über 10, eher 15 Jahre anzusetzen. Aus der Sicht von Unternehmen ist problematisch, dass die einzelbetriebliche Entwicklung (nach erfolgter Verlagerung oder Ansiedlung) keine Aufmerksamkeit bei Wirtschaftsförderern und lokalen Politikern mehr findet.[146] Tatsächlich erfordert die frühzeitige Bearbeitung der, auch in Gewerbequartieren fortlaufend entstehenden, Nutzungsprobleme kontinuierliche Nachkontakte zu den ansässigen Betrieben. Oft gehen die Verantwortlichen der Gemeinde davon aus, dass mit Grundstücksvergabe und Baugenehmigung eine Absicherung der örtlichen Wirtschaft auf Dauer erreicht sei. Aber nicht neue Technologie im Produktionsprozess, sondern nur ein marktfähiges Produkt sichert das Überleben des Unternehmens. Allzu leicht wird übersehen, dass der für den Neubau von Betriebsgebäuden notwendige Aufwand bei kleinen und mittleren Unternehmen mit verbreitetem Kapitalmangel zu erheblichen Belastungen führt. Diese Probleme können selbst durch öffentliche Förderung nicht völlig beseitigt werden, sodass innerörtliche Verlagerungen keineswegs eine Modernisierung der Wirtschaft garantieren. Die Probleme am neuen Standort können - bedingt durch Nachbarnutzung und Verkehrsanbindung - bald denen am alten Standort durchaus ähnlich sein.

Die lokalen Akteure gehen meist davon aus, dass sich örtliche Interessenten für ein neues Gewerbegebiet (bei Bedarf) schon melden werden. Manchem Unternehmen ist jedoch mit dem Angebot eines neuen Standorts nicht gedient, weil es sich am alten Standort bereits verfestigt hat. Dies bezieht sich überwiegend auf den Kapitaleinsatz (Investitionen in Gebäude und Anlagen), aber auch auf Kundenkontakte und Lieferbeziehungen im Nahbereich sowie die Wege der Arbeitnehmer zum Arbeitsplatz. Bei hohen Investitionen ist eine Verlagerung nur möglich, wenn der Betrieb das Grundstück am alten Standort angemessen verwerten kann und erhebliche öffentliche Investitionshilfen hinzukommen.

Schrumpfendes Ansiedlungs- und Verlagerungspotenzial lenkt die Aufmerksamkeit der Gemeinden auf andere Problemlagen der Betriebs- und Stadtentwicklung. Dazu gehören vor allem die Folgenutzung brachgefallener Gewerbestandorte (Flächenrecycling, Nutzungssukzession, Konversion) und Nachbarschaftskonflikte aus dem Nebeneinander von Wohnen und Gewerbe.

5.2.4 Gemengelagen und Flächenrecycling (Standortsicherung als Aufgabe)

An alten Produktionsstandorten[147] mischen sich traditionell verschiedene Nutzungsarten in vielfältiger Weise („Gemengelagen"). Die Nähe von Wohnen und Arbeiten war in der Vergangenheit durchaus üblich und gewollt, weil geeignete Verkehrssys-

---

[146] Naßmacher 1987, S. 202-204.
[147] Naßmacher, in: Gabriel 1989a, S. 342-345.

teme fehlten.[148] Eine Durchmischung von Wohnnutzung und gewerblicher Nutzung (MI-Gebiet im Sinne des Baurechts) kann sich auch allmählich als Fehlentwicklung einstellen: Genehmigt die Kommune im Laufe von Jahren eine Fülle von Bauanträgen, wegen der diskontinuierlichen Rahmenbedingungen sogar auf unterschiedlichen Rechtsgrundlagen, besteht für Betriebe die Gefahr einer Verfestigung am (falschen) Standort. Je stärker der Betrieb ist, um so eher wird es ihm gelingen, Nachbarnutzungen (andere Gewerbebetriebe, Wohngebäude) zu vereinnahmen. Dieser Verdrängungsprozess ermöglicht ein Verbleiben des Betriebes am Standort, ohne Probleme des Betriebsablaufs (Produktionslärm, Luftverunreinigung, Verkehrslärm) zu beseitigen. Eine objektiv notwendige Entscheidung wird so jahrzehntelang hinausgeschoben, bis die Verlagerung schließlich für das Unternehmen undurchführbar geworden ist. Der Betrieb genießt Bestandsschutz, aber keine Entwicklungsgarantie.[149] Die Gemeinde kann zwar zugunsten des Betriebes die Rechtslage am Standort sanieren, die Nachbarschaftskonflikte, insbesondere mit Wohnnutzern, jedoch nicht beseitigen.[150]

Typisch für alte Standorte ist, dass sich nebeneinander Betriebe unterschiedlicher Entwicklungsphasen finden. Betriebsneugründungen erfolgen häufig zur Risikominderung oder aus Kapitalmangel an provisorischen Standorten. Solange die räumlichen Bedingungen dort die wirtschaftliche Entwicklung des Betriebs nicht behindern, wird darin niemand ein Problem sehen. Zuweilen vergrößern die Betriebe selbst das Konfliktpotenzial, z.B. wenn sie neue Produktionsverfahren einführen und dabei im Vorgriff auf Genehmigungen (nach BauGB und BImSchG) oder stillschweigend die Betriebstätigkeit verändern. Unlösbare Gemengelagen in gemischten Nutzungsstrukturen können sich nicht nur aus Entscheidungen des Betriebes, sondern auch durch falsche Standortpolitik der Gemeinden ergeben. Häufig hat ein Betrieb irgendwann unter Mithilfe der Kommunalverwaltung einen geeigneten Standort bezogen, dieser wird aber im Laufe der Zeit immer stärker durch Wohnbebauung eingekreist.[151] Schließlich befindet sich der Betrieb objektiv nicht mehr an einem „richtigen" Standort und muss mit einem latenten Konflikt leben. Nachbarn, Öffentlichkeit und kommunale Akteure begreifen den Betrieb aus ihrer subjektiven Sicht irgendwann nur noch als „Störer" in einem allgemeinen Wohngebiet und behandeln ihn entsprechend.

Das für Gemengelagen typische Problem „störender Betrieb" ist keineswegs ein objektiv vorhandener Tatbestand.[152] Es kann sowohl durch betriebliche Veränderungen (neues Produktionsverfahren, betriebsbedingtes Verkehrsaufkommen) als auch

---

[148] Seit Ende der 1990er Jahre wird die Nutzungsmischung unter der Zielvorstellung einer nachhaltigen Entwicklung (Vermeidung von Verkehrsströmen) wieder in Erwägung gezogen. S.d. Jessen 1995, S. 391ff. und 1996, S. 1ff.
[149] Für Einzelheiten s. Bullinger/Schäfer, in: Afheldt u.a. 1987a, S. 210-212.
[150] Für einige Beispiele s. Naßmacher 1981, S. 216f.; Schanz 1987, S. 58-68.
[151] Naßmacher 1987, S. 213, 215, 220.
[152] Bullinger/Schäfer, in: Afheldt u.a. 1987a, S. 196, 201.

durch Wandel der Maßstäbe oder Wechsel der Nachbarn bzw. lokaler Akteure verursacht werden. Neue Grenzwerte im Umweltrecht, andere Bearbeiter in der Kommunalverwaltung oder beim Gewerbeaufsichtsamt, die nachgewachsene Generation in einer Werkssiedlung sind mögliche Auslöser für die Wahrnehmung des Betriebes als Störfaktor. Damit der Fall politisch bearbeitet wird, muss jemand den Konflikt zwischen Betrieb und Nachbarschaft öffentlich oder wenigstens „aktenkundig" machen. Kommunale Verwaltungen neigen dazu, bei „störenden" Betrieben möglichst lange wegzusehen. So wird die allmähliche Entwicklung von kleinräumigen Problemen nicht ausreichend wahrgenommen, eine Problemlösung zu spät gesucht. Wächst der Problemdruck, etwa bei Lärmbelästigung, versuchen Politiker und Verwaltung eine Moderatorenrolle zwischen den Konfliktparteien einzunehmen, obwohl öffentliche Politik durch Tun oder Unterlassen den Störfall überhaupt erst geschaffen hat. Lässt sich die Durchsetzung bestimmter Normen (gegen den „störenden" Betrieb) nicht vermeiden, so stehen drei Strategien zur Verfügung:

- Zunächst wird die Kommunalverwaltung versuchen, durch informelle Absprachen (Überzeugungsstrategie) den Betrieb zu umweltpolitischen Zugeständnissen zu bewegen.[153]
- Lässt sich der Einsatz von Geboten, Verboten und Strafandrohungen nicht vermeiden, so wird die Gemeindeverwaltung solche Maßnahmen gern einer Sonderbehörde, insbesondere dem Gewerbeaufsichtsamt, überlassen.
- Bringt auch dies keinen Erfolg, bleibt nur die dauerhafte Sanierung des Problemquartiers durch eine „Verlagerung um jeden Preis". Dabei muss dem Betrieb für die Verlagerungskosten ein erheblicher finanzieller Anreiz geboten werden. Städte und Gemeinden versuchen in solchen Fällen, bei der Vergabe von Subventionen die eigenen Mittel zu schonen und auf passende Landesprogramme auszuweichen.[154]

Im Gegensatz zur Bearbeitung von Problemen mit störenden Betrieben wird die für Baugenehmigungen zuständige Stadt- oder Kreisverwaltung bei Erneuerungs-, Modernisierungs- oder Erweiterungsinvestitionen durch Bauvoranfragen und Bauanträge für Betriebe in Gemengelagen zu konkreten Entscheidungen in einer angemessenen Frist gezwungen. Die Unternehmen spielen zuweilen ihr Potenzial als Steuerzahler und Arbeitgeber voll aus, sind aber in dieser Situation eher kooperationsbereit, weil sie an einer schnellen Abwicklung des Genehmigungsverfahrens interessiert sind. Probleme ergeben sich, wenn die zu beurteilende Baumaßnahme an einem Standort verwirklicht werden soll, der oft schleichend an eine Belastungsgrenze geführt wurde: Die Verschärfung der Situation, die erst im konkreten Einzelfall

---

[153] Hucke/Bohne, in: Wollmann 1980, S. 1980, S. 183, 193; Hucke/Ullmann, in: Mayntz 1980, S. 106, 109, 115.
[154] Naßmacher 1987, S. 224-226, 229f.

bewusst wird, ist häufig durch ältere Vorhaben bedingt, deren Zulässigkeit nach § 34 BauBG beurteilt wurde und die den Charakter des Gebietes längst verändert haben.[155] Das Problembewusstsein dafür, wie Wohnbebauung betriebliche Entwicklung behindern kann, muss sich erst noch durchsetzen.

Sofern Investitionen in beplanten Gebieten anstehen, spielen Befreiungen und Ausnahmen von inzwischen veralteten Planungsgrundlagen eine bedeutende Rolle. So spricht manches für die These, die eigentliche Gewerbebestandspflege finde über Befreiungen im Baurechtsamt statt. Fallstudien zeigen, dass Kommunalverwaltungen mit Hilfskonstruktionen bis an die Grenze des eben noch Vertretbaren nach Lösungen suchen. Zuweilen sind Befreiungen als Gefälligkeit für einen Betrieb gedacht, dem gar nicht bewusst wird, dass sein Standort auf Dauer nicht zu halten ist.[156] Irgendwann ist rasche Hilfe unmöglich, weil vom Instrument der Befreiungen und Ausnahmen im gleichen Quartier schon vorher ausgiebig Gebrauch gemacht wurde. Andererseits ist eine Runderneuerung unter Einsatz modernster Technologie dort nicht mehr zu verwirklichen, weil genehmigungspflichtige Anlagen nach den geltenden Immissionsschutzwerten zu beurteilen sind. Das Baurecht bietet sicher keinen Anreiz zum Einsatz innovativer Technologie.

Um Strukturveränderungen an alten Standorten einzuleiten, muss die Standortsituation großflächig überdacht werden. Dazu fehlt den städtischen Planern aber ein unmittelbarer Anreiz, weil sie fürchten müssen, durch ihre Planung „schlafende Hunde zu wecken". Auch die Einstellung der Kammern zur Überplanung alter Standorte ist eher ambivalent: Einerseits wünschen die Kammern Klarheit und Rechtssicherheit, andererseits befürchten sie eingeschränkte Entwicklungsmöglichkeiten der Betriebe. Die kommunalpolitische Erfahrung zeigt, dass jeder Bebauungsplan für solche Quartiere in der Gefahr schwebt, wegen Verfahrensfehlern und Abwägungsmängeln beim Verwaltungsgericht mit Erfolg angefochten zu werden. Das Ausweichen der Kommunalpolitik in eine Entflechtung durch Verlagerung wird durch Bemühungen um ein besseres Stadtbild und entsprechende Förderprogramme von Bund und Land noch verstärkt. Gerade Unternehmen mit unterschiedlichen Standorten werden eine betriebliche Entwicklung nur an solchen erwägen, wo die dargestellten Probleme nicht vorhanden sind. Als Alternative bietet sich hier eine Schließung des Standortes an. Das durch Verlagerung oder Schließung freigesetzte Betriebsgebäude braucht dann eine Folgenutzung.

Der Blick in alte oder gar mittelalterliche Städte, wie Lübeck, Wismar und Stralsund, Dillingen, Dinkelsbühl oder Rothenburg o.T., offenbart zweierlei: Neben erhaltener, bereits restaurierter und erhaltenswerter Bausubstanz bestimmen auch Abriss und Neubau die dynamische Entwicklung einer Gemeinde. Gerade in einer sich wandelnden Wirtschaft ist wechselnde Nutzung innerstädtischer Flächen in Betracht zu ziehen. Technologische Entwicklungen, die Einbindung von Unterneh-

---

[155] Vgl. Naßmacher 1987, S. 231-233.
[156] Bullinger/Schäfer, in: Afheldt u.a. 1987a, S. 213.

men in weltweite Verflechtungen und öffentliche Maßnahmen gefährden langfristig die kontinuierliche Nutzung von Standorten.[157] Durch betriebliche Veränderungen (Betriebsaufgabe, Konkurs oder Verlagerung) werden immer wieder gewerblich genutzte Flächen (und Gebäude) freigesetzt: Es entstehen Gewerbebrachen. Bei ungestörtem Wirtschaftswachstum liefert der Grundstücksmarkt zügig und problemlos eine angemessene Neubelegung durch Folgenutzer: Nachbarbetriebe auf der Suche nach Erweiterungsflächen, Zweigbetriebe von Firmen aus einer anderen Region oder junge Betriebe am Ort, die einen angemessenen Standort suchen. Seit Jahrzehnten stoßen Städte mit „alter" Industrie bei der Wiedernutzung allerdings auf erhebliche Schwierigkeiten.[158] Sie müssen sich im Standortangebot auch noch gegenüber solchen mit Sonderprogrammen behaupten, z.B. für stark verunreinigte Flächen in Nordrhein-Westfalen oder Konversionsstandorte, für die eine Folgenutzung besonders attraktiv gemacht werden soll. Aber auch Städte und Gemeinden mit Entwicklungspotenzial droht die Umnutzung ehemaliger Gewerbestandorte durch Dienstleistungsbetriebe oder Mietwohnungsbau, weil auch Standorte in Erwägung gezogen werden, die billigere Arbeitskräfte versprechen. Auch das bereits erwähnte Arbeitskräftepotenzial in solchen „alten Industriestandorten" ist auf die alten Fachkenntnisse orientiert und Umschulung zuweilen schwierig.

Unbeabsichtigtes Nicht-Handeln der öffentlichen Hand und planvolles Handeln privater Akteure bewirken langfristig eine Umwertung von Standorten. Die geringsten Probleme für eine marktwirtschaftliche Wiedernutzung werfen Büroräume und Verkaufsflächen auf. Bei handwerklich oder industriell genutzten Gebäuden werden die Schwierigkeiten umso größer, je weniger die Betriebsanlagen standardisiert sind bzw. je mehr der Boden mit ökologischen Altlasten behaftet ist.[159] So lassen sich die durch Strukturwandel brachgefallenen Flächen der „Rostgürtel"-Städte (auch durch Dienstleistungsexpansion) nicht problemlos einer Folgenutzung zuführen, weil erhebliche Altlasten einer Wiedernutzung entgegenstehen. Im Grenzfall schafft die marktwirtschaftliche Lösung Handlungsdruck für die öffentlichen Akteure. Kommunaler Handlungsbedarf entsteht, wenn sich das Flächenrecycling (Wiedernutzung) jahrelang verzögert (Kümmernutzung, Leerstand). Typisch sind Übergangsnutzungen, wie Lager oder Spedition, aber auch Gemeinschaftseinrichtungen (Kommunikationszentrum, VHS) und Einzelhandel. Handlungsbedarf besteht auch, wenn eine Verdrängung von Industrie und Gewerbe durch wirtschaftlich stärkere Nutzungen (Umnutzung) droht.[160] Im Zeitablauf ergibt sich für Quartiere am Rande

[157]   Naßmacher 1987, S. 272.
[158]   Henckel/Hollbach 1991.
[159]   Naßmacher 1987, S. 277f. ; Henckel/Hollbach (1991, S. 11f.) rechnen daher damit, dass trotz zunehmender Überlegungen zum Flächenrecycling der Freiflächenverbrauch noch weitergehen wird.
[160]   Bullinger/Henckel, in: Afheldt u.a. 1987a, S. 218f., 231.

des Ortskerns eine über den Bodenpreis gesteuerte „Fruchtfolge": Ackerbau, produzierendes Gewerbe, Wohnen, Dienstleistungen.[161]

Heute müssten die Städte zur Sicherung des örtlichen Gewerbebestandes dieser typischen Nutzungssukzession[162] entgegensteuern, um gewerbliche Tätigkeit nicht aus alten Standorten zu verbannen. Bebauungspläne können nicht mehr den ökonomischen Interessen einzelner Investoren (meist aus dem Wohnungsbau) folgen, sie müssen zur langfristigen Sicherung von Arbeitsplätzen in der Gemeinde beitragen. Solange neue Gewerbeflächen zur Verfügung standen, war es unproblematisch, brachgefallene Flächen einer handwerklichen oder industriellen Nutzungen zu entziehen und einer Wohn- oder Dienstleistungsnutzung zuzuführen. Leerstehende Industriegebäude fielen der Abrissbirne anheim und wurden mit Wohn- oder Bürohäusern neu bebaut. Der „Marktmechanismus" löste (von der Kommune nur durch zügige Bauleitplanung unterstützt bei deutlich steigenden Grundstückspreisen) alle aus wirtschaftlicher Veränderung resultierenden Flächenprobleme. Sobald die Topografie einer Gemeinde diesem Prozess ein natürliches Ende setzt oder umweltbewusste Bürger weiterem „Landschaftsverbrauch" widersprechen[163] und deshalb die Sicherung der gewerblichen Flächen angezeigt ist, wird die Wiedernutzung brachgefallener GI- und GE-Flächen zum wirtschaftpolitischen Problem der Gemeinde.

Der Verkauf ungenutzter Vorratsflächen für Wohnzwecke ermöglichte früher so manchem örtlichen Betrieb ein Überleben. Im Konkursfalle realisierten Gläubigerbanken einen größeren Teil ihrer Forderungen durch Umnutzung. Die Finanzierung von (städtebaulich erwünschten) Verlagerungen erfolgte durch öffentliche Finanzhilfen (aus Bundes- und Landesprogrammen) und Bodenwertsteigerungen aus einer wohnungswirtschaftlichen Verwertung des alten Standortes.[164] In allen drei Fällen wurden die notwendigen Baugenehmigungen unter großzügiger Auslegung von §34 BauGB erteilt; notfalls waren Höherzonungen über entsprechende B-Pläne durchzusetzen oder durch Abriss „bei Nacht und Nebel" vollendete Tatsachen zu schaffen. Die öffentliche „Geburtshelferfunktion" bei privatwirtschaftlicher Umnutzung ist freilich immer ein Verzicht auf politische Steuerungsversuche gegen die Verwertungsinteressen von Grundstückseigentümern und die Automatik des Immobilienmarktes.[165] Da solche Gebiete meist ohnehin an Wohnnutzung grenzen, wäre eine Wiedernutzung durch produzierende Betriebe nur mit wesentlichen Einschränkungen möglich. Sorge bereitet manchen Städten auch die Aussicht auf eine „Industrieruine", nachdem Stadt und Eigentümer jahrelang vergeblich einen Folgenutzer gesucht haben.

---

[161] Bullinger/Naßmacher 1984, S. 134; Naßmacher 1987, S. 272; Bullinger/Henckel, in: Afheldt u.a. 1987a, S. 220.
[162] Henckel 1982, S. 240, 247; Naßmacher 1987, S. 272ff.
[163] Für ein Beispiel s. Naßmacher 1981, S. 213.
[164] Naßmacher 1987, S. 276, 278, 281f., 286.
[165] Beispiele dafür bei Naßmacher/Naßmacher 1999, S. 407f.

Die Probleme älterer Gewerbegebiete sind durchaus vorhersehbar: An dem damals aktuellen Verkehrssystem (der Schiene) entstanden, sind sie heute in der Regel nur über Stadtstraßen erreichbar. Überall sind diese Standorte inzwischen durch Wohnnutzung eingeholt oder mit Mischnutzung durchsetzt. Die Städte haben nie mit besonderem Nachdruck Flächen für eine gewerbliche Nutzung gesichert.

Der Leerstand gewerblicher Flächen und Anlagen erweist sich regelmäßig als Schnittstelle marktwirtschaftlicher Allokationsprozesse (Investitionsentscheidungen privater Unternehmer/Grundstückseigentümer) und öffentlicher Steuerungsmaßnahmen. Ein klares, wirtschaftlich realisierbares Nutzungskonzept der Gemeinde und seine planungsrechtliche Absicherung in einem rechtskräftigen Bebauungsplan (auf keinen Fall mit MI-Ausweisung) sind die Voraussetzungen. Hinzu muss die politische Entschlossenheit der kommunalen Akteure kommen, durch Nutzungsgebote, den Ankauf von Industriebrachen, die Wiederaufbereitung von Flächen (Abriss von Gebäuden) oder die Vermittlung zwischen Grundstückseigentümern und Investoren aktiv steuernd in die Folgenutzung einzugreifen.[166] Beides ist für den Erfolg jeder gewerblichen Wiedernutzung unverzichtbar. Guter Wille der Akteure reicht nicht aus; die politische Absicht, den Verwertungsinteressen der Eigentümer entgegenzuwirken, erfordert eine Strategie der Stadtentwicklung.[167] Sie wird bislang durch entscheidende Informationsmängel verhindert. Es fehlen die laufende Beobachtung betrieblicher Standortveränderungen und ein angemessenes Frühwarnsystem[168] ebenso wie eine detaillierte Kenntnis der einzusetzenden Instrumente. Erst damit lassen sich die interessenbedingten Unterschiede in der Problemwahrnehmung von Stadtplanungs-, Bauordnungs- und Liegenschaftsämtern überwinden.[169] Zuweilen ergibt sich beim Flächenrecycling durch sozialen Gewerbebau bzw. Standortgemeinschaften für Gewerbe, Büros oder Einzelhandel eine Verknüpfung mit anderen Entwicklungsmaßnahmen.

5.2.5 Dienstleistungsstandorte und Gewerbehöfe (Standortentwicklung als Chance)

Bei der gewerbepolitischen Betreuung von Dienstleistungsstandorten stehen die Gemeinden vor zwei unterschiedlichen Aufgaben: Einerseits brauchen Wohnbevölkerung (und produzierendes Gewerbe) die *ortsnahe Versorgung* mit einer Fülle von Dienstleistungen, deren Sortiment zu optimieren ist. Andererseits entfalten Dienstleistungsbetriebe, die inzwischen zu wesentlichen Trägern des gesamtwirtschaftlichen Wachstums geworden sind, eine steigende *Nachfrage nach neuen* (z.T. anspruchsvollen) *Standorten*, deren Erschließung und Entwicklung die Gemeinde nicht

---

[166] Naßmacher 1987, S. 274, 284, 291.
[167] S. oben, Abschnitt 2.3.1.
[168] Naßmacher/Schmidt, in: Afheldt u.a. 1987a, S. 285ff.
[169] Bullinger/Henckel, in: Afheldt u.a. 1987a, S. 231, 233, 235.

allein den Marktkräften mit der jeweils höchsten Kaufkraft (z.B. von Versicherungen, Spielhallen oder Sexshops) überlassen kann.

Im Mittelpunkt der Überlegungen zur besonderen Entwicklung von Betrieben des Dienstleistungsbereichs steht die Tertiarisierung der Innenstädte: Banken, Versicherungen, Hauptverwaltungen großer Unternehmen und andere Anbieter von Büroarbeitsplätzen finden ihren Standort traditionell in den Zentren der großen Städte. Die Entwicklung der Bodenpreise in Verbindung mit weitgehend sternförmig angelegten Verkehrssystemen hat dazu geführt, die entsprechenden Arbeitsplätze in Etagen übereinander zu „stapeln". Hochhäuser scheinen die angemessene Lösung für eine wirtschaftliche Nutzung der knappen Ressource „Boden" im Innenstadtbereich zu sein. Die verbleibenden Probleme werden meist auf die Bewältigung des anfallenden Verkehrs (Transport von Mitarbeitern und Besuchern in den Bereich der Bürotürme) reduziert und als Alternative zwischen Individualverkehr (Parkhäuser) und öffentlichem Verkehr (Schnellbahn-Haltestellen) bearbeitet.[170]

Inzwischen sind die Mieten für Büros im Kernbereich der Großstädte kaum noch tragbar, und in den wichtigsten Ballungszentren zeichnet sich schon ein Trend in Richtung Büroarbeitsplätze auf der „grünen Wiese" ab (z.B. Düsseldorf, Frankfurt, Hamburg, München). Für die kleineren Städte in den Ballungsrandzonen bietet sich eine ähnliche Chance wie bei der Massenabwanderung von Produktionsbetrieben in den 1960er Jahren: Die rasch wachsenden Dienstleistungsbetriebe brauchen Büroflächen mit akzeptablen Mieten. Verkehrsgünstig gelegene Standorte (an Ausfallstraßen mit ausreichenden Parkflächen oder in unmittelbarer Nähe einer Schnellbahn-Haltestelle) lassen sich für Bürogebäude nutzen. Die Bauten in der Nähe von Großflughäfen oder großen Funkhäusern (Köln, Mainz) verdeutlichen die Entwicklungsrichtung. Langfristig werden auch die Dienstleistungsarbeitsplätze zur Entvölkerung und zum Attraktivitätsverlust der (meisten) Kernstädte beitragen, der bereits durch das Standortverhalten der Handelsbetriebe vorgezeichnet ist.

Seit Jahren ist die Entwicklung des Handels durch Konkurrenz zwischen Standorten in der Innenstadt und Einkaufszentren auf der „grünen Wiese" gekennzeichnet. Während die Einkaufszentren aufgrund ihrer Lage keinen Mangel an Parkplätzen kennen, ist die Existenz von Betrieben in der Innenstadt bedroht. Sie geraten in die Schere zwischen nachlassender Attraktivität (nicht zuletzt wegen der Anfahrts- und Parkprobleme) und steigenden Flächenkosten (nicht zuletzt wegen der Konkurrenz durch Büroarbeitsplätze). Das am Autofahrer orientierte Ladennetz am Stadtrand oder auf der „grünen Wiese" muss sich seinen Kundenzustrom (durch niedrige Preise, großzügige Warenpräsentation, intensive Werbung und kostenlose Parkplätze) selbst schaffen. Dennoch wird erwartet, dass sein Umsatzanteil (durch Einbeziehung von Fachgeschäften, Abrundung des Sortiments und Verbindung mit kommerziellen Freizeiteinrichtungen) zu Lasten der Innenstädte und Quartierszent-

---

[170] Naßmacher, in: Blanke 1991, S. 446f.

ren weiter steigen kann.[171] Die Folgen dieser Entwicklung für die Innenstädte und die Stadtteilzentren zeichnen sich bereits ab: In alten Ortskernen gibt es zunehmend ungenutzte Ladenlokale. Aber auch die vorläufigen Sieger im Standortwettbewerb des Einzelhandels (Einkaufszentren und Fußgängerzonen) stehen schon wieder unter Wettbewerbsdruck. Der Umbau von Bahnhöfen zu Einkaufspassagen (z.B. Stuttgart, Leipzig, Augsburg, Wilhelmshaven) und der Aufbau von Fabrikverkaufszentren (factory outlets) verändern Handelswege, Einkaufsgewohnheiten und Versorgungssituation in den Großstädten. Für die ostdeutschen Städte war in den 1990er Jahren eine explosionsartige Ausbreitung großflächiger Einzelhandelsbetriebe auf der „grünen Wiese" zu konstatieren.[172] Die Entwicklung des Einzelhandels in den Innenstädten wurde durch Beiträge zur Stellplatzablöse, Denkmalschutzauflagen und kommunale Gestaltungssatzungen zusätzlich belastet.[173] „Viele ostdeutsche Innenstädte haben ... (so - d. Verf.) ihre Funktion als wichtigster Ort des Handels ... gar nicht erst gewinnen können."[174]

Die Einrichtung von Fußgängerzonen als Strategie kommunaler Stadtentwicklung hat in vielen westdeutschen Städten zur Wiederbelebung der Innenstädte beigetragen. Dies gelang langfristig aber nur, wenn die Städte in der Lage waren, mit allen zur Verfügung stehenden Mitteln Kaufkraftabflüssen auf die „grüne Wiese" entgegenzuwirken.[175] Viele Mittelstädte vermochten die Standortqualität und Versorgungsleistung ihres zentralen Einkaufsbereichs (in der Regel einer gewachsenen Stadtmitte) nicht ausreichend zu schützen. Besonders problematisch erscheint diese Entwicklung, wenn die Attraktivität der Innenstadt nicht ausgeprägt, die Kaufkraft der Bürger relativ gering und kein Kaufkraftzufluss aus dem Umland zu erwarten ist. Auch die die Stadtmitte ergänzenden Einkaufsgalerien bieten mit ihrem zusätzlichen Angebot dann eher eine weitere Herausforderung für die Innenstadtgeschäfte.[176] Dass die Möglichkeiten der Baunutzungsverordnung für Sondergebiete durchaus wirksam sind, hat möglicherweise der Rückzug von Wal-Mart vom deutschen Markt bewiesen. Jedenfalls wird gemutmaßt, dass vom Unternehmen die begrenzten Möglichkeiten zur Etablierung neuer Standorte unterschätzt wurden.[177] Zusätzlich stellen kommerzielle Vergnügungsangebote (Spielhallen) eine gefährliche, weil

---

[171] Tietz/Rothaar 1991, S. 166f, 177.
[172] Güttler u.a. 1995, S. 3, 6.
[173] Franz u.a. 1996, S. 31, 109.
[174] Grabow 1996a, S. 176.
[175] In den neuen Bundesländern wurden einzelne Projekte dadurch bekämpft, dass eine Stadt - z.B. Leipzig - Klage gegen die Planungsverfahren erhob. Außerdem gab es Absprachen mit dem für Regionalplanung und Genehmigungen zuständigen Regierungspräsidium. Kontakte mit der Region Halle sollten dazu dienen, die Agglomeration zwischen Halle und Leipzig gemeinsam planerisch zu gestalten (McGovern 1997). Zur interkommunalen Zusammenarbeit bei großflächigen Einkaufszentren s. Hatzfeld 1989.
[176] Naßmacher 2006, S. 107ff.
[177] Schoofs 2006.

zahlungskräftige, Konkurrenz für die Betreiber von Ladengeschäften in gemieteten Räumen dar.

Die Zentralisierung zahlreicher Dienstleistungen, die Konzentrationsbewegung im Einzelhandel und der Trend zu Verbrauchermärkten gefährden aber vor allem die quartierspezifische Versorgung. Dies gilt in den Stadtteilen für die Güter des täglichen Bedarfs und die alltäglichen Handwerks- oder Dienstleistungen.[178] Die Ballung von Kaufkraft und Publikumsverkehr im Zentrum und am Stadtrand hat nicht nur die „Tante-Emma-Läden" verschwinden lassen, sie entzieht auch anderen quartiersspezifischen Versorgungsangeboten in Streulagen die Nachfrage. In Kleinstädten trifft dies eher für abgelegene Ortsteile, in Mittel- und Großstädten schon für einzelne Wohnquartiere zu. Bereits in Mittelzentren, erst recht in Unterzentren, konzentriert sich der Standortwettbewerb auf Ortskern einerseits und Einkaufszentren (am Stadtrand oder in Nachbargemeinden) andererseits. Folge ist, dass sich der tägliche Bedarf in Stadtquartieren immer seltener fußläufig decken lässt. Zugleich besteht das Problem der Ladenhandwerke, der Ärztehäuser oder der regelmäßig nachgefragten Reparaturdienste. So wird auch die Versorgung von Haushalten und Betrieben mit ortsnahen Handwerksleistungen und Produkten für den täglichen Bedarf zu einer Aufgabe der kommunalen Wirtschaftspolitik. Sie kann nicht mehr davon ausgehen, dass in gewachsenen Quartieren Handelsbetriebe und Dienstleistungsangebote erhalten bleiben oder dass sich in neuen Wohngebieten (mit einer gewissen Verzögerung) Einzelhandels- und Dienstleistungsbetriebe automatisch ansiedeln, weil Absatzpotenzial vorhanden ist. Warenangebot und Dienstleistungen (einschließlich der über den täglichen Bedarf hinausgehenden) sind ein generelles Problem der Stadtentwicklung in hochentwickelten, marktwirtschaftlich organisierten Gesellschaften.

Die in vielen nordamerikanischen Städten praktizierten privatwirtschaftlichen Lösungen einer Verbindung von Freizeitgestaltung und Einkaufsvergnügen für die ganze Familie weisen wichtige Gemeinsamkeiten auf, aus denen eine akzeptable Strategie zur wirtschaftlichen (und nicht nur baulichen) Sanierung der Innenstädte entwickelt werden kann. Zunächst einmal erscheint die vollständige Abkopplung des Einkaufserlebnisses von den aktuellen Witterungsbedingungen als gemeinsame Errungenschaft moderner Einkaufszentren. Das wichtigste Element ist jedoch die Verknüpfung von Einkauf und Erholung. Für Erwachsene und Kinder sind viele Freizeitangebote vorhanden: Essen und Trinken, Kinos, Theater, Eislaufen, Badezentrum, Minigolf.[179] Auch deutsche Städte wollen ihre zentralen Geschäftslagen durch kommunale (oder kommunal-koordinierte) Unterhaltungsangebote (Kirmes, Stadtfeste oder Kultursommer) attraktiv machen. Die Schwäche dieser Angebote scheint vor allem in ihrer Diskontinuität zu liegen. Eine sektoralisierte Kommunalpolitik, die ohne interne Abstimmung für angemessene Lösungen des Verkehrsproblems sowie ausreichende Freizeitangebote (Programmkino oder Badeland, Jugendzentrum oder

---

[178]   Vgl. Grabow 1996b.
[179]   Naßmacher, in: Blanke 1991, S. 447-449.

Altentreff) sorgt, verfehlt planmäßig die Möglichkeiten einer koordinierten Organisation von Einkaufs- und Vergnügungserlebnissen für alle Altersstufen. Auch Handelsbetriebe profitieren davon, wenn Eltern in Ruhe einkaufen können, während sich ihre Kinder mit den Freizeitangeboten eines Einkaufszentrums „amüsieren". Um die Erfahrungen mit großräumigen Einkaufszentren für die wirtschaftliche Rettung der Innenstädte zu nutzen, ist ein durchgängiger Betrieb von Unterhaltungsangeboten auf kommerzieller oder nichtkommerzieller Basis sicherzustellen. Einkaufen unter Glas im Erlebnisraum City erfordert systematische Koordination und Kontinuität des Angebots sowie ein zentrales Management (City-Management)[180] für den Branchenmix (einschließlich der Sortimentsgestaltung), das Unterhaltungsprogramm (Kultur- und Freizeitangebot für unterschiedliche Adressatengruppen) sowie Pflege des Stadtbildes. Erst eine Kombination aus privater Initiative, genossenschaftlicher Aktivität (aller am Standort tätigen Betriebe) und öffentlicher Politik ermöglicht eine optimale Entfaltung des wirtschaftlichen Potenzials zur Sanierung, Stabilisierung und Weiterentwicklung der Innenstädte.

City-Management kann als Public-Private-Partnership alle an der Aufwertung einer Innenstadt interessierten Kräfte zusammenführen, ihre Interessen aufeinander abstimmen und ihre Aktivitäten koordinieren. Erst nach einer Bestandsaufnahme lässt sich für die jeweilige Stadt ein konkretes Bündel aus kommunalen Maßnahmen und Aktivitäten der örtlichen Betriebe entwickeln. Dieses Maßnahmenbündel ist im Detail zu planen, seine Umsetzung konsequent zu überwachen. Der City-Manager muss als Spezialist unabhängig agieren, professionelle Erfahrung mitbringen und in der Stadt präsent sein.[181] Diese Forderungen sind inzwischen immer häufiger durch die Städte umgesetzt worden, meist durch Mitbeteiligung der Kaufleute, also in PPP-Lösungen.

Während ein City-Manager vor allem für die Erhaltung des innerstädtischen Gewerbes arbeitet, muss der kommunale Wirtschaftsförderer seine Aufmerksamkeit in erheblichem Umfang dem sich entwickelnden Potenzial zuwenden. Betriebe mit weniger als 10 Beschäftigten haben nicht erst in den 1990er Jahren und nicht nur in Deutschland die meisten Arbeitsplätze geschaffen. Hierzu zählen auch die *jungen Unternehmen*. Der auffallende Kontrast zu den arbeitskräftesparenden Rationalisierungsmaßnahmen der industriellen Großunternehmen[182] und denen der Dienstleis-

---

[180] Wienand, in: Maier 1994, S. 65f.
[181] Heimann und Rathmayer, in: Grabow/Löhr 1991, S. 71, 74-77, 79, 81.
[182] So auch Burgess, in: Maier 1994, S. 14; Dahremöller (1987, S. 129) mit Daten für die 1970er und 1980er Jahre. Steinröx (in: Ridinger/Steinröx 1995, S. 95) konstatiert, dass zwischen 1980 und 1990 die Zahl der Beschäftigten in Großunternehmen (mit über 500 Beschäftigten) um durchschnittlich 2% stieg, in Betrieben mit weniger als 20 Beschäftigten je nach Branche jeweils zwischen 8 bis 12 %. Falls die These vom Ende der Massenproduktion (Piore/Sabel 1989) zutrifft, dürfte der Bedeutungszuwachs langfristig noch größer sein.

tungsbranche (Banken und Versicherungen)[183] verschafft jungen, im Aufbau befindlichen Unternehmen (Existenzgründern) endlich jene Aufmerksamkeit bei Politik und Medien, die sie als unverzichtbares Element einer sich wandelnden Wirtschaft längst verdienen. Vor über zwei Jahrzehnten wurde bereits die Forderung erhoben, „Kommunalpolitiker und Gemeindeverwaltungen sollten Existenzgründer als Entwicklungspotential stärker ins Blickfeld nehmen."[184] Ob die Forderung inzwischen tatsächlich Wirklichkeit geworden ist, lässt sich allerdings bezweifeln. Bereits in den 1980er Jahren fanden 50% aller Neugründungen im Dienstleistungsbereich statt.[185] Existenzgründer liefern nicht nur neue Beschäftigungsmöglichkeiten für anderswo freigesetzte Arbeitskräfte,[186] sie sind auch Motor des Strukturwandels. Die Förderung innovativer Existenzgründungen und junger Unternehmen ermöglicht also eine zukunftsorientierte Entwicklung der örtlichen Wirtschaftsstruktur. Dazu muss sich die Kommunalverwaltung aber mit den spezifischen Problemen junger Betriebe vertraut machen.

Viele Existenzgründungen finden in traditionellen Branchen statt. Hier kann es u.U. auch zu Betriebsübernahmen mit oder ohne Nutzung des bisherigen Standortes kommen. Die Nachfolgefrage für die aus Altersgründen ausscheidenden Unternehmer scheint im kommenden Jahrzehnt ein sehr wichtiges Problem zu sein. Der Übergang zwischen Unternehmensübernahme und Existenzgründung ist durchaus fließend.[187] Die Bereitschaft, den Schritt in die Selbständigkeit zu wagen, erfordert eine Marktlücke für ein Produkt oder eine Dienstleistung (Geschäftsidee), ein Mindestmaß an Berufserfahrung, Branchenkenntnis und Unternehmerqualifikation, Kontakte für Informationsaustausch sowie ausreichendes Kapital für die erste Phase des Gründungsprozesses (Wagniskapital).[188]

Eine Geschäftsidee zu entwickeln, ist die wichtigste kreative Leistung des Existenzgründers. Beratungsleistungen zur Informationsgewinnung im angestrebten unternehmerischen Umfeld durch Kammern und Verbände können sinnvoll sein. Hilfe kann der Existenzgründer für die Einschätzung der Marktreife seines „Pro-

---

[183] Die spektakulärsten Fälle im Jahre 2005 waren der Stellenabbau bei IBM (1600 Arbeitsplätze, bei Karstadt-Quelle (4000), Hypo-Vereinsbank (2400), Continental (850), Ford (1300)). (Berliner Umschau, www.rbi-aktuell.de vom 16.9.2006. Überdies haben immerhin fast ¼ der Betriebe mit 500 und mehr Beschäftigten Stellen für einfache Tätigkeiten abgebaut, während Betriebe mit bis zu 9 Mitarbeitern nur zu 1,5 % solche Stellen gestrichen haben. (Stegmaier 2005, auf der Grundlage des IAB-Betriebspanel 2005).

[184] Heuer/Roesler, in: Afheldt u.a. 1987a, S. 170; Boyken 2002, S. 73ff.

[185] Insbesondere der Handel und das Gastgewerbe entwickelten sich in den folgenden Jahren positiv. Dagegen entwickelten sich die Gründungszahlen im technologie- und wissensintensiven Bereich eher schwach (Lotte 2005, S. 44).

[186] Dahremöller 1987, S. 130, 140; Lotte 2005, S. 19.

[187] Existenzgründung und Bestandsentwicklung bezeichnen deshalb zuweilen den gleichen Sachverhalt.

[188] Über die Relevanz der verschiedenen Faktoren wird gestritten. So sehen Wissenschaftler die Bereitstellung von Wagniskapital für die Entwicklung in Oberitalien nicht als zentral an. Eher gelten das Know How, der Einsatz von Arbeitskraft und der Informationsaustausch als relevant (Cooke, in: Campbell 1990, S. 40).

dukts" und die Entwicklung eines Geschäftsplans sowie die Vermittlung von Kontakten erwarten. Ersteres erfolgt im Zusammenhang mit der Kapitalbeschaffung, und deshalb gilt es als natürliche Aufgabe eines Eigenkapitalgebers (Wagnisfinanziers) oder der Hausbank, die auch den Weg zu öffentlichen Finanzhilfen des Bundes und des jeweiligen Landes erschließen. Der andere „natürliche Helfer" eines Kleinbetriebes, sein Steuerberater, kann erst nach einer gewissen Dauer der Betriebstätigkeit in Aktion treten. Aus ihrer Berufstätigkeit bringen Existenzgründer fachliche Qualifikationen in Handwerk, Handel oder Dienstleistungen mit.[189] Die üblichen Schwächen in der Unternehmerqualifikation, insbesondere bei Marketing und Management, versuchen die großen Standesorganisationen (Industrie- und Handelskammer bzw. Handwerkskammer) durch Beratungsangebote und Möglichkeiten zum Erfahrungsaustausch zu bearbeiten.

Der Einstieg in den Aufbau eines Unternehmens scheint wohlgeordnet. Dennoch scheidet etwa die Hälfte aller Existenzgründer nach den ersten Jahren des Bestehens wieder aus dem Markt aus.[190] Für die kommunale Wirtschaftsförderung wäre es wichtig zu wissen, welche Hälfte der jungen Betriebe überlebt, denn nur durch diese kann eine Kommune neue Arbeitsplätze schaffen und von ihnen künftige Gewerbesteuereinnahmen erwarten, kurz: den eigenen Betriebsbesatz entwickeln. Die Unsicherheit bezieht sich zunächst auf die Auswahl (kommunalpolitisch gesehen) förderungswürdiger Existenzgründer. Wenn alle Weichenstellungen bereits erfolgt sind, kann die Gemeinde (ebenso wie der Unternehmer) nur noch auf ein Überleben hoffen. Die formelle Gewerbeanmeldung erfolgt zwar beim Ordnungsamt, zieht den Kreis der „Betreuungsfälle" jedoch viel zu weit. Ähnliches gilt für einen Zugriff der Gemeinde über die Zwangsmitgliedschaft bei der Industrie- und Handelskammer bzw. der Handwerkskammer.[191] Die Eintragung ins Handelsregister wiederum erfasst nur eine Minderheit (ca. 1/3) der Existenzgründer. Auch der optimale Zeitpunkt für eine Kontaktaufnahme zwischen dem jungen Unternehmen und dem kommunalen Wirtschaftsförderer lässt sich nicht allgemein festlegen.

Von zentraler Bedeutung ist, dass bei Existenzgründern die natürliche Verknüpfung zwischen Betrieb und Gemeinde fehlt. Die Wahl des ersten Betriebsstandortes gilt dem Existenzgründer (und seinen Beratern) als nebensächlich. Kapital ist knapp, der Betrieb klein; Kundenbeziehungen sind erst aufzubauen, Arbeitnehmer kaum vorhanden. Der provisorische Standort soll das wirtschaftliche Risiko mindern helfen:[192] das eigene Wohnzimmer, ein Abstellraum, eine Garage, ein Keller oder ein anderer zufällig verfügbarer, gerade leerstehender Raum, fast immer in Wohn-

---

[189] Bodenstedt u.a. 1982, S. 77.
[190] Die Angaben für unterschiedliche Zeiträume schwanken zwischen einem Drittel und zwei Dritteln. Dahremöller 1987, S. 139; Heuer/Roesler, in: Afheldt u.a. 1987a, S. 154.
[191] Heuer/Roesler, in: Afheldt u.a. 1987a, S. 161, 152.
[192] Bodenstedt u.a. 1982, S. 82; Heuer/Roesler, in: Afheldt u.a. 1987a, S. 155, 157, 159; Naßmacher 1987, S. 275.

gebieten. Dennoch kann kommunale Wirtschaftsförderung gerade hier ansetzen.[193] Gemeindeverwaltungen kennen Gewerbebrachen, können also Gebrauchtstandorte (alte Industriegebäude), ggf. nach Aufteilung, Umbau und Qualitätsverbesserung, einer (vorübergehenden) Nutzung durch junge Betriebe zuführen. Selbstverständlich muss keine Gemeinde für solche Initiativen auf das Brachfallen geeigneter Gebäude warten; entsprechende Gebäude können auch eigens für junge Unternehmen errichtet werden.

Bei Technologieparks und Gründerzentren[194] ist keinesfalls sichergestellt, dass dort Existenzgründer aus innovativen Branchen zur positiven Wirtschaftsentwicklung ihrer Gemeinde beitragen. Durch Gewerbehöfe oder Handwerkerhäuser werden vorrangig Betriebe aus traditionellen Branchen angesprochen, die an ihrem bisherigen Standort nicht weiterarbeiten können. In Wissenschaftsparks können Kommunen den Trägern hochqualifizierten Humankapitals (Hochschulabsolventen, High-Tech-Unternehmen, Existenzgründern) durch Nähe zu Forschungseinrichtungen einen „Brutkasten" für den Aufbau neuer Betriebe schaffen[195] und den schnellen Transfer von der Wissenschaft in die Praxis sichern. Stets sind die Kommunen - neben den Kammern - in Konzeption und Finanzierung sowie die Akquisition von Nutzern eingeschaltet.[196] Häufig stellen die Gemeinden auch materielle und personelle Infrastruktur bereit. In diesen Zentren werden den Unternehmen kostengünstige Flächen, Gemeinschaftseinrichtungen und Serviceleistungen angeboten. Dazu gehören Empfang, Fax- und Telefonservice, Hochgeschwindigkeitsdatenanschluss, Kopierer, Schreibarbeiten, gemeinschaftlich genutzter Besprechungsraum, Teeküche und ggf. auch Kantine sowie die Vermittlung von Finanzierungsquellen und Beratungsleistungen. Beginnend mit dem Berliner Innovations- und Gründerzentrum im November 1983 erreichte die Gründungswelle der Technologiezentren schon 1985 einen ersten Höhepunkt; der Mediapark Köln ist das wohl anspruchsvollste Vorhaben.[197] Immer handelt es sich um Standortgemeinschaften von relativ jungen Unternehmen, deren betriebliche Tätigkeit vorwiegend in der Entwicklung, Erzeugung und Vermarktung neuer Produkte und Dienstleistungen liegt.

Für die erfolgreiche Entwicklung von Gründerzentren und Gewerbehöfen lassen sich aus den bisherigen Erfahrungen einige Empfehlungen ableiten:[198]

- Wenn die betriebliche Tätigkeit vorwiegend in der Entwicklung technologisch neuer Produkte und Verfahren liegt (innovative Technologiebetriebe), sind Technologieberatung und Kommunikationsnetzwerke („Innovationsmilieus")

---

[193] Diesen Aspekt übergehen Grabow/Henckel, in: Wollmann/Roth 1999, S. 627.
[194] Zur Abgrenzung s. Sternberg, in: Ridinger/Steinröx 1995, S. 203.
[195] Maier/Schübel, in: Maier 1994, S. 6f.
[196] Grabow u.a. 1990, S. 8; Kirchhoff/Müller-Godeffroy 1991, S. 49.
[197] Uhlig 1990, S. 107-109; Kirchhoff/Müller-Godeffroy 1991, S. 44, 46, 48; Sternberg, in: Ridinger/Steinröx 1995, S. 205.
[198] Vgl. Heuer 1985, S. 165-169.

unverzichtbar; ein wirksamer Technologietransfer muss kleinen und mittleren Unternehmen bei Produkt- und Prozessinnovationen helfen.

- Kammern, Wirtschaftsverbände und Kreditinstitute sollten mit der Kommune gemeinsam das Gründerzentrum betreiben und den hohen Beratungsbedarf (Finanzierungs-, Management-, Marketingberatung) angemessen bearbeiten; dabei kann ein Beirat, in dem Hochschulen und Kammern vertreten sind, Anknüpfungsmöglichkeiten sichern.

- Der örtliche Träger (meist eine GmbH) muss nicht nur die Belegung des Gebäudes organisieren, sondern auch gemeinsame Bürodienste und Serviceleistungen für die Mieter anbieten sowie den Zugang zu weiteren Beratungsleistungen vermitteln.

- Bei der Belegung ist nicht nur auf kontinuierlichen Wechsel der Nutzer, sondern auch auf eine Mischung aus normalen Gründern, innovativen Technologiebetrieben und halbwegs etablierten Kleinunternehmen zu achten.[199]

- Die Gemeinde sollte vom Gründerzentrum im Hinblick auf die örtliche Wirtschaftsstruktur und den lokalen Arbeitsmarkt keine Wunder erwarten. Die Existenzgründung ist weder ein Königsweg aus der individuellen Arbeitslosigkeit noch ein Wundermittel für die wirtschaftliche Entwicklung von Gemeinden oder Regionen. Dies hat die Existenzgründungsförderung (Ich-AG im Rahmen der Hartz-Gesetze) wieder gezeigt.[200] Allerdings gibt es offenbar Städte und Regionen, die besser in der Lage sind, ein gründerfreundliches Klima zu schaffen als andere.[201] Ein normaler Gewerbehof kann schon eine wichtige Hilfe sein.[202] Bei diesen Zentren geht es vor allen Dingen um die Senkung der Fixkosten als wesentlichem Standortvorteil.[203] Natürlich muss bei niedrig angesetzten oder zeitlich gestaffelten Mieten auch auf Mitnahmeeffekte geachtet werden. Die meisten Unternehmensgründer hätten ohne dieses Angebot den Schritt in die Selbstständigkeit nicht vollzogen.

Da betriebliches Wachstum weder im zeitlichen Ablauf noch im künftigen Flächenbedarf planbar ist, kann räumliche Flexibilität für jeden Existenzgründer zum besonders wichtigen Vorteil der „Standortgemeinschaft" werden.[204] Schließlich bildet die „Möglichkeit informeller Kontakte und Geschäftsbeziehungen mit anderen Betrieben im Zentrum" („Brutkasten-Atmosphäre") einen nur schwer abschätzbaren Beitrag der kommunalen Wirtschaftsförderung.[205] Die regionalwissenschaftliche

---

[199] Vgl. Burgess und Kiera, in: Maier 1994, S. 20 bzw. 45; Stember 1997, S. 59f.; Mahnke 1998, S. 121.

[200] Angaben zur Zahl der beförderten Fälle und Modalitäten der Förderung bei Winkel 2006, S. 284ff.

[201] Lotte 2005, S. 97.

[202] Heuer 1985, S. 169; Grabow/Henckel, in: Wollmann/Roth 1999, S. 627.

[203] Sternberg u.a. 1996, S. 115; Kühn/Floeting 1995, S. 101.

[204] Mieträume (Verfügbarkeit, Preis und Flexibilität) sind in mehr als 80% der Fälle der entscheidende Standortvorteil (Sternberg u.a. 1996, S. 117, 119).

[205] Zitate bei: Heuer 1985, S. 166 bzw. Heuer/Roesler, in: Afheldt u.a. 1987a, S. 171.

Diskussion betont die Bedeutung sehr stark, während sie bei den befragten Unternehmern eher eine nachrangige Rolle zu haben schien. Die Einbindung in ein lokales oder regionales Netzwerk ist allerdings für die regionale Bindung des Unternehmens von Bedeutung.[206] Beim Standortwechsel legen Betriebe besonderen Wert auf infrastrukturell gut erschlossene Gebäude und Grundstücke.

Für weitergehende Hilfen gegenüber Existenzgründern ist die Aufgabenstellung seit Jahren bekannt; es fehlen aber realistische Perspektiven einer angemessenen Bearbeitung der Probleme. Hierzu gehören die typischen Entwicklungsprobleme von mittelständischen Unternehmen: Absatz (insbesondere Marktanalyse, Informationsdichte bei Forschung und Entwicklung), Finanzierung (vor allem unzureichende Eigenkapitalausstattung) und Personal (wegen der durch traditionelle Industrie geprägten Qualifikationsprofile).[207]

Staatliche Förderprogramme und verfügbare Beratungsleistungen sind unzureichend koordiniert; die von Existenzgründern gewünschte Beratung „aus einer Hand" ist nach wie vor unzureichend entwickelt.[208]

- Das „behördenähnliche Erscheinungsbild" der Kammern verhindert, dass deren Hilfsangebote zur Entwicklung der Unternehmerqualifikation (nicht zuletzt in Personalführung und Arbeitsrecht) und bei der Bewältigung von „Behördenkram" (insbesondere der Vielfalt von Zuständigkeiten) angenommen und nutzbar gemacht werden.
- Die (kostenbedingte) Standardisierung des Massengeschäfts bei allen Banken und Sparkassen hat gerade für Kreditrisiken jenseits von Dispokredit und Anschaffungsdarlehen ein Absicherungsbedürfnis erzeugt, das von Existenzgründern als übersteigert erfahren wird.[209]

Jedes dieser Probleme bildet für Kommunen und Gesamtwirtschaft gleichermaßen eine höchst unerwünschte Wachstumsbremse. Dennoch ist nicht vorstellbar, wie Städte, Kreise und Gemeinden bei deren Beseitigung wirksam eingreifen könnten. Diese Verschränkung zwischen Bundes-, Landes- und Kommunalpolitik zeigt sich auch bei der politischen Bearbeitung von Wohnungsproblemen.

---

[206] Sternberg u.a. 1996, S. 118, 119 u. 181.
[207] Lehner u.a., in: Andersen 1987, S. 184f.; vgl. auch ebenda, S. 179f.
[208] So klagen kleine Betriebe über eine Informationsflut; die Programme stellen zuweilen „eine Quelle der Verunsicherung dar" (Staudt/Schmeisser, in: Staudt 1986, S. 186, 191). Hier könnten die Wirtschaftsförderer durch gut vorbereitete Betriebsbesuche einen wesentlichen Beitrag leisten (Kühn/Floeting 1995, S. 98). S.a. Grabow/Henckel, in: Roth/Wollmann 1994, S. 434.
[209] Heuer/Roesler, in: Afheldt u.a. 1987a, S. 159f., 164f., 170.

5.3 Kommunale Wohnungspolitik

Für die Versorgung der Bevölkerung mit angemessenem Wohnraum ist Wohnungspolitik nur deshalb nötig, weil die Selbststeuerungskräfte des Wohnungsmarktes versagen. Es zeigen sich erhebliche regionale Ungleichgewichte: Während in westdeutschen Ballungsräumen (z.B. in München und Köln) preisgünstiger Wohnraum nicht in ausreichender Menge bereitzustellen ist oder erhalten werden kann,[210] stehen teure Eigentumswohnungen und zum Teil auch Mietwohnungen leer. In Ostdeutschland tritt letzteres Problem ebenfalls in Ballungsräumen auf, während überall preiswertere Wohnungen im Plattenbau verfügbar sind, die aufgrund der Wohnqualität nicht mehr gewünscht werden oder durch Schrumpfung der Bevölkerung leer stehen.[211] „Wohnungspolitik ist nur dort und nur soweit nötig, wie Ungleichheit und Not den staatlichen Eingriff erforderlich machen."[212] Die häufige Wiederkehr bzw. alarmierende Entdeckung der „neuen Wohnungsnot" deutet auf dieses Marktversagen hin. Ineffizienter und unberechtigter Einsatz öffentlicher Mittel führt ebenso regelmäßig zur Forderung nach mehr Markt.[213]

Die Eingriffe der Städte und Kreise in den Wohnungsmarkt haben eine lange Tradition.[214] Kommunale Aktivität löste Initiativen ab, die im vorigen Jahrhundert von wohlhabenden Konservativen, Philanthropen und Liberalen aus sozialer und christlicher Verantwortung[215] unternommen, aber auch von revisionistisch orientierten Sozialdemokraten[216] befürwortet wurden. Der heutige Wohnungsmangel ist keineswegs vergleichbar mit dem in früheren Phasen der Entwicklung. Statistisch gesehen war die Versorgung mit Wohnfläche je Person noch nie größer als heute.[217] Im Durchschnitt verfügte jeder in Westdeutschland 2004 über 41,2 qm und in Ostdeutschland über 38,0 qm,[218] 60% der Haushalte mit fünf und mehr Personen hatten mehr als 100 qm zur Verfügung. Auch die Anbieter großer Wohnungskontingente (also z.B. die Wohnungsgenossenschaften) haben sich den wachsenden Flächenbedürfnissen angepasst, was zur Folge hat, dass von den Mietern bei Arbeitslosigkeit die Mietkosten nicht mehr getragen werden können und den Städten anheim fal-

---

210 1991 belief sich der Fehlbestand nach groben Schätzungen auf 2,8 Mio. Einheiten (Neumann/Rohmahn, in: Neumann 1994, S. 11).
211 2003/04 waren es bereits 1,3 Millionen Wohnungen (Jenkis, in: FAZ vom 8.9.2006).
212 Siebel, in: Afheldt u.a. 1987b, S. 10.
213 S.d. Neumann/Romahn, in: Neumann 1994, S. 9ff. Besonderheiten des Wirtschaftsgutes Wohnung sind, dass es nicht beliebig vermehrbar, immobil und nicht ersetzbar durch andere Güter ist (ebenda, S. 13f.).
214 Siehe dazu Wollmann, in: Evers u.a. 1983, S. 92ff.
215 Reschl, in: Pfizer/Wehling 1991, S. 251; Groß-Wilde, in: Neumann 1994, S. 99ff.; zum Werkswohnungsbau, der ab 1923 deutlich zurückging, s. ebenda, S. 104.
216 Hirsch 1920; Brecht 1952, S. 81ff.
217 Vergleichszahlen für den Anfang des Jahrhunderts bei Häußermann/Siebel 1996, S. 66.
218 www.ifs-Städtebauinstitut.de/Hi2005/hi11.htm, 11.7.2006.

len.[219] Wohnungspolitik darf aber nicht nur als Wohnflächen- und Wohnpreispolitik gesehen werden. Vielmehr bestimmt die Lage der Wohnungen die „Wohnungsnot" mit. Besondere Problemgruppen sind stigmatisierte Personen: Alte, Ausländer, Auszubildende, Arbeitslose, Alleinstehende, Alleinerziehende (die sogenannten A-Gruppen).[220]

5.3.1 Aufgaben und Ziele

Wohnungspolitik muss Nutzungs-, Verwertungs-, Werte- (Lebensstil/Religion) und Mentalitätskonflikte mit relevanten Auswirkungen für das Zusammenleben der Menschen in einem Quartier bearbeiten.[221] Dabei müssen Marktprozesse im Rahmen der Planungshoheit und der Sozialpolitik der Gemeinden begleitet werden. Die Kommunen haben sich in verschiedenen Phasen der historischen Entwicklung sehr stark in der Wohnungspolitik engagiert. Am Anfang stand die Bereitstellung von bezahlbarem Wohnraum durch Bautätigkeit.

Besonders in Zeiten übergroßer Wohnungsnot, beim Ansteigen der Baukosten und beim Rückzug des Privatkapitals aus dem Wohnungsbau wurden die Städte selber zu Bauherren.[222] Die großzügige Subventionierung des Wohnungsbaus ist ein Novum der Weimarer Zeit: Sie ist die Geburtsstunde des sozialen Wohnungsbaus.[223] Dies galt allgemein - vor allem aber bei den Sozialdemokraten - als „ein großer sozialer Fortschritt."[224] Die Kommunen waren der Mittelpunkt der gesamten Wohnungsbaupolitik[225] und diese gehörte zu ihren wichtigsten Betätigungsfeldern.[226] Wenn die Städte nicht selbst bauten oder dies gemeinnützigen Gesellschaften überließen, an denen sie finanziell beteiligt waren, so bestimmten die Kommunen, unter welchen Bedingungen Bauträger (vor allem Genossenschaften, gemeinnützige Kapitalgesellschaften) öffentliche Mittel erhalten sollten.[227]

Wesentlich war auch, dass in der Weimarer Zeit Formen gesellschaftlicher Selbsthilfe stärker an Bedeutung gewannen (Genossenschaften als Bauträger, Bau-

219 Die Wohngeldtransferzahlungen des Bundes werden von den Kommunen als viel zu gering bezeichnet. Daran ist die frühe wohnungsmäßige Verselbstständigung junger Menschen Schuld.
220 Reschl, in: Pfizer/Wehling 1991, S. 242; Heinz u.a., in: Klemisch u.a. 1994, S. 161.
221 Naßmacher 2006, S. 90ff.
222 Zur Geschichte s. Häußermann/Siebel 1996, S. 92f.
223 Wollmann, in: Evers u.a. 1983, S. 96ff; von Saldern 1985, S. 183.
224 Zur parteiprogrammatischen Entwicklung der Wohnungspolitik siehe von Saldern 1985, S. 187ff.
225 Eine andere Gewichtung nimmt Reschl (in: Pfizer/Wehling 1991, S. 246) vor: „Es gibt keine originär kommunale Wohnungspolitik. Die Kommunen bleiben eingebunden in ein staatliches Handlungssystem, sowohl rechtlich als auch finanziell." Aber sie nutzen „die ganze Palette einer aktiven Wohnungspolitik."
226 von Saldern 1987, S. 87.
227 Ebenda, S. 87f. Zur Geschichte der Gemeinnützigkeit s.a. Jenkis 1991, S. 309ff.; s.a. Häußermann/Siebel 1996, S. 108f., 112f., 153.

hütten im Bereich der Bauproduktion). Voraussetzung war die Einführung der beschränkten Haftpflicht im Genossenschaftsgesetz (ab 1889), ohne die Vermögen durch Fördermitglieder nicht zu gewinnen gewesen wäre. Genossenschaften hätten allerdings ohne staatliche Hilfe nicht florieren können. Der Aufbau eines gemeinnützigen Sektors gilt als die bedeutsamste wohnungspolitische Innovation während der Weimarer Republik. Grundidee war, „im Austausch gegen ... staatliche Subventionen ein ‚öffentliches Gut' zu produzieren, nämlich gute, bezahlbare und sichere Wohnungen für diejenigen Schichten der Bevölkerung, die sich dies aufgrund ihres geringen Einkommens auf dem privatkapitalistischen Wohnungsmarkt nicht leisten" konnten.[228] Kennzeichen der gemeinnützigen Wohnungsunternehmen waren der Verzicht auf erwerbswirtschaftliches Gewinnstreben, Vermietung und Veräußerung von Wohnungen zu kostendeckenden Mieten und Streben nach bestmöglicher Wohnungsversorgung. Den Mietern wurde durch Dauerwohnrechte an Wohnungen eine ähnliche Wohnsicherheit wie den Eigentümern gewährt.[229] Der Nationalsozialismus vernichtete diese Initiativen,[230] indem er die Zentralisierung in einem einheitlichen Verband erzwang. Die Grundsätze der Gemeinnützigkeit wurden 1940 im Wohnungs-Gemeinnützigkeitsgesetz kodifiziert, das die Gesellschaften verpflichtete, ihre Gewinnausschüttung zu begrenzen und ihre Erträge in den Wohnungsbau zu reinvestieren.[231] Diese und andere (von den Nationalsozialisten eingeführte) Ausgangsbedingungen bildeten die wesentliche Grundlage für die Gesetzgebung der Bundesrepublik.[232]

Der Zweite Weltkrieg hatte einen extremen Wohnungsmangel hervorgerufen: Zerstörungen des Vorkriegsbestandes (in den Westzonen 21%, in der Ostzone ca. 10%) und Zuwachs der Wohnbevölkerung durch Ausgewiesene und Flüchtlinge, vor allen Dingen in den Westzonen, waren die wesentlichen Ursachen. Sie bedingten ein intensives Engagement der öffentlichen Hand. Im Westen wurde die von den Nationalsozialisten eingeführte Wohnraumbewirtschaftung durch die Besatzungsmächte und auch in der Bundesrepublik beibehalten. Den kommunalen Wohnungsämtern war die Aufgabe Wohnraumerfassung und Wohnraumverteilung zugewiesen. Aber auch der Um- und Ausbau musste sichergestellt werden.[233] Weil keine kostendeckenden Mieten erhoben werden konnten, gelang es nicht, genügend privates Kapital für den freien Mietwohnungsbau zu mobilisieren. Die Städte waren überfordert, Länder und Bund mussten sich finanziell engagieren. Beispielhaft können das Erste

---

[228] Häußermann/Siebel 1996, S. 150f., 92; Krätke (in: Borst u.a. 1990, S. 271) sieht diese Initiativen kritisch im Hinblick auf die „Entwicklung von Grundformen einer fordistischen Gesellschaftsformation."
[229] Jenkis 1991, S. 278.
[230] Evers, in: Voigt 1984, S. 507; Krätke (in: Borst u.a. 1990, S. 283) betont demgegenüber, dass die Art der Wohnungsproduktion keine „Gegenökonomie" herausgebildet hat.
[231] Schmoll, in: Borst u.a. 1990, S. 294.
[232] S.d. Jenkis 1991, S. 80-82.
[233] Reschl 1987, S. 269.

Gesetz über finanzielle Maßnahmen zur Förderung des Wiederaufbaus und zur Wohnraumbewirtschaftung des Landes Württemberg-Baden vom 8. Oktober 1947 und wohnungspolitische Sonderprogramme desselben Landes für schwer zerstörte Städte genannt werden.[234] Die Wiederaufbaumaßnahmen waren allerdings so kostenträchtig, dass die Maßnahmen der Länder nicht ausreichten.[235] Dies führte zum finanziellen Engagement des Bundes in der Wohnungspolitik. 1950 wurde das erste, 1956 das zweite Wohnungsbaugesetz vom Bund verabschiedet.[236] Ersteres war auf die Versorgung breiter Schichten mit Wohnungen gerichtet.[237] Das zweite Wohnungsbaugesetz hatte bei einer Kombination von Steuervergünstigungen und (geringeren) staatlichen Zuschüssen die Eigenheimförderung im Blick.[238] Die Gesetze enthielten eine Vielzahl von Handlungsmöglichkeiten und sahen die Kommunen als wesentliche Handlungsträger vor.[239] Als eigentliche Bauherren fungierten vor allem die Wohnungsbaugenossenschaften und gemeinnützige Wohnungsbauunternehmen, die eng mit den Kommunen zusammenarbeiteten.[240]

Die von der CDU dominierte gesamtstaatliche Politik zielte als Deregulierungspolitik zum Abbau der Wohnungszwangswirtschaft auf eine Rückführung der Wohnungsversorgung in den Markt. Einen unmittelbaren kommunalen Bezug hatte das Gesetz über den Abbau der Wohnungszwangswirtschaft und über ein soziales Miet- und Wohnrecht von 1960.[241] Die Preisbindung wurde in allen Gemeinden, in denen das Defizit zwischen Angebot und Nachfrage weniger als 3% betrug (weiße Kreise), ab 1963 aufgehoben; bei sonstigen Gebieten (dem schwarzen Kreis) erst ab 1966.[242] Die sozialliberale Koalition hat in den 1970er Jahren einen Kompromiss zwischen Markt und Regulierung gesucht. Die Städte und Gemeinden blieben nach

---

[234] Reschl 1987, S. 269, 270.

[235] Zu den gesetzgeberischen Aktivitäten auf der Bundesebene im einzelnen Jenkis 1991, S. 80ff.

[236] I. WoBauG und II. WoBauG; zu den verschiedenen Phasen der Bundespolitik in der Wohnungsbauförderung s. Mayer 1998, S. 169ff.

[237] Das I. WoBauG unterscheidet zwischen öffentlich gefördertem, steuerbegünstigtem und frei finanziertem Wohnungsbau. Förderungsmaßnahmen sind insbesondere der Einsatz öffentlicher Mittel für den sozialen Wohnungsbau sowie Steuervergünstigungen ohne weitere Einsetzung öffentlicher Mittel für einkommensstärkere Wohnungsuchende und die Übernahme von Bürgschaften und Bereitstellung von Bauland durch Bund, Länder und Gemeinden. Die Bauherren mussten bei Entgegennahme der Subvention Belegungen, Miethöhen und Ausstattungsstandards hinnehmen bzw. realisieren. Die Länder beschlossen in Wohnungsbindungsgesetzen weitere Regeln.

[238] Das II. WoBauG behielt die Dreiteilung in den öffentlich geförderten Sozialwohnungsbau, den steuerbegünstigten und den frei finanzierten Wohnungsbau bei. Daneben wurde aber erstmals die bevorzugte Förderung für Familien mit geringem Einkommen, für schwer Kriegsbehinderte und für kinderreiche Familien angesteuert. Die Förderung einer breiten Eigentumsbildung im Wohnungsbau wurde erheblich verstärkt. Der Neubau von Familienheimen (Eigenheimen) erhielt beim Einsatz öffentlicher Mittel Vorrang (Schmoll, in: Borst u.a. 1990, S. 294).

[239] S.d. Reschl, in: Pfizer/Wehling 1991, S. 253.

[240] Zu den verschiedenen Bauherrengruppen s. Jenkis 1991, S. 280.

[241] Mayer 1998, S. 185f.

[242] Heinz/Kiehle, in: Andersen/Woyke 1997, S. 635. Diese nach dem damaligen Wohnungsbauminister benannte Strategie, der sogenannte Lücke-Plan, konnte erst 1977 voll realisiert werden.

wie vor auch in der gemeinnützigen Wohnungswirtschaft engagiert. Von den im Jahre 1980 existierenden Unternehmen waren 18% Kapitalgesellschaften mit überwiegender Beteiligung der Kommunen. Statistisch standen 327 kreisfreien Städten 329 gemeinnützige Wohnungsunternehmen gegenüber. Der Schluss, dass jede kreisfreie Stadt über ein eigenes kommunales Wohnungsunternehmen verfügt, ist aber kaum zutreffend, denn gerade in Großstädten gibt es bis heute häufig mehrere solcher Unternehmen.[243]

Den Kommunen fiel bei allen Impulsen von der Bundes- und Länderebene her die Aufgabe einer Implementationsinstanz zu. Städte und Kreise müssen die öffentlichen Mittel im sozialen Wohnungsbau bzw. für die Modernisierung von Wohnungen vergeben und schließlich (seit 1965) das Wohngeld[244] auszahlen. Die großen gemeinnützigen Wohnungsbauunternehmen haben zwar schnell dafür gesorgt, dass die Probleme auf dem Wohnungsmarkt durch Neubau von Geschosswohnungen zügig bearbeitet wurden. Die Monotonie der Großsiedlungen auf der grünen Wiese, die die gemeinnützigen Bauträger, z.B. die gewerkschaftseigene „Neue Heimat",[245] errichteten, sorgte aber auch für heftige Kritik.[246] Mitte der 1980er Jahre kürzte der Bund die Mittel im sozialen Wohnungsbau stark und schaffte nach der „Neue Heimat"-Affäre die Gemeinnützigkeit ab.[247] Das Ergebnis war ein „dramatischer Rückgang" des sozialen Wohnungsbaus.[248]

In der ehemaligen DDR bildete die Wohnungsversorgung einen wesentlichen Aspekt der sozialistischen Gesellschaftspolitik. Das Recht auf Wohnung wurde in der Verfassung verankert. Aufbau der Städte und Wohnraumverteilung waren Teil der staatlichen Planwirtschaft, Träger des Mietwohnungsbaus vorwiegend Wohnungsunternehmen im Volkseigentum und Wohnungsbaugenossenschaften. Die Wohnungsversorgung sollte vor allen Dingen durch große Neubaugebiete auf der grünen Wiese sichergestellt werden. Dabei entwickelte sich die Plattenbauweise zum vorherrschenden Bautyp. Tatsächlich konnte die Belegungsdichte pro Wohnung wesentlich vermindert werden, die Qualität (Ausstattung mit Bad und Dusche bei 82% der Wohnungen) erhöhte sich spürbar. Die Konzentration auf randstädtische Neubaugebiete hatte aber gravierende Folgen für die Innenstädte: Der Wohnungsbestand dort verfiel und der Sanierungsbedarf nach der Wende war enorm.[249] Dieser besteht allerdings auch für die maroden Plattenbausiedlungen.[250]

Diese Probleme traten im Westen nur in gemäßigter Form auf. Immerhin wurde zwanzig Jahre früher als im Osten eine Sanierung des Altbaubestandes eingeleitet.

---

[243]   Naßmacher, in: Naßmacher 1985, S. 5.
[244]   Neumann/Romahn, in: Neumann 1994, S. 25ff.
[245]   Fuhrich u.a. 1983.
[246]   Reschl, in: Pfizer/Wehling 1991, S. 250.
[247]   Großmann, in: Neumann 1994, S. 212; Jenkis 1991, S. 218.
[248]   Jenkis 1991, S. 286, 289 und 280.
[249]   Heinz/Kiehle, in: Andersen/Woyke 1997, S. 633.
[250]   Zum Bau- und Erhaltungsbedarf in den neuen Bundesländern s. Mayer 1998, S. 338ff.

Mit dem Städtebauförderungsgesetz (1971) und weiteren auf Sanierung hinzielenden Gesetzen (Modernisierungs- und Energieeinspargesetz, Sonderprogramme) erhielten die Kommunen der alten Bundesrepublik Anfang der 1970er Jahre mehr planungs- und bodenrechtliche Kompetenzen sowie besondere Fördermittel des Bundes und der Länder, um die Stadtsanierung voranzutreiben. Neben dem Geschosswohnungs- bau entwickelten sich im Westen allerdings der Eigenheimbau und dessen Förde- rung zu einem Problem, das aber erst neuerdings im Zuge der Diskussion über die nachhaltige Stadtentwicklung erkannt wird. Die Stadtflucht aus den Ballungszentren und damit verbunden die Zersiedlung der Landschaft im Umland sowie wachsende Verkehrsprobleme durch Pendler werden thematisiert. Wegen der geringeren Grundstückspreise sind von der Bautätigkeit vor allen Dingen Mittel- und Kleinstäd- te betroffen.

Nachlassende Wohnungsproduktion[251] und veränderte Wohnungsnachfrage sind also Ursachen für die Ungleichgewichte in der Wohnungsversorgung. Erstere wird verursacht durch die Entwicklung der Boden-, Bau- und Finanzierungskosten sowie Restriktionen und Schwerpunktsetzungen staatlicher Wohnungspolitik (Ver- ringerung der Fördermittel für den sozialen Wohnungsbau und damit den Geschoss- bzw. Mietwohnungsbau, Finanzierung und steuerliche Förderung der Eigentumsbil- dung). Bei der Wohnungsnachfrage machen sich Wanderungsbewegungen, geburt- enstarke Jahrgänge, steigende Zahl kleinerer Haushalte (durch Singles, Scheidungs- folgen und alleinlebende Alte), Vergrößerung der Pro-Kopf-Flächen-Ansprüche, geringere Mobilität von Bewohnern billiger Wohnungen und verminderte Zah- lungsmöglichkeiten (z.B. durch Arbeitslosigkeit) bemerkbar.[252] Auch der Aufwand für Miete ist extrem unterschiedlich verteilt. Während Bezieher von Einkommen im oberen Einkommensfünftel nur ein Achtel des Einkommens für das Wohnen ausge- ben, werden Bezieher von Einkommen im unteren Einkommensfünftel mit Mieten belastet, die ihre Einkommen zur Hälfte festlegen. Weiterhin werden zunehmend ganze Wohnquartiere als besonders sozial belastet gesehen. Ursache ist das Zusam- menleben von Großfamilien mit niedrigem Einkommen und Migranten, die zudem noch überproportional von Arbeitslosigkeit betroffen sind. Die Folgen sind „über- forderte Nachbarschaften". Nach wie vor müssen sich die Kommunen in die Pflicht nehmen lassen, weil wohnungssuchende und mit der Wohnsituation unzufriedene Bürger zunächst Kommunalpolitiker und kommunale Verwaltungen auf diesen Mangel ansprechen.[253] Auch eine steigende Zahl von Obdachlosen können die Kommunen nicht hinnehmen.

---

251 Möller 2006 auf der Grundlage der Daten des Statistischen Bundesamtes.
252 Zu den Besonderheiten des Wohnungsmarktes s. Jenkis 1991, S. 22ff., 332; zu den Wohnungsteil- märkten s. Bison 1992, S. 108ff.
253 Zimmermann, in: Schäfers/Wewer 1996, S. 105, 268.

5.3.2 Handlungspotenziale und Akteure

Der Bund schafft die wesentlichen Rahmenbedingungen durch das Baurecht, das Mietrecht und das Steuerrecht. Die Planungshoheit der Gemeinden bedingt, dass sie Marktprozesse begleiten müssen. Es geht darum, neue Flächen für den Wohnungsbau auszuweisen, durch Maßnahmen des Baurechts eine verdichtete Bebauung sicherzustellen sowie die Umnutzung oder Zweckentfremdung von Wohnraum zu verhindern. Durch finanzielle Anreize müssen Eigentümer und Investoren dazu veranlasst werden, den Wohnungsbestand zu erhalten, zu verbessern oder neuen Wohnraum zu schaffen. Insbesondere regeln Bundesgesetze den Schutz der Mieter sowie den Anspruch auf Sozialwohnungen und Wohngeld.

Bei den finanziellen Fördermöglichkeiten lassen sich Subjektförderung (Wohngeld) und Objektförderung (für Wohnungsneubau und Pflege des Bestandes) unterscheiden. Während letztere deshalb kritisiert wird, weil dadurch ein „abgespaltener (Miet-) Wohnungsmarkt" entstehe, der „vielfältiger Regulierungen und Kontrollen bedarf und der Marktsteuerung nicht mehr zugänglich ist", erfährt die „Subjektförderung" mehr Zustimmung. Als Problem wird allerdings gesehen, dass durch allgemeine Subventionierung der Nachfrage auf angespannten Märkten nicht gewährleistet werden kann, dass gerade für die zu versorgenden Gruppen ein zusätzliches Wohnungsangebot entsteht. Bei der Subjektförderung müssen wettbewerbsverzerrende Wirkungen befürchtet werden; Vermieter können sich veranlasst sehen, ihre Preise darauf einzurichten.[254] Bei der Objektförderung besteht die Möglichkeit, das Angebot direkter zu beeinflussen.

Als klassisches Förderinstrument der Kommunen gilt *beim Wohnungsbau* die Vergabe zusätzlicher Darlehen zugunsten der Bauträger („Spitzenfinanzierung"), daneben kommen die Herausgabe von Baugelände zu Preisen unter dem Marktwert oder im Erbbaurecht, die Übernahme von Bürgschaften sowie Erlass, Stundung oder Ermäßigung von Straßenbaulasten, Grundsteuer und Gewerbesteuer in Frage. Die Ausgangsbedingungen in den alten Bundesländern sind seit Mitte der 1990er Jahre dadurch gekennzeichnet, dass preiswerter Wohnraum fehlt und dass die Mietpreise für einfach ausgestatteten Wohnraum seit langem schneller steigen als alle anderen Mieten. Vor allem sozial schwächere Bevölkerungsgruppen in Ballungsräumen haben trotz Wohngeld Schwierigkeiten, eine bezahlbare Wohnung zu finden, die nicht mehr als ein Viertel des Einkommens an Mietaufwand erfordert.[255] Die Städte und Gemeinden sehen sich hier immer stärker bei der Wohngeldvergabe in die Pflicht genommen. Hier hilft der Wohnungsneubau nur partiell weiter, obwohl die

---

[254] Zitate bei: Neumann/Romahn, in: Neumann 1994, S. 18; vgl. ebenda, S. 18f.

[255] Immer wieder wird auch darauf hingewiesen, dass sich die Wohnnebenkosten (Gebühren für Müllabfuhr, Abwasser und Wasserversorgung) zu einer zweiten Miete entwickelt hätten. Erhebliche Preissteigerungen verursachen aber vor allem die Energiekosten. (iff Institut für Städtebau, Wohnungswirtschaft und Bausparwesen e.V., Berlin: www.ifs-Städtebauinstitut.de/Hi2005/hi23 anlage.htm, 1.7.2006).

Einkommensgrenzen für den Anspruch auf Sozialwohnungen deutlich nach oben verändert wurden. Wohnungsneubau wird daher nicht mehr als wesentliche Handlungsoption der Akteure gesehen.[256]

Vielmehr geht es um die Pflege des Wohnungsbestandes, eine bessere Transparenz über das Wohnungsangebot und die optimale Nutzung der vorhandenen Wohnungen. Bund und die Länder stellen die Instrumente (insbesondere finanzielle Förderung)[257] bereit. Bauvorschriften und Mietrecht beeinflussen die überregionalen Verbände, insbesondere der Gesamtverband der Wohnungswirtschaft e.V. (GdW)[258] und der Deutsche Mieterbund[259] (DMB). Die Kommunen sind in vielfältiger Weise an Wohnungsunternehmen beteiligt und Implementationsträger. Sie schaffen vor Ort die Voraussetzungen für den Einsatz der Instrumente. Innerhalb der Stadtverwaltungen entfalten das Wohnungsamt (für die Subventionsvergabe und die Wohnungsvermittlung), das Sozialamt (für die Mietschuldenübernahme und die Bearbeitung sozialer Probleme in Kooperation mit dem Jugendamt) sowie Planungsamt/Stadtentwicklungsamt und Liegenschaftsamt mit den entsprechenden Ratsausschüssen die wichtigsten Aktivitäten. War früher die Wohnungspolitik eine Domäne linker Kommunalpolitik, so scheint heute eher der Problemdruck - insbesondere in Ballungsräumen und besonderen Quartieren - ausschlaggebend zu sein. Alle Fraktionen befürworten Aktivitäten in der Wohnungspolitik, weil bestimmte Bevölkerungsgruppen nicht durch Fördermaßnahmen erreicht werden[260] und sich diese in vielen Städten bereits in Problemquartieren häufen.

Darüber hinaus gibt es natürlich klare Profile in der Programmatik und der Handlungsorientierung der Parteien. Bei CDU und FDP steht eindeutig die Eigentums- bzw. Eigenheimförderung im Vordergrund. Vor allem die FDP betont die Bedeutung des Marktes auch in diesem Politikfeld. Bei der CDU spielen daneben seit jeher sozialpolitische Erwägungen (Förderung des Eigenheimbaus für Kinderreiche) eine Rolle. Die SPD befürwortete früher eher eine Bereitstellung und Pflege des Mietwohnungsbaus (u.U. durch kommunales Engagement),[261] musste allerdings inzwischen auch den Wünschen der Bevölkerung nach einem Eigenheim stärker

---

[256] 1997 - so der Bundesverband Freier Wohnungsunternehmen - blieb das Neubauvolumen erstmals unter dem jährlichen Ersatzbedarf (FAZ vom 26.9.1997). Der Verband warf den Kommunen vor, durch „Nichtausweisung neuen Baulandes" Neubau unnötig zu verteuern (FAZ vom 2.10.1997). Der Bund sieht die Probleme am Wohnungsmarkt inzwischen als beseitigt an und zieht sich nach der Föderalismusreform von 2006 zurück (Bundesministerium der Finanzen 2006, S. 36).

[257] Bundesministerium der Finanzen 2006, S. 36.

[258] Diesem Zusammenschluss gehören Wohnungsunternehmen unterschiedlicher Rechtsformen (z.B. Genossenschaften, Aktiengesellschaften oder Gesellschaften mit beschränkter Haftung) und unterschiedlicher Träger an. Gemeinnützige Wohnungsunternehmen werden von den Gemeinden und der gewerblichen Wirtschaft, von natürlichen und juristischen Personen, von gesellschaftlichen Organisationen und Kirchen sowie vom Bund getragen.

[259] Zur Mieterorganisation s. Wanders 1984.

[260] Grüner u.a. 1988, S. 54f.; ähnlich im Hinblick auf andere Politikbereiche: Gabriel u.a. 1989b, S. 25f.

[261] Winnemöller, in: Naßmacher 1985, S. 73ff.; s.a. Grüner u.a. 1988, S. 45.

Rechnung tragen. Städtische Wohnungsunternehmen und Genossenschaften führen sozialdemokratische Traditionen fort. Vorsorge durch frühzeitigen Eintritt in die Wohnungsgenossenschaft (um den Anspruch auf eine Wohnung zu erwerben) war früher das Ziel der Arbeiterelite.

Die Genossenschaften erlebten Ende der 1970er Jahre eine Renaissance.[262] Sowohl in Deutschland als auch im internationalen Raum, insbesondere in Skandinavien, ist mit verschiedenen Formen gemeinschaftlichen Wohneigentums experimentiert worden. Hier waren Projekte kleinerer Gruppen, die alternative Wohn- oder Bauformen (z.B. ökologisches Bauen) anvisierten, zu unterscheiden von quartierbezogenen Projekten, die darauf abzielten, bestehende Altbausiedlungen zu erhalten. Diese Projekte konnten meist von einer professionalisierten Elite (z.B. Architekten und Stadtplanern) zum Erfolg geführt werden.[263] Der Selbsthilfegedanke (die Bewohner der Häuser von Genossenschaften sind nicht nur Mieter, sondern auch Mitglieder) wurde in Deutschland inzwischen durch Bundesgesetze ausgehöhlt. Im Gegensatz zur Eigeninitiative beim Ansparen eines Eigenheims, das dann mit öffentlichem Geld gefördert wird (Bausparen, Steuerbegünstigung), mussten Genossenschaften beim Einsatz von öffentlichen Mitteln Belegungen durch das Wohnungsamt hinnehmen.[264]

In den neuen Bundesländern kamen durch den Einigungsvertrag die volkseigenen Wohnungsbestände und die dazugehörigen Grundstücke an die Kommunen. So haben die Kommunen durch mehr eigene Wohnungen und Genossenschaften eine wesentlich stärkere Position als die privaten Eigentümer.[265] Besonders in den Städten war der Anteil an Wohnungen im Eigentum und in der Verwaltung der Kommunen noch größer. Im Einigungsvertrag wurde als Zielsetzung nur festgelegt, dass die Kommunen den Wohnungsbestand in eine marktwirtschaftliche Wohnungswirtschaft überführen und dabei auch individuelles Wohneigentum fördern sollten.[266] Damit hatten die Kommunen einen relativ großen Handlungsspielraum. Sie richteten ihr Interesse jedoch stärker auf die Wirtschaftsförderung. Zwar rangierte das Ziel Bau- und Wohnungspolitik in der Prioritätensetzung der Parteien hochrangig, aber die Wohnungsversorgung sollte doch eher dem Spiel der freien Kräfte überlassen bleiben. Vor dem Erfahrungshintergrund der Trabantensiedlungen in Plattenbauweise herrschten starke Vorbehalte gegen jeglichen staatlich subventionierten Woh-

---

[262] Zur Geschichte siehe Novy/Uhlig 1982, S. 1474ff.; Novy 1982, S. 1496ff.; Knacke, in: Naßmacher 1985, S. 119ff; Jenkis, in: Neumann 1994, S. 117ff.

[263] Eichener/Heinze, in: Neumann 1994, S. 190f.

[264] Zur Diskussion dieser Problematik s. Zimmer, in: Naßmacher 1985, S. 144. Die Rot-Grüne Koalition hatte sich vorgenommen, dieses Problem zu bearbeiten.

[265] 1990 befanden sich 32,4% der Wohnungen im kommunalen Eigentum, 15,3% waren genossenschaftlich (Bardelmann/Steinert, in: Benzler u.a. 1995, S. 144, unter Bezug auf Statistisches Landesamt Thüringen 1993, S. 385). Bachmann (in: Neumann 1994, S. 76) nennt folgende Eigentumsverhältnisse: ca. 41% in Privateigentum, 17% Genossenschaftswohnungen und ca. 42% Volkseigentum. Die Wohnungen im Privateigentum verteilen sich zu rund 30% auf Mehrfamilienhäuser und zu 70% auf Ein- und Zweifamilienhäuser.

[266] Wielgohs 1995, S. 194ff.; Mayer 1998, S. 336f.

nungsbau. Dadurch kam es nicht zu einer strategischen Zusammenarbeit der Akteure in der kommunalen Wohnungspolitik. Die Eigeninteressen einzelner Ressorts der Stadtverwaltung überwogen. Von den kommunalen Wohnungsunternehmen und Genossenschaften der neuen Bundesländer waren flexible und schnelle Reaktionen bei verkrusteter Verwaltungsstruktur, gepaart mit Unsicherheiten über den eigenen Bestand und dessen Zustand, nicht zu erwarten. Die Akquisition von staatlichen Fördergeldern wurde nicht zügig angegangen.[267] Anfänglich waren die Altschulden für die Städte das größte Problem. Inzwischen ist es der Leerstand ganzer Wohnblocks. Er belastet die Städte und damit die Bevölkerung nicht nur mit Überkapazitäten bei der Infrastruktur (und damit den Wohnfolgekosten), sondern die leerstehenden Häuser bieten auch Angriffsflächen für Vandalismus.

Vergleicht man Akteure der Wohnungspolitik in den neuen Bundesländern mit jenen in den alten, so lässt sich bei letzteren eher eine hohe Professionalität konstatieren. Dies gilt vor allem für Routineentscheidungen, insbesondere für die Genehmigung von Investitionsvorhaben privater Bauträger für Neubauwohnungen und sonstige Häuser sowie für die Beantragung von Fördergeldern. Weitere Instrumente sind dagegen nur in wenigen Städten erprobt worden. Da die Interessen der Mieter sehr heterogen sind, scheint der Problemdruck in kleineren und mittleren Städten Westdeutschlands nicht besonders ausgeprägt zu sein. Dagegen dürfte die Homogenität der Mieterinteressen in Ostdeutschland größer sein. Deshalb lassen sich dort gewisse Mobilisierungserfolge von Mieterorganisationen verzeichnen.[268] SPD und PDS suchten Kontakte zu den Mietervereinen,[269] sehen also Wohnungspolitik eher in einer Eingrenzung sozialer Härten. Wohnungsverkäufe und der Abriss von Wohnungen können solche Probleme aktualisieren.

Noch immer sind die Instrumente der kommunalen Wohnungspolitik sehr stark auf Wohnungsneubau ausgerichtet. Private Investoren für Mietwohnungsbau stehen aber nicht in ausreichender Zahl zur Verfügung und auch die öffentliche Hand (einschließlich der Städte) hat sich weitgehend aus dem Mietwohnungsbau zurückgezogen.[270] Bei der Fixierung auf den Eigenheimbau und dessen Förderung werden die Sicker-Effekte (Filtering-Theorie)[271] überschätzt. Die Hoffnung, dass Besserverdienende beim Hausbau ihre preiswerten Wohnungen freimachen, erfüllt sich zuweilen nicht. Häufig kommt es eher zu einer Unterbelegung der freiwerdenden, preiswerten Wohnungen. So ist es nicht verwunderlich, dass die verschiedenen Programme der

---

[267] Holtmann/Meisel 1995, S. 169, 177, 182.

[268] Wielgohs 1995, S. 223.

[269] Gothe u.a. 1996, S. 91, 95.

[270] In der ersten Hälfte der 1980er Jahre konnte die Nachfrage der sozialwohnungsberechtigten Haushalte nicht mehr befriedigt werden; die Anfang der 1990er Jahre wieder aufgenommene Förderung des sozialen Wohnungsbaus lässt vorwiegend Bindungen nur von kurzer Dauer zu (Heinz u.a., in: Klemisch 1994, S. 161).

[271] Die Hoffnung, dass durch Neubautätigkeit billigere Wohnungen frei werden (Häußermann/Siebel 1996, S. 148f.); Darstellung der Theorie bei Mayer 1998, S. 44ff.

gesamtstaatlichen Ebene die aktuellen Probleme der Wohnungsversorgung nur unzureichend bearbeiten können. Ein zusätzlicher Problemdruck entstand, als Mitte der
1990er Jahre Mietpreis- und Belegungsbindungen entfielen.[272] Gerade wenn Arbeitslosigkeit bei Personen eintritt, die ihre finanziellen Möglichkeiten zur Befriedigung ihrer Ansprüche voll ausgereizt haben, können leicht Mietrückstände oder
Überschuldung (Versteigerung des Eigenheims) zur Obdachlosigkeit führen. Der
Appell an die Selbsthilfe des Einzelnen ist dann nicht mehr wirksam: Er kommt zu
spät. Beim Wohnungsamt sind in der Regel nur kinderreiche Familien, Ausländer
und Arbeitslose als Problemfälle registriert. Die Wohnprobleme einer Facharbeiter-
familie mit zwei bis drei Kindern bleiben dagegen häufig unterhalb der Wahrneh-
mungsschwelle.[273] Durch die akuten Fälle und deren Bearbeitung fehlt Zeit, auch für
diese Personengruppe eine Lösung zu finden. In den Sozialwohnungen stellen die
Anspruchsberechtigten eine Mischung der A-Gruppen dar, was sogenannte
„schlechte Adressen" bzw. „überforderte Nachbarschaften"[274] erzeugt. Steuerungs-
instrumente ergeben sich durch Kombination von finanziellen Anreizen und Über-
zeugungsstrategien. Konkrete Veränderungsvorschläge setzen die Analyse des Status quo voraus. Bei jeder Problembearbeitung ist Prophylaxe besser als Therapie.

5.3.3 Bearbeitung typischer Probleme

Wie bei der Wirtschaftsförderung kann zwischen den Handlungsmöglichkeiten im
Hinblick auf Wohnungsneubau und neue Wohngebiete sowie einer Pflege- und
Nutzungspolitik von Altbausubstanz unterschieden werden.

Die kommunalen Akteure sind beim *Neubau* von *Mietwohnungen* nach wie vor
sehr stark auf große Bauträger hin orientiert. Da für Mietwohnungen im sozialen
Wohnungsbau nur selten private Bauherrn zu finden waren, konzentrierten sich die
Aktivitäten und Erwartungen auf die Baugesellschaften der Städte und auf Genos-
senschaften. Ihnen muss zunächst Baugelände verschafft und die entsprechende
Ausweisung gesichert werden. So konnten viele Kommunen, oftmals mit hohen
finanziellen Opfern, die Grundlagen für den sozialen Wohnungsbau schaffen. Unter
Einsatz großer Summen an Steuergeldern und Fremdmitteln haben die Gemeinden
Baugelände neu erschlossen. Oft dienten dabei die seit Generationen von den Kom-
munen erworbenen Grundstücke als Tauschobjekte.[275] Ob eine Stadt im Bereich des
Wohnungsbaus erfolgreich war, entschied sich letztlich daran, ob der stadteigenen

---

[272] Heinz u.a., in: Klemisch u.a. 1994, S. 161.
[273] Facharbeiter bzw. Angestellte in niedrigen Einkommensklassen fallen wegen der Einkommensgrenzen spätestens seit 1980 nicht unter die zu fördernden Gruppen, sind also keine Nutznießer des
sozialen Wohnungsbaus mehr (Kornemann bzw. Meyer, in: Neumann 1994, S. 51 bzw. 41).
[274] Nach den Ergebnissen des Bonner Forschungsinstituts Empirica (im Auftrag des GdW) leben eine
halbe Million Menschen in „überforderten Nachbarschaften" (FAZ vom 31.7.1998).
[275] Naßmacher, in: Naßmacher 1985, S. 6.

Wohnungsbaugesellschaft oder den anderen (gemeinnützigen) Unternehmen am Ort geeignetes Bauland bereitgestellt werden konnte. Schon immer gab es Kommunen, die „von der Hand in den Mund" gelebt haben, während andere sich in der Boden-vorratspolitik engagierten.

Infolge finanzieller Engpässe fällt es Städten, Kreisen und Gemeinden immer schwerer, rechtzeitig Bodenbevorratung zu betreiben. Die Kommunen sind heute kaum noch in der Lage, in dieses Geschäft einzusteigen.[276] Vielmehr müssen sie darauf warten, dass zufällig Grundstücke frei werden, z.B. durch Konkurs von Ge-werbebetrieben oder Abzug der Bundeswehr. Auch bei den Vergabemodalitäten zur Bereitstellung des Bodens gibt es Einschränkungen. Früher wurden Grundstücke verbilligt oder im Erbbaurecht zur Verfügung gestellt. Hinzu kamen zuweilen noch direkte Finanzhilfen (sogenannte Spitzenfinanzierung), z.B. als Zinszuschüsse, Wohnungsbaudarlehen, Baukostenzuschüsse. Grundstückspreise oder die Erschlie-ßungskosten wurden gestundet. Wichtig war auch, dass die enge Verknüpfung der Wohnungsunternehmen mit den Städten als direktes Instrument zur Marktbeeinflus-sung diente. Handlungsfähig sind heute nur noch Städte, deren „nahestehende" Wohnungsunternehmen Baulandreserven erschließen können.

Die Bereitstellung geeigneter Bauflächen entscheidet auch wesentlich darüber, ob Mittel aus der überörtlichen Wohnneubauförderung in die Gemeinde fließen. Die Fördermodalitäten sorgten für einen „fortlaufenden Abbau des Bestands an langfris-tigen Bindungen."[277] „1980 waren rund 4 Mio. Sozialwohnungen vorhanden, das waren rund 20% des gesamten Wohnungsbestandes."[278] Die Prognose bis zum Jahr 2000 ging dahin, dass sich diese Zahl durch Rückzahlung öffentlicher Mittel und Auslaufen der Sozialbindung halbieren würde. „Ohne massiven Neubau wird es fünf Jahre danach in den alten Bundesländern vermutlich nur noch eine Million Sozial-wohnungen geben."[279] Die geringen Bestände an Sozialwohnungen führen zwangs-läufig zur Konzentration der Problemfälle.

Große private Bauträger, u.a. Versicherungsgesellschaften, sind eher am Bau von *Eigenheimen* oder Eigentumswohnungen interessiert.[280] Mit der Förderung des Wohneigentums wird privates Kapital zur Wohnungsversorgung mobilisiert.[281] Die Städte am Ballungsrand erschließen große Freiflächen für den Eigenheimbau, zielen damit auf höhere Einkommengruppen und die zukünftigen Anteile an der Einkom-

---

[276]   München sah sich in den 1990er Jahren gezwungen, sich mit kommunalen Mitteln im Mietwoh-nungsbau zu engagieren, um auch Familien mit Kindern das Wohnen in der Kernstadt zu ermögli-chen. (Prigge/Schwarzer 2006, S. 244f.).

[277]   Ebenda, S. 24; zu den einzelnen Förderwegen s.a. Mayer 1998, S. 231ff.

[278]   So der GdW (FAZ vom 31.7.1998).

[279]   Ebenda.

[280]   Naßmacher 1985, S. 4; Schmoll, in: Borst u.a. 1990, S. 294. Zur Entwicklung des Wohneigentums s. Neumann/Romahn, in: Neumann 1994, S. 152.

[281]   Neumann/Romahn, in: Neumann 1994, S. 149.

mensteuer.[282] Umlandgemeinden konkurrieren dabei mit den Kernstädten, die natürlich auch alles daransetzen, diese Bevölkerung zu halten, aber in der Regel wenig Erfolg haben. Das hat zum Teil in den Kernstädten drastische Folgen, die sich u.a. in den Schulen zeigen. So befinden sich in manchen Grundschulklassen nur noch drei deutsche neben bis zu 30 Kindern mit Migrationshintergrund. Für Bezieher mittlerer und geringerer Einkommen bleibt der Erwerb eines Eigenheims wegen hoher anfänglicher Belastung bei geringem Eigenkapital meist Wunschvorstellung, insbesondere bei den Grundstückspreisen der Kernstädte.[283] Die Grundstückszuweisung im Erbbaurecht (nur etwa 3%), die inzwischen wieder als Alternative zum Kauf von Grundstücken erwogen wird, kann die Probleme auch nur teilweise bearbeiten. Das Ziel, ein eigenes Haus zu haben, ist bei vielen Menschen aber doch dominant. Einschätzungen gehen davon aus, dass im ganzen (alten) Bundesgebiet insgesamt mehr öffentliche Mittel in Ein- und Zweifamilienhäuser flossen als in den Geschosswohnungsbau. Die Frage, ob Selbsthilfe im Eigenheimbau gefördert werden sollte, wird allerdings kontrovers diskutiert. Eigenheimbau mit viel Eigenleistungen und Nachbarschaftshilfe wird für einige Bevölkerungsgruppen zum Mobilitätshemmnis und zum Risiko beim Verlust des Arbeitsplatzes. Dennoch ist diese Form der „Vorsorge" in strukturschwachen Gegenden - z.B. in Ostfriesland - weit verbreitet. Die negativen Folgen sind allerdings bekannt: Entweder müssen außerordentlich lange Wege zum Arbeitsplatz oder dauernde Arbeitslosigkeit in Kauf genommen werden. Das Problem der durch das Eigenheim provozierten Persistenz der Bewohner steht allerdings weniger im Mittelpunkt als das der Nachhaltigkeit.

Nicht erst seit der Diskussion über die Lokale Agenda 21 stößt der Landschaftsverbrauch (auch für Wohnzwecke) immer mehr auf Kritik. Von daher wird als Priorität statt der Neuausweisung von Bauland die Mobilisierung baureifer Wohngrundstücke (Aktivierung von Baulücken, *Nachverdichtung*) empfohlen. Dies scheitert aber häufig an Eigentümern, die ihre Grundstücke nicht selber bebauen wollen, aber auch einen Verkauf ihres Eigentums nicht wünschen. Das rechtlich mögliche Baugebot (§ 176 BauGB), das für solche erschlossenen Grundstücke verhängt werden könnte, wird nicht erwogen, weil die Kommune im Konfliktfall und beim Nichtvorhandensein anderer Kaufinteressenten das Grundstück selber erwerben müsste. „Durch die Anwendung des Baugebots ergeben sich jedoch keine höheren Belastungen der Gemeinde, als dies bei der gleichen Bebauung des Grundstücks ohne Baugebot der Fall gewesen wäre."[284] Entscheidend ist nur, ob ein geeigneter Bauträger vorhanden ist. Die objektive Wirtschaftlichkeit der Bebauung lässt sich durch öffentliche Fördermittel sicherstellen. Zur städtebaulichen Begründung, die bei jeder Anwendung eines Baugebots vorhanden sein muss, reicht die Wohnungsnot aus.[285]

---

[282] Zur Problematik der Einkommensteuer s. oben, Abschnitt 3.2.4.
[283] Diese war auch nicht durch die seit dem 1.1.2006 abgeschaffte Eigenheimzulage zu bewerkstelligen.
[284] Wolf 1981, S. 5.
[285] Wolf, in: Naßmacher 1985, S. 105ff.

Inzwischen werden in vielen Gemeinden - wahrscheinlich auch ohne Anwendung des Baugebots - schnell Baulücken geschlossen.[286] Am Beispiel von Darmstadt konnte nachgewiesen werden, dass genügend stadtintegrierte Baulandreserven für einen ausreichenden Wohnungsneubau vorhanden sind und dafür auch kaufkräftige Nachfrage besteht. In allen Regionen, und dort vor allem in den älteren Gewerbegebieten, gibt es immer wieder brachfallende Flächen, für die sogar ein Umnutzungsdruck in Richtung Wohnen[287] besteht. Schrumpfende Betriebe wollen ihre Vorrats- oder Freiflächen für Wohnen verwerten und damit höhere Verkaufserlöse erzielen. Bei Konkursen sind Makler oder Banken daran interessiert. Insofern werden sich stadtinterne Bauflächen im Zuge der Deindustrialisierung eher noch vermehren. „Ein intensivierter stadtintegrierter Wohnungsneubau wird aber durch ein Preisdumping der Anbieter im freifinanzierten Wohnungsbestand beeinträchtigt. Eine Strategie der Angebotsvermehrung durch Wohnungsneubau ist deshalb zu ergänzen um eine Strategie der Nachfragerestriktionen im freifinanzierten Wohnungsbestand."[288]

In den neuen Bundesländern hatte der Wohnungsneubau - wie bereits erwähnt - zunächst unter der Konkurrenz zur Wirtschaftsförderung zu leiden. Bei Grundstücken auf den grünen Wiese fiel die Vergabe in der Regel zugunsten von Wirtschaft und Gewerbe und gegen den Wohnungsbau aus.[289] Nicht nur die Verwaltung, sondern auch die Parteien und Fraktionen unterstützten diese Vorgehensweise.[290] Beim Mietwohnungsneubau präferierten die Entscheidungsträger vor allen Dingen Lückenbebauung, z.B. in Dresden. Ob dies eine durchgängige Tendenz ist, lässt sich aber aufgrund der nur spärlich vorliegenden Fallstudien nicht beantworten. Als weiteres Problem in den neuen Bundesländern erwies sich die Kapitalknappheit, unter der sowohl Wohnungsbauunternehmen als auch private Bauherren litten. Möglicherweise war das aber eine Anfangshürde und die ungeklärten Eigentumsverhältnisse eher das herausragende Problem beim Wohnungsneubau.[291]

Neue Sozialwohnungen haben zum Teil Anfangsmieten, die für Berechtigte kaum bezahlbar sind. Daher erschienen Maßnahmen, die auf die Nutzung und Pflege des *Wohnungsbestandes* zielten, im Hinblick auf die Bearbeitung von Wohnungsproblemen als wirksamer.[292] Leerstand, Umnutzungsdruck, Verfall, Unter- oder Überbelegung von Wohnungen und die daraus resultierenden sozialen Probleme können am ehesten durch Akteure vor Ort aufgespürt und in räumlicher Nähe besei-

---

[286] Ob dazu das Fehlen von Flächen auf der grünen Wiese („Blockade gegen neues Bauland") beiträgt - wie der Bundesverband der Freien Wohnungsunternehmen vermutete - bleibt dahingestellt (FAZ vom 2.10.1997).

[287] S. oben, Abschnitt 5.2.4.

[288] Wolf, in: Naßmacher 1985, S. 105ff.

[289] Holtmann/Meisel 1995, S. 177.

[290] S.d. Gothe u.a. 1996.

[291] Holtmann/Meisel 1995, S. 175, 119f.

[292] Eine andere Strategie wäre, alles dafür zu tun, damit die Baukosten wirksam gesenkt werden. Vorschläge dazu bei Häußermann/Siebel 1996, S. 106. Die Interessen der Bauwirtschaft und des Baunebengewerbes können allerdings einer Kostensenkung sehr stark entgegenstehen.

tigt werden. Die Belegungsmaßnahmen waren bis in die 1960er Jahre eine Domäne sozialdemokratischer Kommunalpolitik. Es bestand einerseits ein Konsens darüber, dass öffentlich geförderte Wohnungen strenger nach Bedürftigkeitskriterien zu vergeben waren, andererseits wurden Wohnungen nach dem Auslaufen der Anspruchsberechtigungen von Mietern nicht geräumt, sodass es zu Fehlbelegungen kam. Fehlbelegte Wohnungen konnten z.b. durch Umzugsprämien freigemacht werden. Tatsächlich haben einzelne Vermieter größerer Wohnungsbestände (städtische Wohnungsbauunternehmen, Genossenschaften) solche Umzugsketten organisiert. Ob damit auch ein Transfer aus dem alten Sozialwohnungsbestand (mit deutlich niedrigeren Mieten) in neue Wohnungen erreicht wurde, ist fraglich.

Allerdings zeigte sich bald, dass die Belegungspolitik mit Blick auf die Zusammensetzung der Bevölkerung in den Mehrfamilienhäusern und Quartieren sensibler vorgehen musste, damit „überforderte" Nachbarschaften durch öffentliche Maßnahmen nicht zusätzlich provoziert werden. Inzwischen wird nämlich gesehen, dass eine Fehlbelegungsabgabe die soziale Situation in den Wohnquartieren noch verschärfen kann, weil dann nur noch Problemgruppen in den geförderten Wohnungen verbleiben. Die Verfolgung von Fehlbelegungen übersieht nämlich die Vorteile der sozialen Mischung unterschiedlicher Schichten und damit die stabilisierende Wirkung von Nachbarschaften.[293] So haben Städte die als Gerechtigkeitsmaßnahme gedachte Fehlbelegungsabgabe wieder eingeschränkt oder aufgehoben, um die Verelendung ganzer Quartiere zu bremsen. Das von den Ländern eingeräumte Recht, Fehlbelegungsabgaben zu erheben, galt bald als nur wenig effizientes Instrument zur Vermeidung und Korrektur von Fehlsteuerungen.[294] Besser als der Ankauf von Belegungsbindungen durch die Kommunen, der zudem einer doppelten Subventionierung gleich käme, erscheinen Verträge mit Wohnungsunternehmen. Solche Verträge können als Voraussetzung für die Vergabe von Fördermitteln die Bedingung enthalten, dass die Belegung aller Sozialwohnungen durch kommunale Wohnungsvermittlungsstellen erfolgt.[295]

Für die vorhandenen Häuser geht es auch um eine intensivere Nutzung. Umzugsprämienprogramme von Wohnungsunternehmen oder Städten[296] beseitigen durch Umzugsketten die Unterbelegung von familiengerechten Wohnungen, z.B. durch ältere einzelne Personen. Auch durch Umbau, z.B. Ausbau von Dachgeschossen oder Umwandlung von großen in mehrere kleinere Wohnungen, lassen sich bessere Nutzungen erzielen. Um diese Ziele zu erreichen, können Fördermittel zur Modernisierung und zum Energiesparen zum Einsatz gebracht werden.

---

[293] Häußermann/Siebel 1996, S. 155.
[294] Neumann/Romahn, in: Neumann 1994, S. 22.
[295] Klein u.a., in: Klemisch u.a. 1994, S. 166.
[296] Ein Umzugsprämienprogramm gibt es beispielsweise in Baden-Württemberg. S.d. Reschl, in: Pfizer/Wehling 1991, S. 254.

Bei wachsenden finanziellen Problemen haben die Kommunen sowohl der alten als auch der neuen Bundesländer im Politikfeld Wohnen die Privatisierung als Strategie entdeckt. Sie wurden dabei von der bürgerlich-liberalen Koalition im Bund seit den 1990er Jahren unterstützt. „Mehr Wohnungseigentum in Mieterhand" hieß dabei das maßgebende Ziel der konservativ/liberalen Koalition.[297] Befürworter von Wohnungsverkäufen betonten, dass sich so auch andere Probleme, z.B. Fehlbelegung und einseitige Sozialstruktur, bearbeiten lassen. Da die öffentlich geförderten Wohnungen nach einer bestimmten Phase ohnehin aus der Sozialbindung herausfallen, würden sie den Gemeinden als Manövriermasse auch nicht entzogen. Niedrige Zinsen und die neue Wohneigentumsförderung machten es angeblich in zahlreichen Fällen möglich, dass selbst eine alleinerziehende Mutter mit Kind beim Kauf einer Wohnung nicht mehr als die Mietbelastung zu tragen hätte. Bei weiteren Mitteln vom Land decke die staatliche Förderung für eine kleinere Wohnung sogar mehrere Jahre lang den überwiegenden Teil der Finanzierungskosten ab.[298] Neben der Frage, ob sich Mieter einen Kauf überhaupt leisten können, ergibt sich das Problem, ob der öffentliche Wohnungsbestand für die Nutzer als Eigentum attraktiv ist. In den westdeutschen Kommunen ballen sich in den der öffentlichen Hand gehörenden Gebäuden fast immer die A-Gruppen. Auch bei den Wohnungsunternehmen mit städtischer (Mehrheits-) Beteiligung gibt es viele „soziale Brennpunkte", die für eine Privatisierung kaum in Frage kommen. Schließlich macht die Qualität der Wohnungen den Verkauf nicht einfach. Dies gilt natürlich vor allen Dingen für die Wohnungen in mehrgeschossigen Bauten bzw. im Plattenbau.[299] Alle Informationen verweisen bisher auf ein sehr langsames Voranschreiten beim Verkauf an bisherige Mieter.

Der Verkauf an Investoren ist mit dem Problem der Modernisierung (unter Umständen bei Vertreibung der bisherigen Mieter) verbunden. Deshalb wurde in Ostdeutschland zunächst die Privatisierung zugunsten von Genossenschaften als neue Eigentümer erwogen. Dies war aber auch mit Problemen verbunden. Einmal konnten die Genossenschaften den finanziellen Forderungen der Kommunen nicht entsprechen; Grundstücke hätten weit unter Wert abgegeben werden müssen. Andererseits hatten auch die Stadtparlamente Vorbehalte gegenüber einer Eigentumsübertragung, weil sie den Zugriff auf die Wohnungen nicht völlig verlieren wollten.[300] Der Verkauf kompletter Mietwohnungsbestände an kommerzielle Investoren scheiterte zunächst am Bauzustand, an der Altschuldenbelastung[301] und an den geringen Mieterhöhungsspielräumen. Sie machten den Wohnungsbestand nicht zu einer ren-

---

[297] Vogel, in: FAZ vom 10.7.1998.

[298] FAZ vom 27.6.1997.

[299] Die Privatisierungsverpflichtung, in Ostdeutschland mit der Altschuldenregelung gekoppelt, wurde bald wieder aufhoben.

[300] Siehe dazu Wielgohs 1995, S. 241; Holtmann/Meisel 1995, S. 120; Bardelmann/Steiner, in: Benzler u.a. 1995, S. 147f.

[301] Im Zuge des Solidarpaktes 1993 wurde eine geregelte Übernahme vereinbart (Neumann/Romahn, in: Neumann 1994, S. 31).

tablen Kapitalanlage für Investoren ohne Eigennutzungsinteresse. Diese Einschätzung scheint sich geändert zu haben. Dies zeigt der Wohnungsverkauf der Stadt Dresden.[302] Die weitere Entwicklung lohnt sich, genauer zu verfolgen. Das Argument von Immobilienmaklern, dass in Zukunft bei der wachsenden Anzahl von kleinen Haushaltsgrößen (aufgrund von Singlehaushalten, als Ergebnis von Scheidungsfolgen oder dem living-apart-together-Modell) mehr Wohnraum gebraucht wird, dürfte bei den Leerständen in Ostdeutschland wohl kaum als Ursache für die Attraktivität des Wohnungskaufs passen. Vielmehr könnte ein Spekulieren auf die Abbruchprämien (Rückkbau von Wohnungen) aus dem Bundesprogramm Stadtumbau Ost[303] die Ursache für den Kauf sein.

Wenn Wohnungen sich in einem alten Stadtquartier befinden, muss vor allen Dingen darauf geachtet werden, dass sie langfristig dem Wohnen zur Verfügung stehen. Wenn die Wohnverhältnisse als überaltert gelten,[304] sollten Sanierungsmaßnahmen erwogen werden. Allerdings hat der konsequente Einsatz von Fördermitteln, die sich auf den Wohnungsbestand beziehen, zum Teil zur Verschärfung der Wohnungsprobleme geführt. Dies gilt nicht nur beim Abriss ganzer Quartiere. Auch durch Luxusmodernisierung wurden die ursprünglichen Mieter zugunsten zahlungskräftigerer verdrängt („Gentrification").[305] Häufig war auch eine Umnutzung von Wohnraum für Dienstleistungsbetriebe (Kanzleien von Rechtsanwälten und Notaren oder Versicherungsagenturen) zu verzeichnen. Die konsequente Anwendung der Sozialplanung - im Rahmen der städtebaulichen Erneuerung seit den 1970er Jahren vorgesehen[306] - und u. U. des Milieuschutzes wären hier angesagt.[307]

In Gebieten, für die rechtskräftige Bebauungspläne existieren, können Nutzungsgebote eine Umnutzung verhindern und die Zweckentfremdung von Wohnraum unterbinden, soweit sie nicht der Festsetzung des Bebauungsplans entspricht. Leerstände lassen sich mit einer Erhaltungssatzung bearbeiten.[308] Wenn Wohnungen leer stehen, ist es möglicherweise aber besser, mit Vermietungsprämien wirksame Anreize zu schaffen.[309] Gegen eine Umwandlung von Mietwohnungen in Eigentumswohnungen lässt sich das Vorkaufsrecht zur Sicherung städtebaulicher Erhal-

[302] Geschätzt wird, dass bis 2006 mehr als eine halbe Million Wohnungen im Großteil aus dem kommunalen Bestand an Finanzinvestoren gegangen sind (FAZ vom 20.10.2006).

[303] www.stadtumbauwest.info/inhalte/startseite.html (22.9.2006);
www.stadtumbau-ost.info/programm/ programm.php (22.9.2006).

[304] Harth/Herlyn, in: Herlyn/Hunger 1994, S. 303.

[305] Friedrichs/Kecskes 1996.

[306] Damals im Städtebauförderungsgesetz, heute im besonderen Baurecht (§§ 136ff., insb. §§ 137-141 BauGB).

[307] Hunger, in: Herlyn/Hunger 1994, S. 309.

[308] Gemeinden können auch durch Verordnung bestimmen, in welchen Gebieten die Zweckentfremdung von Wohnraum genehmigungspflichtig ist. Sie können die Genehmigung auch an die Bereitstellung von Ersatzwohnraum knüpfen (Heinz u.a., in: Klemisch u.a. 1994, S. 166); § 172 BauGB.

[309] Nur in Baden-Württemberg, s.d. Reschl, in: Pfizer/Wehling, S. 254.

tungsziele vorbeugend anwenden.[310] Inzwischen ist eine konsequentere Nutzung des bauplanungsrechtlichen und des bauordnungsrechtlichen Instrumentariums sowie der Wohnungsaufsicht in Verbindung mit der gezielten Vergabe von Fördermitteln zu beobachten - vor allem in Großstädten.

In manchen Bereichen wird allerdings schon der Einsatz dieser Instrumente kritisiert. Dies gilt insbesondere für die Festlegung von Erhaltungsgebieten (nach § 172 BBauG), die für den Wohnungsmarkt als wichtiges Instrument gelten, um die Zusammensetzung der Wohnbevölkerung zu sichern. Nachdem einige Städte, z.B. München, gleich 80% des inneren Stadtgebietes zu Erhaltungsgebieten erklärt haben und in Ergänzung der gesetzlichen Vorschriften um einen Milieuschutz (§ 172 BauGB) die Rechte von Eigentümern eingeschränkt haben, scheint sich dies ins Gegenteil zu verkehren: Investitionsbereitschaft könnte so entfallen.[311]

Zunächst gilt es, den schleichenden Verfall von Wohnungen zu verhindern. Dies müsste durch Wohnungsaufsicht geschehen und, wenn keine anderen Mittel einer „verhandelnden Verwaltung" greifen, mit einem Modernisierungs- und Instandsetzungsgebot. Beide können Eigentümer (§ 177 BauGB) dazu zwingen, Mängel zu beseitigen. „Durch die Wohnungsaufsichtsgesetze der Länder sind die Gemeinden in der Lage, Mindestanforderungen in Hinsicht auf die bauliche Beschaffenheit von Wohnraum durchzusetzen und eine ordnungsgemäße Instandhaltung und die Anpassung an zeitgemäße Standards sicherzustellen."[312] Die ersten quantitativen Forschungsergebnisse zur Anwendung dieser Instrumente haben gezeigt, dass die städtischen Akteure vor dem Einsatz eher zurückschrecken. Insbesondere dem Gemeinderat wird vorgeworfen, dass er unübersehbare finanzielle Belastungen befürchte, die möglicherweise auf die Stadt zukommen könnten, wenn sich Eigentümer außerstande erklären, die Maßnahme durchzuführen, und deshalb den Einsatz verzögern.[313] Daher wurde vorgeschlagen, die Gebote in Verbindung mit überörtlichen finanziellen Anreizprogrammen, z.B. Fördermöglichkeiten nach dem Wohnungsmodernisierungs- bzw. Energiespargesetz, zu nutzen, wobei allerdings wieder die Gefahr der Vertreibung ursprünglicher Bewohner besteht. Die Maßnahmen können deshalb nicht nur als technische Angelegenheit „durchgezogen" werden.

Instandsetzungsgebote sind sicher nur eine letzte Möglichkeit, der unmittelbare Kontakt zu den Eigentümern ist wesentlich. Die Eigentümer müssen für die Sanierung ihrer Wohnungen gewonnen werden.[314] Dies erwies sich in den neuen Bundesländern zuweilen als sehr schwierig; das wichtigste Investitionshemmnis bildete der Grundsatz „Rückgabe vor Entschädigung". Rund 90% der Sanierungsobjekte waren z.B. in Halle mit mehrfachen Rückübertragungsansprüchen belegt. Solange die end-

---

[310]   Gütter, in: Evers u.a. 1983, S. 203, 212f.
[311]   FAZ vom 26.6.1998.
[312]   Heinz u.a., in: Klemisch u.a. 1994, S. 166.
[313]   Schäfer/Schmidt-Eichstädt 1984, S. 166f.
[314]   Die Maßnahmen sind vorher mit allen Betroffenen zu erörtern (§ 175 BauGB).

gültige Entscheidung über den Kauf des Objekts ausstand, konnten weder die nötigen grundbuchtechnischen Angelegenheiten geklärt, noch konkrete und kostenintensive Planungsunterlagen erstellt werden.[315] Erst die rechtliche Regelung des Investitionsvorrangs vor der Rückgabe brachte hier eine Verbesserung.[316] Von diesen Problemen waren auch die Wohnungsunternehmen betroffen - in geringerem Umfang die Wohnungsgenossenschaften. Nur Letztere verfügen über einen hohen Anteil an restitutionsfreien Beständen. Dies hatte aber zur Folge, dass sich manche Genossenschaften bedenklich verschuldeten, weil sie ja 80% der Mittel selbst aufbringen mussten. Modernisierungsmaßnahmen wurden vor allem für Neubauten aus der unmittelbaren Nachkriegszeit in die Wege geleitet.[317]

In den neuen Bundesländern wirkte sich auch negativ aus, dass zu DDR-Zeiten eine Trennung zwischen Eigentum an Grundstücken und Gebäuden üblich war. Zunächst musste also der zu den Wohngebäuden gehörende Grund und Boden auf die Wohnungsunternehmen übertragen werden. Stadtverordnetenversammlungen haben sich hier zum Teil verweigert, z.B. in Halle. Auch die komplette Neuvermessung war sehr langwierig und dadurch eine Beleihbarkeit zunächst nicht gegeben.[318] Obwohl das Problem der Renovierung von Altbausubstanz in den neuen Bundesländern im Vordergrund stand, gab es zunächst weit mehr finanzielle Mittel für den Wohnungsneubau. Dies änderte sich erst allmählich.[319]

Vielfach wurde erwartet, dass durch eine bessere Wohnungsaufsicht Missbräuche (z.B. Zweckentfremdung, Entmietung und Verfall billigen Wohnraums) zu beseitigen seien, wenn dafür ein entsprechendes Informationssystem aufgebaut würde.[320] Sicherlich hat das Problem der Zweckentfremdung inzwischen mehr Aufmerksamkeit erlangt. Vor allen Dingen die Nutzung von Wohnungen für Dienstleistungszwecke wird von vielen Städten intensiv verfolgt.[321] Oft erweisen sich aber die Sanktionen der Verwaltung als wenig wirksam: Bußgelder werden von Hauseigentümern, die ihre Gebäude lukrativ an Dienstleistungsanbieter vermieten können (z.B. Anwaltskanzleien, Werbeagenturen), in Kauf genommen. In diesem Falle wäre die Schaffung von Ersatzwohnraum wirksamer. Hier muss also von den Städten dringend ein sensibles Vorgehen praktiziert und eine fallgerechte Lösung gesucht werden.

---

[315] Holtmann/Meisel 1995, S. 13.

[316] Neumann/Romahn, in: Neumann, 1994. S. 30f.

[317] Holtmann/Meisel 1995, S. 112, 125.

[318] Holtmann/Meisel 1995, S. 112, 120.

[319] Siehe dazu Naßmacher, in: Niedermayer 1996, S. 413ff.

[320] Ein Informationssystem über die Situation des Wohnungsbestandes forderte bereits Hirsch 1906, S. 61f. Es sollte in der Verantwortung des Wohnungsamtes geführt werden.

[321] Dabei spielen dann die Folgen für die Wirtschaftsentwicklung häufig keine Rolle. Junge Unternehmer, die sich zunächst in ihren Privatwohnungen etablieren, werden dadurch entmutigt, dass man ihnen einen Umzug auferlegt, ohne ihnen eine preiswerte Mietalternative in einem Gewerbehof/Gewerbepark anzubieten (s. Wirtschaft).

Bei den Mieten haben die Kommunen eine ordnungspolitische „Reserve"-Funktion, die möglicherweise durch die angesprochene Regelung an Relevanz gewinnt: Gemeinden können beispielsweise gegen überhöhte Mietpreise (in Extremfällen Mietwucher) vorgehen. „Mietpreisüberhöhungen liegen vor, wenn die gezahlte Miete um mehr als 20% über der ortsüblichen Vergleichsmiete liegt."[322] Gerade für größere Gemeinden ist die Aufstellung von Mietspiegeln sinnvoll. Dies ist aber ein Tätigkeitsfeld, das Gemeinden gern der Selbstregulierung überantworten: Mietervereine bzw. Haus- und Grundbesitzervereine sind für Konfliktfälle zuständig, aber auch für die Erstellung von Mietspiegeln. Die dabei zugrunde gelegten Mietpreise sind jedoch häufig nicht repräsentativ. Hauseigentümer bemängeln, dass die Mieterschutzgesetze eine marktgerechte Mietanhebung bei den aus der Sozialbindung herausgefallenen Wohnungen verhindern. Auch die lange Dauer der meisten Mietverhältnisse zwingt zu Beschränkungen, die nach Meinung der Vermieter einer sinnvollen Bestandserhaltung zuwider laufen.[323] Darüber hinaus wird den Städten vorgeworfen, dass sie durch ihre Gebührenpolitik und damit die Erhöhung der Mietnebenkosten die eigentlichen Verursacher der stark angestiegenen Mietkostenbelastung sind.

Der Einsatz all dieser Instrumente bleibt defizitär, wenn problematische Entwicklungen in einzelnen Quartieren nicht frühzeitig erkannt werden. So konnte nicht verhindert werden, dass in vielen Städten trotz der Mittel aus dem Städtebauförderungsgesetz Quartiere in baulicher Hinsicht heruntergekommen sind und sich nicht nur dort, sondern auch in Neubaugebieten der 1970er und 1980er Jahre soziale Brennpunkte entwickelt haben. So wurden die Städte mit neuen Programmen des Bundes dazu aufgefordert, sich systematischer um solche Probleme zu kümmern. Die Länder müssen sich bei der Finanzierung beteiligen. Das Programm Stadtumbau Ost bzw. West zielt insbesondere auf den bedarfsgerechten Umbau der vorhandenen Substanz. Damit wurde die Städtebauförderung im Jahre 2002 zunächst auf die neuen Probleme in Ostdeutschland hin profiliert. Im Jahre 2004 wurde zusätzlich das Programm „Stadtumbau West" aufgelegt. In Ostdeutschland ist insbesondere an die Beseitigung leer stehender Plattenbauten gedacht. In Westdeutschland gilt es, den Strukturwandel, der häufig mit Abwanderungen aus alten Industriestandorten verbunden ist, zu begleiten.[324] Ebenfalls sollen aus diesem Programm die Innenstädte gestärkt werden.

Die Bemühungen um die soziale Komponente beim Wohnen ist zwar in Städten mit hohem Ausländeranteil keine neue Schwerpunktsetzung, jedoch gibt es trotz Integrationsfortschritten keineswegs eine Lösung des Problems. Bei den sogenannten „A-Gruppen" stellen Bevölkerungsgruppen mit Migrationshintergrund immer

---

[322] Wullkopf/Behr, in: Dauwe u.a. 1995, S. 192.
[323] FAZ vom 24.11.1995.
[324] www.stadtumbauwest.info/inhalte/startseite.html (22.9.2006);
       www.stadtumbau-ost.info/programm/programm.php (22.9.2006).

noch diejenigen mit den größten Verarmungsrisiken dar.[325] Bislang liefen die Initiativen wenig koordiniert. Dies gilt vor allem für die Anwendung des oben vorgestellten wohnungspolitischen Instrumentariums, das eher die Objektseite (Häuser, Wohnungen) betraf - wegen Zuständigkeit von Bau- und Wohnungsämtern - und nicht so sehr die soziale Seite, also die betroffenen Bewohner mit berücksichtigte. Diese Dimension soll durch das Programm „Soziale Stadt" in den Mittelpunkt gerückt werden, das bereits seit 2000 konkretisiert wurde und inzwischen in vielen Städten praktiziert wird. Dabei ist es selbstverständlich, dass in einem integrativen Konzept zum Wohle der in einem Quartier wohnenden Menschen Arbeitsmarkt- und Kulturpolitik, aber auch vor allem Bildungs- und Jugendpolitik[326] koordiniert werden müssen, um soziale und kulturelle Aktivitäten stadtteilbezogen zu gestalten.[327] Die bisherigen Bemühungen um eine Institutionalisierung der integrierten Stadtteilentwicklungspolitik scheinen sich aber noch in den Anfängen zu befinden.[328] Sie können nur unter Beteiligung der Adressaten erfolgreich sein. Die Arbeitsweise setzt auf dialogorientierte Kooperation und freiwillige Mitarbeit von möglichst vielen Bewohnern und Gruppierungen in den Quartieren. Sie sollen Netzwerke bilden, durch die das Sozialkapital des Stadtteils gestärkt wird. Bei den ergriffenen Maßnahmen sind Verbesserungen im Wohnumfeld (Spiel- und Sportplätze sowie die Einrichtung von Mietergärten) zu nennen. Dagegen ist die Aktivierung von Bewohnern der Quartiere doch weit hinter den Erwartungen zurückgeblieben.[329]

5.4 Perspektiven

Die Handlungsfähigkeit der Kommunen ist in den beiden hier ausführlich erörterten Politikfeldern dann besonders groß, wenn durch Bodenvorratspolitik preiswerte Flächen zur Verfügung stehen. Heute gilt aktive Bodenpolitik jedoch als weitgehend unmöglich. Zum einen verfügen die Gemeinden nicht über ausreichende finanzielle Mittel, um Grundstückskäufe zu tätigen. Zum anderen wird bezweifelt, ob die Gemeinden wirksame Befugnisse haben, um eine aktive Bodenpolitik zu betreiben. Vor allen Dingen tun sich Kommunalpolitiker und Verwaltungen bei regulativer Politik schwer. Möglicherweise gelten Gebote und Verbote in einer auf Verhandlung ausgerichteten Verwaltung als überholt, oder ein Einsatz dieser Instrumente wird zu lange hinausgezögert. Ohnehin erscheinen solche Instrumente nur einsetzbar, um größere Missstände zu beseitigen. Besser ist es, Missständen vorzubeugen. Dazu bedarf es

---

[325]   Krummacher/Waltz, in: Schmals 2000, S. 218f.
[326]   S.d. Bogumil/Holtkamp 2006, S. 158ff.
[327]   Naßmacher 2006, S. 90ff.
[328]   Zimmermann, in: Haus 2005, S. 173.
[329]   Difu 2004, S. 126.

der besseren Beobachtung und Begleitung einzelner Quartiere und der Koordination unterschiedlicher Politikfelder zugunsten dieser.

Die Wahl neuer Strategien des Verhandelns und Kooperierens müssten stärker eingesetzt werden. Ob dies schon der Fall ist, darf bezweifelt werden. Jedenfalls lässt sich bei den vom Baugesetzbuch zur Verfügung gestellten Instrumenten nach wie vor ein Vollzugsdefizit feststellen. Zur Nutzung von Grundstücken im Zusammenhang bebauter Ortsteile oder entsprechend dem Bebauungsplan wären spezifische Maßnahmen geboten, um die vorhandenen Infrastruktureinrichtungen entsprechend auszunutzen. In kleineren Gemeinden gehen Kommunalpolitiker die Baulandausweisung für Gewerbe und Sozialwohnungen eher restriktiv an, weil optische Immissionen durch Betriebsgebäude oder Probleme mit den neuen Mitbürgern erwartet werden. Beim Geschosswohnungsbau verlassen sich die Akteure gern auf entsprechende Maßnahmen der Kernstadt, externalisieren also die eigenen Probleme.[330]

Eine aktive bzw. aktivierende Politik müsste sich mehr auf potenzielle Nutzer richten. Dies gilt besonders dann, wenn die Vorsorge im Blick stehen soll und nicht die Beseitigung von Problemen. Nur so könnten die Kommunen aus ihrer „Lückenbüßerfunktion" herauskommen. Diese gestattet es nur, Probleme der kapitalistischen Wirtschaftsentwicklung im Nachhinein zu mildern. Die Verwaltungskapazität reicht jedoch schon jetzt nicht aus, absehbare Schwierigkeiten frühzeitig zu dokumentieren und in Verhandlungen mit Eigentümern von Grundstücken, Wohnungen oder Betrieben beizeiten gangbare Lösungswege zu suchen. Dafür würde mehr Personal gebraucht. Die Städte und Gemeinden betreiben ihre Haushaltskonsolidierung aber gerade mit dem Abbau von Personal.

Es stellt sich also die Frage, ob die Qualität der Verwaltungsleistungen bei „schlanker Verwaltung" langfristig gewährleistet werden kann. Weniger Abbau als vielmehr Umbau der Verwaltung halten wir für das Gebot der Stunde. Die Zusammenfassung der Wohnungspolitik als Querschnittaufgabe ist - wie in anderen Bereichen der Verwaltung - im Rahmen der Verwaltungsreform noch nicht geglückt; operationale Zielvorgaben der Gemeinderäte fehlen noch.[331] Bei der Wirtschaftsförderung wird oft die (nur partiell zukunftsträchtige) Auslagerung von Teilaufgaben in selbstständige Wirtschaftseinheiten gewählt. In der Rechtsform GmbH lässt sich nicht nur eine Public-Private-Partnership mit Banken, Kammern oder Unternehmen, sondern auch die Zusammenarbeit von Gemeinden und Städten einer Region organisieren. In administrativer Hinsicht ist diese Lösung zwangsläufig mit mehr Problemferne verbunden, wenn nicht ein geeignetes Informationssystem aufgebaut und kommunale Kompetenzen auf den neuen Handlungsträger verlagert werden.

Vielleicht könnte in der Diskussion über Verwaltungsreformen durch mehr Klarheit über die „Produkte" auch für komplexe Verwaltungsleistungen (Querschnittaufgaben) und durch Zuordnung der Instrumente zur Problemlösung etwas

---

[330] Petri, in: Afheldt u.a. 1987b, S. 100.
[331] Hintzsche, in: Wollmann/Roth 1999, S. 808.

erreicht werden. Bisher sind die Reformüberlegungen zu sehr auf einfache Dienstleistungen der kommunalen Verwaltung konzentriert. In den Bereichen Wohnen und Wirtschaft konkurrieren Verwaltungen darum, wer besonders schnell Baugenehmigungen erteilt. Auch die zügige Vergabe von billigem Bauland (Wer hat die größten baureifen Flächen und kommt daher zum Zuge?) reicht nicht aus. Die einzelnen Gruppen von Adressaten dürfen nicht nur in ihren individuellen Problemen gesehen werden. Vielmehr sind gleichzeitig die quartier-, stadtteil-, stadtspezifischen bzw. gesamtgesellschaftlichen Probleme und Chancen zu antizipieren, die durch eine Einzelentscheidung oder durch das Unterlassen einer Entscheidung entstehen können. Das Motto „global denken, lokal handeln" ist nicht nur eine Phrase, es eignet sich auch als Gütesiegel.

Um die bereitgehaltenen Kontingente finanzieller Mittel besser auszuschöpfen, sind durchaus aktive Maßnahmen der Implementation üblich. So richteten z.B. die Akteure in Halle zwei Arbeitsgruppen ein, die leer stehende Objekte in ein Leerstandskataster aufnahmen. Darin erfasste Objekte wurden dann gesichtet und potenziellen Investoren angeboten. Unter den Investorenkonzepten wählte die ämterübergreifende Arbeitsgruppe diejenigen aus, die den Vorstellungen der Stadtentwicklung am ehesten entsprachen. Diese wurden dann (je nach Wert) dem Liegenschaftsausschuss oder der Stadtverordnetenversammlung zur Entscheidung vorgelegt.[332] Wichtig für die Implementation waren neben kleinräumigen Informationen zur Situation in den Quartieren stets enge Kontakte zwischen den Geschäftsführern von Wohnungsunternehmen und -genossenschaften sowie den kommunalen Akteuren bzw. den Unternehmen und den Wirtschaftsförderern.

Wie wir dargestellt haben, hat eine Familie mit geringem oder sogar mittlerem Einkommen in Ballungsräumen kaum eine Chance, sich den Traum vom Eigenheim zu erfüllen. Hier halfen die steuerlichen Vorteile (Bausparen, Eigenheimzulage) und die Bauförderung, z.B. für Kinderreiche, nur partiell weiter. Dennoch können auf der kommunalen Ebene durch entsprechende Bebauungspläne für verdichtetes Wohnen im Eigenheim Vorleistungen erbracht werden. Modelle dazu und für kostensparendes Bauen fanden sich zunächst in den Niederlanden. Darüber hinaus geht es aber auch darum, Vorsorge für bezahlbare Mietwohnungen (für normalverdienende Singles und junge Familien) zu treffen. Die Wiederbelebung der Genossenschaften ist zu erwägen.[333] Dies hätte bei entsprechenden Hilfen durch die Gemeinden auch den Vorteil, dass Gemeinschaftseinrichtungen (wie z.B. Kinder- und Altenbetreuung) von den Betroffenen stärker selbst organisiert und damit die Gemeinden partiell entlastet würden. Welche Erwartungen daran zu knüpfen sind, bleibt allerdings kontrovers. Erfahrungen zeigen bereits, dass zu intensive Nachbarschaftskontakte als Problem empfunden werden. Dies deutet darauf hin, dass sich gemeinschaftliche Aktivitäten in einer Gesellschaft mit zunehmender Individualisierung in

---

[332]   Holtmann/Meisel 1995, S. 183.
[333]   Siehe dazu Jenkis bzw. Eichener/Heinze, in: Neumann 1994, S. 116 bzw. S. 178f.

eine andere - eher freizeit-/spaß-orientierte - Richtung bewegen. Dennoch sollten Siedlungsprojekte als „Chancen für die Intensivierung bestehender Selbst- und Nachbarschaftshilfenetzwerke" genutzt werden.[334]

Vielleicht können auch Akteure in den Städten darauf hinwirken, bei der Bevölkerung das Bewusstsein dafür zu schärfen, dass Wohnungen nicht nur der Grundversorgung dienen, sondern bei wachsenden Flächenansprüchen in vielen Fällen auch ein teures Konsumgut sind, für das jeder Nutzer einen Preis zahlen muss. Dieser Preis kann sich an ökologischen Zielvorstellungen im Sinne einer nachhaltigen Entwicklung orientieren. Das Wertbewusstsein für Wohnen als wesentlichem Teil der Lebensqualität wäre auch wichtig für die Investitionsbereitschaft in Wohnungen. Mehr Eigenverantwortung könnte der Überalterung von Wohnungen oder Verslumung von Wohngebieten entgegenwirken. Die Ghettoisierung bestimmter Bevölkerungsgruppen lässt sich nicht nur durch veränderte Fördermöglichkeiten bearbeiten, sondern sie muss auch von der Bevölkerung selbst verhindert werden: durch die Bereitschaft, in sozial gemischten Quartieren zu wohnen, nachbarschaftliche Probleme in Eigenverantwortung zu lösen und dadurch auf die Wohnqualität einzuwirken.

Sollen nicht Gebiete mit ähnlichen Zielgruppen entstehen (z.B. Einfamilienhausgebiete mit überwiegend alten Bewohnerinnen, Wohnsiedlungen mit überforderten Nachbarschaften, Ghettos für Ausländer), muss die Stadtplanung darauf hinwirken, dass sich bei der Sanierung alter Quartiere und beim Bau neuer Wohnviertel unterschiedliche Wohnformen entwickeln, die zumindest die Perspektive eröffnen, dass sie von Bevölkerung in verschiedener sozialer Lage und Lebensphase angenommen werden. Solche quartierspezifische Betrachtung (das Quartier als Produkt) ist auch im Hinblick auf die Förderung der Wirtschaft angemessen. Alte und neue Gewerbestandorte bedürfen spezifischer Hilfen beim problemlosen Nebeneinander und bei der Einzelfallregelung für Betriebe.

Gerade im Bereich der Wirtschaftsförderung sind langfristige Strategien von erheblicher Bedeutung. Sie betreffen insbesondere die Qualifikation von (jungen) Unternehmern und deren Mitarbeitern. Investitionen in Bildung sind die wichtigste Voraussetzung dafür. Da die erste Berufsqualifikation nicht lebenslange Berufsfähigkeit sichert, müssen sich die Städte mehr als bisher in Qualifikationsmaßnahmen einschalten, die eine zweite oder dritte Berufstätigkeit mit unterschiedlichem Schwerpunkt ermöglichen. Ansätze dafür sind vorhanden (das Engagement unterschiedlicher Akteure im zweiten Arbeitsmarkt), diese sollten aber aus der „Lückenbüßerfunktion" herausgeführt werden.

Eine Gesellschaft, in der wachsende Wirtschaftsleistung mit immer weniger Arbeitskräften erreicht wird, aber der Markt für einfache Dienstleistungen nicht ausreichend als Auffangbecken funktioniert, muss neue Lösungswege beschreiten.

---

[334] Eichener/Heinze, in: Neumann 1994, S. 192f.; eher verhalten kritisch Bauer, in: Schmals/Heinelt 1997, S. 149f.

Im Hinblick auf das Arbeiten bzw. die Arbeitsfähigkeit und damit auf eine verantwortliche Lebensbewältigung ist dafür zu sorgen, dass (Weiter-) Bildung als massenhafte Freizeitbeschäftigung anstelle von Unterhaltung und Vergnügen entdeckt wird. Vielleicht weisen die Möglichkeiten des Internet bereits in die richtige Richtung. Die Rahmenbedingungen sind aber durch wertorientierte Entscheidungen ortsnah zu gestalten. Kommunalpolitik ist also nicht nur möglich, sondern auch nötig!

Literaturverzeichnis

Beiträge in Sammelwerken sind nur dann einzeln aufgeführt, wenn nur diese aus einem Sammelwerk für die hier bearbeitete Thematik relevant sind. Bei nicht einzeln aufgeführten Aufsätzen wird in den Fußnoten jeweils auf den Herausgeber des Sammelbandes hingewiesen, in dem der einzelne Beitrag zu finden ist.

Abgeordnetenhaus Berlin (Hrsg.): Berlin zukunftsfähig gestalten. Lokale Agenda 21, Berlin 2006

Adam, Hermann: Der Einfluß der Industrie- und Handelskammern auf politische Entscheidungsprozesse, Frankfurt/M. 1979

Adamaschek, Bernd (Hrsg.): Interkommunaler Leistungsvergleich. 3 Bde. (Abgabenwesen, Ausländerwesen, Grünflächenwesen), Gütersloh 1997

Adamaschek, Bernd/Baitsch, Christof (Hrsg.): Interkommunaler Leistungsvergleich. Kritische Erfolgsfaktoren, Gütersloh 1999

Afheldt, Heik u.a. (Hrsg.): Gewerbeentwicklung und Gewerbepolitik in der Großstadtregion, Gerlingen 1987a

Afheldt, Heik u.a. (Hrsg.): Wohnungsversorgung und Wohnungspolitik in der Großstadtregion, Gerlingen 1987b

Aich, Prodosh (Hrsg.): Wie demokratisch ist Kommunalpolitik?, Reinbek 1977

Akademie für Raumforschung und Landesplanung (Hrsg.): Grundriß der Raumordnung, Hannover 1982

Albers, Gerd: Was wird aus der Stadt?, München 1972

Albers, Gerd: Zur Entwicklung der Stadtplanung in Europa. Begegnungen und Einflüsse, in: AfK, 35 (1996) 2, S. 250-267

Albertin, Lothar u.a.: Die Zukunft der Gemeinden in der Hand ihrer Reformer. Geplante Erfolge und politische Kosten der kommunalen Neugliederung. Fallstudien in Ostwestfalen-Lippe, Opladen 1982

Ambrosius, Gerold: Die öffentliche Wirtschaft in der Weimarer Republik. Kommunale Versorgungsunternehmen als Instrumente der Wirtschaftspolitik, Baden-Baden 1984

Ammon, Alf: Eliten und Entscheidungen in Stadtgemeinden. Die amerikanische "Community Power" Forschung und das Problem ihrer Rezeption in Deutschland, Berlin 1967

Andersen, Uwe: Kommunalpolitik als Experimentierfeld für Reformen. Eine Einführung, in: Politische Bildung, 31 (1998) 1, S. 5-18

Andersen, Uwe (Hrsg.): Kommunale Selbstverwaltung und Kommunalpolitik in Nordrhein-Westfalen, Köln u.a. 1987

Andersen, Uwe (Hrsg.): Kommunalpolitik in Nordrhein-Westfalen im Umbruch, Köln u.a. 1998a

Andersen, Uwe (Hrsg.): Gemeinden im Reformprozeß, Schwalbach /Ts. 1998b

Andersen, Uwe/Bovermann, Rainer (Hrsg.): Im Westen was Neues. Kommunalwahl 1999 in NRW, Opladen 2002

Andersen, Uwe/Woyke, Wichard (Hrsg.): Handwörterbuch des politischen Systems der Bundesrepublik Deutschland, 3. Aufl., Opladen 1997

Arbeitsgemeinschaft der kommunalen Spitzenverbände Nordrhein-Westfalen: Reform des Sparkassenrechts darf nicht zur Zerschlagung des Sparkassensystems in Nordrhein-Westfalen führen, Stellungnahme bei der öffentlichen Anhörung am 26.01.2006 in Düsseldorf

Ardelt, Alfred/Seeger, Richard: Bürgerentscheid, Bürgerbegehren und -anregung ("Bürgerantrag") in Baden-Württemberg, in: Kühne, Jörg-Detlef/Meißner, Friedrich (Hrsg.): Züge unmittelbarer Demokratie in der Gemeindeverfassung, Göttingen o. J. (1977), S. 91-119

Arndt, Helmut/Swatek, Dieter (Hrsg.): Grundfragen der Infrastruktur für wachsende Wirtschaften, Berlin 1971

Arndt, Rudi: Das kommunalpolitische Grundsatzprogramm der Sozialdemokraten, in: Neue Gesellschaft, 21 (1974) 9, S. 708-714

von Arnim, Hans Herbert: Gemeindliche Selbstverwaltung und Demokratie, in: Archiv des öffentlichen Rechts, 113 (1988), S. 1-30

von Arnim, Hans Herbert: Möglichkeiten unmittelbarer Demokratie auf Gemeindeebene, in: Die Öffentliche Verwaltung, 43 (1990) 3, S. 85-97

von Arnim, Hans Herbert: Staat ohne Diener. Was schert die Politiker das Wohl des Volkes?, 2. Aufl., München 1995

von Arnim, Hans Herbert/Littmann, Konrad (Hrsg.): Finanzpolitik im Umbruch. Zur Konsolidierung öffentlicher Haushalte, Berlin 1984

Arzberger, Klaus: Bürger und Eliten in der Kommunalpolitik, Stuttgart 1980

Arzberger, Klaus u.a.: Die Bürger. Bedürfnisse-Einstellungen-Verhalten, Königstein 1979

Auge, Michael/Schroers, Harald G.: Sparkassen und Kommunen - Partnerschaft unter veränderten Rahmenbedingungen, in: Zeitschrift für das gesamte Kreditwesen, 50 (1997) 10, S. 455-459

Bach, Stefan: Reform der Unternehmensbesteuerung, in: Vierteljahreshefte zur Wirtschaftsforschung, 66 (1997) 3/3, S. 329-351

Backhaus-Maul, Holger/Olk, Thomas: Von der "staatssozialistischen" zur kommunalen Sozialpolitik. Gestaltungsspielräume und -probleme bei der Entwicklung der Sozial-, Alten- und Jugendhilfe in den neuen Bundesländern, in: AfK, 32 (1993) 2, S. 300-330

Badelt, Christoph: Institutional Choice and the Nonprofit Sector, in: Anheier, Helmut K./Seibel, Wolfgang (Hrsg.): The Third Sector. Comparative Studies of Nonprofit Organizations, Berlin u.a. 1990, S. 53-63

Bätz, Klaus: Administrative Preispolitik öffentlicher Unternehmen. Gebühren und Tarife als Mittel zur Lenkung der Nachfrage nach öffentlichen Leistungen, Baden-Baden 1979

Banner, Gerhard: Politisch-administrative Steuerung in den Kommunen, in: AfK, 21 (1982) 1, S. 26-47

Banner, Gerhard: Zur politisch-administrativen Steuerung in der Kommune, in: von Lölhöffel, Dieter/Schimanke, Dieter (Hrsg.): Kommunalplanung vor neuen Herausforderungen. Bausteine für die Verwaltungspraxis der 80er Jahre, Basel u.a. 1983, S. 139-164

Banner, Gerhard: Kommunale Steuerung zwischen Gemeindeordnung und Parteipolitik - am Beispiel der Haushaltspolitik, in: Die Öffentliche Verwaltung, 37 (1984) 9, S. 364-372

Banner, Gerhard: Haushaltssteuerung und Haushaltskonsolidierung auf kommunaler Ebene. Ein politisches Problem, in: Zeitschrift für Kommunalfinanzen, 37 (1987) 3, S. 50-56

Banner, Gerhard: Modernisierung und Rationalisierung der Kommunalverwaltung aus politischer Sicht, in: Zeitschrift für Kommunalfinanzen, 39 (1989) 6, S. 122-127

Banner, Gerhard: Von der Behörde zum Dienstleistungsunternehmen, in: Verwaltungsführung, Organisation, Personal, 13 (1991) 1, S. 6-11

Banner, Gerhard: Neue Trends im kommunalen Management, in: Verwaltungsführung, Organisation, Personal, 16 (1994) 1, S. 5-12

Banner, Gerhard: Kommunale Dienstleistungen zwischen Gemeinwohlauftrag, Bürgerschaft und Markt, in: Nierhaus, Michael (Hrsg.): Kommunale Selbstverwaltung. Europäische und nationale Aspekte, Berlin 1996, S. 81-106

Banner, Gerhard: Kommunale Verwaltungsreform und staatlicher Modernisierungsrückstand, in: Politische Bildung, 31 (1998) 1, S. 34-46

Banner, Gerhard/Reichard, Christoph (Hrsg.): Kommunale Managementkonzepte in Europa. Anregungen für die deutsche Reformdiskussion, Köln 1993

Baretti, Christian: Wird gute Standortpolitik bestraft? Die Anreizeffekte des kommunalen Finanzsystems, in: ifo-Institut für Wirtschaftsforschung, 55 (2002) 7, S. 10–16

Barthel, Christian: Innovationsmanagement für die Verwaltungsreform in der Stadtverwaltung Offenbach, in: Die Verwaltung, 27 (1994) 4, S. 546-556

Batley, Richard/Stoker, Gerry (Hrsg.): Local Government in Europe. Trends and Developments, London 1991

Batzill, Roland/Zuck, Holger: Personenbeförderungsrecht im Spannungsfeld von Bahnstrukturreform, PBef-Recht, ÖPNV-Recht der Länder und EG-Recht, Baden-Baden 1997

Bauer, Martin u.a.: Wechselwirkungen zwischen Wirtschaftsentwicklung und Stadtentwicklung in Solingen, Solingen 1978

Bauer, Martin u.a.: Struktur und Wirkung der kommunalen Wirtschaftsförderung in Solingen, in: RaumPlanung, 54 (1987) 36, S. 16-23

Baumheier, Ralph u.a.: Regionalisierung raumwirksamer Bundesmittel. Sachstand und Bewertung aus Sicht der Bundesraumordnung, in: Informationen zur Raumentwicklung, 45 (1995) 4/5, S. 241-252

Bayer, Hermann Winfried (Hrsg.): Die Zweitwohnungssteuer. Eine Dokumentation, Stuttgart 1982

Becher, Kathrin Susann: Mandatsniederlegungen auf kommunaler Ebene, Opladen 1997

Beck, Joachim: Netzwerke in der transnationalen Regionalpolitik. Rahmenbedingungen, Funktionsweisen, Folgen, Baden-Baden 1997

Becker, Bernd: Öffentliche Verwaltung. Lehrbuch für Wissenschaft und Praxis, Percha u.a. 1989

Beckord, Wilhelm: Innerstädtische Dezentralisierung am Beispiel Dortmunds, Münster 1989

Beckord, Wilhelm (Hrsg.): Die Kommunen und die Einheit Deutschlands, Münster 1993

Begemann, Marianne: Zur politischen Funktion der Lokalpresse. Ein gemischt normativ-empirischer Erklärungsansatz, Diss. Münster 1982

Beger, Bernhard: Handbuch der kommunalen Sitzungspraxis, Köln 1991

Beilharz, Günter: Politische Partizipation im Rahmen des §21 der Gemeindeordnung von Baden-Württemberg, Tübingen 1981

Bellers, Jürgen u.a. (Hrsg.): Interkommunale Zusammenarbeit, Münster 1997 (= Jahrbuch Nordrhein-Westfalen, Bd. 1)

Benz, Arthur: Föderalismus als dynamisches System. Zentralisierung und Dezentralisierung im föderativen Staat, Opladen 1985

Benz, Arthur: Kooperative Verwaltung. Funktionen, Voraussetzungen, Folgen, Baden-Baden 1992

Benz, Arthur u.a.: Horizontale Politikverflechtung. Zur Theorie von Verhandlungssystemen, Frankfurt/M. u.a. 1992

Benzinger, Josef-Paul: Lokalpresse und Macht in der Gemeinde, Nürnberg 1980

Benzler, Susanne/Heinelt, Hubert: Stadt und Arbeitslosigkeit. Örtliche Arbeitsmarktpolitik im Vergleich, Opladen 1991

Benzler, Susanne u.a. (Hrsg.): Deutschland-Ost vor Ort. Anfänge der lokalen Politik in den neuen Bundesländern, Opladen 1995

Berg, Frank u.a.: Regionale Akteursnetze. Wirtschaftsförderung in einem ostdeutschen Landkreis, Baden-Baden 1998

Berger, Rainer: SPD und Grüne. Eine vergleichende Studie ihrer kommunalen Politik: Sozialstrukturelle Basis - programmatische Ziele - Verhältnis zueinander, Opladen 1995

Bergmann, Eckhard u.a.: Nachhaltige Stadtentwicklung. Herausforderungen an einen ressourcenschonenden und umweltverträglichen Städtebau, in: Informationen zur Raumentwicklung, 46 (1996) 2/3, S. 71-97

Berkemeier, Karl-H.: Das kommunale Schein-Parlament: Ausgeschaltet aus dem Entscheidungsprozeß, in: ZParl, 3 (1972) 2, S. 202-208

Berkenhoff, Hans Albert/Wenig, Siegfried: Das Haushaltswesen der Gemeinden, Herford 1986

Bertram, Jürgen: Die Planung und der Prozeß der wechselseitigen Abstimmung von Staats- und Kommunalpolitik, in: PVS, 7 (1966) 3, S. 377-391

Bertram, Jürgen: Staatspolitik und Kommunalpolitik. Notwendigkeit und Grenzen ihrer Koordinierung, Stuttgart u.a. 1967

Bey, Wolfgang u.a. (Hrsg.): Das gläserne Rathaus. Kommunalpolitik von A bis Z, Hamburg 2001

Beyer, Hans-Joachim/Koesling, Fritjoff: Ostdeutsche Kommunen im Ringen um den Wirtschaftsaufschwung - Erfahrungsbericht anhand der Stadt Eberswalde-Finow, Köln u.a. 1992

Beyer, Lothar/Brinckmann, Hans: Kommunalverwaltung im Umbruch, Köln 1990

Bick, Ulrike: Die Ratsfraktion, Berlin 1989

Biege, Hans-Peter u.a.: Zwischen Persönlichkeitswahl und Parteientscheidung, Königstein 1978

Biermann, Martin/Ziegner, Gerd: Die kommunale Wirtschaftspolitik, in: Petzold, Siegfried/von der Heide, Jürgen (Hrsg.): Handbuch zur kommunalen Selbstverwaltung. Praxisnahe Informationen, Arbeitshilfe und Beratung, Regensburg u.a. 1991, S. 200-222

Bischoff, Detlef/Nikusch, Karl-Otto (Hrsg.): Privatisierung öffentlicher Aufgaben, Berlin u.a. 1977

Bison, Jutta: Die Regulierung des Mietwohnungsmarktes in der Bundesrepublik Deutschland. Eine positive ökonomische Analyse, Frankfurt/M. u.a. 1992

Blanke, Bernhard u.a.: Die zweite Stadt. Neue Formen lokaler Arbeits- und Sozialpolitik, Opladen 1986 (= Leviathan-Sonderheft 7)

Blanke, Bernhard u.a.: Großstadt und Arbeitslosigkeit. Ein Problem im Netz lokaler Sozialpolitik, Opladen 1987

Blanke, Bernhard (Hrsg.): Staat und Stadt. Systematische, vergleichende und problemorientierte Analysen "dezentraler" Politik, Opladen 1991 (= PVS-Sonderheft 22)

Blanke, Bernhard u.a. (Hrsg.): Handbuch zur Verwaltungsreform, Opladen ²2001

Blasius, Jörg/Dangschat, Jens S. (Hrsg.): Gentrification: Die Aufwertung innenstadtnaher Wohnviertel, Frankfurt/M. 1990

Bodenstedt, Walter u.a.: Auswertung der Erstinterviews von "Existenzgründern", in: Bodenstedt, Walter u.a.: Gewerbepolitik im Verdichtungsraum. Akteure und Instrumente im regionalen Wirtschaftsgeschehen, Stuttgart 1982, S. 71-114

Böhm, Monika u.a.: Müllvermeidung, Müllverwertung. Möglichkeiten und Grenzen kommunalen Handelns, Heidelberg 1992

Böhn, Siegfried/Liese, Hans-Jürgen: Die sozialen Aufgaben der Kommunen und Landkreise, Regensburg 1991

Böhret, Carl: Aktionen gegen die "kalte Sozialisierung" 1926-1930. Ein Beitrag zum Wirken ökonomischer Einflußverbände in der Weimarer Republik, Berlin 1966

Böhret, Carl: Handlungsspielräume und Steuerungspotentiale der regionalen Wirtschaftsförderung in Baden-Württemberg, Baden-Baden 1982

Böhret, Carl/Nowack, Matthias (Hrsg.): Gesellschaftlich denken - kommunal handeln. Festschrift für Dr. Christian Rosskopf zum 65. Geburtstag, Mainz 1995

Börner, Achim-Rüdiger: Der Energiemarkt und die geschlossenen Versorgungsgebiete der Strom- und Gaswirtschaft im Übergang zum Wettbewerb, Baden-Baden 1996

Bogumil, Jörg/Holtkamp, Lars: Kommunalpolitik und Kommunalverwaltung. Eine policyorientierte Einführung, Wiesbaden 2006

Bogumil, Jörg/Jann, Werner: Verwaltung und Verwaltungswissenschaft in Deutschland, Wiesbaden 2005

Bogumil, Jörg/Kißler, Leo: Vom Untertan zum Kunden? Möglichkeiten und Grenzen von Kundenorientierung in der Kommunalverwaltung, Berlin 1995

Bogumil, Jörg (Hrsg.): Kommunale Entscheidungsprozesse im Wandel. Theoretische und empirische Analysen, Wiesbaden 2002

Bogumil, Jörg u.a. (Hrsg.): Politik und Verwaltung, Wiesbaden 2006 (PVS Sonderheft 37)

Bogumil, Jörg/Heinelt, Hubert (Hrsg.): Bürgermeister in Deutschland. Politikwissenschaftliche Studien zu direkt gewählten Bürgermeistern, Wiesbaden 2005

Bogumil, Jörg/Kißler, Leo (Hrsg.): Verwaltungsmodernisierung und lokale Demokratie. Risiken und Chancen der Einführung eines neuen Steuerungsmodells für die lokale Demokratie, Baden-Baden 1997

Bogumil, Jörg/Kißler, Leo (Hrsg.): Stillstand auf der "Baustelle"? Barrieren der kommunalen Verwaltungsmodernisierung und Schritte zu ihrer Überwindung, Baden-Baden 1998

Bonczek, Willi u.a.: Vorschläge zur Fortentwicklung des Beitragsrechts für städtebauliche Aufschließungsmaßnahmen, Bonn-Bad Godesberg 1973

Borchmann, Michael/Vesper, Emil: Reformprobleme im Kommunalverfassungsrecht, Stuttgart u.a. 1976

Borell, Ralf/Schlemmel, Lothar (Karl-Bräuer-Institut des Bundes der Steuerzahler): Zur Reform der Gemeindesteuern, Bad Wörishofen 1975

Borgerding, Albert u.a.: Kommunale Politik, Bonn 1978.

von Borris, Volker u.a.: Siedlungssoziologie. Wohnung, Gemeinde, Umwelt, München 1978

Borsdorf-Ruhl, Barbara: Bürgerinitiativen im Ruhrgebiet, Essen 1973

Borst, Renate u.a. (Hrsg.): Das neue Gesicht der Städte. Theoretische Ansätze und empirische Befunde aus einer internationalen Debatte, Basel u.a. 1990

Bothe, Klaus: Wie liest man den Haushaltsplan einer Gemeinde?, Göttingen 1991

Bovermann, Rainer: Das "rote" Rathaus. Die Sozialdemokratisierung des Ruhrgebiets am Beispiel Dortmund 1945-1964, Essen 1995

Boyer, Robert: The Eighties - The Search for Alternatives to Fordism, in: Jessop, Bob u.a. (Hrsg.): The Politics of Flexibility. Restructuring State and Industry in Britain, Germany and Scandinavia, Aldershot 1991, S. 106-132

Boyken, Friedhelm: Handbuch der kommunalen Wirtschaftsförderung, Frankfurt/M. u.a. 2002

Bräuer, Wolfgang: Wettbewerb in der Versorgungswirtschaft und seine Auswirkungen auf kommunale Querverbundunternehmen, Baden-Baden 1997

Brake, Klaus: Städtevernetzung. Aspekte eines aktuellen Konzepts regionaler Kooperation und Raumentwicklung, in: Geographische Zeitschrift, 84 (1996) 1, S. 16-26

Brake, Klaus: Städtenetze - ein neuer Ansatz interkommunaler Kooperation, in: AfK, 36 (1997) 1, S. 98-115

Brand, Karl-Werner (Hrsg.): Nachhaltige Entwicklung. Eine Herausforderung an die Soziologie, Opladen 1997

Braubach, Max: Von der Französischen Revolution bis zum Wiener Kongreß, 9. Aufl., Stuttgart 1990

Brecht, Julius: Selbsthilfe und Staatshilfe am Beispiel der Wohnungsbaugenossenschaft, in: Zeitschrift für das gesamte Genossenschaftswesen, 2 (1952) 1, S. 81-101

Brede, Helmut (Hrsg.): Privatisierung und die Zukunft der öffentlichen Wirtschaft, Baden-Baden 1988

Bretschneider, Michael: Hauptprobleme der Stadtentwicklung und Kommunalpolitik 2004. Ergebnisse einer Panelbefragung bei kommunalen Stadtentwicklungsplanern, Berlin 2004

Bretschneider, Michael/Bick, Wolfgang: Kommunale Umfrageforschung. Erfahrungsberichte aus zehn Städten, Berlin 1989

Bretschneider, Michael/Göbel, Barbara: Kommunalpolitische Grundsatzprogramme der Parteien (Textsammlung und Synopse), Berlin 1976

Bretzinger, Otto N.: Kommunalverfassung, in: Bretzinger, Otto N./Buechner-Uhder, Willi (Hrsg.): Handbuch für die kommunale Praxis in den neuen Bundesländern, Baden-Baden 1991, S. 103-129

Breuer, Günter: Sportstättenbedarf und Sportstättenbau. Eine Betrachtung der Entwicklung in Deutschland (West) 1945-1990, Köln 1997

Brinkmeier, Hermann Josef: Kommunale Finanzwirtschaft, 5. Aufl., Köln 1990

Brockmann, Gerd/Rosenfeld, Martin: Auswirkungen der Gebietsreform im Bereich der Ausgabenpolitik der Gemeinden. Empirische Untersuchung am Beispiel des Landes Niedersachsen, Baden-Baden 1984

Brückner, Heinz: Personen und Parteieneinfluß in süddeutschen Oberbürgermeisterwahlen - eine vergleichende Analyse am Beispiel Mannheims 1955, Heidelbergs 1958, Regensburgs 1959/60 und Ludwigsburgs 1960, phil. Diss. Heidelberg 1962

Brüggemeier, Martin: Controlling in der öffentlichen Verwaltung, 2. Aufl., München u.a. 1997

Budäus, Dietrich: Controlling in der öffentlichen Verwaltung. Voraussetzungen eines effizienten Verwaltungsmanagements auf kommunaler Ebene, Hamburg 1992

Budäus, Dietrich: Privatwirtschaftliche Finanzierungsmodelle für kommunale Infrastrukturinvestitionen, in: Verwaltungsführung, Organisation, Personal, 15 (1993a) 6, S. 379-384

Budäus, Dietrich: Controlling in der öffentlichen Verwaltung. Voraussetzungen eines effizienten Verwaltungsmanagements, in: AfK, 32 (1993b) 1, S. 134-162

Budäus, Dietrich: Public Management. Konzepte und Verfahren zur Modernisierung öffentlicher Verwaltungen, Berlin 1994

Budäus, Dietrich: Stand und Perspektiven des Modernisierungsprozesses kommunaler Verwaltungen, Hamburg 1997

Budäus, Dietrich/Engelhardt, Gunther (Hrsg.): Großstädtische Aufgabenerfüllung im Wandel, Baden-Baden 1996

Bullinger, Dieter/Naßmacher, Hiltrud: Entscheidungen und Prozesse in der kommunalen und regionalen Gewerbepolitik. Anwendungsmöglichkeiten von Verlaufsmusterkonzepten, in: Afheldt, Heik u.a. (Hrsg.): Werkzeuge qualitativer Stadtforschung, Gerlingen 1984, S. 125-150

Bullmann, Udo: Kommunale Strategien gegen Massenarbeitslosigkeit. Ein Einstieg in die sozialökologische Erneuerung, Opladen 1991

Bullmann, Udo: Regionen im Integrationsprozeß der Europäischen Union, in: Bullmann, Udo (Hrsg.): Die Politik der dritten Ebene. Regionen im Europa der Union, Baden-Baden 1994, S. 15-41

Bullmann, Udo/Eißel, Dieter: "Europa der Regionen". Entwicklung und Perspektiven, in: APuZ, B20-21/1993, S. 3-15

Bullmann, Udo/Gitschmann, Peter (Hrsg.): Kommune als Gegenmacht. Alternative Politik in Städten und Gemeinden, Hamburg 1985

Bund der Steuerzahler: Niedersächsische Abfallgebühren im Vergleich, Hannover 2005

Bundesministerium der Finanzen: Finanzbericht 1977, Bonn 1978

Bundesministerium der Finanzen: Finanzbericht 1998. Die volkswirtschaftlichen Grundlagen und die wichtigsten finanzwirtschaftlichen Probleme des Bundeshaushaltsplans für das Haushaltsjahr 1998, Bonn 1997

Bundesministerium der Finanzen: Die Steuereinnahmen der Kommunen (ohne Stadtstaaten) im Jahr 2005, in: Monatsbericht des BMF, 04/2006, S. 57–60

Bundesministerium der Finanzen: Finanzbericht 2007. Stand und voraussichtliche Entwicklung der Finanzwirtschaft im gesamtwirtschaftlichen Zusammenhang, Berlin 2006

Bundesministerium für Raumordnung, Bauwesen und Städtebau (Hrsg.): Raumordnungsprogramm für die großräumige Entwicklung des Bundesgebietes (Bundesraumordnungsprogramm), Bonn-Bad Godesberg 1975

Bundesministerium für Raumordnung, Bauwesen und Städtebau (Hrsg.): Raumordnungsbericht 1990, Bonn 1990

Bundesministerium für Raumordnung, Bauwesen und Städtebau (Hrsg.): Raumordnungsbericht 1991, Bonn 1991

Bundesministerium für Raumordnung, Bauwesen und Städtebau (Hrsg.): Raumordnungsbericht 1993, Bonn 1993

Bunz, Axel R. (Hrsg.): EU-Kommunal. Handbuch zu europäischen Themen für Kommunalpolitik und lokale Medien, 3. Aufl., Bonn 1995

Bunzel, Arno: Die Baugesetzbuch-Novelle auf dem kommunalen Prüfstand?, in: AfK, 36 (1997) 2, S. 254-281

Buse, Michael: Bevölkerungsentwicklung und Kommunalpolitik. Umfang und Ursachen des Bevölkerungsrückgangs und seine Auswirkungen auf die Kommunalpolitik, Baden-Baden 1979

Busse, Jürgen: Kooperatives Recht im Bauplanungsrecht, in: Dose, Nicolai/Voigt, Rüdiger (Hrsg.): Kooperatives Recht. Krisenbewältigung durch Verhandlungen, Baden-Baden 1995, S. 131-148

Bußmann, Frank Erwin: Dorfbewohner und Kommunalpolitik, Bonn 1998

Camagni, Roberto: Local „Milieu", Uncertainty and Innovation Networks: towards a New Theory of Economic Space, in: Camagni, Roberto (Hrsg.): Innovation Networks. Spatial Perspektives, London, New York 1991, S. 121-144

Campbell, Mike (Hrsg.): Local Economic Policy, London 1990

Cattacin, Sandro: Stadtentwicklungspolitik zwischen Demokratie und Komplexität. Zur politischen Organisation der Stadtentwicklung. Florenz, Wien und Zürich im Vergleich, Frankfurt/M. u.a. 1994

CDU/CSU: Kommunalpolitisches Grundsatzprogramm, beschlossen auf der Bundesvertreterversammlung der kommunalpolitischen Vereinigung der CDU und der CSU Deutschlands vom 21. und 22. November 1975 in Stuttgart

CDU-Präsidiumskommission „Spielraum für kleine Einheiten": Starke Bürger – starker Staat. Zur Fortentwicklung unserer gesellschaftlichen und gesamtstaatlichen Ordnung, o. O. 2000

Chandler, J.A. (Hrsg.): Local Government in Liberal Democracies. An Introductory Survey, London u.a. 1993

Clark, Terry N. (Hrsg.): Comparative Community Politics, New York u.a. 1974

Claval, Paul: New Industrial Spaces. Realities, Theories and Doctrines, in: Benko, Georges/Dunford, Mick (Hrsg.): Industrial Change and Regional Development. The Transformation of New Industrial Spaces, London u.a. 1991, S. 275-285

Clemens, Reinhard/Tengler, Hermann: Standortprobleme von Industrieunternehmen in Ballungsräumen. Eine empirische Untersuchung im IHK-Bezirk Dortmund unter besonderer Berücksichtigung der Unternehmensgröße, Göttingen 1983

Cohen, Michael J. u.a.: A Garbadge Can Model of Organizational Choice, in: Administrative Science Quarterly, 1972, 17, S. 1-19

Commerzbank AG. Zentraler Stab Kommunikation (Hrsg.): Wer gehört zu wem. Beteiligungsverhältnisse in Deutschland, 19. Aufl., o.O. (Frankfurt/M.) 1997

Corte, Christiane: Die Übernahme kommunaler Aufgaben durch private Unternehmen und Freie Berufe. Eine Untersuchung der Zusammenarbeit von Privaten und Kommunen, Stuttgart 1991

Crecine, John P.: Governmental Problem-Solving. A Computer Simulation of Municipal Budgeting, Chicago, IL 1969

Cronauge, Ulrich: Kommunale Unternehmen. Eigenbetriebe - Kapitalgesellschaften - Zweckverbände, Bielefeld 1992

Croon, Helmuth u.a.: Kommunale Selbstverwaltung im Zeitalter der Industrialisierung, Stuttgart u.a. 1971

Cusack, Thomas R./Weßels, Bernhard: Problemreich und konfliktgeladen: Lokale Demokratie in Deutschland fünf Jahre nach der Vereinigung, Berlin 1996

Czarnecki, Thomas: Kommunales Wahlverhalten. Die Existenz und Bedeutsamkeit kommunaler Determinanten für das Wahlverhalten. Eine empirische Untersuchung am Beispiel Rheinland-Pfalz, München 1992

Dahl, Robert A.: The City in the Future of Democracy, in: American Political Science Review, 61 (1967) 4, S. 953-970

Dahl, Robert A.: Who Governs? Democracy and Power in an American City, New Haven, CT u.a. 1961

Dahremöller, Axel: Existenzgründungsstatistik. Nutzung amtlicher Datenquellen zur Erfassung des Gründungsgeschehens, Stuttgart 1987

Danielzyk, Rainer/Priebs, Axel (Hrsg.): Städtenetze – Raumordnerisches Handlungsinstrument mit Zukunft?, Bonn 1996

Dase, Martina u.a. (Hrsg.): Stadterneuerung im Wandel - Erfahrungen aus Ost und West, Basel u.a. 1989

Dauwe, Elisabeth u.a.: Kommunalpolitik. Leitfaden für die Praxis, Opladen 1995

Denzler, Günther: Der Einfluß alternativer Zeitungen auf die Kommunalpolitik. Eine empirische Untersuchung aus der Sicht städtischer Pressestellen, dargestellt vor dem Hintergrund der geschichtlichen und begrifflichen Entwicklung der Alternativzeitungen und des kommunalen Kommunikationsraumes, Diss. Bamberg 1988

Derlien, Hans Ulrich u.a.: Kommunalverfassung und kommunales Entscheidungssystem. Eine vergleichende Untersuchung in vier Gemeinden, Meisenheim 1975

Derlien, Hans-Ulrich (Hrsg.): Zehn Jahre Verwaltungsaufbau Ost: eine Evalution, Baden-Baden 2001

Derlien, Hans-Ulrich/von Queis, Dyprand: Kommunalpolitik im geplanten Wandel. Auswirkungen der Gebietsreform auf das kommunale Entscheidungssysstem, Baden-Baden 1986

Dettmer, Harald u.a.: Kommunales Haushalts- und Kassenrecht, 2. Aufl., Bad Homburg 1993

Deubert, Michael: Kommunale Kompetenzen im Bereich der Abfallwirtschaft, Köln 1992

Deutscher Städte- und Gemeindebund: Bilanz 2002 und Ausblick 2003, DSTGB Dokumentation N°. 29

Deutscher Städte- und Gemeindebund (Hrsg.): Datenreport - Kommunalfinanzen 2005. Fakten, Trends, Einschätzungen, Dokumentation N° 48 2005 http://www.dstgb.de

Deutscher Städtetag (Hrsg.): Privatisierung öffentlicher Aufgaben, Köln 1976, abgedruckt in: ÖTV: Zur Privatisierung öffentlicher Dienstleistungen, 4: Materialsammlung: Stellungnahmen von Parteien und politischen Institutionen, Wissenschaftliche Beiträge, Presseberichte, Stuttgart 1977, S. 44ff.

Deutscher Städtetag (Hrsg.): Möglichkeiten und Grenzen der Privatisierung öffentlicher Aufgaben, Köln 1986

Deutscher Städtetag (Hrsg.): Für eine starke kommunale Selbstverwaltung. Eine Informationsschrift für die Städte in der DDR, Köln 1990

Deutscher Städtetag (Hrsg.): Statistisches Jahrbuch Deutscher Gemeinden, Köln/Berlin 1995

Deutscher Städtetag: Kassenkredite der Kommunen jetzt über 23 Milliarden Euro – Nach Investitionsrückgang um 45 Prozent endlich handeln! Köln 2006 http://www.staedtetag.de/10/presse ecke/pressedienst/artikel/2006/02/02/00325/index.html

Deutsches Institut für Urbanistik (Hrsg.) Arbeitsblätter zum novellierten Bundesbaugesetz, Berlin 1977

Deutsches Jugendinstitut: DJI-Kinderbetreuungsstudie 2005. Erste Ergebnisse, München 2005

Dieckmann, Jochen/König, Eva Maria (Hrsg.): Kommunale Wirtschaftsförderung. Handbuch für Standortsicherung und -entwicklung in Stadt, Gemeinde und Kreis, Köln 1994

Diemert, Dörte: Haushaltssicherungskonzept in der Gemeindeordnung in NRW, Universität Münster http://www.uni-muenster.de/Jura.fsi/forschung/diemert05.htm

Dienel, Peter C.: Die Planungszelle: Der Bürger als Chance, Wiesbaden [5]2002

Dill, Günter/Kanitz, Horst (Hrsg.): Grundlagen praktischer Kommunalpolitik, Heft 1: Bürger & Gemeinde, Sankt Augustin 1994

Dill, Günter/Kanitz, Horst (Hrsg.): Grundlagen praktischer Kommunalpolitik, Heft 2: Haushalt & Finanzen, Sankt Augustin 1994

Dill, Günter/Kanitz, Horst (Hrsg.): Grundlagen praktischer Kommunalpolitik, Heft 3: Planen, Bauen, Umwelt & Verkehr (I), Sankt Augustin 1994

Dill, Günter/Kanitz, Horst (Hrsg.): Grundlagen praktischer Kommunalpolitik, Heft 4: Planen, Bauen, Umwelt & Verkehr (II), Sankt Augustin 1994

Dill, Günter/Kanitz, Horst (Hrsg.): Grundlagen praktischer Kommunalpolitik, Heft 5: Soziales, Gesundheit & Jugendhilfe, Sankt Augustin 1994

Dill, Günter/Kanitz, Horst (Hrsg.): Grundlagen praktischer Kommunalpolitik, Heft 6: Wirtschaft & Arbeit, Sankt Augustin 1994

Dill, Günter/Kanitz, Horst (Hrsg.): Grundlagen praktischer Kommunalpolitik, Heft 7: Schule, Kultur, Sport & Freizeit, Sankt Augustin 1994

Dörsam, Pia/Icks, Annette: Vom Einzelunternehmen zum regionalen Netzwerk. Eine Option für mittelständische Unternehmen, Stuttgart 1997

Donges, Juergen B. u.a.: Reform der öffentlichen Verwaltung. Mehr Wirtschaftlichkeit beim Management staatlicher Einrichtungen, Bad Homburg 1991

Dose, Nicolai/Drexler, Alexander (Hrsg.): Technologieparks. Voraussetzungen, Bestandsaufnahme und Kritik, Opladen 1988

Drewe, Paul: Techniken zur Identifizierung lokaler Eliten, in: Kölner Zeitschrift für Soziologie und Sozialpsychologie, 19 (1967) 4, S. 722-735

Drewe, Paul: Ein Beitrag der Sozialforschung zur Regional und Stadtplanung, Meisenheim 1968

Drewe, Paul: Methoden zur Identifizierung von Eliten, in: Koolwijk, Jürgen von/Wieken-Mayser, Maria (Hrsg.): Techniken der empirischen Sozialforschung, Bd. 4, München/Wien 1974, S. 162-179

Driehaus, Hans-Joachim: Erschließungs- und Ausbaubeiträge, 3. Aufl., München 1991

Duckworth, Robert P. u.a.: Die Stadt als Unternehmer, Stuttgart 1987

Düker, Rudi: Das Problem einer bedarfsgerechten Verteilung der Finanzzuweisungen an die Gemeinden, Diss. Freiburg 1970

Dunckelmann, Henning: Lokale Öffentlichkeit, Stuttgart u.a. 1975

Echter, Claus Peter u.a.: Wohnungsmodernisierung in Sanierungsgebieten, Berlin 1994

Echter, Claus Peter/Brühl, Hasso: Kommunale Belegungspolitik, Berlin 1984

Eckey, Hans-Friedrich: Formale und effektive Inzidenz von Verkehrsinfrastrukturinvestitionen, in: Informationen zur Raumentwicklung, 45 (1995) 4/5, S. 267-282

Eckhardt, Albrecht/Schmidt, Heinrich (Hrsg.); Geschichte des Landes Oldenburg, 4. Aufl., Oldenburg 1993

Egeln, Jürgen/Seitz, Helmut (Hrsg.): Städte vor neuen Herausforderungen, Baden-Baden 1996

Ehlers, Dirk (Hrsg.): Kommunale Wirtschaftsförderung, Köln 1990

Ehrlicher, Werner: Kommunaler Finanzausgleich und Raumordnung, Hannover 1967

Ehrlicher, Werner: Finanzausgleich (III): Der Finanzausgleich in der Bundesrepublik Deutschland, in: Handwörterbuch der Wirtschaftswissenschaften (HdWW), Band 2, Stuttgart u.a. 1988, S. 662-689

Ellwein, Thomas: Politische Parteien und kommunale Öffentlichkeit, in: AfK, 10 (1971) 1, S. 11-25

Ellwein, Thomas: Zur Entwicklung der öffentlichen Aufgaben, in: Die öffentliche Verwaltung, 25 (1972) 1/2, S. 13-16

Ellwein, Thomas: Das Regierungssystem der Bundesrepublik Deutschland, 1. Aufl., Köln/Opladen 1973

Ellwein, Thomas/Zimpel, Gisela: Wertheim I. Fragen an eine Stadt, München 1969

Ellwein, Thomas/Zoll, Ralf: Wertheim. Politik und Machtstruktur einer deutschen Stadt, München 1982

Elsner, Hermann: Das Gemeindefinanzsystem. Geschichte, Ideen, Grundlagen, Stuttgart u.a. 1979

Emenlauer, Rainer u.a.: Die Kommune in der Staatsorganisation, Frankfurt/M. 1974

Engel, Andreas: Wählerkontext und Handlungsdispositionen lokaler Parteiakteure, in: Schmitt, Karl (Hrsg.): Wahlen, Parteieliten, politische Einstellungen: neuere Forschungsergebnisse, Frankfurt/M. u.a. 1990, S. 135-175

Engelhardt, Gunther u.a.: Kommunale Aufgabendezentralisierung und bezirkliches Finanzsystem, in: AfK, 22 (1983) 2, S. 260-274

Engeli, Christian (Hrsg.): Probleme der Stadtgeschichte, Berlin 1981

Eppe, Claus: Lokale Politik in Stadtbezirken. Am Beispiel der Großstädte in Baden-Württemberg, Diss. Tübingen 1989

Erichsen, Hans-Uwe: Zur Verfassungswidrigkeit der Abwahl kommunaler Wahlbeamter, in: DVBl., 95 (1980) 17/18, S. 723-730

Ettelbrück, Ursula M. J.: Wirkungsanalyse kommunaler Wirtschaftsförderung, Diss. Speyer 1984

Evers, Adalbert/Lehmann, Michael: Politisch-ökonomische Determinanten für Planung und Politik in den Kommunen der Bundesrepublik, Offenbach 1972

Evers, Adalbert u.a. (Hrsg.): Kommunale Wohnungspolitik, Basel u.a. 1983

Evers, Adalbert/Selle, Klaus (Hrsg.): Wohnungsnöte. Anregungen zur Initiative an Ort und Stelle: Neue Wege in der Wohnungspolitik, Frankfurt/M. 1982

Faber, Heiko: Die Macht der Gemeinden, Bielefeld 1982

Faber, Heiko: Kommunalrecht, in: Faber, Heiko/Schneider, Hans-Peter (Hrsg.): Niedersächsisches Staats- und Verwaltungsrecht, Frankfurt/M. 1985, S. 225-277

Falk, Wilhelm: Wohnen im Lebenslauf. Die Wirkungen der deutschen Wohnungspolitik, Amsterdam 1998

Fehr, Hans/Gottfried, Peter: Optimale Verschuldungspolitik und öffentliche Investitionen, in: Finanzarchiv, 50 (1993) 3, S. 324-343

Feindt, Peter Henning: Kommunale Demokratie in der Umweltpolitik. Neue Beteiligungsmodelle, in: APuZ, B27/1997, S. 39-46

Feser, Hans-Dieter/Hauff, Michael (Hrsg.): Kommunale Umweltpolitik, Regensburg 1996

Fester, Thomas/Seitz, Helmut: Öffentliche Infrastruktur und kommunale Finanzen, ifo Dresden berichtet, 2/2005, S. 19–32

Fettig, Wolfgang/Späth, Lothar (Hrsg.): Privatisierung kommunaler Aufgaben, Baden-Baden 1997

Feuerstein, Stefan: Aufgabenfelder und Informationsbedarf kommunaler Wirtschaftsförderungspolitik, München 1981

Finke, Lothar u.a.: Zukunft Stadt 2000. Stand und Perspektiven der Stadtentwicklung, Stuttgart 1993

Fischer, Ralf Joachim u.a.: Siedlungsstrategien und kommunale Einnahmen. Auswirkungen siedlungsstruktureller und finanzpolitischer Maßnahmen auf die Einnahmenverteilung von Kernstadt und Umland, Bonn 1980

Fischer-Menshausen, Herbert: Finanzausgleich II: Grundzüge des Finanzausgleichsrechts, in: Handwörterbuch der Wirtschaftswissenschaften (HdWW), Band 2, Stuttgart u.a. 1988, S. 636-662

Flach, Christian: Kommunales Steuerfindungsrecht und Kommunalaufsicht, Frankfurt/M. u.a. 1998

Florstedt-Borowski, Gisela: Kommunale Entscheidungsverläufe im Spannungsfeld zwischen Vertretungskörperschaft und Verwaltung, Frankfurt/M. u.a. 1996

Forsthoff, Ernst: Die Krise der Gemeindeverwaltung im heutigen Staat, Berlin 1932

Franz, Peter: Stadtteilentwicklung von unten. Zur Dynamik und Beeinflußbarkeit ungeplanter Veränderungsprozesse auf Stadtteilebene, Basel u.a. 1989

Franz, Peter u.a.: Suburbanisierung von Handel und Dienstleistungen. Ostdeutsche Innenstädte zwischen erfolgreicher Revitalisierung und drohendem Verfall, Berlin 1996

Freiberg, Werner: Grundfragen der Kommunalpolitik, Mainz 1970

Freis, Guido: Die Reform der Gemeindeverfassung in Nordrhein-Westfalen, Frankfurt/M. u.a. 1998

Frenzel, Albrecht: Die Eigendynamik ostdeutscher Kreisgebietsreformen. Eine Untersuchung landesspezifischer Verlaufsmuster in Brandenburg und Sachsen, Baden-Baden 1995

Frey, Rainer/Naßmacher, Karl-Heinz: Parlamentarisierung der Kommunalpolitik?, in: AfK, 14 (1975) 2, S. 195-212

Frey, Rainer (Hrsg.): Kommunale Demokratie. Beiträge für die Praxis der kommunalen Selbstverwaltung, Bonn-Bad Godesberg 1976a

Frey, Rainer (Hrsg.): Kommunalpolitik zwischen Krise und Reform. Festschrift für Lothar Voit, Köln 1976b

Frey, René, L.: Infrastruktur. Grundlagen der Planung öffentlicher Investitionen, Tübingen u.a. 1970

Fried, Robert C: Party and Politics in West German Cities, in: American Political Science Review, 70 (1976) 1, S. 11-24

Friedrichs, Jürgen (Hrsg.): Die Städte in den 90er Jahren, Opladen 1997

Friedrichs, Jürgen u.a. (Hrsg.): Süd-Nord-Gefälle in der Bundesrepublik, Opladen 1986

Friedrichs, Jürgen/Kecskes, Robert (Hrsg.): Gentrification. Theorie und Forschungsergebnisse, Opladen 1996

Friend, John K./Jessop, W. Neil: Entscheidungsstrategie in Stadtplanung und Verwaltung, Düsseldorf 1973

Fromme, Jochen-Konrad: Kommunalreform verfehlt sämtliche Ziele, in: Kommunalpolitische Blätter, 48 (1996) 4, S. 262-264

Fruth, Hanno: Sind unsere ehrenamtlichen Stadträte überfordert? Kommentar zu einer in Ansbach, Bamberg, Erlangen, Fürth, München und Nürnberg durchgeführten Untersuchung, München 1989

Fuchs, Johann/Söhnlein, Doris: Dramatischer Rückgang der Bevölkerung im Osten, in: IAB Kurzbericht, 19/2005, S. 1–4

Fürst, Dietrich: Kommunale Entscheidungsprozesse, Baden-Baden 1975

Fürst, Dietrich: Nachhaltige Entwicklung und kommunalpolitische Gestaltungsspielräume, in: Ritter, Ernst-Hasso (Hrsg.): Stadtökologie, Berlin 1995, S. 59-72

Fürst, Dietrich u.a.: Stadt und Staat. Verdichtungsräume im Prozeß der föderalistischen Problemverarbeitung, Baden-Baden 1984

Fürst, Dietrich u.a.: Umwelt-Raum-Politik. Ansätze zu einer Integration von Umweltschutz, Raumplanung und regionaler Entwicklungspolitik, Berlin 1986

Fürst, Dietrich u.a.: Regionalverbände im Vergleich: Entwicklungssteuerung in Verdichtungsräumen, Baden-Baden 1990

Fürst, Dietrich/Ritter, Ernst-Hasso: Landesentwicklungsplanung und Regionalplanung, 2. Aufl., Düsseldorf 1993

Fuhrich, Manfred u.a.: Neue Heimat. Gewerkschaften und Wohnungspolitik, Hamburg 1983

Funke, Rainer: Organisationsstrukturen planender Verwaltungen, dargestellt am Beispiel von Kommunalverwaltungen und Stadtplanungsämtern, Bonn-Bad Godesberg 1974

Funke, Ursula: Vom Stadtmarketing zur Stadtkonzeption, Stuttgart u.a. 1994

Gabriel, Oscar W.: Das lokale Parteiensystem zwischen Wettbewerbs- und Konsensdemokratie. Eine empirische Analyse am Beispiel von 49 Städten in Rheinland-Pfalz, in: Oberndörfer, Dieter/Schmitt, Karl (Hrsg.): Parteien und regionale politische Traditionen in der Bundesrepublik Deutschland, Berlin 1991, S. 371-396

Gabriel, Oscar W. u.a.: Opposition in Großstadtparlamenten, Melle 1984

Gabriel, Oscar W. u.a.: Parteiideologien und Problemverarbeitung in der kommunalen Infrastrukturpolitik, in : APuZ, B30-31/1989, S. 14-26

Gabriel, Oscar W. u.a.: Bestimmungsfaktoren des kommunalen Investitionsverhaltens: eine empirische Untersuchung der Investitionsausgaben rheinland-pfälzischer Städte auf den Gebieten Kultur, Sport/Erholung und Verkehr in den Jahren 1978-1985, München 1990

Gabriel, Oscar W. u.a.: Neue Prioritäten für die kommunale Finanzpolitik? Ergebnisse einer vergleichenden Städtestudie, in: APuZ, B22-23/1992, S. 23-35

Gabriel, Oscar W. u.a.: Responsivität bundesdeutscher Kommunalpolitiker, in: PVS, 34 (1993) 1, S. 29-46

Gabriel, Oscar W. u.a.: Neue Formen politischer Partizipation - Bürgerbegehren und Bürgerentscheid, Sankt Augustin 1997a

Gabriel, Oscar W. u.a.: Politische Kultur und Wahlverhalten in einer Großstadt, Opladen 1997b

Gabriel, Oscar W./Holtmann, Everhard: Kommunale Demokratie, in: Graf von Westphalen, Raban (Hrsg.): Parlamentslehre. Das parlamentarische Regierungssystem im technischen Zeitalter, München u.a. 1993, S. 471-488

Gabriel, Oscar W. (Hrsg.): Kommunalpolitik im Wandel der Gesellschaft. Eine Einführung in Probleme der politischen Willensbildung in der Gemeinde, Königstein 1979

Gabriel, Oscar W. (Hrsg.): Bürgerbeteiligung und kommunale Demokratie, München 1983

Gabriel, Oscar W. (Hrsg.): Kommunale Demokratie zwischen Politik und Verwaltung, München 1989

Gabriel, Oscar W. u.a. (Hrsg.): Parteiendemokratie in Deutschland, Opladen 1997b

Gabriel, Oscar W. u.a. (Hrsg.): Parteiendemokratie in Deutschland, Bonn [2]2001

Gabriel, Oscar W./Voigt, Rüdiger (Hrsg.): Kommunalwissenschaftliche Analysen, Bochum 1994

Ganser, Karl: Kommunales Finanzsystem im Widerspruch zu Stadtentwicklung und Raumordnung?, in: Die Öffentliche Verwaltung, 32 (1979) 1/2 , S. 8-17

Garlichs, Dietrich: Grenzen staatlicher Infrastrukturpolitik, Königstein 1980

Garlichs, Dietrich u.a. (Hrsg.): Regionalisierte Arbeitsmarkt- und Beschäftigungspolitik, Frankfurt/M. u.a. 1983

Gassner, Edmund u.a.: Entwicklung ländlicher Räume, Bonn 1974

Gau, Doris: Politische Führungsgruppen auf kommunaler Ebene. Eine empirische Untersuchung zum Sozialprofil und den politischen Karrieren der Mitglieder des Rates der Stadt Köln, München 1983

Gawel, Erik: Die kommunalen Gebühren. Ökonomische, ökologische und rechtliche Ansätze einer gesamtwirtschaftlichen Neuorientierung, Berlin 1995

Gehrlein, Ulrich: Nachhaltigkeitsindikatoren zur Steuerung kommunaler Entwicklung, Wiesbaden 2004

Geiser, Klaus: Kommunalverfassung der Länder Mecklenburg-Vorpommern, Brandenburg, Sachsen-Anhalt, Sachsen, Thüringen. Textsammlung und Einführung, Regensburg 1990

Geißelmann, Friedrich: Die kommunalen Spitzenverbände, Berlin 1975

Gerhardt, Kurt/Maier, Wolfgang: Der kommunale Finanzausgleich in Baden-Württemberg, Stuttgart 1991

Gerlach, Jürgen/Reinkober, Norbert: Regionalisierung und Nahverkehrsplan. Eine Chance für kommunale Gebietskörperschaften, in: Internationales Verkehrswesen, 48 (1996) 4, S. 17-25

Getto, Elmar: Arbeitsplatzabbau von Januar bis Mitte November 2005 in Deutschland, in: Berliner Umschau http://www.rbi-akuell.de/cms/front_content.php?client=1&lang=1&idcat =29&idart =2815

Gewerkschaft öffentliche Dienste, Transport und Verkehr (ÖTV): Zur Privatisierung öffentlicher Dienstleistungen, Band I bis VI, Stuttgart 1977 - 1978

Giere, Gustav: Gemeindefinanzen (II): Empirischer Überblick, in: Handwörterbuch der Sozialwissenschaften (HdSW), 4. Band, Stuttgart u.a. 1965, S. 308-319

Giesen, Karl: Kostenrechnung in der kommunalen Haushaltswirtschaft. Handbuch für Praxis und Studium, Köln 1994

Glaser, Hermann: Kommunale Kulturpolitik. Bürgernahe Kultur in der Gemeinde, Bonn 1985

Glass, Claus-Peter: Die Realität der Kommunalaufsicht, Köln u.a. 1967

Gleitze, Jörg M./Klein, Richard R.: Grundlagen kommunaler Finanzpolitik. Das System der kommunalen Einnahmen (I + II), in: Das Wirtschaftsstudium (WISU), 3 (1974) 3, S. 123-127; 4, S. 179-183

Glickman, Norman J. (Hrsg.) The Urban Impacts of Federal Policies, Baltimore, MD u.a. 1980

Glotz-Richter, Michael u.a. (Hrsg.): Lokale Demokratie auf dem Prüfstand. Stadtstaaten und Stadtteilvertretungen im europäischen Vergleich, Bremen 1994

Glück, Horst: Parteien, Wahlen und politische Kultur in einer württembergischen Industrieregion, Diss. Tübingen 1990

Göb, Rüdiger: Kommunale Wirtschaftspolitik, in: AfK, 26 (1987) 1, S. 66-87

Göb, Rüdiger: Neue Möglichkeiten und Grenzen der Stadtentwicklungsplanung, in: Die Öffentliche Verwaltung, 43 (1990) 14, S. 582-601

Göb, Rüdiger/Helle, Horst-Jürgen u.a.: Stadtentwicklung - Von der Krise zur Reform, Bonn 1973

Götschel, Udo: Europa – Region – Kommune. Optimierung europäischer Mehrebenenpolitik durch die Euregio PAMINA?, Baden-Baden 2004

Götz, Markus: Politische Steuerung in der Kommune. Die Reform der Kommunalpolitik durch Netzwerke und Verhandlungssysteme, Düsseldorf 2001

Gothe, Heiko u.a.: Organisation, Politik und Vernetzung der Politik auf Kreisebene in den fünf neuen Bundesländern, Berlin 1996

Grabher, Gernot: De-Industrialisierung oder Neo-Industrialisierung? Innovationspolitik und Innovationsprozesse in traditionellen Industrieregionen, Berlin 1988

Grabher, Gernot: Wachstumskoalitionen und Verhinderungsallianzen, in: Informationen zur Raumentwicklung, 43 (1993) 11, S. 749-758

Grabow, Busso: Standorttendenzen und kommunale Standortpolitik im Dienstleistungssektor, in: AfK, 35 (1996a) 1, S. 173-195

Grabow, Busso u.a.: Lokale Innovations- und Technologiepolitik. Ergebnisse einer bundesweiten Erhebung, Berlin 1990

Grabow, Busso/Henckel, Dietrich: Produktionstechnologien und Raumentwicklung, Berlin 1986

Grabow, Busso (Hrsg.): Die Zukunft des Dienstleistungssektors in der Stadt. Dokumentation eines Workshops, Berlin 1996b

Grabow, Busso/Löhr, Rolf-Peter (Hrsg.): Einzelhandel und Stadtentwicklung. Vorträge und Ergebnisse einer Fachtagung, Berlin 1991

Gräber, Heinrich u.a.: Externe Kontrolle und regionale Wirtschaftspolitik, 2 Bde., Berlin 1987

Graf, Gerhard: Die finanzwirtschaftliche Bedeutung der deutschen Grundsteuer, in: Der Gemeindehaushalt, 86 (1985) 9, S. 208-210

Grauhan, Rolf-Richard: Die Wahl ansässiger und auswärtiger Bewerber zu Oberbürgermeistern, in: AfK, 1 (1962) 1, S.93-105

Grauhan, Rolf-Richard: Zur politischen Theorie der Stadt, in: AfK, 4 (1965a) 1, S. 87-111

Grauhan, Rolf-Richard: Der Oberbürgermeister als Verwaltungschef, in: PVS, 7 (1965b) 3, S. 302-324

Grauhan, Rolf-Richard: Stadtplanung und Politik, in: PVS, 8 (1966) 3, S. 392-406 (nachgedruckt in: Grauhan 1972, S. 181-198)

Grauhan, Rolf-Richard: Modelle politischer Verwaltungsführung, in: PVS, 10 (1969a) 2/3, S. 269-284

Grauhan, Rolf-Richard: Zur Struktur der planenden Verwaltung, in: Stadtbauwelt, 60 (1969b) 22, S. 132-137

Grauhan, Rolf-Richard: Politische Verwaltung. Auswahl und Stellung der Oberbürgermeister als Verwaltungschefs deutscher Großstädte, Freiburg 1970

Grauhan, Rolf-Richard: Der politische Willensbildungsprozeß in der Gemeinde. Kommunalpolitik in verengten Entscheidungsräumen, in: Der Bürger im Staat, 21 (1971) 3, S. 108-111 (nachgedruckt unter dem Titel: Der politische Willensbildungsprozeß in der Großstadt, in: Grauhan 1972, S. 145-162)

Grauhan, Rolf-Richard: Strukturwandlungen planender Verwaltung, Das Beispiel der Münchener Stadtentwicklungsplanung, in: Schäfers, Bernhard (Hrsg.): Gesellschaftliche Planung, Stuttgart 1973, S. 231-252

Grauhan, Rolf-Richard u.a.: Politikanalyse am Beispiel des Verstädterungsproblems, in: PVS, 12 (1971) 3, S. 413-451

Grauhan, Rolf-Richard/Linder, Wolf: Politik der Verstädterung, Frankfurt/M. 1974

Grauhan, Rolf-Richard (Hrsg.): Großstadt-Politik. Texte zur Analyse und Kritik lokaler Demokratie, Gütersloh 1972

Grauhan, Rolf-Richard (Hrsg.): Lokale Politikforschung 1 und 2, Frankfurt/M. u.a. 1975

Grawert, Rolf: Die Kommunen im Länderfinanzausgleich, Berlin 1989

Greenstone, J. David/Peterson, Paul E.: Race and Authority in Urban Politics. Community Participation and the War on Poverty, New York 1973

Grimme, Eduard W. P.: Zwischen Routine und Recherche. Eine Studie über Lokaljournalisten und ihre Informanten, Opladen 1991

Gröttrup, Hendrik: Die kommunale Leistungsverwaltung, 2. Aufl., Stuttgart 1976

Groser, Manfred: Das Privatisierungsthema in der politischen Willensbildung, in: APuZ, B14/1980, S. 3-15

Groser, Manfred: Soziallehren, in: Nohlen, Dieter (Hrsg.): Lexikon der Politik, Band 1: Politische Theorien, München 1995, S. 581-584

Groser, Manfred: Subsidiarität, in: Nohlen, Dieter (Hrsg.): Lexikon der Politik, Band 1: Politische Theorien, München 1995, S. 622-625

Große Siemer, Stephan: Die kommunale Wirtschaftsförderung und die Regionalpolitik der europäischen Gemeinschaften. Eine Untersuchung der Stellung der Kommunen in der Regionalpolitik der europäischen Gemeinschaften und der Grenzen der kommunalen Wirtschaftsförderung, Köln 1993

Großhans, Hartmut: Öffentlichkeit und Stadtentwicklungsplanung. Möglichkeiten der Partizipation, Düsseldorf 1972

Grottian, Peter/Nelles, Wilfried (Hrsg.): Großstadt und neue soziale Bewegungen, Basel u.a. 1983

Grüner, Hans u.a.: Die wohnungspolitischen Ausgaben der Kommunen 1975-1982, in: Bauwelt, 74 (1983), S. 456-457

Grüner, Hans u.a.: Rote Politik im schwarzen Rathaus? Bestimmungsfaktoren der wohnungspolitischen Ausgaben bundesdeutscher Großstädte, in: PVS, 29 (1988) 1, S. 42-57

Grunow, Dieter: Bürgernahe Verwaltung. Theorie, Empirie, Praxismodelle, Frankfurt/M. u.a. 1988

Grunow, Dieter: Constitutional Reform of Local Government in Germany: The Case of North Rhine-Westphalia (NRW), in: Local Government Studies, 18 (1992) 1, S. 44-59

Grunow, Dieter/Wollmann, Hellmut (Hrsg.): Lokale Verwaltungsreform in Aktion: Fortschritte und Fallstricke, Basel u.a. 1998

Grzywatz, Berthold: Staat und Gemeinde im 19. Jahrhundert. Zum Verhältnis von kommunaler Selbstverwaltung und staatlichen Gemeindeaufgaben in Preußen, in: AfK, 34 (1995) 1, S. 30-54

Gschwind, Friedemann/Henckel, Dietrich: Innovationszyklen der Industrie - Lebenszyklen der Städte, in: Stadtbauwelt, 82 (1984) 24, S. 134-137

Güßefeldt, Jörg: Zentrale Orte - ein Zukunftskonzept für die Raumplanung!, in: Raumforschung und Raumordnung, 55 (1997) 4/5, S. 327-336

Güttler, Helmuth u.a.: Großflächige Einzelhandelseinrichtungen in den neuen Ländern, Bonn 1995

Gunlicks, Arthur B.: Local Government in the German Federal System, Durham, MA 1986

Haasis, Hans-Arthur: Kommunalpolitik und Machtstruktur. Eine Sekundäranalyse deutscher empirischer Gemeindestudien, Frankfurt/M. 1978

Haasis, Hans-Arthur: Bodenpreise, Bodenmarkt und Stadtentwicklung, München 1987

Haasis, Hans-Arthur: Industriestädte im Wandel: Der Fall Mannheim, Baden-Baden 1990

Haass, Heinrich: Sport und kommunale Entwicklungsplanung am Beispiel der Sportstättenplanung. Eine Untersuchung planungssoziologischer Determinanten für die Sportstättenleitplanung, Münster u.a. 1990

Habermas, Jürgen: Strukturwandel der Öffentlichkeit, Frankfurt/M. 1973

Haenisch, Horst/Schröter, Klaus: Zum politischen Potential der Lokalpresse, in: Zoll, Ralf (Hrsg.): Manipulation der Meinungsbildung, Opladen 1971, S. 242-279

Häßler, Susanne: Lokale Agenda 21 - Zukunftsbeständigkeit als kommunales Handlungsprogramm, in: Die Gemeinde. Kommunalzeitschrift des Gemeindetags Baden-Württemberg (BWGZ), 120 (1997) 4, S. 101-105

Häußermann, Hartmut/Siebel, Walter: Neue Formen der Stadt- und Regionalpolitik, in: AfK, 33 (1994) 1, S. 32-45

Häußermann, Hartmut/Siebel, Walter: Soziologie des Wohnens. Eine Einführung in Wandel und Ausdifferenzierung des Wohnens, Weinheim 1996

Häußermann, Hartmut (Hrsg.): Ökonomie und Politik in alten Industrieregionen Europas. Probleme der Stadt- und Regionalentwicklung in Deutschland, Frankreich, Großbritannien und Italien, Basel u.a. 1992

Häußermann, Hartmut/Siebel, Walter (Hrsg.): Festivalisierung der Stadtpolitik. Stadterneuerung durch große Projekte, Opladen 1993

Hall, Peter: The Geographie of the Fifth Kondratieff Cycle, in: New Society, 55 (1981) 3, S. 535-537

Hamberger, Wolfgang: Motive und Wirkungen des Kommunalwahlverhaltens in Baden-Württemberg, Diss. Heidelberg 1966

Hanesch, Walter (Hrsg.): Überlebt die soziale Stadt? Konzeption, Krise und Perspektiven kommunaler Sozialstaatlichkeit, Opladen 1996

Grunow, Dieter: Bürgernahe Verwaltung. Theorie, Empirie, Praxismodelle, Frankfurt/M. u.a. 1988

Grunow, Dieter: Constitutional Reform of Local Government in Germany: The Case of North Rhine-Westphalia (NRW), in: Local Government Studies, 18 (1992) 1, S. 44-59

Hansmeyer, Karl-Heinrich: Gewerbesteuer, in: Handwörterbuch der Wirtschaftswissenschaft (HdWW), 3. Band, Stuttgart u.a. 1988, S. 617-633

Hansmeyer, Karl-Heinrich: Finanzprobleme der Gemeinden, in: AfK, 36 (1997) 2, S. 193-209

Hansmeyer, Karl-Heinrich/Zimmermann, Horst: Möglichkeiten der Einführung eines Hebesatzrechts beim gemeindlichen Einkommensteueranteil, in: AfK, 32 (1993) 2, S. 221-244

Hansmeyer, Karl-Heinrich (Hrsg.): Kommunale Finanzpolitik in der Weimarer Republik, Stuttgart u.a. 1973

Hanusch, Horst/Rauscher, Gerhard: Gemeinden II: Kommunale Wirtschafts- und Sozialpolitik, in: Handwörterbuch der Wirtschaftswissenschaft (HdWW), 3. Band, Stuttgart u.a. 1988, S. 495-507

Hartwich, Hans Hermann: Sozialstaatspostulat und gesellschaftlicher Status quo, Köln u.a. 1970

Hartwich, Hans Hermann: Die Entwicklung der deutschen Staatsverschuldung seit der Wiedervereinigung, in: Gegenwartskunde, 46 (1997) 2, S. 325-354

Hartwich, Hans Hermann (Hrsg.): Vollzug und Wirkungen regionaler Umweltpolitik, Opladen 1984

Hatzfeld, Ulrich: Interkommunale Zusammenarbeit bei der Ansiedlung und Entwicklung großflächiger Einzelhandelseinrichtungen, in: Raumforschung und Raumordnung, 47 (1989) 5/6, S. 307-318

Haus, Michael u.a.: Partizipation und Führung in der lokalen Politik, Baden-Baden 2005

Haus, Michael (Hrsg.): Institutionen, Wandel und Kaderpolitik in Deutschland. Zwischen Innovation und Beharrung, Wiesbaden 2005

Haus, Wolfgang (Hrsg.): Kommunalwissenschaftliche Forschung, Stuttgart u.a. 1966

Haus, Wolfgang u.a. (Hrsg.): Wie funktioniert das? Städte, Kreise und Gemeinden, Mannheim u.a. 1986

Heffter, Heinrich: Die deutsche Selbstverwaltung im 19. Jahrhundert, Geschichte der Ideen und Institutionen, 2. Aufl., Stuttgart 1969

Heidt, Elisabeth: Staatstheorien. Politische Herrschaft und bürgerliche Gesellschaft, in: Neumann, Franz (Hrsg.): Politische Theorien und Ideologien, Band 1, 2. Aufl., Opladen 1998, S. 381-446

Heilemann, Ullrich/Rappen, Hermann: Sieben Jahre deutsche Einheit: Rückblick und Perspektiven in fiskalischer Sicht, in: APuZ, B40-41/1997, S. 38-46

Hein, Edgar: Künftig weniger Ärger bei Erschließungen?, in: Demokratische Gemeinde 29, (1977) 12, S. 1060ff.

Heinelt, Hubert (Hrsg.): Politiknetzwerke und europäische Strukturfondsförderung. Ein Vergleich zwischen EU-Mitgliedstaaten, Opladen 1996

Heinelt, Hubert/Mayer, Margit (Hrsg.): Politik in europäischen Städten. Fallstudien zur Bedeutung lokaler Politik, Basel u.a. 1992

Heinelt, Hubert/Mayer, Margit (Hrsg.): Modernisierung der Kommunalpolitik. Neue Wege zur Ressourcenmobilisierung, Opladen 1997

Heinelt, Hubert/Mühlich, Eberhard (Hrsg.): Lokale „Agenda 21"-Prozesse. Erklärungsansätze, Konzepte und Ergebnisse, Opladen 2000

Heinelt, Hubert/Wollmann, Hellmut (Hrsg.): Brennpunkt Stadt. Stadtpolitik und lokale Politikforschung in den 80er und 90er Jahren, Basel u.a. 1991

Heinrich-Böll-Stiftung (Hrsg.): Kommunale Politik in Europa. Über Selbstverwaltung und Grüne Politik in den europäischen Kommunen, Berlin 2004

Heinz, Rainer: Bürger, Politik, Verwaltung: Management braucht Manager. Wie kann es mit der kommunalen Verwaltungsreform weiter gehen?, In: KGSt, 26 (2001) 15, Sonder-Info, S. 5-7

Heinz, Werner: EU-Aktivitäten deutscher Städte und Gemeinden. Ergebnisse einer aktuellen DIFU-Umfrage, in: DIFU-Berichte, 2/2006, S. 20-22

Heinze, Rolf G. u.a.: Arbeit und Umwelt in der Kommunalpolitik, in: APuZ, B46-47/1986, S. 14-28

Heinze, Rolf G. u.a.: Integrierte Umwelt- und Beschäftigungspolitik als Perspektive für alte Industrieregionen, in: Jahrbuch Arbeit und Technik in Nordrhein-Westfalen 1987, S. 353-373

Heinze, Rolf G. (Hrsg.): Neue Subsidiarität. Leitidee für eine zukünftige Sozialpolitik, Opladen 1986

Heinze, Rolf G./Voelzkow, Helmut (Hrsg.): Regionalisierung der Strukturpolitik in Nordrhein-Westfalen, Opladen 1997

Heitmüller, Hans-Michael: "Standort": hier - eine Initiative der deutschen Sparkassenorganisation, in: Sparkasse, 113 (1996) 7, S. 304-309

Helbrecht, Ilse: „Stadtmarketing". Konturen einer kommunikativen Stadtentwicklungspolitik, Basel u.a. 1994

Hellstern, Gerd-Michael/Wollmann, Hellmut: Perspektiven einer praxisnahen lokalen Politikforschung, in: Bermbach, Udo (Hrsg.): Politische Wissenschaft und politische Praxis, Opladen 1978, S. 316-342 (= PVS-Sonderheft 9)

Hellstern, Gerd-Michael u.a. (Hrsg.): Applied Urban Research, 3 Bde., Bonn-Bad Godesberg 1982

Hellstern, Gerd-Michael/Wollmann, Hellmut (Hrsg.): Evaluierung und Erfolgskontrolle in Kommunalpolitik und -verwaltung, Basel u.a. 1984

Henckel, Dietrich: Recycling von Gewerbeflächen, in: AfK, 21 (1982) 2, S. 236-255

Henckel, Dietrich u.a.: Informationstechnologie und Stadtentwicklung, Stuttgart 1984

Henckel, Dietrich/Hollbach, Beate: Neue Techniken auf alten Flächen. Der Beitrag technikintensiver Betriebe zur Revitalisierung des Ruhrgebiets, Berlin 1991

Henneke, Hans-Günter: Die Kommunen in der Finanzverfassung des Bundes und der Länder, Wiesbaden 1994

Henneke, Hans-Günter u.a.: Die Kreise im Bundesstaat. Zum Standort der Kreise im Verhältnis zu Bund, Ländern und Gemeinden, Baden-Baden 1994

Henneke, Hans-Günter (Hrsg.): Aktuelle Entwicklungen der inneren Kommunalverfassung: zur künftigen Austarierung des Verhältnisses von effizienter Verwaltung, steuernder Vertretungskörperschaft und verstärkter Bürgerbeteiligung, Stuttgart u.a. 1996

Henning, Max: Geschäftsordnungslexikon für Gemeindevertreter, Bonn-Bad Godesberg 1969

Hennis, Wilhelm u.a. (Hrsg.): Regierbarkeit. Studien zu ihrer Problematisierung, Band 1, Stuttgart 1977

Hennis, Wilhelm u.a. (Hrsg.): Regierbarkeit. Studien zu ihrer Problematisierung, Band 2, Stuttgart 1979

Hensel, Horst (Hrsg.): Republique en miniature. Eine Schrift für Alfred Gleisner, Köln 1974

Herlyn, Ulfert/Hunger, Bernd (Hrsg.): Ostdeutsche Wohnmilieus im Wandel. Eine Untersuchung ausgewählter Stadtgebiete als sozialplanerischer Beitrag zur Stadterneuerung, Basel u.a. 1994

Hermens, Ferdinand A.: Verfassungslehre, 2. Aufl., Köln u.a. 1968

Hesse, Joachim Jens: Stadtentwicklungsplanung. Zielfindungsprozess und Zielvorstellung, Stuttgart u.a. 1972

Hesse, Joachim Jens: Politische Planung im Kommunalbereich, in: Die Verwaltung, 7 (1974) 3, S. 273-304

Hesse, Joachim Jens: Kommunale Entwicklungsplanung. Zum Stand der Kunst, in: AfK, 14 (1975) 2, S. 279-294

Hesse, Joachim Jens: Organisation kommunaler Entwicklungsplanung. Anspruch, Inhalt und Reichweite von Reorganisationsvorstellungen für das kommunale politisch-administrative System, Stuttgart u.a. 1976

Hesse, Joachim Jens/Ellwein, Thomas: Das Regierungssystem der Bundesrepublik Deutschland. Band 1: Text, 7. Aufl., Opladen 1992

Hesse, Joachim Jens (Hrsg.): Politikverflechtung im föderativen Staat. Studien zum Planungs- und Finanzierungsverbund zwischen Bund, Ländern und Gemeinden, Baden-Baden 1978

Hesse, Joachim Jens (Hrsg.): Erneuerung der Politik "von unten"? Stadtpolitik und kommunale Selbstverwaltung im Umbruch, Opladen 1986

Hesse, Joachim Jens (Hrsg.): Zur Situation der kommunalen Selbstverwaltung heute. Stadtpolitik und kommunale Selbstverwaltung im Umbruch, Baden-Baden 1987

Hesse, Joachim Jens (Hrsg.): Kommunalwissenschaften in der Bundesrepublik Deutschland, Baden-Baden 1989

Hesse, Joachim Jens u.a. (Hrsg.): Staat und Gemeinden zwischen Konflikt und Kooperation, Baden-Baden 1983

Hesse, Joachim Jens/Wollmann, Hellmut (Hrsg.): Probleme der Stadtpolitik in den 80er Jahren, Frankfurt/M. u.a. 1983

Hessisches Landesamt für Umwelt und Geologie: Lokale Agenda 21 – Sport und Kommunen, Wiesbaden 2000

Heuer, Hans: Sozialökonomische Bestimmungsfaktoren der Stadtentwicklung, Stuttgart u.a. 1975

Heuer, Hans: Wohnungspolitik, in: AfK, 21 (1982) 1, S. 48-68

Heuer, Hans: Instrumente kommunaler Gewerbepolitik. Ergebnisse empirischer Erhebungen, Stuttgart u.a. 1985

Heuer, Hans/Schäfer, Rudolf: Stadtflucht, Stuttgart u.a. 1978

Heuß, Theodor: Demokratie und Selbstverwaltung, Berlin 1921

Hill, Hermann: Die politisch-demokratische Funktion der kommunalen Selbstverwaltung nach der Reform, Baden-Baden 1987

Hill, Hermann: Ziele der Verwaltungsmodernisierung, in: Der Landkreis, 65 (1995) 8-9, S. 357-360

Hill, Hermann: Verwaltung im Umbruch, Speyer 1997

Hill, Hermann (Hrsg.): Die begreifbare Stadt, Heidelberg 1994

Hill, Hermann/Klages, Helmut (Hrsg.): Qualitäts- und erfolgsorientiertes Verwaltungsmanagement. Aktuelle Tendenzen und Entwürfe, Berlin 1993

Hillmann, Gert: Bemerkungen zu einer Kommunalverfassungsreform in Niedersachsen und Nordrhein-Westfalen, in: Die Öffentliche Verwaltung, 45 (1992) 2, S. 41-49

Hilterscheid, Hermann: Industrie und Gemeinde. Die Beziehungen zwischen der Stadt Wolfsburg und dem Volkswagenwerk und ihre Auswirkungen auf die kommunale Selbstverwaltung, Berlin 1970

Hirsch, Paul: Kommunale Wohnungspolitik, Berlin 1906

Hirsch, Paul: Kommunalpolitische Probleme, Leipzig 1920

Hoffmann, Gert: Die sogenannte Zweigleisigkeit der Niedersächsischen Kommunalverfassung. Ein Beitrag zur aktuellen Reformdiskussion, Gifhorn 1987

Hoffmann, Gert: Die Abwahl kommunaler Wahlbeamter als Konsequenz ihrer Einbindung in die Politik, in: Die Öffentliche Verwaltung, 43 (1990) 8, S. 320-325

Hoffmann, Jürgen: Schwarz-grüne Bündnisse in der Kommunalpolitik - Gründe, Erfahrungen, Folgerungen, Sankt Augustin 1997

Hoffmann, Pierre/Patellis, Nikitas: Demokratie als Nebenprodukt. Versuch einer öffentlichen Planung, München 1971

Hofmann, Wolfgang: Zwischen Rathaus und Reichskanzlei. Die Oberbürgermeister in der Kommunal- und Staatspolitik des Deutschen Reiches von 1890 bis 1933, Stuttgart u.a. 1974

Hollbach-Grömig, Beate: Kommunale Wirtschaftsförderung in den 90er Jahren. Ergebnise einer Umfrage, Berlin 1996

Holler, Wolfgang/Naßmacher, Karl-Heinz: Rat und Verwaltung im Prozeß kommunalpolitischer Willensbildung, in: APuZ, B4/1976, S. 3-31 (nachgedruckt in: Frey 1976a, S. 141-181; Borgerding u.a. 1978, S. 223-263 und Köser 1979, S. 275-319)

Holst-Glöss, Peter u.a.: Wirtschaftsförderung. Anforderungen an eine offensive Strategie, in: RaumPlanung, 59 (1992) 3, S. 209-214

Holtkamp, Lars: Kommunale Haushaltspolitik in NRW – Haushaltslage – Konsolidierungspotentiale – Sparstrategien, Opladen 2000

Holtkamp, Lars: Über Haushaltssicherungskonzepte und kommunale Befreiungsschläge, in: GAR-Rundbrief, 1/2003, S. 6 f.

Holtkamp, Lars: Parteien in der Kommunalpolitik. Konkordanz- und Konkurrenzdemokratien im Bundesländervergleich, Hagen 2003

Holtkamp, Lars: Kommunale Konkurrenz- und Konkordanzdemokratie im Vergleich, in: PVS, 47 (2006) 4, S. 641–661

Holtmann, Everhard: Kommunalpolitik im politischen System der Bundesrepublik, in: APuZ, B25/1990, S. 3-14

Holtmann, Everhard u.a.: Wohnen und Wohnungspolitik in der Großstadt. Eine empirische Untersuchung über Wohnformen, Wohnwünschen und kommunalpolitische Steuerung, Opladen 1996

Holtmann, Everhard/Killisch, Winfried: Gemeindegebietreform und politische Partizipation. Einstellungen in der fränkischen „Rebellengemeinde" Ermershausen, in: APuZ, B30-31/1989, S. 27-39

Holtmann, Everhard/Meisel, Dirk: Zwischen Restriktion und Anpassungsflexibilität. Die kommunale Implementaion wohnungspolitischer Förderprogramme 1991-1994 in Sachsen-Anhalt und Sachsen im Kontext von Umbruch und Interessenvermittlung, KSPW-Forschungsbericht (unveröffentlicht) 1995

Holtzmann, Hans-Dieter: Regionalpolitik der Europäischen Union. Eine Erfolgskontrolle in theoretischer und empirischer Sicht, Berlin 1997

Hoppe, Ulrich: Öffentliche Unternehmen und private Endverbraucher, Bochum 1982

Hoppenstedt, Dietrich H.: Herausforderungen für die deutsche Sparkassenorganisation, in: Sparkasse, 112 (1995) 6, S. 268f.

Horstkötter, Marianne: Frauen in der Kommunalpolitik. Einflußfaktoren auf die politische Partizipation von Frauen in kommunalen Räten. Eine Regionalstudie, Frankfurt/M. 1990

Hotz, Dieter: Zweckzuweisungen und kommunales Investitionsverhalten. Ein Beitrag zur empirischen Wirkungsforschung, Bonn 1987

Howlett, Michael/Ramesh, M.: Policy-Instrumente, Policy-Lernen und Privatisierung. Theoretische Erklärungen für den Wandel der Instrumentenwahl, in: Heritier, Adrienne (Hrsg.): Policy-Analyse. Kritik und Neuorientierung (= PVS-Sonderheft 24), Opladen 1993, S. 245-263

Hucke, Jochen u.a.: Implementation kommunaler Umweltpolitik, Frankfurt/M. u.a. 1980

Hucke, Jochen/Ueberhorst, Reinhard (Hrsg.): Kommunale Umweltpolitik, Basel u.a. 1983

Hucke, Jochen /Wollmann, Hellmut (Hrsg.): Dezentrale Technologiepolitik? Technikförderung durch Bundesländer und Kommunen, Basel 1989a

Hucke, Jochen /Wollmann, Hellmut (Hrsg.): Altlasten im Gewirr administrativer (Un-)Zuständigkeiten. Analyse zweier Altlastenfälle in Berlin (West), Basel 1989b

Hübner, Horst: Von lokalen Sportverhaltensstudien zur kommunalen Sportstättenentwicklungsplanung. Beiträge zu einer zeitgemäßen kommunalen Sportentwicklung, Münster u.a. 1994

Hunter, Floyd: Community Power Structure. A Study of Decision Makers, Chapel Hill, NC 1953

Iben, Gerd: Armut und Wohnungsnot in der Bundesrepublik Deutschland, in: APuZ, B49/1992, S. S. 19-29

Icks, Annette/Kayser, Günter: Kommunale Wirtschaftspolitik in den neuen Bundesländern unter besonderer Berücksichtigung des Gewerbeflächenmarktes, Stuttgart 1994

Iglhaut, Josef (Hrsg.): Wirtschaftsstandort Deutschland mit Zukunft. Erfordernisse einer aktiven und zielorientierten Wirtschaftsförderung, Wiesbaden 1994

Inglehart, Ronald: The Silent Revolution: Changing Values and Political Styles Among Western Publics, Princeton, NJ 1977

Inglehart, Ronald: Modernisierung und Postmodernisierung. Kultureller und wirtschaftlicher Wandel in 43 Gesellschaften, Frankfurt/M. 1998

Innenminister des Landes Nordrhein-Westfalen: Umfrage zu den Bedingungen der Kommunalpolitik in Nordrhein-Westfalen, Düsseldorf 1989

Innenministerium Baden-Württemberg (Stabsstelle Verwaltungsstruktur, Information und Kommunikation): Leitfaden Aufgabenanalyse, Stuttgart 1991

Innenministerium Baden-Württemberg (Hrsg.): Kommunaler Produktplan Baden-Württemberg, Stuttgart 1996

Innenministerium des Landes Nordrhein-Westfalen: Reform der Kommunalverfassung in Nordrhein-Westfalen, Düsseldorf 1991

Institut Finanzen und Steuern e.V.: Zur Verkoppelung und Begrenzung der Realsteuerhebesätze, Bonn 1975

Institut Finanzen und Steuern e.V.: Entwicklung der Realsteuerhebesätze mit 50.000 und mehr Einwohnern im Jahr 2001 gegenüber 2000, Bonn 2001

Institut Finanzen und Steuern e.V.: Entwicklung der Realsteuerhebesätze mit 50.000 und mehr Einwohnern im Jahr 2003 gegenüber 2002, Bonn 2003

Institut Finanzen und Steuern e.V.: Entwicklung der Realsteuerhebesätze mit 50.000 und mehr Einwohnern im Jahr 2004 gegenüber 2003, Bonn 2004

Institut Finanzen und Steuern e.V.: Entwicklung der Realsteuerhebesätze mit 50.000 und mehr Einwohnern im Jahr 2005 gegenüber 2004, Bonn 2005

Institut Wohnen und Umwelt (IWU): Kommunale Wohnungspolitik. Ergebnisse einer Untersuchung in 15 Großstädten, Darmstadt 1982

Ipsen, Jörn (Hrsg.): Kontinuität oder Reform. Die Gemeindeverfassung auf dem Prüfstand, Köln u.a. 1990

Ipsen, Jörn (Hrsg.): Kommunale Aufgabenerfüllung im Zeichen der Finanzkrise, 5. Bad Iburger Gespräche, Baden-Baden 1995

Jaedicke, Wolfgang/Wollmann, Hellmut: Wohnungspolitik zwischen Staatsintervention und Markt, in: von Beyme, Klaus/Schmidt, Manfred G. (Hrsg.): Politik in der Bundesrepublik Deutschland, Opladen 1990, S. 203-226

Jaedicke, Wolfgang (Hrsg.): Kommunale Aktionsverwaltung für Stadterneuerung und Umweltschutz, Köln 1990

Jaedicke, Wolfgang (Hrsg.): Lokale Politik im Wohlfahrtsstaat. Zur Sozialpolitik der Gemeinden und ihrer Verbände in der Beschäftigungskrise, Opladen 1991

Jahndel, Katrin: Kommunale Fraktionen, Stuttgart u.a. 1990

Jann, Werner u.a. (Hrsg.): Status-Report Verwaltungsreform – eine Zwischenbilanz nach 10 Jahren, Berlin 2004, S. 64–74

Janning, Hermann (Hrsg.): Das Modell Soest. Der Umbau der Kommunalverwaltung auf Kreisebene, Stuttgart 1994

Jansen, Dorothea: Mediationsverfahren in der Umweltpolitik, in: PVS, 38 (1997) 2, S. 274-297

Jansen, Dorothea/Schubert, Klaus (Hrsg.): Netzwerk und Politikproduktion. Konzepte, Methoden, Perspektiven, Marburg 1995

Jarren, Otfried: Kommunale Kommunikation. Eine theoretische und empirische Untersuchung kommunaler Kommunikationsstrukturen unter besonderer Berücksichtigung lokaler und sublokaler Medien, München 1984

Jarren, Otfried: Kommunikationsstrukturen und Lokalmedien auf dem Lande, in: APuZ, B35/1985, S. 19-29

Jauch, Dieter: Auswirkungen der Verwaltungsreform in ländlichen Gemeinden, dargestellt an 14 Gemeinden in Baden Württemberg, Stuttgart 1975

Jenkis, Helmut W.: Wenn Wohnungsleerstand zum Dauerproblem wird, in: FAZ vom 08.09.2006

Jenkis, Helmut W. (Hrsg.): Kompendium der Wohnungswirtschaft, München u.a. 1991

Jessen, Johann: Nutzungsmischung im Städtebau. Trends und Gegentrends, in: Informationen zur Raumentwicklung, 45 (1995) 6/7, S. 391-404

Jessen, Johann: Der Weg zur Stadt der kurzen Wege – versperrt oder nur zu lang? Zur Attraktivität eines Leitbildet, in: AfK, 46 (1996) 1, S. 1-19

Joachim, Peter/Tank, Hannes: Dienstleistungssektor und kommunale Wirtschaftsförderung. Notwendigkeit und Möglichkeiten einer Erweiterung der Wirtschaftsförderung im Strukturwandel, Opladen 1983

Jonscher, Norbert: Inhalte und Defizite des lokalen Teils in der deutschen Tagespresse, Diss. Göttingen 1989

Jonscher, Norbert: Einführung in die lokale Publizistik. Theorie und Praxis der örtlichen Berichterstattung von Rundfunk, Tagespresse und Alternativmedien. Inhaltliche Defizite, ihre Ursachen und neue Konzeptionen, Opladen 1991

Joseph, Matthias: Die Bedeutung des Standortmarketing für die Wirtschaftsförderung der Kommunen, in: Sparkasse, 113 (1996) 8, S. 353-359

Jung, Otmar: Direkte Demokratie in der Weimarer Republik. Die Fälle "Aufwertung", "Fürstenenteignung", "Panzerkreuzerverbot" und "Youngplan", Frankfurt/M. u.a. 1989

Jung, Otmar: Daten zu Volksentscheiden in Deutschland auf Landesebene (1946-1992), in: ZParl, 24 (1993) 1, S. 5-13

Jungfer, Klaus: Die Stadt in der Krise. Ein Manifest für starke Kommunen, Bonn 2005

Junkernheinrich, Martin: Gemeindefinanzen. Theoretische und methodische Grundlagen ihrer Analyse, Berlin 1991

Junkernheinrich, Martin: Reform des Gemeindefinanzsystems: Mission Impossible?, in: Vierteljahreshefte zur Wirtschaftsforschung, 72 (2003) 3, S. 423–443

Junkernheinrich, Martin: Wege aus der kommunalen Finanzkrise, oder: wie könnte ein zukunftsfähig Gemeindefinanzsystem aussehen?, in: Analytika. Forum öffentliche Finanzen, 8/2004, S. 29–39

Kaack, Heino: Die Basis der Parteien. Struktur und Funktionen der Ortsvereine, in: ZParl, 2 (1971a) 1, S. 23-38

Kaack, Heino: Geschichte und Struktur des deutschen Parteiensystems, Köln und Opladen 1971b

Kaase, Max u.a. (Hrsg.): Politisches System, Opladen 1996

Kästner, Hans-Gerd: Kommunalpolitik im Spiegel lokaler Medien. Eine empirisch-analytische Studie über Politikvermittlung in einer ostdeutschen Mittelstadt, in: Deutschland-Archiv, 33 (2000), S. 934–940

Kaltefleiter, Werner: Die Produktivität ist miserabel, in: Wirtschaftswoche, 37/1975, S. 42-48

Kanitz, Horst u.a.: Grundlagen der Kommunalpolitik, Recklinghausen 1980

Kannen, Irmtraut: Und das soll Demokratie gewesen sein? Konflikte und Harmonie im Gemeinderat am Beispiel der Stadt Cloppenburg 1981-1991, Oldenburg 1996

Karrenberg, Hanns: Die Bedeutung der Gewerbesteuer für die Städte, Köln 1985

Karrenberg, Hanns: Die Finanzausstattung der Kommunen in den neuen Bundesländern, in: Seibel, Wolfgang/Benz, Arthur (Hrsg.): Verwaltungsreform und Verwaltungspolitik im Prozeß der deutschen Einigung, Baden-Baden 1993, S. 288-308

Karrenberg, Hanns/Münstermann, Engelbert: Gemeindefinanzbericht 1982, in: Der Städtetag, 35 (1982) 2, S. 97-130

Karrenberg, Hanns/Münstermann, Engelbert: Gemeindefinanzbericht 1983, in: Der Städtetag, 36 (1983) 2, S. 69-108

Karrenberg, Hanns/Münstermann, Engelbert: Gemeindefinanzbericht 1984, in: Der Städtetag, 37 (1984) 2, S. 81-119

Karrenberg, Hanns/Münstermann, Engelbert: Gemeindefinanzbericht 1985, in: Der Städtetag, 38 (1985) 2, S. 72-117

Karrenberg, Hanns/Münstermann, Engelbert: Gemeindefinanzbericht 1986, in: Der Städtetag, 39 (1986) 2, S. 75-123

Karrenberg, Hanns/Münstermann, Engelbert: Gemeindefinanzbericht 1987, in: Der Städtetag, 40 (1987) 2, S. 48-97

Karrenberg, Hanns/Münstermann, Engelbert: Gemeindefinanzbericht 1988, in: Der Städtetag, 41 (1988) 2, S. 63-114

Karrenberg, Hanns/Münstermann, Engelbert: Gemeindefinanzbericht 1989, in: Der Städtetag, 42 (1989) 2, S. 86-129

Karrenberg, Hanns/Münstermann, Engelbert: Gemeindefinanzbericht 1990, in: Der Städtetag, 43 (1990) 2, S. 82-135

Karrenberg, Hanns/Münstermann, Engelbert: Gemeindefinanzbericht 1991, in: Der Städtetag, 44 (1991) 2, S. 80-140

Karrenberg, Hanns/Münstermann, Engelbert: Gemeindefinanzbericht 1992, in: Der Städtetag, 45 (1992) 2, S. 58-131

Karrenberg, Hanns/Münstermann, Engelbert: Gemeindefinanzbericht 1993, in: Der Städtetag, 46 (1993) 2, S. 60-153

Karrenberg, Hanns/Münstermann, Engelbert: Gemeindefinanzbericht 1994, in: Der Städtetag, 47 (1994) 3, S. 134-219

Karrenberg, Hanns/Münstermann, Engelbert: Gemeindefinanzbericht 1995, in: Der Städtetag, 48 (1995) 3, S. 115-193

Karrenberg, Hanns/Münstermann, Engelbert: Gemeindefinanzbericht 1996, in: Der Städtetag, 49 (1996) 3, S. 119-211

Karrenberg, Hanns/Münstermann, Engelbert: Gemeindefinanzbericht 1997, in: Der Städtetag, 50 (1997) 3, S. 129-209

Karrenberg, Hanns/Münstermann, Engelbert: Gemeindefinanzbericht 1998, in: Der Städtetag, 51 (1998) 3, S. 143-214

Karrenberg, Hanns/Münstermann, Engelbert: Gemeindefinanzbericht 2000 (Kurzfassung), in: Der Städtetag, 53 (2000) 4, S. 4–16

Karrenberg, Hanns/Münstermann, Engelbert: Gemeindefinanzbericht 2002 (Kurzfassung), in: Der Städtetag, 55 (2002) 4, S. 4–13

Karrenberg, Hanns/Münstermann, Engelbert: Gemeindefinanzbericht 2003 (Kurzfassung), in: Der Städtetag, 56 (2003) 9, S. 4–9

Karrenberg, Hanns/Münstermann, Engelbert: Gemeindefinanzbericht 2004, in: Der Städtetag, 57 (2004), S. 2–92

Karrenberg, Hanns/Münstermann, Engelbert: Gemeindefinanzbericht 2005, in: Der Städtetag, 58 (2005) 5, S. 2–100

Karrenberg, Hanns/Münstermann, Engelbert: Gemeindefinanzbericht 2006, in: Der Städtetag, 59 (2006) 5, S. 5-78

Kaufmann, Franz-Xaver (Hrsg.): Bürgernahe Gestaltung der sozialen Umwelt. Probleme und theoretische Perspektiven eines Forschungsverbundes, Meisenheim 1977

Kempf, Thomas u.a.: Die Arbeitssituation von Ratsmitgliedern. Verbesserungsmöglichkeiten durch Fortbildung, Organisation der Fraktionsarbeit und Einrichtung von Stadtteilvertretungen, Berlin 1989

Kenis, Patrick/Schneider, Volker: Policy-Networks and Policy-Analysis. Scrutinizing a New Analytical Toolbox, in: Marin, Bernd/Mayntz, Renate (Hrsg.): Policy Networks, Frankfurt/M. 1991, S. 25-62

Kenis, Patrick/Schneider, Volker (Hrsg.): Organisation und Netzwerk. Institutionelle Steuerung in Wirtschaft und Politik, Frankfurt/M. u.a. 1996

Kevenhörster, Paul: Politik ohne Parteien? Kommunalpolitische Funktionen politischer Parteien in amerikanischen Städten, in: Kühr, Herbert (Hrsg.): Vom Milieu zur Volkspartei. Funktionen und Wandlungen der Parteien im kommunalen und regionalen Bereich, Königstein/Ts. 1979, S. 279–349

Kevenhörster, Paul: Politikwissenschaft, Band 1: Entscheidungen und Strukturen der Politik, Opladen 1997; 2. Aufl. 2003

Kevenhörster, Paul u.a.: Kommunales Wahlverhalten, Bonn 1976

Kevenhörster, Paul u.a.: Politik in einer neuen Großstadt. Entscheidungen im Spannungsfeld von City und Stadtbezirken, Opladen 1980

Kevenhörster, Paul/Uppendahl, Herbert: Gemeindedemokratie in Gefahr? Zentralisierung und Dezentralisierung als Herausforderungen lokaler Demokratie in Japan und der Bundesrepublik Deutschland, Baden-Baden 1987

Kevenhörster, Paul (Hrsg.): Lokale Politik unter exekutiver Führerschaft, Meisenheim 1977

Kevenhörster, Paul/Wollmann, Helmut (Hrsg.): Kommunalpolitische Praxis und lokale Politikforschung, Berlin 1978

KGSt: s. Kommunale Gemeinschaftsstelle für Verwaltungsvereinfachung

Kieser, Alfred (Hrsg.): Organisationstheorien, Stuttgart u.a. 1993

Kießler, Otfried/Korte, Hermann: Soziale Stadtplanung. Das Städtebauförderungsgesetz, Sozialwissenschaftliche Analysen, Sozialpolitische Forderungen, Düsseldorf 1975

Killian, Werner u.a. (Hrsg.): Ausgliederung und Privatisierung in Kommunen. Empirische Befunde zur Struktur kommunaler Aufgabenwahrnehmung, Berlin 2006

King, Desmond S./Pierre, Jon (Hrsg.): Challenges to Local Government, London u.a. 1990

Kirchgässner, Bernhard/Schadt, Jörg (Hrsg.): Kommunale Selbstverwaltung. Idee und Wirklichkeit, Sigmaringen 1983

Kirchhof, Ferdinand: Die Rechtsmaßstäbe der Kreisumlage. Zu den Aufgaben der Kreise und den Wirkungen rechtswidriger Aufgabenwahrnehmung auf die Festsetzung von Kreisumlagen, Baden-Baden 1995

Kirchhof, Ferdinand/Meyer, Hubert (Hrsg.): Kommunaler Finanzausgleich im Flächenbundesland, Baden-Baden 1996

Kirchhoff, Ulrich/Müller-Godeffroy, Heinrich: Lokale Wirtschafts- und Innovationsförderung. Ansatzpunkte, Instrumente und Fallbeispiele aus der Sicht der Sparkassen und Landesbanken, Stuttgart 1991

Kißler, Leo/Zettelmeier, Werner (Hrsg.) Kommunale Arbeitsmarkt- und Beschäftigungspolitik: Deutschland und Frankreich im Vergleich, Frankfurt/M. u.a. 2005

Kistenmacher, Hans u.a.: Regionalisierung in der kommunalen Wirtschaftsförderung, Köln 1994

Kitterer, Wolfgang: Die Ausgestaltung der Mittelzuweisungen im Solidarpakt II, Finanzwissenschaftliche Diskussionsbeiträge, Nr. 02 – 1, Seminar für Finanzwissenschaft, Universität zu Köln 2002

Klages, Helmut: Häutungen der Demokratie, Zürich 1993

Klages, Helmut: Wie sieht die Verwaltung der Zukunft aus?, in: Verwaltungsrundschau, 41 (1995) 1, S. 1-7

Klages, Helmut/Herbert, Willi: Wertorientierung und Staatsbezug. Untersuchungen zur politischen Kultur in der Bundesrepublik Deutschland, Frankfurt/M. 1983

Klee-Kruse, Gudrun/Lenk, Klaus: BürgerBüros als innovative kommunale Serviceagenturen, Heidelberg 1995

Kleger, Heinz: Metropolitane Transformation durch urbane Regime. Berlin-Brandenburg auf dem Weg zu regionaler Handlungsfähigkeit, Amsterdam 1996

Klein, Ansgar/Schmalz-Bruns, Rainer (Hrsg.): Politische Beteiligung und Bürgerengagement in Deutschland. Möglichkeiten und Grenzen, Bonn 1997

Klein, Franz (Hrsg.): Steuer- und Finanzrecht, 2. Aufl., Neuwied 1993

Klein, Richard R.: Gemeindefinanzbericht 1976, in: Der Städtetag, 29 (1976) 1, S. 2-14

Klein, Richard R./Gleitze, Jörg M.: Gemeindefinanzbericht 1975, in: Der Städtetag, 28 (1975) 1, S. 2-15

Klein, Richard R./Münstermann, Engelbert: Gemeindefinanzbericht 1977, in: Der Städtetag, 30 (1977) 1, S. 2-16

Klein, Richard R./Münstermann, Engelbert: Gemeindefinanzbericht 1978, in: Der Städtetag, 31 (1978) 1, S. 2-22

Klein, Richard R./Münstermann, Engelbert: Gemeindefinanzbericht 1979, in: Der Städtetag, 32 (1979) 2, S. 56-84

Kleinfeld, Ralf u.a.: Kommunalpolitik. Eine problemorientierte Einführung, Opladen 1996

Kleinfeld, Ralf u.a. (Hrsg.): Kommunale Demokratie im Wandel, Osnabrück 2000

Klemisch, Herbert u.a. (Hrsg.): Handbuch für alternative Kommunalpolitik, Bielefeld 1994

Klimecki, Rüdiger u.a.: Entwicklungsorientiertes Management, Stuttgart 1994

Klüber, Hans: Handbuch der Kommunalpolitik, Göttingen 1971

Klümper, Bernd u.a.: Kommunale Kosten- und Wirtschaftlichkeitsrechnung, Witten 1996

Knemeyer, Franz-Ludwig: Bürgerbeteiligung und Kommunalpolitik. Mitwirkungsrechte von Bürgern auf kommunaler Ebene, 2. Aufl., München 1997

Knemeyer, Franz-Ludwig u.a.: Kommunale Wirtschaftsförderung. Möglichkeiten der Gemeinden und Kreise, Wünsche der Wirtschaft, Stuttgart 1981

Knemeyer, Franz-Ludwig/Jahndel, Katrin: Parteien in der kommunalen Selbstverwaltung, Stuttgart u.a. 1991

Knemeyer, Franz-Ludwig (Hrsg.): Aufbau kommunaler Selbstverwaltung in der DDR. Grundsatzfragen und Dokumentation zur Entstehung einer Kommunalverfassung, Baden-Baden 1990

Knieling, Jörg: Städtenetze und Konzeptionen der Raumordnung. Wirkungszusammenhänge und Maßnahmen zur Optimierung der instrumentellen Ergänzungsfunktion, in: Raumforschung und Raumordnung, 55 (1997) 3, S. 165-175

Knieling, Jörg u.a.: Kooperative Handlungsformen in der Regionalplanung. Zur Praxis der Regionalplanung in Deutschland, Dortmund 2003

Knüfermann, Markus: Die regionalpolitische Instrumentalfunktion der Sparkassen, in: Sparkasse, 113 (1996) 6, S. 279-283

Koblischke, Rudolf/Gloser, Kurt: Kommunalabgabenrecht in Baden-Württemberg, Stuttgart u.a. 2005

Koch, Brigitte/Ochs, Birgit: Von Dresden lernen, in: FAZ vom 26.10.2006

von Kodolitsch, Paul: Gemeindeverwaltungen und Bürgerinitiativen, in: AfK, 14 (1975) 2, S. 264-278

Köhler, Gabriele/Schäfers, Bernhard: Leitbilder der Stadtentwicklung in der Bundesrepublik Deutschland, in: APuZ, B46-47/1986, S. 29-39

König, Klaus (unter Mitarbeit von Joachim Beck): Modernisierung von Staat und Verwaltung. Zum Neuen Öffentlichen Management, Baden-Baden 1997

König, Klaus/Benz, Angelika (Hrsg.): Privatisierung und staatliche Regulierung: Bahn, Post und Telekommunikation, Rundfunk, Baden-Baden 1997

König, Klaus/Siedentopf, Heinrich (Hrsg.): Öffentliche Verwaltung in Deutschland, Baden-Baden 1997

König, René: Grundformen der Gesellschaft: Die Gemeinde, Hamburg 1958

Köser, Helmut (Hrsg.): Der Bürger in der Gemeinde. Kommunalpolitik und politische Bildung, Bonn 1979

Köttgen, Arnold: Die Gemeinde und der Bundesgesetzgeber, Stuttgart 1967

Köttgen, Arnold: Kommunale Selbstverwaltung zwischen Krise und Reform, Stuttgart u.a. 1968

Kommunale Gemeinschaftsstelle für Verwaltungsvereinfachung (Hrsg.): Verwaltungsorganisation der Gemeinden, Teil I, Aufgabengliederungsplan, Köln 1967

Kommunale Gemeinschaftsstelle für Verwaltungsvereinfachung (Hrsg.): Grundlagen der Verwaltungsorganisation, Köln 1978

Kommunale Gemeinschaftsstelle für Verwaltungsvereinfachung (Hrsg.): Aufgabengliederungsplan, Verwaltungsgliederungsplan, Köln 1979

Kommunale Gemeinschaftsstelle für Verwaltungsvereinfachung (Hrsg.): Verwaltungsorganisation der Kreise: Aufgabengliederungsplan, Verwaltungsgliederungsplan, Köln 1982

Kommunale Gemeinschaftsstelle für Verwaltungsvereinfachung (Hrsg.): Wege zum Dienstleistungsunternehmen Kommunalverwaltung - Fallstudie Tilburg, KGSt-Bericht Nr. 19, Köln 1992

Kommunale Gemeinschaftsstelle für Verwaltungsvereinfachung (Hrsg.): Das Neue Steuerungsmodell. Begründung, Konturen, Umsetzung, KGSt-Bericht Nr. 5, Köln 1993

Kommunale Gemeinschaftsstelle für Verwaltungsvereinfachung (Hrsg.): Budgetierung: Ein neues Verfahren zur Steuerung kommunaler Haushalte, KGSt-Bericht Nr. 6, Köln 1993

Kommunale Gemeinschaftsstelle für Verwaltungsvereinfachung (Hrsg.): Das Neue Steuerungsmodell. Erste Zwischenbilanz, KGSt-Bericht 10, Köln 1995

Kommunale Gemeinschaftsstelle für Verwaltungsvereinfachung (Hrsg.): KGSt Politikerhandbuch zur Verwaltungsreform, Köln (KGSt) 1996a

Kommunale Gemeinschaftsstelle für Verwaltungsvereinfachung (Hrsg.): Das Verhältnis von Politik und Verwaltung im Neuen Steuerungsmodell, KGSt-Bericht 10, Köln 1996 b

Kommunale Gemeinschaftsstelle für Verwaltungsvereinfachung (Hrsg.): KGSt-Produktbuch für Gemeinden, Städte und Kreise, Bericht Nr. 5, Köln 1997

Kommunale Gemeinschaftsstelle für Verwaltungsvereinfachung (Hrsg.): Auf dem Weg in das Ressourcenverbrauchskonzept: die Kommunale Bilanz. Erste Überlegungen und Empfehlungen, KGSt-Bericht Nr. 7, Köln 1997

Kommunale Gemeinschaftsstelle für Verwaltungsvereinfachung (Hrsg.): KGSt-Mitgliederbefragung 1997: Verwaltungsmodernisierung und Einsatz von Informations- und Kommunikationstechnologie (TuI): Neues Steuerungsmodell und TuI-Einsatz, KGSt-Bericht Nr. 10, Köln 1998

Kommunale Gemeinschaftsstelle für Verwaltungsvereinfachung: Verwaltung im Umbruch – Strategien zur Verwaltungsmodernisierung, http://www.kgst.de

Konegen, Norbert: Kommunale Finanzpolitik, in: Gerlach, Irene/Robert, Rüdiger (Hrsg.): Politikwissenschaft II: Innenpolitik der Bundesrepublik Deutschland, Münster 1990, S. 257-284

Konukiewitz, Manfred: Die Implementation räumlicher Politik, Opladen 1985

Konukiewitz, Manfred/Mühlich-Klinger, Ilona: Kommunale Wohnungspolitik - Stand und Perspektiven, in: Bauwelt, 74 (1983), S. 446-449

Korte, Hermann (Hrsg.): Zur Politisierung der Stadtplanung, Düsseldorf 1971

Kostede, Norbert (Hrsg.): Die Zukunft der Städte. Soziale Bewegungen vor Ort, Reinbek 1983

Krabbe, Wolfgang R.: Kommunalpolitik und Industrialisierung. Die Entfaltung der städtischen Leistungsverwaltung im 19. und frühen 20. Jahrhundert. Fallstudien zu Dortmund und Münster, Stuttgart u.a. 1985

Krähmer, Rolf: Das Tilburger Modell der Verwaltungsorganisation und Verwaltungsführung, Düsseldorf 1992 (= SGK-Argumente Nr. 8)

Krätke, Stefan: Stadt - Raum - Ökonomie. Einführung in aktuelle Problemfelder der Stadtökonomie und Wirtschaftsgeographie, Basel u.a. 1995

Krätke, Stefan u.a.: Zwischen Selbsthilfe und Staatsbürokratie. Neue Wege für die kommunale Wohnungspolitik, Hamburg 1984

Krafft, Alexander/Ulrich, Günter: Chancen und Risiken regionaler Selbstorganisation. Erfahrungen mit der Regionalisierung der Wirtschaftspolitik in Nordrhein-Westfalen und Niedersachsen, Opladen 1993

Krauledat, Helmut/Schneider, Johannes: Sachgebiet Kooperation im ÖPNV. Aufbereitung von Ergebnissen der Stadtverkehrsforschung, Hof 1987

Krischmann, Helmut: Der Einfluß staatlicher Raumplanung auf die kommunale Planungshoheit. Die Regionalplanung Nordhessens im Verhältnis zu den Bauleitplanungen der Städte Kassel und Baunatal, München 1983

Kröhnert, Steffen u.a.: Die demografische Lage der Nation. Wie zukunftsfähig sind Deutschlands Regionen?, Berlin 2006

Kronisch, Joachim: Aufgabenverlagerung und gemeindliche Aufgabengarantie, Baden-Baden 1993

Krüger, Jürgen/Pankoke, Eckart (Hrsg.); Kommunale Sozialpolitik, München 1985

Kruse, Heinz: Reform durch Regionalisierung. Eine politische Antwort auf die Umstrukturierng der Wirtschaft, Frankfurt/M. u.a. 1990

Kübler, Hartmut: Organisation und Führung in Behörden, Bd. 1: Organisatorische Grundlagen, Bd. 2: Personalwesen, Stuttgart 1980

Kühn, Dietrich: Kommunale Sozialplanung, Stuttgart 1975

Kühn, Gerd: Steuerungsmöglichkeiten der Einzelhandelsentwicklung in den neuen Bundesländern, Berlin 1992

Kühn, Gerd/Floeting, Holger: Kommunale Wirtschaftsförderung in Ostdeutschland, Berlin 1995

Kühne, Armin: Regimewandel durch Großprojekte. Auf der Suche nach lokaler Handlungsfähigkeit in Zürich und Wien, Amsterdam 1996

Kühr, Herbert: Kommunalpolitik im föderativen Verfassungsstaat, Stuttgart 1983

Kühr, Herbert/Simon, Klaus: Lokalpartei und vorpolitischer Raum, Melle 1982

Künzel, Werner: Kommunalpolitik in Brandenburg, http://www.politische-bildung-brandenburg.de/links/kommunalpolitikinbrandenburg.htm

Kunz, Volker: Parteien und kommunale Haushaltspolitik im Städtevergleich. Eine empirische Analyse zum Einfluss parteipolitischer Mehrheiten, Opladen 2000

Kurnol, Jens: Finanzhilfen im Ortsverkehr. Wo wurden sie für welche Verkehrsarten ausgegeben?, in: Informationen zur Raumentwicklung, 45 (1995) 4/5, S. 339-350

Kurp, Matthias: Lokale Medien und kommunale Eliten. Partizipatorische Potentiale des Lokaljournalismus bei Printmedien und Hörfunk in Nordrhein-Westfalen, Opladen 1994

Lachner, Josef u.a.: Ergebnisse des Transformationsprozesses im Handel der neuen Bundesländer, München 1997

Landesbetrieb für Datenverarbeitung und Statistik Brandenburg: Realsteuer-Hebesätze aller Städte und Gemeinden Deutschlands, Potsdam, 16.09.2005(109/05), http://www.lds-bb.de/cms/detail.php/lbm1.c.288176.de

Landesplanungsgemeinschaft Rheinland: Gebietsentwicklungsplan, Teilabschnitt Bergisches Land. Entwurf, Düsseldorf 1970

Landesregierung Nordrhein-Westfalen: Nordrhein-Westfalen-Programm 1975, Düsseldorf 1975

Landesregierung Nordrhein-Westfalen: Halbzeitbericht Nordrhein-Westfalen-Programm 1975, Düsseldorf 1975

Landesregierung Nordrhein-Westfalen (Hrsg.): Landesentwicklungsbericht Nordrhein-Westfalen. Der Stand der Dinge: Initiativen und Projekte in der ersten Hälfte der neunziger Jahre, Düsseldorf 1994

Lange, Rolf-Peter (Hrsg.): Zur Rolle und Funktion von Bürgerinitiativen in der Bundesrepublik und West-Berlin. Analyse von 61 Bürgerinitiativen. Bericht einer Forschungsgruppe an der Freien Universität Berlin, in: ZParl, 4 (1973) 2, S. 247-286

Lauritzen, Lauritz (Hrsg.): Mehr Demokratie im Städtebau. Beiträge zur Beteiligung der Bürger an Planungsentscheidungen, Hannover 1972

Laux, Eberhard: Kommunale Selbstverwaltung im Staat der siebziger Jahre, in: AfK, 9 (1970) 2, S. 215-239

Laux, Eberhard: Die kommunale Gebietsreform. Ein Literaturbericht, in: AfK, 12 (1973) 2, S. 231-256

Laux, Eberhard: Unternehmen Stadt?, in: Die Öffentliche Verwaltung, 43 (1993) 12, S. 523-524

Lee, Ki-Wu: Kommunalaufsicht in der Bundesrepublik Deutschland und in Korea, Berlin 1990

Lehmbruch, Gerhard: Der Januskopf der Ortsparteien, in: Der Bürger im Staat, 25 (1975) 1, S. 3-8 (nachgedruckt in: Köser 1979, S. 320-334)

Lehner, Franz: Grenzen des Regierens, Königstein 1979

Leibholz, Gerhard: Strukturprobleme der modernen Demokratie, 2. Aufl., Karlsruhe 1967

Lenk, Klaus: Neue Informationsdienste im Verhältnis von Bürger und Verwaltung, Heidelberg 1990

Lenk, Klaus: Innovative kommunale Serviceagentur, in: Office Management, 44 (1996) 6, S. 40-42

Lenz, Dieter: Haushaltsanalyse 1973, in: Der Städtetag, 26 (1973) 1, S. 3-11

Lenz, Dieter: Haushaltsanalyse 1974, in: Der Städtetag, 27 (1974) 1, S. 4-14

Libbe, Jens u.a. (Hrsg.): Liberalisierung und Privatisierung kommunaler Aufgabenerfüllung, Berlin 2002

Linkspartei/PDS: Eine starke Bürgergesellschaft in starken Kommunen. Kommunalpolitische Leitlinien der Linkspartei, Dresden 2005

Linscheidt, Bodo/Truger, Achim: Reform des Kommunalsteuersystems, in: Vierteljahreshefte für Wirtschaftsforschung, 66 (1997) 3-4, S. 382-394

Lintz, Gerd: Die politischen Parteien im Bereich der kommunalen Selbstverwaltung, Baden-Baden 1973

Löffler, Berthold/Rogg, Walter: Determinanten kommunalen Wahlverhaltens in Baden-Württemberg, dargestellt am Beispiel der Stadt Ravensburg, Diss. Tübingen 1985

von Loesch, Achim: Privatisierung öffentlicher Unternehmen. Ein Überblick über Argumente, Baden-Baden 1983

Lorenz, Sabine/Wegrich, Kai: Lokale Ebene im Umbruch: Aufbau und Modernisierung der Kommunalverwaltung in Ostdeutschland, in: APuZ, B5/1998, S. 29-38

Luckmann, Benita: Politik in einer deutschen Kleinstadt, Stuttgart 1970

Lugan, Andrea: Marketing der kommunalen Wirtschaftsförderung, Wiesbaden 1997

Lutze, Armin/Heuer, Bernd: Stadtentwicklung als unternehmerische Herausforderung und Aufgabe, in: Der Städtetag, 41 (1988) 12, S. 799-801

Mäding, Heinrich: Infrastrukturplanung im Verkehrs- und Bildungssektor, Baden-Baden 1978

Mäding, Heinrich: Überlegungen zur Eignung des kommunalen Finanzausgleichs zur Förderung raumordnungspolitischer Konzepte, in: Informationen zur Raumentwicklung, 45 (1995) 8-9, S. 605-618

Mäding, Heinrich (Hrsg.): Sparpolitik. Ökonomische Zwänge und politische Spielräume, Opladen 1983

Mäding, Heinrich/Voigt, Rüdiger (Hrsg.): Kommunalfinanzen im Umbruch, Opladen 1998

Mahnke, Lothar: Neue Anforderungen an die kommunale Wirtschaftsförderung, in: Kommunalzeitschrift des Gemeindetages Baden-Württemberg (BWGZ), 121 (1998) 4, S. 119-121

Maier, Hans E./Wollmann, Hellmut (Hrsg.): Lokale Beschäftigungspolitik, Basel u.a. 1986

Maier, Jörg (Hrsg.): Neuere Ansätze von Strategien kommunaler Wirtschaftspolitik in Großbritannien und Deutschland, Bayreuth 1994

Majerczik, Wilhelm: Kommunale gewerbliche Unternehmen als Kampfmittel gegen die finanzielle Notlage der deutschen Städte, Berlin 1919

Manns, Ernst Ludwig: Handlungsmöglichkeiten in der kommunalen Schulpolitik - am Beispiel der nordrhein-westfälischen Städte Krefeld und Mönchengladbach, Diss. Oldenburg 1996

Marcus, Paul: Das kommunale Finanzsystem der Bundesrepublik Deutschland, Darmstadt 1987

Mast, Claudia: Tageszeitung und Neue Medien. Zum Engagement der Presse im elektronischen Umfeld, Konstanz 1986

Matschke, Manfred Jürgen/Hering, Thomas: Kommunale Finanzierung, München u.a. 1998

Matthiesen, Ulf: Milieus in Transformationen. Positionen und Anschlüsse, in: Matthiesen, Ulf (Hrsg.): Die Räume der Milieus. Neue Tendenzen in der sozial- und raumwissenschaftlichen Milieuforschung in der Stadt- und Raumplanung, Berlin 1998, S. 17-79

Matzerath, Horst: Nationalsozialismus und kommunale Selbstverwaltung, Stuttgart u.a. 1970

Mayer, Annette: Theorie und Politik des Wohnungsmarktes. Eine Analyse der Wohnungspolitik in Deutschland unter besonderer Berücksichtigung der ökonomischen Theorie der Politik, Berlin 1998

Mayntz, Renate: Parteigruppen in der Großstadt. Untersuchungen in einem Berliner Kreisverband der CDU, Köln u.a. 1959

Mayntz, Renate/Schneider, Volker: Die Entwicklung technischer Infrastruktursysteme zwischen Steuerung und Selbstorganisation, in: Mayntz, Renate/Scharpf, Fritz W. (Hrsg.): Gesellschaftliche Selbstregulierung und politische Steuerung, Köln 1995, S. 73-100

Mayntz, Renate (Hrsg.): Implementation politischer Programme, Kronstein 1980

Mayntz, Renate (Hrsg.): Implementation politischer Programme (II), Opladen 1983

Mayntz, Renate (Hrsg.): Kommunale Wirtschaftsförderung. Ein Vergleich Bundesrepublik Deutschland - Großbritannien, Stuttgart u.a. 1981

McGovern, Karsten: Wirtschaftsförderung und Kommunalpolitik. Koordination und Kooperation, Opladen 1997

Meisel, Dirk: Kommunale Selbstverwaltung im Umbruch. Entscheidungsprozesse in einer ostdeutschen Stadt nach der Wende, Bornheim-Roisdorf 1995

Mengert, Friedrich: Kommunalhaushalt in Stichworten. Systematische Darstellung der Haushaltsplangliederung und -gruppierung mit einem Schlagwortkatalog und Erläuterungen zur Finanzstatistik, 6. Aufl., Köln 1994

Menke, Rudolf: Stadtverkehrsplanung, Stuttgart 1975

Meyer, Gert: Beschlüsse kommunaler Vertretungskörperschaften. Analyse einer am Demokratieprinzip orientierten Handlungsform der Verwaltung, Marburg 1990

Ministerium der Finanzen Rheinland-Pfalz (Hrsg.): Folgekosten öffentlicher Investitionen, Bad Ems 1975

Ministerium für Umwelt, Raumordnung und Landwirtschaft des Landes Nordrhein-Westfalen: Landesentwicklungsplan, Teil A, Düssseldorf 1995

Möller, Klaus-Peter: Die Wohnungsmieten reichen längst noch nicht aus, um Investoren in den Wohnungsbau zu locken, in: FAZ vom 15.09.2006, S. 49

Möller, Thomas: Die kommunalen Wählergemeinschaften in der Bundesrepublik Deutschland, München 1981

Monheim, Heiner: Verkehrsberuhigung und Stadtverkehr. Textsammlung zu einem städtebaulichen Verkehrskonzept, Bonn 1985

Monheim, Heiner: Neue Orts- und Stadtbausysteme. Eine ermutigende Entwicklung, in: Bus & Bahn, 27 (1993) 5, S. 10-11

Monheim, Rolf: Fußgängerbereiche. Bestand und Entwicklung. Eine Dokumentation, Köln 1975

Monstadt, Jochen: Die Modernisierung der Stromversorgung. Regionale Energie- und Klimapolitik im Liberalisierungs- und Privatisierungsprozess, Wiesbaden 2004

Moore, Chris/Pierre, Jon: Partnership or Privatisation? The political economy of local economic restructuring, in: Policy and Politics, 16 (1989) 3, S. 169-178

Müller, Udo: Controlling als Steuerungsinstrument der öffentlichen Verwaltung, in: APuZ, B5/1995, S. 11-19

Müller, Uwe: Supergau Deutsche Einheit, Berlin 2005

Müthling, Hans: Haushaltslexikon des Gemeindevertreters, Bonn-Bad Godesberg 1973

Mulert, Oskar: Die wirtschaftliche Betätigung der Gemeinden, Brüssel 1929

Musgrave, Richard A. u.a.: Die öffentlichen Finanzen in Theorie und Praxis (Bd. 1-4), 2. Aufl., Tübingen 1978

Muthesius, Thomas: Die gesetzlichen Regelungen für den regionalisierten Nahverkehr. Ein Überblick, in: Püttner, Günter (Hrsg.): Der regionalisierte Nahverkehr, Baden-Baden 1997, S. 71-88

Muthesius, Thomas: Zukünftiger Ordnungsrahmen für den allgemeinen öffentlichen Personennahverkehr in Deutschland, in: Püttner, Günter (Hrsg.): ÖPNV in Bewegung. Konzepte, Probleme, Chancen, Baden-Baden 2000, S. 13–24

Napp, Hans-Georg: Kommunale Finanzautonomie und ihre Bedeutung für eine effiziente lokale Finanzwirtschaft, Frankfurt/M. 1994

Naschold, Frieder: Modernisierung des Staates. Zur Ordnungs- und Innovationspolitik des öffentlichen Sektors, Berlin 1993

Naschold, Frieder u.a.: Neue Städte braucht das Land. Public Governance. Strukturen, Prozesse und Wirkungen kommunaler Innovationsstrategien in Europa, Berlin 1994

Naschold, Frieder u.a. (Hrsg.): Innovative Kommunen. Internationale Trends und deutsche Erfahrungen, Stuttgart u.a. 1997

Naßmacher, Hiltrud: Bildungsurlaub und Berufsbildung. Eine wirtschaftspädagogische Studie zur Relevanz einer gesellschaftspolitischen Forderung für die Berufsbildung, rer. pol. Diss. Köln 1976

Naßmacher, Hiltrud: Entwicklungsphasen im Unternehmen – Orientierung für Wirtschaftsförderung, in: Demokratische Gemeinde, 34 (1982a) 3, S. 196-199

Naßmacher, Hiltrud: Renaissance der Kommunalpolitik. Analyse einer politischen und wissenschaftlichen Entwicklung der letzten fünfzehn Jahre, in: Politische Bildung, 15 (1982b) 3, S. 3-22

Naßmacher, Hiltrud: Unternehmerische Anpassungsstrategien bei Steuerungsdefiziten auf dem örtlichen Arbeitsmarkt, in: Zeitschrift für Betriebswirtschaft, 53 (1983) 4, S. 291-313

Naßmacher, Hiltrud: Kommunale Wissenschaft und Praxis, in: Journal für Sozialforschung, 24 (1984) 3, S. 381-387

Naßmacher, Hiltrud: Informationsprobleme in der kommunalen Wirtschaftsförderung, in: Reinermann, Heinrich u.a. (Hrsg.): Öffentliche Verwaltung und Informationstechnik. Neue Möglichkeiten, neue Probleme, neue Perspektiven, Berlin u.a. 1985, S. 144-163

Naßmacher, Hiltrud: Wirtschaftspolitik „von unten". Ansätze und Praxis der kommunalen Gewerbebestandspflege und Wirtschaftsförderung, Basel u.a. 1987

Naßmacher, Hiltrud: Entwicklungstendenzen in der politikwissenschaftlichen Forschung. Anmerkungen zum Paradigmenwechsel, Oldenburg 1988a

Naßmacher, Hiltrud: Kommunale Gewerbepolitik, in: APuZ, B23/1988b, S. 1-9 (nachgedruckt in: Gabriel 1989a, S. 337-349)

Naßmacher, Hiltrud: Der Verwaltungsausschuß - eine Spezialität der niedersächsischen Gemeindeordnung?, in: Niedersächsischer Städtetag, 16 (1988c) 11, S. 304-308

Naßmacher, Hiltrud: Befunde und Entwicklungstendenzen zum Informationsmanagement in der Kommunalverwaltung, in: Die Verwaltung, 22 (1989a) 4, S. 419-513

Naßmacher, Hiltrud: Aufgabenwahrnehmung auf der kommunalen Ebene als Führungsproblem, in: Niedersächsischer Städtetag, 17 (1989b) 9, S. 304-308

Naßmacher, Hiltrud: Keine Erneuerung der Demokratie „von unten". Zur Bedeutung direktdemokratischer Beteiligungsverfahren, in: ZParl, 28 (1997) 3, S. 445-460

Naßmacher, Hiltrud: Mehr Bürgernähe durch neue Beteiligungsmöglichkeiten?, in: Politische Bildung, 31 (1998) 1, S. 62-75

Naßmacher, Hiltrud: Politikwissenschaft, 5. Aufl., München u.a. 2004

Naßmacher, Hiltrud: Baustelle Stadt. Effizienz und Bürgernähe ohne Demokratie und Nachhaltigkeit?, Wiesbaden 2006

Naßmacher, Hiltrud/Naßmacher, Karl-Heinz: Kommunale Gewerbepolitik in Mittelstädten, in: AfK, 22 (1983) 1, S. 28-49

Naßmacher, Hiltrud/Naßmacher, Karl-Heinz: Lokale Eliten in der Gewerbepolitik, in: Bodenstedt, Walter u.a.: Gewerbepolitik im Verdichtungsraum. Akteure und Instrumente im regionalen Wirtschaftsgeschehen, Stuttgart 1982, S. 15-70

Naßmacher, Hiltrud/Naßmacher, Karl-Heinz: Kommunalpolitik in der Bundesrepublik. Möglichkeiten und Grenzen, Opladen 1979

Naßmacher, Hiltrud/Naßmacher, Karl-Heinz: Kommunalpolitik in Deutschland, Opladen 1999

Naßmacher, Hiltrud (Hrsg.): Wohnen und kommunale Politik, München 1985

Naßmacher, Hiltrud u.a. (Hrsg.): Politische Strukturen im Umbruch, Berlin 1994

Naßmacher, Karl-Heinz: Parteien im kommunalpolitischen Zielbildungsprozeß, in: Österreichische Zeitschrift für Politikwissenschaft, 1 (1972) 4, S. 41-65

Naßmacher, Karl-Heinz: Funktionen politischen Personals in lokalen Vertretungskörperschaften (Kommunalparlamenten), in: ZParl, 4 (1973) 4, S. 550-566

Naßmacher, Karl-Heinz: Kommunale Gewerbepolitik, in: Der Bürger im Staat, 31 (1981) 3, S. 211-217 (nachgedruckt in: Haubner, Karl u.a.: Raumordnungspolitik, Stuttgart u.a. 1982, S. 114-133)

Naßmacher, Karl-Heinz: Kommunalpolitik, in: Mickel, Wolfgang (Hrsg.): Handlexikon zur Politikwissenschaft, 2. Aufl., München 1986, S. 244-249

Naßmacher, Karl-Heinz (Hrsg.): Kommunalpolitik und Sozialdemokratie, Bonn-Bad Godesberg 1977

Nelles, Wilfried: Politische Partizipation und kommunaler Planungsprozeß: Untersuchung zu den Bedingungen wirksamer Partizipation am Beispiel einer Stadtsanierung, Bonn 1977

Neuffer, Martin: Entscheidungsfeld Stadt. Kommunalpolitik als Gesellschaftspolitik - Standortüberprüfung der kommunalen Selbstverwaltung, Stuttgart 1973

Neumann, Lothar F. (Hrsg.): Wohnungsmarkt in der Krise? Beiträge aus der Praxis in Ost und West, Köln 1994

Niedermayer, Oskar (Hrsg.): Intermediäre Strukturen in Ostdeutschland, Opladen 1996

Niedersächsischer Minister der Finanzen: Mittelfristige Planung. Niedersachsen 1975 - 1979 (beschlossen am 4. Mai 1976); ders.: Mittelfristige Planung. Niedersachsen 1976 - 1980 (beschlossen am 23.2.1977)

Niedersächsischer Minister des Innern (Hrsg.): Niedersächsische Sachverständigenkommission zur Fortentwicklung des Kommunalverfassungsrechts - Bericht, Köln u.a. 1978

Nohlen, Dieter: Klassifikation/Klassifikatorische Verfahren, in: Nohlen, Dieter u.a. (Hrsg.): Lexikon der Politik, Band 2: Politikwissenschaftliche Methoden, München 1994, S. 212f.

Nohlen, Dieter: Typus/Typologie, in: Nohlen, Dieter u.a. (Hrsg.): Lexikon der Politik, Band 2: Politikwissenschaftliche Methoden, München 1994, S. 491-496

Norton, Alan: International Handbook of Local and Regional Government. Comparative Analysis of Advanced Democracies, 2. Aufl., Cheltenham, UK u.a. 1997

Novy, Klaus: Strategien der Sozialisierung. Die Diskussion der Wirtschaftsreform in der Weimarer Republik, Frankfurt/M. u.a. 1978

Novy, Klaus: Die "überforderte" Wohnungsbaugenossenschaft, in: Stadtbauwelt, 75 (1982), S. 1496-1498

Novy, Klaus: Genossenschaftsbewegung. Zur Geschichte und Zukunft der Wohnreform, Berlin 1983

Novy, Klaus: Wohnungsreform, in: Meyer, Thomas u.a. (Hrsg.): Lexikon des Sozialismus, Köln 1986, S. 719-722

Novy, Klaus/Uhlig, Günther: Zu diesem Heft - Baugenossenschaften zwischen Tradition und Aufbruch, in: Stadtbauwelt, 75 (1982), S. 1460-1461

Novy, Klaus/Uhlig, Günther: Wohnungsbaugenossenschaften ohne Genossenschaftskultur?, in: Stadtbauwelt, 75 (1982), S. 1474-1481

Noyelle, Thierry J./Stanback Jr., Thomas M.: The Economic Transformation of American Cities, Totowa, NJ 1983

Nutz, Manfred: Stadtentwicklung in Umbruchsituationen. Wiederaufbau und Wiedervereinigung als Stressfaktoren der Entwicklung ostdeutscher Mittelstädte, ein Raum-Zeit-Vergleich mit Westdeutschland, Stuttgart 1998

Obenhaus, Werner/Alber, Sven: Leitfaden zum kommunalen Haushaltsrecht. Praktische Arbeitshilfe zur Bewältigung von Aufgaben der Planung, Steuerung und Kontrolle in der kommunalen Haushaltswirtschaft, Regensburg 1991

Oebbecke, Janbernd/Schulenburg, Klaus: Neue Kommunalverfassung. Verhaltenes "Ja" der Verwaltungschefs, in: Städte- und Gemeinderat, 51 (1997) 7, S. 189-194

Oel, Peter: Die Gemeinde im Blickfeld ihrer Bürger. Eine empirisch-soziologische Studie, Stuttgart u.a. 1972

Offe, Claus: Klassenherrschaft und politisches System, in: Offe, Claus: Strukturprobleme des kapitalistischen Staates, Frankfurt/M. 1972, S. 65-105

Oppermann, Thomas: Kommunalreform in Niedersachsen, in: Recht und Politik, 32 (1996) 2, S. 80-86

Osborne, David/Gaebler, Ted: Der innovative Staat. Mit Unternehmergeist zur Verwaltung der Zukunft, Wiesbaden 1997

Ossenbühl, Fritz: Energierechtsreform und kommunale Selbstverwaltung, Köln u.a. 1998

Osterland, Martin: Kommunale Demokratie in den neuen Bundesländern. Eine Bilanz, in: APuZ, B50/1996, S. 41-46

Otting, Olaf: Neues Steuerungsmodell und rechtliche Betätigungsspielräume der Kommunen, Köln u.a. 1997

Pankoke, Eckart/Nokielski, Hans: Verwaltungssoziologie, Stuttgart 1977

Pappi, Franz Urban/Kappelhoff, Peter: Abhängigkeit, Tausch und kollektive Entscheidung in einer Gemeindeelite, in: Zeitschrift für Soziologie, 13 (1984) 2, S. 87-177

Pappi, Franz Urban/Melbeck, Christian: Das Machtpotential von Organisationen in der Gemeindepolitik, in: Kölner Zeitschrift für Soziologie und Sozialpsychologie, 36 (1984) 3, S. 557-584

Payer, Werner: Zur Haushaltslage, Beitrag der FDP-Gruppe für die Stadtzeitung am 28.03.2002, Sindelfingen http://www.sindelfingen.de/publ/main.do?id=5239&template=xml_ein_fraktions beitrag&xsl=ein-fraktionsbeitrag.xsl&navItemId=fraktionsbeitraege

Pehnt, Wolfgang (Hrsg.): Die Stadt in der Bundesrepublik Deutschland. Lebensbedingungen, Aufgaben, Planung, Stuttgart 1974

Pernice, Dietrich: Stadtentwicklung und Stadtgestaltung mit oder gegen private Investoren, in: Der Städtetag, 42 (1989) 6, S. 383-385

Perraton, Jonathan u.a.: Die Globalisierung der Wirtschaft, in: Beck, Ulrich (Hrsg.): Politik der Globalisierung, Frankfurt/M. 1998, S. 134-168

Peters, Hans (Hrsg.): Handbuch der Kommunalen Wissenschaft und Praxis. Erster Band: Kommunalverfassung, Berlin u.a. 1956

Peters, Hans (Hrsg.): Handbuch der Kommunalen Wissenschaft und Praxis. Zweiter Band: Kommunale Verwaltung, Berlin u.a. 1957

Peters, Hans (Hrsg.): Handbuch der Kommunalen Wissenschaft und Praxis. Dritter Band: Kommunale Finanzen und kommunale Wirtschaft, Berlin u.a. 1959

Peters, Paulhans (Hrsg.): Fußgängerstadt, München 1977

Petri, Wilhelm: Die staatlichen Zweckzuweisungen im kommunalen Finanzsystem. Dargestellt am Beispiel des Landes Niedersachsen, Berlin 1977

Petzold, Siegfried/von der Heide, Hans-Jürgen (Hrsg.): Handbuch zur kommunalen Selbstverwaltung. Praxisnahe Informationen, Arbeitshilfe und Beratung, Regensburg u.a. 1991

Pfizer, Theodor: Kommunalpolitik. Praxis der Selbstverwaltung, Stuttgart 1973

Pfizer, Theodor/Wehling, Hans-Georg: Kommunalpolitik in Baden-Württemberg, 2. Aufl., Stuttgart u.a. 1991

Pieper, Markus: Das interregionale Standortverhalten der Industrie in Deutschland. Konsequenzen für das kommunale Standortmarketing, Göttingen 1994

Piore, Michael/Sabel, Charles F.: Das Ende der Massenproduktion. Studie über die Qualifizierung der Arbeit und die Rückkehr der Ökonomie in die Gesellschaft, Frankfurt/M. 1989

Plassmann, Rainer: Die Zukunft der kommunalen Dienstleistungen im Licht europäischer Entwicklungen, in: Heinrich-Böll-Stiftung (Hrsg.): Kommunale Politik in Europa. Über Selbstverwaltung und grüne Politik in den europäischen Kommunen, Berlin 2004, S. 16–22

Poschen, Elmar: Die ökonomischen Folgen der kommunalen Gebietsreform für die betroffenen Bürger und Unternehmen. Eine Untersuchung am Beispiel von ausgewählten Modellfällen in der Bundesrepublik Deutschland, Baden-Baden 1983

Postlep, Rolf-Dieter: Gesamtwirtschaftliche Analyse kommunaler Finanzpolitik, Baden-Baden 1993

Prätorius, Rainer: Planungsfolgen der Verwaltungsreform, Lollar 1976

Preuß, Hugo: Entwicklung des deutschen Städtewesens, Aalen 1965

Preuß, Ulrich K.: Kommunale Selbstverwaltung im Strukturwandel der politischen Verfassung, in: Bauwelt, 64 (1973) 36, S. 202-205

Priebe, Christoph F.: Die vorzeitige Beendigung des aktiven Beamtenstatus bei politischen Beamten und kommunalen Wahlbeamten, Berlin 1997

Prigge, Rolf/Schwarzer, Thomas: Großstädte zwischen Hierarchie, Wettbewerb und Kooperation, Wiesbaden 2006

Pröckl, Wolfgang: Stadtplanung, Gesellschaftsentwicklung und Großstadtmisere, Köln 1976

Pröhl, Marga (Hrsg.): Kommunale Wirtschaftsförderung. Internationale Recherchen und Fallbeispiele, Gütersloh 1998

Prünte, Veronika: Kommunalpolitik: Fernuniversität Hagen, Kurs Nr. 3212, KE 1-3, Hagen 1987

Püttner, Günter: Neue Regelungen für öffentliche Unternehmen?, in: Die Öffentliche Verwaltung, (2002) 17, S. 731–736

Püttner, Günter (Hrsg.): Handbuch der kommunalen Wissenschaft und Praxis, Band 1: Grundlagen, 2. Aufl., Berlin u.a. 1981

Püttner, Günter (Hrsg.): Handbuch der kommunalen Wissenschaft und Praxis, Band 2: Kommunalverfassung, 2. Aufl., Berlin u.a. 1982

Püttner, Günter (Hrsg.): Handbuch der kommunalen Wissenschaft und Praxis, Band 3: Kommunale Aufgaben und Instrumente der Aufgabenerfüllung, 2. Aufl., Berlin u.a. 1983a

Püttner, Günter (Hrsg.): Handbuch der kommunalen Wissenschaft und Praxis, Band 4: Die Fachaufgaben, 2. Aufl., Berlin u.a. 1983b

Püttner, Günter (Hrsg.): Handbuch der kommunalen Wissenschaft und Praxis, Band 5: Kommunale Wirtschaft, 2. Aufl., Berlin u.a. 1984

Püttner, Günter (Hrsg.): Handbuch der kommunalen Wissenschaft und Praxis, Band 6: Kommunale Finanzen, 2. Aufl., Berlin u.a. 1985

Püttner, Günter (Hrsg.): ÖPNV in Bewegung. Konzepte, Probleme, Chancen, Baden-Baden 2000

Puls, Heinz: Finanzkraft der Gemeinden und kommunaler Ausgleichsstock in NRW, Dortmund 1977

Purcal, Christiane: Kommunalparteien - Eine Untersuchung von Struktur und Funktionen politischer Vereinigungen in der kanadischen Stadt Vancouver, Oldenburg 1993

Quante, Michael: Umweltschutz in den Kommunen, in: APuZ, B50/1996, S. 32-40

Quentmeier, Regine: Regionalplanung im Planungsverbund. Zur Funktion des Bezirksplanungsrates im Rahmen der Politikverflechtung, München 1983

Rager, Günther: Publizistische Vielfalt im Lokalen. Eine empirische Analyse, Tübingen 1982

Rakers, Johannes: Kommunale Verschuldung. Dimensionen und Konsequenzen finanzieller Restriktionen. Eine Untersuchung zum kommunalen Verschuldungsverhalten, Frankfurt/M. 1979

Rapior, Roland: Interkommunale Zusammenarbeit. Eine empirische Untersuchung über die Stadt-Umland-Beziehungen in der Stadtregion Freiburg, München 1984

Raschke, Joachim: Bürger und Parteien, Opladen 1982

Raschke, Peter: Vereine und Verbände. Zur Organisation von Interessen in der Bundesrepublik Deutschland, München 1978

Rausch, Heinz/Stammen, Theo (Hrsg.): Aspekte und Probleme der Kommunalpolitik, München 1972

Rebentisch, Dieter: Programmatik und Praxis sozialdemokratischer Kommunalpolitik in der Weimarer Republik, in: Die alte Stadt, 12 (1985a) 1, S. 33-56

Rebentisch, Dieter: Die deutsche Sozialdemokratie und die kommunale Selbstverwaltung. Ein Überblick über Programmdiskussion und Organisationsproblematik 1890-1975, in: Archiv für Sozialgeschichte, 25 (1985b), S. 1-78

Recktenwald, Horst Claus: Ursachen für Unwirtschaftlichkeit im Staatsbereich, Elemente einer Theorie des ökonomischen Staatsversagens, in: Hanusch, Horst (Hrsg.): Reform öffentlicher Leistungen, Beiträge zur Entstaatlichung, Baden-Baden 1978, S. 15-24

Recktenwald, Horst Claus: Zur Theorie des „Staatsversagens", in: Public Finance, 35 (1980) 1, S. 72-78

Recktenwald, Horst Claus (Hrsg.): Finanzpolitik, Köln/Berlin 1969

Recktenwald, Horst Claus (Hrsg.): Finanztheorie, 2. Aufl., Köln/Berlin 1970

Reese, Jürgen: Widerstand und Wandel der politischen Organisation. Darstellung und Analyse eines Programmkonfliktes in der Münchener Stadtplanung, Stuttgart 1976

Rehm, Hannes: Einführung in die kommunale Finanzwirtschaft, Münster 1987

Rehm, Hannes (Hrsg.): Kommunale Wirtschaftsförderung, Münster 1988

Reichard, Christoph: Betriebswirtschaftslehre der öffentlichen Verwaltung, 2. Aufl., Berlin 1987

Reichard, Christoph/Wollmann, Hellmut (Hrsg.): Kommunalverwaltung im Modernisierungsschub?, Basel u.a. 1996

Reidenbach, Michael: Kommunale Unternehmen tragen rund fünfzig Prozent der kommunalen Investitionstätigkeit, in: DIFU-Berichte, 1/2006a, S. 24 f.

Reidenbach, Michael: Die Sachinvestitionen der Kommunen und ihrer Unternehmen – eine Bestandsaufnahme, in: DIFU: Aktuelle Information, Februar, Berlin 2006b

Reiners, Theo: Einführung in das Kommunale Haushaltsrecht, München 1993

Reiser, Marion: Zwischen Ehrenamt und Berufspolitik. Professionalisierung der Kommunalpolitik in deutschen Großstädten, Wiesbaden 2006

Renzsch, Wolfgang: Finanzkraft und nicht Steuerkraft entscheidet über Soll und Haben, in: Demokratische Gemeinde, 38 (1986a) 8, S. 27-29

Renzsch, Wolfgang: Neuordnung des bundesstaatlichen Finanzausgleichs. Finanzverfassung und Föderalismus, Probleme und Perspektiven, in: Gegenwartskunde, 35 (1986b) 4, S. 499-533

Renzsch, Wolfgang: Finanzverfassung und Finanzausgleich. Die Auseinandersetzungen um die politische Gestaltung der Bundesrepublik Deutschland zwischen Währungsreform und deutscher Vereinigung (1948 bis 1990), Bonn 1991

Renzsch, Wolfgang: Finanzausgleich und die Modernisierung des Bundesstaates: Perspektiven nach dem Urteil des Bundesverfassungsgerichts, Bonn 2000

Renzsch, Wolfgang: Belastungen der Länder und Gemeinden durch Bundesgesetze, in: Wirtschaftsdienst, 11/2004, S. 702–710

Reschl, Richard: Kommunaler Handlungsspielraum und sozialer Wohnungsbau. Ein Städtevergleich, Diss. Tübingen 1987

Reuter, Lutz-Rainer: Kommunalpolitik im Parteienvergleich. Zum Funktionswandel der kommunalen Selbstverwaltung anhand der kommunalpolitischen Grundsatzprogramme von CDU/CSU, SPD und FDP, in: APuZ, B34/1976, S. 3-37

Ribhegge, Wilhelm: Die Systemfunktion der Gemeinden. Zur deutschen Kommunalgeschichte seit 1918, in: APuZ, B47/1973, S. 3-29 (nachgedruckt in: Frey 1976a, S. 28-65)

Richter, Hartmut: Finanzausgleich über Zweckzuweisungsprogramme, Diss. Konstanz 1983

Richter, Hellmut: Stadtsanierung nach dem Städtebauförderungsgesetz. Fünf Jahre Probleme mit einem Gesetz, in: Die Bauverwaltung, 49 (1976) 12, S. 468-472

Ridinger, Rudolf/Steinröx, Manfred (Hrsg.): Regionale Wirtschaftsförderung in der Praxis, Köln 1995

Riegler, Claudius H./Naschold, Frieder (Hrsg.): Reformen des öffentlichen Sektors in Skandinavien. Eine Bestandsaufnahme, Baden-Baden 1997

Rinsche, Günter: Dynamische Kommunalpolitik. Motive, Methoden, Möglichkeiten, Recklinghausen 1975

Ritgen, Klaus: Bürgerbegehren und Bürgerentscheid. Dargestellt am Beispiel des § 26 der nordrhein-westfälischen Gemeindeordnung, Baden-Baden 1997

Ritter, Gerhard: Stein. Eine politische Biographie, 4. Aufl., Stuttgart 1981

Robert, Rüdiger/Konegen, Norbert (Hrsg.): Globalisierung und Lokalisierung. Zur Neubestimmung des Kommunalen in Deutschland, Münster 2006

Roemheld, Regine: Frauenarbeit in der Kommune, Weinheim 1994

Roemheld, Regine/Zielinski, Heinz (Hrsg.): Kommune im Aufbruch. Analysen zum Spannungsverhältnis zwischen kommunaler Identität und Verwaltung, Frankfurt/M. u.a. 1983

Rösler, Konrad: Kommunale und regionale Wirtschaftförderung, in: Der Städtetag, 30 (1977) 9, S. 471-474

Rohe, Karl: Politik - Begriffe und Wirklichkeiten. Eine Einführung in das politische Denken, 2. Aufl., Stuttgart u.a. 1994

Rohr-Zänker, Ruth: Neue Zentrenstrukturen in den USA. Eine Perspektive für dezentrale Konzentration in Deutschland?, in: AfK 35 (1996) 2, S. 196-225

Rombach, Theo: Lokalzeitung und Partizipation am Gemeindeleben. Eine empirische Untersuchung, Berlin 1983

Ronge, Volker: Der Zeitaspekt ehrenamtlichen Engagements in der Kommunalpolitik, in: ZParl, 25 (1994) 2, S. 267-282

Rose, Helmut: Grundzüge kooperativer Finanzplanung in der öffentlichen Verwaltung, in: PVS, 17 (1975) 2, S. 201-223

Rossi, Peter H. u.a.: Programm-Evaluation. Einführung in die Methoden angewandter Sozialforschung, Stuttgart 1988

Roters, Wolfgang: Kommunale Mitwirkung an höherstufigen Entscheidungsprozessen, Köln u.a. 1975

Roth, Roland: Demokratie von unten. Neue soziale Bewegungen auf dem Wege zur politischen Institution, Köln 1994

Roth, Wolfgang (Hrsg.): Kommunalpolitik - für wen? Arbeitsprogramm der Jungsozialisten, Frankfurt/M. 1971

Roth, Roland/Wollmann, Hellmut (Hrsg.): Kommunalpolitik. Politisches Handeln in den Gemeinden, Opladen 1994

Rucht, Dieter u.a.: Soziale Bewegungen auf dem Weg zur Institutionalisierung. Zum Strukturwandel "alternativer" Gruppen in beiden Teilen Deutschlands, Frankfurt/M./New York 1997

Rudzio, Wolfgang: Die Neuordnung des Kommunalwesens in der Britischen Zone. Zur Demokratisierung und Dezentralisierung der politischen Struktur: eine britische Reform und ihre Ausgang, Stuttgart 1968

Rudzio, Wolfgang: Was bedeutet Repräsentation in einer parlamentarischen Demokratie?, in: Zeitschrift zur politischen Bildung, 32 (1995a) 2, S. 18-24

Rudzio, Wolfgang: Der demokratische Verfassungsstaat als Beute der Parteien? Parteienkritik als Krisenelement, in: Gellner, Winand/Veen, Hans-Joachim (Hrsg.): Umbruch und Wandel in westeuropäischen Parteiensystemen, Frankfurt/M. u.a. 1995b, S. 1-15

Rudzio, Wolfgang: Das politische System der Bundesrepublik Deutschland, 4. Aufl., Opladen 1996

Rudzio, Wolfgang: Das politische System der Bundesrepublik Deutschland, 7. Aufl., Wiesbaden 2006

Rückel, Roland R.: Lokalredakteure, Opladen 1975

Rüegg, Erwin: Urbanität und Stadtentwicklung. Politische Entscheidungsprozesse in Bologna, Frankfurt/M. und Zürich, Amsterdam 1996

Rügemer, Werner: Privatisierung in Deutschland. Eine Bilanz, Münster 2006

Rüther, Günther (Hrsg.): Repräsentative oder plebiszitäre Demokratie - eine Alternative?, Baden-Baden 1996

Ruß-Mohl, Stephan: Reformkonjunkturen und politisches Krisenmanagement, Opladen 1981

Sabatier, Paul A.: Advocacy-Koalitionen, Policy-Wandel und Policy-Lernen: Eine Alternative zur Phasenheuristik, in: Heritier, Adrienne (Hrsg.): Policy-Analyse. Kritik und Neuorientierung, Opladen 1993 (= PVS-Sonderheft 24), S. 116-148

Saftig, Alexander: Kommunalwahlrecht in Deutschland, Baden-Baden 1990

von Saldern, Adelheid: Die Gemeinde in Theorie und Praxis der deutschen Arbeiterorganisationen 1863 - 1920. Ein Überblick, in: Internationale wissenschaftliche Korrespondenz zur Geschichte der deutschen Arbeiterbewegung (IWK), 12 (1976) 3, S. 295-352

von Saldern, Adelheid: Sozialdemokratie und kommunale Wohnungsbaupolitik in den 20er Jahren - am Beispiel von Hamburg und Wien, in: Archiv für Sozialgeschichte, 25 (1985), S. 183-237

von Saldern, Adelheid: Kommunale Verarmung und Armut in den Kommunen während der Großen Krise (1929 bis 1933). Am Beispiel der Finanz- und Wohnungs(bau)politik, in: Soziale Bewegungen. Geschichte und Theorie, Jahrbuch 3, Frankfurt/M. 1987, S. 69-109

von Saldern, Adelheid: Stadt und Moderne. Hannover in der Weimarer Republik, Hamburg 1989

Sander, Ludger: Aufgaben und Einnahmen der Kommunen in der Bundesrepublik Deutschland, Münster 1987

Savelsberg, Joachim J.: Kommunale Autonomie. Autonomie, Macht und Entscheidungen in Gemeinden, Frankfurt/M. 1980

Savelsberg, Joachim J.: Macht in Gemeinden oder Macht über Gemeinden? Zur Relevanz lokaler Autonomie für kommunale Machtstrukturen und Entscheidungsprozese, in: Schmals, Klaus M./Siewert, Hans-Jörg (Hrsg.): Kommunale Macht und Entscheidungsstrukturen, München 1982, S. 153-184

Scarrow, Susan E.: Party Competition and Institutional Change: The Expansion of Direct Democracy in Germany, in: Party Politics, 3 (1997) 4, S. 451-472

Schäfer, Ralf: Mitbestimmung in kommunalen Eigengesellschaften. Die rechtsgeschäftliche Einführung und Erweiterung von Beteiligungsrechten der Arbeitnehmer im Aufsichtsrat aus verfassungsrechtlicher und kommunalrechtlicher Sicht, Berlin 1988

Schäfer, Rudolf: Stadtteilvertretungen in Großstädten, 3 Bde., Berlin 1982

Schäfer, Rudolf/Schmidt-Eichstaedt, Gerd, unter Mitarbeit von Hoffmann, Klaus-Dieter/Schindler, Karl-Friedrich: Praktische Erfahrungen mit dem Bundesbaugesetz, Melle 1984

Schäfers, Bernhard: Planung und Öffentlichkeit. Drei soziologische Fallstudien: Kommunale Neugliederung, Flurbereinigung, Bauleitplanung, Düsseldorf 1970

Schäfers, Bernhard/Wewer, Göttrik (Hrsg.): Die Stadt in Deutschland. Aktuelle Entwicklung und Probleme. Soziale, politische und kulturelle Lebenswelt, Opladen 1996

Schaller, Thomas: Kommunale Verkehrskonzepte. Wege aus dem Infarkt der Städte und Gemeinden, Köln 1993

Schanz, Günther: Die Geschichte vorwärts: Arbeiten und Wohnen in der Großstadtregion Stuttgart heute und morgen, in: Frenkel, Rainer u.a.: Wohnen und Gewerbe in der Großstadtregion. Grenzen der Entwicklung am Beispiel des Ballungsgebietes Stuttgart, Stuttgart 1987, S. 37-112

Scharpf, Fritz W.: Positive und negative Koordination in Verhandlungssystemen, in: Heritier, Adrienne (Hrsg.): Policy-Analyse. Kritik und Neuorientierung, Opladen 1993 (= PVS-Sonderheft 24), S. 57-83

Scharpf, Fritz W. u.a.: Politikverflechtung. Theorie und Empirie des kooperativen Föderalismus in der Bundesrepublik, Kronberg 1977

Scharpf, Fritz W. u.a. (Hrsg.): Politikverflechtung II, Kronberg 1977

Schauerte, Hans-Hermann: Haushaltsrecht und Haushaltspraxis der Gemeinden, Bonn u.a. 1975

Schedler, Andreas: Die demoskopische Konstruktion von 'Politikverdrossenheit', in: PVS, 34 (1993) 3, S. 414-435

Scheele, Ulrich: Privatisierung von Infrastruktur. Möglichkeiten und Alternativen, Köln 1993

Schefold, Dian/Neumann, Maja: Entwicklungstendenzen der Kommunalverfassungen in Deutschland. Demokratisierung und Dezentralisierung?, Basel u.a. 1996

Scherer, Roland: Der Einfluß der Regionalplanung auf die kommunale Bauleitplanung. Ein Beitrag zur Implementations- und Evaluationsdiskussion in der Raumplanung, Bochum 1994

Scheuch, Erwin K./Scheuch, Ute: Cliquen, Klüngel und Karrieren. Über den Verfall der politischen Parteien - eine Studie, Reinbek 1992

Scheuner, Ulrich: Zur Neubestimmung der kommunalen Selbstverwaltung, in: AfK, 12 (1973) 1, S. 1-44

Schiefer, Bernd: Kommunale Wirtschaftsförderungsgesellschaften. Entwicklung, Praxis und rechtliche Problematik, Köln 1989

Schilder, Peter: In die toten Winkel der Verlastung leuchten, in: FAZ vom 22.02.2006

Schiller-Dickhut, Reiner: Konzern Stadt Tilburg. Die Übertragung betriebswirtschaftlicher Rezepte auf die öffentliche Verwaltung, in: Alternative Kommunalpolitik, 14 (1993) 2, S. 53-58

Schimanke, Dieter (Hrsg.): Stadtdirektor oder Bürgermeister. Beiträge zu einer aktuellen Kontroverse, Basel u.a. 1989

Schleer, Manfred: Kommunalpolitik in Sachsen. Bürger, Politiker und Verwaltungen in Gemeinden, Städten und Landkreisen, Leipzig 2003

Schliebe, Klaus: Industrieansiedlungen - Das Standortwahlverhalten der Industriebetriebe in den Jahren 1955 bis 1979, Bonn 1982

Schmals, Klaus M.: Migration und Stadt. Entwicklungen, Defizite, Potentiale, Opladen 2000

Schmals, Klaus M./Heinelt, Hubert (Hrsg.): Zivile Gesellschaft. Entwicklung – Defizite – Potentiale, Opladen 1997

Schmid, Hansdieter: Der Haushaltsplan - Kein Buch mit sieben Siegeln, 3. Aufl., Schwäbisch Hall 1991

Schmidt, Werner: Gemeindefinanzreformgesetz, Köln 1970

Schmidt-Eichstaedt, Gerd: Die Machtverteilung zwischen der Gemeindevertretung und dem Hauptverwaltungsbeamten im Vergleich der deutschen Kommunalverfassungssysteme, in: AfK, 24 (1985) 1, S. 21-37

Schmidt-Eichstaedt, Gerd: Kommunale Gebietsreform in den neuen Bundesländern, in: APuZ, B36/1993, S. 3-17

Schmidt-Eichstaedt, Gerd: Art und Umfang von Beanstandungen und Maßgaben im Rahmen des Anzeige- und Genehmigungsverfahrens von Bebauungsplänen. Rechtstatsachenuntersuchungen und Gutachten zur Vorbereitung der Städtebaurechtsnovelle 1997, Bonn 1996

Schmidt-Eichstaedt, Gerd u.a.: Die Gemeindeordnungen und die Kreisordnungen in der Bundesrepublik Deutschland, Stuttgart 1982 ff., 2. Aufl. (Stand: Juni 2005)

Schmidt-Jortzig, Edzard: Gemeinden und Kreise vor den öffentlichen Aufgaben der Gegenwart, in: DVBl., 92 (1977) 19, S. 801-807

Schmidt-Jortzig, Edzard: Kommunalrecht, Stuttgart 1982

Schmidt-Jortzig, Edzard/Makswit, Jürgen: Handbuch des kommunalen Finanz- und Hauhaltsrechts, Münster 1991

Schmölders, Günter: Allgemeine Steuerlehre, Wien 1951

Schmölders, Günter: Das Irrationale in der öffentlichen Finanzwirtschaft. Probleme der Finanzpsychologie, Hamburg 1960

Schmölders, Günter: Einführung in die Geld- und Finanzpsychologie, Darmstadt 1975

Schneider, Herbert: Lokalpolitik in einer Landgemeinde. Entscheidungsstrukturen und Partizipationsmöglichkeiten, in: APuZ, B3/1977, S. 21-39

Schneider, Herbert: Kreispolitik im ländlichen Raum, München 1985

Schneider, Herbert: Kommunalpolitik auf dem Lande. Eine vergleichende Untersuchung über Landkreispolitik, München 1991

Schneider, Herbert: Der Aufbau der Kommunalverwaltung und der kommunalen Selbstverwaltung in den neuen Bundesländern, in: APuZ, B36/1993, S. 18-26

Schneider, Herbert: Stadtentwicklung als politischer Prozeß. Stadtentwicklungsstrategien in Heidelberg, Wuppertal, Dresden und Trier, Opladen 1997

Schneider, Volker/Tenbücken, Marc: Einleitung, in: Schneider, Volker/Tenbücken, Marc (Hrsg.): Der Staat auf dem Rückzug. Die Privatisierung öffentlicher Infrastrukturen, Frankfurt/M./New York 2004, S. 15–28

Schneider, Volker/Tenbücken, Marc: Erklärungsansätze für die Privatisierung staatlicher Infrastrukturen – ein Theorieüberblick, in: Schneider, Volker/Tenbücken, Marc (Hrsg.): Der Staat auf dem Rückzug. Die Privatisierung öffentlicher Infrastrukturen, Frankfurt/M./New York 2004, S. 85–114

Schoch, Friedrich/Wieland, Joachim: Finanzierungsverantwortung für gesetzgeberisch veranlaßte kommunale Aufgaben, Baden-Baden 1995

Schöber, Peter: Kommunale Selbstverwaltung. Die Idee der modernen Gemeinde, Stuttgart u.a. 1991

Schön, Helmut: Regionalpolitische Konzepte und Strukturwandel ländlicher Räume. Eine Analyse am Beispiel des oberen Altmühltals, Berlin 1997

Schöneich, Michael (Hrsg.): Reformen im Rathaus. Die Modernisierung der kommunalen Selbstverwaltung, Köln 1996

Schönfelder, Hermann: Rat und Verwaltung im kommunalen Spannungsfeld. Praktische Vorschläge für die Verbesserung der Zusammenarbeit, Köln u.a. 1979

Scholz, Carola: Überall ist Mega Mall. Stadtentwicklung, Strukturwandel und der Wettlauf der Erlebniswelten, in: Alternative Kommunalpolitik, 18 (1997) 5, S. 32-35

Schoofs, Bernhard: Wal-Mart ist auch an Immobilienproblemen gescheitert, in: FAZ vom 11.08.2006

von Schrötter, Gertrud: Kommunaler Pluralismus und Führungsprozeß. Untersuchung an zwei städtebaulichen Projekten einer Großstadt, Stuttgart 1969

Schübel, Stefan: Kommunale Wirtschaftspolitik in ländlich-peripheren Gemeinden. Ziele, Strategien und Maßnahmen, Möglichkeiten und Grenzen, Bayreuth 1996

Schüttemeyer, Suzanne S.: Repräsention, in: Nohlen, Dieter (Hrsg.): Lexikon der Politik, Band 1: Politische Theorien, München 1995, S. 543-552

Schultze, Claus J.: Die deutschen Kommunen in der Europäischen Union. Europa-Betroffenheit und Interessenwahrnehmung, Baden-Baden 1997

Schuster, Franz/Dill, Günter W. (Hrsg.): Kommunale Aufgaben im Wandel. Theoretische und empirische Grundlagen, Stuttgart 1992

Schwabe, Klaus (Hrsg.): Oberbürgermeister 1870-1945, Boppard 1981

Schwarting, Gunnar u.a.: Haushaltskonsolidierung und Doppik. KPMG-Studie, Speyer 2004

Schwiderowski, Peter: Entscheidungsprozesse und Öffentlichkeit auf der kommunalen Ebene. Erweiterte Bürgerbeteiligung durch die Nutzung neuer lokaler Massenmedien, München 1989

See, Hans: Grundwissen einer kritischen Kommunalpolitik, Köln 1975

Seeger, Richard: Bürgerbegehren und Bürgerentscheid in Baden-Württemberg, in: ZParl, 19 (1988) 4, S. 516-535

Seibel, Wolfgang: Dritter Sektor, in: Bauer, Rudolph (Hrsg.): Lexikon des Sozial- und Gesundheitswesens, 3 Bde., München/Wien 1992, Bd. 1, S. 455-460

Seiler, Gerhard: Gemeinden III: Finanzen, in: Handwörterbuch der Wirtschaftswissenschaft (HdWW), 3. Band, Stuttgart u.a. 1988, S. 507-525

Sensburg, Patrick Ernst: Das Bürgeramt als Teil der Kommunalen Verwaltungsreform am Beispiel Trier, Aachen 1998

SGK: Geschäftsbericht, Rundschreiben 02/2003

Siebel, Walter: Entwicklungstendenzen kommunaler Planung, Bonn-Bad Godesberg 1974

Siewert, Hans-Jörg: Verein und Kommunalpolitik, in: Kölner Zeitschrift für Soziologie und Sozialpsychologie, 29 (1977) 3, S. 487-510

Siewert, Hans-Jörg: Lokale Elitesysteme. Ein Beitrag zur Theoriediskussion in der Community-Power-Forschung und ein Versuch zur empirischen Überprüfung, Königstein 1979

Siewert, Hans Jörg: Soziale und kulturelle Aufgaben der Stadterneuerung, in: APuZ, B29/1988, S. 21-27

Simon, Klaus: Kommunale Demokratie - eine Politikvermittlungs-Idylle, in: Sarcinelli, Ulrich (Hrsg.): Politikvermittlung. Beiträge zur Kommunikationskultur, Bonn 1987, S. 232-247

Simon, Klaus: Repräsentative Demokratie in großen Städten, Melle 1988

Simon, Klaus: Politikblockade oder dynamischer Föderalismus? Die regionale und kommunale Ebene in der Politik der Europäischen Gemeinschaft, in: Politische Bildung, 24 (1991) 3, S. 21-40

Simon, Michaela: Kommunales Marketing: Theoretische Einordnung und praktische Umsetzungsmöglichkeiten. Dargestellt am Beispiel der Stadt Augsburg, Augsburg 1995

Sozialdemokratische Partei Deutschlands: Die kommunalpolitischen Richtlinien der SPD beschlossen in der gemeinsamen Sitzung des Kommunalpolitischen Beirats und des Reichsauschusses für Kommunalpolitik am 28. September 1928, Berlin 1928

Spahn, P. Bernd: Zur Reform der Gemeindefinanzen, in: AfK, 28 (1989) 1, S. 67-85

SPD: Kraft der Erneuerung. Soziale Gerechtigkeit für das 21. Jahrhundert. Leitsätze auf dem Weg zum neuen Grundsatzprogramm der SPD, Berlin (2006)

Spermann, Alexander: Kommunale Krisenmanagement. Reaktionen baden-württembergischer Stadtkreise auf steigende Sozialhilfekosten und Einnahmenausfälle (1980-92), Frankfurt/M. u.a. 1993

Städte- und Gemeindebund Nordrhein-Westfalen: Kommunen vor dem Offenbarungseid, Pressemitteilung 11, Düsseldorf 2003

Staeck, Nicola: Politikprozesse in der Europäischen Union. Eine Policy-Netzwerkanalyse der europäischen Strukturfondspolitik, Baden-Baden 1997

Staehle, Wolfgang H.: Management: eine verhaltenswissenschaftliche Perspektive, 7. Aufl., München 1994

Ständige Konferenz der Innenminister und –senatoren der Länder, Arbeitskreis III „Kommunale Angelegenheiten": Empfehlung für Kontenrahmen für das doppische Rechnungswesen, o. O. 2003

Stahl, Leo: Kommunale Wirtschaftsförderung. Praxis und rechtliche Problematik, Köln u.a. 1970

Statistisches Bundesamt (Hrsg.): Statistisches Jahrbuch für die Bundesrepublik Deutschland, Stuttgart und Mainz 1980

Statistisches Bundesamt (Hrsg.): Statistisches Jahrbuch für die Bundesrepublik Deutschland, Stuttgart und Mainz 1992

Stauder, Jochen (Hrsg.): Grundlagen der kommunalen Wirtschaftsförderung, Marburg 1991

Staudt, Erich (Hrsg.): Das Management von Innovationen, Frankfurt/M. 1986

Steffen, Hinrich: Zum Handlungs- und Entscheidungsspielraum der kommunalen Investitionspolitik in der Bundesrepublik Deutschland, Frankfurt/M. u.a. 1983

Stegmaier, Jens: Stellenabbau im Bereich einfacher Tätigkeiten. Ergebnisse aus dem Betriebspanel des Instituts für Arbeitsmarkt- und Berufsforschung, Nürnberg 2005

vom Stein, Lorenz: Die Verwaltungslehre, Teil 1, Abt. 2 (Selbstverwaltung) und Abt. 3 (Vereinswesen), Teil 2 (Die Selbstverwaltung und ihr Rechtssystem), 2. Aufl., Aalen 1975

Steinheuer, Wilfried: Privatisierung kommunaler Leistungen. Theoretische Grundlagen und praktische Erfahrungen nordrhein-westfälischer Städte, Köln 1991

Stember, Jürgen: Kommunale Wirtschaftsförderung im ländlichen Raum. Grundlagen und Aufgaben einer innovationsorientierten Wirtschaftsförderung im Kreis Soest als Beispiel für einen ländlich geprägten Flächenkreis, Münster 1992

Stember, Jürgen: Kommunale Wirtschaftsförderung. Innovationen zwischen Regionalisierung, Globalisierung und Verwaltungsreform, Bornheim 1997

steria mummert consulting: Einführung des doppischen Haushalts- und Rechnungswesens für die Kommunen in Nordrhein-Westfalen. Befragung aller Kommunen Nordrhein-Westfalens – Auswertung der Ergebnisse -, o. O. 2006

Stern, Klaus: Das Selbstverwaltungsrecht der Gemeinden in der Rechtsprechung des Bundesverfassungsgerichts, in: Juristische Rundschau, 39 (1963) 6, S. 202-205

Stern, Klaus: Gemeinden I: Rechtsstellung in der Bundesrepublik Deutschland, in: Handwörterbuch der Wirtschaftswissenschaft (HdWW), 3. Band, Stuttgart u.a. 1988, S. 486-495

Sternberg, Rolf u.a.: Bilanz eines Booms. Wirkungsanalyse von Technologie- und Gründerzentren in Deutschland. Ergebnisse aus 108 Zentren und 1021 Unternehmen, Dortmund 1996

Sterzenbach, Rüdiger: Lohnkutscher in Hessen, in: FAZ vom 18.03.2006, S. 13

Stober, Rolf: Kommunale Ämterverfassung und Staatsverfassung am Beispiel der Abwahl kommunaler Wahlbeamten, Tübingen 1982

Stock, Alexander: Der Bürgermeister der Zukunft: Manager, Visionär, Politiker und Moderator, Aachen 2000

Stock, Alexander/Kegelmann, Jürgen (Hrsg.): Kommunalpolitik der Zukunft: partnerschaftlich und professionell, Stuttgart 2005

Stöß, Angela: Europäische Union und kommunale Selbstverwaltung. Die Handlungsspielräume deutscher Kommunen unter Einwirkung der Europäischen Union aus ökonomischer Perspektive, Frankfurt/M. u.a. 2000

Stöss, Richard: Wählergemeinschaften I, in: Stöss, Richard (Hrsg.): Parteienhandbuch, Band 4, S. 2392-2428

Stoker, Gerry: Theory and Urban Politics, in: International Political Science Review, 19 (1998) 2, S. 119-130

Stoker, Gerry/Mossberger, K.: Urban Regime Theory in Comparative Perspective, in: Environment and Planning C: Government and Policy, 12 (1994), S. 195-212

Stolorz, Christian: Auswirkungen der kommunalen Gebietsreform Nordrhein-Westfalen 1970 bis 1975 auf die Parteienstruktur in Flächenkreisen am Beispiel der Christlich Demokratischen Union, Münster 1988

Storz, Wolfgang: Die Rolle der Gewerkschaften in der Kommunalpolitik, in: WSI-Mitteilungen, 33 (1980) 12, S. 698-704

Stubbe-da Luz, Helmut: Parteiendiktatur. Die Lüge von der "innerparteilichen Demokratie", Frankfurt/M. u.a. 1994

Sturm, Roland: Wirtschaftsförderung als Standortdialog. Die Anforderungen an eine erfolgreiche regionale Wirtschaftsförderungspolitik, in: Der Bürger im Staat, 48 (1998) 4, S. 220-223

Suckow, Achim: Lokale Parteiorganisationen - angesiedelt zwischen Bundespartei und lokaler Gesellschaft. Ein Beitrag zum Organisationsproblem politischer Parteien und zur politischen Kultur der Bundesrepublik, Oldenburg 1989

Sydow, Jörg: Strategische Netzwerke: Evolution und Organisation, Wiesbaden 1992

Tauras, Olaf: Der Ausschuß der Regionen. Institutionalisierte Mitwirkung der Regionen in der EU, Münster 1997

Tessin, Wulf u.a.: Umsetzung und Umsetzungsfolgen in der Stadtsanierung. Die industriellen Auswirkungen erzwungener Mobilität im Rahmen von Sanierungsmaßnahmen am Beispiel der Berliner Stadterneuerung, Basel u.a. 1983

Theis, Carmen: Die lokale Basis der FDP. Ihre Bedeutung für die Gesamtpartei, Diss. Oldenburg 2006

Thiede, Wolfgang: Auswirkungen der Gebietsreform im Bereich des kommunalen Finanzausgleichs, Baden-Baden 1981

Thieme, Werner: Bund, Länder und Gemeinden, in: AfK, 2 (1963) 1, S. 185-198

Thieme, Werner/Prillwitz, Günther: Durchführung und Ergebnisse der kommunalen Gebietsreform, Baden-Baden 1981

Thränhardt, Dietrich (Hrsg.): Funktionalreform. Zielperspektiven und Probleme einer Verwaltungsreform, Meisenheim 1978

Thränhardt, Dietrich/Uppendahl, Herbert (Hrsg.): Alternativen lokaler Demokratie. Kommunalverfassung als politisches Problem, Königstein/Ts. 1981

Tiepelmann, Klaus: Kommunale Wirtschaftsförderung, in: Das Wirtschaftsstudium (WISU), 13 (1984) 8-9, S. 421-426

Tietz, Bruno/Rothhaar, Peter: City-Studie. Marktbearbeitung und Management für die Stadt, Landsberg 1991

Tiggemann, Rolf: Die kommunale Neugliederung in Nordrhein-Westfalen, Meisenheim 1977

Timm, Herbert: Gemeindefinanzen (I): Theorie, in: Handwörterbuch der Sozialwissenschaften (HdSW), Vierter Band, Stuttgart u.a. 1965, S. 299-308

Trachternach, Theo: Parteien in der kommunalen Selbstverwaltung, Würzburg 1974

Ueberhorst, Wilfried: Die wirtschaftliche Betätigung der Gemeinden, Herford 1974

Uhlig, Klaus: Private Public Partnership, in: AfK, 29 (1990) 1, S. 106-117

Umweltministerium Mecklenburg-Vorpommern (Hrsg.): Perspektiven der Lokalen Agenda 21 in dörflichen Gemeinden, Schwerin 2006

von Unruh, Georg-Christoph: Die kommunale Selbstverwaltung. Recht und Realität, in: APuZ, B30-31/1989, S. 3-13

Uppendahl, Herbert: Anatomie einer Kommunalreform. Lokale Selbstregierung in England und Wales, Königstein 1981a

Uppendahl, Herbert: Repräsentation und Responsivität, Bausteine einer Theorie responsiver Demokratie, in: ZParl, 12 (1981b) 1, S. 123-134

Verein für die Geschichte der Deutschen Landkreise (Hrsg.): Der Kreis - ein Handbuch, Band 1: Der Kreis als Institution, Köln u.a. 1972

Verein für die Geschichte der Deutschen Landkreise (Hrsg.): Der Kreis - ein Handbuch, Band 2: Verwaltungsgrundlagen und Finanzen der Kreise, Köln u.a. 1976

Verein für die Geschichte der Deutschen Landkreise (Hrsg.): Der Kreis - ein Handbuch, Band 3: Strukturen, Umfeld und Perspektiven der neuen Kreise, Köln u.a. 1985

Verein für die Geschichte der Deutschen Landkreise (Hrsg.): Der Kreis - ein Handbuch, Band 4: Die Aufgaben der Kreise, Köln u.a. 1986

Vogel, Hans-Jochen: Die Amtskette. Meine 12 Münchner Jahre. Ein Erlebnisbericht, München 1972

Voges, Wolfgang (Hrsg.): Kommunale Sozialberichterstattung, Fragestellungen – Quellen – Konzepte, Leverkusen 1996

Voigt, Rüdiger: Kommunale Partizipation am staatlichen Entscheidungsprozeß, Würzburg 1976

Voigt, Rüdiger: Kommunalpolitik im ländlichen Raum. Ein Plädoyer für die Wiederbelebung der lokalen Politik, in: APuZ, B46-47/1986, S. 3-13

Voigt, Rüdiger: Kommunalpolitik zwischen exekutiver Führerschaft und legislatorischer Programmsteuerung, in: APuZ, B22-23/1992, S. 3-12

Voigt, Rüdiger: Kommunalpolitik - Perspektiven für Theorie und Praxis, in: PVS, 38 (1997) 3, S. 612-617

Voigt, Rüdiger (Hrsg.): Handwörterbuch zur Kommunalpolitik, Köln und Opladen 1984

Voigt, Rüdiger (Hrsg.): Perspektiven der Kommunalwissenschaft, München 1991

Voigt, Rüdiger (Hrsg.): Politische Steuerung aus interdisziplinärer Perspektive, München 1992

Voigt, Rüdiger (Hrsg.): Abschied vom Staat - Rückkehr zum Staat?, Baden-Baden 1993

Voigt, Rüdiger (Hrsg.): Der kooperative Staat. Krisenbewältigung durch Verhandlung?, Baden-Baden 1995

Volz, Jürgen: Erfolgskontrolle kommunaler Planung. Eine Untersuchung über Möglichkeiten und Grenzen der Erfolgskontrolle kommunaler Planungen, Köln u.a. 1980

Vorholz, Fritz: Interkommunale Einrichtungen. Ein Beitrag zur Stadt-Umland-Problematik, München 1981

van Waarden, Frans: Verwaltungskultur, in: Der Bürger im Staat, 43 (1993) 1, S. 70-80

Wagener, Frido: Neubau der Verwaltung. Gliederung der öffentlichen Aufgaben und ihrer Träger nach Effektivität und Integrationswert, Berlin 1969

Wagener, Frido: Der Standort der kommunalen Selbstverwaltung in der Funktionalrefom, gemeinsame und unterschiedliche Auffassungen von Kreisen und Gemeinden, aus verfassungsrechtlicher und organisatorischer Sicht, in: Krabs, Otto (Hrsg.): Der Standort der kommunalen Selbstverwaltung in der Funktionalreform - gemeinsame und unterschiedliche Auffassungen von Kreisen und Gemeinden, Köln 1977, S. 55-75

Wagener, Frido (Hrsg.): Zukunftsaspekte der Verwaltung. Vorträge und Diskussionsbeiträge der 48. Staatswissenschaftlichen Fortbildungstagung 1980 der Hochschule für Verwaltungswissenschaften Speyer, Berlin 1980

Wagener, Frido (Hrsg.): Kreisfinanzen - Landkreise, Gemeinden, Staat, Verbesserung, Entwicklung, Göttingen 1982

Wagner, Klaus: Organisation kommunaler Sozialarbeit, Stuttgart 1981

Wanders, Bernhard: Zwischen Dienstleistungsunternehmen und politischer Bewegung. Mieterorganisationen in der Bundesrepublik Deutschland, München 1984

Waniek, Roland: Die Regionalpolitik der Europäischen Gemeinschaft. Eine kritische Bestandsaufnahme, Bochum 1992

Weber, Werner: Wandlungen der Kommunalverwaltung, in: Staats- und Selbstverwaltung in der Gegenwart, Göttingen 1953

Wehland, Gerhard: Stadtplanung, Partizipation und kommunale Öffentlichkeit. Zum politischen Stellenwert von bürgerschaftlicher Mitwirkung im Bauleitplanverfahren, Berlin 1984

Wehling, Hans-Georg: Der Bürgermeister und "sein" Rat. Kommunalpolitik in der Bundesrepublik im Vergleich, in: Politische Studien, 35 (1984) 273, S. 27-36

Wehling, Hans-Georg: Kommunalpolitik in der Bundesrepublik Deutschland, Berlin 1986

Wehling, Hans-Georg: Politische Partizipation in der Kommunalpolitik. Bürgerbegehren und Bürgerentscheid, Gemeinderats- und Bürgermeisterwahl in Baden-Württemberg, in: AfK, 28 (1989a) 1, S. 110-119

Wehling, Hans-Georg: Kommunalpolitik und Regierungslehre, in: von Bandemer, Stephan/Wewer, Göttrik (Hrsg.): Regierungssystem und Regierungslehre. Fragestellungen, Analysekonzepte und Forschungsstand eines Kernbereich der Politikwissenschaft, Opladen 1989b, S. 193-206

Wehling, Hans-Georg: Kommunale Verfassungsreform: Vergleich der kommunalen Verfassungssysteme in Deutschland, in: Politische Bildung, 31 (1998) 1, S. 19-33

Wehling, Hans-Georg/Nedele, Manfred: Oskar Kalbfell. Ein Oberbürgermeister und seine Stadt, Reutlingen 1997

Wehling, Hans-Georg/Siewert, H.-Jörg: Der Bürgermeister in Baden-Württemberg. Eine Monographie, 2. Auflage, Stuttgart u.a. 1987

Wehling, Hans-Georg (Hrsg.): Kommunalpolitik, Hamburg 1975

Wehling, Hans-Georg (Hrsg.): Dorfpolitik. Sozialwissenschaftliche Analysen und didaktische Hilfen, Opladen 1978

Weidner, Helmut: Umweltmediation. Erfahrungen im In- und Ausland, in: Forum für interdisziplinäre Forschung, 17 (1996), S. 137-168

von Weizsäcker, Richard, im Gespräch mit Gunter Hofmann und Werner A. Perger, Frankfurt/M. 1992

Wewer, Göttrik: Die Krise der Kommunalfinanzen, in: Politische Bildung, 31 (1998) 1, S. 47-61

Wielgohs, Jan: Transformationspolitik zwischen Liberalisierungsambitionen und Erfordernissen sozialer Stabilitätssicherung: Die Transformation des ostdeutschen Wohnungswesens, in: Wiesenthal, Helmut (Hrsg): Einheit als Interessenpolitik. Studien zur sektoralen Transformation in Ostdeutschland, Frankfurt/M. u.a. 1995, S. 194-259

Wilbers, Joachim: Die Kommunalpolitische Vereinigung der CDU und der CSU Deutschlands, Frankfurt/M. u.a. 1985

Wilkens, Winfried: Verwaltungsausschuß und Kreisausschuß in Niedersachsen. Kreation, Verfahren, Kompetenzen in rechtsdogmatischer und rechtspolitischer Sicht, Baden-Baden 1992

Wilking, Thomas: Strukturen lokaler Nachrichten. Eine empirische Studie von Text- und Bildberichterstattung, München 1990

Windhoff-Heritier, Adrienne: Policy-Analyse, Frankfurt/M. 1987

Windhoff-Heritier, Adrienne: Institutionelle Interessenvermittlung im Sozialsektor. Strukturmuster verbandlicher Beteiligung und deren Folgen, in: Hartwich, Hans-Hermann (Hrsg.): Macht und Ohnmacht politischer Institutionen, Opladen 1989, S. 158-176

Winkel, Rainer: Infrastruktur in der Stadt- und Regionalplanung. Eine Untersuchung der Einflußfaktoren und Rahmenbedingungen, Frankfurt/M. u.a. 1990

Winkel, Rolf: Der Gründungszuschuss. Ein Vergleich mit den bisherigen Leistungen für arbeitslose Existenzgründer, in: Soziale Sicherheit, 8-9/2006, S. 284–289

Winkler-Haupt, Uwe: Gemeindeordnung und Politikfolgen. Eine vergleichende Untersuchung in vier Mittelstädten, München 1988

von Winter, Thomas/Willems, Ulrich: Die politische Repräsentation schwacher Interessen: Anmerkungen zum Stand und zu den Perspektiven der Forschung, in: Willems, Ulrich/Winter, Thomas von (Hrsg.): Politische Repräsentation schwacher Interessen, Opladen, S. 9–38

Witte, Gertrud: Der Deutsche Städtetag warnt vor Privatisierungseuphorie, in: FAZ von 29. 11. 1996, S. 47

Wohlfahrt, Nobert/Zühlke, Werner: Ende der kommunalen Selbstverwaltung. Zur politischen Steuerung im Konzern Stadt, Hamburg 2005

Wolf, Jürgen: Wohnungsnot - Was können die Gemeinden tun?, in: Alternative Kommunalpolitik, 1 (1981) 7-8, S. 5-11

Wolf, Jürgen: Wohnungsnot - Was können die Gemeinden tun? Kommunale Handlungsmöglichkeiten im Rahmen geltender Gesetze, in: Bauwelt, 72 (1981) 36, S. 1549-1556

Wollmann, Hellmut: Die traditionelle deutsche kommunale Selbstverwaltung – ein „Auslaufmodell"?, in: Deutsche Zeitschrift für Kommunalwissenschaften, 41 (2002) 1, S. 24–51

Wollmann, Hellmut/Jaedicke, Wolfgang: Neubau der Kommunalverwaltung in Ostdeutschland. Zwischen Kontinuität und Umbruch, in: Seibel, Wolfgang/Benz, Arthur (Hrsg.): Verwaltungsreform und Verwaltungspolitik im Prozeß der deutschen Einigung, Baden-Baden 1993, S. 98-116

Wollmann, Hellmut (Hrsg.): Politik im Dickicht der Bürokratie, Köln und Opladen 1980 (= Leviathan-Sonderheft 3/1979)

Wollmann, Hellmut u.a. (Hrsg.): Transformation der politisch-administrativen Strukturen in Ostdeutschland, Opladen 1997

Wollmann, Hellmut/Hellstern, Gerd-Michael (Hrsg.): Evaluierung und Erfolgskontrolle in Kommunalpolitik und -verwaltung, Basel u.a. 1984

Wollmann, Hellmut/Roth, Roland (Hrsg.): Kommunalpolitik. Politisches Handeln in den Gemeinden, Opladen 1999

Woyke, Wichard: Stichwort Wahlen, 8. Aufl., Opladen 1994

Wrage, Volkhard: Taktik der Territorialreform. Eine Studie zum Prozeß der Meinungs- und Willensbildung bei Maßnahmen der territorialen Reform. Dargestellt am Beispiel der Neuordnung des Kreises Unna, Köln u.a. 1973

Wrage, Volkhard: Erfolg der Territorialreform. Auswirkungen der territorialen Neugliederung der Gemeinden in ausgewählten Kreisen Nordrhein-Westfalens, Berlin 1975

Wrobel, Bernd u.a.: Kostendeckungsgrad kommunaler Gebührenhaushalte, in: Der Städtetag, 29 (1976) 7, S. 377-382

Wulff, Marianne: Organisations- und Informationsmanagement: Produktein dezentraler Verantwortung – und was nun? Organisatorisch-technische Konsequenzen aus dem Reformprozess, in: KGSt, 26 (2001) 15, Sonder-Info, S. 12–14

Wurzel, Gabriele: Gemeinderat als Parlament?, Würzburg 1975

Zahradnik, Stefan: Das kommunale Rechnungswesen. Bestandsaufnahme und Reformbausteine, Düsseldorf 1997

Zeitel, Gerhard: Gebühren und Beiträge, in: Handwörterbuch der Wirtschaftswissenschaften (HdWW), Band 3, Stuttgart u.a. 1988, S. 347-355

Zender, Matthias: Die Minderheitsfraktion in der großstädtischen Vertretungskörperschaft, Diss. Trier 1982

Zeuner, Bodo/Wischermann, Jörg: Rot-Grün in der Kommunalpolitik. Konfliktpotentiale und Reformperspektiven. Ergebnisse einer Befragung von Kommunalpolitikern, Opladen 1995

Ziebill, Otto: Geschichte des Deutschen Städtetages. Fünfzig Jahre deutsche Kommunalpolitik, 2. Aufl., Stuttgart o.J. (1956)

Ziebill, Otto: Politische Parteien und kommunale Selbstverwaltung, 2. Aufl., Stuttgart u.a. 1971

Ziegler, Josef: Bürgerbeteiligung in der kommunalen Selbstverwaltung. Situation und Überlegungen zur weiteren Entwicklung, Würzburg 1974

Ziele der Landesplanung gemäß Landesentwicklungsprogramm und Landesentwicklungsplan I (MBl.NW. 1966, S. 2260) und II (MBl.NW. 1970, S. 494)

Zielinski, Heinz: Kommunale Selbstverwaltung und ihre Grenzen, Frankfurt/M. u.a. 1977

Zielinski, Heinz (Hrsg.): Lokale Politik zwischen Eigenständigkeit und staatlicher Abhängigkeit. Empirische Analysen zu Handlungsspielräumen, Gebietsreformen und zur Selbstverwaltung, Königstein 1980

Zielke, Beate: Zwischengemeindliche Zusammenarbeit. Rechtliche, organisatorische und finanzielle Gestaltungsmöglichkeiten, Berlin 1993

Zilleßen, Horst: Von der Umweltpolitik zur Politik der Nachhaltigkeit. Das Konzept der nachhaltigen Entwicklung als Modernisierungsansatz, in: APuZ, B50/1998a, S. 3-10

Zilleßen, Horst (Hrsg.): Mediation - Kooperatives Konfliktmanagement in der Umweltpolitik, Opladen u.a. 1998b

Zilleßen, Horst u.a. (Hrsg.): Die Modernisierung der Demokratie. Internationale Ansätze, Opladen u.a. 1993

Zimmer, Annette: Vereine - Basiselement der Demokratie. Eine Analyse aus der Dritte-Sektor-Perspektive, Opladen 1996

Zimmermann, Franz: Das System der kommunalen Einnahmen und die Finanzierung der kommunalen Aufgaben in der Bundesrepublik Deutschland, Stuttgart 1988

Zimmermann, Gebhard: Finanzierungs- und Organisationsmodelle zur nachhaltigen Minderung der Finanznot in Kommunen, in: Betriebswirtschaftliche Forschung und Praxis, 49 (1997) 4, S. 395-416

Zimmermann, Monika: Lokale Agenda 21 - Ein kommunaler Aktionsplan für die zukunftsbeständige Entwicklung der Kommune im 21. Jahrhundert, in: APuZ, B27/1997, S. 25-38

Zimmermann, Monika/Hucke, Jochen (Hrsg.): Umweltschutz, was können die Gemeinden tun?, Stuttgart u.a. 1984

Zoll, Ralf: Gemeinde als Alibi. Materialien zur politischen Soziologie der Gemeinde, München 1972

Zoll, Ralf unter Mitarbeit von Thomas Ellwein, Horst Haenisch, Klaus Schröter: Wertheim III. Kommunalpolitik und Machtstruktur, München 1974

Sachregister

Neu im Programm Politikwissenschaft

Birgit Oldopp
Das politische System der USA
Eine Einführung
2005. 220 S. Br. EUR 16,90
ISBN 3-531-13874-X

Diese Einführung wendet sich an Studierende der Politikwissenschaft, die sich mit dem politischen System der USA vertraut machen wollen. Das Buch vermittelt Grundwissen. Dort wo es nützlich erscheint, werden als Kontrast Bezüge zum politischen System der Bundesrepublik Deutschland hergestellt. Dem Einführungscharakter dieses Buches dienen die kurzen Fazite sowie die weiterführende Literatur am Ende der Kapitel und das Glossar, das englische Fachtermini erläutert.

Bernhard Blanke / Stephan von Bandemer / Frank Nullmeier / Göttrik Wewer (Hrsg.)
Handbuch zur Verwaltungsreform
3., völlig überarb. und erw. Aufl. 2005.
XIX, 526 S. Br. EUR 42,90
ISBN 3-8100-4082-7

Das Handbuch zur Verwaltungsreform ist zugleich Einführung und Nachschlagewerk. Es liefert einen breiten Überblick zu Konzepten, Entstehungszusammenhängen, praktischen Anwendungsfeldern und Entwicklungsperspektiven zum Thema Verwaltungsreform. Die dritte Auflage wurde überarbeitet und erweitert.

Hans Zehetmair (Hrsg.)
Der Islam
Im Spannungsfeld von Konflikt und Dialog
2005. 409 S. Br. EUR 29,90
ISBN 3-531-14797-8

Zu Beginn des 21. Jahrhunderts ist das Verhältnis zwischen Europa, dem Westen und der Welt des Islam zu einem beherrschenden Thema geworden. Der Islam übt nicht nur großen Einfluss auf die Politik und Kultur außereuropäischer Weltregionen aus, sondern hat sich zu einem wichtigen Phänomen innerhalb Europas entwickelt. Dieser Band möchte dazu beitragen, Grundlagen und Prinzipien des Islam besser kennen zu lernen, Konfliktpotenziale zu beschreiben, Realitäten und Illusionen gegeneinander abzuwägen und Lösungsmöglichkeiten aufzuzeigen. Ausgewählte Länderstudien widmen sich dem Stand von Reformprozessen und Modernisierungsbestrebungen innerhalb islamischer Gesellschaften.

Erhältlich im Buchhandel oder beim Verlag.
Änderungen vorbehalten. Stand: Januar 2006.

www.vs-verlag.de

VS VERLAG FÜR SOZIALWISSENSCHAFTEN

Abraham-Lincoln-Straße 46
65189 Wiesbaden
Tel. 0611.7878-722
Fax 0611.7878-400